LA FRANCE
DE PÉTAIN
ET SON CINÉMA

Jacques Siclier

LA FRANCE DE PÉTAIN ET SON CINÉMA

Avec le concours
de la Cinémathèque de Toulouse,
dirigée par Raymond Borde

Henri Veyrier

Du même auteur

Le Mythe de la femme dans le cinéma américain, Editions du Cerf, 1956.

La Femme dans le cinéma français, Editions du Cerf, 1957.

Images de la science-fiction, Editions du Cerf, 1958. (En collaboration avec André-S. Labarthe)

Ingmar Bergman, Editions Universitaires, 1960, 1962 et 1966. (Traductions allemande, espagnole, japonaise.)

Nouvelle vague ?, Editions du Cerf, 1961.

Sacha Guitry, L'Anthologie du Cinéma, 1966.

Un homme Averty, Jean-Claude Simoën, 1976.

Jean Gabin, Henri Veyrier, 1977. (En collaboration avec Jean-Claude Missiaen)

Collection « L'Histoire en question »
dirigée par Claude Gauteur

Conseiller d'édition : Dominique Rabourdin

Photo de la couverture : Cinéstar

A la mémoire de Maryse, ma femme
pour Sylvain, Fabien et Juliette

Remerciements

Je remercie vivement Raymond et Colette Borde, ainsi que l'équipe de la Cinémathèque de Toulouse : Pierre Cadars, Jean-Paul Gorce, Guy-Claude Rochemont, Jean Hector, qui m'ont apporté encouragement et amitié pour faire du projet de ce livre, né d'ailleurs à Toulouse, une réalité.

Je remercie de leurs aides diverses, de leurs témoignages, de leur amabilité :
Frantz et Nicole Schmitt et le personnel du Service des Archives du Film de Bois d'Arcy ;
Philippe d'Hugues, du Centre National de la Cinématographie ;
Suzy Delair, Sophie Desmarets et Odette Joyeux ;
Raoul Ploquin, Claude Autant-Lara, Jean-Paul Le Chanois, Jean Dréville et Carlo Rim ;
Raymond et Mijo Chirat ;
Bernard et Alice Chardère ;
Patrick Brion ;
André S. Labarthe et Janine Bazin ;
Jean-Pierre et Françoise Jeancolas ;
Aurel G. Bishoff, Peter et Iduna Schröder, Francis Courtade, Yvonne Baby et le service culturel du *Monde* ;
Raphaël Moreno ;
Et, pour les photographies qui ont servi à l'illustration :
la Cinémathèque de Toulouse, la Cinémathèque suisse de Lausanne, la Cinémathèque Royale de Belgique, Francis Grosso et Jean-Charles Sabria.

Table des matières

PREMIÈRE PARTIE

I. Psychologie du spectateur ou « le Cinéma de Vichy » n'existait pas 15
II. L'intervention de l'Etat et le sauvetage du cinéma français par le C.O.I.C 25
III. Le domaine limité de la propagande politique . . . 35
IV. Le mystérieux Alfred Greven et la production française de la Continental Films 41
V. La réalité contemporaine, un certain air du temps et la « révolution nationale » 69
VI. Gaby Morlay : maternité et ordre moral 97
VII. René Dary : le nouveau Gabin, régénéré par la « révolution nationale » 107
VIII. L'évasion dans l'adaptation littéraire à tour de bras 117
IX. L'importance relative d'un courant fantastique et légendaire trop vanté 139
X. La curieuse survivance du « réalisme poétique », chez Christian-Jaque et ailleurs 155
XI. Comédies « à l'américaine » et divertissements : le meilleur et le pire 171
XII. *Adieu Léonard* ou l'esprit de dérision 191

XIII. Le temps des ambiguïtés : *Premier de cordée* et *Le Ciel est à vous* 199
XIV. Les débuts de Jacques Becker et de Robert Bresson 211
XV. Les films dérangeants : Claude Autant-Lara et Henri-Georges Clouzot 225
XVI. La France de Pétain dans le cinéma français d'après-guerre et jusqu'à nos jours 241

DEUXIÈME PARTIE

I. Liste alphabétique des réalisateurs 257
II. Liste chronologique des films 259
III. Fiches techniques et résumés des 220 films analysés 267

ANNEXES

1. Liste des documentaires tournés en France, de 1940 à 1942 439
2. La Centrale Catholique du Cinéma face au cinéma français (1940-1944) 445
3. « L'esthétisme marxiste » selon Lucien Rebatet .. 459

PREMIÈRE PARTIE

I

Psychologie du spectateur ou le « cinéma de Vichy » n'existait pas

Le 17 juin 1940, à midi trente, la voix chevrotante d'un vieillard de quatre-vingt-quatre ans, Philippe Pétain, maréchal de France, ancien héros de Verdun, s'élevait à la radio pour annoncer l'arrêt des combats aux Français, accablés par la défaite de leur armée, l'invasion allemande, les bombardements, un exode effrayant qui avait jeté les civils sur les routes et sous la mitraille. Appelé par Albert Lebrun, président de la République, à assumer la direction du gouvernement, le maréchal Pétain, faisant à la France « le don de sa personne », venait de demander aux vainqueurs un armistice. Il fut signé avec les Allemands, le 22 juin, à Rethondes, à l'endroit même où avait été signé, en 1918, l'armistice demandé par l'Allemagne de Guillaume II, dans le wagon-salon du maréchal Foch.

Le 1er juillet, le gouvernement quittait Bordeaux, ville de repli, pour s'installer provisoirement à Vichy, station thermale située en zone non occupée, non loin de la ligne de démarcation fixée par l'armistice. C'est à Vichy que, le 10 juillet, l'Assemblée nationale délégua à Pétain les pleins pouvoirs pour promulguer une nouvelle constitution. Le lendemain, trois actes constitutionnels firent du vieillard regardé comme un sauveur le chef de l'Etat Français. La Troisième République était morte.

L'Etat français, dont Vichy allait devenir la capitale définitive, à l'écart de Paris occupé, dura quatre ans, jusqu'à la libération du territoire. Il disparut le 18 août 1944. Fuyant devant les troupes alliées, victorieuses depuis le débarquement anglo-américain en Normandie le 6 juin, les troupes allemandes emmenèrent dans leurs fourgons le maréchal Pétain, qui avait été arrêté le 20 août à Vichy. Il fut transféré à Belfort, puis à Sigmaringen en Allemagne. Le 24 août, Paris était libéré. Et le gouvernement de Vichy était remplacé par un gouvernement provisoire, présidé par le général de Gaulle.

Historiquement, l'Etat français a eu un commencement et une fin qu'on peut précisément dater. Il n'en va pas de même, tout au contraire, du cinéma français de ce temps-là, qui est le sujet de ce livre. Depuis quelques années, les articles et études qui s'y sont attachés l'ont désigné comme « le cinéma de Vichy ». Ce qui laisse entendre que, pendant cette période de la Deuxième Guerre mondiale où la France, n'étant plus en belligérance avec l'Allemagne, vécut sous l'occupation allemande et un gouvernement national né de la défaite, le cinéma aurait été lié à l'existence même du régime de Vichy, l'aurait, en quelque sorte, représenté dans le domaine artistique et aurait possédé, alors, un particularisme qui, *grosso modo*, aurait commencé en juin-juillet 40 pour finir en août 1944. Je prétends que ce n'est pas exact.

En 1948, Roger Régent publiait un livre dans lequel il racontait, d'après les chroniques qu'il avait écrites pendant l'Occupation, ses impressions et ses jugements. Ce livre était intitulé *Cinéma de France*. Il est resté, à ce jour, le seul témoignage important et dénué de parti pris sur les films français tournés et présentés au cours des « années noires ». Critique parisien, Roger Régent a exprimé ce qui fut la préoccupation dominante en ce domaine : la survivance du cinéma français d'avant la guerre, la recherche d'une qualité artistique en dépit de toutes les contraintes qui pesaient alors sur l'industrie cinématographique, et le sursaut national devant la présence allemande.

J'ai vécu moi-même cette période en spectateur amoureux du cinéma (on ne disait pas encore cinéphile). Elle correspond à celle de mon adolescence — de 13 ans, à l'exode, à 17 ans, à la Libération — et elle est restée très présente à ma mémoire. Né en 1927, à Troyes, ville moyenne de province, j'avais découvert le cinéma dès l'âge de 7 ans et, lycéen pendant l'Occupation, j'ai vu pratiquement tous les films français, à une dizaine près, qui furent alors tournés. Je n'ai jamais entendu prononcer les mots « cinéma de Vichy ». Vichy,

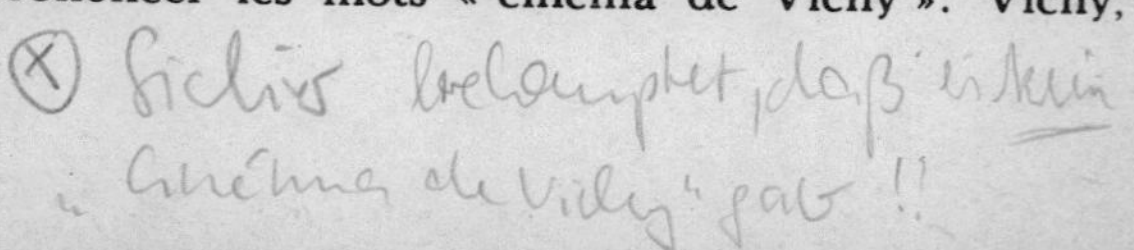

c'était pour nous, je parle aussi bien des camarades qui partageaient ma passion que de ma famille ou des adultes fréquentant les salles troyennes, la ville où se tenait le gouvernement de la France. Le cinéma, c'était tout autre chose : un spectacle auquel nous demandions la distraction, l'oubli passager des difficultés et des épreuves quotidiennes, un plaisir et une forme de liberté. Ce n'était pas encore une culture. Que cet amour du cinéma, venu chez moi dès l'enfance, m'ait conduit, finalement, à devenir critique, ne change rien à ce que je veux expliquer. On ne peut pas comprendre ce que fut le « cinéma de France » entre 1940 et 1944 si l'on ne tient pas compte de la psychologie des spectateurs d'alors. La France continuait. Il fallait vivre, il fallait survivre, en attendant la fin d'une guerre qui s'étendait en Europe et dans le monde, et contre laquelle nous devions « tenir le coup ». Cela peut paraître un peu simpliste. Mais je me situe dans cette majorité de Français qui, bien qu'affamés, mal vêtus, mal chauffés, inquiets du présent et de l'avenir, bref concernés, qu'ils l'aient ou non voulu, par les événements, n'ont pas souffert de malheurs très graves et irrémédiables. L'occupation allemande à Troyes n'a pas été plus douce qu'ailleurs. Je suis passé à travers en détestant les nazis et les soldats en uniformes qui se trimballaient dans nos rues. Nos professeurs du lycée — à part un seul, autant que je me souvienne, qui prônait, sous les chahuts, la collaboration — nous parlaient des vertus françaises éternelles et nous faisaient faire nos « humanités ». Nous attendions de Gaulle, les Anglais, les Américains et les soldats de la France Libre.

Dans cette atmosphère, le cinéma a été mon domaine de prédilection. Chaque semaine, j'ai suivi les programmes de toutes les salles troyennes. Il y en avait alors cinq : le *Cirque municipal,* salle prestigieuse de 1 600 places où le public populaire avait son « poulailler » en gradins, séparé des fauteuils du public bourgeois ; *L'Alhambra*, 950 places, rénové au milieu des années 30 ; le cinéma *Moderne*, 600 places, salle peu confortable située dans les bas quartiers de la ville, fréquentée par une population exclusivement ouvrière (on l'appelait « Pupuces », sous prétexte qu'on y attrapait des puces, pure légende, je peux en témoigner !) ; le cinéma *Jeanne d'Arc,* salle paroissiale d'environ 400 places, et *L'Alerte de Troyes*, autre salle paroissiale de 485 places. Le *Croncels Palace* avait été détruit dans les bombardements du faubourg

Croncels en 1940. On pouvait aussi aller à l'*Olympia-Casino*, 750 places, salle vieillotte à l'ambiance sympathique, située sur le territoire de Sainte-Savine, agglomération directement accolée à Troyes, de l'autre côté du grand pont de la gare. De même qu'avant la guerre j'avais fait mes délices des magazines populaires, *Cinémonde*, *Pour Vous*, *Ciné-Miroir* et *Le Film complet*, paraissant alors trois fois par semaine et publiant des récits de films, j'ai puisé pendant quatre ans l'essentiel de mes informations sur le cinéma de l'Occupation dans *Ciné-Mondial*, *Vedettes* et *Le Film complet*, survivant avec une parution moins fréquente. Je n'ai jamais lu une ligne des journaux pour intellectuels et gens cultivés publiés à Paris ; jamais, non plus, une critique de *Je suis partout* ou de *La Gerbe*. Outre les magazines cités, les bandes-annonces des prochains programmes et les affiches sur les murs m'apportaient d'autres éléments d'information. Je collectionnais les photographies de vedettes en noir et en couleurs, achetées rue Emile-Zola (la rue centrale et commerçante), à Prisunic, qui en offrait, sur des tourniquets, un choix considérable. Et, comme tout le monde, pour les séances des samedis et des dimanches, j'allais faire la queue à la location des billets. Les salles étaient toujours bondées en fin de semaine. On ne pouvait pas s'y présenter au dernier moment.

On sait, parce que tous les historiens l'ont dit, que les Français ont, pendant l'Occupation, énormément fréquenté les spectacles : cinéma, théâtre ou music-hall. C'était une évasion et, en hiver, on avait chaud dans les salles. En rappelant ces quelques souvenirs, je veux surtout marquer la relation qu'eurent alors les spectateurs composant ce qu'on appelle, aujourd'hui, le « grand public », avec le spectacle cinématographique. Il n'y a guère qu'en 1944 que la fréquentation des cinémas eut tendance à diminuer, à cause des alertes, des coupures de courant et des rafles effectuées par les polices française et allemande, recherchant les résistants, les réfractaires au S.T.O., tous ceux qui n'étaient pas en règle. Mais, à part deux bombardements des gares de triage de La Chapelle-Saint-Luc en mai 1944, Troyes ne connut pas de grandes catastrophes. Le pire vint au moment de la libération de la ville. Les Allemands brûlèrent le village de Buchères, qui fut un Oradour aubois, fusillèrent des otages sur la colline de Creney. Pendant l'Occupation même, je n'ai jamais assisté à des rafles ou eu connaissance de graves persécutions. Ce qui, bien sûr, ne veut pas dire qu'il n'y en eut pas. Je ne vivais pas dans un monde à part, mais l'organisation allemande fonctionnait si bien que toutes sortes de choses restaient cachées. Le couvre-feu limitait la circulation, les journaux ne publiaient que ce que la censure des occupants leur permettait et, de toute façon, nous ne leur accordions aucun crédit. Je n'ai pas écouté Radio-Londres parce que mes parents n'avaient pas la radio [1]. Je n'ai jamais trouvé dans notre boîte aux lettres un seul tract ou un seul journal de la Résistance. Je n'en ai jamais vus dans les mains de mes camarades de lycée. Si, aujourd'hui, toutes sortes d'informations sont recueillies et diffusées à toute vitesse, le temps de l'Occupation, dans ma ville de province, fut celui de la sous-information, du « bobard » rarement vérifié, du secret. J'ai découvert, par exemple qu'il y avait un « problème juif » à la fin de 1940 lorsqu'apparurent sur les boutiques les affiches jaunes portant, en français et en allemand, la désignation honteuse, humiliante : « entreprise juive ». J'ai vu, une seule fois, à Troyes, une femme portant une étoile jaune. C'était sur une plage de rivière, dans l'été 43, il me semble. Cette femme brune, aux formes superbes, se promenait comme un défi et riait au soleil. Elle était belle, tous les baigneurs la regardaient. La réalité des camps de déportation, dont on chuchotait l'existence sans bien savoir, me fut révélée après la Libération. Du choc que je reçus alors, il m'est toujours resté une fêlure. Paradoxalement, en pleine guerre et malgré certaines difficultés familiales, mon adolescence avait été préservée par l'ignorance. Ce qui précède n'est pas un plaidoyer, mais l'exposé d'une situation qui ne fut pas seulement la mienne. On ne peut rien comprendre à une certaine psychologie collective de la France de Pétain, bouchée, cadenassée, si l'on ne tient pas compte de ce genre de situation. A plus forte raison dans la partie du pays qui, pendant deux ans, ne fut pas occupée.

Ainsi, l'attitude des Français devant les films allemands imposés sur l'écran. Une opinion largement répandue veut que le public les ait boudés, par patriotisme. Eh bien, non ! Ils n'attirèrent pas autant de spectateurs que les films français,

1. Ce qui fait que je n'ai entendu ni le discours de Pétain le 17 juin 1940, ni l'appel du général de Gaulle le 18 juin. Un poste de T.S.F. coûtait cher. Il n'y en avait pas dans tous les foyers.

mais ils furent vus par beaucoup de monde. A part *Le Juif Süss* de Veit Harlan, film historique esthétiquement fignolé et porteur de tous les poisons raciaux du IIIe Reich (il suscita, d'ailleurs, il faut le dire, un succès de curiosité) ; *Le Président Kruger* de Hans Steinhoff, film anti-britannique dénonçant, avec un culot phénoménal, en 1941, les camps de concentrations anglais de la guerre des Boers ; une reprise du *Jeune Hitlérien Quex*, tourné en 1933 par le même Steinhoff ; *Le Croiseur Sébastopol*, film anti-bolchevique de Karl Anton datant de 1936, et quelques bandes de moindre importance, les Allemands assurèrent leur « propagande » cinématographique par des films de genre plus ou moins bien imités du cinéma américain, dont la concurrence n'était plus à craindre. Mélodrames, comédies, drames psychologiques, films à costumes, films musicaux, films d'aventures, films policiers attirèrent les Français en mal de distraction. Zarah Leander, dont la popularité était née, chez nous, en 1938-39 avec *Paramatta, bagne de femmes* et *La Habanera* de Detlef Sierck [1] fut considérée comme un substitut de Greta Garbo et très appréciée, ainsi que Marika Rokk, la vedette dansante et chantante des films de Georg Jacoby. Par contre, la blonde et fadasse Kristina Söderbaum, épouse et interprète dominante de Veit Harlan, suédoise d'origine, mais incarnant, pour nous, la « Gretchen » typique, n'eut pas, même violée par le Juif Süss, un dixième de l'audience affective des reines du cinéma allemand selon Goebbels. Les ombres d'Hollywood hantaient cette production, qui est loin d'avoir laissé de mauvais souvenirs, même si, dans l'immédiate après-guerre, peu de Français osèrent dire qu'ils y avaient trouvé du plaisir, qu'ils avaient admiré — entre autres — *La Ville dorée* de Veit Harlan et *Les Aventures fantastiques du baron de Munchhausen* à cause des images en couleurs, richesse et fascination perdues depuis la disparition du Technicolor hollywoodien. Réduits à une portion plus congrue, les films italiens distribués à cette époque ne passèrent pas, non plus, inaperçus. Têtes d'affiche : Isa Miranda, la vamp de Cinecitta, la Marlène latine, et la jeune étoile Alida Valli, dont la beauté et le charme nous firent rêver [2].

1. Emigré aux Etats-Unis, Detlef Sierck devint Douglas Sirk.

2. Dans sa préface aux chroniques d'André Bazin, *Le Cinéma de l'Occupation et de la Résistance* (Union Générale d'Editions, collection 10/18, 1975), François Truffaut, plus jeune que moi, raconte ses souvenirs de spectateur parisien, souvenirs d'enfance qui se rapprochent des miens.

Ce point d'histoire rétabli, pour faire litière de la mauvaise conscience des uns et de la mauvaise foi des autres, il est bien évident que les films français recueillirent, par principe, plus de suffrages dans les cœurs des spectateurs de l'époque, et je soutiens que « le cinéma de Vichy » n'a pas existé pour eux en tant que phénomène issu du régime nouveau. Ce cinéma, pour le public populaire, était tout simplement la continuation du cinéma français des années 30. Bien des films de ces années-là circulaient encore. *Prison sans barreaux* et *L'Empreinte du dieu* de Léonide Moguy, *Nuit de décembre* de Kurt Bernhardt, *Pièges* de Robert Siodmak ne portaient plus à leur générique les noms de leurs metteurs en scène, juifs et antinazis émigrés, mais on pouvait les voir. La censure allemande faisait couper, ici et là, des plans où apparaissaient dans de petits rôles des acteurs juifs ou des « indésirables ». Termerson disparut ainsi des *Cinq sous de Lavarède*, comédie burlesque avec Fernandel, Eric von Stroheim d'un sketch de *Pièges* puis de *Derrière la façade* d'Yves Mirande et Georges Lacombe. En 1939, Jean Delannoy avait réalisé *Macao*, film d'aventures exotiques d'après un roman de Maurice Dekobra avec Stroheim et Mireille Balin en vedettes. La sortie en avait été retardée par la guerre. Après juin 40, à cause de Stroheim, antinazi notoire, *Macao*, où il était impossible de supprimer toutes ses scènes, fut interdit. La perte était lourde pour le producteur. Jean Delannoy recommença son film en remplaçant Stroheim par Pierre Renoir, le reste de ce qui avait été déjà tourné pouvant être conservé. *Macao*, devenu *L'Enfer du jeu*, sortit en exclusivité à Paris — en décembre 1942. Le vrai *Macao* reparut au grand jour dans les mois qui suivirent la Libération.

Pour la seule année 1941, je relève, dans le carnet où je consignais les films que j'allais voir, *Barnabé, Ils étaient neuf célibataires, Mireille, Casanova, Arsène Lupin détective, Quelle drôle de gosse, Arènes joyeuses, Trois Argentins à Montmartre, Adémaï au Moyen Age, Fanfare d'amour, La Porteuse de pain, Lucrèce Borgia, Promesses, Le Petit Chose, La Bandera, Un meurtre a été commis, Prison sans barreaux, Grand'Père, Trois Valses, Chéri-Bibi, Le Roi, Bécassine, Le Joueur, Lumières de Paris, Feux de joie* (avec Ray Ventura, juif proscrit, et son orchestre !) tournés, tous, entre 1930 et 1939. Pour 1942, entre autres : *Nuit de Décembre, Paradis perdu, L'Enfer des anges, La Tradition de minuit, Les Musiciens du ciel, Battements de cœur* et *La Femme du boulanger*. A quelques exceptions près, ces films n'ont pas retenu l'attention des historiens du « 7e art ». Ils appartenaient à la production commerciale courante. Ils ont eu leurs équivalences dans le cinéma du temps de Pétain. La seule rupture entre ces époques fut, entre mai et décembre 40, l'arrêt presque total de l'industrie cinématographique. Dès le début de 1941 le lien était rétabli, sur ce plan-là, avec l'avant-guerre, bien que le cinéma français eût été brusquement privé de René Clair, Julien Duvivier, Jacques Feyder, Jean Renoir, qui avaient choisi l'exil ; de Pierre Chenal, Léonide Moguy, Max Ophuls, Robert Siodmak, Jean Benoit-Lévy, Kurt Bernhardt, menacés par les lois raciales ; et, côté acteurs, de Jean Gabin, Michèle Morgan, Françoise Rosay, Louis Jouvet, Madeleine Ozeray, Dalio, Victor Francen, Eric von Stroheim, Jean-Pierre Aumont, qui avaient quitté la France pour des raisons diverses.

Deux cent vingt longs métrages de fiction (certains n'étaient pas terminés à la Libération) ont été produits sous l'Occupation, dont trente par la seule firme Continental dirigée par un Allemand, Alfred Greven, dont la personnalité et le rôle n'ont jamais été examinés de près, et que j'examinerai plus loin, pour la première fois, quarante ans après ! Ces deux cent vingt films ont été réalisés par quatre-vingt-un réalisateurs, dont dix-neuf débutants seulement. On en trouvera la liste, détaillée, en annexe. Pour l'essentiel, les spectateurs retrouvèrent des gens connus en lesquels ils virent forcément les continuateurs de la production d'avant-guerre : Marcel Carné, Abel Gance, Jean Grémillon, Marcel L'Herbier, Christian-Jaque, Henri Decoin, Jean Delannoy, Jean Dréville, Sacha Guitry, Jacques de Baroncelli, Maurice Tourneur, etc. Ceux qui tournèrent le plus à cette époque furent Jean Boyer et Richard Pottier (7 films chacun, contre 2 à Carné, Gance et Grémillon), puis Christian-Jaque, Henri Decoin, Jean Dréville et Georges Lacombe (6 films chacun), Marc Allégret, Jacques de Baroncelli, André Berthomieu, Jean Delannoy, Maurice Tourneur (5 films chacun). Si Claude Autant-Lara réussit, enfin, à s'imposer, ainsi que Louis Daquin, il n'y eut vraiment, parmi les « nouveaux », que trois révélations majeures : Jacques Becker (3 films), Robert Bresson (2 films) et

Henri-Georges Clouzot (3 films). On peut y ajouter André Cayatte (4 films), dont la personnalité se précisa dans les années d'après-guerre, mais qui vient loin derrière les trois autres.

De la même façon, les spectateurs retrouvèrent des acteurs et actrices qui les ramenaient aux années 30 : Pierre Blanchar, Henri Garat, Fernandel, Raimu, Saturnin Fabre, Albert Préjean, Pierre Renoir, Robert Le Vigan, Pierre Fresnay, Tino Rossi, Charles Vanel, Raymond Rouleau, Fernand Gravey, André Luguet, Bernard Lancret, Fernand Ledoux, Jean-Louis Barrault, Harry Baur, Pierre Richard-Willm, Michel Simon, René Dary, Gilbert Gil, Jules Berry, Carette, Jean Murat, ainsi que Danielle Darrieux, Viviane Romance, Edwige Feuillère, Gaby Morlay, Madeleine Renaud, Arletty, Ginette Leclerc, Blanchette Brunoy, Elvire Popesco, Yvonne Printemps, Renée Saint-Cyr, Mireille Balin, Annie Ducaux, Madeleine Robinson, Jany Holt, Mila Parély, Janine Darcey, Louise Carletti. Les débutantes très prometteuses, telles Marie Déa, Micheline Presle, Odette Joyeux, Michèle Alfa et Madeleine Sologne, devinrent des vedettes. On découvrit Suzy Delair, Renée Faure et Suzy Carrier (qui ne dura pas). Tandis que Bernard Blier et François Périer s'affirmaient, Louis Jourdan, Serge Reggiani, Jean Marais, Roger Pigaut, Georges Marchal et Jean Desailly prirent de l'importance. Peu de visages nouveaux, en définitive, imposèrent leur image.

Et, de toute façon, acteurs et actrices de tous âges poursuivirent, la plupart du temps, dans leurs rôles, une tradition. Il n'y eut rien là qui fût spécifique d'un « cinéma de Vichy ». Nous verrons également que même le contenu des films fut peu marqué par l'idéologie pétainiste. Ces films véhiculèrent des mythologies romanesques plus ou moins adaptées aux circonstances, cependant que les meilleurs des réalisateurs et des techniciens s'acharnèrent à faire renaître et triompher un « style français ». Ils donnèrent au cinéma un bel essor artistique et commercial. Ceux qui aujourd'hui scrutent le soi-disant « cinéma de Vichy » à partir d'a priori politiques ou intellectuels ne se rendent pas compte qu'ils travaillent sur des éléments historiques dont ils ont eu une connaissance complète bien après coup. Je ne reproche à personne d'être né après la Libération, d'avoir eu vingt ans dans les années 60. Mais il est aberrant de raisonner comme si, en 1940 et 1941, les Français avaient su ce qui allait se passer en 1942, 1943 et 1944 ; comme si nous, les contemporains jeunes ou vieux, avions vécu toutes les étapes de la Deuxième Guerre mondiale en ayant, d'avance, une vision totale de ses péripéties, du destin de tous les chefs d'Etat et de tous les peuples. Je veux bien que le recul historique soit nécessaire. Reste qu'on ne peut pas examiner le cinéma français du temps de l'Occupation seulement avec les idées, les choix, les principes, les jugements et le regard critique des années 70.

Je n'ai pas adopté pour cet ouvrage, qui n'est pas un retour nostalgique à mon adolescence, une méthode historique précise. Je suis un témoin. Un témoin subjectif, certes. Je parle de ce que j'ai connu, vécu et vérifié, par la suite, avec ma propre culture cinématographique. A mes souvenirs, à la documentation que j'ai toujours amassée, j'ai ajouté certaines informations qui me semblaient nécessaires pour faire comprendre l'atmosphère et l'esprit d'une époque, vue du côté d'un cinéma qui n'était pas ce que certains veulent nous faire accroire en appliquant sur les films des grilles à déchiffrer des messages codés qui ne s'y trouvaient pas.

II
L'intervention de l'Etat et le sauvetage du cinéma français par le C.O.I.C.

Lorsque les salles rouvrirent, que les films recommencèrent à circuler, les spectateurs se retrouvèrent donc en face d'un cinéma ne différant pour ainsi dire pas de celui de l'avant-guerre. Ils ne se soucièrent pas de la façon dont ce cinéma était organisé. Qu'il y ait eu, derrière ce *spectacle*, une *administration*, les « consommateurs » de films ne le savaient pas ; ce n'était pas leur affaire. Les milieux professionnels faisaient leur travail ; seul, le résultat nous intéressait. Qu'il y ait eu une intervention de l'Etat, je ne m'en suis pour ma part aperçu qu'en 1942 lorsque certains films furent interdits aux moins de 16 ans. Dans mon enfance, avant la guerre, je ne m'était heurté à aucune pancarte du genre « défendu aux mineurs ». Je ne devais avoir 16 ans que le 27 mars 1943 et, jusqu'à cette date, ma seule préoccupation fut de savoir quels films je risquais de manquer, s'ils tombaient sous le coup de cette interdiction. Après... vogue la galère ! Je fus très sensibilisé aussi à la disparition du « double programme ». Les courts métrages documentaires remplaçant désormais les films de fiction, souvent américains, en première partie du programme, me firent bâiller d'ennui et je n'en ai conservé pratiquement aucun souvenir. Pour moi, ce n'était pas « du cinéma », c'était une corvée qu'il fallait subir, avec celle des actualités, avant l'entracte. Je n'ai donc reçu, à l'époque, aucune information sur la nouvelle organisation du cinéma français ; autour de moi, personne n'en parlait. Hors Paris, ou Vichy, le cloisonnement était étanche entre les responsables de cette organisation, les membres de la profession, d'une part ; les « spectateurs moyens », c'est-à-dire la majorité des Français fréquentant les salles, de l'autre. De toute façon, les problèmes administratifs, en quelque domaine que ce soit, m'ont toujours paru rébarbatifs et je ne m'en suis soucié que lorsque je ne pouvais pas faire autrement.

C'est bien le cas ici. La chronique du cinéma français sous l'Occupation amène aussi à se pencher sur ses structures en ce temps-là. Je ne l'ai pas fait seulement au moment d'écrire ce livre. Depuis les années 40, ma curiosité et mes connaissances s'étaient élargies. Mais je ne cache pas que ce chapitre m'a coûté des efforts considérables ! Heureusement, le précieux ouvrage de Paul Léglise *Histoire de la politique du cinéma français* (Tome I : *La Troisième République*, tome II : *Entre deux Républiques, 1940-1946)* [1] contenait toutes les informations nécessaires. J'en ai tiré l'essentiel et ajouté mes considérations personnelles. Pour plus de détails, on pourra toujours s'y reporter [2]. Bon, allons-y !

Les troupes allemandes avaient occupé Paris le 14 juin 1940. Une vingtaine de salles rouvrirent dès le 19 juin, certaines étant réservées aux uniformes vert-de-gris (les *Soldaten-Kinos*). Les services de la Propagandastaffel, rattachée au commandement militaire, s'installèrent le 28 juin. Une « antenne » du ministère allemand de l'Information et de la Propagande, la Propaganda Abeitlung, fut créée le 18 juillet. Elle était dirigée par le docteur Dietrich et rattachée à la Wermacht. Ces deux organismes étaient destinés à contrôler toute l'activité de la profession cinématographique française en zone occupée. L'ambassade d'Allemagne à Paris avait aussi son mot à dire. Elle était chargée de la politique et des échanges culturels (littérature et cinéma). L'ambassadeur Otto Abetz connaissait bien Paris, où il avait été envoyé, avant la guerre, en mission de propagande. Il avait alors noué des relations avec les milieux germanophiles. Expulsé en 1938, il reve-

1. Filméditions, Pierre Lherminier éditeur, 1977.

2. Cf. aussi l'article de Stéphane Lévy-Klein *Sur le cinéma français des années 1940-1944. I. L'organisation*, dans *Positif* n° 168, avril 1975 (suivi d'une étude sur les réalisations, *Positif* n° 170) et *Les Malédictions du cinéma français*, de Francis Courtade, Éditions Alain Moreau, 1979.

nait, après l'armistice, en diplomate chargé, en quelque sorte, de « normaliser » la collaboration intellectuelle. Un certain « Tout-Paris » fréquenta, sous l'Occupation, ses réceptions mondaines.

Bref, ces trois pouvoirs allemands, qui ne s'entendirent pas toujours entre eux (la Propagandastaffel, jugée trop indépendante, fut supprimée le 17 novembre 1942 ; la Propaganda Abeitlung et l'institut allemand de l'ambassade avaient mis fin à leur rivalité par un accord en juillet de la même année), tenaient en main le sort du cinéma français. Leur action, dans les trois mois qui suivirent l'armistice, se traduisit ainsi : fermeture de 35 salles, location des plus grands studios parisiens, interdiction provisoire de la réalisation de films français, création de la Continental Films, société de droit français à capitaux allemands dirigée par Alfred Greven, installation de deux maisons de distribution allemandes louant aux exploitants des films allemands doublés, direction de la censure. En juillet 1940, Dietrich, l'homme de la Propaganda Abeitlung, « invita » les responsables de la profession cinématographique française présents à Paris à constituer des groupements corporatifs pour chaque branche de l'industrie du cinéma.

Cette mesure inquiéta fortement le gouvernement de Vichy. Le cinéma français se trouvait en péril. Beaucoup de producteurs, techniciens et artistes repliés en zone sud songeaient alors à établir un centre cinématographique sur la Côte d'Azur, avec les studios de la Victorine à Nice et les studios marseillais de Marcel Pagnol. Mais il aurait été catastrophique de laisser sous le seul contrôle allemand la production et l'exploitation en zone occupée, où Paris était un point de forte concentration des studios et des circuits. Vichy préparait une réorganisation générale de l'industrie cinématographique, rattachée à l'ensemble de la production industrielle. Les initiatives allemandes qui avaient provoqué, en octobre 1940, une protestation de Jean-Louis Tixier-Vignancour, alors responsable du cinéma à l'Information, hâtèrent donc la mise en place des nouvelles institutions nécessaires au cinéma français. A la tête du Service du Cinéma, créé le 16 août 1940, se trouvait un inspecteur des finances, Guy de Carmoy, qui sous le gouvernement du Front populaire avait préparé un rapport remarquable au sujet de la mauvaise organisation économique du cinéma français et des réformes à appliquer. Les mesures que préconisait Guy de Carmoy, acceptées mais jamais mises en œuvre sous la Troisième République, allaient servir de base à la réglementation cinématographique de l'« Etat français ». Par la loi du 26 octobre 1940, une carte d'identité professionnelle devenait obligatoire dans tous les secteurs de la profession ; la location des films aux producteurs devait être payée non plus au forfait (ce qui avait engendré pas mal de complications), mais selon un pourcentage de la recette nette globale ; le double programme était supprimé, ce qui donnait place à des courts métrages en première partie des spectacles. Et, toujours sous l'inspiration du rapport Carmoy, un Comité de l'Organisation de l'Industrie Cinématographique (C.O.I.C.) fut institué par un décret du 2 novembre 1940, publié au Journal Officiel le 4 décembre 1940, sous la signature, par délégation du maréchal Pétain, de Pierre Laval, vice-président du Conseil, ministre chargé de l'Information. Nommé commissaire du gouvernement auprès du C.O.I.C., Guy de Carmoy choisit pour directeur responsable Raoul Ploquin qui, dans les années 30, avait dirigé la production des versions françaises des films de la U.F.A.

Ces deux hommes furent bénéfiques à l'entreprise de sauvegarde du cinéma français. « *Il semble bien*, écrit Paul Léglise, *que leur souci majeur avait été de se mettre exclusivement au service des intérêts supérieurs du cinéma français et de lui assurer, en toute dignité, un nouveau départ sur des bases rationnelles.* » J'ose dire que cela ne fait aucun doute. Avec Guy de Carmoy et Raoul Ploquin, le C.O.I.C., dont les bureaux étaient installés à Paris, réussit à remettre sur pied la production française en zone occupée, à obtenir la libre circulation des films entre les deux zones et à unifier un marché qui devint très rentable pour les producteurs, puisque la suppression du double programme et la disparition de la concurrence américaine [1] permirent aux films, malgré la distribution de productions allemandes et italiennes, un amortissement sur le seul territoire français. Mais la tâche n'était pas facile. Les réformes de Guy de Carmoy, conçues pour un régime libéral, avaient été reprises en compte par un régime strictement diri-

1. Des films américains circulèrent en zone non occupée jusqu'en 1942, mais la concurrence commerciale était sans rapport avec celle de l'avant-guerre.

giste et corporatiste imposant sa tutelle. Et la pression des occupants, peu satisfaits de voir redémarrer un cinéma national qu'ils auraient volontiers absorbé, imposa des contraintes supplémentaires.

En gros, l'œuvre du C.O.I.C. peut se résumer ainsi : une réglementation professionnelle éliminant les sociétés plus ou moins fictives d'avant-guerre, qui faisaient souvent faillite sans avoir payé les salaires des techniciens et des acteurs ; un contrôle des recettes ; un système d'avances financières par l'intermédiaire du Crédit National (la réalisation d'un film ne pouvant commencer qu'une fois la totalité du devis, part producteur et avances, déposée en banque) ; un encouragement — grâce à la suppression du double programme — à la production de courts métrages (il y en eut quatre cents pendant ces années-là).

L'assainissement économique de la profession cinématographique passa malheureusement par l'élimination des Juifs, à laquelle toute activité fut interdite, selon les dispositions des lois raciales promulguées par Vichy. Dès le 3 octobre 1940, une première loi sur le statut des Juifs avait été signée par le maréchal Pétain et ses ministres. D'autres suivirent, aggravant la situation de ces citoyens réprouvés. On sait ce qu'il en advint : « *Cette législation de Vichy*, écrit Paul Léglise, *résulte d'une pression des forces occupantes — du moins nous préférons le supposer.* » Jugement prudent. Les lois raciales françaises, l'appui des forces de l'ordre gouvernementales apporté aux Allemands, en particulier pour la sinistre « rafle du Vel'd'Hiv » du 16 juillet 1942, sont une tache de honte ineffaçable dans l'histoire de la France. En ce qui concerne le cinéma, la carte d'identité professionnelle, si elle permettait de vérifier les capacités des gens de métier, était aussi un barrage contre les Juifs. Certains d'entre eux purent travailler clandestinement ou sous des noms d'emprunt, et il y eut des résistants au sein du C.O.I.C. Ce ne fut tout de même pas suffisant pour atténuer la responsabilité du gouvernement de Vichy, lequel imposa constamment à l'organisme des réglementations et des contrôles qu'il n'était pas souvent possible de tourner. On a dit que le C.O.I.C., à l'exemple de ses autorités étatiques de tutelle, était allé, parfois, au-devant des exigences allemandes. Je pense, toutes lectures faites, qu'il dut louvoyer, piloter à vue au gré des circonstances. Ainsi dans le cas de la censure dite « contrôle préventif des films » : elle fut d'abord exercée exclusivement par les autorités d'occupation dans leur zone. Vichy tenait à la sienne. Elle fut établie par le secrétaire général de l'Information et de la Propagande, assisté d'une commission consultative où siégea un représentant du C.O.I.C. auprès de représentants ministériels. Faible défense peut-être ; les Allemands pouvaient toujours être les plus forts. Mais un détail de ce genre témoigne d'une situation complexe entre toutes, qu'il n'est pas aisé de débrouiller.

Guy de Carmoy n'était pas très bien vu en haut lieu vichyssois. Il fut éloigné en septembre 1941 du Service du Cinéma et remplacé par l'architecte Louis-Émile Galey, haut fonctionnaire de qualité d'ailleurs. Guy de Carmoy allait être, ensuite, déporté. Un remaniement du C.O.I.C. intervint en 1942 après la démission de Raoul Ploquin. « Démission » bien curieuse. Voici ce qu'en dit Raoul Ploquin dans une lettre par laquelle il me répondit, le 8 décembre 1980, à une demande de renseignements sur la personnalité d'Alfred Greven (je reviendrai plus loin sur son témoignage concernant le rôle exact du chef de la Continental dans la production) : « *Si mes rapports avec Greven se détériorèrent peu à peu, ce fut pour des raisons administratives qui n'avaient rien à voir avec l'idéologie de sa production. Les voici : la société Continental étant une société de droit français, j'entendais lui appliquer la réglementation à laquelle le C.O.I.C. soumettait ses ressortissants français. Cette prétention, au fil des mois, parut abusive à Alfred Greven qui me fit part, à plusieurs reprises et sur un ton de plus en plus irrité, de son intention de passer outre à la réglementation en vigueur... Avec l'appui de Louis-Émile Galey, à l'époque directeur général de la cinématographie à la vice-présidence du Conseil, je me refusai à modifier ma position. La force resta finalement à la force. Pierre Laval m'adressa, le 25 mai 1942, une lettre où, parmi de flatteuses considérations, il me faisait part de son intention de "modifier les structures du C.O.I.C."* ».

Renvoyé par Pétain le 13 décembre 1940, Pierre Laval avait été rappelé par lui le 17 avril 1942. Il cumulait désormais la direction du gouvernement, les Affaires étrangères, l'Intérieur. Il était, de plus, ministre secrétaire d'État à l'Information. Le 30 mai 1942, il transforma le Service du Cinéma en Direction générale du Cinéma placée sous son autorité directe. Louis-Émile Galey fut nommé directeur général, avec un comité de direction, dont les premiers membres furent Roger Richebé, Marcel Achard et André Debrie. Ce comité démissionna en 1943 et Louis-Émile Galey, toujours directeur général du cinéma, exerça ses droits. « *Il faut être reconnaissant à Louis-Émile Galey*, constate Paul Léglise, *de ne pas avoir orienté une partie du cinéma français sur des thèmes de propagande, bien que son service ou sa direction générale dépendît du ministère de l'Information, c'est-à-dire d'un ministère très sensible à cette époque à ce genre d'action. Quand on fera l'inventaire de ces films, on s'apercevra de leur nombre très relatif en dehors des traditionnels films de commande qui, sous tous les régimes, glorifient l'œuvre du gouvernement au pouvoir et qui ne vont jamais très loin sur le plan de l'idéologie afin de ne pas heurter les foules hétéroclites assemblées dans les salles. De nos jours, c'est surtout la télévision qui en a la charge. A cette époque-là, les seuls films vraiment contestables ont leur origine à l'extérieur de la Direction générale du Cinéma, et leurs génériques ne mentionnent d'ailleurs aucun réalisateur ou technicien en renom de la profession.* »

Ce qui rejoint exactement le propros du présent livre. Le C.O.I.C., si décrié après la Libération, a peut-être eu des faiblesses, fait des erreurs. Il n'empêche que son existence, de 1940 à 1944, permit au cinéma français non seulement de rester français, mais encore de s'épanouir économiquement, artistiquement, en dépit de la contrainte allemande et des difficultés matérielles de l'économie de guerre. Sous la direction de Louis-Émile Galey, le C.O.I.C. créa le Grand Prix du Film d'art Français qui s'accompagna de subventions aux producteurs audacieux [1], le Registre public de la Cinématographie [2] et l'Institut des Hautes Études Cinématographiques (I.D.H.E.C.). Le concours du Crédit National fut renforcé. Un appui fut donné à la Cinémathèque Française d'Henri

1. Ce prix fut attribué pour 1942 aux *Visiteurs du soir*, pour 1943 aux *Anges du péché*. Mentions à *La Nuit fantastique* pour 1942, à *Douce* et au *Baron fantôme* pour 1943. Bien que n'entrant pas en compétition, deux films de 1941 furent « signalés » : *Nous les gosses* et *L'Assassinat du père Noël*.

2. Projet envisagé, avant la guerre, par Maurice Pestche, puis Guy de Carmoy, enfin Jean Zay.

Langlois, installée au 7 de l'avenue de Messine, siège de la Direction générale du Cinéma.

Revenons un peu sur l'I.D.H.E.C., projet cher depuis longtemps à Marcel L'Herbier, qui en fut l'ardent défenseur. On en trouve un embryon dans le Centre Artistique et Technique des Jeunes du Cinéma, fondé à Nice après l'armistice sous le patronage du Secrétariat d'État à la Jeunesse. Le C.A.T.J.C., dirigé par le commandant Paul Legros (qui, à la Libération, devint chef du Service Cinématographique des Armées), assisté du producteur Pierre Gérin, forma des techniciens du cinéma et permit à des jeunes gens d'échapper au S.T.O. Dans *Le Nouveau Film* d'octobre 1942, un journaliste, Philippe Dauphin, désignait la villa « El Patio » — siège du C.A.T.J.C. — comme « *une véritable villa Médicis du cinéma français* ». Le centre, où passèrent des opérateurs, des décorateurs, des ingénieurs du son, des scénaristes et des acteurs, fut une pépinière de réalisateurs de courts métrages (entre autres, Jacqueline Audry avec *Les Chevaux du Vercors*, Georges Régnier avec *Manosque*, René Clément avec *Ceux du rail* [1]). On retrouve Pierre Gérin (du C.A.T.J.C.) directeur général de l'I.D.H.E.C., créé en septembre 1943, avec Marcel L'Herbier pour président. L'ouverture des cours eut lieu le 6 janvier 1944, dans un local de la rue de Penthièvre. Le 10 janvier, Marcel L'Herbier célébrait cet événement par un vibrant discours et envisageait l'avenir avec optimisme. Dans *Cinéma de France*, Roger Régent s'est fait le témoin de cet enthousiasme : « *L'importance d'une semblable création, dans une époque aussi difficile pour notre pays, ne saurait échapper. C'était la première fois dans le monde qu'une école supérieure d'art cinématographique entreprenait l'enseignement artistique, technique et humain de futurs cinéastes. Marcel L'Herbier et les collaborateurs dont il s'entoura ne manquèrent jamais d'insister sur le côté individuel et humain de la formation que l'on entendait donner à l'I.D.H.E.C.* [2] »

Il me reste peu de chose à dire. Le C.O.I.C., organisme officiel de l'« État français » de Pétain et Laval, a bien été l'instrument de la survie du cinéma français, qui semblait condamné, après juin 1940, à tomber sous la coupe de l'Alle-

1. Voir également annexe n° 1, la liste des films documentaires tournés en France de 1940 à 1942.

2. *Cinéma de France*, Éditions Bellefaye, 1948.

magne. Aucun des 220 films de long métrage tournés sous l'Occupation, même pas ceux produits par la Continental [1], n'a servi l'idéologie nazie. Si l'on connaît les actes concrets des autorités d'occupation, les intentions réelles des dirigeants nazis de Berlin n'apparaissent aujourd'hui pas très claires. Mais l'Allemagne de Hitler qui, après la chute de la France en 1940, pouvait se croire victorieuse, dut soutenir, par la suite, un tel effort de guerre sur plusieurs fronts, qu'elle ne pouvait avoir comme première et impérative préoccupation l'organisation et le contrôle d'un cinéma européen.

Restent les « échanges culturels », imposés d'une façon plus ou moins hypocrite par les « sirènes » de la politique artistique. Dans le cinéma, ils se réduisent à peu de choses. Zarah Leander et Marika Rokk, les deux vedettes populaires en France, firent chacune leur voyage à Paris, où elles furent photographiées à qui mieux mieux. Elles visitèrent les endroits touristiques de la capitale et les maisons de couture. Au début de 1942, Carl Froelich, président de la Reichsfilkammer, invita quelques vedettes françaises à visiter l'Allemagne. Cette invitation était présentée « *au nom des Producteurs de Films de la Grande Allemagne et des Ateliers du Film allemand à Berlin, Munich et Vienne* ». Albert Préjean, Danielle Darrieux et Viviane Romance, déjà très célèbres avant la guerre outre-Rhin, firent ce voyage, avec René Dary, Junie Astor, Suzy Delair, le scénariste André Legrand et Pierre Heuzé, directeur de *Ciné-Mondial*, qui écrivit pour son magazine des comptes rendus étalés sur plusieurs semaines [2]. Les acteurs français assistèrent, à Berlin, à la « première » en Allemagne de *Premier rendez-vous*, visitèrent des studios, rencontrèrent des artistes allemands, des personnages officiels et des prisonniers et ouvriers français. On peut se reporter à la collection de *Ciné-Mondial* et autres publications de l'époque. A ces comédiens, à ces comédiennes, les spectateurs ne tinrent jamais rigueur d'être allés à Berlin, à Vienne et à Munich. En regard des nombreuses tournées de music-hall qui firent le voyage d'Allemagne jusqu'en 1944, ce déplacement de quelques-unes de nos vedettes n'est plus qu'une anecdote historique.

1. Voir chapitre IV.
2. Cf. *Ciné-Mondial* nos 32 à 42, avril à juin 1942.

III
Le domaine limité de la propagande politique

L'orientation politique s'exerça essentiellement par ce qu'on appelle « la presse filmée », c'est-à-dire les bandes d'actualités présentées, chaque semaine, dans les cinémas, en première partie du programme, après le court métrage de complément. Avant la guerre, il existait trois hebdomadaires d'actualités français : Pathé-Journal, France-Actualités-Gaumont, Éclair-Journal. Et deux éditions de filiales américaines : les actualités Paramount et le « journal » de Fox-Movietone. Dans la zone occupée, tout cela disparut, remplacé par les *Actualités mondiales,* édition pour les Français des actualités allemandes. La diffusion en était assurée par l'Alliance Cinématographique Européenne (A.C.E.), sous le contrôle des autorités d'occupation.

Les spectateurs se rendirent très vite compte que ces actualités étaient nettement orientées en faveur du combat allemand (contre l'Angleterre, à l'époque) et de l'idéologie hitlérienne. Une certaine anglophobie s'était manifestée après le rembarquement des troupes anglaises à Dunkerque entre le 27 mai et le 4 juin 1940, et surtout après l'attaque par les forces navales britanniques de la flotte française à Mers-el-Kébir, le 3 juillet 1940 — acte dicté par le souci de ne pas laisser cette flotte de l'armistice tomber aux mains des Allemands. Le gouvernement de Vichy avait alors rompu les relations diplomatiques avec la Grande-Bretagne. L'amertume causée par cette manifestation d'hostilité de « l'ancien allié » avait laissé des traces dans les esprits. Elle s'effaça peu à peu et les images commentées des *Actualités mondiales* relatant les événements de la guerre passèrent, finalement, pour « du bourrage de crâne ». Pendant quatre ans, il y eut ainsi dans le public une méfiance instinctive à l'égard de la « presse filmée ». On la subissait parce qu'elle faisait partie du programme. Mais vint un temps où les quolibets, les sarcasmes et même les sifflets des spectateurs montrèrent bien qu'ils n'étaient pas dupes. La lumière était rallumée pendant les actualités pour dépister les perturbateurs. Je me souviens qu'en 1944, à Troyes, une surveillance était établie dans les salles par des femmes-agents (était-ce une initiative gouvernementale ou municipale ? je ne saurais le dire), que nous appelions les « fliquesses ». Elles interpellaient parfois les siffleurs, mais le plus souvent criaient : *« silence ! »* Un dimanche, au cinéma Moderne, où le public était particulièrement bruyant, cette injonction au silence provoqua la riposte gouailleuse d'un loustic qui gueula, au milieu des rires, un *« ta gueule, la poule ! »* retentissant. Du coup, la séance fut interrompue et la gardienne de l'ordre exigea la désignation du coupable. Elle faillit se faire écharper et se retira sans insister. A partir de 1942, « siffler aux actualités » était devenu une habitude.

En fait, la situation des actualités cinématographiques avait évolué depuis 1940. Les Allemands cherchèrent vite à contrôler aussi les journaux filmés en zone non occupée. Le gouvernement de Vichy para leurs pressions en faisant éditer dans cette zone *France-Actualités*, production commune Pathé-Gaumont, et en interdisant la projection de tout journal étranger. Je n'ai jamais rien vu de ces actualités de la zone « libre », évidemment dirigées selon les consignes du régime. Elles durèrent du 15 octobre 1940 au 15 octobre 1942. Pendant ce temps eurent lieu de nombreuses négociations franco-allemandes ; Vichy désirait faire circuler « ses » actualités en zone occupée, les Allemands cherchaient à garder le contrôle de la presse filmée. Un accord intervint, le 18 août 1941, pour la constitution d'une société mixte au capital à 60 % français et à 40 % allemand. Sur ces bases fut créé *France-Actualités*, journal filmé unique pour toute la France, à partir du 21 août 1942, trois mois avant l'invasion de la zone libre. *France-Actualités* véhicula donc une propagande plus ou moins discrète en faveur de la « collaboration européenne [1] ».

---

1. Pour les détails sur l'histoire des actualités, consulter Paul Léglise. *Histoire de la politique du cinéma français. op. cit.*, tome II, chapitre VI.

On y voyait Pétain dans ses déplacements en province, les manifestations qui lui étaient consacrées. On y voyait aussi, de temps en temps, Hitler. L'accent était mis sur les prisonniers de guerre, les travailleurs français en Allemagne, la solidarité nationale et les bombardements anglais des villes françaises, pour provoquer l'indignation. Les *Actualités mondiales* et *France-Actualités* sont devenus des documents précieux pour l'étude de la propagande pendant les années 40-44. Mais on aurait tort de croire que les Français s'y laissaient prendre. Ils y opposèrent, à tous le moins, un certain scepticisme. L'ambiance des salles y prêtait. Comme le rire, les sifflets étaient contagieux. Il y eut sans doute un rejet politique ; je crois aussi, par mon expérience personnelle, à un rejet psychologique. On n'allait pas au cinéma pour retrouver la vie réelle, arrangée ou non à la sauce propagandiste, on y allait pour l'oublier. L'intrusion des actualités dans le spectacle cinématographique était, de ce fait, mal supportée. Si la télévision avait existé, à l'époque, dans les conditions de réception que nous connaissons aujourd'hui, l'impact de ces images orientées aurait peut-être été différent.

La propagande politique, sociale et morale de Vichy s'est exercée aussi dans des films de reportage et de montage, que je n'ai jamais vus. Paul Léglise en signale quelques-uns : *Images et Paroles du maréchal Pétain, Discours du maréchal Pétain, Un an de révolution nationale, Deux ans de révolution nationale, Français, vous avez la mémoire courte* (film anticommuniste présenté à Paris, en 1942, à l'exposition *Le Bolchevisme contre l'Europe), Fidélité* (les colonies françaises), *La Terre qui renaît. Prisonnier, Permissionnaire, n'oubliez pas, Travailleur de France* sont cités comme documents sur les prisonniers de guerre et propagande sur le travail en Allemagne. *Résistance* (1944) présenta, sous une forme « romancée », les exactions de ceux que les Allemands et les collaborateurs faisaient passer pour des « terroristes ». Sans minimiser leur contenu pernicieux, il ne faut tout de même pas exagérer leur importance. Comment ont-il été diffusés ? Les sources d'information là-dessus restent assez vagues.

Le cinéma français dans son ensemble ne peut être tenu pour responsable de ces films appartenant à un secteur bien déterminé, bien limité. Ni, d'ailleurs, des productions de la Nova Films, directement aux ordres des Allemands. Après

Monsieur Girouette (1942), série de « sketches d'actualités » joués par des comédiens et racontant les contradictions d'un Français moyen changeant constamment d'opinion, la Nova Films lança un « documentaire de vulgarisation » de 29 minutes, *Les Corrupteurs* (1942), et un « reportage romancé d'actualités » de 43 minutes, *Forces occultes*. Eux, je les ai vus.

Les Corrupteurs fut distribué en complément de programme des *Inconnus dans la maison* d'Henri Decoin. Il apportait sa contribution à la « chasse aux Juifs ». Leur influence néfaste dans le cinéma était dénoncée par deux exemples frappants : un jeune homme devenait un criminel sous l'influence des films de gangsters « judéo-américains » ; une jeune fille, rêvant de devenir vedette de cinéma, tombait sous la coupe de producteurs juifs et était obligée de se prostituer. Dans une troisième partie, des petits rentiers français étaient grugés et ruinés par des banquiers juifs. Un appel du maréchal Pétain pour mettre en garde le peuple français contre le péril juif terminait ce film. La fiche filmographique publiée dans *Le Film* (12-9-42) en fait état. Selon Paul Léglise [1], *Les Corrupteurs* avait été commandé par la Société d'études des questions juives et la Commission française de censure à Paris consulta les autorités de Vichy avant d'accorder son visa « *sous réserves de la suppression du discours du maréchal et de toutes allusions à celui-ci* ». Je ne me souviens pas de ce discours mais j'ai gardé la mémoire du reste. *Forces occultes* (1943) s'attaquait à la franc-maçonnerie et aux Juifs par la même occasion. Un jeune parlementaire d'avant-guerre, dont le patriotisme se manifestait dans ses interpellations à la Chambre des députés, était « neutralisé » par des francs-maçons, lesquels parvenaient à le faire entrer au Grand Orient. Il se rendait compte alors que la franc-maçonnerie poussait la France à la guerre pour servir des intérêts juifs. Le député, indigné, s'élevait contre ces manœuvres, quittait la Loge et se tirait, par miracle, d'une tentative de meurtre. Sur un lit de clinique, il apprenait la mobilisation générale. *Forces occultes* fut présenté à Troyes, au Cirque municipal, en programme principal mais sans publicité. Quelques photographies, aux portes de la salle, n'indiquaient pas grand-

1. *Op. cit.*, chapitre VI, p. 92.

chose. Venu par curiosité, je demandai des détails à l'ouvreuse avant de prendre mon billet. Elle me répondit de façon évasive, avec une gêne évidente. J'entrai tout de même et ressortis, furieux, à la fin de la séance. Avaler un documentaire, les actualités et « ça », c'était un comble. La salle, ce jour-là, était plus qu'à moitié vide et les spectateurs, manifestement, se sentaient aussi frustrés que moi du spectacle qu'ils avaient espéré trouver là. Nous n'avions pas mordu à cette propagande imbécile et grossière passant par une intrigue pseudo-romanesque.

Les Corrupteurs et *Forces occultes* n'étaient pas des documentaires, mais des films à scénario joués par des acteurs. Les scénaristes, réalisateurs, techniciens, comédiens et comédiennes français qui avaient participé à ces œuvres déshonorantes n'étaient pas des gens célèbres (encore que l'un des acteurs eût tenu de petits rôles dans de nombreux films de fiction de cette époque). La plupart ont payé la honte de ce dévoiement au service de causes maléfiques. *Les Corrupteurs* et *Forces occultes* ? Deux films minables, condamnés au néant par leur médiocrité et leur bassesse [1].

---

1. Réalisateur, sous le pseudonyme de Paul Riche, de *Forces occultes*. Jean Mamy a été fusillé en 1946.

IV
Le mystérieux Alfred Greven et la production française de Continental Films

Lorsque nous, spectateurs, voyions apparaître au générique d'un film le sigle de la Société Continental, un large C majuscule inscrit dans un cercle, nous ne savions pas que cette société était dirigée par un Allemand et se trouvait liée à Berlin. Si on nous l'avait dit, nous aurions eu du mal à le croire. Les films produits par la Continental étaient, à nos yeux, des films français comme les autres, relevant de « genres » éprouvés, réalisés par des cinéastes connus, interprétés par des vedettes, des acteurs et actrices que nous aimions. Qu'une griffe allemande s'y fût posée, nous en sommes tombés des nues après la Libération, quand de violentes attaques furent portées publiquement contre la Continental et spécialement contre Henri-Georges Clouzot et *Le Corbeau*. J'insiste là-dessus. En dehors de Paris, des milieux professionnels, le nom d'Alfred Greven, le fonctionnement de la firme dont il était le chef étaient ignorés du grand public. Ce mot Continental avait toujours évoqué, pour moi, un numéro musical de *La Joyeuse Divorcée*, film américain avec Fred Astaire et Ginger Rogers. La chanson *Continental, Continental...* m'était restée dans la tête. Si ces « révélations », qui tombèrent dru comme grêle, me surprirent, elles ne provoquèrent chez moi aucune indignation rétrospective ni l'impression d'avoir été endoctriné malgré moi par les Allemands, les autorités d'occupation. Je n'ai pas attendu la « réhabilitation » du *Corbeau* pour considérer ce film comme une œuvre importante du *cinéma français*, et Clouzot, dont j'avais suivi la carrière avec le plus vif intérêt, comme un des grands cinéastes révélés à cette époque.

Les années passèrent. Les livres de cinéma s'accumulèrent dans ma bibliothèque. J'eus l'occasion de revoir une grande partie des films de la Continental, que j'avais tous vus en leur temps. Lorsque j'entrepris ce livre, je savais très bien ce que j'allais en dire. Mais il fallait expliquer aussi l'existence de cette société de production à direction allemande. Je rouvris les livres où des historiens français avaient évoqué le cinéma français des années 40-44. Et je me trouvai devant un mystère. Qui était exactement Alfred Greven ? D'où venait-il ? Qu'était-il devenu ? Personne n'avait pris la peine de l'expliquer. Si les jugements sur les films de la Continental, à commencer par le fameux *Corbeau*, avaient évolué avec le temps, si les passions à leur sujet s'étaient atténuées, tout ce que je pus rassembler comme renseignements historiques se bornait, en somme, à ceci : Continental Films avait été une société française, à capitaux allemands, installée à Paris, ne dépendant pas de Vichy et placée sous la direction d'un monsieur sans âge, sans visage, sans passé, appliquant les ordres de Goebbels. La Continental avait eu le pouvoir, les moyens, de produire 30 films sur les 220 réalisés pendant l'Occupation. Les deux plus grandes firmes françaises, Pathé-Cinéma et la Société Nouvelle des Etablissements Gaumont (S.N.E.G.), n'avaient totalisé respectivement que 14 et 8 films. Il y avait aussi quelques détails sur le réseau de distribution. En fouillant toutes les archives mises à ma disposition, je ne trouvai pas grand-chose de plus, sinon l'adresse du siège de Continental Films : 104, avenue des Champs-Elysées, tel. : BAL.56-80. Chose encore plus curieuse, aucune photographie d'Alfred Greven ne figurait dans les documents d'époque consultés. Ce personnage devint pour moi un mythe. J'en arrivai à me demander si, tel le *Monsieur Arkadin* d'Orson Welles, il n'avait pas détruit toutes les pistes susceptibles de mener jusqu'à lui. En fin de compte, j'ai réussi à réunir quelques témoignages et un coup de chance m'a mis en relation (par lettre) avec un ancien adjoint d'Alfred Greven, M. Aurel G. Bischoff, retiré à Munich. C'est à lui que je dois, en particulier, les renseignements sur l'organisation économique de Continental Films [1].

Je ne donne pas ici un dossier exhaustif. Si j'ai pu reconstituer un portrait d'Alfred Greven dans ses activités de producteur à Paris, sa biographie n'est pas complète. Il semble qu'il soit né vers 1895 ou 1898. Combattant de la guerre de 1914 dans l'aviation, il avait été camarade d'escadrille de Goering. Il entra dans l'industrie cinématographique allemande en 1920. Il était directeur de production à la UFA lorsque Raoul Ploquin — dirigeant depuis deux ans la production française de la firme — le rencontra, en 1935, aux studios de Berlin Neubabelsberg, où Henri Decoin supervisait la version pour la France du *Domino vert* d'Helbert Selpin avec, en vedette, Danielle Darrieux (Brigitte Horney étant celle de la version allemande). Alfred Greven affichait alors des convictions national-socialistes. Raoul Ploquin ne le revit qu'en 1940, à Paris. Le chef de Continental Films disparut définitivement quelque temps avant la libération de Paris. Qu'a-t-il fait ensuite, en Allemagne ? Je n'ai pas pu le savoir. Au bout de la piste, il y a une tombe : Alfred Greven est mort, il y a une dizaine d'années. Il n'avait ni femme, ni enfants, ni famille.

Max Winkler, l'organisateur

Or, l'histoire de Continental Films passe d'abord par un autre personnage, bien curieux : Max Winkler. Ancien maire d'une petite ville de Prusse-Orientale, celui-ci, sans être inscrit au parti, devint en 1936 un homme de paille des nazis. Il achetait pour leur compte des organes de presse dont la faillite était provoquée à coups d'interdictions. Il dirigeait, à Berlin, la Cautio GmbH, entreprise rachetant aussi à l'étranger des parts de journaux intéressant le Troisième Reich. Couverture derrière laquelle se trouvait Goebbels. Nommé par lui « *chargé de mission du Reich pour l'économie du cinéma allemand* », Max Winkler négocia, à partir de 1937, le rachat des actions de la UFA, en crise financière. 26 % d'abord, provenant de la Deutsche Bank, puis la totalité, cédée par Ludwig Klitzch, alors directeur général de la firme. La UFA se

---

1. A la base, deux ouvrages parus en Allemagne de l'Ouest : *Das gab's nur einmal* de Curt Riess, Verlag des Sternbücher, Hambourg 1956 (partiellement utilisé par Francis Courtade et Pierre Cadars dans leur *Histoire du cinéma nazi* publiée par Eric Losfeld en 1972) et *Film und Herrschaft* de Wolfgang Becker.

trouvait désormais, par l'intermédiaire de Winkler, aux mains des nazis. C'est Winkler qui proposa à Goebbels, en 1940, de faire produire *Le Juif Süss* par la Terra Films, autre grande compagnie du cinéma allemand. Lui encore qui fut chargé de régir les sociétés de production créées, sous contrôle allemand, en Hollande, en Belgique et en France occupées. En 1939, Alfred Greven avait remplacé comme chef de production de la UFA Ernst Hugo Corell, limogé par Goebbels [1]. En octobre 1940, Max Winkler nomma Alfred Greven directeur-gérant de Continental Films à Paris. Quels qu'aient été ses rapports avec le parti nazi [2], Greven était bien un homme de métier. Le capital de Continental Films, fondée le 18 octobre 1940, était fourni par la Cautio de Max Winkler, mais les fonds provenaient de la UFA et de la Tobis. Le réseau de distribution en France fut constitué par des salles prises à des exploitants juifs (les circuits Siritzky et Jacques Haïk, par exemple) et géré par la Sogec (Société de Gestion et d'Exploitation de Cinéma), créée pour la circonstance. Toutes les filiales de la Continental, en Belgique et en Hollande, furent également administrées par Alfred Greven. Les sociétés dépendaient financièrement de la Cautio, c'est-à-dire de l'industrie cinématographique allemande. Ainsi, dans les trois territoires occupés de l'Ouest, le Troisième Reich installa, grâce à Max Winkler, ce qu'on appelle aujourd'hui un « holding ». La distribution des films allemands à l'extérieur était assurée, les recettes revenaient, par l'intermédiaire de la Cautio, à la UFA et à la Tobis (à partir de 1942, la production de films en Allemagne fut concentrée dans la seule UFA Filmkunst GmbH.) De la même manière, les films produits par la Continental pouvaient obtenir une vaste distribution. L'argent rapporté arrivait, finalement, à Berlin. Sur les instructions de Max Winkler, aucune « personne allemande » ne devait apparaître comme sociétaire dans l'acquisition des salles de cinéma « *pour respecter la loi et la mentalité française* ». Wolfgang Becker précise dans son livre *Film und Herrschaft* (*Cinéma et Pouvoir*) que ce camouflage fut effectué par des « hommes de

---

1. S'il faut se fier aux anecdotes de Curt Riess, Corell aurait eu le tort de renvoyer l'actrice tchèque Lida Baarova, dont Goebbels, grand coureur de jupons, avait fait sa maîtresse.
2. Selon M. Bischoff, un bon nombre de « grands » du parti, dont Goebbels, n'appréciaient pas tellement Alfred Greven.

confiance » français, le plus souvent des avocats. Il ne cite aucun nom. Les archives de Continental Films ont disparu, brûlées peut-être par les Allemands avant leur départ de Paris, et ce n'est pas mon propos d'aller chercher des cadavres au fond des placards.

Max Winkler fut donc l'organisateur d'une structure économique qui aurait certainement subsisté en Europe de l'Ouest si le Troisième Reich avait gagné la guerre. Cet homme d'affaires avisé reçut, le 3 mars 1943, au jubilé de la UFA, la médaille Goethe pour « *services rendus à l'art et à la science* ». (*sic*). Peu avant la fin de la guerre, Max Winkler racheta encore la maison d'éditions Scherl, seule survivante du Konzern Hugenberg qu'il s'était employé à démolir au profit des nazis. Bien que non inscrit au parti, comme il a été dit, il fut « dénazifié ». Curt Riess raconte qu'il échoua, avec son épouse, dans une chambre minuscule, et accumula une montagne de dossiers pour prouver qu'il n'avait été qu'une victime et demander réparation. Bref, tout cela fait apparaître une gigantesque opération financière montée, il faut bien le constater, même si ce personnage n'inspire aucune estime, de main de maître. En une époque où les films français, ne subissant plus la concurrence américaine, s'amortissaient sur le seul marché intérieur, la position privilégiée de Continental Films, production et distribution, en faisait une « vache à lait », une « poule aux œufs d'or ». Derrière l'idéologie, on retrouve le fric. Et la Continental avait tout intérêt commercial à produire des films susceptibles de plaire au public français.

Alfred Greven, le patron

C'est ici que la personnalité d'Alfred Greven entre en jeu. Loin de Berlin, maître en sa maison, il apparaît dans les témoignages que j'ai pu recueillir comme un « patron » très autoritaire et désireux d'assurer à sa firme une renommée artistique. Raoul Ploquin, qui n'a pas de raison de lui faire de cadeaux [1], déclare : *« Dès ma nomination, le 15 octobre 1940, à la direction du C.O.I.C., je me mis en rapport avec mon ex-collègue de la UFA et le priai de me faire part officiellement de ses intentions. A l'entendre, elles étaient parfaite-*

1. Voir chapitre II.

ment pures : il désirait m'aider dans la remise en marche de l'industrie cinématographique. La Continental et sa production, ainsi que les salles qu'il avait fait réquisitionner, seraient des instruments de travail qui devraient servir à merveille les intérêts de notre profession. Il m'assura de la façon la plus formelle qu'aucun des films de la Continental n'aurait la moindre couleur politique et que toute forme de propagande en serait radicalement exclue. Il me cita les noms de Christian-Jacque, Clouzot, Decoin, Carné[1] *et de quelques autres réalisateurs qu'il se proposait d'engager et cette énumération me rassura dans une large mesure... Je dois reconnaître que, sur ces deux points, mon interlocuteur tint parole et que la production de la Continental fut exempte de toute tendance politique et, même, de toute allusion propagandiste. J'ajouterai que la qualité des films produits par cette société fut, dans l'ensemble, fort satisfaisante*[2]. »

On peut toujours penser qu'en faisant travailler pour la Continental des gens de talent, Alfred Greven appliquait les « consignes » de Max Winkler. S'il n'avait recruté que des médiocres, chargé de besognes serviles, ses films n'auraient pas eu de succès, n'auraient pas été « rentables ». Ce qu'on m'a dit de cet homme mystérieux me fait croire qu'il s'est pris à son propre jeu en misant sur la carte « qualité française ». Son rêve, je pense, aurait été d'avoir chez lui tous les grands noms de la profession. Beaucoup de gens de cinéma refusèrent de travailler à la Continental ou bien jouèrent à cache-cache pour l'éviter. Ceux qui acceptèrent reçurent des garanties d'indépendance quant à la politique et à la propagande. Fin 1940, toute la production française était arrêtée en zone occupée. Le chômage sévissait, notre cinéma risquait de périr. Greven l'a effectivement relancé à sa façon, l'action énergique de Guy de Carmoy et Raoul Ploquin au C.O.I.C. a fait le reste. En 1941, 58 films furent réalisés, sur l'ensemble de la France, dont 11 produits par la Continental. L'industrie cinématographique, moribonde, renaissait. Un film 100 % français marqua la reprise en zone occupée : *L'Assassinat du père Noël* de Christian-Jaque. C'était un film Continental.

---

1. Marcel Carné, pressenti par Greven, ne s'entendit pas avec lui. Cf. *La Vie à belles dents*, Editions Jean-Pierre Olivier, 1975.
2. Lettre à l'auteur du 8 décembre 1980.

Il semble qu'Alfred Greven n'ait vécu que pour sa production. On me l'a décrit comme un homme d'une cinquantaine d'années, avec « *une belle tête d'Allemand romantique* ». Grand, blond, légèrement chauve, les yeux bleus, tiré à quatre épingles, il boitait un peu des suites d'une blessure de guerre. Il aimait les chevaux et les chiens, il était très cultivé. En dehors de la Continental, il vivait seul, avec une vieille gouvernante, dans un appartement bien décoré, rue François 1er. Il promenait un petit chien à poils gris. Il se montrait brillant causeur. On ne lui connaissait pas de liaisons féminines. Il affichait une certaine francophilie, s'amusait à accrocher son manteau et son chapeau au buste d'Hitler installé dans son bureau, où il avait aussi un tableau de Bruegel. Continental Films était une maison très compartimentée, avec des services employant des secrétaires françaises et allemandes. Alfred Greven lisait tous les rapports sur les scénarios et les tournages. Il écoutait tous les avis puis prenait, seul, toutes les décisions, lesquelles étaient sans appel. Lorsqu'il décida de remplacer Danielle Darrieux, prévue pour le rôle principal d'*Annette et la Dame blonde*, par Louise Carletti, le réalisateur, Jean Dréville, ne put le faire changer d'avis. Pour avoir refusé de recommencer une scène de *L'assassin habite au 21*, qu'Alfred Greven jugeait imparfaite, Suzy Delair fut licenciée dans les vingt-quatre heures. Elle quitta la Continental après avoir tourné le troisième film prévu dans son contrat, *Défense d'aimer*, et n'y rentra jamais. Main de fer dans un gant de velours. Les décisions autoritaires du « patron » ne concernaient que l'activité cinématographique selon les conceptions qu'il en avait. J'ai l'impression qu'il a régné sur la Continental comme — toutes proportions gardées — Irving Thalberg, « producer » intransigeant, sur son département de la Metro-Goldwyn-Mayer.. Thalberg imposait sa femme, l'actrice Norma Shearer. Alfred Greven, lui, n'avait pas de vedette favorite à placer. Sa passion du cinéma paraissait évidente. Eut-il une diplomatie secrète ? Rien ne permet de l'affirmer, puisqu'il s'est envolé en fumée en 1944.

Greven ignora ou feignit d'ignorer que Jean-Paul Le Chanois, engagé comme scénariste pour *La Main du diable* (sur la recommandation de Jean Aurenche et de Clouzot), s'appelait en réalité Jean-Paul Dreyfus. Juif alsacien par sa lignée paternelle (les Dreyfus avait quitté l'Alsace annexée en 1871), catholique et breton par sa lignée maternelle et baptisé, Jean-Paul Dreyfus ne tombait pas sous le coup des lois raciales, mais il avait jugé plus prudent, en 1940, de prendre le nom de sa mère. Il n'eut aucun ennui avec Alfred Greven. Communiste depuis l'avant-guerre, participant à la Résistance, il fut traqué par la police de Vichy. Caché dans la région parisienne, Jean-Paul Le Chanois fit envoyer de Nice, à la Continental, une lettre disant qu'il se trouvait là, en repos après une maladie. La police ne retrouva pas sa trace. Carlo Rim avait une épouse juive (la journaliste Caro Canaille) et vivait avec elle en zone libre. En 1942, il fut courtoisement invité par la Continental à écrire le scénario d'un film pour Fernandel, *Simplet*. Alfred Greven voulait faire l'expérience de confier la réalisation à Fernandel lui-même. Il était parfaitement au courant des activités journalistiques de Carlo Rim avant la guerre [1], et lui demanda de superviser le tournage de *Simplet*, qui se fit en zone libre. Carlo-Rim signa un contrat pour trois scénarios (après *Simplet, Le Val d'enfer* et *La Ferme aux loups*). Il ne montait à Paris que pour ces travaux. Sa femme avait été mariée, en premières noces, au docteur Held, resté en zone occupé avec leur fils, Jean-Francis. La situation du docteur Held devenant critique, il voulut faire passer l'enfant en zone libre. Carlo Rim se risqua à demander à Greven un *ausweiss*. A peine ouvrait-il la bouche pour solliciter ce « service » que Greven, souriant, tira d'un tiroir de son bureau un laisser-passer « pour le petit Jean-Francis Held [2] ». Etait-il ravi de jouer un bon tour aux nazis ? A bien des égards, le « patron » de la Continental reste une énigme.

Trente films, un style français

Alfred Greven n'a certes pas produit que des œuvres impérissables. Il y eut bien un style propre à la firme (éclairages, images, décors), mais ce fut un style de maison de production ayant son équipe de techniciens, et un style français qu'on peut retrouver dans les 190 autres films de fiction de cette époque, aux productions disséminées. J'en ai établi un classement, qui donne : 11 comédies, 7 films policiers, 5 études de

1. Entre autres, un reportage qui n'était pas favorable à Hitler, dans le magazine *Vu*, dont Carlo Rim avait été rédacteur en chef.
2. Jean-François Held devint plus tard lui-même journaliste. Il est aujourd'hui l'un des rédacteurs en chef adjoints (société) de *L'Express*.

mœurs, 2 films historiques, 2 adaptations de romans du XIXe siècle, 2 mélodrames, 1 film fantastique.

Les comédies viennent largement en tête de peloton. La première, la plus réussie, la plus célèbre, fut *Premier rendez-vous*, d'Henri Decoin (1941). Elle avait, à nos yeux, tous les prestiges de l'avant-guerre, elle rappelait *Battement de cœur*, cette fantaisie des derniers « beaux jours » où Henri Decoin avait montré qu'on pouvait faire, dans nos studios, aussi bien que dans les studios hollywodiens. *Premier rendez-vous* combla la nostalgie des « comédies américaines » et nous rendit une Danielle Darrieux inchangée sous la direction d'un metteur en scène qui en avait fait une actrice aux multiples facettes. Danielle Darrieux, douée pour la comédie et le drame, est, aujourd'hui encore, une vedette populaire, bien qu'on ne la voit plus aussi souvent au cinéma. En 1941, elle était l'incarnation même d'une jeunesse qui voulait encore croire au bonheur, à l'aventure sentimentale et romanesque, malgré la réalité historique, qui étouffait ses élans et ses rêves. Evadée d'un orphelinat, Danielle Darrieux courait au rendez-vous d'un inconnu avec lequel elle correspondait par le canal des petites annonces. Son « prince charmant » était un vieux professeur, Fernand Ledoux. La voyant si belle, si ingénue, il lui faisait croire qu'il était venu à la place de son jeune neveu. Ledoux hébergeait l'orpheline en fuite dans son pavillon, attenant au collège de garçons où il exerçait sous le chahut infernal de ses élèves. Et elle rencontrait le neveu, Louis Jourdan [1], qui tombait évidemment amoureux d'elle. Danielle Darrieux dans un collège de garçons et chantant : « *Ah ! qu'il doit être doux et troublant, l'instant du premier rendez-vous* », on ne peut pas l'oublier, quand on a baigné dans l'atmosphère de ce film comme dans une fontaine de jouvence. On prenait d'assaut, avec les camarades de Louis Jourdan, l'orphelinat régenté par Gabrielle Dorziat et la redoutable surveillante, Suzanne Dehelly (et zut pour la mère Christophine !). Bien des débutants, des débutantes prenaient là leur envol : Georges Marchal, Daniel Gélin, Jean Parédès, Annette Poivre, Françoise Christophe, Jacqueline Gauthier, Simone Valère, et une certaine *Jacqueline* Desmarets, qui n'était pas encore *Sophie* Desmarets, remarquée dans une courte scène.

---

1. Louis Jourdan avait débuté dans *La Comédie du bonheur*, tourné en Italie par Marcel L'Herbier en 1940 avant la débâcle et qui ne sortit à Paris qu'en 1942.

Après ce film, Danielle Darrieux et Henri Decoin allaient se séparer. Elle joua encore, pour la Continental, dans *Caprices*, de Léo Joannon (1941), où elle reforma avec Albert Préjean le couple extravagant et dynamique de *Quelle drôle de gosse !* du même réalisateur (1936) et dans *La Fausse Maîtresse*, premier film d'André Cayatte en 1942. L'argument de *La Fausse Maîtresse* était emprunté à Balzac, mais de si loin qu'on ne pouvait pas parler d'adaptation. L'histoire se passait, de nos jours, dans une ville du Roussillon. Danielle Darrieux, acrobate de cirque, servait de « chandelier » à un bourgeois qu'un de ses amis soupçonnait — à tort — être l'amant de sa femme. Fausse liaison puis grand amour né au hasard des embrouilles de la situation. Cirque, équipe de rugby, marivaudage chamailleur : cela ne valait pas les films de Decoin ni même *Caprices*, bien que l'étoile scintillante de Danielle Darrieux ne fût pas ternie. Deux romances : *« Berger d'autrefois »* et *« Les fleurs sont des mots d'amour »* nous ont bercés de leurs charme autant que celle de *Premier rendez-vous*. Danielle Darrieux quitta alors le cinéma. Elle nous revint après la guerre.

Henri Decoin avait écrit pour elle, d'après une nouvelle « rose » de Simenon, le scénario d'*Annette et la Dame blonde* (Jean Dréville, 1941). Encore que cette comédie n'ait pas manqué de piquant, de drôlerie, Louise Carletti, la brunette aux yeux ingénus, ne montra pas la fantaisie, l'abattage nécessaires à son rôle. La vedette masculine du film était Henri Garat, l'ex-jeune premier d'avant-guerre, partenaire de Danielle Darrieux dans *Un mauvais garçon*, de Jean Boyer (1936). En 1942, *Mariage d'amour*, avec Juliette Faber et François Périer, fut un échec. Mal conçu au départ, devenu une sorte de monstre (la faute au producteur !), le film parut sans les noms de Henri Decoin, réalisateur et de Marcel Rivet, scénariste, au générique. Ils en avaient refusé la paternité.

Au passif de Continental Films, dans les comédies lourdingues et vulgaires, on peut porter *Le Club des soupirants*, de Maurice Gleize (1941), tourné dans le Midi et où Fernandel faisait le pitre comme dans ses navets d'avant-guerre (heureusement, il y avait Saturnin Fabre !), *Adrien* (1943), d'après un vaudeville de Jean de Letraz, où Fernandel était à la fois acteur et réalisateur ; et, abomination de la désolation, *Ne bougez plus*, de Pierre Caron (1941), où l'humour impassible de Paul Meurisse était mis à rude épreuve. Par contre, Fernandel, supervisé par Carlo Rim, ne fut pas mal du tout dans *Simplet* (1942), fabliau provençal bien marqué par la « patte » du scénariste, qui avait son propre univers d'auteur. *Vingt-cinq ans de bonheur*, de René Jayet (1943), transposa à l'écran une pièce de boulevard de Germaine Lefrancq avec les ingrédients habituels du genre et une interprétation disparate. J'ai gardé, pour la bonne bouche, *Défense d'aimer* de Richard Pottier (1942). Cette adaptation de l'opérette *Yes*, livret d'Albert Willemetz, René Pujol, Jacques Bousquet et Pierre Soulaine, musique de Maurice Yvain, ramenait l'esprit des « années folles ». Le film, correctement réalisé sans plus, fut emporté dans un tourbillon par Suzy Delair. Totte, manucure de grand hôtel, véritable « moineau de Paris », accompagnait à San Marino, principauté indéfinie sur la carte géographique, Maxime Gavard (Paul Meurisse), le fils de son patron. Pour contrecarrer les projets de son père, Maxime voulait faire croire à son mariage avec Totte. Il lui avait promis de l'argent pour ce « service », en tout bien tout honneur. Il en va ainsi dans le monde de l'opérette : les situations invraisemblables ne sont que prétextes à la fantaisie ; celle de Suzy Delair était exubérante. Et sa voix d'or de chanteuse servait admirablement la musique de Maurice Yvain. Je crois entendre encore : *« Oh ! la belle nuit, mon cœur est tout ébloui. »* Bousculé et séduit par Suzy Delair, Paul Meurisse finissait par tenir ouvertement tête à son papa, ce qu'on attendait depuis le début. L'acteur avait, dans ce film, pris sa revanche sur *Ne bougez plus*.

Il peut paraître contestable de ranger *L'Assassinat du père Noël* (Christian-Jaque, 1941) dans les films policiers. Le roman de Pierre Véry, construit sur une intrigue policière, relevait du fantastique poétique propre à cet écrivain. Comme dans l'adaptation des *Disparus de Saint-Agil* (Christian-Jaque déjà, 1938), le personnage de l'enquêteur, l'avocat Prosper Lepicq, avait été supprimé. Il n'y en avait pas moins un vol, un meurtre, une énigme. *L'Assassinat du père Noël* se situe aux confins de deux genres. Disons qu'il apportait au genre policier quelque chose en plus : une atmosphère de mystère et de féerie analogue certes à celle des *Disparus de Saint-Agil*, mais plus prononcée. Dans un village savoyard, coupé du monde extérieur par la neige, des événements étranges se produisaient au moment de Noël. Le baron Roland (Raymond Rouleau) revenait à son château, où il se terrait, cachant sa main droite sous un gant. On le disait lépreux. Le père Cornusse (Harry Baur), fabriquant de mappemondes, revêtait le costume du père Noël dont il jouait le rôle chaque année. Catherine (Renée Faure), la fille de Cornusse, rêvait au prince charmant en cousant des robes de poupées. Elle s'éprenait du baron, au grand dépit de l'instituteur (Robert Le Vigan), qui voulait l'épouser. Le vol de l'anneau de saint Nicolas dans l'église, pendant la messe de minuit, la découverte du cadavre d'un inconnu cristallisaient toutes les passions, la méfiance et la peur. Harry Baur cabotinait bien un peu, ce qui n'avait pas d'importance. Christian-Jaque avait créé un monde à mi-chemin entre le réel et l'imaginaire, entre l'esprit d'enfance et l'âge adulte. Un monde où il était normal que le père Noël-Harry Baur fît un miracle (la guérison du petit paralytique) au terme d'une aventure où les forces du mal avaient été mises en déroute. Normal que Renée Faure, diaphane et inspirée, fût reconnue par le baron comme la femme idéale qu'il avait cherchée en vain à travers le monde. La mise en scène brillante, envoûtante de Christian-Jaque donnait à ce conte de nuit, de neige et de superstitions, un éclat, un sortilège dont nous avions bien besoin.

La découverte de Clouzot

Policiers, *Le Dernier des six* (1941) et *L'assassin habite au 21* (1942) le furent sans conteste. Mais, ici, intervint le talent de Clouzot, qu'on allait du coup découvrir. Henri-Georges Clouzot n'était pas un inconnu dans le monde du cinéma. Depuis le début des années 30, il avait effectué plusieurs travaux d'adaptation, il avait été assistant-réalisateur en France et en Allemagne (à l'époque des doubles versions). En 1939, il avait adapté pour Pierre Fresnay, acteur et réalisateur du film, *Le Duel* d'Henri Lavedan. Avant la guerre, Clouzot, malade, avait du faire un séjour au sanatorium. Une jeune chanteuse, Suzy Delair, qui commençait à s'imposer dans les cabarets, était sa compagne. Elle ne songeait pas à faire du cinéma lorsque Clouzot, engagé à la Continental, se mit à écrire l'adaptation de *Six hommes morts*, roman policier d'un auteur belge, Stanislas-André Steeman, qui devint *Le Dernier des six*, réalisé par Georges Lacombe. On a peine à croire aujourd'hui, tant les romans de Steeman sont schématiques et ennuyeux, qu'ils aient pu avoir du succès dans les années 30, et même après [1]. Le meilleur service que Clouzot rendit à Steeman fut de le « trahir », en tirant de cette pâte molle qu'était *Six hommes morts* l'intrigue combien plus mystérieuse du *Dernier des six*. Et, surtout, en inventant le personnage de Mila Malou, la petite amie tapageuse du commissaire Wenceslas Worobeïtchik, dit M. Wens. Avec Mila Malou, Wens — dont Pierre Fresnay fit un type de détective humoristique, distingué, astucieux — se trouvait doté d'une vie privée qui influait sur le cours de ses enquêtes, humanisait le policier sentencieux et empesé de Steeman. Le rôle de Mila Malou avait été écrit par Clouzot pour Suzy Delair. Il correspondait à la nature, au tempérament de celle-ci. Mila Malou fut donc une chanteuse qui cherchait un engagement et la boîte de nuit où elle venait passer une audition devint le point de rencontre de Wens avec l'affaire criminelle qu'il allait avoir à débrouiller. Compagne de Clouzot, Suzy Delair n'eut pas pour autant droit à un traitement de faveur à la Continental. Plusieurs candidates entraient en piste, avec des bouts d'essai. Alfred Greven se fit projeter tous ces essais et choisit lui-même Suzy Delair. Bien qu'elle n'eût que quelques scènes dans *Le Dernier des six*, elle fut plus remarquée que la vedette féminine, Michèle Alfa. La vitalité, le franc-parler, le caractère impétueux de cette nouvelle actrice, fille d'artisans restée fidèle à ses origines et formée par le music-hall, lui valurent d'emblée la sympathie du public populaire. Elvire Popesco et Arletty mises à part, les emplois de fantaisistes revenaient surtout, avant la guerre, à des comédiennes entre deux âges, spécialistes de la caricature : Pauline Carton, Marguerite Pierry, Alice Tissot, Suzanne Dehelly, Jeanne Fusier-Gir, Thérèse Dorny, excellentes, d'ailleurs, dans les « seconds rôles » de vaudeville. Suzy Delair était jeune, jolie, et — pourquoi ne pas le dire ? — désirable. Nous autres lycéens avons envié Wens, l'amant de cette Mila Malou.

Le succès du *Dernier des six* et du couple Pierre Fresnay-Suzy Delair incita la Continental à produire une suite. Ce fut *L'assassin habite au 21*, que Clouzot fut chargé de réaliser. Le personnage de Mila Malou y prit une grande importance et

---

1. *Six hommes morts* avait reçu le Grand Prix du roman d'aventures 1931.

fit de Suzy Delair une vedette. Clouzot remania considérablement le roman de Steeman, dont l'action se passait à Londres et ou n'apparaissait pas le commissaire Wens, mais la police de Scotland Yard. En fait, il en garda la trame — une enquête dans une pension de famille dont l'un des locataires est un assassin — et l'idée originale du meurtrier en trois personnes. « M. Smith » fut transformé en M. Durand, la pension de famille « Les Mimosas » fut située à Montmartre, 21 avenue Junot. Wens s'y introduisait, déguisé en pasteur. Mila Malou, bien décidée à jouer, elle aussi, au détective, venait y loger sans l'avoir prévenu. Au moment où Wens allait être supprimé par le trio d'assassins qu'il avait débusqué, elle découvrait la vérité, par intuition (la vue des trois pupitres de musiciens pour le tour de chant qu'elle allait donner aux « Mimosas ») et sauvait le commissaire *in extremis*. Mila Malou, dans l'intimité, appelait Wens « mon minet ». Plus tard, dans *Quai des Orfèvres* (1947, autre adaptation très personnelle par Clouzot d'un roman de Steeman), la chanteuse Jenny Lamour appellera son mari (Bernard Blier) « mon biquet ». *L'assassin habite au 21* n'était pas dénué d'humour, et Clouzot y manifestait son réalisme noir. Dans le climat pittoresque de la pension évoluait une faune ambiguë, dont chaque représentant pouvait être un assassin en puissance, sous le couvert d'un anonymat soigneusement établi pour brouiller les pistes. On retrouvera cette ambiguïté — magnifiquement amplifiée — dans *Le Corbeau*. Les dialogues caustiques et mordants, la mise en scène bien construite de *L'assassin habite au 21* révélèrent un cinéaste-auteur dont l'univers, la vision du monde, portaient un certain trouble. Jean Tissier, Pierre Larquey et Noël Roquevert, acteurs très typés, étaient distribués à contre-emploi, ce qui accentuait l'étrangeté, le « non-conformisme » (envers le genre policier) du film.

Après cette « explosion », la production policière de la Continental se cantonna dans des adaptation de romans de Georges Simenon : *Picpus* de Richard Pottier (1942), *Cécile est morte* de Maurice Tourneur (1943) et *Les Caves du Majestic* de Richard Pottier (1944), travaux d'artisans reprenant une tradition désuète. La fameuse « atmosphère Simenon » n'y était pas. Quelle idée aussi d'avoir fait jouer le commissaire Maigret par Albert Préjean... Il n'en avait ni les silences, ni la présence lourde et massive, ni la vérité humaine.

De Maigret, il ne restait que la pipe ! Préjean voltigeait dans les enquêtes de Maigret comme un bateleur, expliquant tout à mesure et soulignant les effets dramatiques. Dans *Les Caves du Majestic,* on vit passer Florelle, perdue de vue depuis 1939 et réduite à une « figuration intelligente » avec quelques lignes de texte. Ce film fut le dernier entrepris par la Continental (le 18 février 1944), après pas mal d'ennuis. En octobre 1943, l'adaptateur-dialoguiste Charles Spaak avait été arrêté par la Gestapo (qui recherchait son frère, résistant) et incarcéré à Fresnes. Le scénario des *Caves du Majestic* n'était pas terminé et l'autorité de la Gestapo primait sur celle d'Alfred Greven. La Continental réussit néanmoins à obtenir le « droit » pour Charles Spaak de terminer son travail en prison. C'est donc dans une cellule que fut résolue, sur le papier, l'énigme dont Albert Préjean, à l'écran, débrouilla les fils [1]. Outre ces trois « Maigret » qui n'ont pas laissé de bons souvenirs, Continental films produisit encore *La Ferme aux loups* (Richard Pottier, 1943), scénario et dialogues de Carlo Rim, où l'intrigue policière (assassinat d'un vieux mendiant, Russe blanc, dans une baraque de la zone dont le cadavre reparaissait, quelques heures plus tard, dans une maison isolée de la forêt de Montmorency, « la ferme aux loups ») se teintait de comédie. Les enquêteurs étaient, ici, un journaliste (François Périer) et son photographe (Paul Meurisse), cherchant tous deux à séduire la blonde secrétaire (Martine Carol, débutante) de leur patron. Après une première partie bien menée, le film s'égarait dans des explications bavardes, des situations embrouillées.

Berlioz, Zola, Maupassant

C'est Maurice Tourneur qui réalisa, en 1941, le premier film historique de la Continental. Il n'en était pas à son coup d'essai dans le genre et l'on retrouva, dans *Mam'zelle Bonaparte,* la reconstitution d'époque soignée, le climat romanesque du *Patriote* et de *Katia* (1938). *Mam'zelle Bonaparte* racontait le grand amour malheureux d'une célèbre courtisane du Second Empire, Cora Pearl, maîtresse de Jérôme Bonaparte (cousin de Napoléon III), pour un aristo-

1. Cf. *Mes 31 mariages*, par Charles Spaak, chapitre XIII, *Paris-Cinéma*, 2-1-1946.

crate légitimiste conspirant contre le régime. Ce film à costumes somptueux pour l'époque, brillamment enlevé, dramatique, émouvant, fut porté par Edwige Feuillère et Raymond Rouleau. Une scène de duel à l'épée entre Cora Pearl et sa rivale en demi-monde Lucy de Kaula, espionne de la police, chez le duc de Morny, avait de quoi faire frémir la censure pudibonde de Vichy, laquelle en l'occurrence ne pouvait intervenir.

La Symphonie fantastique, de Christian-Jaque (1941), eut un grand retentissement. Production de prestige, évocation du génie romantique et de la vie passionnée de Berlioz : Christian-Jaque brossa une fresque traversée de scènes fulgurantes, à l'image des délires du musicien (la composition de *La Symphonie fantastique* pendant une nuit de fièvre et d'hallucinations). Jean-Louis Barrault se montra l'interprète inspiré de Berlioz, de la jeunesse à l'âge mûr. La partie sentimentale était assez faible. L'actrice anglaise Harriett Smithson avec laquelle Berlioz fit un mariage malheureux apparaissait comme une femme fatale et une mégère (Lise Delamare, mal à l'aise dans le rôle). En Marie Martin [1], ange tutélaire du compositeur, Renée Saint-Cyr pianotait des cils l'amour sincère et l'émotion en gardant un visage de cire même sous une perruque grise. L'exécution musicale de *La Symphonie fantastique*, de *La Damnation de Faust* et du *Requiem* dans la chapelle des Invalides fut très appréciée. Alfred Greven conçut, dit-on, une grande fierté de cete production... qui lui attira les foudres de Goebbels. Le ministre de la propagande et de l'information du IIIe Reich s'irrita vivement de cet hymne « *patriotique et nationaliste* » offert aux Français pour lesquels il ne voulait voir tourner que « *des films légers, superficiels, divertissants mais nuls* [2] ». *La Symphonie fantastique* fut interdite à l'exportation, et la Continental en resta là des biographies historiques. Le film de Christian-Jaque peut paraître, à présent, une suite de pseudo-gravures romantiques encombrée de poncifs. Sous l'Occupation, il fut pour les spectateurs friands de panache artistique un réconfort.

Zola et Maupassant figurent au « catalogue » de la Conti-

1. Rapprochement amusant : l'année suivante, Renée Saint-Cyr devenait « Marie-Martine », héroïne imaginaire celle-là, dans le film d'Albert Valentin.

2. Les historiens citent, dans des traductions différentes, un extrait des carnets de Goebbels sur cette affaire.

nental avec *Au bonheur des dames* (1943) et *Pierre et Jean* (1943) réalisés par André Cayatte à quelques mois d'intervalle. Le roman de Zola est, dans les vingt volumes des *Rougon-Macquart, histoire naturelle et sociale d'une famille sous le Second Empire,* un de ses moins « naturalistes ». L'adaptation d'André Cayatte et André Legrand simplifia l'intrigue, l'opposition économique et sociale du grand magasin de nouveautés et du petit commerce. Il en résulta une forte concentration dramatique sur la ruine de Baudu, drapier du *Vieil Elbeuf,* et l'ascension vertigineuse d'Octave Mouret, le patron du *Bonheur des dames,* l'inventeur du magasin-dinosaure, « paradis de la femme » multipliant les tentations d'achat. Les décors de studio (difficulté des temps) n'eurent pas l'ampleur nécessaire, mais cette imagerie Second Empire fut dominée par l'interprétation de Michel Simon, vieil homme farouche menant une lutte vaine contre les « requins d'affaires » et s'accrochant aux ruines de sa maison, démolie pour les agrandissements du *Bonheur des dames.* Albert Préjean, décidément mis à toutes les sauces, n'était guère convaincant en Octave Mouret. Blanchette Brunoy correspondait bien au personnage honnête de Denise tel que l'avait décrit Zola. Lorsqu'elle essayait de défendre la dignité des vendeuses exploitées, on pouvait y voir des intentions sociales relativement audacieuses [1]. *Pierre et Jean* eut plus de qualités. C'est, à mon avis, le meilleur film de Cayatte à cette époque, un beau drame d'amour, de jalousie, de déchirements familiaux, avec un solide accord du scénario et de la mise en scène. André Cayatte avait déplacé l'intrigue du roman dans le temps. Les années 1910, pour la « faute » d'Alice, femme d'un petit boutiquier devenue la maîtresse d'un médecin, les années 1930 (en costumes contemporains) pour le conflit des deux frères dont l'un était le fruit de l'adultère d'autrefois. En femme douce, mal mariée, étouffant dans l'ambiance mesquine d'un milieu petit-bourgeois, touchée par la passion puis sacrifiant son amour à son devoir maternel ; en mère douloureuse, se voyant reprocher par son fils aîné le « bâtard » qu'elle avait introduit dans la famille, laissant croire à son mari qu'il en était le père, Renée Saint-Cyr fit une belle composition. Le cas de cette actrice est déconcertant. On l'a vue,

1. Paul Morand, qui présida la commission de censure française en 1942-43, avait préparé par ailleurs une adaptation de *Nana* qui ne fut pas acceptée...

très souvent, sous une carapace d'élégance, de distinction bourgeoise, d'artifices guindés. Et pourtant *Marie-Martine* et *Pierre et Jean* ont prouvé qu'elle était capable d'exprimer une sensibilité profonde, une émotion vraie, de s'animer, de vivre les tourments de personnages psychologiquement complexes.

La Continental sacrifia au mélodrame avec *Péchés de jeunesse* (Maurice Tourneur, 1941) et *Mon amour est près de toi* (Richard Pottier, 1943). Dans *Péchés de jeunesse*, Harry Baur, riche quinquagénaire, célibataire égoïste, partait, sur les conseils d'un ami médecin, à la recherche des enfants « naturels » nés de ses liaisons passagères et dont il ne s'était jamais soucié. Cela donnait quatre histoires dont la dernière était la plus mélodramatique, la plus édifiante. Deux fois, Harry Baur se retrouvait en face de situations familiales établies sans lui et dont il ne devait pas troubler l'ordre, d'autres ayant fait à sa place le devoir qui lui revenait. Une fois, il se trouvait en présence d'une duperie : le fils de Florence, l'acrobate de cirque (Monique Joyce, dont la vulgarité tonitruante se manifesta aussi dans *Mam'zelle Bonaparte*) n'était pas de lui. Au bout de ce chemin, la rédemption : la plus jeune de ses maîtresses (Lise Delamare) dirigeait un orphelinat. Son fils était élevé parmi les orphelins. Pour l'adopter, Harry Baur n'avait plus qu'à emmener dans sa villa de la Côte d'Azur tous les enfants recueillis par Lise Delamare. Sa vie aurait, désormais, un sens. Voilà un mélodrame que n'aurait pas désavoué la morale pétainiste ! *Péchés de jeunesse* fut à la paternité — sur des situations plus scabreuses — ce qu'allait être à la maternité *Le Voile bleu* en 1942. Je ne crois pas qu'on ait jamais fait le rapprochement. Le film de Maurice Tourneur n'a pas connu l'immense succès de larmes du film de Jean Stelli [1]. Il s'est effacé, on ne l'a jamais revu à la télévision. Il serait piquant, aujourd'hui, de confronter ces deux mélos.

Harry Baur, grand acteur, « monstre sacré », eut une fin tragique. Vedette de Continental Films, il alla en 1942 en Allemagne pour jouer le rôle principal de *Symphonie d'une vie*, film de Hans Bertram parfaitement anodin qui se passait entre 1895 et les années 1900 (un maître de musique autrichien quittait sa femme, ses enfants, son village, pour rejoindre une jeune comtesse, qui allait lui être fatale). A son retour en France, Harry Baur fut arrêté et torturé par la Gestapo.

1. *Voir chapitre* VI.

Relâché après des mois de prison, renvoyé à son domicile, il y mourut, le 8 avril 1943, des suites des mauvais traitements subis. Cette sombre affaire avait été étouffée, à l'époque [1]. On ne la connut qu'après la Libération. *Symphonie d'une vie* fut distribué à Paris en 1955.

D'Harry Baur à Tino Rossi, la distance est grande. Pourtant, *Mon amour est près de toi* fut bien un mélodrame. Tino, chanteur célèbre, était frappé d'amnésie et disparaissait sous un habit de clochard endossé pour une revue. Il échouait sur une péniche. La patronne, une jolie fille bien sûr, l'embauchait comme marinier. A la suite d'un évanouissement, Tino retrouvait la mémoire de son passé, mais ne reconnaissait plus la fille de la péniche. Cela finissait bien et il y avait des chansons. Aucune différence entre ce film produit par Continental et les autres films de Tino Rossi. Sinon que c'est c'était moins bon que *Fièvres* de Jean Delannoy et cent fois mieux que l'effarant *Chant de l'exilé* d'André Hugon.

Apport au courant fantastique, *La Main du diable,* de Maurice Tourneur (1942), transposa dans le monde moderne un conte romantique de Gérard de Nerval, *La Main enchantée*. Jean Aurenche, qui n'arrivait pas à en écrire l'adaptation, renonça au projet et le proposa à Jean-Paul Le Chanois, lequel, par ses ascendants alsaciens, bretons et irlandais, se trouvait en familiarité avec les légendes, le fantastique. Il construisit un scénario entièrement original, détaché de l'œuvre de Nerval. A partir de ce scénario, Maurice Tourneur créa un climat d'inquiétude permanent. Dès le début, l'arrivée dans un tranquille hôtel de montagne d'un voyageur mystérieux, nerveux, affolé, privé de sa main gauche et portant un coffret établissait une tension dramatique. Le surnaturel rôdait aux alentours. Une panne de lumière semait la panique. La lumière revenait. Le coffret avait disparu. L'homme sans main gauche, un peintre halluciné, racontait alors son histoire. Ce retour en arrière entraînait les spectateurs dans une aventure de plus en plus étrange : en achetant à un restaurateur une main momifiée, talisman qui allait lui procurer la gloire, le peintre Roland Brissot avait, sans le

1. Les biographes de l'acteur avancent aujourd'hui qu'il aurait été dénoncé comme « *juif et communiste* ». Harry Baur avait un fils en Angleterre et l'on fait état, aussi, de soupçons des nazis sur ses rapports avec l'Intelligence Service et la Résistance. L'affaire n'a jamais été vraiment éclaircie.

savoir, vendu son âme au diable. Et en lui cédant le talisman, le restaurateur avait perdu sa main gauche, brusquement coupée et volatilisée. Après une succession de faits inexplicables, le diable, sous l'apparence d'un petit homme en noir, une sorte d'huissier, venait réclamer son dû. Idée géniale d'avoir fait jouer cet esprit du mal par Palau, face à Pierre Fresnay, « habité » par la peur, le vertige de la possession diabolique. Mais le diable avait commis une imposture. Un soir de carnaval, sept homme masqués, constitués en tribunal, révélaient cette imposture à Roland Brissot, alors qu'il était au bout du rouleau, pressé par le temps pour payer sa dette ou prendre son âme. Défaite provisoire, illusoire, du diable. Il reprenait le dessus. A l'auberge, où l'on revenait, le récit du peintre terminé, un dernier rebondissement plongeait les spectateurs dans un autre mystère. L'inquiétude subsistait. Ce film remuait un fond de vieilles légendes, de superstitions, de mysticisme. Le soin apporté aux éclairages, l'opposition « expressionniste » de la lumière et des ténèbres, la bizarrerie des personnages, même les plus quotidiens (Pierre Larquey, garçon de restaurant nommé « Ange ») ont fait de *La Main du diable* une œuvre fantastique autrement troublante que la légende moyenâgeuse des *Visiteurs du soir*.

Simenon et Clouzot (bis)

J'ai gardé pour la fin les « études de mœurs ». En ce domaine, la Continental fut violemment attaquée, accusée de propagande anti-française. Voyons les films, dans l'ordre de leur tournage.

Les Inconnus dans la maison, d'Henri Decoin (1941). Un roman de Georges Simenon, écrit en 1939, publié en 1940. Adaptation et dialogues de Clouzot. Une ville de province noyée de pluie, une atmosphère humide, triste, moite, étouffante. Le commentaire, dit par la voix de Pierre Fresnay, donne le ton, tandis que la caméra explore le décor. Dans une maison lugubre, un avocat, Hector Loursat de Saint-Marc (Raimu), vit retiré depuis que sa femme l'a quitté. Il a sombré dans l'alcoolisme. Il n'adresse pratiquement pas la parole à sa fille Nicole. Une nuit, Loursat entend un coup de feu, aux étages supérieurs. Il trouve le cadavre d'un inconnu, dans une chambre. Début du scandale. Nicole appartenait à un club de jeunes gens qui, croyant « vivre dangereuseument », s'étaient mis à voler, se livraient à des aventures minables. La maison de Loursat leur servait de lieu de rendez-vous. Le mort, dans la chambre, est un repris de justice, Gros-Louis, qu'Emile Manu, le jeune amant de Nicole, avait renversé en conduisant une voiture volée. L'abcès éclate : police, enquête, instruction. Rejeté par les notables, Loursat sort de son trou pour les défier. Il assure la défense d'Emile Manu, accusé d'avoir tué Gros-Louis. Manu est le plus pauvre de la bande. Les autres, couvée de bourgeois, sont protégés par leurs parents. Au cours d'une plaidoirie retentissante, Loursat démasque le vrai coupable. Une société veule, avachie, perd sa façade de respectabilité sous les coups de boutoir d'un ivrogne. Henri Decoin avait déjà réalisé des drames. Jamais un film aussi noir, aussi réaliste. Une étude de mœurs virulente brisant les conventions sociales. La province, sur les vertus de laquelle s'appuie l'ordre moral pétainiste, est arrachée à sa léthargie hypocrite. Le procès en cour d'assises, morceau de bravoure de bien des films français des années 30, c'est le procès des notables et d'une classe dominante. Tout cela était dans le roman de Simenon, ainsi que le meurtrier portant un nom aux consonances juives, Ephraïm Luska (Mouloudji). Dans le contexte de l'époque où sortit le film, certains virent là une intention délibérée. D'autant que *Les Inconnus dans la maison* fut distribué avec *Les corrupteurs* en première partie du programme [1]. Un Juif désigné comme « brebis galeuse », c'était la porte ouverte par le cinéma à l'antisémitisme. Cette distribution conjointe ne fut sûrement pas innocente. Manière de tâter le terrain. Il faut dissocier toutefois *Les Inconnus dans la maison* de *Les corrupteurs*. Luska, meurtrier par jalousie, fils de petits commerçants, était comme Manu la victime des nantis. Je ne sollicite pas les images après coup. J'ai ressenti cela en voyant le film de Decoin, sans doute parce que j'appartenais, moi aussi, à un milieu modeste. Les têtes des bourgeois et de leur progéniture m'étaient foncièrement antipathiques. Pas celle de Luska. Et l'envolée oratoire de Raimu (il était superbe) accusant cette société de n'avoir rien fait pour la jeunesse ne sonna pas à mes oreilles comme l'apologie des idées nouvelles (culture physique, sport, distractions saines et tout le tremblement), mais comme une accusation portée

1. Voir chapitre III.

aux adultes responsables d'une déliquescence dont notre génération faisait les frais.

Le Corbeau, de Henri-Georges Clouzot (1943). *« Un coup de tonnerre, une tornade brusquement déchaînée »,* écrit Roger Régent dans *Cinéma de France.* Une rude secousse, en effet. Je n'ai jamais — sauf avec *Douce* d'Autant-Lara — éprouvé une émotion, une satisfaction aussi fortes dans ma vie de spectateur sous l'Occupation. Car, tout en cherchant au cinéma des distractions, j'en avais — nous en avions — assez de ces chroniques provinciales genre *Mademoiselle Béatrice* ou *Le Secret de Madame Clapain* (je cite au hasard, il y en eut bien d'autres), où les faits divers restaient toujours à la surface des eaux dormantes. Là, enfin, il y avait du nerf, du muscle, de la vigueur, les personnages n'étaient pas tout d'une pièce, la montée dramatique des événements prenait à la gorge, au ventre. Le réalisme des comportements, les pulsions érotiques sous-jacentes à ce tableau de mœurs étaient, en ce temps-là, d'une audace inouïe. Dans une petite ville de province, Saint-Robin (le film avait été tourné, en partie, à Montfort-l'Amaury), était installé un médecin, Rémy Germain (Pierre Fresnay), dont on ignorait le passé. Il recevait une lettre signée « le corbeau » l'accusant en termes orduriers d'être l'amant de Laura Vorzet (Micheline Francey), la jeune épouse d'un vieux psychiatre (Pierre Larquey) et menaçant de tout révéler. Une pluie de lettres anonymes s'abattait alors sur la ville, mettant en cause Germain comme « avorteur » et s'attaquant, de plus, à chacun des destinataires. L'affaire tournait au drame lorsque « le corbeau » apprenait à un malade de l'hôpital qu'il était atteint d'un cancer. Le cancéreux se coupait le cou avec son rasoir. Et les passions se déchaînaient, dans une âcre atmosphère de malaise. Qui était « le corbeau » ? L'intrigue, comme dans un film policier, mettait en cause plusieurs suspects et la vérité — imprévue — éclatait au dénouement. Ce qui comptait moins, en fait, que la mise à nu des démons intérieurs, refoulés sous les attitudes « civilisées » de toute une communauté. On comprenait très bien qu'il ne pouvait pas y avoir un seul « corbeau ». Celui ou celle qui avait eu l'idée des lettres anonymes avait, en somme, donné l'exemple. Une rage d'écrire, de salir, de se laisser aller aux instincts corsetés par l'ordre social, s'emparait d'une ville à double face, Jekyll et Hyde. A peine croyait-on avoir découvert un coupable (même mécanisme que dans *L'assassin habite au 21*) que les lettres réapparaissaient.

Clouzot avait magistralement réglé sa mise en scène. Une tension progressive, des moments de crise violents, un apaisement relatif, une autre crise. A cela non plus nous n'étions pas habitués. Le convoi funèbre du cancéreux passait dans la grande-rue, suivi par la mère du mort enfouie dans ses voiles noirs (Sylvie) et toute la population. Soudain, une lettre tombait de la couronne mortuaire placée à l'arrière du corbillard. Les deux rangs du cortège s'écartaient pour éviter la lettre. Quelqu'un la ramassait. Au cimetière, devant la tombe fraîche, la « rumeur publique » accusait Marie Corbin, l'infirmière (Héléna Manson), laquelle s'en prenait à Denise (Ginette Leclerc), autre suspecte possible. Les deux femmes se battaient. Plus tard, Marie Corbin s'enfuyait à travers les rues, sa cape noire gonflée par le vent ; on entendait des bruits de foule et des cris. Et la scène de l'église, avec la lettre tombant de la voûte, et la scène de la dictée imposée aux principaux suspects à l'école !... Partout, le style d'un cinéaste dont l'univers avait été mis en place dans *Le Dernier des six, Les Inconnus dans la maison, L'assassin habite au 21.* A Saint-Robin, Pierre Fresnay était « l'étranger ». Il servait de révélateur. Laura Vorzet, visage lisse et pur sous des cheveux tressés en couronne, avait envie de lui. Denise, la sœur boiteuse de l'instituteur manchot (ces disgrâce physiques, chez Clouzot, sont en rapport avec les frustrations et les névroses), s'offrait carrément. Rolande (Liliane Maigné), l'autre sœur, petite fille aux lunettes travaillée par la puberté, pleurait sur les marches de l'escalier parce que Germain faisait l'amour avec Denise dans la chambre. Cette atmosphère de sexualité, pas plus que l'ensemble du scénario, n'aurait convenu à la censure gouvernementale. C'est donc à Continental Films que l'on doit le film le plus dérangeant [1], le plus réaliste de ces années-là. Un film d'une homogénéité parfaite jusque dans l'interprétation. De chaque acteur, de chaque actrice, Clouzot fit un personnage inoubliable. Le « réalisme noir » du *Corbeau* influença, après la guerre, un nouveau courant du cinéma français où s'inscrivit particulièrement Yves Allégret (*Dédée d'Anvers, Une si jolie petite plage, Manèges*).

Le Val d'enfer, de Maurice Tourneur (1943). Un film qui

1. Voir chapitre xv.

ne soutient certes pas la comparaison avec *Le Corbeau*. Fort intéressant tout de même. Gabriel Gabrio, veuf quinquagénaire, pourvu d'un fils indigne, exploitait une carrière de pierre en haute Provence. Il recueillait Ginette Leclerc, maîtresse d'un truand marseillais emprisonné. Il l'épousait, elle le trompait, l'obligeait à vendre ses meubles de famille, provoquait le départ de ses vieux parents pour un hospice de vieillards. Thème de la « femme fatale » dans un milieu de nature et de travail bien décrit, sans pittoresque folklorique. Le film aurait dû être (selon le scénario de Carlo Rim) tourné au « val d'enfer » des Baux-de-Provence. Il le fut ailleurs, dans un décor réel assez sauvage pour justifier le titre. Ginette Leclerc mourait d'un « accident » provoqué par un braconnier, figure de la vengeance. Le fils indigne s'amendait et les vieux parents reprenaient leur place dans la maison. Fin morale si l'on veut.

La Vie de plaisir, d'Albert Valentin (1943). Albert Maulette (Albert Préjean), patron d'une boîte de nuit parisienne, épousait Hélène de Lormel (Claude Génia). Sa belle-famille le méprisait mais le grugeait financièrement. Le scénario d'Albert Valentin, adapté et dialogué par Charles Spaak, racontait l'histoire de ce ménage selon deux points de vue, au cours d'un procès en divorce qui ouvrait le film. Le point de vue de l'avocat aux ordres de la famille de Lormel, le point de vue (la vérité) de l'avocat de Maulette. Ce qui n'allait pas sans quelques ficelles. Mais dans ce récit brisé, ces retours en arrière, apparaissait la satire corrosive d'un clan imbu de ses privilèges, égoïste, affairiste. L'homme du peuple, le tenancier de « La vie de plaisir », était présenté comme une force saine, face à ces aristocrates décadents. Un archevêque, frère de M. de Lormel père, bénissait une meute de chiens de chasse et conseillait à son neveu de confier à une institution charitable l'enfant qu'il avait fait à une danseuse de la boîte de nuit. Pas question de mariage avec une fille comme celle-là. Aline, la danseuse, c'était Claude Nollier, débutante, je crois. Un camarade de lycée, toujours bien renseigné, m'apprit qu'elle était la fille de Louise de Fiennes, une chanteuse d'opérette qui venait alors régulièrement au théâtre municipal de Troyes avec son partenaire, Mazzanti. Je ne manquais jamais leurs représentations, l'opérette étant mon autre passion. Ce lien entre Claude Nollier et Louise de Fiennes avait renforcé, pour moi, l'intérêt du film.

Le Dernier Sou, d'André Cayatte (1943). Une affaire d'escroquerie par petites annonces, des combines louches, un certain réalisme social. Le scénario était de Louis Chavance, l'auteur du *Corbeau*. Ginette Leclerc et Noël Roquevert, complices en escroquerie puis dressés l'une contre l'autre, dominaient une distribution disparate. *Le Dernier Sou* sortit à Paris au début de 1946.

Epuration ?

A la Libération, l'administration des Domaines avait saisi le stock de la Continental. Elle assurait la distribution des films non encore exploités. De la production d'Alfred Greven, trois films avaient été interdits : *Les Inconnus dans la maison*, *Le Corbeau* et *La Vie de plaisir*. Tous trois avaient été considérés par la presse clandestine de la Résistance (*Les Lettres françaises*, *L'Ecran français*) comme œuvres pernicieuses par leur « *volonté systématique de salir et de diminuer la France* ». *Le Corbeau* était particulièrement visé [1]. La polémique, entamée dans la clandestinité, reprit après la Libération. Le bruit courait alors que *Le Corbeau* avait été distribué en Allemagne sous le titre. *Une petite ville française* pour servir la propagande des nazis. Devant le comité d'épuration du cinéma français, Chavance et Clouzot purent faire la preuve que c'était faux. La UFA avait refusé *Le Corbeau*, film bien gênant pour un régime totalitaire encourageant la délation, anonyme ou non. Chavance prouva aussi que le scénario du *Corbeau* avait été écrit par lui en 1932, d'après une affaire réelle de lettres anonymes qui avait troublé la vie publique de Tulle dix ans plus tôt. Il l'avait déposé, en 1937, à la Société des Auteurs de films sous le titre *L'Œil de tigre*, signature de l'anonymographe de Tulle, une vieille fille déséquilibrée. Ce scénario comportait la plupart des épisodes jugés scandaleux et porteurs de "propagande anti-française" en 1944 [2].
Les types de la vie de province mis en scène par Clouzot appartenaient à une société qui n'avait guère changé, depuis les années 30, malgré le manteau d'ordre moral jeté sur elle

1. Le texte de l'article incriminant *Le Corbeau* dans *L'Ecran français* clandestin n° 14 figure dans le livre d'Olivier Barrot, *L'Ecran français 1943-1953, Histoire d'un journal et d'une époque*, Les Editeurs Français Réunis, 1979.

2. Cf. *Le Corbeau*, in *Le Monde illustré théâtral et cinématographique* n° 10, 4 octobre 1947 ; *Le Corbeau*, scénario et extraits de presse, La Nouvelle Edition, 1948 ; *Le Corbeau* in *L'Avant-Scène du cinéma* n° 186, 15-4-1977.

par le régime de Vichy. Ces preuves étant faites, Chavance et Clouzot furent pourtant privés, pour deux ans, du droit de travailler dans le cinéma français. Et la polémique dura un certain temps. En 1946, des voix autorisées s'élevèrent contre l'interdiction du *Corbeau* et de ses auteurs : Marcel Carné, Claude Autant-Lara, Marcel L'Herbier, dans le journal *Combat* par exemple.

Faisons la part des réactions passionnelles, compréhensibles au sortir d'une guerre effroyable, d'une occupation qui avait apporté tant de malheurs et de morts. Les propriétaires de salles, spoliés par l'organisation de la Continental, avaient certes le droit de se plaindre et de réclamer justice. Mais il y a eu une confusion, volontaire ou non, chez les adversaires farouches du *Corbeau*, entre l'action industrielle et économique de Continental Films effectivement — je l'ai montré — contrôlée par les nazis, et un problème d'ordre exclusivement cinématographique. On censurait le talent de Clouzot (trop éclatant) à cause de la Continental, on écartait un cinéaste qui avait trouvé, chez Alfred Greven, une liberté d'expression qu'il n'aurait pas eue ailleurs. Qu'a-t-on retenu contre Clouzot et Chavance, en dehors du fait que leur film avait été produit par la Continental ? Rien, que je sache, sinon une vision pessimiste de la société française. Une vision non-manichéenne. Nous voilà au cœur du débat. Au-delà des rancœurs et des haines personnelles, *Le Corbeau* ne correspondait pas à cet article de foi qu'était alors l'union nationale des Français dans la résistance. L'ambiguïté du bien et du mal, qui avait constamment marqué ces « années noires », n'était pas tolérable. A des vérités trop déplaisantes à constater, il fallait opposer l'idée d'un esprit civique immuable. Le cas des *Inconnus dans la maison* était assez semblable. Et si Henri Decoin, qui eut lui aussi des ennuis, avait réalisé le film, Clouzot y avait pris sa part comme scénariste. Tout cela n'est apparu qu'à la longue, avec ce qu'on appelle le « recul historique ». Mais, dès 1947, Lo Duca écrivait : « Le Corbeau *est une grande œuvre du cinéma français parce que sa leçon demeure dans le cinéma et au-delà du cinéma, parce qu'elle sait éviter la pâle objectivité de l'esthétique par le souffle plus ample de l'homme et de sa lucidité* [1] ». Son temps de purgatoire achevé, Clouzot fit une

1. *Le Monde illustré théâtral et littéraire* n° 10, 4-10-1947.

rentrée triomphale en 1947, avec *Quai des Orfèvres*, Grand Prix de la mise en scène au festival de Venise. L'interdiction frappant *Les Inconnus dans la maison* et *Le Corbeau* fut levée. Il ne semble pas qu'elle l'ait été pour *La Vie de plaisir* d'Albert Valentin, film disparu dans une trappe. Que lui reprochait-on ? Une charge contre le clergé et la noblesse, un patron de boîte de nuit sympathique... J'ai revu *La Vie de plaisir* au Service des Archives du Film de Bois-d'Arcy. Il relève d'une tradition de satire sociale qui n'eut rien de particulier à la Continental. Il pouvait faire affront au moralisme de Vichy, par son attaque contre un dignitaire de l'Eglise catholique. Encore ce dignitaire faisait-il partie d'un clan de « grandes familles », comme on pouvait en trouver, depuis le « naturalisme », en littérature. Etait-ce là un brevet d'indignité ? *La Vie de plaisir* n'a pas l'importance, les qualités du *Corbeau* et des *Inconnus dans la maison*. Tel que je l'avais vu jadis, je l'ai retrouvé sans y relever cependant quoi que ce soit de honteux pour le cinéma français. Charles Spaak a parlé longuement de *La Vie de plaisir* dans le chapitre XIII de *Mes 31 mariages*, récit de ses rapports de scénariste avec divers metteurs en scène, publié par *Paris-Cinéma* début 1946. Dans ce même chapitre, il a parlé longuement aussi de la Continental. Son témoignage « à chaud » et courageux en une époque où il était mal venu d'évoquer Alfred Greven et sa production est un précieux document historique. « *A la Continental*, écrivait-il, *on ne fit jamais de propagande. Tellement les cinéastes étaient vertueux ? Tellement ils étaient farouchement germanophobes ? Non, tout simplement parce qu'on ne leur demanda jamais d'en faire. S'il était entré dans les intentions de M. Greven de créer un cinéma à l'image de la radio et de la presse, il n'est pas impossible qu'il eût trouvé des cinéastes pour l'assister dans cette entreprise, mais il ne l'a pas demandé, pas voulu, et personne n'eut l'occasion de vendre ses services, aucun amateur n'ayant jamais essayé de corrompre personne*. »

Reste une question à laquelle, seul, l'intéressé aurait pu répondre : Qui étiez-vous, M. Greven ?

V

La réalité contemporaine, un certain air du temps et la « révolution nationale »

On a reproché au cinéma français des années Pétain son manque de références à la réalité contemporaine, sinon par allusions vagues. C'est absurde. Si le cinéma avait voulu, alors, traiter les événements de la guerre mondiale, la situation intérieure de la France et tout ce qui se rattachait au présent, il aurait été obligé de le faire sous le contrôle des autorités allemandes d'occupation, c'est-à-dire dans le sens du nazisme installé. C'est pour le coup qu'après la Libération on aurait pu parler de « films collaborateurs », honnir et chasser des studios tous les gens de la profession ! Imaginons un *Juif Süss* français, par exemple. Ou des films anti-britanniques, anti-soviétiques, anti-américains, anti-gaullistes, des films à la gloire des partis de la collaboration, de la milice, des films présentant les résistants ou « maquisards » comme des bandits semant le désordre et provoquant les représailles de l'occupant. On doit se réjouir qu'il n'en ait rien été. Nous avons vu au chapitre précédent que même à la Continental, dirigée par un producteur allemand, rien ne servit l'idéologie hitlérienne et la cause de la « nouvelle Europe ». La fuite hors du temps était nécessaire pour échapper à la propagande. Et d'ailleurs, si Goebbels rêvait d'établir un « cinéma européen » placé sous l'hégémonie de Berlin et s'emparant de tous les marchés du film, de l'Atlantique à l'Oural (en passant même par l'Angleterre au cas où elle aurait été vaincue), il ne souhaitait pas, en France, un cinéma de collaboration. Cette fuite hors du temps fut-elle aussi générale qu'on l'a prétendu ? Je dis : non, mais il faut, d'abord, se reporter aux années 30, où la réalité contemporaine ne fut pas non plus, ce qu'on a tendance à oublier, tellement abordée de front.

L'avant-guerre

On y chercherait en vain un film sur les scandales financiers de la Troisième République (Marthe Hanau et Stavisky par exemple : *La Banquière* de Francis Girod fut tourné en 1980 et le *Stavisky* de Resnais en 1973-74), sur le 6 février 1934, sur la « droite » française, la crise économique et le grand problème du chômage. La censure ne le permettait pas. Un relatif dégel se produisit au moment du Front populaire dont *Le Crime de Monsieur Lange* de Jean Renoir (1935) portait déjà l'esprit. En 1936, Renoir réalisa *La Vie est à nous*, pour la propagande électorale du parti communiste. La même année, Julien Duvivier montra dans *La Belle équipe* — dont la fin, trop pessimiste, dut être refaite — des chômeurs gagnant une grosse somme d'argent avec un billet de loterie acheté en commun et s'associant pour monter une guinguette au bord de la Marne. En 1937, enfin, *La Marseillaise* de Jean Renoir, film conçu *« par le peuple et pour le peuple »*, produit grâce à une souscription de la C.G.T. auprès des futurs spectateurs, ouvriers et patriotes, exalta la Révolution Française et la chute de la royauté dans l'enthousiasme, bientôt refroidi, du Front populaire. Pour l'histoire de cette « époque 36 », ce fut peu, même si ce fut bien.

Un seul film français a été consacré à la guerre civile espagnole, à la lutte des républicains contre les franquistes : *Sierra de Teruel* d'André Malraux. Entrepris en 1938 dans les studios de Barcelone, il n'était pas achevé en 1939 lorsque les troupes franquistes s'emparèrent de la ville et que le gouvernement républicain s'effondra. Monté avec quelques plans de raccord, *Sierra de Teruel* devait sortir, en France, le 15 septembre 1939. La censure l'interdit. On ne le vit qu'en 1945, sous le titre *Espoir*, rappelant le roman de Malraux, *L'Espoir*, publié en 1937, et dont il n'était d'ailleurs pas l'adaptation.

Il est assez étonnant de constater qu'à la fin des années 30, alors que se précisait le péril nazi et la préparation d'une guerre de conquête hitlérienne, le cinéma français évita d'en parler, de s'attaquer à Hitler et au nazisme. En 1937, Abel Gance tourna une nouvelle version de *J'accuse*, son film de 1918, pour faire sortir de leurs tombes les morts de 14-18 venant empêcher un nouveau conflit. Message pacifiste, idéaliste. *La Grande illusion* de Jean Renoir, toujours en 1937, rappela aussi la Première Guerre mondiale du côté des camps d'officiers français prisonniers en Allemagne. Au-delà du conflit armé, les hommes étaient moins séparés par le nationalisme que par leurs différences de milieux et de classes. Le capitaine de Boïeldieu (Pierre Fresnay) se retrouvait en communauté d'esprit, de caste, avec son geôlier, le commandant von Rauffenstein (Eric von Stroheim), alors qu'il se sentait intellectuellement, socialement, politiquement différent du lieutenant Maréchal (Jean Gabin), un prolétaire, et de Rosenthal (Marcel Dalio), fils d'un banquier juif. Si ce film eut un succès considérable, il le dut alors au message pacifiste qu'on y trouvait, à travers une chronique de la guerre de 1914. Pacifiste, encore, *Alerte en Méditerranée* de Léo Joannon (1938) où, dans l'époque contemporaine, trois officiers de marine, un Français, un Anglais, un Allemand s'unissaient pour sauver les passagers d'un paquebot menacés par une nappe de gaz asphyxiant, dans les eaux méditerranéennes. L'Allemand, interprété par Rolf Wanka, n'avait rien d'un nazi ; il se sacrifiait héroïquement pour renforcer les bonnes intentions de ce mélodrame maritime prêchant la solidarité des grandes nations européennes. Or, on était à la veille de la crise de Munich. En 1938 encore, *Paix sur le Rhin* de Jean Choux montra l'inanité de la haine entre les peuples voisins, à travers l'opposition de deux frères rentrant en Alsace en 1918, l'un ayant porté l'uniforme français, l'autre l'uniforme allemand du territoire annexé en 1871.

La crise de Munich fut traitée de façon romanesque dans *Rappel immédiat*, de Léon Mathot (1939). Pour avoir œuvré en septembre 1938 à sauver la paix de l'Europe (!), un diplomate américain (Eric von Stroheim) perdait la femme qu'il aimait, une actrice de cinéma parisienne (Mireille Balin). Le premier titre du film avait été *Tango d'adieu !* Edmond T. Gréville fit preuve de plus de lucidité et d'audace politique avec *La Grande alerte*, titré ensuite *Cinq jours d'angoisse* (1938-39). La crise de Munich y était vécue, au jour le jour, au fil des événements réels, dans une pension de famille du Quartier Latin, par des émigrés conscients de la catastrophe prochaine. Entrepris au lendemain de cette crise, le film fut détruit dans un incendie accidentel des laboratoires de Billancourt. Gréville le recommença le 21 août 1939, suivant toujours les événements politiques et terminant sur l'invasion de la Pologne en septembre. Seul exemple, alors, d'une œuvre cinématographique — finalement intitulée *Menaces,* — qui se soit directement préoccupée de l'histoire en train de se faire. *Menaces* sortit après la déclaration de guerre et disparut sous l'Occupation. Après la Libération, Gréville y ajouta une fin « optimiste » avec l'entrée des Alliés à Paris. Puis il rétablit la fin originale où Eric von Stroheim, savant autrichien, se suicidait devant le Panthéon [1].

A côté de cela, le cinéma français ignorant le nazisme, les discours d'Hitler et ses visées expansionnistes, se cantonna dans les films d'espionnage et les évocations du conflit franco-allemand de 1914-18. De la série romanesque de Charles-Robert Dumas, *Ceux du S.R.,* on tira : *Deuxième Bureau* (Pierre Billon, 1935), *Les Loups entre eux* et *L'Homme à abattre* (Léon Mathot, 1936), *Capitaine Benoît* (Maurice de Canonge, 1937), où les agents du Deuxième Bureau français, particulièrement le fringant capitaine Benoît (Jean Murat interpréta le rôle trois fois, Roger Duchesne une fois), se montraient toujours plus malins que les espions allemands et les femmes fatales à leur service. *Double crime sur la ligne Maginot,* de Félix Gandera (1937), d'après un roman de Pierre Nord, plaça un traître allemand dans les fortifications « imprenables » de la frontière. *Mademoiselle Docteur* (ou *Salonique, nid d'espions*) de G.W. Pabst (1936), fut l'histoire très romancée d'une réelle et insaisissable espionne allemande de la Première Guerre Mondiale ; *Marthe Richard au service de la France,* de Raymond Bernard (1936), l'histoire non moins romancée d'une Française célèbre, devenue agent du Deuxième Bureau pour venger sa famille, massacrée en août 1914 par les envahisseurs allemands dans le Nord de la France. C'est avec ce film qu'Eric von Stroheim, créateur déchu d'Hollywood, commença sa carrière d'acteur dans notre cinéma, en vilain teuton dont triomphait Edwige Feuillère — Marthe Richard. *Sœurs d'armes,* de Léon Poirier (1937), célébra l'héroïsme de deux autres personnages histori-

---

1. Cf. *Edmond T. Gréville,* par Gérard Legrand, *L'Anthologie du Cinéma* n° 56, juin 1970, et le *Catalogue des films français de long métrage, films sonores de fiction (1929-1939)* de Raymond Chirat, édité par la Cinémathèque Royale de Belgique, 1975.

ques, Louise de Bettignies et Léonie Vanhoutte, « résistantes » du Nord de la France et de la Belgique sous l'occupation allemande 14-18. *La Danseuse rouge* (d'abord intitulé *La Chèvre aux pieds d'or !*) s'inspira quelque peu de la vie de Mata-Hari, danseuse et espionne de l'Allemagne, fusillée en 1917. *Passeur d'hommes,* de René Jayet (1937), *Le Héros de la Marne,* d'André Hugon (1938), *Les Otages,* de Raymond Bernard (1939), *Terre d'angoisse,* devenu *Deuxième Bureau contre Kommandantur,* de René Jayet (1939), rappelèrent les souffrances et les drames causés par les allemands au cours de la « Grande Guerre ». *Ultimatum,* de Robert Wiene (1938), remonta jusqu'à l'attentat de Sarajevo et à la menace de guerre planant alors sur l'Europe [1]. *Le Déserteur,* de Léonide Moguy (1938), se situa en 1918, en une seule journée : un jeune soldat, profitant d'un accident de voie ferrée causé par un bombardement, quittait son train militaire pour aller revoir sa fiancée dans un village proche et courait le risque d'être considéré comme déserteur. Après la sortie du film, le titre, jugé déplaisant, fut changé en *Je t'attendrai.*

La « drôle de guerre »

En somme, le cinéma français ne fit alors que fortifier la vieille haine du « boche » et le chauvinisme revanchard, tout en entretenant l'illusion d'une paix possible. Aucune préparation psychologique aux méfaits réels et à la puissance du nazisme. En septembre 1939, tout s'écroula mais, passé le choc de la mobilisation, les Français s'installèrent, jusqu'en mai 1940, dans ce qu'on a appelé la « drôle de guerre ». Après avoir envahi et vaincu rapidement la Pologne, les troupes allemandes n'attaquèrent pas la France et la France ne prit pas l'initiative [2]. Quelques films se firent alors les miroirs de cet attentisme, dont on voulait croire qu'il déboucherait sur une cessation des hostilités déclarées. A la fin de 1939, Pierre Caron réalisa *Chantons quand même,* sorte de revue dialoguée par Jean Nohain et mise en musique par Raoul Moretti,

1. Robert Wiene, réalisateur du *Cabinet du docteur Caligari* (1919), exilé en France après l'avènement d'Hitler, mourut à Paris en juillet 1938. Un autre exilé, Robert Siodmak, termina *Ultimatum.*

2. Il y eut pourtant quelques combats meurtriers le long de la frontière et des régions évacuées. La « drôle de guerre » fut, pour les civils de « l'arrière », le temps des alertes aux bombardements aériens, du camouflage des lumières la nuit, des « masques à gaz ».

où des soldats franco-britanniques faisant étape dans un village de l'Est étaient bien reçus par les filles avant de monter, optimistes, en première ligne. Quelques documents de guerre et de rappels de la France paisible au travail étaient insérés dans cette bluette pour distraction des militaires. Il y avait la jolie Annie Vernay et Paul Cambo, Raymond Cordy et des chanteurs de music-hall, Guy Berry, Jack Wilson, Marie Bizet. Le refrain *Bonjour Tommies* fut presque aussi célèbre que *On ira pendre notre linge sur la ligne Siegfried*, lancé par Ray Ventura et son orchestre. Des films de reportage et de montage d'actualités comme *De Lénine à Hitler* (les grands drames européens de 1930 à 1939) et *La France est un Empire* (l'œuvre civilisatrice de la France en Afrique, en Indochine, à Madagascar, etc.) prirent aussi l'aspect de spectacles. Mais on aimait les fictions rassurantes. Curieux témoignage de l'esprit d'une époque, *Elles étaient douze femmes*, d'Yves Mirande, présenté fin avril 40, montra quelques dames de la haute société parisienne échangeant leurs impressions sur la vie en temps de guerre dans un abri, au cours d'une alerte. Elles décidaient ensuite de fonder une œuvre pour envoyer lettres et colis aux soldats sans famille. Elles devaient alors faire appel à la riche Mme Marion (Gaby Morlay), bien que celle-ci, non mariée et pourvue d'une fille « sans père », ne fût pas de leur milieu. En définitive, après pas mal d'intrigues et de chicaneries chez les dames du monde, la bonne et généreuse Mme Marion était acceptée. Fantaisie boulevardière au vinaigre jouée uniquement par des femmes, auxquelles Yves Mirande n'épargnait pas la caricature. Cela passa comme une lettre à la poste. Dans *Fausse alerte* de Jacques de Baroncelli (scénario et dialogues de Michel Duran), Joséphine Baker collait avec Lucien Baroux, clochard pittoresque, des bandes de papier gommé sur les vitres de son appartement [1] et se faisait le bon génie des habitants de son immeuble. Rues sans lumières du Paris de la « drôle de guerre », chefs d'îlots, alertes, caves-abris, masques à gaz, chanson de Joséphine, tout cela ne devait être offert au public qu'en 1945 et l'on n'y vit même pas un « document » rétrospectif sur le parisianisme à tous crins du cinéma d'avant la débâcle. En avril 1940, Jacques de

1. Mesure de précaution, obligatoire mais pas toujours respectée, contre les bris de carreaux en cas de bombardement.

Baroncelli tourna une comédie dans « l'air du temps », scénario et dialogues d'Yves Mirande. Des nouveaux riches, vivant dans un château de Normandie, perdaient leurs (faux) privilèges et leurs préjugés, à la suite de la déclaration de guerre et de l'arrivée d'un convoi de réfugiés parisiens. C'était amusant et discrètement dramatique, avec des images de l'évacuation des enfants parisiens en septembre 1939, et quelques détails précis de la vie quotidienne. *Soyez les bienvenus* apparut sur les écrans en juillet 1942, apportant à l'histoire récente une pierre à laquelle on ne fit pas attention, alors que ç'avait été un prélude à juin 40 [1].

Sous cette « drôle de guerre » il y eut, tout de même, un film antinazi : *Après* Mein Kampf, *mes crimes*, d'Alexandre Ryder. Et il sortit fin mars 40, ce qui ne semble pas avoir frappé les historiens du cinéma. Tout le cheminement d'Hitler, du putsch de Munich de 1923 à l'attaque de la Pologne, y était reconstitué, avec des documents d'actualités et des scènes jouées par des acteurs français, Line Noro, Roger Karl, Alain Cuny, Pierre Labry, Jean Heuze et l'Anglais Jack Henley. Liquidation de Roehme, assassinat de Dolfuss, chancelier d'Autriche, jeunesses hitlériennes fanatisées, poison de la dénonciation au sein des familles, persécutions des Juifs, mainmise sur l'Autriche et la Tchécoslovaquie, enfin, là, c'était clair. Qu'est devenu ce film-témoignage ? Il n'a pas été détruit pendant l'Occupation puisqu'un numéro du magazine *Ciné-Revue* annonça, après la guerre, sa distribution en Belgique et son achat, pour ce pays, par « Les Amis des prisonniers politiques ». Dans une double page avec photos, le résumé du scénario faisait état de scènes évidemment rajoutées : les camps de concentration, la chute de Berlin et la défaite allemande. Alors ?

Un film allait faire le lien entre la « drôle de guerre » et l'époque Pétain : *La Fille du puisatier*, de Marcel Pagnol. Commencé au printemps 1940, il fut interrompu par la débâcle et repris le 13 août, ce qui en fit le premier film du « Cinéma de France » sous l'Occupation.

---

1. Terminé en ce même juin 40, *Untel père et fils* de Julien Duvivier racontait de 1870 à 1939, l'histoire d'une famille française « typique » durement éprouvée par les guerres avec l'Allemagne. Ce film fut envoyé aux États-Unis et présenté sous le titre *Heart of a nation (Le Cœur d'une nation)*. Sorti en France fin 1945, il parut bien anachronique et n'eut pas grand succès.

La réalité contemporaine, on la trouvait bien dans ce mélodrame avec fille séduite et enceinte, chassée par son père et protégée, comme jadis Angèle, par un brave garçon, Félipe qu'incarnait Fernandel. Mais la texture du mélo était constituée par les événements historiques. Patricia, l'aînée des dix filles du puisatier provençal, Pascal Amoretti, rencontrait Jacques Mazel, officier d'aviation en permission et fils de commerçants cossus de Salon. Après quelques hésitations, elle lui cédait. Le lendemain de leur « aventure », Jacques était brusquement rappelé pour des manœuvres militaires en Afrique et sa mère ne remettait pas à Patricia la lettre où il lui expliquait la raison de son départ. La T.S.F. annonçait la mobilisation générale. Dès lors, la guerre pesait sur le destin des personnages. Revenu d'Afrique, Jacques était parti pour le front sans avoir revu Patricia qui, elle, se croyait abandonnée. Le bon Félipe, l'aide de Pascal, partait aussi. Patricia était obligée d'avouer sa faute au puisatier : elle attendait un enfant. Pascal l'entraînait chez les Mazel, auxquels il réclamait réparation. Mme Mazel, ironique et méprisante, poussait son mari à éconduire ces gêneurs. Pascal, alors, obligeait Patricia à quitter sa maison. Il l'envoyait chez sa sœur Nathalie, la blanchisseuse où, plus tard, à l'instigation de Félipe — venu en permission — il viendrait la rechercher avec son bébé. L'année 1940 en était à son printemps et Jacques Mazel avait été porté disparu à la guerre. Ses parents endeuillés tentaient un rapprochement avec Pascal et Patricia, à cause de l'enfant. La voix du maréchal Pétain s'élevait à la T.S.F. pour annoncer la défaite, la fin des combats et la demande d'armistice. Dans le grand malheur qui frappait la France, les familles accablées se réconciliaient autour du berceau. Et Jacques revenait, bien vivant, pour épouser Patricia et donner son nom à son fils.

Le traumatisme de la débâcle et de la victoire allemande était inscrit au cœur de ce film, où l'on ne voyait pourtant aucune image de guerre, d'exode, de bombardements. La Provence se trouvait en zone non occupée et on ne s'y était pas battu. Le cours de l'histoire, toutefois, avait modifié le projet de Pagnol et ce n'était pas par opportunisme (comme l'affirmèrent, plus tard, de méchantes langues) qu'il avait tourné cette scène où, dans le magasin des Mazel, des gens de Salon, toutes classes sociales mêlées, écoutaient immobiles et silencieux le discours de Pétain, au terme duquel M. Mazel, accoudé à son comptoir, se mettait à pleurer. Tous les sentiments de la France profonde, apprenant le malheur de la patrie, se trouvaient exprimés là. Le grand choc, la cassure de juin 40, on ne les trouvera nulle part, au cinéma, aussi bien ressentis. Ce fut une des raisons pour lesquelles le film, à sa sortie, en zone non occupée puis en zone occupée, fit couler tant de larmes. Or, après ce discours de Pétain, Mme Mazel disait : « *Je comprends que notre fils est mort pour rien* », et Patricia lui répondait « *Non, madame, non, ce n'est pas vrai... Si tous nos hommes revenaient demain, tous sans exception, s'ils revenaient vaincus, joyeux et bien portants, en chantant des chansons de route, il n'y aurait plus de France, et même, on pourrait dire que la France n'était pas une patrie. Ils n'ont pas sauvé la France, mais ils l'ont prouvée : les morts des batailles perdues sont la raison de vivre des vaincus.* » Mesure-t-on bien encore le poids de ces mots dans leur contexte historique ? Ils n'appelaient pas à la résignation, ils n'étaient pas flagornerie envers la nouvelle morale de l'« Etat français ». Après la Libération, certains journalistes prétendirent que, pour une projection à New York de *La Fille du puisatier,* la guerre finie, le discours de Pétain avait été remplacé par l'appel du général de Gaulle. Dans son étude sur Marcel Pagnol [1], Claude Beylie a fait justice de ces calembredaines et bien resitué *La Fille du puisatier* en son temps comme en son esprit.

Ce n'est pourtant pas — il s'en faut de beaucoup — l'un des meilleurs films de Pagnol. Les scènes pittoresques du début, la vieille voiture brinquebalante de Félipe, les tribulations du chapeau neuf de Patricia, les roueries séductrices de Jacques Mazel, la soûlerie de Félipe attendant au café Patricia (que Jacques avait conduite en vain dans sa garçonnière) traînaient en longueur. Josette Day, bouclée comme un caniche et très parisienne, détonnait dans la campagne provençale et les rues de Salon. Pagnol avait d'ailleurs pris soin d'expliquer qu'elle avait été élevée à Paris, grâce à une dame riche et charitable à laquelle le ménage Amoretti, trop pauvre, l'avait confiée ;

1. *Marcel Pagnol*, par Claude Beylie, Editions Seghers, collection « Cinéma d'aujourd'hui », 1974.

elle était revenue au pays, à quinze ans, sa mère — et aussi la dame de Paris — étant mortes, pour tenir le foyer de son père et s'occuper de ses cinq sœurs. Situation bien emberlificotée, subterfuge d'auteur dramatique en faveur de celle qui était alors son interprète favorite et sa compagne. Par ailleurs, Fernandel semblait souvent parodier le personnage qu'il avait été dans *Angèle*, et le dénouement « optimiste » sonnait faux. Il me paraît incontestable que Pagnol reprit, en les accommodant aux circonstances, certaines recettes de sa « trilogie marseillaise » et qu'il se tira assez mal de sa fin. Le film aurait été bien plus fort sans le retour de Jacques (d'autant que Georges Grey était plus fait pour les comédies de boulevard parisiennes que pour ce monde-là), concession à la sentimentalité des foules. Il est vrai que beaucoup de familles françaises attendaient alors le retour d'un « disparu » ou d'un prisonnier de guerre. Il faut tenir compte de ces défauts. Mais *La Fille du puisatier* fut chez Pagnol un aboutissement logique des pièces et des films des années trente avec leurs familles provinciales ou paysannes en proie à des conflits humains, avec l'affirmation de la puissance paternelle, d'un sens de l'honneur et de la dignité tenant à l'esprit d'une époque. *Angèle* et *Regain* (tous deux d'après Giono) annonçaient ce petit discours de Patricia à Jacques, sur le « retour à la terre » : *« Cette ferme, ces terrains incultes, et ce ruisseau du premier jour, est-ce que vous ne pourriez pas en faire quelque chose ? Je ne veux pas dire que vous fassiez le paysan, avec un râteau et une pioche... Mais il y a des outils modernes, des tracteurs, des moissonneuses... Vous êtes savant, vous pourriez apprendre... Il me semble que je serais heureuse dans une ferme qui serait à nous, sur une terre qui nous ferait vivre... Je saurais faire la vaisselle et la lessive — et chaque jour, au soleil couchant, j'irais jusqu'au bout du chemin, pour attendre le retour de mon homme, qui revient de sa terre avec ses laboureurs... Mais ça, ce sont des idées de la fille du puisatier... »* Sur ce point-là, l'idéologie vichyssoise allait coïncider avec les conceptions de Pagnol. Retenons plutôt l'opposition du puisatier Raimu (remarquable) et du ménage bourgeois Mazel (l'excellent Charpin et Line Noro, très bien employée en mère possessive puis douloureuse), et cette sourde présence de la guerre influant sur les caractères, le départ des mobilisés à la gare de Salon, l'accablement de la défaite et la volonté d'un avenir meilleur.

Marcel Pagnol resta dans son Midi pendant toute l'Occupation. Il entreprit, fin août 1941, un film auquel il tenait beaucoup, *La Prière aux étoiles,* interrompu en juin 1942 *« pour diverses raisons, la principale étant le refus de l'auteur de se plier aux exigences des autorités d'occupation* [1] ». Il travailla aux dialogues d'*Arlette et l'Amour,* médiocre comédie sentimentale et quelque peu moralisante de Robert Vernay (1943) d'après une pièce de Félix Gandera, dont Josette Day était l'héroïne. En somme, après avoir donné le coup d'envoi d'un cinéma français s'efforçant de renaître, il se tint à l'écart. Après *La Fille du puisatier,* six films furent tournés en 1940, en zone occupée, alors que la production de la zone occupée ne put redémarrer qu'en 1941. La plupart sortirent des studios du Prado, à Marseille, qui appartenaient à Pagnol. Trois ne méritent pas que l'on s'y arrête : *Chambre 13* d'André Hugon, *La Troisième Dalle* de Michel Dulud et *Un chapeau de paille d'Italie* de Maurice Cammage. Les trois autres furent aussi marqués par la réalité contemporaine.

L'An 40, de Fernand Rivers, est passé à l'état de légende car il a tout bonnement disparu, interdit par la censure de Vichy après, semble-t-il, une seule représentation à Marseille le 30 janvier 1941 ! Les quelques renseignements que j'ai recueillis viennent des *Cahiers du film* (n° 2, 1-2-41), revue fondée en 1933 par Marcel Pagnol et reparaissant, alors, à Marseille, ainsi que des souvenirs assez confus de Fernand Rivers dans son livre *Cinquante ans chez les fous,* publié aux Editions Georges Girard, à Paris, en 1945. Yves Mirande avait écrit le scénario et les dialogues d'une comédie de mœurs traversée par les mésaventures de l'exode, et dont certains éléments, pour autant que j'en puisse juger, se rapprochaient de *Soyez les bienvenus* — réalisé par Jacques de Baroncelli avant la débâcle, on l'a vu au début de ce chapitre. Voici ce qu'a raconté Fernand Rivers : *« Histoire d'un ménage de bourgeois qui habite le centre de la France et qui, à l'approche de l'invasion, envoie tous ses meubles dans un château de Bretagne pour qu'ils soient à l'abri. Le couple couche sur des matelas mis à terre dans son beau château du Périgord dont le mobilier est parti vers Nantes. Il n'a jamais été aussi heureux. Alerme et Simone Berriau font tirer leur Rolls Royce par deux*

1. Claude Beylie, *op. cit.*

chevaux magnifiques en trouvant ce moyen de transport des plus confortables, et des répliques d'Yves Mirande font presque apprécier cette époque.

« On ne dira plus : je m'en fiche comme de l'an 40 », disait Jules Berry à Alerme. Et Alerme de répondre : « Mais si, bientôt la France saura se redressr magnifiquement et, dans quelques mois, on pourra redire : Je m'en fiche comme de l'an 40. »

« Et le 30 janvier 41 se promenait dans Marseille l'attelage d'Alerme, c'est-à-dire la Rolls Royce traînée par deux chevaux et annonçant la sortie de L'An 40 *pour le soir même au Pathé Palace... Le lendemain, des ordres de Vichy interdisaient le même* An 40 *qui m'avait été visé par les mêmes responsables.*

« Je m'en fus dans la "capitale" provisoire demander le "pourquoi" de cette interdiction ; je ne fus pas renseigné. La seule certitude recueillie fut que l'interdiction était maintenue. »

Il m'a été impossible de reconstituer exactement le scénario de ce film, dont la distribution, assez complète je crois, figure dans la deuxième partie de cet ouvrage. Les rosseries boulevardières d'Yves Mirande citées par Fernand Rivers n'étaient pas faites pour plaire aux gens de Vichy. Rire des malheurs du temps, quelle incongruité ! Tout le problème est de savoir ce qu'est devenu ce film qu'on aimerait bien, aujourd'hui, examiner de près et en toute sérénité.

Le 11 novembre 1940 — date symbolique choisie volontairement — Abel Gance, dans les studios de la Victorine à Nice, commença le tournage de *Vénus aveugle,* extravagant mélodrame sans référence précise au contemporain et pourtant bien situé, par ses intentions, dans le courant de redressement de la France nouvelle. Se sachant condamnée à devenir aveugle, une jeune femme, Clarisse (dite Vénus parce qu'elle avait posé pour l'affiche publicitaire d'une marque de cigarettes de ce nom), faisait croire à Madère, l'homme de sa vie, qu'elle l'avait trompé. Sublime sacrifice, façon « dame aux camélias », mais sans l'intervention d'un père Duval et de la tuberculose. On se reportera, pour les péripéties, à la fiche filmographique. Les malheurs frappant cette pauvre Clarisse (son amant marié avec une autre, la mort de sa petite fille tant chérie, la cécité, la demi-folie l'amenant à prendre une poupée pour l'enfant morte, les interventions de Madère repentant et se faisant aimer de l'aveugle sous une autre personnalité) relevaient des pires clichés du genre. Mélo pour mélo, j'ai toujours préféré *Le Voile bleu,* avec toutes ses conventions morales, à *Vénus aveugle,* monument de prétention et de symbolisme qui ne fut même pas emporté par le délire baroque du Gance d'autrefois. Compte tenu des conditions matérielles difficiles, la platitude de la mise en scène, à une ou deux séquences près (celle, par exemple, où Clarisse, chantant dans la boîte à matelots, *Le Bouchon rouge,* se rendait compte qu'elle perdait la vue), eut de quoi faire douter du talent d'un cinéaste bien mieux inspiré dans *Paradis perdu,* tourné en 1939, et qu'on allait découvrir sous l'Occupation, sa sortie ayant été retardée [1]. Cela peut s'expliquer en partie par les complications du tournage dues à la mésentente entre la femme de Gance, Sylvie, et Viviane Romance. Sous le nom d'actrice de Mary-Lou, Sylvie Gance jouait le rôle de la sœur (boiteuse) de Clarisse. Des extraits d'un manuscrit autobiographique inédit du cinéaste Edmond T. Gréville publiés en 1978 dans une brochure, *Nice historique*, ont révélé que Viviane Romance, excédée, refusa de continuer de tourner avec Gance et réciproquement, Sylvie Gance, dont le rôle, trop important, ne pouvait être supprimé, ne voulait tourner qu'avec son mari. En définitive, Edmond T. Gréville, réalisateur en chômage, assistant metteur en scène pour *Vénus aveugle,* dirigea toutes les scènes principales avec Viviane Romance, Gance tournant les plans correspondants avec Sylvie. Marion Malville, la compagne de Gréville, qui jouait le rôle de Marceline, la cabaretière, doubla Sylvie Gance, de dos ou partiellement (jambes, mains, béquilles) dans les scènes où Clarisse se trouvait de face par rapport à sa sœur. Gréville a peut-être exagéré, mais ces « batailles de dames » et les exigences du producteur Jean-Jacques Meccatti père — *« un sexagénaire niçois, très riche, chevaux de courses, nombreux immeubles, ignorance totale de la technique cinématographique et de la syntaxe française* (dixit Gréville) — avaient bien de quoi flanquer par terre une bonne partie de la réalisation. *Vénus aveugle* souffrit surtout des erreurs de la distribution et

1. *Paradis perdu*, superbe drame sentimental situé en 1914, dans les années 20 et en 1939, sortit à Paris le 13 décembre 1940 et fut distribué ensuite en province.

d'un aspect métaphorique propre à flatter le nouveau régime. Viviane Romance et Georges Flamant n'étaient pas faits pour l'univers de Gance où — au contraire de *Paradis perdu* — les idées l'emportaient sur les sentiments. Depuis *La Tradition de minuit* de Roger Richebé (1939), Viviane Romance cherchait à échapper aux emplois de garces et de prostituées qui avaient fait sa célébrité. Elle avait des dons pour la composition dramatique. Mais Clarisse n'était pas seulement une femme frappée par le destin. C'était « la France » abîmée, aveuglée, qui devait retrouver dans les scènes finales la lumière et l'espérance. Et Georges Flamant, mal à l'aise en uniforme d'officier de marine et en costume d'homme bien élevé, perdait sa vraie nature pour incarner le pilote de l'avenir remettant en marche le bateau échoué (notre pays vaincu), dont il avait d'abord fait, pour Clarisse aveugle, un théâtre d'illusions. Toute la population de ce port fantôme, avec cimetière de navires créé pour la circonstance, se mettait de la partie. La version originale du film (2 heures 20) comportait une flamboyante dédicace au maréchal Pétain qui ne laissait aucun doute sur sa signification : *« C'est à la France de demain que je voulais dédier ce film, mais puisqu'elle s'est incarnée en vous, Monsieur le Maréchal, permettez que très humblement je vous le dédie.* Abel Gance. » *Vénus aveugle* fut ensuite réduit pour l'exploitation à 1 heure 40, ce qui ne changea pas grand-chose. Le décalage entre l'interprétation des vedettes et le symbolisme édifiant des images — dont quelques-unes fort belles plastiquement — rendait ridicules tous les effets dramatiques de cette œuvre adressée au « *sauveur de la France* ». Je n'en retiens que le tempérament éclatant de Viviane Romance chantant, la douleur au cœur, avant de sombrer dans la nuit, cette chanson mise en musique par Raoul Moretti :

Je vous déteste les hommes
Pour vous, que sommes-nous, en somme
L'éternelle chose qu'on nomme
Une bête à plaisir...

L'amitié de l'actrice et de Georges Flamant pour Edmond T. Gréville permit au cinéaste — interdit sous la pression des autorités allemandes, qui le considéraient comme *« inféodé au judéo-marxisme* [1] » — de tourner pour eux *Une femme*

1. *Gréville* par Gérard Legrand, *op. cit.*

dans la nuit (1941). Ce film fut distribué sans mention de son nom au générique. Avec *Une femme dans la nuit*, puis *Cartacalha* (Léon Mathot, 1941) et *Feu sacré* (Maurice Cloche, 1941), que ne put réaliser Gréville, condamné à la clandestinité, Viviane Romance poursuivit obstinément ses compositions dramatiques. Elle en fut mal récompensée, son image d'avant-guerre lui collant trop à la peau malgré ses efforts pour être une autre.

L'année 1940 s'acheva avec la production de *La Nuit merveilleuse* de Jean-Paul Paulin, transposition de la Nativité dans une Provence hivernale, en un village où venaient échouer des réfugiés de l'exode, un menuisier (Jean Daurand) et sa femme (Janine Darcey), laquelle accouchait dans la grange d'un fermier (Charles Vanel) la nuit de Noël, ce premier Noël de l'« Etat français » et de l'occupation allemande [1]. L'histoire de Joseph et de la Vierge Marie était exactement reproduite, dans une réalité contemporaine transfigurée, à la fin, par la naissance non pas d'un nouveau Jésus mais d'un enfant nouveau. Fernandel et Delmont étaient les bergers ; un marin, un intellectuel errant et un tirailleur sénégalais étaient les rois mages. Cela ferait sourire aujourd'hui. A tout prendre, mieux valurent ces santons naïfs s'appuyant sur la foi chrétienne pour saluer la France pétainiste (le menuisier venu de la ville allait se fixer à la terre du fermier) que l'exaltation enflammée de *Vénus aveugle*. On ne peut nier — quel qu'en ait été le résultat cinématographique — l'importance du traumatisme engendré par l'invasion allemande et la défaite de l'armée française chez Gance et chez Paulin. Et n'oublions pas que la zone non occupée se soudait autour du maréchal Pétain et de Vichy en une communauté nationale qui se croyait libre. Je ne me fais pas l'avocat du diable. Il y eut sans doute des grenouillages dans le monde du cinéma replié de Marseille à Nice, et les dessous de la politique vichyssoise ne furent certes pas reluisants. Mais dans la partie non occupée du territoire français, les mentalités n'étaient pas les mêmes qu'à Paris (la capitale envahie dont Vichy se méfiait) et dans les provinces tenues sous la botte des armées allemandes. L'idolâtrie et la confiance manifestée au vieux maréchal

1. *La Nuit merveilleuse* était une commande du cabinet du maréchal Pétain, au profit du secours national. Le bruit courut, plus tard, que Pétain lui-même en avait écrit le scénario. C'est faux.

semblaient là, pour beaucoup, aller de soi. On ne comprend plus ce brouillage idéologique, cette confusion entretenue par la présence du « héros de Verdun » sur le trône d'un régime dont les fautes, les erreurs et le pouvoir réel n'apparurent au grand jour qu'après sa chute. L'écroulement de la Troisième République, la hantise de la débâcle appelaient une rénovation, un sursaut. D'où la trace, dans certains films, d'une sorte de rédemption nécessaire après juin 40.

Départ à zéro, de Maurice Cloche (1941), produit par le Centre Artistique et Technique des Jeunes du Cinéma et tourné en décors naturels à Castellane, montra donc des jeunes gens (parmi lesquels trois cinéastes en herbe) venant à bout de trafiquants du marché noir grâce à leur « esprit nouveau », leur bonne volonté et... une caméra enregistrant, par hasard, des images révélatrices. Ce fut un signe des temps. Ce film ne fut pas distribué en zone occupée. Je ne sais pas pourquoi. Dans *Après l'orage*, de Pierre-Jean Ducis (1941), apparut nettement, mâtiné de « retour à la terre », le thème des fautes de l'avant-guerre punies par la débâcle, après laquelle s'ouvrait une ère de régénération [1]. *L'Appel du bled*, de Maurice Gleize (1942), fut beaucoup plus explicite, avec une action rigoureusement datée, l'histoire contemporaine, de 1938 à fin 1940, influant sur le comportement des personnages. Printemps 1938 : mariage de Germaine Darbois (Madeleine Sologne) avec Pierre Moreuil (Jean Marchat), ingénieur agronome pour lequel elle renonçait à sa carrière de pianiste. Installation du couple dans une plantation du Sud algérien, où Pierre faisait creuser un puits artésien. 10 juillet 1938, lettre de Mme Darbois à sa fille parlant de vacances à Cabourg. Germaine s'ennuyait dans sa maison algérienne et ne comprenait rien à l'œuvre de son mari. Cependant, enceinte, elle retrouvait le sourire et la joie de vivre. Pensant aux femmes oisives et aux enfants sans mère, elle disait : « *Si toutes avaient un peu de bonne volonté, le monde serait meilleur* [2]. » Un peu plus tard, un poste de T.S.F. annonçait la crise de Munich, des titres de journaux résumaient les événements jusqu'à la fin de la guerre d'Espagne. La grossesse de Germaine parvenait ensuite à son terme. Elle accouchait dans

1. Voir chapitre VII.
2. Le premier titre prévu avait été *Femmes de bonne volonté*.

une clinique d'Alger d'un enfant mort-né, et le chirurgien confiait à son mari (ce qu'elle ignorait) qu'elle ne pourrait plus jamais enfanter. Pierre avait prévu un voyage en Italie avec elle. Il devait y renoncer, à la demande de son associé Michaud (Pierre Renoir), pour s'occuper du problème du puits artésien : « *Tu n'as plus d'enfant, mais tu dois penser aux individus.* » Germaine s'en allait donc, seule, à Paris, où une bévue de sa mère et une consultation auprès d'un gynécologue de l'Hôtel-Dieu lui révélaient sa stérilité. Elle écrivait à Pierre pour lui demander de lui rendre sa liberté. Ne sachant pas qu'il savait, elle se jugeait inutile à un homme souhaitant avoir une descendance. 14 juin 1939 : Pierre, téléphonant à Paris, apprenait le départ de Germaine pour une tournée musicale ; elle avait repris sa carrière. Septembre 1939 : déclaration de guerre. 12 février 1940 : concert donné par Germaine à Paris, au bénéfice de la Croix-Rouge. Rencontre avec Michaud, éclaircissant le malentendu qui avait séparé Germaine et Pierre, maintenant au front. Annonce que le puits artésien de la plantation était en état de fonctionnement. A la suite de cela, lettre de Germaine à Pierre, à son secteur postal. Cette lettre était retournée. Pierre avait été porté disparu. Ellipse dans le temps. On retrouvait Germaine, en Algérie, après l'armistice de juin 40. Elle avait repris l'œuvre de Pierre et créé un dispensaire. Appelée à Alger par Michaud, elle apprenait alors que Pierre, vivant et libéré, allait arriver par le prochain bateau. Retour de Pierre en béret basque et cape. Il avait perdu le bras droit à la guerre. Germaine le ramenait en voiture à leur plantation, devenue, grâce à l'irrigation, un petit paradis pour les indigènes auxquels ils allaient se dévouer ensemble. On trouvait dans ce film une étude de caractère féminin remarquablement rendue par Madeleine Sologne. Grâce à elle, Germaine, bourgeoise gâtée, « bovarysant » dans les sables algériens et découvrant peu à peu qu'elle pouvait, même privée de la maternité, être utile, devenait vraisemblable, émouvante. Les deux thèmes croisés de la stérilité accidentelle de Germaine et de la fertilisation des terres se rejoignaient à la fin dans l'accomplissement d'une « mission » liée à la régénération de la France, jusque dans son empire colonial. Pour l'homme vaincu et infirme, la femme sans enfants mais vouée au bonheur des autres devenait une force salvatrice. Jean Marchat n'était malheureusement pas à la hauteur de sa partenaire. C'est elle qui, avec talent et sincérité, sauva le film de la mélasse pétainiste. *L'Appel du bled* avait été tourné en partie en Algérie. Il sortit au mois d'octobre 1942 — deux semaines avant le débarquement des Américains à Alger. L'Afrique du Nord allait échapper à Vichy. Les personnages du film aussi.

Avec *La Femme perdue,* de Jean Choux (1942), tiré d'un roman d'Alfred Machard, les spectateurs retrouvèrent 1936, sans allusions au Front populaire, du côté des Sables-d'Olonne avec costumes folkloriques. Une jeune bourgeoise, maîtresse d'un marin, se trouvait enceinte de lui et se croyait abandonnée à cause des manœuvres d'une servante de cabaret, jalouse d'elle (ce qui ressemblait à la situation de départ de *La Fille du puisatier*). Quittant sa mère et sa tante, très rigoristes, Marie Vidal s'en allait accoucher loin du pays. Un propriétaire forestier, Pierre Valin, rencontré dans une salle d'attente de gare, la sauvait de la misère, avec son bébé, puis l'épousait et adoptait l'enfant. Survenaient la guerre et la débâcle. Pierre, démobilisé, revenait sur ses terres, avec deux compagnons de combat, l'abbé Mounier et Jean Dubard — le marin de Marie. Tempête sous les crânes, explications, colère de Pierre voulant reprendre « la femme perdue », ou tout au moins son enfant, puis s'effaçant à la requête de l'abbé Munier. Ici les événements historiques « modernisaient » le mélodrame traditionnel. Le prêtre catholique veillait au maintien de l'ordre familial et bourgeois dans lequel Marie, après sa « faute », avait été réintégrée. Ce film lacrymal (où Georges Guétary apparaissait chantant : « *Les plus beaux serments / ne durent qu'un moment / mais le cœur croit toujours / à l'éternel amour* » eut du succès, mais pas autant que *Le Voile bleu*. Renée Saint-Cyr jouait le mélo avec des allures de grande dame donnant un récital de bienfaisance aux pauvres de la paroisse. Roger Duchesne était bien emprunté dans son rôle de marin séducteur et victime du mauvais sort. Tout en le plaignant un peu, on prenait parti pour Jean Murat, si bon, si généreux, si bien fait pour s'accorder avec Renée Saint-Cyr dans le domaine campagnard où, la tourmente passée, la vie allait recommencer.

Haut le vent, de Jacques de Baroncelli (1942), fut un plaidoyer en faveur du retour à la terre. Le réalisateur de *La Duchesse de Langeais* le traita sans conviction, comme un pensum, à en juger par certaines scènes de studio et de discours moralisateurs bâclés. Charles Vanel, homme d'affaires de Buenos Aires, descendant d'un Basque émigré en Argentine en 1906, revenait au domaine familial de Haut le vent, en 1940. Sur le bateau, il avait appris la signature de l'armistice. Décidé à vendre « Haut le vent », en butte à l'hostilité des villageois, il finissait par garder le domaine et y rester. Plus pour les beaux yeux de la châtelaine ruinée du voisinage (Mireille Balin, égarée dans le pays basque autant que dans le scénario !) que par amour de la bonne vieille terre qu'il fallait respecter et faire fructifier. Passons sur les péripéties qui ne valaient pas tripette, pour arriver à la fin : venus d'Argentine, les ouvriers de Vanel défilaient en chantant avec des outils. Ils allaient se faire agriculteurs pour le plus grand bien de ce coin de France. Haut le vent, haut les cœurs !

L'Ange de la nuit, d'André Berthomieu (1942), commençait à Paris, au Quartier latin, en 1939, dans un restaurant-foyer d'étudiants pauvres. Henri Vidal aimait Michèle Alfa ; la guerre éclatait, il était porté disparu. Jean-Louis Barrault, son copain sculpteur, revenait, aveugle, après juin 40. Gaby Andreu, maîtresse de Barrault, le plaquait et Michèle Alfa devenait son modèle, lui redonnant goût à la vie et au travail (thème de la femme salvatrice). Naturellement, il s'éprenait d'elle et, par dévouement, elle lui promettait de l'épouser. Henri Vidal revenait d'un camp de prisonniers. Conflit dans le cœur de Michèle Alfa. Henri Vidal se sacrifiait pour l'aveugle. Solide mélodrame bien interprété, *L'Ange de la nuit,* comme *La Femme perdue,* se servait de la réalité historique pour renforcer l'émotion.

Ainsi, l'exode et la débâcle de 1940 marquèrent, dans le cinéma, une démarcation nette entre la France des années 30 et celle du Maréchal. *Le Carrefour des enfants perdus,* de Léo Joannon (1943), prit appui sur cette démarcation pour une démonstration de régénération de la jeunesse vagabonde ou délinquante sous le régime de Vichy [1].

1. Ce film, appartenant au cycle René Dary, est analysé dans le chapitre VII, entièrement consacré à l'acteur.

Enfance, jeunesse et famille

L'ordre moral de Vichy, la « révolution nationale » prônèrent une enfance saine, une jeunesse ardente et une famille unie. Le cinéma fut obligé d'en tenir compte. C'est par là que l'idéologie pétainiste a réussi à s'infiltrer encore que, sur une vingtaine de films où on peut en trouver les traces, la médiocrité des scénarios et des réalisations l'ait rendue vaine. Et les « consignes » ne furent pas toujours appliquées.

Nous les gosses, de Louis Daquin (1941), se référa aux souvenirs d'écolier du scénariste Maurice Hilero et à une tradition des films d'enfants, dont les jeux et les activités se faisaient en marge du monde des adultes. Produit par Pathé-Cinéma, *Nous les gosses* fut tourné aux studios de Joinville. Lucien Aguettand avait construit, sur le terrain, un décor de banlieue d'un beau réalisme et c'était bien, en fait, une banlieue d'avant-guerre où la photographie du Maréchal n'avait pas sa place. Daquin sut parfaitement éviter les pièges où il aurait pu tomber. Les gamins et gamines d'une école communale entreprenaient de réunir, par des petits métiers de la rue et d'amusantes combines, l'argent nécessaire au remplacement de la verrière cassée par un de leurs camarades qui avait tapé trop fort dans un ballon de football. Cet argent était volé par un voyou (premier rôle de Raymond Bussières qui allait, pendant toute l'Occupation, être le type du mauvais garçon gouailleur et sans scrupules) et les gosses menaient une enquête pour retrouver leur cagnotte. Souvenir d'un classique de la littérature enfantine, *Emile et les détectives,* du romancier allemand Erich Kästner, publié en 1928 et sans aucun rapport avec le nazisme faut-il le préciser. En 1931, Gerhard Lamprecht avait tiré de ce livre un film poétique, amusant et bien enlevé. Le même Lamprecht avait réalisé, en 1938, *Le Joueur,* d'après Dostoïevski, dont Louis Daquin (ce fut son premier film) avait dirigé la version française avec Pierre Blanchar, Viviane Romance, Suzet Maïs, Roger Karl et Berthe Bovy. On voit la parenté. De toute façon, Daquin s'intéressa surtout au milieu ouvrier et à une certaine réalité sociale dans la solidarité des gosses. Parmi les quatre-vingts qu'il avait choisis, il n'y avait que deux ou trois petits acteurs professionnels, tels Jean Buquet et Bernard Daydé. Auprès des enfants, le couple d'amoureux Louise Carletti - Gilbert Gil apparaissait bien mièvre. Ce film, dialogué par Marcel Aymé, est à porter au crédit de la renaissance artistique du cinéma français. A la fin de l'Occupation, *La Cage aux rossignols,* de Jean Dréville (1944, sorti après la Libération), avec Noël-Noël et Les Petits Chanteurs à la croix de bois, releva du même esprit. Mais l'action était situé dans un institut de rééducation où le pion, Noël-Noël, se faisait aimer des gosses et triomphait des méthodes répressives du directeur.

Entre *Nous les gosse* et *La Cage aux rossignols,* l'enfance fut représentée d'une façon bien conventionnelle par la petite Claude Anaya (*Vie privée* de Walter Kapps, 1941), la petite Monique Dubois (*La Loi du printemps* de Jacques Daniel-Norman, 1942) et Carlettina, sœur de la vedette Louise Carletti (*L'Ange gardien* de Jacques de Casembroot, 1942, *Graine au vent,* de Maurice Gleize, 1943). Ces gamines, dont Carlettina était la plus douée, donnèrent des leçons aux adultes trop occupés de leur passions, réconcilièrent des familles désunies, bref firent des numéros de petits animaux savants. Les enfants du *Voile bleu* (Jean Stelli, 1943) se transformèrent en adultes reconnaissants de l'affection et des bons soins de Gaby Morlay[1]. Dans *Le Moussaillon* (Jean Gourguet, 1943), le petit Georges Prevost, « enfant de l'amour » adopté par le brave horloger qui avait épousé sa mère, affirma une vocation édifiante pour la marine. Cela ne menait pas très loin. Quant aux films sur la jeunesse, ils n'eurent, pour la plupart, rien d'exaltant. Dans *Signé illisible* de Christian Chamborant (1942), des adolescentes ayant pour refrain-mot d'ordre *« Il y a quelque chose de changé »* enlevèrent des fils de notables pour les punir de leur mauvaise conduite (le « féminisme » à la sauce Pétain), dérobèrent les provisions amassées pour le marché noir et firent honte à leurs parents de leur égoïsme. Cette comédie de la vie de province traversée par André Luguet, cinéaste en vacances et détective d'occasion, valut mieux, à tout prendre, que les chamailleries d'adolescents formant les clans de *La Loi du printemps,* enfants respectifs d'un veuf et d'une veuve qui s'étaient remariés ensemble et n'arrivaient pas à faire s'accorder leur progéniture respective. D'où l'intervention de la petite Monique Dubois, citée plus haut, née, elle, du remariage. Quelle salade ! *Patricia,* de Paul Mes-

1. Voir chapitre VI.

nier (1942), mêla le thème de l'enfance (des orphelins recueillis par une vieille demoiselle dans son domaine normand et élevés avec sa nièce), de l'adolescence (les enfants grandis se dispersaient) et du « retour à la terre » (après une pénible expérience de la vie parisienne, Patricia, la nièce, jouée par Louise Carletti, revenait en Normandie pour épouser le seul des garçons resté fidèle au domaine). Du côté de Paris, les adolescentes du film de René Le Hénaff, *Des jeunes filles dans la nuit* (1942), chassées de leur pensionnat par un incendie et ramenées à l'improviste dans leur familles, affrontèrent des réalités sociales qu'elles ne soupçonnaient pas. Mais là, Yves Mirande, scénariste-dialoguiste, avait mis son grain de sel dans les portraits caustiques de bourgeois et de petits-bourgeois aux comportements divers. On pourrait plutôt y voir la satire de ce rétablissement de l'ordre familial donné, ailleurs, en exemple. L'essaim de jeunes actrices : Louise Carletti, Elina Labourdette (future dame du bois de Boulogne chez Bresson), Rosine Luguet (qui avait fait partie du gang féminin de *Signé illisible*), Sophie Desmarets (dans son premier rôle marquant — la fille de la voyante Gaby Morlay), Henriette Berriau (fille de Simone Berriau et future Héléna Bossis) ferait, aujourd'hui, le plaisir des cinéphiles.

La jeunesse du présent préparant l'avenir fut le sujet des *Cadets de l'océan* (Jean Dréville, 1942), entrepris à l'initiative du Centre Artistique et Technique des Jeunes du Cinéma et produit par Gaumont. Ce film, tourné en zone libre, montrait à travers une intrigue teintée de romanesque la vie sur un navire de l'école navale, sans mièvrerie ni excès « édifiants ». A Toulon, en mer et sur la côte méditerranéenne, les scènes d'extérieurs furent filmées avec un soin particulier, de beaux mouvements d'appareil, un sens de l'espace assez surprenant dans le cinéma de l'époque. Jean Dréville cadra, en gros plan fugitif, un drapeau tricolore, montra, de loin, un autre drapeau tricolore flottant sur le navire-école. La leçon de vie donnée, à la fin, par le maître d'équipage à Jean Paqui, héros de l'histoire qui venait de connaître son premier chagrin d'amour, aurait pu aussi bien venir d'un film d'avant-guerre. Elle relevait plus d'une morale de la virilité alors traditionnelle (et qu'on retrouva dans les années 45-50) que de la morale pétainiste du moment. *Les Cadets de l'océan* connut un curieux sort. Après le débarquement des Américains en

Afrique du Nord, les Allemands envahirent la zone libre. Les autorités d'occupation jugèrent le film trop nationaliste et l'interdirent. Tout de suite après la Libération, Jean Dréville, à Paris, chercha à en obtenir la sortie. Mais les Américains, qui avaient alors droit de censure, maintinrent l'interdiction. Pour eux, c'était un film « vichyste ». *Les Cadets de l'océan* fut enfin « libéré » en novembre 1945. Il sortit avec ce « carton », ajouté au générique : « *Le film que vous allez voir n'est ni un film de guerre ni un film de propagande. Il a été tourné en 1942 en rade de Toulon, à bord du navire école* L'Océan, *puis interdit par les Allemands. Ce film, qui ne présente aucun caractère officiel, n'a pas d'autre ambition que de vous montrer les sentiments de camaraderie, de loyauté et d'honneur inculqués aux jeunes mousses qui seront les marins de demain.* » Bonne définition, qui sonnait très bien aux oreilles françaises, ainsi que *La Marche des cadets* de Vincent Scotto, jouée par la musique des équipages de la flotte. Pour échapper aux Allemands, après l'invasion de la zone libre, la flotte (60 navires) s'était sabordée dans la rade de Toulon, le 27 novembre 1942. Le 28 août 1944, la ville avait été reconquise par l'armée de de Lattre de Tassigny. Ainsi le film de Jean Dréville, trop français pour les Allemands et trop vichyste pour les Américains, redevint, en fait, un film national. L'histoire vous a des ces tours ! Film de qualité encore, *Premier de cordée,* de Louis Daquin (1943), fut une leçon de volonté et d'espoir pour les jeunes : vaincre le vertige, escalader les montagnes, pratiquer le noble métier de guide, se retremper dans l'air pur des alpages et des cimes. Daquin, sorti des studios, s'engageait sur la voie du réalisme (importance de la nature, façon de montrer la vie des villageois montagnards), qui le mènerait, en 1948, au *Point du jour,* chronique de la vie des mineurs dans le Nord de la France, son meilleur film [1].

Les suites de l'exode furent également présentes dans *Cap au large* (Jean-Paul Paulin, 1942), où le fils démobilisé d'un pêcheur de Guissan (Languedoc) s'égarait dans les plaisirs faciles et les trafics de la grande ville (Marseille), avant de revenir au pays natal avec d'autres jeunes pour remplacer les « anciens » sur les barques de pêche ; dans *Le Mistral* (Jac-

---

1. Une certaine ambiguïté a marqué *Premier de cordée.* J'en parle plus longuement au chapitre XIII.

ques Houssin, 1942), scénario du même genre, petit port provençal, cette fois ; dans *Port d'attache* (Jean Choux, 1942), où des démobilisés, chômeurs, faisaient revivre les terres à l'abandon d'un vieux paysan dont le fils était mort à la guerre, sous la conduite galvanisante de René Dary [1]. Retour à la mer et retour à la terre. *La Bonne étoile* de Jean Boyer (1942) et *Ceux du rivage* (Jacques Severac, 1943) illustrèrent des conflits familiaux et sentimentaux chez les pêcheurs de Provence et les parqueurs d'huîtres du bassin d'Arcachon. La nature et le travail ranimaient, dans ce genre de films, l'esprit de famille et la solidarité. Revenu de ses « croisières sidérales », André Zwobada sacrifia à la nouvelle morale avec *Une étoile au soleil* (1942), où un mâle et rude propriétaire terrien dont le père faisait des fredaines à Paris convertissait une chanteuse de boîte de nuit — fille d'un braconnier joué par Carette, un peu comme dans la *Règle du jeu* [2] — aux vertus de la terre. Plate comédie, même pas sauvée par la beauté provocante de Martine Fougère, étoile filante qu'on ne revit jamais. Sur le thème du retour à la terre, un seul film échappa au conformisme, au moralisme lénifiant, par ses qualités artistiques, *Monsieur des Lourdines*, de Pierre de Hérain (1942), qui appelle une attention particulière [3]. *Jeannou*, de Léon Poirier (1943), nous transporta chez un hobereau du Périgord refusant de vendre ses terres et de laisser exploiter un gisement de lignite convoité par un financier parisien crapulard (Saturnin Fabre). Jeanne de Peyrac, dite « Jeannou » (Michèle Alfa), se dressait contre les traditions familiales étouffantes et partait pour Paris dont elle allait revenir déçue, désenchantée, enceinte d'un jeune ingénieur (Roger Duchesne), qui avait fait malgré lui le jeu du financier. M. de Peyrac pardonnait à sa fille dans une scène d'émotion bien calculée et l'ingénieur délivré de son patron, arrêté pour escroquerie, recevait Jeannou en mariage. Le domaine périgourdin était sauvé, la mine de lignite ne serait exploitée qu'après la mort de M. de Peyrac. « *La terre de France ne se vend pas, elle se transmet* », avait dit fièrement celui-ci. Toute une doctrine résumée en quelques mots. Le progrès industriel (la mine) ne

---

1. Voir chapitre VII.
2. André Zwobada avait été assistant de Jean Renoir pour *La Règle du jeu*.
3. Voir chapitre VIII.

pouvait intervenir que sous conditions. Film conformiste d'un vétéran du cinéma français qui avait réalisé en 1928 *Verdun, visions d'histoire* à la gloire de l'armée française et du peuple français (version sonore et parlante légèrement différente en 1931) et célébré le Père de Foucauld dans une biographie édifiante, *L'Appel du silence* (1936). Les beaux paysage du Périgord, l'interprétation de Michèle Alfa : c'est tout ce qu'on peut retenir de *Jeannou*.

Pour *Dernière aventure*, de Robert Péguy (1941), tiré d'une pièce de Flers et Caillavet, la légitimisation d'un « enfant naturel », l'intervention d'un curé de campagne et le domaine terrien d'un aristocrate, séducteur vieillissant converti au mariage, furent les ingrédients d'une comédie en faveur de l'ordre familial. Déjà honni dans *Les Ailes blanches* du même Robert Péguy [1], l'avortement fut condamné de façon péremptoire au cours de l'intrigue très romanesque du *Bal des passants* de Guillaume Radot (1943). Se promenant entre le début du siècle et les années 30, ce film constitua une mise en garde contre les amours illégitimes, la désunion des foyers et l'activité coupable des « faiseuses d'anges [2] ». L'héroïne (Annie Ducaux) allait découvrir les joies de la maternité après avoir expié sa faute majeure : l'interruption provoquée d'une naissance non désirée, qui avait failli lui coûter la vie. La petite Bijou reparut là comme un symbole de la politique nataliste du gouvernement de Vichy.

Le contemporain vague

J'emprunte l'expression à Jean-Pierre Jeancolas qui, après le C.I.C.I. de 1972 à Toulouse sur le « cinéma de Vichy », en donna cette définition : « *Il s'agit d'un présent de convention, qui a le moins de rapports possible avec le présent quotidien*

---

1. Voir chapitre VI.
2. Une loi du 14 septembre 1941 avait placé l'avortement « parmi les infractions de nature à nuire à l'unité nationale, à l'Etat et au peuple français », à côté des infractions à la législation sur le contrôle des prix, du ravitaillement et de l'infanticide. Une autre loi du 15 février 1942 avait institué des mesures d'internement pour les personnes frappées de présomptions d'avortement. Les jugements dépendaient d'un tribunal d'Etat et les pénalités pouvaient aller de l'emprisonnement à la mort. Deux avorteuses furent, sous le régime de Vichy, condamnées à la peine capitale. L'une fut exécutée le 30 juillet 1943. (Cf. Odile Dhavernas : *Droits des femmes, pouvoir des hommes*, Editions du Seuil, collection « Libre à elles », 1978.)

des spectateurs qui verront le film. Ce contemporain vague est, depuis toujours, le temps de la comédie, pas seulement dans le cinéma français. Mais, en temps de guerre, de difficultés, d'inavouable, il prend une importance démesurée [1]. »

S'il est vrai que le cinéma français, sous l'Occupation, s'en tint, le plus souvent, à des « *signes extérieurs de l'actualité* », tels que voitures d'avant-guerre, province désuète, boîtes de nuit parisiennes, personnages qui, malgré la mode caractéristique des années 40, auraient pu appartenir aux années 30 [2] ; s'il est vrai que ni la présence allemande, ni les restrictions alimentaires, ni les difficultés du temps ne furent montrées, la réalité contemporaine a tout de même percé les voiles du flou et du « vague » avec l'évocation de la défaite de 1940 et de ses suites. Ce ne fut pas dans les meilleurs films de cette époque, puisque toute référence au présent réel entraînait forcément un « discours » en accord avec la « révolution nationale ». Je crois l'avoir prouvé. Contrairement à la démonstration de Jean-Pierre Jeancolas dans son étude — très intéressante et très précieuse en ce qu'elle indique, avec le recul historique, le regard d'un intellectuel politisé des années 70 sur un passé non directement vécu —, je pense que le « contemporain vague » n'a pas été mis au service de l'idéologie pétainiste, mais qu'il a servi de protection, de refuge contre elle. Les allusions au marché noir, aux vélos-taxis, semées dans des comédies anodines, suffisaient d'ailleurs aux spectateurs qui allaient au cinéma pour vivre, le temps d'un film, autre chose que leur réalité quotidienne. D'où le peu d'effet, quoi qu'on en pense maintenant, de ces films « à message » que je viens de citer [3].

En dehors de ceux-là, un film de Sacha Guitry prit, dans certaines séquences, une valeur documentaire : *Donne-moi*

---

1. *Jeune cinéma*, n° 65 et 66, septembre-octobre et novembre 1972.

2. La vie d'un journal, de son directeur, de son équipe dans *Le Journal tombe à cinq heures* de Georges Lacombe (1942) releva d'une mythologie de la grande presse caractéristique de l'avant-guerre et sans aucun rapport, bien heureusement, avec la réalité de l'Occupation.

3. En 1943 fut annoncé comme un événement un film produit par une société composée en grande partie de prisonniers libérés. On en confia la réalisation à un débutant, Gilles Grangier. *Adémaï bandit d'honneur*, en dépit de ses origines, ne fit aucune allusion au temps présent. Le personnage niais d'Adémaï créé par Noël-Noël se promena en Corse, dans une vendetta pour rire. Mais tous les techniciens et les acteurs avaient donné une partie de leur cachet aux œuvres d'entraide des prisonniers de guerre en Allemagne. Un important pourcentage des bénéfices du film devait revenir également à ces œuvres.

tes yeux (1943). C'était l'histoire d'un sculpteur quinquagénaire (Guitry) amoureux d'une fille de vingt ans (Geneviève Guitry), qu'il prenait pour modèle et à laquelle il offrait le mariage. Apprenant qu'il allait devenir aveugle, il lui jouait toute une comédie de l'indifférence et de la fidélité pour la détacher de lui, ne pas lui être à charge. A la fin, elle apprenait la vérité et revenait vers lui. Il ne pouvait plus la voir ; elle lui donnerait ses yeux. Etrange rencontre, en ce qui concerne la cécité, avec *Vénus aveugle* et *L'Ange de la nuit*. Mais ce beau film d'amour se situait, chez Guitry, dans une crise de sa vie personnelle : son mariage avec Geneviève de Seréville (la seule de ses épouses qui ait porté son nom a la scène et à l'écran), était en train de se défaire. Et puis, le contemporain y était nettement indiqué : par la scène où, rentrant à pied, la nuit, le couple, pour ne pas trébucher dans l'obscurité des rues, éclairait le trottoir avec de petites lampes de poche (un des détails de la vie quotidienne sous l'Occupation) ; et surtout par la séquence d'ouverture : le palais de Tokyo à la veille du vernissage d'une exposition consacrée aux chefs-d'œuvre de la peinture française après 1870. Cette exposition, Guitry l'avait inventée, en faisant agrandir les photographies d'une vingtaine de tableaux célèbres [1], mais elle correspondait à l'esprit culturel et nationaliste qu'il voulait défendre. « *Admire ces splendeurs !* » disait le sculpteur Guitry à l'un de ses amis. « *Voilà ce que faisaient des hommes de génie à l'heure où la France venait de perdre la guerre. Et devant ces merveilles, n'a-t-on pas l'impression que ce que l'on perdait d'un côté, on le regagnait de l'autre ? Car on a bien le droit de considérer que des œuvres pareilles, cela tient lieu de victoires. Passons maintenant dans la salle voisine. Vois donc : Matisse, Bonnard, Dunoyer de Segonzac, Othon Friesz, Maillol, Utrillo, Vlaminck, Despiaux, Touchagues, Brianchon — la France continue !* » Dunoyer de Segonzac et quelques autres jouaient leur propre rôle devant leurs toiles. C'était la victoire de l'art. Peu de chose, dira-t-on, et Sacha Guitry, un des rois de la « vie parisienne », ne fut pas en odeur de sainteté après la Libération. De son attitude, il s'est expliqué lui-

1. Sacha Guitry, *Quatre ans d'occupations*, Editions de l'Elan, 1947. Dans ce même ouvrage, Sacha Guitry reproduit la « liste noire » des « proposés à la mort » pour collaboration, publiée par *Life* le 24 août 1942. Parmi eux, Corinne Luchaire, Mistinguett et Maurice Chevalier ; Sacha Guitry et Marcel Pagnol.

même, et avec une parfaite dignité. Il souffrit beaucoup de haine, de calomnies et d'injustice. Je rappellerai simplement qu'à part *Donne-moi tes yeux*, Sacha Guitry réalisa, pendant cette période, deux films historiques à la manière de ses succès d'avant-guerre : *Le Destin fabuleux de Désirée Clary* (1941), où il réendossa l'habit de Napoléon Ier, et *La Malibran* (1943), où il ne se donna pas le beau rôle, en mari de la célèbre cantatrice romantique incarnée par Géori Boué.

VI
Gaby Morlay : maternité et ordre moral

« *Gaby Morlay a changé de rôles. Non, Gaby Morlay n'est plus une grande amoureuse ou une femme adultère ; ce n'est plus cette jeune femme au sourire printanier qui, ces dernières années, florissait sur les écrans. Gaby Morlay a voulu, cette fois, consacrer son grand talent et sa puissance dramatique au service des mères, et je dois avouer que dans le rôle de Rose Mamaï de* L'Arlésienne *elle est d'une émouvante sincérité.* » Ainsi, dans le magazine *Vedettes* (n° 94, du 19-9-1942), Jean d'Esquelle saluait-il la rentrée cinématographique de Gaby Morlay. *L'Arlésienne* de Marc Allégret, tourné en zone non occupée pendant l'été 1941, venait de sortir à Paris, un an après. Il y avait, dans cette critique, une discrète remise en question des personnages qu'avaient interprétés, avant la guerre, cette actrice éminemment populaire, partageant sa carrière entre le théâtre et le cinéma. A l'écran, Gaby Morlay avait évolué avec un égal bonheur entre le drame (*Faubourg Montmartre* de Raymond Bernard, *Mélo* de Paul Czinner, *Jeanne* de Georges Marret, *Le Scandale, Le Bonheur* et *Nuits de feu* de Marcel L'Herbier, *Samson* de Maurice Tourneur, *Vertige d'un soir* de Victor Tourjansky) et la comédie (*Les Amants terribles* de Marc Allégret, *Le Roi* de Pière Colombier, *Hercule* de Carlo Rim et Alexandre Esway, *Quadrille* de Sacha Guitry, *Derrière la façade* d'Yves Mirande et Georges Lacombe, *Paris - New York* de Mirande et Claude Heymann). A vrai dire, même dans ses rôles légers et fantaisistes, le public ne la voyait pas comme « *une jeune femme au sourire printanier* ». Cette femme de petite taille, pas jolie mais charmante, douée pour la composition, sûre d'un métier rodé sur les planches, était née en 1893 et avait donc abordé la quarantaine à l'avènement du cinéma parlant. Dans ses interprétations d'amoureuses tourmentées, elle n'avait pas un physique ou des manières sophistiquées de séductrice et c'est cela, justement, qui la faisait paraître vraie ; de même, dans ses interprétations d'étourdie ou de fofolle. Gaby Morlay avait, en somme, un type de Française moyenne et lorsqu'elle se mit, ainsi que le nota le chroniqueur de *Vedettes, « au service des mères »,* elle devint, l'âge et l'air du temps aidant, un modèle auquel bon nombre de Françaises purent s'identifier.

L'Arlésienne fut le premier film tourné par Gaby Morlay sous l'Occupation. Avec une garantie de « succès de larmes ». En 1872, Alphonse Daudet, tenté par le théâtre, avait tiré d'un conte, admirable, des *Lettres de mon moulin* un drame en trois actes, pour lequel Georges Bizet avait écrit une musique de scène. Créé au « Vaudeville », ce drame fut un four. On le retira de l'affiche au bout de huit jours. Mais, en 1885, une reprise à l'Odéon lui valut un triomphe et *L'Arlésienne* devint une œuvre de répertoire. Les comédiennes célèbres briguèrent le rôle de Rose Mamaï — cette mère douloureuse cherchant à arracher son fils préféré, Frederi, à la souffrance que lui a causée cette « Arlésienne » éperdument aimée de lui et dont on a découvert qu'elle était une fille perdue — autant que celui de « Madame-sans-Gêne » ou de « la dame aux camélias ». A l'époque où Allégret portait *L'Arlésienne* au cinéma, j'ai vu, au théâtre de Troyes, un monstre sacré, Tonia Navarre, rugir les tourments et les tirades de Rose Mamaï. Ce n'était pas triste ! Marc Allégret replaça l'œuvre de Daudet, à part quelques décors de studio, dans la vraie Provence. Contrairement à la tradition théâtrale, l'invisible Arlésienne apparut un moment, fuyant en croupe sur le cheval du gardian Mitifio, avec un rire de dérision à l'égard de son amoureux transi. Le film fut encombré par un numéro perpétuel de Raimu, qui semblait vouloir attirer toujours la caméra vers lui. Il était assez déconcertant d'entendre Gaby Morlay parler avec un faux accent provençal, qu'elle oubliait d'ailleurs de temps à autre. De plus, le costume régional ne lui allait pas. Elle avait, pourtant, deux beaux moments : la célèbre tirade « *Être mère, c'est l'enfer*... » dite à mi-voix, plainte touchante de l'amour maternel impuissant, et la scène finale où elle essayait vainement d'empêcher son fils de se suicider.

A la fin de 1941, Gaby Morlay retrouva Sacha Guitry pour

une fantaisie historique, *Le Destin fabuleux de Désirée Clary*. Guitry racontait, à sa manière, l'histoire de Désirée Clary, fille d'un commerçant marseillais, première fiancée de Napoléon Bonaparte qui la délaissa pour Joséphine de Beauharnais. Ayant épousé Bernadotte, plus tard roi de Suède, Désirée se vengea de Napoléon en poussant son mari dans la coalition européenne de 1813. Au milieu du film, lorsque les personnages avaient vieilli, Geneviève Guitry cédait le rôle de Désirée à Gaby Morlay et Jean-Louis Barrault celui de Napoléon à Sacha Guitry. Gaby Morlay, en femme vindicative et rouée, était loin de Rose Mamaï. Mais son film suivant, *Le Voile bleu*, allait la consacrer comme un symbole, la figure féminine dominante d'un ordre moral où la maternité, le dévouement de la femme au foyer et à la famille, son esprit de sacrifice, étaient exaltés. Film-témoin d'une époque, *Le Voile bleu*, réalisé par Jean Stelli en 1942, fut le plus grand succès commercial du cinéma français sous l'Occupation. Il a fait pleurer les foules, il a été redistribué après la guerre et programmé depuis à la télévision, toujours avec le même succès. *Le Voile bleu* est l'histoire d'une femme, Louise Jarraud, dont le mari est tué au front en 1914 et qui perd, en même temps, le bébé qu'elle vient de mettre au monde. Sans métier, sans ressources, elle se place comme gouvernante d'enfants. Désormais, pendant toute sa vie, elle va, sous le voile bleu de la nurse, se consacrer aux enfants des autres, refusant de se remarier. Ecrit par François Campaux, *Le Voile bleu* est un mélodrame où l'émotion ne cesse de monter. Louise Jarraud passe de famille en famille, à mesure que grandissent les enfants qu'elle a élevés. Fidèle au souvenir de son mari et maternelle avant tout, elle fait de sa maternité de substitution un sacerdoce. Elle refuse dignement l'amour que lui manifestent certains hommes, elle a pour seul ami et confident un marchand de jouets célibataire (rôle en or pour le bonhomme Larquey) et se sacrifie tout naturellement au bonheur des autres. Les années passent, et Louise reste ce personnage exemplaire et touchant. Puis, vieillie, usée, malade et solitaire, elle semble n'être plus bonne à rien, lorsque se produit pour elle une sorte de miracle : devenus adultes, tous « ses enfants » se réunissent pour lui rendre hommage et la prendre en charge. Cette dernière séquence rappelle, évidemment, la « fête des mères » instaurée par le gouvernement de Vichy et qui n'a pas disparu avec lui puisqu'on la célèbre toujours, bien que, dans notre société de consommation, elle ait perdu son sens originel et soit devenue, comme « la fête des pères », une occasion de faire marcher le commerce des cadeaux.

Cet aspect « vichyssois » du film ne me paraît qu'anecdotique. Si le personnage de Louise Jarraud, étroitement confondu avec son interprète Gaby Morlay, a touché aussi profondément le public de l'époque, c'est par l'intervention d'une destinée fixée par les malheurs de la guerre. Louise Jarraud est, d'abord, une veuve de 1914 ; elle appartient à une époque qui, malgré la victoire de 1918, avait laissé des traces profondes dans toute une génération. Elle rappelait le passé mais elle incarnait aussi, en 1942, toutes ces femmes seules, veuves, épouses de prisonniers en Allemagne ou d'hommes obligés de se cacher, affrontant les malheurs des temps, chargées de responsabilités, désireuses de préserver un foyer dispersé ou de se dévouer. Femmes qui n'avaient pas un grand choix d'activités professionnelles et qui, en s'attachant à élever, former des enfants, se fortifiaient dans une « mission » considérée comme inhérente à leur sexe. Les aspects mélodramatiques du film, qui ont fait ricaner bien des critiques, étaient l'expression populaire du *vécu*. Pas le *vécu* de notre jargon intellectuel et philosophique d'aujourd'hui mais *la tranche de vie*. Ma mère, comme d'autres spectatrices que j'ai connues, disait : « *C'est du vécu* » à propos du *Voile bleu* ou d'*Une mère*, ce film allemand de Gustav Ucicky où Kate Dorsch se sacrifiait à sa progéniture, et qui fut, en France occupée, un autre succès de larmes. On ne peut ni négliger ni mépriser cette mentalité féminine, liée à toute une culture et toute une éducation. Mais, dans *Le Voile bleu*, Gaby Morlay se révéla aussi la gardienne, la garante de l'ordre moral dans les familles — bourgeoises — où elle entrait avec son voile bleu. Commencée en 1914, l'action du film, bien que ce n'ait pas été précisément indiqué, pouvait se terminer (thème de la fête des mères) en 1942. C'est-à-dire que l'action affective et morale de Louise s'exerçait pendant les années 20 et 30, dans des milieux où les parents — critique implicite du régime de la Troisième République — n'étaient pas toujours conscients de leurs propres devoirs. Deux épisodes au moins sont caractéristiques d'une mise en cause de la société d'avant-guerre : celui de l'actrice narcissique et futile (Elvire Popesco, surgie tout droit du

« boulevard »), qui ne se rend même pas à l'église le jour de la première communion de sa fille, négligeant, du même coup, le catholicisme ; et celui du couple Forneret qui va s'installer en Indochine, laissant son jeune fils à la garde de Louise, cessant d'envoyer de l'argent, de donner des nouvelles, puis resurgissant, au bout de plusieurs années, pour réclamer l'enfant que Louise considérait alors comme sien et que la justice l'obligeait à rendre. Lise Forneret (Renée Devillers) n'a pas, elle, assumé la maternité que Louise possède en elle comme un don, sans que les « liens du sang » y soient pour quelque chose. Encore que Gaby Morlay, en perruque blanche et toute ridée à la fin du film, paraisse au moins soixante-quinze ans alors que Louise Jarraud devrait approcher tout juste de la soixantaine, son interprétation est, d'un bout à l'autre, celle d'une comédienne avisée (elle avait alors quarante-neuf ans) qui s'est engagée dans son personnage. *Le Voile bleu* n'a pas été retenu comme une des grandes œuvres artistiques du cinéma d'occupation. Cela tient au mépris dans lequel critiques et historiens tenaient le mélodrame, et il est vrai que la mise en scène de Jean Stelli s'est contentée d'illustrer les situations et le jeu de Gaby Morlay. Sociologiquement, c'est une œuvre que j'estime très importante pour tous les sentiments et les idées morales qu'elle mettait en jeu. En 1951, sous le titre *La Femme au voile bleu*, Kurt Bernhardt, devenu Curtis Bernhardt à Hollywood, en tourna une nouvelle version, située aux Etats-Unis, avec l'émouvante et sensible Jane Wyman dans le rôle de Gaby Morlay. Cette fidèle reproduction américaine n'eut pas le même sens mais témoigna, en quelque sorte, de la valeur universelle du sentiment maternel.

Gaby Morlay, après *Le Voile bleu*, allait garder son caractère exemplaire et son esprit de sacrifice. Dans son film suivant, *Des jeunes filles dans la nuit*, réalisé par René Le Hénaff, elle fut une voyante se livrant à ce métier pour faire élever dignement sa fille (une « enfant naturelle ») dans un pensionnat. Il s'agissait d'un film à sketches et son rôle n'y était qu'épisodique. Dans *Les Ailes blanches*, de Robert Péguy, par contre, elle retrouva la vedette, sous la cornette, cette fois, d'une religieuse. Sœur Claire devenait la protectrice spirituelle de l'accordeur d'harmonium de son couvent, père de deux filles dont l'une, Lucette, séduite et enceinte (Irène Corday, qui avait débuté en 1938 dans *Thérèse Martin* de

Maurice de Canonge, et dans le rôle-titre édifiant de la jeune carmélite de Lisieux, devenue sainte Thérèse de l'Enfant-Jésus), songeait à se faire avorter. L'action était située en 1938-39. Consacrée à Dieu, sœur Claire ne remplaçait évidemment pas la mère morte des jeunes filles. Elle apportait le secours de la religion catholique, de la charité chrétienne et avait ce cri vibrant, à propos de l'avortement : « *C'est un crime envers la société et envers Dieu* ». Un long retour en arrière montrait que la religieuse comprenait les drames de la vie. Victime, dans sa jeunesse, d'un père autoritaire, elle avait perdu l'homme qu'elle aimait et aurait voulu épouser. *Les Ailes blanches* fut aussi un mélodrame, très mauvais celui-là, cherchant à retrouver le succès du *Voile bleu* tout en servant la cause de l'Eglise catholique. Gaby Morlay cachait constamment ses mains dans les manches de sa robe de nonne, comme si elle n'avait pas su quoi en faire. Jeune fille 1900 fagotée dans d'invraisemblables toilettes, elle prêtait plutôt à rire qu'à émouvoir, cette reconstitution ayant un côté ridicule. Son personnage n'en restait pas moins lié à la maternité et à l'ordre moral. Sœur Claire avait empêché un avortement et un suicide et préparé un mariage chrétien.

En cette année 1942, la chanteuse Leo Marjane, dont la voix rauque, chaude et sensuelle était faite pour l'expression des passions amoureuses, inscrivait à son répertoire une « bondieuserie », *Petite Sœur Angélique*, de Jacques Larue et Louiguy, qui eut d'ailleurs un certain succès grâce à elle. En voici le texte intégral :

1

La petite sœur Angélique
Courbant au vent ses ailes blanches
Egrenait d'un doigt ses reliques
Sur la route un beau dimanche
Le ciel d'un bleu mélancolique
Les fleurs, les oiseaux à la ronde
Inondaient son âme angélique
De tendresse pour le monde

Mon Dieu, faites que les hommes soient heureux
Faites que la paix règne sur eux
Accordez-leur la grâce attendue
Mon Dieu, montrez-moi que vous m'avez entendue

2

Alors, sous l'ardente supplique
Le vent tournoyant dans les branches
Fit pleuvoir sur sœur Angélique
Mille fleurs en avalanche
Et comme un immense cantique
Le soleil chantant à la ronde
Répandit soudain, magnifique
Sa lumière sur le monde

Mon Dieu, merci de m'avoir vite entendue
Mon Dieu, merci de m'avoir répondu
A présent les hommes sont sauvés
Rappelez-moi vers vous, ma tâche est achevée

3

La petite sœur Angélique
Ouvrant alors ses ailes blanches
S'envola, serrant ses reliques
Vers Dieu par ce beau dimanche

Et dans le ciel bleu magnifique
Les chants des clochers à la ronde
Firent à son âme angélique
Le plus bel adieu du monde

Mon Dieu, quand vous la verrez à vos côtés
Ne lui dites pas la vérité
Faites-lui croire au calme des chants
Dites-lui que les hommes ne sont plus méchants

Il ne manquait pas alors, dans les églises de la France du maréchal, de fidèles priant pour la paix et s'en remettant à la providence divine. Cette chanson, insolite chez Leo Marjane, s'accordait à un certain esprit du temps. Le mélodrame saint-sulpicien pouvait avoir sa place (à vrai dire, ce fut une exception !) au music-hall comme au cinéma, et l'on imaginait très bien Gaby Morlay en « petite sœur Angélique » s'envolant vers le bon Dieu en déployant les ailes blanches que lui avait données l'ineffable Robert Péguy, déjà réalisateur en 1939 d'une production de propagande catholique, avec apport de capitaux canadiens, *Notre-Dame de la Mouise*, où un jeune prêtre, bravant toutes les épreuves, bâtissait une église dans une zone athée de la périphérie de Paris. Ce film d'avant-guerre ne sortit qu'en avril 1941, tombant d'ailleurs dans un climat favorable. Il aurait pu être inspiré par la morale et le cléricalisme chers à la « révolution nationale ».

Dans *Mademoiselle Béatrice* de Max de Vaucorbeil (1942), Gaby Morlay, austère vieille fille, sœur d'un notaire de province, mêlée à l'idylle contrariée de deux jeunes gens, découvrait l'amour sur le tard et convolait en justes noces. Rien à dire de cette comédie falote et « convenable ». *La Cavalcade des heures*, autre film à sketches, prétentieux et faussement philosophique, d'Yvan Noé (1943), remit Gaby Morlay sur les rails de la maternité édifiante. Hora, personnage symbolique représentant le temps, l'amenait à rendre à son jeune fils un amour qu'elle avait dévoyé dans sa liaison avec un mauvais garçon. Le sacrifice n'était pas bien grand, l'amant (Lucien Gallas) étant un personnage odieux dont on ne comprenait pas, toute allusion à tout attrait sexuel étant bannie, comment elle avait pu tomber dans ses bras. *Service de nuit* de Jean Faurez (1943) fut, par contre, avec *Le Voile bleu*, le film le plus révélateur de ce qu'on peut finalement désigner comme le soutien de l'ordre moral. Standardiste au bureau de poste d'un village des Alpes, Suzanne, célibataire aimant les animaux et toujours prête à se dévouer, assurait un service de nuit et devenait la *dea ex machina* d'un certain nombre de personnages sur le point de se mal conduire. Tranquillement et fermement, elle convainquait sa jeune collègue de ne pas céder aux avances d'un voyageur de commerce marié ; elle rétablissait l'entente conjugale d'un ménage bourgeois dont la femme était sur le point de commettre un adultère ; elle faisait reconnaître l'innocence d'un ouvrier accusé de vol, évadé de prison. Ses bonnes actions venaient de ce qu'elle surprenait les secrets du village en maniant le standard de la poste. Justification des écoutes téléphoniques par les défenseurs de la vertu ! Construit sur un bon scénario, animé par une mise en scène adroite et bien rythmée, créant un suspense par des actions parallèles au cours d'une nuit d'orage, donnant une vision vraisemblable d'un petit monde provincial isolé dans la nature, le film de Jean Faurez, un débutant dans la réalisation, se présentait comme une étude de mœurs mêlant l'humour et une atmosphère dramatique. Sobrement vêtue, et plus que jamais « Française moyenne » consciente de ses responsabilités, Gaby Morlay était l'incarnation parfaite de la femme de devoir. Une femme simple qui faisait triompher la raison et une morale traditionnelle que Vichy n'avait d'ailleurs pas inventée, mais qui avait son prix dans le contexte social de l'époque.

Avec *Service de nuit* s'acheva, en fait, le mythe Gaby Morlay né de l'Occupation. Elle tourna encore trois films en 1944, mais — fut-ce une conséquence de l'instabilité des mois précédant le débarquement allié en Normandie, où s'effritaient l'Etat français et ses institutions ? — le temps du *Voile bleu* était révolu. Dans *Farandole* d'André Zwobada, encore un film à sketches, Gaby Morlay parut en actrice opposée à un voleur sans que son interprétation eût de quoi enthousiasmer. *L'Enfant de l'amour* de Jean Stelli (mise en scène terne et bâclée) fut l'adaptation modernisée d'une pièce d'Henry Bataille, autrement mieux portée à l'écran, en 1931, par Marcel L'Herbier [1]. Déchirée entre un homme très aimé, dont elle avait soutenu l'ascension politique, et un fils de vingt ans « sans père », dont elle avait caché l'existence à son amant, Gaby Morlay reprenait, sans grande conviction, un personnage façon « avant-guerre », mais la censure morale du pétainisme agonisant atténuait sa situation illégitime et le thème du fils naturel. Tout se terminait par un retour à l'ordre dans le mariage. *Lunegarde*, de Marc Allégret, se distingua par une extravagance et des excès romanesques qui n'auraient peut-être pas été admis deux ou trois ans plus tôt. Publié en 1942, le livre de Pierre Benoit racontait, sur une seule ligne de force dramatique et dépouillée, la recherche par Costes, jeune ingénieur au canal de Suez, d'une femme devenue un fantôme inaccessible : la comtesse Armance de Lunegarde, disparue vers 1910 en Tunisie et dont son mari, ancien officier, avait effacé le souvenir. Elisabeth, la fille de la comtesse, haïssant son père et voulant retrouver sa mère, se donnait une nuit au jeune ingénieur, hôte fortuit du château de Lunegarde, pour qu'il retrouve la trace d'Armance en Afrique du Nord. Dans le roman, de Pierre Benoit, Elisabeth n'apparaît qu'au début,

1. Jean Stelli avait tourné, en 1943, un autre mélodrame, *La Valse blanche*, scénario et dialogues de François Campaux, avec Lise Delamare, Julien Bertheau, Montagne, tuberlose et musique inspirée... on ne pleurait pas, on s'ennuyait ferme.

et Armance qu'à la fin dans une scène stupéfiante. Le personnage dominant est Costes, hanté par cette femme invisible, qu'il n'arrive pas à reconstituer, à saisir, malgré des témoignages successifs. L'adaptation cinématographique étoffa l'intrigue, inventa des scènes pittoresques et dramatiques, des retours en arrière confrontant la vérité aux mensonges des gens mal intentionnés à l'égard de la malheureuse Armance. C'était Gaby Morlay et on la voyait, dès la première scène du film, déchue et alcoolique. On savait tout de suite ce qu'était devenue la comtesse, que Costes (Gérard Landry) allait chercher bien loin, alors qu'il l'avait rencontrée avant même son étrange nuit avec Elisabeth. Celle-ci (Gisèle Pascal, qui avait fait du chemin depuis ses débuts dans *L'Arlésienne* aux côtés de Gaby Morlay) prenait autant d'importance qu'Armance et le film de Marc Allégret accumulait des rebondissements très attachants malgré certaines invraisemblances. Gaby Morlay n'avait pas le côté mystérieux et fatal des héroïnes de Pierre Benoit. Sa composition n'en était pas moins étonnante. Dans un épisode du passé d'Armance, on la voyait exécutant avec Jean Tissier un numéro de music-hall dans un théâtre minable... des Philippines. En gommeuse 1900 à jupe courte et gestes lestes, elle chantait, avec son partenaire : « *Mademoiselle, écoutez-moi donc* », s'amusant visiblement à échapper, ne fût-ce que pour une séquence, au personnage exemplaire du *Voile bleu*. A la fin du film pourtant, Armance entrait en religion pour racheter ses errements — en fait, elle avait été victime d'intrigues et de mauvaises influences, alors que chez Pierre Benoit elle avait connu l'adultère, la prostitution, la drogue et la syphilis ! — et pour que sa fille ne puisse avoir honte d'elle. La prise de voile de Gaby Morlay, à laquelle assistaient Gisèle Pascal et Gérard Landry, fut un de ces grands morceaux d'émotion qui provoquent les larmes du public. On n'était plus vraiment, malgré le rachat moral, dans les normes du pétainisme. *Lunegarde*, tourné au printemps 1944, fut distribué en janvier 1946 et passa, aux yeux de ceux qui le virent, pour un de ces films d'après-guerre, tels *Dernier métro* de Maurice de Canonge et *Son dernier rôle* de Jean Gourguet, avec lesquels Gaby Morlay entamait une nouvelle carrière de compositions diverses.

VII
René Dary : le nouveau Gabin, régénéré par la « révolution nationale »

Aucun acteur de cinéma n'avait été, entre 1935 et 1940, aussi populaire que Jean Gabin. Dans ses rôles divers, légionnaire, mauvais garçon, ouvrier, officier français de 1914 prisonnier en Allemagne, mécanicien de locomotive, soldat déserteur, il avait incarné, pour le grand public, une virilité toute prolétarienne. Ni jeune premier ni vraiment acteur de composition, il était apparu, même poursuivi par la fatalité et voué à des fins tragiques, comme un homme fort, issu du peuple, qu'on aurait pu aussi bien rencontrer dans la rue et inviter à prendre un verre au café du coin ou à se mêler aux repas de famille. Julien Duvivier et Marcel Carné lui avaient créé une mythologie en accord avec les années tristes et troublées où les démocraties essoufflées cédaient à Hitler pour retarder une guerre inévitable. Mais on ne le voyait pas comme une « star ». Il avait gardé de *La Belle équipe* (Duvivier, 1936) un côté « Front popu » résistant aux désillusions de l'époque. Il ne ressemblait à personne. Sa mort dans l'immeuble de banlieue assiégé du *Jour se lève* (Carné, 1939) avait été, pour les spectateurs du samedi soir, celle d'un ami, d'un frère. Même les jeunes — il n'existait pas, avant le régime de Vichy, d'interdictions aux mineurs pour certains films — le connaissaient et l'admiraient. Jean Gabin disparut de notre cinéma lorsque la France vaincue fut occupée. Mobilisé en 1939 dans la marine, il avait pu, en 1940, participer au tournage de *Remorques*, commencé par Jean Grémillon avant la déclaration de guerre. Démobilisé, il réussit à obtenir du gouvernement de Vichy l'autorisation d'aller tourner, pendant quelques mois, un film aux États-Unis, qui n'étaient pas encore entrés dans le conflit mondial. Il y arriva au début de 1941 et ne revint chez nous qu'après la guerre. Il avait combattu, à partir de 1943, dans les Forces Navales Françaises Libres. *Remorques*, où il avait pour partenaire la Michèle Morgan de *Quai des brumes*, exilée elle aussi, fut terminé tant bien que mal et sortit à la fin de 1941. Ce fut notre dernière vision de Gabin, homme libre. Les films de Duvivier et de Carné, jugés « défaitistes », étaient en disgrâce — encore que *La Bandera* ait été programmé dans une salle de Troyes en 1941, j'en suis sûr. Donc Gabin manquait au cinéma français et aux spectateurs. Il était irremplaçable. Il fut pourtant remplacé, d'une certaine manière, par René Dary.

Né en 1905, René Dary avait été, à l'âge de trois ou quatre ans, l'interprète de la série *Bébé*, et vedette enfantine jusqu'en 1914. Ensuite, il avait fait du théâtre, été boxeur puis chanteur d'opérette. Il était revenu au cinéma, en 1935, dans des petits rôles. René Dary fut brusquement relancé, en 1938, par *Le Révolté*, de Léon Mathot. Il tenait un rôle de « forte tête » ne reconnaissant ni Dieu ni maître, engagé dans la marine par bravade. Pimaï en faisait voir de dures à ses chefs et tentait de semer l'indiscipline dans l'équipage d'un torpilleur. L'influence de son capitaine (Pierre Renoir) et d'une tendre jeune fille (Katia Lova) l'amenaient peu à peu à prendre conscience de son devoir. Il se rachetait par une action d'éclat. Tourné en partie à Toulon, ce film exaltait notre marine nationale et l'honneur de servir sous le drapeau tricolore. Avec sa belle carrure et son énergie, René Dary avait effectivement quelque chose de Gabin (tout juste son aîné d'un an), et on lui avait donné un caractère exemplaire qui n'allait plus le quitter. Marin encore dans *Nord-Atlantique* de Maurice Cloche (1939), il était le seul être sain à bord d'un chalutier où il se passait des choses bizarres. Second du bateau, solide et taciturne, il était injustement soupçonné de meurtre puis, innocenté, il reprenait en mains un équipage mutiné. Selon Raymond Chirat, « *la censure n'admit la sortie du film que si l'on y ajoutait un avertissement précisant qu'il s'agissait d'une aventure imaginaire située en mer Baltique* [1] ». Ce n'était certainement pas l'attitude de « héros » de René Dary qui avait dicté cette décision. Toujours marin dans *Le Café du port* de Jean Choux (1939), l'acteur, accédant au vedettariat à la veille de la guerre, était le bon Samaritain d'une fille abandonnée et désespérée. Grâce à lui, elle retrouvait une raison de vivre. La chanteuse-accordéoniste Line Viala faisait ainsi ses débuts au cinéma et se produisait dans un bistrot pour les besoins de la cause. René Dary changea d'uniforme en 1939 dans *Sidi-Brahim* (*Les Diables bleus*) de Marc Didier, mais ce film à la gloire des chasseurs alpins, compliqué d'une histoire d'espionnage, ne sortit qu'en 1945. Le récit en avait été pourtant publié par *Le Film complet* (n° 2327, du 26-10-1939).

Nous nous retrouvons sous l'Occupation. Gabin n'est plus là. Il n'existe aucun acteur de sa trempe. René Dary lui ressemble un peu, physiquement. Il a du métier, une tête sympatique, un récent passé cinématographique de courage et d'honneur. Il peut prendre une place de premier plan dans le cinéma français rénové. Je ne prétends pas que les producteurs aient eu l'intuition d'en faire un nouveau Gabin, débarrassé des miasmes fatalistes du « réalisme poétique ». Mais enfin, sous l'Occupation, pour ma génération et pour le grand public, il a bien été un substitut du grand Gabin, que nous ne cessions de regretter. La France de Pétain vit donc reparaître René Dary dans *Mélodie pour toi* de Willy Rozier, tourné en 1941 aux studios de la Victorine à Nice. Le film est un de ces navets propres alors à la « zone libre », plus directement contrôlée par la censure de Vichy que le cinéma fait à Paris. On n'en aurait rien à dire si René Dary, en chanteur de music-hall pris entre ses amours contrariées pour une jeune bourgeoise (Katia Lova, sa partenaire du *Révolté*) et la haine de divers ennemis sournois, n'avait rappelé le Gabin comédien-chanteur de la fin des années 20 au théâtre et des débuts du parlant. Certes, les premiers films du Gabin poussant la romance et vivant des drames sentimentaux étaient oubliés. Il n'y en a pas moins là quelque chose d'intéressant. De plus, dans *Mélodie pour toi*, René Dary se tirait de ses épreuves avec

1. *Catalogue de films français de long métrage, films sonores de fiction, 1929-1939*, Editions Cinémathèque Royale de Belgique, 1975.

un courage moral, retrempé par un retour à son village natal, convenant aux temps nouveaux.

Après l'orage de Pierre-Jean Ducis (1941), tourné juste après et encore dans les studios de la Victorine, précisa la régénération du « nouveau Gabin » d'une façon très claire. Dary, ingénieur agronome, quittait son village et sa fiancée du Midi pour faire fortune à Paris où il tombait dans les griffes d'une star de cinéma (Suzy Prim, en femme fatale à l'œil lourd !) et d'un producteur véreux (Jules Berry) nommé Alex Krakow, consonance balkanique très révélatrice. La guerre de 1939 et la débâcle de 1940 le délivraient de ces mauvaises influences. *Après l'orage*, navet pétainiste, se terminait par le retour à la terre qui, elle, « ne mentait pas », et à une fiancée restée fidèle malgré l'abandon. Que Dary ait réussi, là-dedans, à n'être pas ridicule prouve qu'il avait du talent. Mais on l'apprécia davantage dans *Forte tête* de Léon Mathot (1942), où son côté cabochard et ses manières brusques rappelaient bien la virilité de Gabin, ses insoumissions, ses colères et ses révoltes contre l'adversité. René Rochet (Dary gardait alors, dans ses rôles, son prénom d'acteur), employé de banque, était soupçonné d'un vol parce qu'il avait un passé chargé. Innocent bien sûr mais flanqué à la porte, il se retrouvait dans un milieu louche et devait s'enfuir, réellement compromis. A partir de là, l'intrigue devenait assez mélodramatique pour mettre en valeur les efforts de ce René contre un mauvais destin imposé. Tout cela, il faut bien le dire, ne nous déplaisait pas, malgré la médiocrité de la réalisation. Nous étions du côté de Dary, quelle que fût la qualité des films où il tenait la vedette, parce qu'il agissait vite et bien. Il était dans toutes ses aventures le meilleur, celui qui serre les dents et les poings, toujours foncièrement honnête. Ce n'était pas le vrai Gabin mais c'était, comme lui, une sorte de grand copain auquel on pouvait se fier. A cause de cette amitié du public, René Dary fit sans doute passer les messages moraux dont étaient semés les scénarios qu'il interprétait. Je n'ai jamais pensé à l'époque, et je ne pense pas non plus aujourd'hui, que cela était pernicieux. Dary jouait franc-jeu. Il méritait sa popularité.

Après *Forte tête*, on le vit, auteur de romans policiers, mener avec sa femme l'enquête inutilement compliquée de *Huit hommes dans un château* (1942). Richard Pottier, qui avait voulu réaliser, semble-t-il, une fantaisie policière, se montra aussi plat metteur en scène qu'il devait l'être avec les Maigret de la Continental. Des travellings dans les couloirs et les pièces du château où se cachait un criminel parmi les hôtes d'une dame à particule étaient censés faire passer le frisson de la peur, tandis que Dary menait son affaire sans se laisser impressionner. Il formait avec Jacqueline Gauthier un couple vaguement inspiré de celui de William Powell et Mirna Loy dans *L'Introuvable* de W.S. van Dyke (1934), qui avait transformé en comédie américaine le roman noir de Dashiell Hammett. L'humour de Pottier ne s'envolait pas très haut. On s'amusait pourtant au gag favori de ces époux écrivant ensemble et donc chacun devait remettre à l'autre une pièce de deux francs lorsqu'il avait trouvé une bonne idée. Les pièces voltigeaient du mari à la femme. Deux francs 1942, cela fait combien en 1981 ? *A la belle frégate*, d'Albert Valentin (1942), rendit à René Dary son costume de marin pour une histoire située dans les années 30. René Lefèvre, vieilli mais jouant toujours les amoureux timides à la René Clair, se faisait chiper Michèle Alfa par son joyeux petit camarade. Dary en tombeur de filles et les amours portuaires entre deux escales, cela avait un parfum éventé d'avant-guerre. René Lefèvre n'avait pas plus de chance ici, avec Dary, qu'avec Gabin autrefois, dans *Gueule d'amour* de Jean Grémillon, où Mireille Balin les avaient faits rivaux. Sauf que l'histoire finissait bien pour notre « forte tête ».

Les films les plus représentatifs de ce qu'on peut appeler « le mythe Dary » vinrent après : *Port d'attache* de Jean Choux (1942) et *Le Carrefour des enfants perdus* de Léo Joannon (1943). Il faut s'y attarder, car c'est là que s'imposa assez fortement, à travers l'acteur, l'esprit de la « révolution nationale ». René Dary avait écrit lui-même le scénario de *Port d'attache*, qui fut adapté par Marcel Rivet et dialogué par Pierre Lestringuez. Sous le nom de René encore, il était un marin démobilisé après juin 40, revenant à la terre, faute de trouver un nouvel engagement dans la marine. Imaginez Gabin, après *Remorques*, venant relever la ferme d'un vieux paysan dont le fils, marin lui-même, a disparu et dont la fille a filé à Paris pour tenir un salon de coiffure ? Difficile ! Est-ce si sûr ? Quand nous avons vu Dary dans *Port d'attache*, c'est à Gabin que nous avons pensé. Même présence physique, même entêtement, même romantisme, ou presque, à l'égard de la femme aimée (Michèle Alfa, transportée du port d'*A la belle frégate* dans un milieu rural, mais filleule du médecin de l'endroit), même vitalité violente enfin, dans une bagarre avec un mécanicien de garage faux jeton (Alfred Adam avait la tête antipathique de l'emploi) au milieu d'une fête de la Saint-Jean. Oui, Gabin en somme, mais régénéré par « le retour à la terre », car le film portait ouvertement cette propagande. René faisait venir de Paris quelques démobilisés sans travail et ils se mettaient tous à réparer la ferme du vieux solitaire et à cultiver les champs. Images idylliques de moisson et de vie campagnarde qui nous firent tout de même tiquer. Sous le gouvernement de Vichy, les lycéens, à partir de seize ans, étaient tenus, pendant un mois de leurs grandes vacances, à effectuer un « service civique rural » afin d'aider les paysans tout en se retrempant dans la saine nature nourricière. N'y voyons pas de « maoïsme » avant la lettre (les intellectuels aux rizières et aux terrassements !). L'éducation de la jeunesse nouvelle passait par là, et ce n'était rien à côté du S.T.O. pour les ouvriers. Tout de même, nous n'avions aucune attirance pour ce service-là. Je ressentis un fameux malaise lorsque je fus, en 1943, désigné pour y aller. Heureusement, deux jours avant le départ, en retirant la feuille de route, j'appris que je pouvais rentrer chez moi, mon dossier médical portant « *tendance à la scoliose* ». N'ayant jamais souffert de la colonne vertébrale, je n'ai pas compris comment le médecin qui nous avait examinés avait pu me découvrir cette « *tendance à la scoliose* », dont je me fichais d'ailleurs éperdument puisque cela me permettait de couper à la corvée des champs. En 1944, je fus de nouveau désigné, et me fis tout bonnement réfractaire, comptant bien que l'administration de Vichy n'en avait plus pour longtemps. Il ne m'arriva rien : l'été 1944 fut celui de la débâcle de Vichy et des troupes d'occupation.

Donc, la propagande de *Port d'attache* en faveur du retour à la terre, je n'y ai pas mordu, non plus que mes copains de l'époque avec lesquels je courais les cinémas troyens. Mais enfin, elle existait bien et René Dary la servait. Il entraînait son équipe en vrai meneur d'hommes possédé par un idéal. Il se dressait contre l'hostilité du garagiste, jaloux à cause de Michèle Alfa, et de ses complices, dont Raymond Bussières, alors voué aux rôles de vilain et de faiseur d'embrouilles. Il reconstituait l'équipe disloquée et réalisait l'union avec les paysans. Pour ajouter au côté édifiant de l'histoire, Henri Vidal, membre de l'équipe des travailleurs volontaires de la terre, fichait le camp un jour, laissant une fille séduite et enceinte. Mais il revenait, à la fin, repentant et éclairé sur son devoir. Les spectatrices sensibles tiraient leurs mouchoirs. Mais oui !

Le Carrefour des enfants perdus fut le sommet de l'ascension de René Dary vers la « gabinisation » nouvelle France. Au début du film, on le voyait dans un café de Marseille, le 15 août 1940, devenu journaliste après avoir servi durant la guerre dans les chasseurs alpins (rappel de *Sidi-Brahim* ?). Il s'appelait cette fois Jean Victor et rencontrait deux autres démobilisés, repliés dans le Midi, Emile Ferrand (Jean Mercanton) et Joseph Malory (A.M. Julien). Ces trois hommes avaient en commun une enfance malheureuse dans des maisons de correction et s'occupaient, un moment, d'un petit orphelin, La Puce, arrêté pour vagabondage. Ce qui donnait à Jean Victor l'idée d'ouvrir une maison de redressement, sans punitions ni brimades, où les gosses abandonnés ou dévoyés se sentiraient en confiance. René Dary portait donc un passé qui aurait pu être celui du Gabin d'avant-guerre, un passé en fonction duquel il allait s'efforcer de sauver du mauvais sort les enfants perdus de l'ancienne société responsable de la défaite de 1940. On ne pouvait s'empêcher de penser à *Prison sans barreaux*, ce film tourné en 1937 par Léonide Moguy, qui avait révélé Corinne Luchaire, et dans lequel Annie Ducaux, nouvelle directrice libérale et compréhensive d'une maison de redressement pour adolescentes délinquantes, appliquait déjà les méthodes préconisées par René Dary. De *Prison sans barreaux* à *Carrefour des enfants perdus* on retrouvait d'ailleurs des séquences semblables : celle où celui qu'on a laissé sortir de confiance et dont le retour au bercail se fait attendre ; la révolte des pensionnaires compromettant l'expérience de René Dary comme celle d'Annie Ducaux. On pouvait se rappeler aussi que *Le Coupable* de Raymond Bernard avait, en 1936, vigoureusement dénoncé les bagnes d'enfants de la Troisième République et le système pénitentiaire répressif engendrant des voleurs et des criminels au lieu de sauver les délinquants. Le film de Léo Joannon militait en faveur de « maisons d'éducation surveillée » avec stricte discipline morale, sens de l'honnêteté et de l'honneur enseigné par des hommes bien décidés à suivre la transformation, la régénération de la France. Un fonctionnaire du « nouveau gouvernement », c'est-à-dire de Vichy, faisait obtenir à Jean Victor l'autorisation d'installer son foyer en compagnie de Ferrand et Malory, ainsi que la réquisition d'un hôtel particulier à Auteuil. Le « Carrefour » connaissait bien des difficultés, d'Auteuil à Courbevoie. Mais, en fin de compte, les méthodes de Jean Victor triomphaient. On n'en attendait pas moins.

Tel était alors le statut cinématographique de René Dary qu'il ne pouvait pas être vaincu. Il se heurtait néanmoins à une « forte tête », image de sa propre jeunesse brimée et révoltée, Joris, interprété par Serge Reggiani, lequel, déjà remarqué dans *Le Voyageur de la Toussaint* de Daquin, s'imposa ici comme un jeune acteur de premier plan, une vedette en puissance. Les rapports de René Dary et Serge Reggiani ressemblaient beaucoup (le caractère et les manières virils en plus !) à ceux d'Annie Ducaux et Corinne Luchaire dans *Prison sans barreaux*. Léo Joannon usa et abusa d'effets mélodramatiques édifiants, même s'il n'en était pas encore à ses outrances des années 50 (*Le Défroqué, Le Secret de sœur Angèle, Le Désert de Pigalle*) mises au service d'un catholicisme de choc ! Sa mise en scène, très lourde et très chargée, visa à emporter la conviction du public par un style de casseur d'assiettes et d'histrion du bon exemple. On ne vit pas un seul Allemand ni aucun signe de la présence des occupants dans le Paris du *Carrefour des enfants perdus*. On y vit, par contre, une bande de trafiquants du marché noir et autres activités plus que louches menée par Raymond Bussières (le brave « Bubu » était décidément spécialisé dans les rôles de fripouilles), ancien compagnon de Dary dans la maison de correction d'avant-guerre. Lui n'avait pas été touché par la rédemption sociale, et les gosses du « Carrefour » conduits par Joris allaient mettre hors d'état de nuire ce « caïd » et ses hommes de main qui avaient incendié la maison de rééducation. Les stocks de produits alimentaires destinés au marché noir étaient récupérés et distribués. Façon de montrer comment la France de Pétain pouvait, avec le concours des bonnes volontés et de la jeunesse, éliminer les parasites spéculant sur la pénurie et s'enrichissant en marge de la loi. C'était évidemment pour le public une petite revanche. Les vrais truands de l'époque étaient autrement dangereux que ces brebis galeuses livrées à une police respectable. Mais quelle belle leçon de morale ! En dépit de tout ce qu'on peut reprocher à cette œuvre de circonstance d'un cinéaste au demeurant peu estimable, René Dary y tint son meilleur rôle, avec sa force et sa sincérité habituelles. A côté de lui, A.M. Julien représentait, curieusement, un homme ayant gardé de ses rapports avec les gardiens d'autrefois la volonté d'appliquer la manière forte, de mater les enfants et les adolescents soumis à son autorité. Mais il devait céder devant la loi humaine et généreuse du « personnage positif ». Quant à Serge Reggiani il était étonnant. Dary et lui ont sauvé ce film en lui apportant une certaine vérité, plus puissante que le conformisme pétainiste dont il est marqué.

Bifur III, de Maurice Cam, commencé le 10 mai 1944, fut l'avant-dernier film produit sous l'Occupation, le dernier étant *Mademoiselle X...* de Pierre Billon, commencé le 23 mai. Il fut distribué fin août 1945, et les filmographies le datent généralement de cette année. Or, c'est là que Robert Le Vigan tint son dernier rôle, avant de s'enfuir avec son ami Louis-Ferdinand Céline en Allemagne, où ils partagèrent le sort de la clique vichyssoise et collaboratrice réfugiée à Sigmaringen. Le Vigan devait jouer dans *Les Enfants du paradis*, alors en cours de réalisation, le marchand d'habits Jéricho. Il tourna un ou deux plans puis, paniqué à l'idée de voir arriver les Alliés (compromis dans la collaboration, il avait, dit-on, reçu des menaces de mort), il abandonna le film de Carné et quitta la France. Il fut remplacé dans *Les Enfants du paradis* par Pierre Renoir. A ce titre, *Bifur III* est une curiosité. Le Vigan, frénétique et halluciné, y était le mari possessif et jaloux d'Ariane Borg, sorte de femme fatale éthérée qui, pour lui échapper, partait avec deux chauffeurs de poids lourds, René Dary et Paul Azaïs. Poursuivant le camion en voiture, il périssait dans un accident dont Dary se jugeait responsable alors que l'autre avait voulu le tuer. Le Vigan brandissant un revolver, mettant sa voiture en travers de la route et flambant dans l'incendie du véhicule renversé par le camion, finit donc, dans le cinéma français, d'une manière tragique. On retiendra cette dernière apparition d'un grand acteur de second plan, qui paya lourdement par la suite ses erreurs. Pour le reste, *Bifur III* montrait un Dary fidèle à son personnage et convoquant un tribunal de routiers dans l'auberge tenue par un Aimos manchot (celui-ci fut tué sur les barricades de la libération de Paris) pour être jugé par les siens. Ce fut, avec l'accident, la meilleure scène de ce film assez terne, où Martine Carol, encore bien loin de *Caroline chérie*, était la ménagère popote du chauffeur tenté par le mystère évanescent d'Ariane Borg. Une dizaine d'années plus tard, Gabin allait être dans *Gas-Oil*, de Gilles Grangier, un routier de la même allure mais plus âgé, profession qu'il reprit en 1955 dans *Des gens sans importance*, un grand film naturaliste de Henri Verneuil. Dans *Bifur III*, l'étude du milieu des camionneurs n'était qu'esquissée. Mais si l'on ajoute à cela le rappel de *Chiens perdus sans collier* de Jean Delannoy, tourné juste avant *Gas-Oil*, et où Gabin était un juge d'enfants sauveur de jeunes délinquants, on peut constater que nous n'avions pas tort de voir en René Dary son substitut sous l'Occupation. Dary et Gabin avaient d'ailleurs été réunis, en 1954, dans *Touchez pas au grisbi* de Jacques Becker. Confrontation passionnante, qui ne fut pas relevée, à l'époque, en fonction de la carrière de Dary de 1941 à 1944. Après la guerre, René Dary perdit son prestige du temps de l'Occupation, sans pour autant cesser de tourner. Il fut même Nestor Burma, détective privé inventé par Léo Malet, dans *120 rue de la gare* de Jacques Daniel-Norman (1945). On peut regretter que d'autres enquêtes de Nestor Burma n'aient pas été portées à l'écran, avec lui.

René Dary est mort le 6 janvier 1974.

VIII
L'évasion dans l'adaptation littéraire à tour de bras

On échappait plus facilement au contrôle des censures en adaptant des romans ou des pièces de théâtre, dont les sujets ne risquaient pas de poser de problèmes. La renommée de certaines œuvres littéraires pouvait être aussi une garantie de succès commercial et de qualité artistique. Un bon tiers de la production française sous l'Occupation relève de l'adaptation littéraire. C'est beaucoup. Cela n'a pas donné un bon tiers d'excellents films, loin de là ! mais il s'agit bien d'un courant d'inspiration dominant où se mêlèrent assez curieusement des auteurs du XIXe siècle et des auteurs contemporains, qui n'étaient pas d'ailleurs tous célèbres. En tête viennent Georges Simenon avec neuf adaptations et Honoré de Balzac avec sept.

La mode Balzac

Je commencerai par Balzac. D'abord parce qu'il appartient au XIXe siècle. Ensuite parce que son nom a été associé, à cause de *La Duchesse de Langeais,* à la renaissance artistique du cinéma français. Elle avait commencé bien avant ce film qui prit tournure d'événement. Balzac n'était pas un auteur gênant pour l'ordre moral pétainiste ni pour les autorités d'occupation. On pouvait puiser à loisir dans *La Comédie humaine.* Si le choix de *La Duchesse de Langeais,* un des épisodes de *L'Histoire des treize,* fut particulièrement heureux, c'est que l'adaptation et les dialogues de la nouvelle de Balzac furent écrits par Jean Giraudoux, l'auteur dramatique le plus original de l'avant-guerre et dont le langage poétique avait toujours exercé une sorte de magie. L'impression qu'eut

Roger Régent est, à cet égard, caractéristique : « *Quand nous nous sommes assis dans ce fauteuil du Biarritz où une après-midi fut présenté le film réalisé par M. Jacques de Baroncelli, nous savions bien qu'à la seconde même où, dans la salle, les lumières s'éteindraient, allaient être dessinés sur l'écran les premiers gestes d'une cérémonie dont la portée pouvait être incalculable pour le destin du cinéma français* [1]. »

Tourné à la fin de 1941, *La Duchesse de Langeais* sortit à Paris le 27 mars 1942. L'intelligentia parisienne y alla pour entendre le texte de Giraudoux, qui fut publié aux éditions Grasset sous le titre : *Le Film de la duchesse de Langeais,* avec une préface de l'auteur. Certaines scènes avaient été écourtées ou supprimées à l'écran. *La Duchesse de Langeais* fut considéré comme une œuvre de Giraudoux, d'après Balzac. Le grand public parisien et provincial alla voir ce film parce qu'il racontait une histoire d'amour en costumes d'époque romantique, interprétée par Edwige Feuillère et Pierre Richard-Willm, « couple idéal » de quelques films d'avant-guerre : *Barcarolle, Stradivarius* et *La Dame de Malacca.* En aristocrate coquette de salons 1821 jouant avec le cœur de ce beau général paré d'une auréole séductrice aux yeux des spectateurs, Edwige Feuillère gagna sa réputation de « grande dame » du cinéma français, qui n'était pas évidente avec ses rôles des années 30. Que le film fût ou non balzacien, qu'il résolût ou non le problème des rapports d'un écrivain de théâtre avec l'expression cinématographique, le grand public ne s'en souciait guère. Il admira. Il fut sensible au prestige du marivaudage cruel et très littéraire de Giraudoux à travers ses superbes acteurs. Ce prestige rejaillit heureusement sur Jacques de Baroncelli, dont la mise en scène soignée, « classique » dans sa narration, servait fidèlement le texte. En cette époque de pénurie, on n'alla pas chicaner pour deux ou trois toiles peintes (la galerie du Palais-Royal ; le coin de rue où la duchesse, devenue une amoureuse désespérée, s'efface comme une ombre) ondulant un peu dans les courants d'air du studio. Les décors d'intérieur, les meubles et les costumes paraissaient suffisamment riches, et l'histoire était émouvante. Manifeste artistique en son époque, *La Duchesse de Langeais* n'a plus

---

1. *Cinéma de France, op. cit.* Roger Régent explique ensuite, longuement, le sens de cette entrée de Giraudoux dans le cinéma.

sans doute aujourd'hui à nos yeux la même importance. Mais c'est toujours un film de qualité qu'on revoit avec plaisir, ses passages à la télévision en ayant refait un succès.

La Fausse maîtresse (1942), premier film d'André Cayatte, dont j'ai déjà parlé [1], ne doit par contre pas grand-chose à Balzac dans son adaptation modernisée et n'a plus d'intérêt que par rapport à la carrière et au personnage de Danielle Darrieux. Avec *Le Colonel Chabert* de René Le Hénaff (1943), Balzac ne fut pas non plus gagnant, malgré une adaptation et des dialogues habiles de Pierre Benoit, et les costumes Louis XVIII. La réalisation, médiocre, sauf le « morceau de bravoure » de la charge d'Eylau reconstituée au Polygone de Vincennes avec le concours de la garde de Paris, s'effaçait derrière la composition de Raimu, dramatiquement efficace mais envahissante. Marie Bell jouait sèchement et comme absente le rôle de la femme de Chabert remariée — parce qu'elle le croyait mort — au comte Ferraud et cherchant à se débarrasser du « revenant ». Il est vrai que je n'ai jamais trouvé Marie Bell supportable à l'écran, sauf dans *Le Grand jeu* de Jacques Feyder. De toute façon, ce *Colonel Chabert* ne peut plus guère figurer que dans un festival Raimu.

Il en va tout autrement de *Vautrin*, de Pierre Billon (1943), dont l'atmosphère est authentiquement balzacienne (bien davantage, en fait, que celle de *La Duchesse de Langeais*). C'est encore Pierre Benoit qui écrivit le scénario, condensé de *Splendeur et Misères des courtisanes,* avec un prologue emprunté à la fin des *Illusions perdues.* Un auteur de boulevard, Marc-Gilbert Sauvajon fut chargé de l'adaptation et des dialogues. Ce n'était pas, évidemment, la grandeur littéraire de Giraudoux. Pourtant, ce film produit par Gaumont fut une illustration fidèle et d'une belle ampleur dans la reconstitution historique, malgré les simplifications de l'intrigue. Le rapport homosexuel de Vautrin et de Lucien de Rubempré, ce veule bichon à la belle frimousse, n'y était que suggéré (encore fallait-il avoir lu le roman pour s'en rendre compte : on ne pouvait pas se permettre, au cinéma, une telle audace en 1943), mais Michel Simon fut un colossal Vautrin, plongeant dans les abîmes du mal et épris de sa créature, défiant la société et finissant au service de la police. Son interprétation

1. Voir chapitre VI.

est restée inoubliable. Et Michel Simon, lui, n'effaçait pas ses partenaires comme Raimu dans *Le Colonel Chabert.* C'est ici que Georges Marchal, en Rubempré, devint une vedette. Ici que Madeleine Sologne, incarnant Esther, se retrouva telle qu'elle était avant le mythe éthéré et frigide que fit d'elle *L'Eternel Retour* : une belle et sensible comédienne. Malheureusement, son image de *L'Eternel Retour* fut plus forte qu'elle dans la suite de sa carrière. Quand on revoit Madeleine Sologne dans *Vautrin*, on ne peut que le regretter.

Après cela on ne retrouve plus, selon la brochure publicitaire de la production Gaumont, qu'une « *situation d'Honoré de Balzac* » dans *Un seul amour,* de Pierre Blanchar (1943). Inspirés de *La Grande Bretèche,* le scénario et les dialogues de Bernard Zimmer n'ont pas le mordant, le sens de la critique sociale propres à ce véritable écrivain de cinéma, que le romantisme noir du sujet n'inspira guère. Et Pierre Blanchar, qui s'était déjà lancé dans la mise en scène de film avec *Secrets* l'année précédente, n'a donné à *Un seul amour,* dont il fut aussi l'interprète, qu'une froide théâtralité, avec quelques effets (la découverte du squelette de l'homme emmuré cinquante ans plus tôt, le serment sur le crucifix, un peu ridicule). En définitive, il reste d'*Un seul amour* un très beau rôle de Micheline Presle, une Micheline Presle passionnée et douloureuse, dont ces années révélèrent les dons multiples.

La Rabouilleuse, de Fernand Rivers (1943), fut une véritable catastrophe. Ce metteur en scène à tout faire porta à l'écran la mauvaise pièce d'Emile Fabre tirée du roman de Balzac. Fabre en commit lui-même l'adaptation, mélodramatique au plus mauvais sens. La nullité de la réalisation et la manière emphatique dont jouaient Pierre Larquey, Fernand Gravey, Suzy Prim et Jacques Erwin entre autres, ont fait de ce film qu'alors nous appelions un « navet » un « nanar » très kitsch sur lequel il n'y a pas lieu de s'attarder. *Le Père Goriot,* de Robert Vernay (1944), adapté par Charles Spak et dialogué par Bernard Zimmer, ne sortit qu'après la Libération, dans une indifférence générale. La « mode Balzac » était passée et la comparaison avec le *Vautrin* de Pierre Billon (le rôle du forçat évadé, tapi dans la pension Vauquer, était tenu ici par Pierre Renoir, bien éloigné du personnage) ne pouvait que tourner à la confusion de Robert Vernay, lequel n'avait pas, pour cette adaptation, l'envergure souhaitable. Larmoyant, geignard et secoué de tics, Pierre Larquey ne prêtait guère à s'intéresser aux tourments du père Goriot, victime de son amour paternel, et Georges Rollin était bien pâle en Rastignac. Léonce Corne faisait là une déplaisante composition du baron de Nucingen, le financier juif.

La vogue de Georges Simenon

De Balzac à Simenon, il n'y a aucun point commun sinon dans l'acuité de la peinture sociale que l'inventeur du commissaire Maigret a mis dans certains de ses romans de mœurs. Que Simenon ait été un auteur favori du cinéma français dans les années 40-44, rien de plus naturel. Simenon, écrivain de grande audience, avait été adapté dès les années 30 ; avec lui, c'était le cinéma des années 30 qui continuait. Je ne redirai pas ce que j'ai dit d'*Annette et la Dame blonde*, des *Inconnus dans la maison* et des trois « Maigret », *Picpus*, *Cécile est morte* et *Les Caves du Majestic*, cinq films produits par la Continental [1]. Hors Continental, il existe quatre autres adaptations.

La Maison des sept jeunes filles, d'Albert Valentin (1941), dont le tournage se situe entre celui d'*Annette et la Dame blonde* et des *Inconnus dans la maison*, est une comédie très mièvre tirée d'un « roman pour jeunes filles » commandé à Simenon, en 1937, par le directeur d'un hebdomadaire féminin où il parut alors en feuilleton. Les éditions Gallimard le publièrent en novembre 1941, l'occasion étant sans doute donnée par le film, commencé le 15 octobre. Cette histoire d'un père chargé de sept filles dont deux sont en compétition amoureuse pour le même jeune homme, déjà peu excitante à la lecture, n'avait pas le moindre charme à l'écran malgré la turbulence de Jacqueline Bouvier (future Mme Pagnol), et la coquetterie de Gaby Andreu tournant autour de Jean Paqui. On ne trouvait même pas la fantaisie qu'avait su mettre Jean Dréville dans *Annette et la Dame blonde* relevant, chez Simenon, d'une même inspiration. Albert Valentin — qui devait se faire remarquer plus tard avec *Marie-Martine* — avait réalisé un film typique du climat « rose » et lénifiant pour les familles qu'appelait l'esprit maréchaliste et bien-pensant de l'époque. La Centrale Catholique du Cinéma et de la Radio (C.C.R.),

1. Voir chapitre IV.

qui publiait sous l'Occupation des analyses de films dactylographiées et ronéotypées (et distribuées clandestinement après l'interdiction de l'organisme en 1942 par les Allemands), côta pourtant 3 B, soit — « pour adultes » — *La Maison des sept jeunes filles,* avec cette appréciation morale : « *Hardiesse des jeunes filles, projet par l'une d'elles de se faire compromettre, sans réussir. Film agréablement présenté avec quelques scènes délicates qui ne tournent pas mal.* » C'était se montrer, si l'on ose dire, plus royaliste que le roi en un temps où la censure du gouvernement de Vichy s'appuyait sur la religion catholique. Rassemblées, après la guerre, dans une brochure de l'Action Catholique Française, les fiches de la C.C.R. concernant les films français parus pendant l'Occupation se révèlent d'un conformisme encore plus accablant que les productions marquées par le pétainisme [1].

Mais revenons à Simenon. *Monsieur la Souris,* de Georges Lacombe (1942), fut une intrigue policière, adaptée et dialoguée par Marcel Achard, dans laquelle figuraient le commissaire Lucas et l'inspecteur Lognon, empruntés à la série Maigret. Ici, l'enquête sur un crime était menée par un clochard, plus malin que les flics. C'était très embrouillé, avec une cascade de suspects, l'assassin n'étant évidemment pas un de ceux-là, et mollement mis en scène. Raimu, dans le rôle vedette, cheveux blancs, restes d'élégance, bonasserie finaude, n'en faisait qu'à son aise, composait ses numéros, souvent pittoresques, pour tirer la couverture à lui. Il se payait même, à la fin, une scène de colère qui « crevait l'écran ». On pouvait trouver du génie dans ce cabotinage. Moi pas.

Et voici, avec *Les Inconnus dans la maison*, de Clouzot et Decoin, l'œuvre majeure dans la création, à cette époque, de la fameuse « atmosphère Simenon » au cinéma, sur laquelle on a beaucoup écrit à partir des années 50 : *Le Voyageur de la Toussaint,* de Louis Daquin (1942). Dès le début, avec l'arrivée à La Rochelle de Gilles Mauvoisin, grand jeune homme maigre, timide, désemparé, flottant dans son pardessus et coiffé d'un bonnet de loutre râpé, on y était. (C'est avec ce personnage que Jean Desailly fit d'étonnants débuts au cinéma ; de plus, il y rencontra Simone Valère, qui devint ensuite sa compagne.) Poids lourds de souvenirs fantomati-

1. Voir annexe n° 2.

ques ; brumes et pavés luisants ; retour dans sa ville natale, cachant des secrets, d'un « étranger » qui va troubler l'ordre et les sournoises combinaisons d'un clan, c'était bien Simenon et sa façon de suggérer plus que de décrire. Admirablement adapté et dialogué par Marcel Aymé, le roman trouvait, grâce à la réalisation de Daquin, sa juste correspondance en images avec, dans de remarquables décors de studio, la vie secrète et feutrée de la province, le jeu des intérêts et des passions. Daquin, qui visait au réalisme, trouva chez Simenon la substance d'une étude de mœurs, bien qu'il n'y eût pas là un strict réalisme social. Il y eut une approche attachante du mystère de certains comportements, un trouble allant au-delà des apparences et de la critique acérée d'un « syndicat » bourgeois. Telle cette scène, vers la fin, où Desailly affronte Gabrielle Dorziat jetant son masque avec une douloureuse intensité. La Rochelle de Simenon et de Louis Daquin n'était certes pas la province tranquille et vertueuse telle qu'on la voyait du côté de Vichy. Produit par la firme italienne Francinex, *Le Voyageur de la Toussaint* eut pour vedette féminine Assia Noris, très populaire en Italie, et qui se trouvait en parfaite concordance avec son partenaire. Débutant comme Desailly, Serge Reggiani ne passa pas inaperçu dans un petit rôle.

Déception, on ne retrouva pas le Decoin des *Inconnus dans la maison* dans son adaptation de *L'Homme de Londres* (1943). L'atmosphère Simenon était là, extérieure, artificielle et comme plaquée par des effets de brouillard et de nuit sur des décors étriqués dans lesquelles s'agitaient des personnages typiques d'un certain populisme d'avant-guerre (une famille de Français moyens ; une entraîneuse de cabaret traînant un vague relent de luxure à bon marché et de cafard, des mauvais garçons avachis). Fernand Ledoux, en aiguilleur de gare maritime, effaçant d'un coup son honnêteté foncière et sa médiocrité par le vol d'une valise à millions qui a déjà causé la mort d'un homme, n'arrêtait pas d'expliquer — les dialogues d'Exbrayat prêtent aujourd'hui à rire par leur redondance — ce qui se passait dans sa tête, tandis que René Génin citait la Bible à tout propos. Une apparition fugitive de Blanche Montel, vêtue de noir et désemparée, et le jeu de Jules Berry en vieux clown déchu, cambrioleur et assassin qui, lui, ne parle guère, invitent pourtant à revoir ce film raté avec quelque intérêt. Il porte aussi une idée de la confession des fautes et de la rédemption qui n'est pas précisément simenonienne et, par là, il est bien daté.

Coup d'œil sur Pierre Véry

Après Balzac et Simenon, Pierre Véry fut l'auteur le plus adapté. Quatre romans, quatre films : *L'Assassinat du père Noël*, de Christian-Jaque (1941) ; *L'Assassin a peur la nuit*, de Jean Delannoy (1942) ; *Madame et le mort*, de Louis Daquin (1942) et *Goupi-Mains Rouges*, de Jacques Becker (1942). Je ne m'attacherai ici, les autres étant commentés dans d'autres chapitres, qu'à *Madame et le mort*. On a cru généralement que ce film avait été tourné après *Le Voyageur de la Toussaint* parce qu'il a été distribué après dans les salles. Or, il le précède et c'est un exercice de style peu convaincant sur un univers, tout d'humour et d'insolite, avec lequel Daquin ne devait pas avoir d'affinités. L'adaptation de Marcel Aymé était pourtant fidèle à Pierre Véry et les dialogues de Pierre Bost avaient de la verve. Mais Daquin, qui s'était imposé avec son premier film, *Nous les gosses*, dans la tradition du populisme français, se perdit dans la poésie farfelue et les personnages imprévisibles du romancier. Il fit un travail correct, et le film ne décolla pas. La faute en revient peut-être aussi à Renée Saint-Cyr, trop mondaine et trop chichiteuse pour le personnage de Clarisse Coquet, provinciale tentée par la littérature policière et menant par le bout du nez un auteur de romans policiers, considéré comme mort parce qu'on a assassiné un escroc qui se faisait passer pour lui (Henri Guisol, excellent). Il aurait fallu Danielle Darrieux ou Micheline Presle à la place de cette précieuse amidonnée, se forçant à une fantaisie qui n'était pas dans sa nature.

Romans-feuilletons et pièces historiques

Quelques emprunts furent faits à la littérature feuilletonesque du XIXᵉ siècle. On peut s'étonner, d'ailleurs, qu'il n'y en ait pas eu davantage, ce qui tenait à la difficulté de monter des productions avec décors et costumes d'époque. Robert Vernay, qui devait se fourvoyer avec Balzac, réussit par contre en 1942 un *Comte de Monte-Cristo* en deux épisodes *(Edmond Dantes* et *Le Châtiment)* qui, même en simplifiant considérablement le célèbre et prodigieux roman d'Alexandre Dumas, fut un film mouvementé, à grand spectacle et mené sur un rythme haletant. C'était propre à faire rêver les foules de ces temps difficiles et, dans cette imagerie populaire qui eut son prestige, Pierre Richard-Willm, victime et vengeur, apparut comme un ange noir romantique. Il est resté le meilleur interprète du rôle. En Bertuccio, Marcel Herrand annonçait déjà le Lacenaire des *Enfants du paradis* et l'on ne peut pas oublier la belle et sensible Michèle Alfa en Mercédès. Robert Vernay fut beaucoup moins inspiré, dix ans plus tard, avec son « remake » en couleurs.

Les Mystères de Paris, de Jacques de Baroncelli (1943), misa également sur l'attrait d'un roman-feuilleton bien connu. Il y avait beaucoup à redire à l'adaptation, édulcorée et chamboulant l'ordre des événements, de Maurice Bessy. Reste que le réalisateur joua le jeu du mélodrame sans clin d'œil et fit vivre, autour de l'actrice italienne Coecilia Paroldi, des personnages fortement typés (l'horrible « Chouette » de Germaine Kerjean, le « Maître d'Ecole » d'Alexandre Rignault, le « Chourineur » de Lucien Coëdel), emportés dans un tourbillon d'aventures. Le plus curieux est d'avoir trouvé là Marcel Herrand en Rodolphe de Gérolstein. Lui seul était porteur d'ambiguïté. Passons vite sur *Le Bossu,* de Jean Delannoy (1944). Si le roman de cape et d'épée de Paul Féval ne fut pas trahi par l'adaptation de Bernard Zimmer, il le fut bien par le réalisateur de *L'Eternel retour*, qui donna à ce récit flamboyant un style froid et guindé, comme s'il avait craint de s'abaisser en sacrifiant au mélodrame. Quant à Pierre Blanchar en Lagardère, bossu ou non, mieux vaut n'en rien dire.

A glaner dans le théâtre historique, on tombe forcément sur *Madame Sans-Gêne*, cette pièce de Victorien Sardou et Emile Moreau qui, depuis sa création en 1893, a toujours connu le succès et tenté toutes les grandes comédiennes. Le cinéma d'occupation eut donc sa *Madame Sans-Gêne*, tournée par Roger Richebé en 1941 alors que la production redémarrait difficilement avec des films plutôt médiocres. En suivant la construction de la pièce, en l'aérant par de beaux décors, Richebé donna un produit qui n'avait pas l'air de souffrir de la pénurie des studios. Et surtout il y eut Arletty, faisant sa rentrée cinématographique (son dernier film, *Tempête*, datait de 1939). Une Arletty étincelante, gouailleuse, racée et qui a marqué à jamais, je le proclame, un rôle pourtant repris souvent depuis, au théâtre et au cinéma. On disait alors qu'elle avait trop de classe. Mais Catherine Hubscher, dite « Madame Sans-Gêne », doit-elle être vulgaire et populacière, les poings sur les hanches ? Non, c'est une femme du peuple qui a de l'esprit, du bon sens, qui ne fait pas de « chichis » mais sait se tenir, ne se laisse pas gâter par l'hypocrisie des « bonnes manières ». Catherine Hubscher était Alsacienne. Arletty en fit une Parisienne sans en changer la nature profonde. Sous son bonnet de blanchisseuse ou dans ses habits de cour de maréchale Lefebvre, disant leur fait aux sœurs parvenues de Napoléon Ier ou se faisant reconnaître de son ancien client aux chemises percées, Arletty était sensationnelle.

Victorien Sardou fut de nouveau mis à contribution en 1944 avec *Paméla*, drame historique sur une conspiration ourdie, en 1795, pour faire évader le petit Louis XVII de la prison du Temple, et à laquelle se trouve mêlée une marchande de modes tenant boutique de frivolités fréquentée par Mme Tallien et Joséphine de Beauharnais. Réalisé par Pierre de Hérain, ce film sortit après la Libération et n'eut, c'est le moins qu'on puisse dire, pas bonne presse. Il est vrai qu'il est assez médiocre, mais en mai 1944, les studios français étaient dans une situation matérielle critique : tourner un film « d'époque » y relevait de la gageure. Il est vrai aussi qu'historiquement cela ne tient pas debout. La conspiration, très compliquée, réussit et Louis XVII, sorti du Temple, s'en va avec les Chouans qui ont envahi le château où Barras l'avait repris comme otage. Les amateurs de mélodrame n'avaient pas à se plaindre : imaginons que, chez Dumas, le chevalier de Maison-Rouge soit parvenu à sauver Marie-Antoinette et à la conduire hors de France ! On peut bien rêver... *Paméla* a reparu à la télévision en 1976 et 1978. On a pu constater que l'agencement des péripéties en était habile et qu'après tout ce film ne méritait pas tout le mal qu'on en a dit. Si Fernand Gravey était inattendu en Barras cynique, Renée Saint-Cyr avait trouvé avec Paméla, élégante du Directoire, un emploi digne de sa sophistication personnelle.

L'aventure de « Carmen »

On emprunta encore à la littérature du XIXe siècle *Au bonheur des dames* de Zola, *Pierre et Jean* de Maupassant, tous deux réalisés par Cayatte et produits par la Continental [1]. On emprunta également une héroïne ravageuse, *Carmen* de Prosper Mérimée, immortalisée par l'opéra de Bizet, et qui fait partie de notre patrimoine. Le film fut entrepris en 1942 par la Discina d'André Paulvé, en coproduction franco-italienne. Il devait être tourné à Rome, ce qui ne plut pas tellement aux autorités allemandes d'occupation. Christian-Jaque, le réalisateur, tenait à prendre ses distances et l'équipe, retenue à Nice par les Allemands, obtint finalement ses visas pour l'Italie [2]. Neuf mois de travail, un tournage difficile dans les environs de Rome et dans les Abruzzes, trois mois de montage, un budget de trente millions au total, c'était une énorme entreprise, dont on attendait beaucoup. Jean Marais, aussi brun ici qu'il fut blond dans *L'Eternel retour*, avait été choisi pour jouer Don José, et Viviane Romance retrouvait un rôle de femme fatale particulièrement important et lié à la grande littérature. Le résultat fut très curieux. Le scénario, auquel avait travaillé, dans la clandestinité à laquelle il était alors tenu, Henri Jeanson, suivait la nouvelle de Mérimée. Marius-Paul Guillot avait fait des arrangements de la musique de Bizet pour accompagner les images. Or, ce n'était ni la nouvelle ni l'opéra. L'intrigue était étirée pour des morceaux de bravoure, des tableaux spectaculaires avec nombreuse figuration. On y trouvait corridas et attaques de diligences, et Christian-Jaque termina ce film tout d'action et de mouvement, où se perdait un peu la passion de Don José pour la gitane, par une tragique scène de mort dans un paysage de montagne présenté à la manière expressionniste du cinéma muet allemand. Ce « caligarisme » pourtant très étonnant ne fut pas apprécié, non plus que la composition de Jean Marais, à dire vrai bien mauvaise (sa voix ne convenait pas, de toute façon). Et comment tenir le coup en face d'une Viviane Romance laissant libre cours à son tempérament fougueux et à une sensualité employée avec une forte envergure dramatique ? *Carmen*, malgré tous ses défauts, est une œuvre estimable et tout à fait à part dans le cinéma français de cette époque. Viviane Romance n'avait rien d'une gitane espagnole, bien que le personnage ait compté dans sa carrière.

---

1. Voir chapitre IV.
2. *Christian-Jaque*, par Raymond Chirat et Olivier Barrot, cf. *Travelling* n° 47, Editions Cinémathèque Suisse, 1976.

L'aventure de ce film allait s'achever d'une façon peu banale. Son exploitation normale commença après la Libération. Une représentation exceptionnelle avait été autorisée le 8 août 1944, au cinéma Normandie, au profit des techniciens du film. En difficulté avec l'Italie à moitié libérée, les Allemands avaient interdit la sortie de cette production italo-française ; mais, en ce début d'août, ils commençaient à partir et les troupes alliées avançaient sur notre territoire. Le soir de cette présentation de *Carmen,* raconte Roger Régent, « *une foule énorme se pressait à la porte du Normandie, où les fétichistes de l'autographe espéraient voir Viviane Romance et Jean Marais. Tandis que, le stylo en mains, les admirateurs des vedettes cherchaient à la clarté de la lune Carmen et Don José, l'avenue des Champs-Elysées était parcourue de tanks, de camions chargés d'hommes et de tout un matériel lourd dissimulé sous des branchages fraîchement coupés qui donnaient à cet étrange convoi l'allure d'une forêt motorisée. Les soldats de la Wehrmacht, assommés sous leur harnachement, épuisés par des nuits sans sommeil, des combats sans merci et des "décrochages" successifs, regardaient sans y rien comprendre ces jeunes gens et ces jeunes filles qui pourchassaient dans la foule des stars de cinéma. Tous ceux qui étaient là n'oublieront sans doute pas de sitôt cet extraordinaire spectacle qui restera pour eux l'une des plus curieuses visions de Paris occupé* [1]... »

Alphonse, Théophile, Anatole, Henry et les autres

Une sorte de mouvement pendulaire mena continuellement le cinéma de l'Occupation des auteurs du XIXe siècle à ceux du XXe siècle, grands ou petits. En 1941, bien avant le coup d'éclat Balzac-Giraudoux de *La Duchesse de Langeais,* on avait puisé deux sujets chez Alphonse Daudet. Non pas *Le Petit Chose,* tourné avant la guerre par Maurice Cloche, ou *Les Lettres de mon moulin,* que Pagnol devait adapter en 1953-54, mais *Fromont jeune et Risler aîné* et *L'Arlésienne.* Le choix de *Fromont jeune et Risler aîné* peut surprendre. Ce roman de mœurs très noir, écrit en 1873, raconte l'ascension d'une fille pauvre et intrigante dans une famille bourgeoise

1. *Cinéma de France,* op. cit.

d'industriels du Marais, où elle sème la honte et la ruine avant de finir chanteuse canaille dans un beuglant. Il y a du naturalisme dans cette peinture de la « mauvaise femme » ravageuse. La violence du livre fut désamorcée dans une adaptation modernisée (la société des années 30) assortie d'une fin morale. Réalisé par Léon Mathot, le film devint une sorte de mélodrame édifiant où Mireille Balin, apportant avec elle des souvenirs de *Pépé-le-Moko* et de *Gueule d'amour*, apparut plus comme une belle aventurière que comme une femme ambitieuse et perverse. Et Francine Bessy, dans le rôle de Désirée Delobelle, la petite infirme, fut émouvante.

Marc Allégret eut la main plus heureuse en 1942 avec *Félicie Nanteuil*, tiré d'*Histoire comique*, roman « fin de siècle » d'Anatole France, qu'avec *L'Arlésienne*. [1] La pitoyable aventure d'un cabotin de l'Odéon dont se servait, pour arriver à devenir comédienne en vue, une jeune fille passant de la naïveté et de l'innocence à la cruauté envers son protecteur lorsqu'elle devenait amoureuse d'un bel homme du monde, fut recréée avec une grande intensité dramatique. La description du théâtre et de sa faune, vers 1890, le choc de la passion de la comédienne pour un autre et de la jalousie du dédaigné eurent une valeur historique et une charge émotionnelle. Le suicide du cabotin et l'obsession de Félicie Nanteuil entendant toujours craquer les souliers du mort, une Félicie désormais incapable de rapports amoureux, donnèrent lieu aux meilleures scènes de ce film en clair-obscur, magnifiquement interprété par Claude Dauphin et Micheline Presle. Claude Dauphin ayant rejoint les Forces Françaises Libres, *Félicie Nanteuil* fut interdit et ne sortit finalement qu'à l'été 1945 (l'un des adaptateurs du roman, Curt Alexander, avait été fusillé par les Allemands en 1943). L'immédiate après-guerre n'était plus une période propice à ce genre de production au climat désuet. *Félicie Nanteuil* mériterait, aujourd'hui, une redécouverte.

Toujours en 1942, Abel Gance se lança, avec une fougue toute romantique, dans la réalisation du *Capitaine Fracasse*, d'après Théophile Gautier. Tourné en coproduction franco-italienne (d'où la présence d'Assia Noris dans le rôle d'Isabelle), ce film permit à Gance de se servir d'une de ses inventions

1. Sur *L'Arlésienne*, voir chapitre VI.

techniques, le « Pictographe », pour l'emploi de maquettes donnant l'illusion de grands et beaux décors, et de se laisser aller à son inspiration flamboyante dans une mise en scène extrêmement lyrique. Célébrant Edmond Rostand, il mit en scène un duel en vers comme dans *Cyrano de Bergerac*. Il connut, comme toujours, des déboires, et l'œuvre épique qu'il avait entreprise fut réduite, au montage, pour des raisons commerciales. Tel qu'il fut présenté, pourtant, ce *Capitaine Fracasse*, avec Fernand Gravey en étincelant héros de cape et d'épée et des images à la Gustave Doré, peut être considéré comme l'un des meilleurs films parlants de Gance. C'est bien autre chose que *Vénus aveugle*, heureusement.

La Vie de bohème, de Marcel L'Herbier, commencé en décembre 1942 dans les studios de la Victorine à Nice, se rattacha lui aussi au romantisme, d'une façon plus intimiste et plus émouvante. *Les Scènes de la vie de bohème*, chroniques d'Henri Murger sur la vie des poètes, des jeunes artistes et des grisettes dans le Paris de Louis-Philippe, ont été revues, corrigées et popularisées par *La Bohème*, opéra de Puccini. Marcel L'Herbier eut à faire face au même problème que Christian-Jaque avec *Carmen* : tenir compte à la fois de l'œuvre romanesque et de l'œuvre lyrique, d'autant qu'il s'agissait d'une coproduction franco-italienne avec la firme Scalera et que Maria Denis, l'une des jeunes premières transalpines les plus célèbres de cette époque, jouait le rôle de Mimi aux côtés de Louis Jourdan - Rodolphe. Le public italien — comme le public français — attendait, évidemment, la musique de Puccini. Cette musique, Marcel L'Herbier réussit à s'en servir sans pour autant suivre l'opéra. Il fit chanter à Gisèle Pascal, qui savait chanter comme Danielle Darrieux, la valse de Musette au milieu d'une scène complètement différente de celle que l'on voit au théâtre, et il utilisa des airs de la partition comme accompagnement de scènes romanesques et sentimentales [1]. Il y eut beaucoup de charme et de mélancolie dans cette évocation d'une jeunesse d'autrefois, dans la reconstitution soignée d'un Paris romantique, mais après les événements de 1943 (le débarquement des Alliés en Sicile, la chute de Mussolini et l'intervention des Allemands contre l'Italie en voie de libéra-

1. Cf. *La Tête qui tourne*, par Marcel L'Herbier, Editions Pierre Belfond, 1979.

tion), le producteur français André Paulvé préféra attendre des temps plus propices pour la sortie de ce film. *La Vie de bohème* n'apparut sur les écrans parisiens qu'en 1945... et tomba en porte-à-faux. Cette œuvre délicate, d'une qualité artistique évidente, méritait un succès public. Elle sombra dans le purgatoire des films méconnus de Marcel L'Herbier, dont la télévision la tira en 1972.

Toujours en 1942, Pierre Blanchar décida de passer à la mise en scène de film avec une adaptation d'*Un mois à la campagne*, la pièce la plus connue de Tourgueniev, romancier et dramaturge russe auquel les censures ne pouvaient rien reprocher. Cette adaptation, dialoguée par Bernard Zimmer, devint *Secrets,* dans un château et des décors naturels de la région d'Arles, avec des personnages français modernes, c'est-à-dire vêtus à la mode contemporaine, mais évidemment hors du temps réel. Pierre Blanchar s'était attribué le rôle de Pierre Belsegui, le confident et « l'amoureux », malgré son mariage avec un autre, de Marie-Thérèse Danglade, femme de trente ans soudain troublée par le jeune précepteur Michel Ayliès qui vient s'occuper pendant les vacances de son turbulent petit garçon, Jean-Pierre, dit Pitou (Carlettina, sœur de Louise Carletti en travesti de gamin, on se demanda bien pourquoi). Inutile de chercher Tourgueniev là-dedans. *Secrets* fut une comédie dramatique et psychologique dans la tradition du cinéma français des années 30, relevée par la nature provençale, une atmosphère de soleil et de plein air bien agréable, merveilleusement interprétée par Marie Déa. En vieille dame autoritaire et bougonne, vêtue en Arlésienne et poussée dans un fauteuil roulant de paralytique, Marguerite Moreno (la seule à parler avec l'accent de la région !) apparaissait comme une sorte d'attraction humoristique. Peut-être fallait-il voir dans cette présence incongrue une fidélité de Bernard Zimmer et Pierre Blanchar à celle qui avait été associée à leur grand succès d'avant-guerre, *Le Coupable,* réalisé d'après François Coppée par Raymond Bernard, étude de mœurs d'une violence et d'une ironie anti-militaristes et anti-bourgeoises peu communes en 1936. Gilbert Gil, qui avait été dans *Le Coupable* le fils illégitime et rejeté de Pierre Blanchar (ce rapprochement et une certaine ressemblance physique des deux acteurs fit naître alors, dans le public populaire, la légende d'une réelle parenté entre eux), était dans *Secrets* le précepteur. Le dernier tiers du film (un rêve avec scènes au ralenti, dans lequel Marie-Thérèse fait l'examen de conscience qui l'amènera à renoncer à un amour défendu) gâta, par ses excès visuels d'arrière-garde, le style d'une œuvre par ailleurs plutôt bien venue. Toute cette partie est insupportable aujourd'hui, et Pierre Blanchar, après la récidive d'*Un seul amour*, évoqué au début de ce chapitre, fit bien de renoncer à la réalisation.

Disciple de Paul Bourget, chantre de l'ordre moral et des vertus de la famille traditionnelle, Henry Bordeaux (1870-1963), qu'on ne lit plus aujourd'hui mais qui figurait alors en bonne place dans les bibliothèques convenables, fut mis trois fois à contribution. *La Neige sur les pas* (1941), s'élevant contre l'adultère et exaltant la rédemption chrétienne, et *La Croisée des chemins* (1942), autre condamnation des crises passionnelles et de l'adultère, deux films réalisés par André Berthomieu, se signalèrent par une médiocrité et un conformisme propres à les faire justement tomber dans l'oubli. Il y eut plus de vigueur et d'intérêt dans *Les Roquevillard,* de Jean Dréville (1943), drame à costumes 1900 dans une vieille famille de Chambéry, où un grand avocat (Charles Vanel) défend son fils et le sauve du déshonneur au cours d'un procès, morceau de bravoure toujours cher au cinéma français, et ici bien filmé. Curieusement Berthomieu, à qui Henry Bordeaux, c'est le moins qu'on puisse dire, n'avait pas réussi, se rettrapa avec une adaptation d'un roman provincial d'Edouard Estaunié, *Madame Clapain,* transposé, avec le concours de Françoise Giroud et Marc-Gilbert Sauvajon, des années 20 au « contemporain vague », sous le titre *Le Secret de Madame Clapain.* Cette œuvre attachante par son atmosphère, où une provinciale en train de tourner avec résignation à la « vieille fille » (Michèle Alfa, remarquable), se trouve comme « réveillée » par l'enquête qu'elle mène, en même temps qu'un commissaire de police (Raymond Rouleau, fort séduisant), sur les raisons du suicide d'une mystérieuse femme venue loger chez elle et sa sœur, mériterait d'être revue. Jean Dréville, avec Charles Vanel, avait sauvé, en 1942 l'adaptation « modernisée » d'un drame d'Octave Mirbeau, *Les affaires sont les affaires,* dont le naturalisme avait été gommé. Il s'efforça en 1943 de recréer dans les Pyrénées le village lapon d'un roman de Lucien Maulvault, *Tornavara.* Mirage de l'or dans les terres polaires, femme incomprise, passions et jalousies, « valse triste » de Sibelius, cela donna un film d'aventure dépaysant et inhabituel en ces temps-là. La même année, à côté de *Tornavara*, « l'exotisme » du *Soleil de minuit* de Bernard Roland, d'après Pierre Benoit — révolution bolchevique, princesse russe déchue, retrouvée dix ans plus tard chanteuse et entraîneuse de cabaret à Moukden — sombra dans l'invraisemblance, la pacotille et le ridicule. Pierre Benoit eut plus de chance avec Marc Allégret et *Lunegarde*, je l'ai déjà dit [1]. Emile Couzinet, un des pires réalisateurs français depuis les années 30 (il était en même temps propriétaire de studios dans la région de Bordeaux, producteur, distributeur et exploitant), massacra en 1941 un roman d'Isabelle Sandy, cher aux habitants du curieux petit pays d'Andorre, au cœur des Pyrénées, *Andorra ou les hommes d'airain*, dont les paysages réels ont pris, aujourd'hui, valeur de document. Il massacra aussi un roman peu connu d'Alexandre Dumas, *El Salteador*, devenu *Le Brigand gentilhomme* (1942). Willy Rozier, qui n'était pas non plus un aigle, donna pourtant en 1942 une adaptation valable d'un roman d'André Chamson, *L'Auberge de l'abîme*, histoire d'un ancien officier napoléonien pris, en 1815, pour un bandit terrorisant les Cévennes et caché dans un dédale souterrain. Le film fut tourné dans les gorges de l'Ariège. Il dut beaucoup à ses décors sauvages de rochers et de grottes et aux apparitions d'une jeune comédienne, Jacqueline Hervé, fille farouche et secrète de l'auberge cévenole. En 1944, Jean de Limur servit assez bien Paul Vialar avec *La Grande Meute*, roman d'une passion pour les chiens et la chasse à courre. Dans le flot des adaptations dont il n'y a pas grand-chose à retenir, on peut citer *Cartacalha*, de Léon Mathot (1941), d'après un roman de Jean Toussaint-Samat, avec Viviane Romance en gitane passant de la Camargue à un music-hall parisien [2] ; *La Chèvre d'or*, de René Barberis (1942), d'après Paul Arène ; *La Grande Marnière*, de Jean de Marguenat (1942), d'après Georges Ohnet ; *Graine au vent*, de Maurice Gleize (1943), d'après Lucie Delarue-Mardrus. Et, la pire de toutes, *Béatrice*

1. Voir chapitre VI.
2. La chanson de ce film, « *Sur la route qui va, qui va, qui va et qui ne finit pas* », composée par Maurice Yvain, fut intégrée en 1946 à une opérette à grand spectacle de celui-ci, *Chanson gitane*, sans rapport avec *Cartacalha*.

devant le désir, de Jean de Marguenat (1943), d'après Pierre Frondaie [1].

« *Le Lit à colonnes* », « *Pontcarral* », « *Monsieur des Lourdines* »

Il faut mettre à part, ici, trois films inspirés d'œuvres littéraires, tournés tous trois en 1942, et qui eurent chacun une importance particulière.

Le *Lit à colonnes*, de Roland Tual, adapté par Charles Spaak d'un roman poétique de Louise de Vilmorin, et « habillé » par Christian Dior, alors jeune modéliste, relevait en principe du genre « désuet » par la reconstitution 1880 d'une petite ville de province, avec son « Grand café » à notables, orchestre et cocotte, ses douillets salons bourgeois où évoluaient des jeunes filles romanesques en robes à tournures. Il s'agissait, en fait, d'une complainte mélancolique sur les malheurs d'un beau jeune homme composant, dans la prison où il languissait, un opéra que s'appropriait Porey Cave, le directeur de cette prison. Le beau jeune homme aimait la fille de Porey Cave, qu'il apercevait de la fenêtre de sa cellule. Elle l'inspirait sans qu'elle le sût. Il y eut, dans cette œuvre d'un producteur de goût, débutant dans la mise en scène, une délicatesse insolite, une beauté ouatée, s'accordant à la grâce et au charme du style de Louise de Vilmorin. Or, malgré le recul dans le temps d'une sorte de romantisme fin de siècle, la censure gouvernementale s'émut du mauvais exemple donné par un roman où le prisonnier, découvrant l'imposture, s'évadait et tuait le directeur de la prison [2]. Sous un régime où les prisons regorgeaient d'adversaires politiques, c'était, en effet, un fort mauvais exemple. Charles Spaak s'en tira par un tour de passe-passe qui n'innocentait pas les forces de l'ordre. C'est dans *Le Lit à colonnes* que Jean Marais tint son second grand rôle au cinéma, le premier ayant été, quelques mois plus tôt, en 1941, celui d'un jeune ingénieur dans *Le pavillon brûle* de Jacques de Baroncelli, adaptation d'une pièce de Stève Passeur dont le conflit dramatique relevait d'une forme de théâtre aujourd'hui périmée et fort ennuyeuse. C'est dans *Le Lit à colonnes* qu'Odette Joyeux esquissa ce personnage d'adoles-

1. *Le Mariage de Chiffon et Douce*, de Claude Autant-Lara, tirés de romans du genre désuet mais complètement repensés, sont examinés au chapitre XV.
2. *Cinéma de France*, op. cit.

cente un peu « biche au bois » qu'on retrouva aussi dans *Le Baron fantôme* de Serge de Poligny (1942).

Avec *Pontcarral colonel d'Empire*, de Jean Delannoy, inspiré d'un roman historique d'Albéric Cahuet, le cinéma français connut un de ses plus grands succès. C'est là sans doute que l'association Bernard Zimmer, adaptateur et dialoguiste, et Pierre Blanchar, interprète du rôle principal, fut la plus heureuse depuis *Le Coupable*. L'opposition acharnée d'un ancien colonel, dignitaire d'Empire retiré en « demi-solde » à Sarlat, à la société de la Restauration, de Louis XVIII à Charles X, son mariage avec une aristocrate à laquelle il se heurte, qui l'humilie et dont il se venge, avaient de quoi enthousiasmer un public très attaché au mythe napoléonien, aux grandeurs des temps de victoire, et qui se trouvait ainsi arraché au conformisme moral ambiant. Pierre Blanchar, avec sa grogne, ses colères, sa puissance dramatique dont l'emphase devenait, ici, une qualité, se montra superbe face à Annie Ducaux, excellente Garlone de Ransac. Suzy Carrier, ingénue s'éveillant à l'amour (Sybille, la sœur de Garlone), y faisait de beaux débuts. Pierre Blanchar devait la diriger ensuite dans *Secrets*, où elle eut beaucoup moins de présence. Une action à rebondissements, une reconstitution d'époque faite avec des moyens suffisants, des notations psychologiques bien venues, assurèrent à Jean Delannoy une notoriété qu'il n'avait pas encore. Il s'est établi autour de *Pontcarral* une sorte de légende de « film résistant » qui, si elle n'est pas tout à fait fausse, est tout de même abusive. Les dialogues acérés de Bernard Zimmer y sont bien pour quelque chose lorsqu'ils brocardent le pouvoir royal. Mais fallait-il y voir vraiment des allusions contre le régime de Vichy ? Si j'en juge par mon expérience personnelle, on n'a pas tellement senti cela à l'époque, Pétain étant encore révéré des Français, lesquels ne songeaient pas à le comparer à Louis XVIII et à Charles X. Il y avait dans *Pontcarral* davantage un esprit de fronde que de résistance. Ce film flattait, avec habileté, un patriotisme passant par les gloires du premier Empire (mais, en bon lecteur et admirateur d'Erckmann-Chatrian, j'ai toujours, moi, détesté Napoléon et ses guerres de conquête) et l'allusion finale à notre empire colonial. Redevenu officier sous Louis-Philippe et le règne de la bourgeoisie triomphante (ce qu'on ne sentait pas), Pontcarral partait à la tête d'un régiment pour faire campagne... en Algérie. Insensible à ce chauvinisme, je n'en reste pas moins un défenseur de ce film historico-romanesque, qui avait du panache et du style et résiste, sur ce plan-là, à l'épreuve du temps. C'est décidément bien meilleur, dans la carrière de Delannoy, que *L'Eternel retour*.

Monsieur des Lourdines, de Pierre de Hérain, relevait d'une inspiration en accord parfait avec les mots d'ordre pétainistes et la « révolution nationale ». Le roman d'Alphonse de Châteaubriant, écrit en 1910, publié chez Bernard Grasset (il avait reçu le Prix Goncourt en 1911), se situait en Vendée dans les années 1840. Un gentilhomme campagnard, attaché à ses terres et à ses traditions, devait vendre ses biens pour payer les dettes de son fils, menant à Paris une vie de dandy débauché et tombé aux mains d'un usurier. L'enfant prodigue, rentré au bercail à la mort de sa mère emportée par le chagrin, comprenait la grandeur du sacrifice paternel et décidait d'aider au relèvement du domaine. Peintre de la province, de la nature, auteur également de *La Brière*, Alphonse de Châteaubriant était à soixante-cinq ans, en 1942, un collaborateur notoire, qui n'avait pas attendu la défaite et l'Occupation pour embrasser la cause de l'Allemagne hitlérienne. Ancien combattant de la Première Guerre mondiale, déçu par la démocratie, il avait été au cours d'un voyage en Allemagne en 1936 comme touché par la grâce d'un national-socialisme dans lequel il voyait l'exaltante philosophie d'un nouvel ordre. Pour répandre cette « foi » nouvelle, il avait publié en 1937 un livre, *La Gerbe des forces*, dont le style enflé et la démesure l'avaient fait traiter de *« Jocrisse au Walhalla »* par Robert Brasillach, dans *l'Action Française*. Brasillach, lui, admirait le national-socialisme mais autrement : l'anecdote est piquante ! Pour Alphonse de Châteaubriant, Hitler planait sur les cimes, tenant la main de « *celui qui s'appelle Dieu* [1] ». Cet exalté, qu'on ne peut pas dire irresponsable, fonda après la défaite de 1940, en juillet, *La Gerbe*, hebdomadaire de « la volonté française » et, reprenant les initiatives du comité France-Allemagne d'avant-guerre, il fut jusqu'en 1944 le président du groupe

1. Henri Amouroux, *La Grande Histoire des Français sous l'Occupation*, tome 3 : *Les Beaux Jours des Collabos*, Editions Robert Laffont, 1979, pp. 210-214. Cf. également Pascal Ory, *Les Collaborateurs 1940-1945*, Editions du Seuil, 1976.

Collaboration, qui organisait des manifestations culturelles et spirituelles pour l'union de la France et de l'Allemagne dans une Europe transformée. Ce vieil homme de lettres célébrait Hitler comme un héros, avec une vraie passion mystique. Il mourut en 1951, dans le Tyrol autrichien, où il s'était réfugié depuis 1945.

L'adaptation cinématographique de *Monsieur des Lourdines* n'était pas un acte de collaboration, mais ce roman fané se prêtait à l'illustration de la doctrine pétainiste du « retour à la terre ». *Vedettes* (n° 99, du 27-12-1942) rapporta, dans un reportage sur le tournage en cours, les propos d'Alphonse de Châteaubriant : *« Ce film, s'il est bien conçu, constituera un côté de propagande française excellent : il montrera comment cette terre française doit rester dans les mains de ceux qui l'aiment... parce qu'une terre qui n'est pas aimée est une terre stérile. »* On croirait entendre la voix du Maréchal, et le film eut un caractère officiel du fait que le réalisateur (débutant) était le fils, né en 1904, du premier mariage d'Eugénie Hardon, divorcée en 1914 et devenue, en 1920, l'épouse de Philippe Pétain. Pierre de Hérain était donc le beau-fils du « sauveur de la France » et *Monsieur des Lourdines,* adapté et dialogué par André Obey, se trouvait de la sorte lié au patriarche de Vichy. L'opposition entre la grande ville corruptrice et la province des gentilhommes terriens fut accentuée dans l'adaptation par des scènes, en rupture de style, d'ailleurs, avec le drame campagnard. C'était aussi une marque du pétainisme que cette méfiance envers l'univers urbain, pernicieux, et cette croyance aux vertus de la province des petites villes et des régions rurales. La cour de Vichy n'aimait pas Paris, capitale de la France occupée, où les ténors français de la collaboration militante ne ménageaient pas leurs critiques acerbes à ce gouvernement de station thermale. Le Paris de Louis-Philippe fut montré comme un mauvais lieu de plaisir, de futilité et de gaspillage, dans des décors de studio d'ailleurs bien construits. Nelly de Giverny, la demimondaine (annoncé par *Vedettes* pour Arletty, le rôle fut tenu par Mila Parély, bien plus éclatante et attirante que Claude Génia, la tendre et douce compagne d'enfance vendéenne), entraînait Anthime des Lourdines (Raymond Rouleau) dans son tourbillon, ses caprices et la bacchanale des « viveurs ». On ne pouvait nier que Constant Rémy et Germaine Dermoz donnaient une vraie noblesse et une émotion authentique aux épreuves des parents d'Anthime préférant la ruine au déshonneur. Et la conversion du fils, brebis égarée, à l'amour de la terre natale, puis son union avec la fille pure et saine qui l'avait attendue constituaient une fin heureuse comme le grand public aimait en voir aux histoires romanesques, après les orages de passions dérangeantes. Après tout, hors Paris et tous les milieux collaborationnistes, Alphonse de Châteaubriant n'était qu'un inconnu pour les spectateurs, attirés par des acteurs célèbres et appréciés. Je ne veux pas entreprendre une réhabilitation de *Monsieur des Lourdines*, mais Pierre de Hérain n'était pas un cinéaste maladroit et, à côté des adaptations d'Henry Bordeaux façon Berthomieu ou des productions trimbalant avec un conformisme bêtifiant les thèmes du retour à la terre et de l'énergie des « braves gens » au service de la France nouvelle [1], ce film peut passer pour honnête et intelligent, avec une certaine valeur artistique, en dépit du triste sire que fut Alphonse de Châteaubriant... On peut se demander d'ailleurs, ici, comme au chapitre des œuvres de propagande antisémite, ce qui serait arrivé si des gens de talent s'étaient mis au service d'un vrai cinéma « vichyssois » et « collabo ». Ce que j'appelle l'évasion dans l'adaptation littéraire montre assez, me semble-t-il, que cette évasion-là fut une sauvegarde très consciente, *Monsieur des Lourdines* étant, à peine, une exception.

1. Voir chapitre III.

IX
L'importance relative d'un courant fantastique et légendaire trop vanté

Il a été prétendu et admis que le cinéma français s'était particulièrement distingué, au cours des « années Pétain », par le recours au fantastique et aux sujets légendaires, échappant par là au contrôle sournois ou bien affirmé des censures vichyssoise et allemande. C'est très exagéré. Dix films seulement — sur deux cent vingt ! — relevèrent de ce courant. Il est vrai que trois d'entre eux, *La Nuit fantastique, Les Visiteurs du soir* et *L'Eternel retour* sont, depuis ce temps, considérés comme des « classiques ». Une sérieuse révision s'impose.

D'abord le fantastique français de ces années-là n'a rien à voir avec le fantastique hollywoodien de « l'âge d'or » des débuts du parlant. Il n'a engendré ni grands mythes ni monstres, tels celui de Frankenstein ou Kong, le gorille géant, ni un véritable style cinématographique lié à ce genre d'inspiration. Il a relevé plutôt de la féerie, de la croyance au diable (dans notre tradition catholique) ; il n'est pas allé très loin dans ces directions, et les réalisateurs qui l'ont pratiqué ont surtout créé des ambiances poétiques, esthétiques. Ensuite, il faut se garder des célébrités abusives : ce ne sont pas les films les plus vantés qui ont le mieux vieilli. J'ajoute que ce fantastique avait une fonction tranquillisante, euphorisante même. Dans l'abondante littérature du genre, en tous les pays, le véritable fantastique est porteur de trouble. Dans ce courant cinématographique, rien ou presque n'a dérangé, alors que les films de Claude Autant-Lara et Henri-Georges Clouzot, eux, étaient dérangeants sur le plan moral et social.

« *Croisières sidérales* »

Si l'on admet que la science-fiction est une branche du fantastique, il faut y ranger *Croisières sidérales* d'André Zwobada, qui fut du reste la première tentative d'évasion hors du réel. L'action commençait en 1942, légère anticipation tenant d'ailleurs au fait que le tournage débuta le 12 novembre 1941. Deux aéronautes, mari et femme, interprétés par Jean Marchat et Madeleine Sologne, décidaient de tenter un voyage dans la stratosphère dans un engin de leur invention (un ballon avec cabine ronde, fermée, métallique). Un accident d'automobile ayant empêché son mari d'embarquer, la jeune femme se retrouvait dans l'engin avec le garçon de laboratoire (Carette), un beau gaffeur qui, à la suite d'une fausse manœuvre, envoyait le ballon beaucoup plus loin que prévu dans l'espace. Après une errance de quinze jours, Carette rétablissait la manœuvre et l'appareil revenait à terre avec ses passagers. Mais la relativité du temps avait joué. Madeleine Sologne et Carette, toujours semblables à ce qu'ils étaient en 1942, se retrouvaient en 1965 et Jean Marchat, vieilli de vingt-trois ans, couronné de cheveux blancs, accueillait avec stupeur celle qu'il croyait morte, et dont il semblait maintenant être le père. L'idée était ingénieuse et amusante. Elle fut, à partir de ce prologue, très mal exploitée. Les décors d'Henri Mahé (quelqu'un dont nous aurons à reparler) tentaient de donner à la société de 1965 un « futurisme » inspiré du merveilleux selon Méliès. Malheureusement, ils furent utilisés pour une sorte de revue façon Folies-Bergère, avec gare de « croisières sidérales » organisées à grand fracas par un financier flairant l'argent à ramasser. La relativité du temps devenait une « fontaine de Jouvence » pour les passagers de la première croisière refusant le vieillissement. Nous eûmes donc droit à un second voyage avec suppression de la pesanteur et atterrissage sur la planète Vénus peuplée de créatures également dignes d'un tableau des Folies-Bergère. Il y avait là-dedans beaucoup de fausse naïveté et de mauvais goût. André Zwobada s'était mal tiré (il devait faire pire par la suite) de cette première expérience de metteur en scène. Sous l'Occupation, *Croisières sidérales* pouvait plaire par son côté « grand spectacle » et la vision d'un avenir sans guerre, sans cartes de rationnement et sans problèmes graves. On ne se souciait pas de vérité scientifique. On s'attachait à l'illusion d'une paix retrouvée, d'une civilisation moderne permettant de s'évader dans l'espace et de résister aux usures de l'âge. De nos jours, cette fantaisie paraît chaussée de semelles de plomb et son côté « rétro » — paradoxe pour une anticipation ! — manque terriblement de charme. Reste Carette, ahuri et drôle, Carette et son bagout étourdissant, à qui ces croisières à la manque amenaient des complications conjugales et ménagères.

« La Nuit fantastique »

Le 5 décembre 1941, Marcel L'Herbier commençait *La Nuit fantastique*, sur un scénario de Louis Chavance. On ne quittait pas la terre, on ne s'évadait pas dans le temps, mais ce film-là fut une réussite et il prit une part bien plus grande que *La Duchesse de Langeais* à la renaissance de notre cinéma. Le thème en était simple. Un étudiant (Fernand Gravey), travaillant la nuit aux Halles, voyait fréquemment lui apparaître en rêve l'ombre blanche d'une jeune fille, dont il tombait amoureux. Une nuit, il apercevait pour la première fois le visage de l'ombre et la suivait. Il croyait encore rêver ; la jeune fille (Micheline Presle) était pourtant bien réelle. D'où cette fantastique aventure nocturne avec numéros d'illusionnisme, enlèvement, secret de famille et clinique psychiatrique, gardant jusqu'au bout son caractère onirique. *« Je rêve, donc tout ce qui me paraît extravagant, inexplicable, est possible »*, disait Denis, l'étudiant. Le film se présentait comme la vision subjective d'un dormeur éveillé. Il fallait, pour tirer parti de cet original scénario, un réalisateur capable de créer, de recréer en ce temps-là la « magie filmique ». Cette magie, Marcel L'Herbier l'avait célébrée avec passion dans ses œuvres muettes. Il n'avait pas eu l'occasion d'y revenir depuis les débuts du parlant. *La Nuit fantastique* fut pour lui un éclatant retour aux recherches d'images et de style. Il se réclama, à l'époque, de Méliès. Or, dans son livre de souvenirs publié peu de temps avant sa mort en 1979, il parle, ce qui semble être une contradiction avec ses anciens propos, d'« *un scénario surprenant où la réalité joue le jeu de l'irréalité et non pas, comme elle le fait chez Méliès, par des truquages, des substitutions et toutes sortes d'attrape-spectateurs mais, comme elle le fait chez Lumière, simplement par des images tirées vers la surréalité de leur réalité* ». Plus loin, il parle encore d'un « fantastique à la Lumière et précise qu'il avait voulu rester éloigné du domaine Robert Houdin, cet illusionniste dont Méliès s'était inspiré pour ses truquages [1]. Quelle que soit la raison pour laquelle, en 1942, L'Herbier cita « le magicien de Montreuil », il est bien évident que *La Nuit fantastique*, dont les dialogues furent écrits par Henri Jeanson sans que son nom apparût au générique car il devait se cacher des occupants, fut réalisé selon la « surréalité de la réalité ». Mais les surimpressions, les éclairages expressionnistes, les déformations d'images, les flous artistiques relevaient d'un langage cinématographique qui ne devait rien, en fait, à Lumière. Peu importe, au fond. Marcel L'Herbier montrait bien que le cinéma français, encore à peine remis du traumatisme de 1940, pouvait retrouver sa grandeur dans des recherches visuelles associées à des recherches sonores. Il rendait à ce cinéma d'occupation le sens de l'innovation. Aux innovations de Marcel L'Herbier, les spectateurs ne réagirent pas toujours favorablement. Ce style les déconcertait. Le film subit, je crois, des coupures ; il s'imposa néanmoins. Il nous apparaît maintenant comme un hommage au surréalisme, et pas seulement à cause de l'onirisme de l'amour fou. Fernand Gravey et Micheline Presle, que Marcel L'Herbier avait déjà dirigés dans *Histoire de rire* (1941), formaient un couple aérien, fantaisiste et superbe. La révision de *La Nuit fantastique* n'a pas déçu, trahi, les souvenirs de ma jeunesse. Elle les a au contraire revivifiés, embellis.

« *Les Visiteurs du soir* »

Je n'ai jamais beaucoup aimé, par contre, *Les Visiteurs du soir* de Marcel Carné (1942), qui fut et est toujours porté aux nues. Cette légende médiévale, écrite et dialoguée par Jacques Prévert et Pierre Laroche, représenta, on ne peut le nier, une œuvre de prestige par l'importance de son budget, les fabuleux décors de Georges Wakhevitch et Alexandre Trauner (lequel travaillait dans la clandestinité, comme Joseph Kosma pour la musique signée par le seul Maurice Thiriet associé à lui), les belles images de Roger Hubert, l'importance de la figuration (où se trouvait Simone Signoret, qu'on peut aperce-

1. *La tête qui tourne*, op. cit.

voir dans la scène du banquet) et la somptuosité des costumes. Prestige pour une industrie cinématographique se débattant dans la pénurie et les difficultés. Prestige pour le public de l'époque applaudissant l'équipe Carné-Prévert d'autrefois. Marcel Carné n'avait rien réalisé depuis *Le Jour se lève* (1939). Divers projets n'avaient pas abouti et le régime de Vichy avait jeté sur ses films « pessimistes » d'avant-guerre un discrédit moral aggravé par les attaques personnelles de Lucien Rebatet (François Vinneuil) dans son livre *Les Tribus du cinéma et du théâtre* publié en 1941 et appartenant à une série antisémite : *Les Juifs en France*. Bien que Marcel Carné ne fût pas juif, Rebatet le considérait comme *« imprégné de toutes les influences juives »* et de l'esthétisme marxiste [1].

Carné et Prévert devaient donc, pour s'exprimer, changer radicalement d'inspiration. D'où cette histoire d'un Moyen Age dépaysant où deux envoyés du diable, Gilles et Dominique, costumés en ménestrels, venaient répandre le mal dans un château de Provence où le baron Hughes donnait de grandes fêtes en l'honneur des fiançailles de sa fille, Anne, avec le chevalier Renaud. Gilles séduisait Anne pour la perdre ; il s'éprenait d'elle et désobéissait à son maître infernal. Dominique, qui était une femme, reprenait les vêtements de son sexe pour causer la perte de Renaud et du vieux baron. Gilles ayant failli à sa mission, le diable apparaissait en personne. On sait qu'en définitive l'amour pur de Gilles et Anne était plus fort que lui, même s'il transformait, rageur, les deux jeunes gens en statues. Il y avait là, tout de même, quelque chose de l'univers d'avant-guerre : « les enfants qui s'aiment » chers à Prévert, et la fatalité métaphysique de Carné transformée en pouvoir maléfique du diable de la religion catholique. Carné avait dû renoncer au « réalisme poétique » trop noir pour un style hiératique et pour la lumière blanche. Mené sur un rythme lent, son film manquait totalement d'émotion, de vie. Il avait un aspect intellectuel qui ennuya — j'en reviens à mon clocher — pas mal de spectateurs troyens, à commencer par moi. C'était toutefois, à l'époque, le film français qu'il fallait avoir vu absolument, tant était important ce retour de Carné et Prévert. Le jugement de Roger Régent dans *Cinéma de*

1. Voir annexe n° 3. Je n'ai eu connaissance, bien entendu, de ce triste « pamphlet » que des années plus tard.

France : « Ce fut en fait le plus grand ébranlement artistique de ces années cinématographiques » est fidèle à une conception de la qualité française qui avait cours dans les milieux critiques et qui eut cours longtemps dans les ciné-clubs de l'après-guerre, pétris d'admiration obligatoire devant ce « chef-d'œuvre » classé. Le fantastique des *Visiteurs du soir* se réduisait à l'immobilisation des danseurs de la fête par Dominique et aux tours du diable pour assurer son triomphe. Aussi prodigieux comédien que dans *Le jour se lève*, Jules Berry fut pour beaucoup, bien qu'il n'eût rien de profondément méphistophélique, dans le succès de ce film. Avec Arletty, majestueuse, lointaine, ironique, belle, intelligente, dont l'allure et la voix nous fascinaient. Marie Déa fut très mal employée : Carné la rendit maniérée et inconsistante, ce qu'elle n'était jamais ailleurs. Alain Cuny, beau ténébreux à la voix caverneuse, n'eut pas ici plus de chance qu'elle. Ceux qui pensaient tout cela n'osaient pas le dire à l'époque. Le film fut même crédité d'intentions politiques nées d'une rumeur dont j'ignore l'origine : le diable aurait été Hitler, le cœur des amants continuant de battre sous la pierre des statues aurait été celui de la France opprimée... Il ne faut pas prendre ces billevesées au sérieux ! Jules Berry en Hitler, c'était vraiment du délire ! L'événement que fut *Les Visiteurs du soir* est, à bien des égards, incompréhensible hors de l'époque où il s'est produit. Le mythe qu'il représenta n'a cessé de se dégrader.

Le Loup des Malveneur de Guillaume Radot (1942) n'eut pas tant d'ambitions ni de prestige. Son climat insolite, pourtant, n'était pas mal venu. Encore une légende, encore un château, mais dans le monde moderne et les paysages du Cantal. *« Malveneur, malheur ».* Le premier seigneur de cette longue lignée dressa des loups pour la chasse et la punition divine en fit la nuit un loup semant la terreur et la mort. Réginald de Malveneur (Pierre Renoir) racontait la légende à ses invités avant de disparaître mystérieusement. Ombres sur les murs, flammes dans les cheminées, hurlements dans la nuit, disparitions, cadavres et souterrains inquiétants de la demeure féodale. On pensait un peu à *Hughes-le-loup* d'Erckmann-Chatrian. Engagée comme institutrice de la fillette des châtelains, Madeleine Sologne cherchait à percer les mystères du château, aidée par un artiste peintre, évidemment amoureux d'elle. Guillaume Radot se servit, assez adroitement, d'effets de terreur traditionnels : une servante sourde-muette accomplissant d'étranges besognes ; une nuit d'orage déchaîné ; l'air envoûtant de « la valse oubliée » jouée sur un instrument invisible et rôdant sous les voûtes comme un lugubre présage ; un savant fou se livrant à des expériences aberrantes ; un incendie et une fin ambiguë laissant croire à la malédiction ancestrale. Spectacle à frissons de peur épidermique, *Le Loup des Malveneur* offrait des images de bois, de montagnes, de château perché sur une colline, qui ne manquaient pas de charmes. Gabrielle Dorziat, en robe d'amazone, traversait ce film avec la présence altière d'une aristocrate défendant farouchement le secret de sa race. Madeleine Sologne avait encore cet éclat et cette sensibilité retenue que lui fit perdre *L'Eternel retour*. Elle changeait souvent de robe comme dans *L'Appel du bled* [1].

La Main du diable, de Maurice Tourneur (1942), fut le seul film fantastique produit par la Continental. Inspirée de Gérard de Nerval, cette œuvre étrange transposait dans le monde moderne le thème de la possession diabolique. Une main enchantée, achetée à un prix dérisoire à un restaurateur, donnait la gloire à un peintre obscur. Jusqu'à ce que le diable, petit homme noir ressemblant à un notaire, intervienne. J'ai déjà parlé de ce film, qui avait bien des aspects originaux et attachants [2]. Je lui donne donc simplement ici sa place chronologique dans l'ensemble du courant auquel il se rattache. Il a précédé de peu (un mois juste entre les dates de tournage) une œuvre bien singulière, *Le Baron fantôme* de Serge de Poligny (1942). Une œuvre reculant, elle, dans le temps, mais pas si loin que *Les Visiteurs du soir* puisqu'elle se situait, de 1826 à 1836, dans un château de province.

« Le Baron fantôme »

Serge de Poligny a présenté ainsi son film, lors de sa sortie parisienne : *« Séduit à l'origine par une idée romanesque puisée dans un vieux grimoire (une jeune fille, le jour de ses fiançailles, tombe dans une oubliette, où elle découvre un trésor),*

---

1. Voir chapitre V.
2. Voir chapitre IV.

j'ai laissé gambader mon imagination... J'ai greffé une aventure d'un de ces faux dauphins qui, après la mort de Louis XVI, pullulèrent en France. Restait à leur donner des cadres. Pendant des mois, à bicyclette, j'ai parcouru des régions riches en sites pittoresques. Enfin, la Gironde m'a livré les ruines du château de Rauzan et l'Oise le beau manoir de Pontarmé. Utilisant mes goûts de décorateur et ma passion des objets de style, j'ai couru chez les antiquaires, glanant un à un bibelots et meubles d'époque qui devaient meubler les décors si heureusement réalisés par Jacques Krauss. Et alors seulement, voyant la vie humaine, quoique toute baignée de cette poésie charmeuse, rayonner de mes héros et de leurs cadres familiers, je fis appel à la technique. C'est ainsi qu'est né Le Baron fantôme [1]. »

On voit bien comment ce réalisateur, qui déclarait par ailleurs que *« la technique ne doit venir qu'en second »*, prépara soigneusement l'atmosphère de ce film, dont il écrivit le scénario, l'adaptation et le découpage. Ce repérage des lieux, ce soin apporté au choix des meubles et des décors font apparaître une démarche créatrice qui aboutit à un « réalisme fantastique » dont les images devaient nous envoûter. Un vieux baron somnambule disparaissait, en 1826, dans la partie en ruine de son château, au moment où sa nièce, la comtesse de Saint-Hélié, y arrivait en compagnie de deux petites filles, la sienne, Elfy, et Anne, une orpheline recueillie par elle. Le valet Toussaint racontait à la comtesse l'attitude bizarre de son maître depuis un an et les circonstances de sa transformation en « fantôme ». La comtesse ne croyait pas au surnaturel. Elle s'installait avec les enfants dans le manoir à côté des ruines. A la légende du baron devenu spectre s'ajoutait celle d'un trésor caché quelque part. Dix ans passaient. On retrouvait Elfy et Anne devenues jeunes filles, auprès du sauvage Hervé, le neveu du valet, qui avait été leur compagnon de jeux. Elfy était aimée d'un officier, Albéric de Marignac, auquel son colonel refusait l'autorisation de se marier avec cette adolescente, noble certes mais sans fortune. Dès lors l'intrigue, du manoir aux ruines entourées de mystère, se fixait sur les rapports amoureux de ces quatre jeunes gens. Anne, considérée comme servante, cherchait à tisser les fils du destin d'Hervé

1. *Comœdia*, 19-6-1943.

qu'elle croyait épris d'Elfy, celle-ci le préférant à Albéric. Un braconnier, nommé Dauphin, se faisant passer pour Louis XVII évadé du Temple, apportait son imposture comme élément pittoresque (et pas du tout déplacé, ainsi qu'on l'a reproché à Serge de Poligny) dans ces jeux ambigus des passions.

Les paysages et la vérité humaine des personnages firent éclore le climat poétique et insolite de l'œuvre. Il n'y avait rien, en fait, de surnaturel là-dedans. Mais les adolescents s'étaient trouvés imprégnés de légendes et tous leurs actes en dépendaient. Le désarroi des cœurs et des âmes venait de l'influence occulte du « baron fantôme » et du trésor caché. Si Odette Joyeux (Elfy) ressemblait à la fois à Marie-Doré du *Lit à colonnes* et à la Chiffon du film d'Autant-Lara, Jany Holt (Anne) était la troublante et romantique Ariane de ce labyrinthe sentimental, baigné de clairs de lune, avec douves, pièces d'eau, château hanté, forêts et oubliettes. Tandis que « Monseigneur », le faux dauphin (André Lefaur, comédien remarquable, jouait le rôle avec humour), se livrait à ses escroqueries, Anne déchirait peu à peu les voiles de la légende. Elle découvrait la cachette du trésor, où le baron, momifié, tombait brusquement en poussière sous son souffle. Cette séquence fut une des plus belles du film, avec celle, nocturne et féerique, où Hervé, somnambule, emportait Anne dans ses bras, révélant ainsi le véritable amour qu'il lui portait inconsciemment. Balayant les références à l'expressionnisme allemand des années 20 et au *Cabinet du docteur Caligari* de Robert Wiene (thème du somnambulisme), alors décelées par certains critiques, on pourrait plutôt parler de la « magie filmique » chère au Marcel L'Herbier de *La Nuit fantastique*. Bien mieux que *Les Visiteurs du soir, Le Baron fantôme* révéla Alain Cuny (Hervé). Lui et Jany Holt sortaient des brumes du rêve et des contes de revenants pour trouver la lumière de la vie. Le trésor et le testament à surprises du baron défunt rétablissaient, en somme, un ordre brouillé par la fantasmagorie de ce château de province avec ses ruines, son manoir pour hobereaux monarchistes légitimistes, son parc et sa forêt. On n'a pas suffisamment apprécié l'intelligence et la subtilité de la mise en scène. A peu près tout ce qui revenait ici à Serge de Poligny, auteur complet du film, a été attribué au dialoguiste Jean Cocteau. Ce prestidigitateur des lettres et de la mode, pour ne pas dire du snobisme, savait faire parler de lui et il se montra même dans le rôle du baron Carol, errant en somnambule, passant à travers les murs et momifié. Certes, les dialogues de Cocteau étaient brillants, réussis, accordés au climat du film, mais voir dans *Le Baron fantôme* son propre univers, les « *enfants terribles* » de son roman de 1929 transposés à l'époque romantique, c'était pousser un peu loin le bouchon. Serge de Poligny avait choisi lui-même Cocteau pour écrire les dialogues et il n'y a certes pas lieu de le regretter. Il est bien que Cocteau, alors violemment attaqué, traîné dans la boue par la clique de *Je suis partout*, ait pu écrire pour le cinéma en cette période de conformisme moral et participer à ce beau film. Rattacher *Le Baron fantôme* à son œuvre de cinéaste, par le biais de sa littérature, est typique du délire propre à ses admirateurs inconditionnels.

Vers « L'Eternel retour »

Après cela vint *L'Homme qui vendit son âme* (1943) de Jean-Paul Paulin, qui, de la Nativité pétainiste de *La Nuit merveilleuse*, se retrouvait en plein « satanisme » avec une histoire moderne empruntée à un obscur roman de Pierre Veber. Un banquier ruiné acceptait l'argent de l'éternel tentateur pour se renflouer, et sous condition de faire avec cet argent le plus de mal possible. Il était sauvé par une salutiste et un bon curé. De cette niaiserie édifiante, il faut pourtant retenir quelques détails intéressants : le diable était un financier (allusion possible à certains scandales de la Troisième République), joué par Robert Le Vigan, grimaçant et diabolique à souhait. Et ce financier se faisait donner pour lui seul, dans la salle de l'Opéra de Paris, une représentation de *La Damnation de Faust* de Berlioz. Idée digne d'Orson Welles qu'on ne connaissait pas encore. On peut imaginer *a posteriori* ce que lui en aurait fait !

Du *Baron fantôme,* Jean Cocteau allait s'élancer vers les cimes de *L'Eternel retour,* réalisé en 1943 par Jean Delannoy, et qui fut un des grands événements de cette année-là. Reprenant le thème nietzschéen selon lequel les mêmes circonstances peuvent se reproduire sans que les êtres qui les vivent s'en doutent, Cocteau réinventa à sa manière, dans son scénario et ses dialogues, la légende de Tristan et Iseut. Encore un château, en Bretagne cette fois, avec une famille horrible, les

Frossin et leur fils nain, parents et parasites du propriétaire, Marc, dont ils détestaient le neveu Patrice. Marc était veuf et, pour faire son bonheur, Patrice allait lui chercher une femme. Dans le cabaret d'une île de pêcheurs, il arrachait Nathalie la blonde à une brute, le Morolt, et la ramenait au château. Mais il tombait amoureux de la jeune épouse de son oncle. De bout en bout, la légende se trouvait décalquée dans un monde intemporel, stylisé, « actualisé » par des détails vestimentaires, un canot à moteur, une automobile. D'un seul coup, Jean Marais et Madeleine Sologne, aussi blonds l'un que l'autre, devinrent les « héros romantiques » de la jeunesse de l'Occupation. Du moins est-ce ce qu'on a raconté. Beaucoup de garçons adoptèrent le pull-over à dessins Jacquard de Jean Marais et beaucoup de filles la coiffure à cheveux longs (chevelure de noyée) de Madeleine Sologne. Il ne faut tout de même pas exagérer cette fascination. Je ne l'ai en tout cas pas constatée, autour de moi, dans mon milieu. La voix de Jean Marais, à l'époque, convenait sans doute au théâtre ; au cinéma, elle ne nous semblait pas accordée au physique sportif de l'acteur, tout au moins dans ce film-là. Elle était artificielle comme le hiératisme de ces amants allant de l'amour passion à la mort.

L'Eternel retour eut un succès considérable, pour des qualités artistiques alors indéniables : l'utilisation poétique des extérieurs, les grands décors de Wakhevitch, la beauté plastique des images de Roger Hubert, l'écriture des dialogues, la musique de Georges Auric. Davantage encore que *Les Visiteurs du soir*, il a mal vieilli. Il est resté fixé dans une mythologie d'évasion née des contraintes de l'Occupation. Il relève maintenant d'un cinéma académique, où la part de Jean Cocteau fut plus celle d'un jongleur de légendes accommodées à un romantisme quelque peu morbide que celle d'un véritable créateur. On y sent les tours de passe-passe pour rendre vraisemblables certains détails de l'histoire : le philtre d'amour est un vin de nourrice que l'affreux Achille prend pour du poison ; l'amour interdit n'est plus crédible. Le rappel ici bien évident des *Enfants terribles* (Lionel et sa sœur Nathalie la brune dans un garage, joués par Roland Toutain et Junie Astor avec une fantaisie laborieuse) nous paraît une citation purement narcissique de Cocteau. Et que de maniérisme dans ces jeux de grands adolescents chez lesquels Patrice-Tristan fait escale ! On a dit, par la suite, que Delannoy était responsable du vernis glacé posé sur l'univers de Cocteau. Ce n'est pas juste. Les artifices de Cocteau appelaient cette mise en scène, qui ne les a que trop bien servis. A part la tribu Frossin, bien vivante dans sa méchanceté (Yvonne de Bray fit un extraordinaire début à l'écran et l'on ne peut oublier ni Jean d'Yd ni Piéral), Jean Delannoy n'eut à filmer que des ombres de personnages et un couple de statues. L'agonie de Patrice dans le hangar à bateaux et l'arrivée sur la barque de Nathalie la blonde, dressée comme une figure de proue, appartenaient, dans la composition des images finales, autant à Cocteau qu'à Delannoy, dont le style avait été bien plus personnel dans *Pontcarral* et *L'assassin a peur la nuit*. Et Madeleine Sologne n'était pas une femme, mais une abstraction. L'actrice fut, malgré ses efforts par la suite pour y échapper, dévorée par ce rôle d'Iseut « moderne ». C'est bien regrettable.

De plus, c'est Cocteau qui a rendu un mauvais service à Jean Delannoy. La célébrité éclatante que donna *L'Eternel Retour* à ce réalisateur possédant un certain talent pour le romanesque populaire l'orienta vers cette fausse « qualité française » du cinéma d'adaptation littéraire d'après-guerre dès *La Symphonie pastorale* (1946) film aujourd'hui insupportable, inspiré d'un roman d'André Gide. On ne peut plus se faire d'illusions sur *L'Eternel retour* et la jeunesse de 1981 considère Patrice et Nathalie comme d'incroyables phénomènes, même pas sauvés par le « rétro ». En 1946, les Français, encore sous le coup de leur admiration, furent bien surpris d'apprendre la réaction défavorable des critiques anglais découvrant le film de Cocteau et Delannoy. *« Une traînée de malheur laissée derrière Hitler... une atmosphère gothique pestilentielle, un mysticisme du culte de la mort. »* Le Tristan de Jean Marais était qualifié de *« nazi typique, quelque chose entre Lohengrin et ce qu'aurait pu être Horst Wessel s'il n'avait pas été ce qu'il a été »*. Devant ce déchaînement, il faut défendre *L'Eternel retour*. Les nazis s'étaient réclamés abusivement de Nietzsche, dont ils avaient déformé la pensée. Hitler avait admiré Wagner dont la bru, Winifred, d'origine anglaise, avait fait de Bayreuth un temple pour le dictateur. Cela ne faisait absolument pas pour autant de *L'Eternel retour* une œuvre empreinte de l'idéologie nazie. On ne peut pas retenir, sinon à titre historique des retombées d'une guerre épouvantable, ces jugements passionnels.

1943 fut aussi l'année de *Blondine*, autre film inspiré d'une légende (un prince tombé au pouvoir d'un ogre, enchanteur maléfique, et sauvé par son épouse, fille d'un pauvre pêcheur), auquel Henri Mahé, décorateur de *Croisières sidérales* et du *Capitaine Fracasse*, avait consacré un an de travail et de recherches techniques pour mêler des personnages vivants à un univers décoratif en trompe-l'œil. Henri Mahé était l'inventeur du « Simpli-film », procédé permettant de remplacer les habituels décors de studio par des dessins et photographies placés, dans la caméra, entre l'objectif et les acteurs de manière à établir une liaison entre eux. C'était l'analogue, moins au point, du « Pictographe » d'Abel Gance. Les dessins d'Henri Mahé rappelaient les toiles peintes de Méliès, sans leur naïveté théâtrale. Ils étaient chargés, pas tellement beaux, et les personnages n'y paraissaient pas intégrés. Cette féerie, où ne manquait pourtant pas les aventures merveilleuses et fantastiques, ne parlait pas à l'imagination. Une sorte d'essai de laboratoire, qu'il aurait peut-être mieux valu ne pas montrer au public. Cette tentative mal reçue a sombré dans l'oubli. On garde pourtant le souvenir du nain Piéral métamorphosé, à la fin, en prince charmant, après avoir été victime, comme Astara, le héros, d'un mauvais charme de l'ogre Karikal. Nicole Maurey, future interprète de Robert Bresson (*Le Journal d'un curé de campagne*, 1950), jouait Blondine. On devait la retrouver en Madame Royale, sœur de Lous XVII, à la prison du Temple dans *Paméla* de Pierre de Hérain (1944).

« *La Fiancée des ténèbres* »

En définitive, il n'y aurait pas grand-chose à retenir, les faux « chefs-d'œuvre » ayant été remis à leur place, de ce maigre « courant fantastique », sans *La Fiancée des ténèbres* de Serge de Poligny (1944). Car ici les mythes, les légendes, le diable, les maléfices cédèrent la place aux survivances de l'hérésie cathare des Albigeois, étendue à tout le Languedoc aux XIIe et XIIIe siècles, écrasée (croisades et massacres) par le pouvoir royal centralisateur des Capétiens. L'écrivain Gaston Bonheur, originaire de ce « pays d'Oc », avait écrit en 1943 pour l'édition toulousaine de « Paris-Soir » une nouvelle, *La mort ne reçoit que sur rendez-vous*, à laquelle s'intéressèrent le producteur François Chavannes et Serge de Poligny. De cette nouvelle fut tiré le scénario de *La Fiancée des ténèbres*. Henri Calef, obligé de se cacher à cause de son origine juive, participa à l'adaptation. Gaston Bonheur a précisé, depuis, que Jean Anouilh écrivit la scène d'amour sur les remparts de Carcassonne, scène « *un peu plaquée* » selon lui [1].

Cette « fiancée des ténèbres », c'était Sylvie (Jany Holt), enfant de l'Assistance publique recueillie par Toulzac, un ancien instituteur de Montségur (dont la forteresse, tombée en 1244, avait été le dernier bastion de la résistance albigeoise) retiré à Carcassonne et régnant, dernier évêque cathare, sur un petit cénacle. Sylvie, fille vêtue de noir, semblait porter malheur aux hommes qui l'approchaient et l'aimaient. Ils en mouraient. Sylvie se croyait maudite, alors que, pour Toulzac, elle était la prêtresse annoncée par la prophétie d'une vieux grimoire et destinée à descendre dans la cathédrale souterraine des cathares de Carcassonne, lorsque ladite cathédrale serait retrouvée. Le vieillard faisait effectuer des fouilles dans son jardin. Mais Sylvie rencontrait un pianiste revenu à sa ville natale, Roland Samblanca (Pierre Richard-Willm), et elle s'en éprenait au point de vouloir résister à la fatalité, de gagner, de force, le droit à l'amour. Toulzac découvrait enfin l'entrée du sanctuaire. La « fiancée des ténèbres », une torche à la main, s'enfonçait dans les souterrains pour accomplir la prophétie.

Ce retour à des sources culturelles, religieuses, historiques de l'Occitanie se fit en un temps où les études sur le catharisme étaient rares. L'inspiration de Gaston Bonheur n'en fut que plus originale et plus insolite. Elle allait à la fois vers le romantisme, la philosophie et l'ésotérisme. Serge de Poligny réalisa un film très étonnant qu'accueillit à sa sortie, en mars 1945, une incompréhension presque générale. Une telle œuvre ne pouvait, évidemment, être bien reçue dans les mois qui suivirent la Libération. Supérieure, et de très loin, aux *Visiteurs du soir* et à *L'Eternel retour*, elle portait des références, un mystère, un onirisme auxquels le grand public, en une période où la mode était aux films de guerre et de résis-

1. Cf. *Les Cahiers de la Cinémathèque* (revue publiée à Perpignan) numéro 16, consacré, en 1975, à Serge de Poligny.

tance, aurait eu accès si on l'avait préparé à les recevoir. Or, cette sortie tardive se fit à la sauvette, sans campagne publicitaire, sans soutien. Ce qui aurait dû être un événement ne fut qu'un reliquat — tel *Blondine*, également distribué après la Libération — d'un cinéma de circonstance, qu'on jugeait alors, dépassé. Une trentaine d'années plus tard, *La Fiancée des ténèbres* revint à la surface dans les « Rencontres Cinématographiques de Carcassonne », le festival historique de « Confrontation » à Perpignan et le XIIe C.I.C.I. tenu à Toulouse.

Ce film n'a pas la cohérence et la perfection formelle du *Baron fantôme*. Le tournage commença, en mars 1944, à Carcassonne, pour les extérieurs. L'équipe resta quatre semaines dans la cité médiévale et aux alentours. La ville, comme toute l'ancienne « zone libre », était occupée par l'armée allemande qui exerça, suivant Gaston Bonheur, un certain contrôle, pour de simples raisons de sécurité [1]. Dans la scène de la péniche, près du bal de l'écluse où un marinier tue son rival, le coup de revolver rappelant à Sylvie qu'elle « porte malheur » fut tiré par un officier allemand pour l'enregistrement. Aucun uniforme ennemi n'apparaît évidemment dans les images, où les acteurs sont habillés à la mode de 1944 et où Carcassonne a une présence envoûtante et magique. Il fallut revenir à Paris pour les scènes d'intérieurs, dans des décors construits aux studios de Saint-Maurice. Les coupures d'électricité étant fréquentes, le travail devint difficile. Certaines scènes (la découverte du gisant et de la dalle donnant accès aux grottes par exemple) prirent un aspect étriqué, en rupture de style avec les superbes séquences de Carcassonne. Le foyer conjugal de Roland, dans la vieille maison de famille, les interventions intempestives de l'oncle Fontvieille (Charpin, semblable à ce qu'il était chez Pagnol) brisèrent, par moments, le climat de romantisme et de hantise de la mort créé autour de Pierre Richard-Willm et Jany Holt. Il est vrai que le réalisateur avait voulu établir un contraste entre cette bourgeoisie parisienne et provinciale et la demeure où Toulzac célèbre le culte cathare et attend la révélation. Chez Toulzac, l'ombre et le mystère entretenaient l'idée de la Mort faisant de Sylvie non pas une maudite mais une « parfaite » qui ranimerait le culte cathare.

1. *Les Cahiers de la Cinémathèque* n° 16, *op. cit.*

On put admirer le décor de la cathédrale souterraine avec ses stalactites formant des tuyaux d'orgue, et l'effondrement du sanctuaire au moment où Roland, proclamant son amour, arrache Sylvie prosternée à sa mission pour la ramener à sa réalité. Les scènes champêtres de Tournebelle venant ensuite introduisaient une parenthèse lumineuse onirique dans ce drame destiné à finir, tout de même, dans les ténèbres. Le départ nocturne de Jany Holt, dépouillée de sa prédestination, évoquant avec son manteau aussi noir que son chapeau de feutre et sa petite valise une femme qui va se constituer prisonnière, était d'une sombre et douloureuse beauté. La Jany Holt du *Baron fantôme* rejoignait, à la fin de *La Fiancée des ténèbres*, la Jany Holt des *Anges du péché* de Robert Bresson (1943). Quelle actrice inspirée, « habitée » ! Pierre Richard-Willm, qui allait bientôt renoncer au cinéma, tint auprès d'elle son meilleur rôle depuis celui de Werther en 1939 dans le film de Max Ophuls, d'après Goethe et non Massenet.

Film opposant les mondes parallèles de la tradition cathare et de la vie de province repliée sur ses usages et ses rites domestiques, film des « mystères de Carcassonne », *La Fiancée des ténèbres* se situait aussi loin du cinéma français centralisé à Paris que de celui établi en zone sud. On peut y voir, de nos jours, une quête initiatique, la recherche du Graal. Ce n'est pas trop solliciter une œuvre dont la partition musicale de Marcel Mirouze fut éditée sous le titre de la *Symphonie albigeoise*. La rencontre de Gaston Bonheur et de Serge de Poligny fut, en tout cas, déterminante pour une création cinématographique qui, selon moi, devrait venir au premier rang de ce courant fantastique surestimé et dévalué, à l'exception de *La Nuit fantastique*, du *Baron fantôme* et de *La Main du diable*.

X
La curieuse survivance du « réalisme poétique » chez Christian-Jaque et ailleurs

Le « réalisme poétique » (au fait, qui a inventé l'expression ?) avait profondément marqué, de 1935 à 1939, le cinéma français. Cette tendance esthétique se cristallisa dans certains films de Feyder (*Le Grand jeu, Pension Mimosas, Les Gens du voyage,* mais pas *La Kermesse héroïque*), dans tous les films de Julien Duvivier à partir de *Pépé-le-Moko* (1936) et, *Drôle de drame* excepté, dans les films de Marcel Carné : *Jenny* (1936), *Le Quai des brumes* (1938), *Hôtel du Nord* (1938) et *Le Jour se lève* (1939). Le « réalisme poétique », c'était l'interprétation d'une réalité, héritée du naturalisme et du populisme littéraires, à des fins dramatiques et mythiques. Ni Marcel Pagnol, ni Jean Renoir, ni Jean Grémillon n'y sacrifièrent. On pourrait remonter à René Clair, dont les comédies au début des années 30 furent imprégnées d'un réalisme poétique rose, mais cela ferait trop de différence avec cette époque qui vit la naissance et l'échec du Front populaire, la montée du péril nazi et la guerre. Car le « réalisme poétique », et c'est bien ce qu'on lui reprocha, pour le condamner, sous Pétain, était foncièrement pessimiste. Il s'était attaché au romanesque des faubourgs prolétariens, aux pavés gluants de cafard, aux bals populaires sans lendemains heureux, aux êtres qui n'avaient pas de chance, aux vagabonds de la nuit et du brouillard, aux révoltés sans cause, aux déclassés. Il n'était presque jamais descendu dans la rue, dans la nature. Il s'était volontairement enfermé dans un univers de studio. Pour créer l'atmosphère typique, voire symbolique, qu'il exigeait, il fallait en effet éclairer les décors et les acteurs d'une certaine façon. Carné filma un coin du canal de l'Ourcq dans *Jenny* et quelques extérieurs havrais dans *Le Quai des brumes*. Mais il fit reconstituer en studio le quartier du canal Saint-Martin où se situait l'action d'*Hôtel de Nord* et la banlieue ouvrière du *Jour se lève* avec son immeuble où Gabin revivait son passé et achevait son destin. Chez Duvivier, la casbah de *Pépé-le-Moko* était du studio, et s'il y eut dans *La Belle équipe* des échappées au bord de la Marne, le mauvais sort (dans la première version, à fin tragique, la seule valable selon l'univers du cinéaste) venait s'y installer. On trouvait dans ce « réalisme poétique » un héritage, par la photographie et la mise en scène, du cinéma allemand dit « expressionniste », d'avant Hitler, dans les années 20. Héritage que les cinéastes émigrés, fuyant le nazisme, apportèrent à Hollywood. Pour nous en tenir à Feyder, Duvivier et Carné, dont les styles eurent quelques points communs, le « réalisme poétique » fut aussi défini par le langage littéraire que prêtèrent aux personnages les scénaristes-dialoguistes Charles Spaak, Henri Jeanson et Jacques Prévert. Un langage avec « mots d'auteur » comme au théâtre, mais ciselé et poétisé jusque dans les répliques désinvoltes. (A-t-on jamais entendu parler une prostituée comme Raymonde-Arletty dans *Hôtel du Nord* ?) Un langage qui donnait une existence spécifique, pittoresque parfois, tragique souvent, à ces nouveaux héros et ces nouvelles héroïnes d'un romantisme de la fatalité sociale. Le « réalisme poétique », dominé par le mythe Gabin, fut, me semble-t-il, une transposition esthétique et littéraire de la fin d'une société prête à sombrer avec ses illusions perdues. Ce climat fataliste allait causer sa perte. Le régime de Vichy mit à l'index ces films « défaitistes ». Il est vrai que Feyder et Duvivier (ainsi que Renoir) avaient préféré l'exil à la France de Pétain, ce qui aggravait le cas du « réalisme poétique ». Restait Carné, qui devint le bouc émissaire d'un cinéma condamné, Carné cloué au pilori par Lucien Rebatet. Le régime de Vichy n'a jamais pris à son compte cette violente polémique dont la lecture donne la nausée [1]. Mais il tenait à un cinéma « moral » et, dès lors, il ne pouvait plus être question de « réalisme poétique ».

1. Voir annexe n° 3.

« Voyage sans espoir » et « Sortilèges »

On peut en trouver pourtant (cela ne fut jamais dit à l'époque) une survivance dans certains films qui surent habilement tourner les censures. Ainsi *L'Assassinat du père Noël* (1941), *Voyage sans espoir* (1943) et *Sortilèges* (1944-45) de Christian-Jaque.

Le premier, produit par la Continental [1], rappelait, à cause de Pierre Véry, auteur du roman adapté, *Les Disparus de Saint-Agil* (1938). Par là, Christian-Jaque établissait une continuité avec les années 30, mais en se plaçant sous le signe d'un « fantastique social » hors du temps. Les bons étaient récompensés et les méchants punis. Le corps social d'un village de montagne éliminait ce qui aurait pu le contaminer, et il y avait là un beau conte de Noël. La blancheur de la neige, les guirlandes et les bougies des sapins traditionnels, l'évanescence de Renée Faure et sa robe de princesse lointaine, les errances de la mère Michel appelant en vain son chat Mitsou nous ramenaient pourtant, entre le jour blafard de l'hiver et la nuit de la Nativité, à un univers esthétique de mythologie d'avant-guerre.

Deux ans plus tard, Christian-Jaque revenait carrément au « réalisme poétique » avec *Voyage sans espoir*, film qui ne compte pas parmi ses plus célèbres et qui, pourtant, est très étonnant et par moments remarquable. « *L'ouvrage ressemblait à une démonstration, à la "copie" d'un élève qui accumule dans son texte tous les exemples, les exceptions aux règles et les figures de style. L'examinateur a-t-il demandé qu'on lui parle du travelling ? En voici toutes ses utilisations dans la rhétorique cinématographique. Qu'on lui donne la règle du "panoramique" ? Elle est récitée dans un mot à mot impeccable. Qu'on lui donne des exemples de "décors-personnages" ? En voici trois, quatre, dix.* » Je suis en désaccord complet avec ce commentaire de Roger Régent dans *Cinéma de France* et le jugement critique formulé par lui ensuite, qu'il ne me paraît pas utile de citer plus longuement puisqu'il va dans le même sens. La virtuosité technique éblouissante de Christian-Jaque n'était pas celle d'un « *fort en thème* ». Elle servait parfaitement un scénario de Pierre Mac Orlan (écrivain, justement, du « fantastique social ») dans

1. Voir chapitre IV.

lequel, face à la police gardienne de l'ordre, on ne trouvait que des marginaux, des déclassés, des êtres emportés par leurs passions et soumis à la fatalité. Un bandit évadé (Paul Bernard) ne reculant devant aucune violence et deux fois meurtrier ; une chanteuse de cabaret (Simone Renant), sa maîtresse douloureuse rêvant d'un autre amour ; un capitaine de cargo (Lucien Coëdel) se mettant, pour elle, en opposition avec la loi ; un jeune caissier de banque (Jean Marais) qui avait volé deux cent mille francs pour s'en aller vers les « ailleurs » autrefois chers à Prévert et Carné. Passons sur le personnage de traître à peau jaune, le matelot incarné par Ky-Duyen, et son petit relent de xénophobie, encore qu'il ait été, également, typique d'un certain esprit des années 30. En fait, nous étions ici, dans un port pluvieux, du côté du « quai des brumes », et Simone Renant en ciré noir évoquait bien Michèle Morgan. Avec, en plus, un petit côté Marlène Dietrich, qui ne lui convenait guère, dans son numéro de chanteuse de cabaret. La pluie et les pavés luisants, l'amour impossible, né d'une rencontre en taxi, entre le voleur et la chanteuse, la noire figure du bandit jaloux et le personnage intérieurement meurtri du capitaine, c'était bien le « réalisme poétique » retrouvé. Tel ce destin symbolique qui se promenait toujours dans les films de Carné, Louis Salou, vêtu de noir, coiffé d'un chapeau melon, épiait dans les rues, sur les quais, à tous les détours de ce port fantomatique (l'action, commencée à la chute du jour, durait une seule nuit), les faits et gestes de ces personnages marqués, afin de tisser autour d'eux une toile serrée. Il avait une présence mystérieuse, obsédante. On apprenait à la fin que c'était un policier de haut grade dirigeant selon sa propre stratégie l'enquête destinée à prendre au piège le bandit évadé. Peu importe cette explication. Salou était le Commandeur de la fatalité. Il provoquait les actes de ces personnages en marge qui se croyaient libres. Il était responsable de tout, machiavélique et cynique. Il faut croire que la censure n'y vit que du feu. La mise en scène de Christian-Jaque, les travellings, les panoramiques, les éclairages expressionnistes recréaient l'atmosphère de ces films d'avant-guerre empreints de pessimisme, qui étaient interdits. L'arrestation manquée à la gare, la mort, dans un phare lugubre, de Lucien Coëdel, abattu par Paul Bernard, n'étaient pas que des « morceaux de bravoure ». La caméra enfermait constamment les protagonistes de cette aventure désespérée dans la prison de leur existence. Un seul était sauvé : Jean Marais, que Simone Renant renvoyait à Paris, par le dernier train de nuit, pour qu'il puisse remettre l'argent volé dans la caisse de sa banque. Sauvé, mais à quel prix ? La séquence finale de *Voyage sans espoir* était une des plus belles et des plus fortes que l'on ait pu voir depuis la fin de *Pépé-le-Moko*. Au moment où Jean Marais montait dans le train, Paul Bernard surgissait et tirait sur Simone Renant, sous les yeux des policiers tapis dans l'ombre et qui l'arrêtaient trop tard. Frappée à mort, chancelante, elle se traînait jusqu'au portillon de la gare et, se forçant à sourire, elle redisait à Jean Marais, debout sur le marchepied du train, dans un jet de vapeur, son amour et son « au revoir ». Il disparaissait sur ce vain espoir. Et la femme en ciré noir tombait morte, à l'entrée du quai. *Voyage sans espoir* est encore un de ces films méconnus du temps de l'Occupation qui prouvent que le « cinéma de Vichy » est un leurre. Tout y était transgression de l'idéologie et de la morale pétainistes. J'ajouterai que Jean Marais, avec sa chevelure brune, son aspect chien perdu dans un univers de malheur, son exaltation amoureuse et sa fragilité, y était autrement mieux que dans *L'Eternel retour*. Ce ne fut pas l'avis des augures de la critique. Aveugles à la résurgence du réalisme poétique, qui frappa les spectateurs plus avisés des salles populaires, ils allèrent jusqu'à écraser le film, à cause de son titre, sous une comparaison fallacieuse avec *Voyage sans retour*, superbe mélodrame sentimental hollywoodien tourné en 1932 par Tay Garnett.

Sortilèges, commencé le 14 février 1944, sortit à Paris à la fin de 1945, ce qui — nouveau malentendu — le fit passer parfois pour un film d'après-guerre. Christian-Jaque, intéressé par un roman de Claude Boncompain, *Le Cavalier de Rouclare*, sur les superstitions et la sorcellerie en pays cévenol, l'adapta avec Jacques Prévert, qui écrivit également les dialogues. Heureuse et significative rencontre. Le « réalisme poétique » se déplaçait des univers urbains et portuaires dans les montagnes d'Auvergne, chez des villageois au caractère sauvage, sans aucun rapport avec la paysannerie idyllique du « retour à la terre » et de l'effort national. Les mailles de la censure de Vichy étaient décidément bien relâchées, pour laisser passer ce drame noir de cupidité et d'envoûtements. Mi-

guérisseur, mi-sorcier, un montagnard, Le Campanier (Lucien Coëdel) assassinait un marchand attiré par sa cloche de naufrageur des neiges pour lui voler son or. Il convoitait Catherine (Renée Faure), la fille d'un homme à la tête perdue, à la mémoire défaillante (Fernand Ledoux). Catherine aimait un bûcheron (Roger Pigaut), que voulait épouser Marthe (Madeleine Robinson), la fille de l'aubergiste. L'appât de l'or et la jalousie amoureuse menaient à des catastrophes et à la mort. Le tournage au puy de Sancy eut lieu par un froid sibérien. La Résistance était très active dans la région et les Allemands recherchaient les maquisards, qu'aidait l'équipe du film. Les prises de vues en extérieurs furent, à cause de tout cela, très difficiles. Et, au retour à Paris, d'autres problèmes se posèrent pour les scènes de studio, qui furent arrêtées puis reprises et terminées après la Libération, dans une période d'incroyable pénurie de pellicule, de matériel, de matières premières. L'obstination du producteur et des techniciens, le talent de Christian-Jaque triomphèrent de toutes ces épreuves. *Sortilèges* fut d'une qualité dramatique et esthétique incontestables. On était loin du conte de Noël paysan de 1941. L'angoisse et le malheur rôdaient partout. Renée Faure, portant à nouveau le prénom de Catherine, s'étiolait de langueur et, pour la soigner, Coëdel faisait couler sur sa poitrine le sang de colombes égorgées. Le cheval noir du marchand assassiné galopait comme un spectre maléfique au milieu du village terrorisé, sortait de la neige le cadavre de son maître. Il y avait un bal à l'auberge comme dans *L'Assassinat du père Noël*, mais c'était une réunion sinistre où la haine et la violence se déchaînaient. On n'a pas attaché suffisamment d'importance aux rapports de Jacques Prévert et de Christian-Jaque dans ce film. Le « réalisme poétique » y prenait une autre forme qui, malheureusement, ne fut pas suivie. Il allait vers une sombre frénésie, et peu importe que ces paysans auvergnats aient été interprétés par des acteurs de Paris. Christian-Jaque avait créé un poème insolite, un conte de sorcière où l'amour triomphait, tout juste, à la dernière minute. A la pureté des amoureux rêvant dans la neige de « s'aimer jusqu'à la fin du monde » (la vieille mélodie *« Aux marches du palais »*, chantée par Renée Faure), s'opposaient toutes les forces mauvaises d'une communauté villageoise croyant à la magie blanche, un monde violent et cruel peint avec ses rites et son fantastique social. Lorsque Roger Pigaut retenait Renée Faure au bord du précipice où elle allait se jeter, une malédiction continuait de flotter dans l'air. Fin « heureuse » sur des ruines et des morts. Christian-Jaque chercha en 1949, sans y parvenir tout à fait, à retrouver cette inspiration, ce style dans *Singoalla*, chronique moyenâgeuse tournée en Suède.

Du côté de chez Delannoy

Il peut paraître hasardeux d'aller chercher le « réalisme poétique » du côté de chez Delannoy, mais *L'Assassin a peur la nuit* (1942) en portait par moments la marque. Tourné après *Fièvres* et avant *Pontcarral*, ce film s'inspirait d'un roman de Pierre Véry pour raconter les aventures d'un cambrioleur (Jean Chevrier) pris dans le filet d'un univers noir de vol et de meurtre et découvrant en Provence — où, pour échapper à la police, il était venu travailler sur un chantier — l'innocence et la pureté personnifiées par Louise Carletti. Les scènes d'extérieurs sous le soleil provençal allaient vers une morale de la rédemption par le contact avec la nature et le monde du travail. Gilbert Gil, frère de Louise Carletti, un instant tenté par la fuite vers d'autres continents, fauchait la paye des ouvriers, puis allait rendre l'argent sur les conseils de sa sœur salvatrice. Il recevait, tête basse, la leçon d'honneur du chef de chantier compréhensif. Ce n'était évidemment pas le plus intéressant. Delannoy se perdait un peu dans ce moralisme. Par contre, il avait su tisser une atmosphère étrange et lourde dans les scènes parisiennes, le milieu où évoluait Jean Chevrier. Là s'affrontaient Mireille Balin, ancienne fille galante devenue une sorte de femme fatale à façade respectable, le mauvais ange de Chevrier son amant, et Jules Berry, inquiétant et cynique antiquaire-receleur, la poursuivant de ses assiduités et se livrant au chantage pour la posséder. Nous retrouvions des situations, des décors du cinéma français d'avant-guerre, et les tours du destin. La boutique où Jules Berry était assassiné, la chambre d'hôtel où Chevrier, qui se croyait le meurtrier, se terrait, obsédé par le tic-tac des pendules et incapable de dormir la nuit, nous rappelaient *Le Quai des brumes* et *Le Jour se lève*. En mineur, certes, mais on y pensait forcément, à cause de la mise en scène et des éclairages. Mireille Balin, que Jean Delannoy avait déjà dirigée dans *La Vénus de l'or* (1938) et

Macao (1939), avait la présence fascinante et ambiguë de ces filles de hasard traînant un passé louche et porteuse de malheur sous son éclat mondain. Si elle avait eu pour partenaire Jean Gabin au lieu de Jean Chevrier (peu crédible, malgré sa carrure, dans ce personnage de hors-la-loi perdu puis régénéré par deux formes différentes de l'amour), le film aurait fait plus d'étincelles. Mireille Balin imposait superbement son propre mythe d'aventurière entre deux escales. On comprenait mal que Chevrier lui eût préféré Louise Carletti. Cette jeune comédienne avait le vent en poupe depuis la fin des années 30. Ingénue un peu artificielle dans ses robes de paysanne trop nettes, trop fraîches, elle avait pourtant une ou deux scènes attachantes dans le moulin abandonné où elle s'était fait un petit monde de rêve, un univers d'objets poétiques, dont le plus beau et le plus symbolique était un automate à musique. C'est dans le décor presque irréel du vieux moulin cerné par la police que s'achevait l'action. Mireille Balin tombait du grenier, comme poussée par l'automate. Le destin avait frappé. Elle mourait en beauté, innocentant dans ses derniers soupirs Jean Chevrier de l'assassinat de Jules Berry. Ce qui nous bouleversait plus que le minois désolé de Carletti, regardant Chevrier partir vers la prison où il allait payer sa dette à la société. Elle l'attendrait, bien sûr. Le temps n'était plus où Gabin le déclassé mourait pour Mireille Balin (*Pépé-le-Moko*), l'étranglait dans une crise passionnelle (*Gueule d'amour*).

« *Lumière d'été* »

Lumière d'été, de Jean Grémillon (1942), porta de façon insolite l'empreinte du réalisme poétique. Le public, qui n'avait pas oublié *Remorques*, fut déconcerté par ce drame psychologique où des personnages, pour la plupart étranges sinon malsains, vivaient dans les décors naturels des Alpes de haute Provence. Ces paysages ensoleillés ne semblaient pas convenir aux convulsions mentales d'un aristocrate pervers (Paul Bernard) et d'un peintre raté (Pierre Brasseur), quelque peu semblable au Robert Le Vigan halluciné et suicidaire du *Quai des brumes*. Le mythe de la nature (surtout méridionale) saine, réconfortante, était alors très fort. Bref, le public décrocha, ne comprit pas très bien. Le scénario et les dialogues avaient été écrits par Jacques Prévert et Pierre Laroche. Incontestablement, la mythologie de Prévert fut prise en charge par Grémillon. Il y avait là autre chose que la simple opposition du bien et du mal : d'un côté, un jeune ingénieur et les ouvriers d'un barrage en construction ; de l'autre, le châtelain, sa maîtresse (Madeleine Renaud), ancienne danseuse dirigeant un hôtel de montagne, et le peintre ivrogne et déchu. Sauf l'ingénieur, interprété par Georges Marchal, un peu trop fade, un peu trop « jeune premier », tous les personnages portaient en eux la contamination d'un passé douteux, douloureux. Ils avaient déjà eu une histoire avant le début du film. Ils se trouvaient en situation de « réfugiés » dans ces lieux où ils apportaient la corruption. Instinctivement, on en éprouvait un trouble, un malaise. A demi-mots, Madeleine Renaud rappelait le crime qui l'avait liée à son amant ; des aboiements de chiens au cours d'une partie de chasse évoquaient, sur la bande sonore, les remords obsessionnels de la femme éperdue de passion et sur le point d'être délaissée par cet aristocrate décadent. Blonde, lumineuse et triste, Madeleine Robinson servait de révélateur de la fange morale. Le châtelain la désirait, voulait en faire sa proie ; l'ingénieur l'aimait, lui offrait la sincérité et la sécurité. Mais le peintre, l'amant qu'elle attendait, surgissait. Et, dans une scène où Pierre Brasseur, frénétique, étalait ses tares et ses plaies, elle se trouvait soudain en porte-à-faux entre les deux mondes : le château et le chantier du barrage. L'ancienne fatalité du « réalisme poétique » avait son mot à dire. Jean Grémillon traita les relations tragiques de ces êtres à la dérive différemment de Carné. *Lumière d'été* était une étude critique et très violente d'un milieu social condamné à l'autodestruction, mais aussi une plongée dans une vérité humaine très complexe. De ce point de vue, les femmes — Madeleine Robinson et Madeleine Renaud surtout — exprimaient le mieux les intentions du réalisateur.

La fin du film, dans l'alliance parfaite de l'univers prévertien et de la mise en scène, tournait au délire shakespearien, Paul Bernard donnait un grand bal costumé au château. Il était en chevalier Des Grieux, Madeleine Renaud en Manon, Pierre Brasseur en Hamlet et Madeleine Robinson en Ophélie. Habits symboliques de héros littéraires. Par sa conduite, Des Grieux rappelait aussi le marquis de Sade ; sa corruption prenait quelque chose de fascinant. Après une promenade infernale en voiture et un accident, ces fantômes costumés, blessés ou traumatisés, surgissaient dans une aube livide devant les ouvriers venus à leur secours. Cherchant à tuer l'ingénieur, le châtelain tombait dans un ravin comme on se suicide. A cette chute du « mauvais ange » répondait le départ vers les « ailleurs » de Georges Marchal et Madeleine Robinson. Cette fin, apparemment morale, avait sans doute de quoi rassurer la censure. Le film nous laissait en état de choc ; ce n'était, certes, pas courant dans le cinéma français du moment. On pouvait toujours penser que l'univers des bons travailleurs représentait la vie saine et solide triomphant d'une classe pourrie. Mais les représentants de cette classe avaient, dans leur damnation, autrement d'existence et d'intérêt. Si le jeune couple s'en allait peut-être vers l'espoir, la « lumière d'été » était une lumière noire et sulfureuse. L'esprit « vichyssois » ne pouvait pas y trouver son compte. Je suis de ceux qui, à l'époque, admirèrent le film de Grémillon parce qu'il était à l'opposé de tous les divertissements lénifiants et de tous les drames provinciaux qu'on nous offrait. Prévert et Grémillon ne gagnèrent toutefois pas leur partie. Malgré la puissance de son style, le raffinement de ses images glauques et la subtilité de son analyse psychologique, *Lumière d'été* fut mal accueilli. En 1949, il fut sélectionné pour le Festival du film maudit de Biarritz et c'est dans les ciné-clubs d'après-guerre qu'il fut vraiment découvert.

« *Tiens ta bougie... droite !* »

Marie-Martine, d'Albert Valentin (1942), nous ramena au « réalisme poétique » par un scénario à tiroirs de Jacques Viot, reconstituant, avec des « retours en arrière » non chronologiques, l'histoire d'une jeune femme vivant en province chez un professeur de violon qui l'avait recueillie, à bout de misère et de solitude. Par ses décors de studio aussi : une petite ville d'un réalisme insolite, les rues nocturnes d'un Paris oppressant, la pluie sur les pavés pour la mort de Jules Berry sous les roues d'un autobus au moment où il allait accomplir une vilenie. Jules Berry, en romancier fouillant les poubelles du scandale pour y trouver l'inspiration, et Jacques Viot, même sans les dialogues de Prévert, c'était pour nous un rappel du *Jour se lève*. Pas d'autres points communs, mais ce n'était déjà pas si mal. On pouvait supposer que, si Michèle Morgan avait été en France, elle aurait été l'interprète idéale de Marie-Martine, cette héroïne malheureuse rencontrée par le romancier Loïc Limousin alors qu'elle sautait le mur d'un hôtel particulier de Neuilly, livrée par lui à la police puis retrouvée plus tard, par hasard, dans la petite ville où elle se croyait à l'abri. Renée Saint-Cyr, en béret et imperméable, la rappelait sans doute. Avec moins d'éclat, de mystère intérieur. Curieusement, cette comédienne, toujours un peu trop « bon chic, bon genre », fut remarquable dans *Marie-Martine* en jouant tout autrement que Michèle Morgan. Le personnage l'habitait et, comme il n'était pas donné dès le début tout d'une pièce, Renée Saint-Cyr nous offrit un autre mystère : celui de la destinée de Marie-Martine, dont la personnalité se rassemblait comme les morceaux d'un puzzle. En suivant la construction du scénario : souvenirs, lecture du roman de Limousin narrant sa rencontre bizarre avec Marie-Martine, enquêtes et témoignage décisif d'une vieille demoiselle (Marguerite Deval, toujours étonnante), Albert Valentin réussit un film à suspense, baignant dans l'atmosphère caractéristique de l'avant-guerre et assez proche, en dépit d'une fin optimiste, du style de Julien Duvivier. Saturnin Fabre apparaissait au milieu de l'histoire dans un de ces personnages de vieil excentrique dont il avait la spécialité. Oncle du professeur de violon amoureux de Marie-Martine (Bernard Blier), il habitait un appartement au fouillis pittoresque dans lequel, hostile au « progrès », il avait refusé de faire installer l'électricité. Il s'éclairait donc à la bougie. La scène où, montant se coucher, il parlait avec Blier dans un escalier, en ordonnant de temps en temps à celui-ci, d'une voix caverneuse : « *Tiens ta bougie... droite !* » devint un morceau d'anthologie, comme celle du « *Bizarre, bizarre* » de Louis Jouvet dans *Drôle de drame* ou celle de « *Atmosphère, atmosphère* » d'Arletty dans *Hôtel du Nord*. Nous répétions à tous propos et avec délices : « *Tiens ta bougie... droite !* » dans la cour du lycée en essayant — en vain, d'ailleurs — d'imiter les intonations de Saturnin Fabre. En somme, le film d'Albert Valentin nous plaisait aussi par ses références. J'ajoute que Renée Saint-Cyr y retrouvait, par moments, son emploi dans *Prison de femmes*, de Roger Richebé (1938), d'après Francis Carco, où, coïncidence troublante, elle était victime de son passé et soumise au chantage de Georges Flamant ; et que, si Jules Berry était un romancier véreux, nous ne songions pas à voir en lui, comme l'a fait plus tard Jean-Pierre Jeancolas après le C.I.C.I. de Toulouse [1], un intellectuel « corrompu » façon André Gide. Jules Berry rejoignait simplement ses grandes compositions du *Jour se lève* et des *Visiteurs du soir*, mêlant la curiosité indiscrète et le cynisme à la veulerie.

« *Les Enfants du paradis* »

Le chef-d'œuvre du « réalisme poétique » transposé fut, finalement, *Les Enfants du paradis*, que nous ne devions voir qu'en 1945. Il fut réalisé dans des conditions difficiles. Au début de 1943, après une conversation avec Jean-Louis Barrault sur un épisode de la vie du célèbre mime Jean-Gaspard Deburau [2], Jacques Prévert et Marcel Carné eurent l'idée d'un film d'abord intitulé *Les Funambules*, nom du théâtre où Deburau se produisait, boulevard du Temple, dans les années 1830-1840. Le scénario des *Enfants du paradis* prit corps avec un élargissement de l'anecdote racontée par Barrault et l'utilisation d'autres personnages historiques : le comédien Frédérick Lemaître et Pierre-François Lacenaire, écrivain public, voleur, escroc et assassin. Avec, aussi, des personnages de fiction : Garance, la femme de nulle part (le pivot de l'action dramatique) et le comte de Montray. Produit par Scalera, l'associée italienne de la Discina d'André Paulvé, le film fut commencé le 17 août 1943 dans les studios de la Victorine, à Nice, où avait été construit, en plein air, l'immense décor du « boulevard du crime ». Cet été-là, les Alliés avaient débarqué en Sicile. Le front de guerre se rapprochait. Le gouvernement de Pétain et les Allemands pouvaient envisager un autre débarquement dans le midi de la France. Le ministère de l'Information fit interrompre le tournage des *Enfants du paradis*. Scalera abandonna la production, qui fut reprise par Pathé. Le tournage recommença au mois de novembre, dans les studios de Paris. Puis, en février 1944, l'équipe du film put retourner à Nice, où il fallut remettre en état le décor endom-

---

1. *Jeune cinéma*, n° 65, septembre-octobre 1972.
2. Appelé un jour, par erreur, Baptiste, Deburau garda ce prénom, qui lui est donné dans le film.

magé[1] par crainte de représailles, quelque temps avant la Libération. Les événements de la guerre retardèrent l'achèvement du film et sa sortie. *Les Enfants du paradis* n'en fut pas moins la plus grande production française des années d'occupation. Le film, divisé en deux époques : *Le Boulevard du crime* et *L'Homme blanc*, fut présenté en soirée de gala à Paris le 9 mars 1945. Il sortit quelques jours plus tard au Madeleine et au Colisée, les deux époques passant l'une après l'autre. Il totalisa 54 semaines d'exclusivité et 41 millions de recettes, fit le tour de la France et connut un grand succès à l'étranger. Au contraire des *Visiteurs du soir*, il n'appelle aucune réserve. La télévision française l'a mis à ses programmes plusieurs fois, de 1960 à 1980. Il fut, il est resté l'apogée de l'univers et du style Carné-Prévert.

Inutile de chercher querelle sur certaines entorses à la vérité historique. Lacenaire n'a probablement jamais rencontré Deburau ni Frédérick Lemaître, même s'il a pu les voir jouer dans les salles populaires de ce boulevard du Temple surnommé « boulevard du crime » en raison des mélodrames et drames sanglants qu'on y représentait. Le triomphe de Frédérick Lemaître dans *L'Auberge des Adrets*, dont les auteurs espéraient « un succès de larmes », et que l'acteur, incarnant Robert Macaire, transforma en bouffonnerie est exact. Le reste, moins. Et la vie de Deburau ne fut pas aussi romantique que celle prêtée au mime des *Enfants du paradis*. Elle fut médiocre. « L'homme blanc », spécialiste du personnage de Pierrot et de la pantomime à l'italienne célébré par Jules Janin, n'était grand que sur scène. Il avait déjà inspiré à Sacha Guitry une de ses plus belles pièces. Prévert et Carné le firent revivre d'une manière inoubliable dans une affabulation centrée sur Garance, la fille des faubourgs au nom de fleur, la femme du destin. Oui, le destin du « réalisme poétique » soudain réincarné dans Arletty, cette sirène gouailleuse, racée, mystérieuse et mélancolique, entraînant sur ses pas quatre homme amoureux : Baptiste, le Pierrot enfariné ; Frédérick Lemaître, le comédien monstre sacré ; Lacenaire, le dandy du crime ; le comte de Montray, aristocrate qui avait cru pouvoir l'acheter. *Les Enfants du paradis*, c'était une admirable

1. Alexandre Trauner, contraint à la clandestinité, avait dirigé les décorateurs. Joseph Kosma, clandestin lui aussi, avait composé la musique avec Maurice Thiriet. Même situation que pour *Les Visiteurs du soir*.

fresque historique traversée de souvenirs de littérature populaire : Eugène Sue et Paul Féval. Mais aussi une œuvre à la gloire du spectacle populaire et une ronde de passions ravageant les cœurs et conduite par la fatalité. Pour Garance, Baptiste refusait la tranquillité bourgeoise de son mariage avec Nathalie, la perdante ; Frédérick Lemaître, en proie à la jalousie, interprétait l'*Othello* de Shakespeare ; le comte de Montray souffrait ; Lacenaire tuait. Garance n'aimait vraiment que Baptiste. Et elle restait une énigme. Le « boulevard du crime » sous Louis-Philippe, les bouges et les hôtels borgnes, la demeure du comte, les bains turcs où Lacenaire poignardait celui qui avait osé faire de Garance sa propriété, étaient des lieux prédestinés comme le « quai des brumes » ou la banlieue ouvrière du *Jour se lève*. Au « paradis », dernier étage des balcons de théâtre, la foule populaire regardait et applaudissait. Le spectacle était dans le spectacle. Les cœurs tourmentés se laissaient aller à leurs passions. Garance passait, belle, altière et frémissante. A la fin, elle disparaissait dans le grouillement déchaîné du carnaval, au milieu des masques. Femme de nulle part, elle s'en allait on ne savait où, laissant derrière elle une traînée de malheur et une légende.

Dans ce recours au XIXe siècle, Prévert et Carné avaient retrouvé l'essence, l'atmosphère du « réalisme poétique » originel. Le romantisme 1830, avec son spleen, son goût de l'amour absolu et de la mort, rejoignait notre avant-guerre et bouclait la boucle, par dessus l'époque Pétain. Carné fit évoluer magistralement des centaines de figurants dans un monde à la fois réaliste et fabuleux, recréa un climat d'entre jour et nuit. Prévert fit parler ses personnages mieux que jamais. Ses dialogues étaient une œuvre littéraire en eux-mêmes. Autour d'Arletty (la seule actrice dont Carné ait su faire une femme vivante, entre la réalité et le mythe ; elle lui a, d'ailleurs, beaucoup apporté), Jean-Louis Barrault, révélé dans la pantomime, Pierre Brasseur, Marcel Herrand et Louis Salou furent prodigieux. Maria Casarès, qui débutait à l'écran, eut moins de chance avec le personnage de Nathalie, geignarde et ennuyeuse. Elle prit sa revanche dans *Les Dames du bois de Boulogne* de Robert Bresson. L'épouse obstinée de Baptiste ne pouvait que s'effondrer devant le cri de Garance, rendu sublime par Arletty : « *Même la nuit, toutes les nuits que je passais auprès d'un autre, j'étais avec lui.* »

Événement cinématographique de 1945, *Les Enfants du paradis* doit être porté au crédit du cinéma français d'occupation. Ce cinéma n'en était plus à sa renaissance, mais à l'aboutissement d'une certaine voie explorée souterrainement et plus importante à mon sens que le courant fantastique. Que ce film soit apparu dans la France libérée deux mois avant la capitulation de l'Allemagne nazie, c'était aussi pour nous un signe. Quand on a connu directement, vécu cela, on ne peut pas s'empêcher de garder pour *Les Enfants du paradis* un profond attachement sentimental.

XI
Comédies « à l'américaine » et divertissements : le meilleur et le pire

Sauf dans la zone non occupée jusqu'en 1942 — et encore n'y en eut-il pas des masses — les films américains disparurent des écrans français. Ils manquaient aux spectateurs, particulièrement dans le domaine du divertissement, et certains producteurs et cinéastes s'efforcèrent de leur en offrir des équivalences. Vis-à-vis de la censure allemande, la comédie avec chassés-croisés de couples amoureux, aventures fofolles et sujets « légers » était un genre inoffensif. On prit donc modèle sur la « comédie américaine ».

La Continental Films donna le coup d'envoi, au début de 1941, avec *Premier rendez-vous* d'Henri Decoin. Henri Decoin, je l'ai déjà dit [1], avait montré dans *Battements de cœur* qu'il était capable par sa technique, sa « patte » de metteur en scène, de concurrencer, d'égaler certains cinéastes américains. *Battements de cœur*, tourné en 1939, était encore en distribution en 1941 lorsque parut *Premier rendez-vous* où Danielle Darrieux, charmante, malicieuse, semblait continuer l'avant-guerre dans la fantaisie romanesque. Les autres comédies « à l'américaine » de la Continental n'eurent pas l'éclat, le retentissement de ce film, que la jeunesse de l'Occupation devait garder dans son cœur en fredonnant pendant quatre ans la chanson du « premier rendez-vous » parlant

1. Voir chapitre IV.

d'amour et d'espoir. Danielle Darrieux parut encore dans *Caprices* de Léo Joannon et *La Fausse Maîtresse* d'André Cayatte, auxquels manquait le « style Decoin ». Son remplacement par Louise Carletti dans *Annette et la Dame blonde* de Jean Dréville nuisit quelque peu à cette comédie, où ne manquaient pas pourtant les ingrédients de la bonne recette du genre. Et Henri Decoin, séparé de sa vedette, rata *Mariage d'amour* (1942) avec la pâle Juliette Faber.

A la fin de 1941, en dehors de la Continental, l'infatigable Richard Pottier s'était essayé, lui aussi, à la comédie façon américaine avec *Mademoiselle Swing*. Tout en jouant d'une intrigue où une jeune fille d'Angoulême prenait une double personnalité pour tourner la tête d'un homme, il fit une incursion dans la comédie musicale. *Mademoiselle Swing* s'adressait à la jeunesse éprise de rythmes, esquissait un vague débat entre cette musique « moderne » et la solennelle musique classique représentée par Jean Murat, compositeur en province et propriétaire d'une maison d'éditions à Paris. A une époque où les « zazous » amateurs de jazz américain étaient honnis par les moralistes de la « France nouvelle » pour leur oisiveté, leur tenue vestimentaire, leurs cheveux longs et leurs goûts « dépravés » (timide avant-garde du Saint-Germain-des-Prés qui allait faire florès après la Libération), *Mademoiselle Swing* donna une vision très officielle de ce qui était toléré en matière de musique syncopée. Plutôt lent et encombré de scènes bavardes, le film de Richard Pottier ranima pour nous la nostalgie de ces petites comédies musicales françaises d'avant-guerre où se produisait l'orchestre de Ray Ventura. Celui-ci était en exil. Son équipe était dispersée. Raymond Legrand et son orchestre venaient de s'intaller à la place encore toute chaude. Gentillets, ils ne faisaient pas le poids. Raymond Legrand avait pour vedette féminine Irène de Trébert, sorte de poupée incolore chantant et dansant des claquettes. Elle se trouvait là associée à Pierre Mingand, un ancien partenaire de Danielle Darrieux, « jeune premier » vieillissant dont la séduction s'était évaporée. Irène de Trébert apparut comme un ersatz de Ginger Rogers sans Fred Astaire. Les chansons eurent un certain succès. Les tableaux de revue avaient été réglés de façon conventionnelle. Pas de quoi s'enthousiasmer. Ce « swing » des familles ne nous mettait pas des fourmis dans les jambes et de la joie au cœur. Les talents d'Irène de Trébert (voix acidulée, minaudière, entrechats appliqués de cours de danse) étaient bien minces. A *Mademoiselle Swing* nous avons préféré, et sans la moindre mauvaise conscience, les films allemands musicaux de Carl Boese, Georg Jacoby et Harald Braun faits pour Marika Rokk. Avec celle-là au moins, le spectacle s'emballait, même s'il y avait dans les imitations volontaires d'un certain cinéma américain une espèce de lourdeur germanique. Au contraire de *Premier rendez-vous, Mademoiselle Swing* n'a pas été le film où se retrouvaient les élans sentimentaux et l'attrait du bonheur perdu de notre génération. Nous y avons surtout aimé la volubilité habituelle d'Elvire Popesco et les apparitions de Saturnin Fabre, ce merveilleux hurluberlu.

« L'Honorable Catherine, » « L'Inévitable M. Dubois, » « Florence est folle »

En 1942 se produisit un petit événement qui relança, dans le goût français, la comédie « à l'américaine » : *L'Honorable Catherine* de Marcel L'Herbier. Le cinéaste de *La Nuit fantastique* donnait, là encore, un exemple. Il adressait un signe de complicité à tous les amateurs frustrés du genre hollywoodien. Le scénario et les dialogues de Solange Térac et Jean-George Auriol se référaient ouvertement à *Cette sacrée vérité* ou *L'Impossible Monsieur Bébé*, sur le thème de la femme et de l'homme qui se rencontrent, se chamaillent, se séparent et tombent dans les bras l'un de l'autre à la dernière séquence. La femme, c'était Edwige Feuillère, aventurière mondaine faisant chanter d'une façon « honorable » (elle leur vendait, très cher, des pendules pour prix de son silence), les couples illégitimes. L'homme, c'était Raymond Rouleau, élégant et charmeur, emporté dans le tourbillon de cette Catherine extravagante. Sous l'Occupation, ce film nous causa un véritable ravissement. Marcel L'Herbier avait trouvé dans sa mise en scène le ton et le rythme qui convenaient aux situations un peu folles imaginées par les scénaristes. Edwige Feuillère, duchesse de Langeais métamorphosée en héroïne fantaisiste, apportait une verve étourdissante. On la compara volontiers à Katharine Hepburn. L'enlèvement du couple par des voleurs de bijoux, l'accident de voiture, la nuit passée en prison et la pagaille flanquée par Catherine dans une fête au château de Raymond Rouleau permirent à Edwige Feuillère un beau récital. Il est certain que l'actrice, généralement vouée au drame, plut énormément au public de l'époque par cette composition où elle montrait une autre face de son métier. *L'Honorable Catherine* avait été fait par des gens de bon goût, possédant une vaste culture cinématographique. Mais, séparé de son contexte historique, le film de Marcel L'Herbier devait apparaître plus tard comme un exercice de style, un produit de qualité très élaboré, lié à l'esprit d'une époque où l'on cherchait la liberté, le plaisir et les souvenirs de la comédie américaine sophistiquée, au milieu des contraintes de la guerre et de l'Occupation, sous l'étouffoir moral de l'« État français ». On apprit par la suite qu'Henri Jeanson, « interdit de signature », avait travaillé aux dialogues. Pour Marcel L'Herbier et son équipe, le film avait été, dans le divertissement, un défi anti-allemand. Nous l'avions ressenti plus ou moins consciemment. Lorsque revinrent les comédies américaines et Katharine Hepburn, *L'Honorable Catherine* perdit évidemment de son importance. De toute façon, Edwige Feuillère fut plus étonnante et imprévisible dans cette œuvre de circonstance que dans *Lucrèce* (1943), comédie sentimentale laborieuse de Léo Joannon où elle tenait un rôle de comédienne prise, malgré elle, au piège de l'amour que lui portait un adolescent sevré d'affection (Jean Mercanton) l'ayant fait passer pour sa mère auprès de ses camarades de collège. On a pu oublier *Lucrèce* sans dommage et sans regrets. *L'Honorable Catherine* a laissé de bons souvenirs.

Marcel L'Herbier fut d'ailleurs imité. *L'Inévitable M. Dubois* de Pierre Billon, tourné à la fin de 1942, reprit la recette de la comédie à l'américaine, mitonnée cette fois par André-Paul Antoine et Marc-Gilbert Sauvajon. Annie Ducaux, directrice autoritaire d'une usine de parfums de Grasse, refusant les affaires de cœur pour les affaires tout court, s'éveillait peu à peu à l'amour grâce à l'obstination d'un peintre plein d'humour et de fantaisie (André Luguet), qu'elle avait malencontreusement renversé sur la route en conduisant à toute allure. Tout au long de cette comédie bien ficelée, parfois trépidante, agrémentée de dialogues boulevardiers, André Luguet, avec sa moustache ironique, venait perturber la vie de la jolie femme austère. Elle le retrouvait sur son chemin de manière toujours inattendue. Dubois avait plus d'un tour dans son sac. Au cours d'une nuit d'orage, il cachait tous ses parapluies pour obliger Hélène à revenir chez lui, trempée, dégoulinante. Il la grisait au champagne et l'on voyait fondre la glace de la parfumeuse, buvant coupe sur coupe à la chaleur d'un feu de bois. Pour Annie Ducaux, actrice un peu guindée dans des emplois de bourgeoise convenable, le rôle d'Hélène fut une occasion de faire des étincelles. Les féministes d'aujourd'hui diraient qu'en fait *L'Inévitable M. Dubois* montrait le triomphe du pouvoir phallocrate sur l'indépendance d'une femme ramenée par les roueries de la séduction à l'état d'objet ! Il est vrai qu'à l'inverse de l'honorable Catherine conquérant Raymond Rouleau, Annie Ducaux se laissait séduire et posséder par l'homme triomphant. Est-il bien besoin de faire cette « relecture » ?

Le succès de *L'Inévitable M. Dubois* en amena une imitation, avec le même couple vedette. Ce fut *Florence est folle*, de George Lacombe (1944), d'abord intitulé *M. Benoit perd la tête* pour rappeler le film de Pierre Billon. Annie Ducaux y était Lucile Benoit, l'épouse étroite d'esprit et frigide d'André Luguet, procureur général réduit à la portion congrue dans les rapports conjugaux de la chambre à coucher. Tombée en léthargie à la suite d'un accident de voiture, Lucile se réveillait, ayant tout oublié de sa personnalité et de sa vie. Elle prétendait être une vedette de music-hall, Florence Bolero. Elle ne reconnaissait plus son mari, dont elle faisait son impresario. Florence se montrait aussi extravagante et déchaînée que Lucile avait pu être austère et ennuyeuse. M. Benoit devait la suivre partout, se plier à ses fantaisies, en attendant le « choc psychologique » qui remettrait les choses en place. Il y avait là-dedans une « mise en boîte » de l'étude des troubles psychiques (Lucile se prenait pour l'héroïne d'un roman qu'elle avait écrit en cachette et dont tous les chapitres se vérifiaient dans ses nouveaux rapports avec Jérôme Benoit) et quelques scènes bien enlevées, très drôles. Une paire de gifles ramenait Lucile à la raison mais, ayant révélé son inconscient, elle ne serait plus au mot « fin » la même femme, pour le grand bonheur de son mari.

Par deux fois, donc, ainsi qu'Edwige Feuillère dans *L'Honorable Catherine*, Annie Ducaux éclata dans une fantaisie plus ou moins inspirée du modèle américain. Un nouveau courant de la comédie se manifestait dans le cinéma français. Il prit fin avec *Mademoiselle X...*, de Pierre Billon (1944), dont Marcel Achard avait écrit le scénario et les dialogues à la manière de *L'Inévitable M. Dubois* et de *Florence est folle*. André Luguet, devenu cette fois auteur dramatique, recueillait chez lui une jeune femme qui s'était évanouie devant sa porte. Provisoirement amnésique et prompte à jouer du revolver, l'inconnue chamboulait son existence, retrouvait son nom, Madeleine, et s'éprenait de l'auteur dramatique après avoir voulu reconquérir son amant, un grand couturier (Aimé Clariond). « Le style américain » ne se manifestait plus que par éclairs dans *Mademoiselle X...* Le film, entrepris en mai 1944, le dernier de la production française sous l'Occupation, sortit en 1945. Il passa inaperçu, ou presque. Il semblait venir d'une lointaine époque. André Luguet y était égal à lui-même. Madeleine Sologne, dans un rôle fantaisiste, ne fut pas appréciée. La « malédiction » de *L'Éternel retour* commençait à peser sur elle : qu'allait faire la Nathalie-Iseut de Cocteau et Delannoy dans cette galère boulevardière, où l'on claquait les portes comme au théâtre et où l'amour paraissait bien terre à terre ? Eh bien, elle cherchait à se renouveler et elle y parvenait. C'était insolite, et très intéressant. Je veux bien que *Mademoiselle X...* ait été un film médiocre. Madeleine Sologne, elle, était excellente. Ce comique-là lui allait bien. Il faudrait revoir au moins la scène où, soupant avec Ketty Gallian, qu'elle considérait comme sa rivale, elle croquait une cuisse de poulet, forçait un peu sur le champagne et finissait par tutoyer et embrasser l'autre, dans une complicité bien féminine.

Entre *L'Inévitable M. Dubois* et *Florence est folle*, il y eut aussi deux comédies, toutes deux tournée en 1943, qu'on put dire « à l'américaine ».

Bonsoir mesdames, bonsoir messieurs, film produit et réalisé par Roland Tual, avait été écrit par le poète Robert Desnos (déporté, il mourut dans un camp de concentration en 1945) avec le concours de Claude Marcy, compagne d'Henri Jeanson, qui fit de plus partie de la distribution. On y entrait dans les coulisses d'une station radiophonique, où des personnages délicieusement farfelus jouaient au jeu de l'imposture amoureuse. Desnos le surréaliste y faisait se mêler un monde réel caricaturé avec humour, l'imagination et les rêves d'une femme romanesque (Gaby Sylvia), éprise du « ténor sans voix », chanteur des ondes idéalisé par elle. Son mari, Jacques Jansen (alors spécialiste, à l'Opéra, de Pelléas, dans *Pelléas et Mélisande* de Debussy), se faisait par jalousie chanteur radiophonique sous le pseudonyme du « ténor avec voix ». Plusieurs intrigues s'entrecroisaient dans cette comédie à rebondissements, mise en scène avec beaucoup de verve et un brin de poésie, où Carette apportait sa bonne part de comique funambulesque.

Avec *Je suis avec toi* (tiré d'un scénario de l'auteur belge Fernand Crommelynck, qui fut d'ailleurs mécontent de l'adaptation), Henri Decoin retrouva son inspiration et son style de *Battements de cœur* et de *Premier rendez-vous*. Une femme, Elisabeth, partant pour les États-Unis en bateau, se mettait à douter de la fidélité de son mari, François, qu'elle laissait seul pour la première fois depuis dix ans. Quittant le bateau à l'escale de Southampton, elle revenait à Paris et allait loger dans le palace où François avait décidé de l'attendre. Elle se faisait passer pour une touriste belge, Irène, et naturellement François s'éprenait du « sosie » d'Elisabeth, si différente dans son comportement de la bourgeoise réservée qu'était son épouse. Ce dédoublement de personnalité provoquait des quiproquos et donnait lieu à des séquences parfaitement rythmées, emportant le spectateur dans un univers de comédie légère et sophistiquée. Les scènes du début et de la fin sur les quais du Havre avec les beaux décors de Lucien Aguettand et le paquebot transatlantique « Ile-de-France » rappelant notre prestigieux « Normandie » d'avant-guerre, le scandale et la bagarre à l'hôtel, la folle soirée dans un restaurant et sur les toboggans d'un luna-park nous rendaient le Decoin des grands jours et la nostalgie d'Hollywood. Malheureusement, Yvonne Printemps et Pierre Fresnay tenaient les rôles faits pour des personnages beaucoup plus jeunes. Les grâces surannées d'Yvonne Printemps donnaient une impression d'artifice. Pierre Fresnay était, malgré son métier très solide, un peu emprunté. Bernard Blier, lui, en amoureux transi d'Elisabeth cherchant à séduire Irène, tirait brillamment son épingle du jeu. On aurait préféré Danielle Darrieux ou Micheline Presle, Louis Jourdan ou Claude Dauphin dans le couple-vedette. Et pourtant, le public fit un très bon accueil à *Je suis avec toi*, à cause d'Yvonne Printemps et Pierre Fresnay évoquant ce grand succès d'avant-guerre qu'avait été l'opérette filmée *Trois valses*.

La tradition boulevardière

En définitive, une douzaine de films, dont cinq produits par la Continental, essayèrent de transposer les prestiges regrettés de la comédie américaine dans ce cinéma d'occupation où le divertissement, comme l'adaptation des œuvres littéraires, était considéré comme une nécessité. Une trentaine par contre se référèrent à la comédie de boulevard de tradition française d'où était sortie, dès le début du parlant, une bonne part du cinéma français des années 30. La grande majorité en fut sans intérêt. L'énumération de ces produits de simple consommation commerciale risque d'être fastidieuse. Je me hasarde pourtant à la faire, année par année, dans l'ordre chronologique des tournages. Quantitativement, ce ne fut pas sans importance. Ces films furent répandus dans les salles de province. Leur existence élargit le panorama historique tracé, dans les seules limites de la qualité artistique, par les critiques et les historiens. Ils ont eu un certain impact sur le public populaire et donc, au moins, un intérêt sociologique.

1941. *L'Étrange Suzy*, de Pierre-Jean Ducis, raconta, sur un scénario et des dialogues d'Yves Mirande, auteur boulevardier par excellence, l'histoire d'une femme se faisant passer pour folle afin de donner une leçon à son mari. *Les Deux Timides*, première réalisation d'Yves Allégret, le frère de Marc, signant alors Yves Champlain, fut une adaptation assez terne du vaudeville de Labiche. Jean de Limur ne craignit pas de reprendre le titre de l'admirable film surréaliste de Bunuel, *L'Age d'or* [1], pour une plate bouffonnerie autour d'un billet de loterie gagnant dérobé à une femme de chambre (Elvire Popesco) par son patron, bourgeois toujours à court de fric. *Ne bougez plus*, de Pierre Caron, auquel le chansonnier Roméo Carlès apporta son concours, releva de l'imbécillité pure. *Le Valet maître*, de Paul Mesnier, d'après une pièce de Paul Armont et Léopold Marchand, ramena Henri Garat, jeune premier décati, et Elvire Popesco dans les eaux basses

1. Réalisée en 1930, l'œuvre de Bunuel avait suscité des réactions violentes lors d'une projection au Studio 28. Interdite depuis, le grand public l'ignorait donc complètement, mais les critiques y firent allusion.

du vaudeville. *Chèque au porteur*, de Jean Boyer (scénario original !), opposa un porteur de la gare de Lyon à une famille d'aristocrates. Il avait pris l'identité d'un de ses membres, revenu du Mexique après trente-cinq ans d'absence et faisant la noce à Paris.

Il faut retenir *Histoire de rire* de Marcel L'Herbier. Cette adaptation d'une pièce d'Armand Salacrou fut remarquablement « mise en film » avec des mouvements de caméra fluides, un découpage faisant oublier le théâtre, une direction d'acteurs éblouissante : Fernand Gravey, Micheline Presle, Bernard Lancret, Marie Déa, Pierre Renoir, Gilbert Gil. Une femme se faisait passer pour infidèle afin d'éprouver son mari qui la négligeait. Une autre, quittant son époux pour un amant passionné, se révélait menteuse et décevante. Cette comédie frôlait, en demi-teintes, le drame psychologique. Essai sur l'inconstance et la frivolité féminines, voilà un des meilleurs films parlants de Marcel L'Herbier, dont des problèmes de droits, semble-t-il, empêchent aujourd'hui une programmation à la télévision, où on pourrait le redécouvrir.

On peut donner aussi une mention au *Briseur de chaînes* de Jacques Daniel-Norman, tiré de *Mamouret*, pièce de Jean Sarment qui avait eu du succès au théâtre. Ce film était porté par une forte composition de Marcelle Géniat, ancêtre plus que centenaire d'une dynastie bourgeoise installée dans une bourgade de province. En favorisant l'idylle de son arrière-petite-fille avec un dompteur de cirque, petit-fils d'un briseur de chaînes dont elle avait été jadis la maîtresse, Mamouret, vieille dame très digne qu'un ministre venait décorer de la Légion d'honneur, révélait à sa famille atterrée ses frasques de jeunesse. Bien que portant le nom de son mari, quatre de ses cinq fils étaient les fruits d'amours illégitimes. Marcelle Géniat maniait l'autorité et l'humour, et Charles Dullin était bien savoureux en octogénaire gâtifiant, colonel de dragons en retraite, ayant gardé des façons de traîneur de sabre. Cette comédie eut des difficultés avec les autorités de Vichy. Le titre original *Mamouret* dut être remplacé par *Le Briseur de chaînes*. « *Mamouret*, précisa Roger Régent, *étant le nom de l'aïeule centenaire qui avoue n'avoir pas eu toujours une vie irréprochable, il n'est pas opportun, déclarèrent les censeurs, d'attirer encore l'attention sur le personnage en choisissant son nom pour en faire le titre du film !... Le sentiment fami-*

lial risquait d'être ainsi bafoué et le respect que l'on doit aux ancêtres compromis... La censure n'allait pas jusqu'à dire : cela serait regrettable dans un temps où la France a pour chef un vieillard de quatre-vingt-six ans, mais nous supposons que telle était sa secrète pensée [1]. » Sans avoir été au courant de cela dans ma province, je me souviens avoir trouvé très réjouissante cette centenaire échappant au conformisme familial en rappelant ses aventures galantes. Je me souviens aussi avoir considéré Charles Dullin comme une caricature du maréchal Pétain. Les représentants de Vichy n'avaient, eux, été alertés que par l'atteinte à la morale et à l'esprit de famille. Le vieillard retombant en enfance et soumis à sa mère, cette Mamouret à la forte tête et au franc-parler, n'avait pas attiré leur attention !

Après cela, la production 1941 de comédies retomba dans les conventions boulevardières. *Les Jours heureux*, de Jean de Marguenat, d'après une pièce remarquée avant la guerre, montra avec une mièvrerie insupportable les troubles des premières amours chez des adolescents, au milieu desquels Pierre Richard-Willm, aviateur tombé du ciel, n'était pas à son avantage. *Ce n'est pas moi*, de Jacques de Baroncelli, écrit par Yves Mirande, fut une variation sans originalité sur le thème du sosie (Jean Tissier, rapin prenant la place d'un banquier, et réciproquement). Victor Boucher y tint son dernier rôle avant sa mort. *Six petites filles en blanc*, d'Yvan Noé, confronta, dans une fantaisie laborieuse, Jean Murat quinquagénaire et Janine Darcey, adolescente romanesque se jetant à sa tête avant de choisir un garçon de son âge. *Le Prince charmant*, de Jean Boyer, scénario et dialogues de Michel Duran, accumula des quiproquos sentimentaux entre une jeune fille du peuple prise pour une aristocrate et un fils d'authentiques aristos se faisant passer pour un mauvais garçon. Jimmy Gaillard, piètre comédien, représentait à l'écran la « jeunesse swing » susceptible de s'amender. *Pension Jonas*, de Pierre Caron, dépassa encore en bêtise (dans sa présentation au burlesque déchaîné) *Ne bougez plus*, du même réalisateur, dont l'activité, heureusement, allait s'arrêter là. Selon Roger Régent, la censure interdit *Pension Jonas* « pour imbécillité » puis en autorisa finalement la sortie. Ce

3. *Cinéma de France*, op. cit.

« navet » nous fit crouler de rire par dérision. Tout y était vulgaire, stupide et fichu n'importe comment. La mode du « nanar » pourrait peut-être, de nos jours, récupérer *Pension Jonas* où le père Larquey, déguisé en clochard, logeait dans une baleine empaillée. *Dernière Aventure*, de Robert Péguy, tenta de moderniser une pièce « Belle Époque » de Flers et Caillavet, avec séducteur sur le retour, fils naturel légitimé, en prêchant l'ordre familial et les vertus de la vie à la campagne. *Boléro*, de Jean Boyer, fut du simple théâtre filmé (une pièce de Michel Duran) à la va-vite, avec de bons numéros d'André Luguet et Arletty.

1942. La comédie de boulevard perdit nettement du terrain. La qualité générale s'élevait, la renaissance du cinéma français ne se mesurait plus seulement au nombre de films produits. Roger Ferdinand adapta sa pièce *L'Amant de Bornéo*, que tourna Jean-Pierre Feydeau et où apparut Arletty, éblouissante de gouaille et d'humour, dans une séquence de music-hall où elle passait d'un numéro de femme-fakir à une chanson : « *Je crois qu'c'est arrivé* », au milieu de girls. Morceau d'anthologie à détacher d'un film médiocre où sur la fin, pourtant, Jean Tissier jouait (très bien) avec Arletty une scène sentimentale à la Sacha Guitry. Fernand Gravey, Simone Renant, Bernard Blier et Denise Grey donnèrent quelque relief à *Romance à trois* de Roger Richebé, tiré d'une pièce de Denys Amiel. Il ne faut pas oublier qu'on se déplaçait très souvent pour les acteurs, et bien des films médiocres ont eu une carrière commerciale satisfaisante grâce à leurs interprètes. Dans *A vos ordres, Madame*, de Jean Boyer, d'après une nouvelle d'André Birabeau, Jean Tissier, Suzanne Dehelly et Jacqueline Gauthier firent rire et c'était, au fond, tout ce qu'on leur demandait. *Défense d'aimer*, de Richard Pottier, eut pour atouts majeurs l'impassible Paul Meurisse emporté dans un tourbillon et Suzy Delair, comédienne très populaire depuis sa création de Mila Malou dans les films policiers de la Continental, *Le Dernier des six* et *L'Assassin habite au 21* [1]. Pour *La Belle aventure*, adaptation « modernisée » d'une pièce de Flers et Caillavet, avec confusion d'identité de deux personnages masculins, Marc Allégret avait réuni Claude Dauphin, Louis Jourdan, Micheline Presle, les meilleurs

1. Voir chapitre IV.

acteurs de comédie de l'époque, Gisèle Pascal, étoile montante, et une certaine Danièle Girard, brunette piquante qui allait devenir Danièle Delorme. Mais, comme *Félicie Nanteuil* — tourné la même année —, ce film fut interdit par les autorités allemandes, Claude Dauphin ayant rejoint les Forces Françaises Libres [1]. Il sortit en 1945. Pour l'année 1942, il faut encore citer *Fou d'amour*, de Paul Mesnier. Henri Garat et Andrex se dépensèrent en vain dans une histoire idiote où Elvire Popesco faisait quelques apparitions en kleptomane qu'on ne pouvait laisser seule deux minutes sans qu'elle fauche quelque chose.

1943. Le boulevard se trouva représenté par *Vingt-cinq ans de bonheur* de René Jayet, d'après une pièce de Germaine Lefrancq ; *Domino* de Roger Richebé, d'après une pièce de Marcel Achard, où se distinguèrent Fernand Gravey, Simone Renant, Bernard Blier et Aimé Clariond ; et *Feu Nicolas* de Jacques Houssin. Ce film, écrit par des auteurs de vaudeville — Mouëzy-Eon et Jean Guitton —, promena Rellys dans des aventures extravagantes, pas toujours drôles. Le thème de l'homme passant pour mort et cherchant à reprendre de l'argent qui lui appartient semblait déjà usé jusqu'à la corde. Le meilleur moment de *Feu Nicolas* fut une scène de boîte de nuit où Léo Marjane chantait « *J'ai vendu mon âme au diable* ».

La Boîte aux rêves fournit, en cours de réalisation, pas mal de copie aux échotiers des hebdomadaires de cinéma. Viviane Romance en avait apporté « l'idée » à un producteur [2]. Elle ne s'entendit pas avec les scénaristes chargés de construire une histoire à partir de cette idée, non plus qu'avec Jean Choux, qui commença la réalisation et l'abandonna très vite. On a peut-être exagéré les caprices de la vedette et ses démêlés avec les auteurs et les metteurs en scène. *La Boîte aux rêves* fut finalement réalisé par Yves Allégret, les dialogues étant signés par René Lefèvre. On a dit beaucoup de mal de ce film — présenté en 1945 — et ce fut un peu injuste. Viviane Romance s'essayait à la comédie légère en jouant le rôle d'une fille de banquier partageant incognito la vie de quatre amis, bohèmes

---

1. Voir chapitre VIII.
2. Le premier scénario aurait été écrit, en fait, par Edmond T. Gréville, qui n'avait pas le droit de travailler.

fréquentant les cafés de Saint-Germain-des-Prés, ce qui lui allait bien, mais la mise en scène manquait de rythme et de fantaisie, les conditions de tournage ayant été sans doute éprouvantes. Yves Allégret n'avait pas encore trouvé son style. Simone Signoret y tenait, une fois de plus, un petit rôle.

Les Petites du quai aux fleurs, de Marc Allégret, entrepris à peu près à la même date que *La Boîte aux rêves*, sortit en mai 1944. L'esprit boulevardier de Marcel Achard, auquel Jean Aurenche était associé pour le scénario, se faisait agréablement sentir dans les jeux de l'amour et du hasard organisés par Odette Joyeux, cherchant à séduire le fiancé d'une de ses sœurs. Le début était très bien mené : dans une cabine téléphonique, Odette Joyeux annonçait à Louis Jourdan qu'elle allait se tuer à cause de lui ; elle s'enfuyait ; le téléphone permettait la rencontre de Bernard Blier et Louis Jourdan, qui se mettaient à la poursuite de la fugitive. Une équipée en motocyclette se terminait dans une mare, sur la route de Fontainebleau. Après, le film traînait un peu, avec les différentes intrigues amoureuses des quatre filles du libraire du quai aux fleurs, le débonnaire André Lefaur. Les lycéens de dix-sept ans que nous étions, en cette dernière année de l'Occupation, se sentaient troublés par les sœurs d'Odette Joyeux (celle-ci portait pour nous l'image bien différente de Chiffon et de Douce), des inconnues ou presque, Danièle Delorme, Simone Sylvestre, Colette Richard, évoluant en combinaison dans l'intimité de leurs chambres. Un grand garçon très maigre et chargé d'un court rôle nous plaisait déjà par le romantisme que nous devinions en lui : c'était Gérard Philipe débutant. Il y eut encore une comédie, historique celle-là, *Échec au Roy* de Jean-Paul Paulin. Odette Joyeux, demoiselle de Saint-Cyr, mettait plus d'une heure à tomber dans les bras d'un beau vicomte interprété par Georges Marchal. Dans cette bluette en costumes XVIIIe siècle fade et ennuyeuse, Gabrielle Dorziat était une Madame de Maintenon très vraisemblable, Maurice Escande un Louis XIV ridicule.

1944, année troublée, vit la production cinématographique se ralentir considérablement (17 films de janvier à mai) avant de s'interrompre. *Le Merle blanc*, de Jacques Houssin, où un brave ouvrier donnait une leçon à de vilains bourgeois profiteurs, tandis que de gentils amoureux s'employaient à faire tomber les barrières de classe, donna à Carette l'occasion de tenir la vedette devant le jeune premier Georges Rollin. Dans cette comédie moralisante, Carette bousculait le conformisme et faisait, comme les comparses Saturnin Fabre et Jean Tissier, son numéro personnel.

Les films à sketches

C'est encore au théâtre de boulevard que se référèrent six films à sketches tournés pendant cette période, avec des histoires comiques ou dramatiques reliées par un fil conducteur souvent artificiel. Ils alignaient des distributions susceptibles d'attirer le public. Yves Mirande qui, avant la guerre, avait adroitement (*Le Billet de mille, Café de Paris, Derrière la façade*) porté ce genre vers l'étude de mœurs, sur des idées toujours originales, se laissa aller à la facilité avec *Les Petits Riens* (Raymond Leboursier, 1941). Il s'offrit la coquetterie de jouer un auteur dramatique volage entre Simone Berriau et Suzy Prim ; il fit raconter par Cécile Sorel, vieille Célimène replâtrée, une anecdote inspirée de potins historiques. Facilité encore, avec *La Femme que j'ai le plus aimé* (Robert Vernay, 1942), où seul le sketch d'Arletty et Noël-Noël eut de l'esprit et du piquant. Yves Mirande montra plus d'invention dans le scénario de *Jeunes filles dans la nuit* (René Le Hénaff, 1942) en revenant à l'étude de milieu et de mœurs avec une certaine causticité. Auteur complet de *La Cavalcade des heures* (1943), Yvan Noé tenta d'exprimer une philosophie fumeuse sur le temps et le destin des hommes. *La Collection Ménard*, de Bernard Roland (1943), usa de toutes les ficelles du genre pour promener dans Paris une jeune Indochinoise à la recherche de son père. *Farandole*, d'André Zwobada (1944), ne releva pas la réputation d'un metteur en scène égaré depuis *Croisières sidérales* et *Une étoile au soleil*. Mais le scénario était d'Henri Jeanson, interdit par les Allemands et travaillant alors sous le pseudonyme de « Privey », trait d'esprit bien dans sa manière. A la suite du suicide d'un banquier, une somme d'argent passait de main en main et revenait, finalement, à un personnage du premier sketch. C'était, en somme, le mécanisme de la pièce d'Arthur Schnitzler, *La Ronde*, que peu de Français devaient connaître à l'époque et dont Max Ophuls réalisa une superbe adaptation en 1950. *Farandole* fut distribué en 1945. On n'y prêta pas attention.

Les fernandelleries

De 1940 à 1943, Fernandel, comique populaire devenu une sorte d'institution nationale, tourna dans onze films, dont deux seulement, *La Fille du puisatier* de Marcel Pagnol et *Simplet,* qu'il réalisa sous la supervision de Carlo Rim, montrèrent qu'il pouvait être autre chose qu'un pitre de vaudeville vulgaire. Mettons aussi à part le berger de *La Nuit merveilleuse* de Jean-Paul Paulin. *Un chapeau de paille d'Italie* (1940) de Maurice Cammage, transposition moderne stupide de la pièce de Labiche, où Fernandel usait et abusait de son sourire chevalin (Charpin, dentiste, examinait même ses dents à la loupe !), son sketch des *Petits Riens* avec Jules Berry, *Une vie de chien* (1941), de Maurice Cammage encore, où il se déguisait en femme, *Le Club des soupirants* de Maurice Gleize (1941), suivirent la tradition des grosses farces d'avant-guerre. *La Bonne étoile,* de Jean Boyer (1942), imita timidement les comédies de Pagnol. *Ne le criez pas sur les toits*, de Jacques Daniel-Norman (1942), eut un peu plus de tenue, grâce à une mise en scène assez nerveuse. Mais on croulait sous l'accumulation de péripéties vaudevillesques à partir de l'invention d'une « rose éternelle » et d'une formule de carburant convoitée par un groupe industriel. Dans *La Cavalcade des heures*, Fernandel, chômeur offrant à sa petite amie (Meg Lemonnier) un dîner dans un grand restaurant et coincé à l'heure de l'addition, apporta un peu de détente et de bonne humeur. *Adrien* (1943), dont il assura la réalisation, fut une véritable catastrophe. Il est impossible de défendre ces « fernandelleries ». Nous allions pourtant les voir, sans illusions sur leur valeur, pour constater jusqu'où pouvait aller la bêtise de ce burlesque à la française qui avait fait fureur dans les années 30. Il est vrai que nous aimions bien Fernandel, même dans ses plus mauvais films. Et certaines de ses chansons nous mettaient en joie par leur absurdité probablement involontaire. Nous les savions par cœur, mieux que les vers des tragédies de Corneille qu'on nous enseignait. Fernandel était un phénomène. Sévères pour les metteurs en scène des « navets » dont il était la vedette, nous avions pour lui une grande indulgence. Je me demande si sa force n'était pas, justement, de s'imposer comme un personnage en soi, un caractère au milieu des histoires les plus ineptes et des gags façon vaisselle cassée, coups de pied au cul, dégringolade dans les escaliers et meubles passés par les fenêtres.

Tino Rossi, Charles Trenet, Édith Piaf

Voilà encore un domaine, méprisé des critiques, que nous n'avons pas dédaigné. Tino Rossi et sa voix langoureuse n'était pas seulement l'idole des midinettes. Je n'avais manqué aucun de ses films d'avant-guerre. Quand il reparut au cinéma, sous l'Occupation, ce fut la même chose. Tino Rossi ne savait pas jouer la comédie, ce qui n'avait pas grande importance à mes yeux, je l'avoue. J'aimais l'entendre chanter. Tout de même, ce fut une rude surprise de le voir dans *Le soleil a toujours raison*, de Pierre Billon (1941), poussant une romance assis dans une barque portée sur une voiture à cheval. Cette barque, Tino, pêcheur provençal en bisbille avec sa fiancée (Micheline Presle), allait la livrer en Camargue à un homme mystérieux (Charles Vanel), misanthrope vivant dans un mas isolé avec une gitane interprétée par Germaine Montero. Curieux film, dont le scénario et les dialogues étaient de Jacques Prévert. D'un côté, Tino, ses roucoulades et ses amours dans lesquelles intervenait Pierre Brasseur, camelot baratineur ; de l'autre Vanel, homme dur et fermé, haïssant la lumière du soleil et le bruit, prêt à tuer pour garder la femme de hasard échouée chez lui. Le mythe Tino Rossi touché par le réalisme poétique, il y avait de quoi être déconcerté ! J'ai gardé un certain attachement pour cette œuvre hybride, bizarre, qu'on aurait pu aussi bien prendre pour un canular de Prévert. Dans *Fièvres*, de Jean Delannoy (1941), Tino Rossi devint un « homme fatal », un ténor d'opéra vampé par Jacqueline Delubac et causant la mort de sa femme tuberculeuse, puis, retiré sous un faux nom dans un village de Provence, vampé à nouveau par Ginette Leclerc, plus garce sensuelle que jamais, aux dépens du brave René Génin. Cette histoire dramatique était construite sur un retour en arrière : le prieur d'un monastère racontait le passé d'un de ses moines, frère Marco, chantant l'"*Ave Maria*" de Schubert dans la chapelle. De l'Opéra où il interprétait la sérénade de *Don Juan* au couvent où sa voix se mettait au service de la religion, Tino Rossi était certes inattendu mais, tout compte fait, intéressant et même émouvant. Jean Delannoy avait pris le scénario et le chanteur au sérieux. Sa mise en scène était soignée, efficace.

Madeleine Sologne en épouse délaissée, douloureuse, errant sous la pluie avant de mourir, bercée par le refrain *"Maria"* nous fit pleurer. C'est de *Fièvres* que date mon admiration pour cette comédienne très sobre, très subtile, et d'une beauté singulière. *Le Chant de l'exilé* d'André Hugon (1942), voilà, par contre, un « navet » de la plus belle espèce. Les aventures mélodramatiques de Tino Rossi, paysan basque (!) se croyant meurtrier et s'exilant en Afrique pour servir dans une compagnie de pionniers sahariens, c'était gratiné ! Des sacs de sable déversés dans un studio des Buttes-Chaumont représentaient le désert africain. Tout là-dedans était médiocre, bête, bâclé. Les chansons n'apportaient même pas une consolation à l'indigence de ce film incroyable. Mais André Hugon, « auteur » déjà de *Chambre 13* (1940) et de *La Sévillane* (1941) a-t-il jamais réalisé un film convenable ? *Mon amour est près de toi*, de Richard Pottier (1943), fit de Tino Rossi un chanteur amnésique devenant marinier sur une péniche. Et dans *L'Ile d'amour* (1943), qui se passait en Corse (extérieurs tournés dans le midi), il mourut de mort violente, pour la première fois à l'écran, vendetta obligeant.

Autre chanteur célèbre et bien différent, Charles Trenet, déjà vedette de cinéma à la fin des années 30, devint le héros de *Romance de Paris* (Jean Boyer, 1941), mal servi par un scénario conventionnel : en ouvrier parigot devenu étoile de music-hall après des complications familiales et sentimentales, Charles Trenet, poète et « fou chantant », n'eut pas l'aisance de Maurice Chevalier, auquel on pensait forcément devant ce personnage. Il était trop gentil, trop édifiant, trop bichonné. Il fut bien mieux employé dans *Frédérica* (Jean Boyer, 1942), film tiré d'une pièce de Jean de Letraz, vaudevilliste du Palais-Royal, et dont l'argument semblait pourtant inventé par lui, dans l'esprit de ses chansons poétiques et funambulesques. Chanteur-compositeur, rêveur de clair de lune, Gilbert Legrand - Trenet avait inventé une femme imaginaire, Frédérica, à laquelle il envoyait des lettres enflammées, au hasard, dans un palace de Saint-Moritz. Un jour surgissait une vraie Frédérica qui avait reçu les lettres, et c'était Elvire Popesco. Cette rencontre entre le rêve et la réalité aurait pu donner une œuvre originale. Jean Boyer resta dans le « théâtre filmé » bien réglé, amusant, Trenet incarnant son propre personnage et chantant là quelques-unes de ses plus jolies chansons. On le vit, vedette de cabaret comblée, homme mélancolique et solitaire, dans un sketch de *La Cavalcade des heures* où il offrait un réveillon intime à Hora, la « fille du temps » transformée, pour la circonstance, en vieille pauvresse. Je parlerai dans le chapitre suivant d'*Adieu Léonard*, de Pierre Prévert (1943), où son interprétation fut très discutée.

Jean Tranchant, à l'époque assez prisé et complètement oublié par la suite, parut dans *Ici l'on pêche* de René Jayet (1941), mélodrame sirupeux où Jane Sourza et Arthur Devère, aubergistes au grand cœur des bords de la Marne, eurent plus de présence que lui. Édith Piaf fit ses débuts au cinéma dans *Montmartre-sur-Seine*, de Georges Lacombe (1941). Débuts peu convaincants. Elle jouait maladroitement une marchande de fleurs de la Butte devenant vedette de cabaret (tiens, pardi !) et perdant l'homme qu'elle aimait (on ne peut pas tout avoir !). Le scénario de Lacombe et André Cayatte était assez embrouillé, et Montmartre était présenté selon les clichés habituels pour touristes. Quand Piaf chantait, il se passait quelque chose. Quand elle ne chantait pas, elle mettait mal à l'aise. Peu photogénique, elle était dans ce film mélo mal photographiée et son visage souffreteux causait un certain malaise. Sans les feux de la rampe, Piaf paraissait une ombre livide, une sorte de zombie.

Comédies diverses

Ainsi allait, du meilleur au pire, la comédie commerciale pour salles populaires dans cette drôle d'époque. Ce courant du cinéma français d'occupation n'a jamais été sérieusement exploré. Il a pourtant apporté au public des distractions qu'il ne refusait pas. Loin du modèle américain, du boulevard et des films à chanteurs, j'y rangerai trois films à part : *Premier Bal, Le Camion blanc* et *L'aventure est au coin de la rue. Premier Bal*, excellente comédie sentimentale de Christian-Jaque (1941), où Marie Déa et Gaby Sylvia, deux sœurs foncièrement dissemblables, se disputaient le cœur de Raymond Rouleau. Film d'actrices joliment mis en scène, avec une sorte de grâce, des nuances psychologiques, un climat romanesque très prenant. Film en dehors du temps, discrètement émouvant (la mort du père, Fernand Ledoux, au milieu de ses pendules qui, pour la première fois, sonnent toutes ensembles), dont le charme reste intact aujourd'hui. Gaby Sylvia, qui ne fut pas très gâtée par le cinéma, y trouva son meilleur rôle en coquette intrigante, gagnant toujours la partie. Marie Déa y fut merveilleuse avant de se figer dans les atours moyenâgeux des *Visiteurs du soir*. *Le Camion blanc*, de Léo Joannon (1942), devait rester une œuvre insolite dans la carrière d'un metteur en scène qui ne brilla ni par la finesse ni par l'originalité. Il conta là une guerre de succession royale entre les gitans du nord et les gitans du sud, en France. A l'instigation de Jules Berry, représentant des tribus du Nord, François Périer conduisait la roulotte contenant la dépouille du roi défunt dans un énorme camion blanc, selon un itinéraire rituel. Charpin, représentant des tribus du sud, semait sur cet itinéraire des embûches pour empêcher le camion d'arriver à temps au cimetière gitan où devait avoir lieu l'élection du nouveau roi. Ce qui nous valut, entre autres, une scène surprenante où des éléphants de cirque tiraient le véhicule des sables du mont Saint-Michel où il s'était enlisé. Marguerite Moreno, hiératique et drapée de noir, était la veuve du roi défunt. Mêlant l'humour et le drame, Joannon fut bien mieux inspiré ici que dans *Lucrèce* et *Le Carrefour des enfants perdus*. Et il est curieux qu'en un temps où les gitans étaient maltraités, déportés par les nazis, *Le Camion Blanc*, comme *Cartacalha* de Léon Mathot, se soient attachés à leurs mœurs, à leurs coutumes d'une façon certes pittoresque mais, en tout cas, nullement méprisante, nullement marquée de préjugés raciaux. *L'aventure est au coin de la rue*, de Jacques Daniel-Norman (1943), traita sur un rythme ultra-rapide — surtout dans la deuxième partie — une comédie policière au scénario très astucieux, dont le réalisateur était aussi l'auteur. Raymond Rouleau, industriel bâillant d'ennui à la vie, était mystifié par des copains le plongeant dans une aventure rocambolesque, avec miniature volée, château mystérieux, attaque de faux gangsters. Or, les petits malins avaient recoupé, sans le savoir, une véritable histoire de bandits. Raymond Rouleau se croyait encore mené en bateau alors que la réalité avait rejoint la fiction. Cette interférence de deux univers fit de *L'aventure est au coin de la rue* une réussite en son genre (peu pratiqué en France), comme *L'Honorable Catherine* dans la comédie à l'américaine. La belle Michèle Alfa, chanteuse de boîte de nuit et chef de bande, rappelait d'ailleurs certaines aventurières d'Hollywood. Ce film de Jacques Daniel-Norman fut un grand succès public. Et une saine réaction contre la sclérose théâtrale d'un certain cinéma de divertissement.

XII
Adieu Léonard ou l'esprit de dérision

Réussies ou non, « à l'américaine » ou boulevardières, les comédies cinématographiques se cantonnèrent dans un certain conformisme. Les Français, « cartésiens » comme on sait, aiment que la fantaisie garde une certaine logique. Les situations trépidantes assaisonnées de mots d'auteurs, les vaudevilles, la grosse farce, le comique troupier (par lequel fut formé Fernandel) doivent suivre des traditions solides pour être acceptés. Si, avant la guerre, les comédies sophistiquées « made in Hollywood » et les films de Laurel et Hardy n'avaient rien eu de vraiment dérangeant, le sens de l'absurde et l'agressivité destructrice des Marx Brothers n'avaient été appréciés que par les intellectuels, l'élite cultivée des spectateurs. Cela paraît inconcevable de nos jours. Mais, dans les années 30 et 40, il y avait un refus plus ou moins conscient d'un humour tournant à la dérision, et bousculant les habitudes. N'oublions pas que *Drôle de drame*, de Jacques Prévert et Marcel Carné, inspiré d'ailleurs d'un roman anglais cultivant le *nonsense* — *La Mémorable et Tragique Aventure de Mr Irwin Molyneux* par J. Storer-Clouston —, connut un échec retentissant, malgré le « *Bizarre, bizarre* » de Louis Jouvet, avant de devenir grâce aux ciné-clubs un « classique » et de faire, trente ans plus tard, les beaux soirs de la télévision. *Adieu Léonard*, de Pierre Prévert (1943), rencontra la même incompréhension sans avoir eu, ensuite, la chance de *Drôle de drame*. Ce film insolite, cocasse, saugrenu, n'a jamais refait surface, provoquant un malentendu (la présence, en vedette, de Charles Trenet dans une comédie loufoque ne collant pas à son personnage de chanteur) qui ne s'est pas dissipé.

Pierre Prévert avait trente-sept ans lorsqu'il tourna *Adieu*

Léonard. Il avait traversé le cinéma français des années 30 comme assistant-réalisateur, acteur d'occasion et metteur en scène sans atteindre la célébrité de son frère Jacques, son aîné de six ans, avec lequel pourtant il avait souvent travaillé. Inséparables, unis par de profondes affinités, les deux frères avaient été marqués par le surréalisme ; ils avaient appartenu au groupe Octobre (ainsi nommé en mémoire de la révolution bolchevique de 1917), théâtre de choc anti-bourgeois, antifasciste, lié à l'histoire politique des prémices et de l'avènement du Front populaire. Pierre Prévert avait réalisé son premier film, *Souvenirs de Paris* (ou *Paris Express*), en 1928, avec Marcel Duhamel, le futur directeur de la « Série Noire » aux Editions Gallimard. En 1932, il avait tourné en une semaine et dans les décors retouchés de deux films produits par Pathé-Nathan, *L'affaire est dans le sac,* première tentative de « ciné-massacre » burlesque, dont Jacques Prévert avait écrit les dialogues sur le scénario d'un auteur hongrois, Akos Rathony. En 1935, Pierre Prévert avait été, avec la complicité de Jacques Becker, l'auteur d'une pochade comique, *Le commissaire est bon enfant,* d'après Courteline. En 1943, hors les milieux parisiens du cinéma, on ne savait rien, ou presque, de tout cela. *L'affaire est dans le sac* avait fait un « bide », et le grand public considéra *Adieu Léonard* comme le premier film du frère de Jacques, attendant, sur la foi du nom de Prévert, une comédie poétique conçue pour Charles Trenet, qui avait lui aussi son image bien fixée dans les esprits. En fait, ce public ne trouva là rien de ce qu'il attendait. Ce fut une cartouche de dynamite explosant sous les fauteuils des salles. *Adieu Léonard* fut sifflé. J'ai entendu moi-même ces sifflets lors de la sortie à Troyes de ce film, dont je ne savais pas alors que *L'affaire est dans le sac* avait été le brouillon. Tous mes camarades le traitèrent de « navet ». Je ne peux pas prétendre que j'en saisis du premier coup la portée. Mais enfin, j'avais vu et aimé *Drôle de drame*, la filiation me paraissait évidente et, par réaction sans doute contre une hostilité moutonnière, je pris dès cette première vision le parti des frères Prévert, encore que Charles Trenet — j'ai changé d'avis par la suite — me parût déplacé dans cet univers où Carette et Pierre Brasseur étaient bien autrement remarquables. *Ciné-Mondial* avait consacré plusieurs reportages à *Adieu Léonard,* annoncé comme un événement. C'en était un, en effet. Le scénario avait été écrit une bonne dizaine d'années auparavant par les frères Prévert sous le titre de *L'Honorable Léonard*. Après *L'Honorable Catherine* de Marcel L'Herbier, il fallut le changer. Mais voici le film, tel qu'il apparut, sous l'Occupation, aux spectateurs éberlués se demandant si on ne s'était pas payé leur tête...

Dans un compartiment de chemin de fer, Félicien Léonard (Carette) faisait du gringue à une jolie voyageuse (Gaby Wagner) pour lui faucher son sac à main. Elle se révélait plus maligne que lui et l'emmenait au wagon-restaurant où ils sympathisaient. Deux flics en civil venaient cueillir la belle, célèbre voleuse internationale, Marguerite, aussitôt honnie par un chœur de voyageurs offusqués, représentants de l'ordre moral. Dès ce début, étourdissant de verve satirique, Léonard était placé sous le signe de la malchance, qui ne cesserait plus de lui jouer des tours. Fabricant de farces et attrapes, représentant lui-même sa marchandise, le calamiteux Léonard rentrait à son domicile parisien, traînant ses godasses et sa valise. On le savait ruiné, réduit aux expédients. Sa femme, Bernardine (Denise Grey, avec une coiffure blonde en choucroute), recevait dans son salon, flanquée du cousin poète Tancrède (Jean Meyer) et planant dans un cercle d'« artistes » au-dessus des contingences matérielles. Tancrède, avec sa tête de Tartuffe, régentait la maison et il était bien évident qu'il cocufiait Léonard. De plus, il le poussait à voler pour alimenter la caisse vide et permettre à Bernardine ses fantaisies mondaines. Revanche du « hasard objectif », Léonard allumait une cigarette destinée aux farces de noces et banquets et faisait éclater un feu d'artifice dans le salon. Tancrède le forçait à aller cambrioler d'urgence l'appartement vide (selon lui) d'un homme d'affaires, Prosper Bonenfant. Il partait en pleine nuit, sous prétexte d'une promenade, avec ses deux jumeaux insupportables, vêtus de costumes marins 1930, qui croyaient aller au cirque. Devant un commissariat, les jérémiades des gosses attiraient l'attention de deux agents en uniforme et Léonard prétendait alors les emmener chez le dentiste. Si bien que les agents conduisaient obligeamment Léonard et sa marmaille à la porte de l'immeuble où habitait Bonenfant. Ce genre de situations n'était pas tellement loin de certaines aventures comiques de Fernandel. Mais, avec Fernandel, nous aurions eu droit à un festival de grimaces, de roulements d'yeux, de bafouillages et de dialogues pour grosse rigolade. Tandis que Carette, empêtré dans sa malchance, essayant de ne pas se faire remarquer et semblant improviser à mesure les répliques destinées à cacher son affolement, devenait, entre ses deux poisons de mômes, un personnage plongé dans un cauchemar grotesque. Timide, malheureux et brimé, il lui fallait aller jusqu'au bout en neutralisant tant bien que mal les dangers que lui faisait courir sa tentative de cambriolage relevant de l'amateurisme le plus échevelé. Là où Fernandel aurait imposé sa propre conception de héros de vaudeville, Carette, grand acteur, suivait le destin que lui avait donné les frères Prévert dans le télescopage d'une réalité caricaturale et d'événements à dormir debout. Dans l'appartement de Bonenfant, il s'escrimait sur le coffre-fort (vide), tandis que les jumeaux sautaient sur les fauteuils et se comportaient comme des têtes à claques. Au milieu de cette pagaille surgissait Bonenfant (Pierre Brasseur), éméché, couvert de serpentins récoltés dans une boîte de nuit, accompagné d'une « poule » invraisemblable (Madeleine Suffel). Arrivait la femme légitime de Bonenfant. Celui-ci, pour se tirer de ce mauvais pas, présentait sa conquête comme l'épouse de son « ami » Léonard et la mère des jumeaux. Dans cette accumulation de gags, le cambrioleur improvisé devenait bel et bien la victime de Bonenfant. Apprenant, par sa femme, que l'héritage d'un oncle sur lequel il comptait revenait à un parent éloigné, Ludovic Maloisin, l'homme d'affaires véreux avait obligé l'infortuné fabricant de farces et attrapes à rédiger et signer une lettre d'aveux. Ou bien Léonard consentait à supprimer Ludovic, ou bien il était livré à la police. On était en plein délire. Que vouliez-vous que fît Léonard ? Il se plia aux exigences du forban (le « méchant » habituel des scénarios de Jacques Prévert, que Pierre Brasseur, s'en donnant à cœur joie, faisait plus salaud que nature), tandis que la « poule » jouait, fort mal, la bourgeoise convenable et que les jumeaux continuaient leurs cabrioles. Ainsi s'achevait, dans une confusion bien organisée, une dérision loufoque, la première partie d'*Adieu Léonard*.

Changement de décor : on se retrouvait à la campagne (les scènes d'extérieurs avaient été tournées dans la région de Dax), dans la propriété de Ludovic, l'héritier intempestif, un rêveur, un poète qui, faute impardonable pour Bonenfant, gaspillait l'argent de l'oncle en accueillant et entretenant chez lui des vagabonds, des représentants de « petits métiers », rémouleur, cordonnier, marchand d'oiseaux, marchand de marrons, etc. Monde de lumière et de soleil où Léonard aurait été en droit de respirer, de s'épanouir après ses aventures nocturnes. Hélas, Bonenfant, veillant au grain, était venu avec lui, pour le forcer à remplir son contrat. C'est là qu'apparaissait Charles Trenet. Le public, habitué à le voir, au cinéma, se manifester dès le début de l'histoire, fut mécontent de cette « entrée » tardive. La vedette, c'était Trenet et il n'arrivait qu'au « deuxième acte », sans préparation autre que son nom de « Ludovic », prononcé dans l'affaire du cambriolage manqué. En fait, les frères Prévert ne l'avaient pas choisi pour ce rôle. Il avait été imposé au producteur André Des Fontaines par Pathé, distributeur du film en salles. Trenet avait un contrat chez Pathé, où l'on se souvenait de la déconfiture commerciale de *L'affaire est dans le sac.* Sans Trenet en vedette, Pierre Prévert n'aurait pas pu tourner *Adieu Léonard.* On ne doit pas lui tenir rigueur d'avoir accepté ce compromis, dont les spectateurs, à l'époque, ne savaient rien, puisqu'en définitive, et même si le chanteur et le metteur en scène ne s'entendirent pas très bien, Charles Trenet trouva là son meilleur rôle à l'écran [1]. Celui que l'avant-guerre avait consacré « fou chantant » servit parfaitement, quoi qu'on en ait dit, les intentions des frères Prévert en contre-feu de la vilenie ricanante de Pierre Brasseur. Car son Ludovic se révélait le « bon ange » du pauvre Léonard, l'instrument de sa libération. Méprisant l'argent, considéré comme un « idiot » par les habitants du village, Ludovic cherchait à apprendre un métier au contact des petits artisans, se chargeait de la distribution du courrier à la place du facteur, et chantait *"Quand un facteur s'envole"* en jetant les lettres dans la nature. Hurluberlu et naïf, il se tirait de toutes les tentatives d'assassinat de Léonard et devenait son ami. Dans cette deuxième partie, le burlesque naissait de la répétition des meurtres manqués : Ludovic, poussé à l'eau par Léonard, sauvait celui-ci de la noyade, se levait de table au moment de manger des champignons empoisonnés, échappait à la pendaison dans le grenier et sauvait encore une fois Léo-

1. Par la suite, Charles Trenet a d'ailleurs toujours défendu et le film et Pierre Prévert.

nard qui s'était retrouvé, par un enchaînement de circonstances parfaitement absurdes, avec le nœud coulant autour du cou. Personne ne s'avisa que Trenet disait admirablement les dialogues de Prévert écrits pour Ludovic, et qui étaient en accord avec les paroles de ses chansons (ici, outre *"Quand un facteur s'envole"*, *"Comme c'est beau"* et *"Je n'y suis pour personne"*). A mesure qu'augmentait la rage de Bonenfant, montait la révolte de Léonard contre son persécuteur. D'où ce cri du cœur de Carette : « *Je ne m'appelle pas Caïn, je ne tuerai pas mon frère pour un plat de lentilles.* » On peut reprocher à Charles Trenet sa maladresse dans les scènes d'amour avec Jacqueline Bouvier (Paulette, la servante de l'auberge amoureuse de lui), dont le personnage était, au reste, inconsistant. Mais pas de s'être égaré dans ce film. L'esprit de dérision des frères Prévert passait, aussi, par la poésie. De ces « petits métiers » qui semblaient appartenir à la mythologie sociale de la France du vieux maréchal, ils firent des êtres funambulesques, aériens, porteurs de rêves, en butte à l'hostilité de villageois tenants de l'ordre et de la morale établis. Lorsque Bonenfant réussissait à les chasser, leur disparition causait un trouble. Le diable (au fond, Bonenfant le mal nommé, c'était lui) allait-il gagner ? Non, car après l'arrivée inattendue de Bernardine et Tancrède, venus fourguer le stock de lampions de l'agonisante maison Léonard, les masques étaient retirés. Bonenfant tombait à bras raccourcis sur Tancrède, qui venait de piquer ce qui restait de l'héritage. Léonard envoyait promener Bernardine et son amant, se vengeait de Bonenfant rampant comme une larve à ses pieds, et partait dans une roulotte de bohémiens [1] avec Ludovic et Paulette. Façon comme une autre de choisir la liberté en un temps où elle n'existait plus dans la vie réelle.

Je soutiens qu'*Adieu Léonard* fut une œuvre anticonformiste, dont les audaces passèrent malheureusement au dessus de la tête des spectateurs habitués, dans la comédie, à suivre des chemins biens tracés. Qu'il y ait eu une cassure entre les deux parties du films, c'est certain. Elle vint de la personnalité très célèbre de Charles Trenet, je m'en suis expliqué et ce n'est plus un procès à faire. L'important est que les

1. Simone Signoret tint un petit rôle de gitane dans ce film dont la distribution réunit autant d'acteurs, sinon plus, que *Les Enfants du paradis*.

frères Prévert aient pourfendu, dans cette comédie burlesque empreinte de surréalisme et de souvenirs des Marx Brothers, la bourgeoisie, la famille, la puissance de l'argent, la bêtise, les balivernes du « retour à la terre » et autres pétainiaiseries. Leur esprit de dérision, leur anarchie profondément subversive durent évidemment se contenir sous un régime qui ne pouvait pas les tolérer. Ils s'y prirent si bien que la censure ne s'en rendit pas compte. J'ai tenu à rendre, ici, un double hommage à Carette, porte-drapeau génial de ce film méconnu, et à Pierre Prévert, cinéaste quelque peu maudit dont on attendra sans doute la mort — encore une tradition bien française ! — pour lui consacrer une rétrospective.

XIII
Le temps des ambiguïtés : *Premier de cordée* et *Le ciel est à vous*

Si l'on dit que l'idée nationale, chère au gouvernement de Vichy, et sa morale de l'effort, de la virilité et du courage prêchée à la jeunesse eurent, à un certain moment, des points communs avec l'esprit de la Résistance clandestine, cela risque d'interloquer sinon de choquer ceux qui veulent encore voir dans les années 40-44 une époque manichéenne, où le bien et le mal eurent leurs terrains bien délimités selon des choix idéologiques et politiques. Or, nous avons vécu pas mal d'ambiguïtés à partir d'une ambiguïté fondamentale : celle de la France « éternelle » retrouvant, malgré sa défaite militaire et l'Occupation, ses vertus profondes grâce à un gouvernement national dont Pétain, même s'il en fut de moins en moins le maître, resta le symbole jusqu'à l'heure de sa chute. J'ai fait partie de cette jeunesse à laquelle on parlait, dans les lycées, de nos grands hommes et de Jeanne d'Arc, héroïne favorite entre toutes les femmes de notre histoire. De cette jeunesse qu'on emmenait sur les stades hivers (et ceux du temps de guerre furent très rigoureux) comme étés, pour une éducation physique en plein air destinée à tremper comme une lame d'acier les corps et les consciences, et qui s'en alla parfois, pour les dimanches et les vacances, sac au dos, genoux nus et grosses godasses aux pieds, camper dans la nature une chanson de marche à la bouche. Les discours que nous tinrent nos professeurs ou les représentants du commissariat à l'Education générale et aux Sports, je les ai entendus de nouveau, presque inchangés, dans la France libérée, toute vibrante encore de l'héroïsme des « maquisards », de l'arrivée du général de

Gaulle, haute figure tutélaire, et des soldats du général Leclerc. Sous l'Occupation, les circonstances historiques marquèrent quelques films de cette ambiguïté.

« *Mermoz* »

Mermoz, de Louis Cuny (1942), fut la seule biographie « édifiante » du cinéma français. Il faut croire que cet aviateur mort ne gênait pas les Allemands. Le pionnier de l'aéropostale, disparu en vol dans l'Atlantique sud, en 1936, pouvait être un exemple à leur nez et à leur barbe. Mermoz fut donc célébré dans une sorte de documentaire romancé. Au scénario écrit par Henri Dupuy-Mazel, on ajouta quelques extraits d'actualités anciennes. La cordillère des Andes fut reconstituée en studio et le rôle de notre héros joué par Robert-Hughes Lambert, choisi pour sa ressemblance physique frappante avec le disparu. Dialogué et commenté par Marcelle Maurette (auteur dramatique de biographies féminines pour le théâtre : *Marie Stuart, Manon Lescaut, Madame Capet*), accompagné par une musique d'Arthur Honegger, ce film de facture assez médiocre exalta la force morale et l'endurance, particulièrement dans les scènes où Mermoz et son mécanicien Collinot échappaient à l'enfer de glace de la cordillère des Andes. Il rappela la grandeur d'une réalisation française, l'aéropostale, et « *d'une des plus pures et belles figures dont la France puisse s'enorgueillir* [1] ». La rencontre dans le bled marocain entre Mermoz et un « poète » non désigné, joué de façon emphatique par Jean Marchat, était un clin d'œil au public. Il fallait reconnaître Antoine de Saint-Exupéry, aviateur et romancier, autre grande figure dont l'humanisme et l'accomplissement moral allaient être une leçon pour la génération suivante. Dès l'armistice, Saint-Exupéry était parti pour les Etats-Unis. En 1943, il avait rejoint les troupes alliées en Afrique du Nord. Or *Mermoz*, après un gala de prestige à l'Opéra de Paris, commença sa carrière en exclusivité parisienne le 3 novembre 1943. Pour ceux des spectateurs qui savaient tout cela, le film pouvait prendre un sens « résistant » tout en convenant au régime de Vichy. Saint-Exupéry devait

1. Commentaire dans *Le Film* du 20-11-43. Ce journal était l'organe de l'industrie cinématographique française, destiné surtout aux exploitants et aux membres de la profession.

disparaître le 31 juillet 1944 dans un vol de reconnaissance au dessus de la Méditerranée. Quant à Robert-Hughes Lambert, je crois me souvenir qu'il mourut dans un camp de concentration.

« Premier de cordée »

L'ambiguïté fut beaucoup plus grande dans *Premier de cordée*, de Louis Daquin, entrepris en juin 1943 et distribué fin février 1944, c'est-à-dire à un tournant de la guerre où la victoire des Alliés s'annonçait. Placé sous les auspices du commissariat général à l'Education générale et aux Sports, *Premier de cordée* était tiré d'un roman de Roger Frison-Roche. Pierre Servettaz, fils d'un guide de Chamonix, souffrant de vertige à la suite d'un accident de montagne et d'une trépanation, s'en allait à Paris où il devenait chef de réception dans un grand hôtel. Une rencontre providentielle avec un ami et élève de son père le faisait revenir à son pays. Il triomphait de son vertige en allant rechercher, sur une cime dangereuse, le corps du vieux Servettaz, frappé par la foudre au cours d'une ascension entreprise, malgré les conditions atmosphériques défavorables, à cause de l'obstination d'un touriste. *Premier de cordée* fut le quatrième et dernier film réalisé par Louis Daquin sous l'Occupation. Un film de nature et de montagne surprenant, par son réalisme, dans la production de l'époque. Il avait été tourné sans aucun truquage, en haute altitude, au prix d'un travail d'équipe parfois périlleux. De vrais guides chamionards avaient doublé les acteurs dans les scènes les plus dangereuses. On y assistait à la vie quotidienne des montagnards (montée aux cimes, fête des troupeaux au moment de la transhumance) et à un conflit familial. Le père Servettaz avait renoncé à son métier pour ouvrir un hôtel avec sa femme Marie. Il voulait faire de son fils un hôtelier mais celui-ci refusait... jusqu'à son accident qui le rendait incapable, croyait-il, d'être guide. Au renoncement de Pierre s'opposait l'obstination de son camarade Georges. Tombé dans une crevasse où il était resté toute une nuit, les pieds gelés, Georges mettait toute son énergie à se rééduquer pour redevenir un homme de la montagne. Exemple destiné à peser sur la décision de Pierre revenant à sa vocation contrariée. La mort du vieux Servettaz prenait ensuite l'aspect d'un sacrifice, d'un autre exemple. Ainsi André Le Gall, qui interprétait Jean, consacrait, après avoir résolu son conflit intérieur, le triomphe de la volonté, le rôle, pour le présent et pour l'avenir, d'une jeunesse saine et courageuse. Sans être exactement « officiel », le film se trouvait, sur ce point, en accord avec la morale pétainiste. Or, Louis Daquin, cinéaste en vue depuis le succès de *Nous les gosses,* était aussi un militant communiste clandestin, engagé dans la Résistance. Ce qu'à ce moment-là, bien sûr, il ne criait pas sur les toits. Et, en 1943-44, bien des résistants se trouvaient groupés dans les maquis de montagne (celui du Vercors fut attaqué et détruit par les Allemands à la fin de juillet 1944), et on pouvait voir aussi en Jean Servettaz et ses camarades la jeunesse héroïque préparant les futurs lendemains de liberté. A vrai dire et sans ternir en quoi que ce soit la mémoire de Louis Daquin, mort en 1980, l'aspect pétainiste de *Premier de cordée* était et est resté plus évident que l'aspect « résistant [1] ». Par ailleurs, le schématisme de la leçon morale n'aurait pas été déplacé dans un de ces films français de l'immédiat après-guerre où l'on nous présenta de jeunes héros montant au combat, pour la bonne cause...

« Le ciel est à vous »

Une même ambiguïté du triomphe de la volonté et des vertus morales typiquement françaises a pesé sur *Le ciel est à vous* de Jean Grémillon, mais il s'agit d'un très grand film dont le cas est bien différent. Ecarté de la direction du C.O.I.C. par Laval, en 1942 [3], Raoul Ploquin avait constitué, au début de 1943, une société de production, distribution et exploitation, Les Films Raoul Ploquin qui, avec *Le ciel est à vous* puis *Les Dames du bois de Boulogne* de Robert Bresson, allait magnifiquement servir le cinéma français. Commencé le 31 mai 1943 — deux semaines avant *Premier de cordée* —, le film de Grémillon sortit à Paris le 2 février 1944, et en province par la suite. Nous voilà encore dans cette période charnière de notre histoire où les valeurs nationales se sont trouvées en bascule entre la France de Pétain et celle qui allait

1. *« J'étais (...) responsable de l'organisation syndicale clandestine, quoiqu'il y ait, je l'ai reconnu, des éléments d'idéologie pétainiste dans* Premier de cordée *: on a beau être ce qu'on est, on est toujours sensible à l'idéologie dominante... ç'à été une leçon »* : Louis Daquin, à Philippe Carcassonne, *Cinématographe* n° 38, mai 1978.

2. Voir chapitre II.

retrouver son indépendance. Disons tout de suite que Raoul Ploquin, le scénariste Albert Valentin, l'adaptateur et dialoguiste Charles Spaak et Jean Grémillon ne furent en rien responsables de cette ambiguïté.

« *Nous nous trouvons en présence, sans aucun doute, du film le meilleur et le plus complet réalisé depuis l'armistice. Si cette œuvre possède les qualités techniques et artistiques des productions les plus réussies, elle a, en outre, l'immense mérite de nous présenter, pour la première fois, depuis bien longtemps, des personnages typiquement français, choisis dans un milieu modeste, que nous voyons vivre sous nos yeux avec leurs soucis, leurs joies, leurs ambitions et leur idéal. (...) Le film nous apporte un souffle bienfaisant d'idéal et de santé morale ; c'est une œuvre exaltante et émouvante qui, sans prêche inadéquat, montre par les faits eux-mêmes le rôle de la femme dans un foyer et la beauté de la famille.* » Ces extraits d'un commentaire du *Film* (du 5-2-1944) donnent l'interprétation officielle — à destination des exploitants de salles — d'une œuvre qui fut présentée à Vichy, le 8 février, en soirée, devant — je cite encore *Le Film* (du 19-2-1944) — « *Mme la maréchale Pétain, M. Paul Marion, ministre d'Etat, les représentants des différents ministères, le corps diplomatique au complet, ainsi que M. Louis-Emile Galey* ». Deux salles de Vichy devaient le mettre ensuite à leur programme, pour quatre semaines. Détail piquant, ce 8 février, la maréchale Pétain avait assisté également à la présentation des *Aventures fantastiques du baron de Munchhausen*, film de Josef von Baky, réalisé pour le vingt-cinquième anniversaire de la firme UFA et le prestige de l'Agfacolor, procédé de cinéma en couleurs dont s'enorgueillissait l'industrie cinématographique allemande et son maître Goebbels. *Le Film* précisait que l'épouse du chef de l'Etat français et Paul Marion avaient adressé « *leurs félicitations les plus chaleureuses à M. Raoul Ploquin qui était venu présenter personnellement* Le ciel est à vous *à Vichy* ». *Le Film* ne disait pas s'il en avait été de même à l'égard des représentants de la UFA pour *Munchhausen*.

On voit bien comment ces informations transmises par « l'organe de l'industrie cinématographique » pouvaient créer une ambiguïté sur la nature même du film de Jean Grémillon. Je n'en avais pas eu connaissance, à l'époque. Il m'a paru intéressant de les donner, aujourd'hui, comme sources historiques d'un certain climat. Or, elles étaient truquées ! Dans une conversation que j'ai eue avec lui à ce sujet, Raoul Ploquin a démenti formellement sa présence à Vichy, le 8 février 1944, à une présentation officielle du *Ciel est à vous* devant la maréchale Pétain. « *C'est*, m'a-t-il dit, *le film dont je suis le plus fier dans ma carrière de producteur mais il n'a jamais rien eu à voir, de près ou de loin, avec ce que représentait Vichy.* » Bel exemple d'intoxication psychologique ! L'importance du *Ciel est à vous* n'avait pas échappé aux tenants du nationalisme à la Pétain qui tirèrent carrément à eux la couverture. Il serait tout aussi abusif d'en faire un film de résistance « morale », même s'il fut loué dans *l'Ecran français*, rubrique cinématographique des *Lettres françaises* clandestines, qui devint en 1945 le célèbre hebdomadaire de toute une génération, en opposition au *Corbeau* de Clouzot, voué au gémonies comme « *entreprise d'avilissement d'abord, d'assujettissement ensuite* » à l'idéologie nazie [1]. La mauvaise foi non plus ne se situait pas dans un seul camp. La vérité, une fois de plus, est dans le film lui-même : une œuvre de cinéma profondément française par son réalisme intimiste et psychologique, la limpidité, la beauté classique de son style, et aussi l'histoire d'une passion dans laquelle, thème cher à Grémillon, un être va jusqu'au bout de lui-même, se dépasse, quoi qu'il puisse arriver.

Cette histoire avait été inspirée par un fait réel. En 1937, Andrée Dupeyron, femme d'un garagiste de Mont-de-Marsan, avait battu le record féminin de vol en ligne droite et le récit de cet exploit avait paru en feuilleton dans *Marie-Claire*, magazine féminin à gros tirage. Mme Dupeyron n'était pas devenue une nouvelle Hélène Boucher (l'aviatrice française morte en 1934) ; elle était retournée à son foyer sans plus faire parler d'elle. Mais elle appartenait à cette époque de l'entre-deux-guerres où l'aviation avait incarné à la fois le progrès et l'aventure, où certaines femmes, comme les hommes, avaient passé leur brevet de pilote et entrepris la conquête de l'air. Le public de 1944 fut sensible à ce rappel d'un passé récent et de l'esprit d'entreprise individuel, à l'héroïsme tranquille d'une « Française moyenne », même s'il ne comprit

1. Cf. *L'Ecran Français 1943-1953, Histoire d'un journal et d'une époque*, par Olivier Barrot, Editeurs Français Réunis, 1979, pp. 13, 14 et 15.

pas, alors, toutes les intentions d'un film qui n'était pas une biographie de Mme Dupeyron ni un documentaire romancé à la gloire de « l'aviation populaire » et de l'artisanat. La femme du *Ciel est à vous,* devenue Thérèse Gauthier, n'était certes pas un personnage édifiant au sens où l'on voulut le prendre. Le bruit avait couru, au moment de la présentation de cette production, que Gaby Morlay tiendrait le rôle de Thérèse Gauthier, aux côtés de Charles Vanel, le mari, Pierre Gauthier. Ni Raoul Ploquin ni Jean Grémillon ne voulaient de Gaby Morlay. Elle ne correspondait pas (âge, physique, façon de jouer) à la conception qu'ils avaient de leur héroïne. A considérer le « mythe » Gaby Morlay créé par *Le Voile bleu* [1], on peut facilement se rendre compte que sa présence aurait modifié, tiré vers l'exemplarité morale la structure du scénario et tout le sens de l'œuvre. Le choix de Madeleine Renaud, par contre, fut le bon. Dirai-je qu'il s'imposait ? Après trois films avec Jean Grémillon, *L'Etrange Monsieur Victor* (1938), *Remorques* (1939) et *Lumière d'été* (1943), cette actrice sobre, émouvante, apportant toujours, dans son jeu en demi-teintes, l'intériorité de ses personnages, était faite pour l'expression du « tragique quotidien » de l'univers du cinéaste. Grâce à elle, Thérèse Gauthier fut bien autre chose qu'une modeste femme de garagiste tentée par l'aviation après avoir essayé d'en écarter son mari, ancien mécanicien de Guynemer (rappel discret de la guerre de 1914-18 et d'une victoire française). On la voyait, emportée par sa passion soudaine, négliger son foyer et ses devoirs d'épouse et de mère, sacrifier le piano et, du même coup, la vocation musicale de sa fille, Jacqueline, pour acheter un avion bricolé par Pierre. L'accomplissement de cette passion, par la réussite du record en ligne droite, amenait une forte tension dramatique dans les rapports familiaux et sociaux, un conflit entre la volonté exclusive de Thérèse et la part de rêve à laquelle Jacqueline cherchait à avoir droit, grâce à la musique. Mais, par sa passion folle et dangereuse, Thérèse s'arrachait et arrachait toute sa famille à la monotonie d'une vie figée et statique, symbolisée par le passage des orphelins en uniforme et l'hostilité de l'entourage social. Car enfin, à l'exception du docteur Maulette, membre de l'aéro-club, et de Larcher, le professeur de

1. Voir chapitre VI.

piano de Jacqueline, les concitoyens de Thérèse et sa propre mère, Madame Brissard, la désavouaient, traitaient Pierre de « criminel » pendant les heures d'attente où, sans nouvelles d'elle, on la croyait perdue avec son avion sans radio. Quitte à l'applaudir et à fêter le couple Gauthier lorsqu'elle revenait, triomphante. *Le ciel est à vous,* c'était, en fin de compte, la transformation d'une petite-bourgeoise autoritaire et égoïste en femme projetée hors d'elle-même par son aventure et capable de comprendre les raisons des autres. Là où l'on vit une chronique de la vie quotidienne dérangée par une aventure hasardeuse puis glorieuse, il y avait l'accession à un ordre humaniste et spirituel au-dessus des conventions, des habitudes sociales, des traditions terre à terre [1]. Et si l'amour conjugal se trouvait ravivé, c'était en fonction de cette découverte par Thérèse d'une réalité supérieure au réel. Sa passion pour l'aviation avait, en opposition brutale, en rupture avec son comportement antérieur, éclaté comme un coup de foudre le jour où, cherchant à surprendre son mari en flagrant délit de promesse non tenue (Pierre avait renoncé à voler à sa demande, elle ne le croyait pas), elle était venue à l'aéro-club et avait pris, entraînée par Maulette, son « baptême de l'air ». Toutes les conséquences de ce coup de foudre amenaient Thérèse à une sorte de purification intérieure rejaillissant sur son mari et ses enfants dans les scènes finales. Telle fut la grandeur de ce chef-d'œuvre du cinéma français, *Le ciel est à vous,* grandeur restée secrète, incomprise — et pouvait-il en être autrement dans le contexte historique ? — lors de la sortie du film. L'ambiguïté morale de « valeurs nationales » revendiquées à la fois par le pétainisme et par la Résistance vint des circonstances et non — on ne le dira jamais assez — du film lui-même. Son tournage fut d'ailleurs un exploit. Raoul Ploquin et Jean Grémillon se heurtèrent à de nombreuses difficultés. Tourner des scènes d'aviation alors que les avions français étaient confisqués par les Allemands, les aérodromes camouflés et interdits, semblait impossible. Ils y parvinrent pourtant. Mais leur passion n'était-elle pas semblable

1. Parmi les études consacrés à Grémillon, cinéaste « maudit » et redécouvert en partie grâce aux ciné-clubs d'après-clubs d'après-guerre, deux viennent au premier plan par l'intelligence et la rigueur de leur analyse : celle de Pierre Billard parue dans *L'Anthologie du cinéma* en 1976 et celle de Henri Agel, parue en 1969 dans la collection « Cinéma d'aujourd'hui » des éditions Seghers.

à celle de Thérèse · une foi les dirigeant hors des contingences ? Là où *Mermoz* et, dans une certaine mesure, *Premier de cordée*, composèrent avec les ambiguïtés de la France de Pétain, il y eut dans *Le ciel est à vous* une superbe intransigeance. Elle ne fut pas récompensée par un vaste succès public. Le film a échappé à son époque et on peut le voir, depuis, les yeux lavés de tout préjugé, de toute référence circonstancielle. Sa valeur est universelle.

« *L'Escalier sans fin* »

L'ambiguïté, en revanche, est restée dans *L'Escalier sans fin* de Georges Lacombe (1943), curieuse étude de mœurs sur le thème rebattu de la rédemption sociale d'un mauvais garçon par l'amour. Palefrenier à « L'Arizona », boîte de nuit présentant des numéros équestres, amant d'une écuyère à l'allure de vamp (Colette Darfeuil) qui le trompait, lié à une bande de voleurs et de trafiquants, Pierre Fresnay rencontrait sur son chemin une assistante sociale (Madeleine Renaud), s'efforçant par ses bons conseils de le ramener dans le droit chemin. Un sourire et quelques mots tendres de sa sœur ingénue (Suzy Carrier) accomplissaient le « miracle » qu'elle n'avait pu réussir. Ce film jonglait presque constamment avec l'ordre moral du pétainisme. La boîte de nuit, lieu de plaisir et de débauches (discrètes, bien sûr), était plus attrayante que le dispensaire où Madeleine Renaud et Suzy Carrier offraient un réveillon à des vieillards nécessiteux. Les mauvais garçons Pierre Fresnay et son copain Bussières (racolant les filles naïves, qu'il appelait des « perruches », pour les attractions de « L'Arizona ») étaient plus sympathiques que les pauvres de l'immeuble prolétarien dont Madeleine Renaud montait les étages comme les marches d'un calvaire. Selon Roger Régent dans *Cinéma de France*, « *la censure exigea de nombreux changements dans le scénario, qui retraçait l'histoire d'une assistante sociale ; ces dernières, selon l'orthodoxie officielle, ne devaient pas se comporter exactement comme le faisait l'héroïne de* L'Escalier sans fin. *Charles Spaak, qui avait écrit le scénario, dut transformer plusieurs fois son histoire et l'on fut obligé, en définitive, de retirer du dialogue les mots "assistante sociale"* ».

Il est vrai que la fonction de Madeleine Renaud n'était pas précisée, sinon par un insigne cousu sur la manche de son vêtement strict et vaguement entrevu. A Fresnay qu'elle avait recueilli et soigné lui demandant : « *Vous êtes une infirmière ?* » elle répondait : « *Quelque chose comme cela* ». Nous vîmes en elle une dame charitable égarée dans un univers douteux, une visiteuse de taudis n'essuyant que rebuffades de la part des habitants d'une bâtisse sordide, décor d'un naturalisme un peu forcé mais rappelant certains films populistes des années 30. En tout cas, les bonnes intentions allaient au naufrage. Ceux qui n'ont pas connu la misère et n'ont que de bonnes paroles à offrir, les pauvres n'en ont rien à faire, signifiait, en substance, une séquence située dans l'interminable escalier, à un moment dramatique de l'histoire. Flèche empoisonnée visant l'aide sociale du régime paternaliste de Vichy ? Mais, par ailleurs, Fresnay faisait son examen de conscience, était engagé pour diriger un haras dans la campagne normande, promis au mariage avec une jeune fille pure et convenable. Sans l'autorité habituelle de Fresnay et, surtout, sans le talent de Madeleine Renaud, le film — pourtant bien mis en scène — aurait sombré dans la confusion. A cette femme bien ennuyeuse et au dévouement ostentatoire, l'actrice donnait une vie frémissante. Elle en faisait une victime de l'amour. Attirée par le voyou, l'assistante sociale s'était éprise de lui et, jalouse de sa sœur, avait intrigué pour l'éloigner d'elle. Bref un conflit bien humain, rien moins qu'édifiant. La scène où Madeleine Renaud rencontrait, dans la chambre de Pierre Fresnay parti en voyage, Colette Darfeuil, renvoyée de « L'Alcazar » et recueillie là par pitié, aurait pu être ridicule. Après s'être confiées l'une à l'autre, les deux femmes ciraient ensemble les chaussures de l'homme perdu pour elles ! Madeleine Renaud y fit passer un renoncement discrètement douloureux. On apprenait ensuite que l'assistante sociale, décidément incorrigible, avait essayé de reconvertir l'écuyère déchue à un honorable travail domestique. Ambiguïté ou humour satirique ? Tout cela se terminait par la victoire de la morale conventionnelle. Madeleine Renaud retournait à sa tâche, le cœur brisé. Pour la première fois elle était accueillie par le sourire d'un gosse malheureux, auquel elle apportait un vieux cheval de bois n'ayant plus que trois pattes, arraché au gamin gâté de sa concierge. Curieux film, décidément. Il ébauchait par moments une critique virulente de la charité officielle, se hasardait vers l'étude d'une passion renversant le conformisme puis, par pirouettes romanesques, rétablissait l'ordre social de rigueur. En dépit de la fraîche séduction de Suzy Carrier, que les spectateurs étaient satisfaits de voir partir avec Fresnay, régénéré comme dans un mélodrame, il demeure de *L'Escalier sans fin* un portrait assez insolite de « femme de devoir » atteinte dans ses certitudes, découvrant la vie réelle et amenée à réfléchir sur elle-même. Madeleine Renaud se trouvait là entre *Lumière d'été* et *Le ciel est à vous* dans une situation de conflit présentant quelques affinités avec les films de Grémillon.

XIV
Les débuts de Jacques Becker et de Robert Bresson

Lorsque parut *Dernier atout* (1942), les spectateurs ne connaissaient pas Jacques Becker. C'était pourtant, depuis une dizaine d'années, un « homme de cinéma ». Ami intime de Jean Renoir, il avait été l'assistant de celui-ci pour plusieurs films, de *La Nuit du carrefour* à *La Marseillaise*. Il s'était amusé à figurer des silhouettes : le poète « inspiré » dans *Boudu sauvé des eaux*, un officier anglais prisonnier dans *La Grande illusion*. Il avait appris le métier de cinéaste dans l'équipe de Jean Renoir, apprentissage technique bien sûr mais aussi apprentissage humain. En joyeuse amitié avec la « bande à Prévert » il avait participé, en 1935, à la réalisation du *Commissaire est bon enfant* [1]. Brouillon de jeunesse, preuve que Jacques Becker avait eu, très tôt, le désir de devenir metteur en scène de cinéma. En 1939, il avait entrepris ce qui aurait dû être son premier long métrage, *L'Or du Cristobal*, d'après un roman d'aventures de T'Serstevens, supervision et dialogues de Jean Renoir. La production eut des malheurs. Jacques Becker y renonça au bout de trois semaines de tournage. *L'Or du Cristobal* fut repris vaille que vaille et signé par Jean Stelli. Ce film a sombré dans un oubli dont il est inutile de le tirer pour y chercher la « marque » de Becker, qui refusa radicalement d'être considéré comme responsable de la moindre image. Prisonnier au cours de la débâcle de 1940, Jacques Becker se retrouva dans un stalag de Poméranie dont il réussit à se faire libérer au bout d'un an et

1. Voir chapitre XII.

demi. A son retour en France, il commença pour de bon sa carrière de réalisateur avec *Dernier atout*, grâce à un ami, André Halley des Fontaines, qui créa une société de production, L'Essor Cinématographique Français, à laquelle en 1943, Pierre Prévert dut la chance de tourner *Adieu Léonard*. En 1942, Jacques Becker avait trente-six ans. Il était riche de toute l'expérience acquise au contact de Jean Renoir, dont les critiques parisiens s'empressèrent par la suite de le consacrer l'élève méritant, le digne continuateur, amalgame hâtif dont le temps a fait justice, et dont ce n'est pas mon propos de discuter ici.

« *Dernier atout* »

Dernier atout, de par son sujet (une enquête policière sur l'assassinat, dans un palace, d'un gangster de Chicago), semblait nous ramener au cinéma d'action hollywoodien dont nous étions frustrés. Tourné sur la Côte d'Azur avec soleil et palmiers façon Californie, le film était situé dans un état d'Amérique du Sud, Carical..., au mois de juin 1940, s'il fallait en croire le calendrier entrevu au cours d'un exercice de tir. De toute façon, Carical n'existait pas plus que le pastiche hollywoodien. Nous fûmes sensibles à la construction très serrée, précise, d'un scénario à rebondissements, à un ton de comédie fort plaisant jusque dans les séquences proprement dramatiques, à la vivacité d'un style cinématographique nouveau et à la caractérisation des personnages. Alors que tant de marionnettes aux ficelles plus ou moins bien maniées s'agitaient dans les films d'artisans consciencieux, les personnages de Becker prenaient une vie intense au-delà des archétypes du genre qu'ils étaient censés représenter.

Clarence (Raymond Rouleau) et Montès (Georges Rollin), deux brillants sujets de l'école de police de Carical, arrivaient, après un concours, majors ex-aequo de leur promotion, ce qui embarrassait fort leur supérieur, l'inspecteur Gonzalès (Noël Roquevert), sorte d'adjudant ronchon et gaffeur auquel le grand patron de la police (Jean Debucourt) opposait une sérénité flegmatique. Clarence et Montès suggéraient qu'on leur fît passer, pour les départager, une épreuve supplémentaire. Or, à l'hôtel Babylonia, un Américain du nom de Collins venait d'être tué d'un coup de revolver dans sa chambre et sa femme prétendait n'avoir rien vu, rien entendu, de la salle de bains où elle se trouvait au moment du meurtre. Adroitement, Becker nous avait montré les circonstances de ce meurtre, mais c'était à Clarence et Montès de débrouiller l'énigme dont nous possédions quelques fils. Ainsi lancé sur les rails du « roman policier », le film s'attachait au comportement des deux amis provisoirement rivaux. Montès usait de méthodes traditionnelles et découvrait, non sans mal, la véritable personnalité du mort, l'ennemi public n° 1 Toni Amanito, et de sa veuve, Pearls, la fameuse « femme aux perles » du gangstérisme américain. Clarence, lui, flânait, usait de son charme pour séduire Bella Morgan (Mireille Balin), couturière de Chicago habitant un appartement du Babylonia au même étage que « les Collins », puis s'infiltrait dans la bande dont elle faisait partie, dirigée par son frère Rudy Score (Pierre Renoir). Le plus important n'était pas l'intrigue elle-même, c'étaient les détails suggérant la psychologie des personnages : les cravates de Clarence, ses boîtes d'allumettes et son goût pour les mots croisés ; la méticulosité de Montès ; les mensonges obstinés de Pearls ; le mouchoir et les allées et venues de Bella ; les manies de Rudy Score, sorte de dandy vieillissant du banditisme ; les balourdises de Gonzalès ; sans compter les silhouettes, remarquablement dessinées, des jeunes policiers et des hommes de Rudy Score. Bref, sur une aventure criminelle policière comportant, à la fin, l'inévitable poursuite en voiture menée avec brio, Becker s'essayait à un réalisme psychologique et humain dont il allait devenir, sans qu'il fût besoin d'évoquer l'ombre de Jean Renoir, le maître. Au bar du Babylonia, devant des cocktails, Clarence et Montès tiraient à la courte paille pour savoir qui des deux resterait avec Bella afin de la séduire. Clarence gagnait... en trichant. On saurait, à la fin, que Montès n'avait pas été dupe. Pour découvrir la vérité sur le meurtre d'Amanito et coincer Score et sa bande, les deux policiers avaient établi un plan, une complicité dont, en définitive, Bella faisait les frais. Car cette aventurière de haut vol était tombée amoureuse de Clarence. Séquence typiquement « beckerienne » : restée seule dans la villa de Rudy, parti avec ses hommes et Clarence dont Rudy venait de découvrir la « trahison », Bella, à la vue du fil de téléphone coupé et de la boîte d'allumettes de Clarence (qui avait servi à soulever le récepteur de l'appareil, branché sur le standard de la police), comprenait que son amant s'était joué d'elle ; à l'arrivée des policiers, elle donnait pourtant les indications nécessaires au sauvetage de Clarence et, avec un geste furtif de résignation, elle mettait dans son sac la boîte d'allumettes, seul souvenir de son illusion amoureuse. Mireille Balin, dans un emploi qui lui était habituel et où elle excellait, se trouvait démythifiée par la direction de Becker, mais avec quelle présence complexe ! En revoyant ce film jamais repris (sauf à la télévision en 1964) et considéré comme un simple essai par les exégètes de Jacques Becker, qui en ont parlé trop rapidement, j'ai été frappé d'y trouver à la fois l'annonce des comédies de caractères d'après-guerre — *Edouard et Caroline, Rue de l'Estrapade* — et de *Touchez pas au grisbi*, Raymond Rouleau et Georges Rollin ayant, dans leur jeunesse et du côté de la police, le même genre de rapports que Jean Gabin et René Dary, hommes mûrs et truands embourgeoisés, dans le *Grisbi*.

« *Goupi Mains-Rouges* »

Ce fut *Goupi Mains-Rouges* (1942, sortie au printemps 1943) qui consacra Becker. *Dernier atout* avait passé pour un divertissement. *Goupi* allait à l'étude de mœurs, d'après un roman de Pierre Véry, atout littéraire important pour l'époque. Rien de commun pourtant avec *L'Assassinat du père Noël, L'assassin a peur la nuit* et *Madame et le mort*. Adaptant lui-même son roman, Pierre Véry l'avait débarrassé de sa poésie fantastique au profit de l'esprit de clan des Goupi, membres d'une nombreuse famille où chacun avait reçu un sobriquet en accord avec sa personnalité, ses manies. Dans le livre, les Goupi vivaient en 1920 et un champ de manœuvres militaires, avec deux bombardements, l'un saugrenu, l'autre tragique, était le lieu privilégié, symbolique, d'une histoire de meurtre et de vengeance. Au Club du Livre Policier, en 1960, une réédition de *Goupi Mains-Rouges* (suivi de *Goupi Mains-Rouges à Paris)* révéla, par un échange de souvenirs entre Pierre Véry et Jacques Becker, la raison de ce changement. Il n'y avait plus d'armée française en 1942, mais une armée allemande d'occupation. *« Le dénouement du film ne pouvait être le même que celui du roman et, de fil en aiguille, l'assassin non plus. Grandes causes, petits effets ! »* disait Jacques Becker. N'empêche que ce ne fut pas la seule modification apportée et que l'adaptation a enrichi l'histoire d'une dimension psychologique et sociale qu'elle ne possédait pas sous sa forme littéraire. Là où Pierre Véry, écrivain, avait créé une atmosphère, une ambiance villageoise en cercle fermé, avec quelque chose d'irréel, le film montrait un milieu solidement ancré dans ses traditions, ses mœurs et sa réalité terriennes. Dès le début, le clan Goupi, entre l'auberge de « Mes-Sous » et la maison de famille solide et cossue, était admirablement présenté et situé. Chaque parole, chaque geste avaient leur poids de vérité. Tous les caractères de ces gens, attendant à la fois la naissance d'un veau et l'arrivée de Goupi-Monsieur, le « Parisien », que son oncle Mains-Rouges était allé chercher à la gare, étaient précisés de façon à bien faire comprendre le conflit interne, les passions qui allaient suivre l'assassinat de la vieille fille autoritaire et méchante, Goupi-Tisane (Doux-Jésus dans le livre) et la paralysie accompagnée du mutisme de l'ancêtre radoteur, Goupi-l'Empereur. Chez Pierre Véry, Goupi-Monsieur, le gandin de Paris destiné à épouser sa cousine Goupi-Muguet pour que les biens des parents ne soient pas dispersés, avait sa large part de responsabilité dans les intrigues mystérieuses démêlées par Mains-Rouges, le braconnier jeteur de sorts. Dans le film, il était innocent de tout ; il servait de révélateur de la cupidité, de la jalousie, des secrets familiaux. Passant pour directeur d'un grand magasin de Paris, il n'était, découvrait-on, qu'employé, ce qui suscitait le mépris de son père, le fustigeant d'un nouveau sobriquet « Goupi-cravates ». La scène où les Goupi, faisant trêve à leurs dissensions, s'unissaient pour berner les gendarmes alertés, où l'Empereur couché sur son lit comme un cadavre retrouvait brusquement la parole pour dire : « *Je boirais bien une petite goutte de vin rouge avec un biscuit* » avait été inventée pour le film. Egalement celle de Tonkin, grimpé sur un arbre afin d'échapper aux gendarmes et tenant des propos hallucinés, dans une crise de paludisme. Cette restructuration servait si bien le style de Becker qu'on ne peut pas l'attribuer seulement aux circonstances de l'époque. Ce tableau de mœurs paysannes (extérieurs tournés en Charente) avait la puissance d'un roman de Zola, mais sans recours aux excès lyriques du naturalisme. C'était en quelque sorte *La Terre* dans la France de Pétain, encore que l'époque, contemporaine par les costumes, ne fût pas précisément située. Lorsque, après l'enterrement de Tisane, Mes-Sous, Dicton et La

Loi, ayant semé les autres, se dépêchaient de trimbaler à travers la maison dans un fauteuil l'empereur, muet, pour qu'il indique d'un clin d'œil la cachette de son magot, la séquence (venue du roman) prenait dans le contexte réaliste une étonnante âpreté.

Goupi Mains-Rouges, avec ses notes d'humour, son intrigue à demi policière et sa fin apparemment « optimiste », n'en fut pas moins un des films les plus anticonformistes, les plus noirs tournés sous l'Occupation. Violence et troubles sexuels en moins, il a été, c'est maintenant qu'on s'en aperçoit, au monde paysan ce que *Le Corbeau* de Clouzot a été à la vie de province. Cette province dont Goupi-Monsieur-Cravates expliquait à sa famille qu'elle était aussi Paris, la population de la capitale ayant été constituée par des provinciaux. En un temps où le pétainisme prônait les vertus de la paysannerie (la vieille France agricole haussée au rang de mythe) et les joies du « retour à la terre », *Goupi Mains-Rouges* flanqua une belle ruade à l'idéologie officielle, qui ne s'en rendit pas compte. A supposer que le film ait été produit par la Continental et que son metteur en scène l'ait accepté, on peut se demander si Becker ne se serait pas attiré, à la Libération, les foudres qui frappèrent Clouzot... A peine les relations sentimentales de Monsieur et de Muguet tempéraient-elles le constat réaliste de cette famille rapace dont on éliminait Tonkin, l'ancien colonial, la branche la plus pourrie. *Goupi Mains-Rouges,* dont l'affiche reproduisant l'arbre généalogique avec la tête de chaque interprète s'étala sur tous les murs, connut un très grand succès. Becker y gagna ses galons, au reste bien mérités, de nouveau grand cinéaste français. Les citadins y savourèrent une revanche contre ces paysans qu'ils étaient obligés d'aller solliciter afin d'obtenir, au prix de quelles tractations, quelques œufs, un peu de beurre ou de viande, des pommes de terre. J'ai connu moi-même, aux environs de Troyes, une ferme peuplée par une famille qui aurait pu être celle des Goupi. En dépit des homélies vichyssoises, l'opposition était alors très forte entre le monde urbain et le monde rural. Becker n'y mit pas de méchanceté, de hargne. A travers une histoire romanesque, il montra un certain monde rural tel qu'il était, tel qu'il avait été formé par son attachement à la terre, à l'argent économisé sou à sou, à une forme de civilisation dont personne, en 1943, n'aurait songé à célébrer les mérites « écologiques ». Ses acteurs, connus, n'étaient pas des vedettes mais des personnages bien vivants. On a retenu particulièrement Robert Le Vigan divaguant dans son arbre avant de s'écraser au sol, préfiguration du propre destin de ce comédien génial dans la démesure, habité d'obsessions et qui fut traité, au cours de son procès pour collaboration, après la guerre, de « Goupi Grand-Reich » dans un compte-rendu d'audience [1]. Toute l'interprétation était et est restée exemplaire [2].

« *Falbalas* »

Falbalas n'eut pas le retentissement de *Goupi Mains-Rouges*. Cela tint, je pense, au décalage brusque entre l'année 44 où le film fut commencé (le 1er mars) et l'année 45 où il fut mis en exploitation (sortie parisienne le 26 juin). Ce monde de la haute couture parut frivole et déplacé à un public plus décidé à accueillir des chroniques de guerre et de résistance, pour exorciser les « années noires », que les tourments d'un créateur de robes travaillant dans le génie, faisant marcher son monde à la baguette et devenant fou d'un amour contrarié. Sans être un échec, *Falbalas* souffrit d'une certaine incompréhension. On y vit moins le réalisme psychologique et l'étude de milieu qu'un conflit romanesque se terminant en queue de poisson. Comment Micheline Presle pouvait-elle hésiter entre Jean Chevrier, son fiancé platement bourgeois, et ce charmeur élégant qu'était Raymond Rouleau, au point de pousser celui-ci au désespoir et à la mort ? Dans la psychologie des spectateurs, Raymond Rouleau, le pétillant comédien, le séducteur encore auréolé de ses personnages de *Premier Bal, Dernier atout, L'Honorable Catherine* et *L'aventure est au coin de la rue,* devait épouser l'héroïne au lieu de se jeter par la fenêtre en serrant dans ses bras un mannequin revêtu d'une robe de mariée. Etrangement — on ne le remarqua pas — ce grand couturier était assez proche de Goupi-Tonkin, possédé comme lui par une idée fixe. Mais Tonkin était un déclassé rongé par les fièvres et Philippe Clarence (le même nom que dans *Dernier atout*, soit dit en passant) un homme du monde parisien, représentant d'un univers où il ne devait y avoir que luxe, ordre et donjuanisme triomphant. *Falbalas* eut quelque

1. *L'Ecran français* n° 74, 26-11-46.
2. Voir, plus loin, la fiche technique du film.

chose de secret, d'insolite, dans la destruction intérieure de Philippe Clarence. Le cinéaste s'aventura sur le terrain de la passion ravageuse ; il mit un goût de mort dans cette folie créatrice poussée à son paroxysme et sombrant sur l'écueil d'un échec amoureux. Plus tard, beaucoup plus tard, Becker retrouva un personnage autodestructeur avec le peintre Modigliani dans *Montparnasse 19. Falbalas,* moins rigoureusement construit que ses films précédents, fut pourtant remarquable par son dédoublement schizophrénique. D'un côté, le monde exactement saisi, décrit, de la haute couture (recherche des tissus et des modèles, personnel hiérarchisé, présentation d'une collection [1]), le vrai Paris de 1944 où l'on circulait à bicyclette, le portrait d'une jeune fille de province tentée par l'aventure, puis désillusionnée et reprise par ses principes, sa bonne éducation (Micheline Presle, admirable) ; de l'autre, la frénésie d'un homme perpétuellement insatisfait, « collectionnant » les conquêtes féminines pour obtenir l'inspiration (chaque femme, pour Clarence, c'était une idée de robe) et dont les hallucinations et les rêves se cognaient à la réalité bourgeoise, à l'existence des autres qu'il cherchait à modeler à son image, à ses volontés. Film d'une fatalité, d'une défaite, *Falbalas,* quelques réserves qu'on ait pu faire sur sa fin tragique, confirmait la maîtrise de Becker dans la description humaine et sociale, l'analyse psychologique. Ainsi, la scène de l'appartement en installation où Clarence, venu demander à Jean Chevrier de lui fournir d'urgence un tissu spécial, rencontrait Micheline Presle et entreprenait son jeu de la conquête, la scène du ping-pong, la scène du restaurant où Micheline Presle arrivait avec la robe extravagante ornée de plumes de coq, toutes les scènes d'atelier, le personnage malheureux de Françoise Lugagne conduite au suicide, le personnage autoritaire et dévoué de Gabrielle Dorziat. Qu'après cela Becker ait, en 1947, exploré le milieu ouvrier avec *Antoine et Antoinette,* ne marqua pas un changement mais une continuation. Débutant sous l'Occupation, Becker avait déjà trouvé son univers, son style en avance sur les années 50, comme Robert Bresson, Claude Autant-Lara et Henri-Georges Clouzot.

---

1. Les modèles étaient de Rochas, ce qui a fait de *Falbalas* un document sur la mode féminine de 1944, défiant les restrictions et la guerre.

« Les Anges du péché »

La « nouveauté » de Robert Bresson ne fut pas de prime abord évidente. Contrairement à Jacques Becker formé chez Renoir, ce réalisateur débutant en 1943, à trente-six ans, avec *Les Anges du péché,* n'avait pas de passé cinématographique. Il avait réalisé en 1934 un court métrage satirique, *Les Affaires publiques,* dont il n'existe plus de copies et dont il ne voulait pas parler. Son nom avait figuré comme scénariste et adaptateur au générique des *Jumeaux de Brighton* (Claude Heymann, 1936) et de *Courrier Sud* (Pierre Billon, 1936), mais il a renié ces participations. Ce fut un parfait inconnu — ayant subi, point commun avec Becker, un an de captivité en Allemagne après la débâcle — qui mit en scène un scénario du R.P. Bruckberger et Jean Giraudoux, dialogué par Jean Giraudoux, et consacré à la congrégation des dominicaines de Béthanie. Cet ordre, fondé en 1867 par le père Lataste, se dévouait à la rééducation, la réhabilitation morale de femmes sorties de prison. *Les Anges du péché* s'appuyait sur le prestige littéraire de Jean Giraudoux [1], touché par le cinéma depuis *La Duchesse de Langeais.* Ecrit en 1941, le scénario avait été refusé pourtant par plusieurs producteurs, puis acheté — avec réticence — par la maison Pathé qui, finalement, avait abandonné le projet et cédé le contrat à Roland Tual. Le moins qu'on puisse dire est que l'état-major de Pathé manqua singulièrement de flair, quoique, de toute façon, le succès de ce film, d'une inspiration spirituelle unique en cette période, ait reposé en grande partie sur un malentendu. On vit surtout, après *La Duchesse de Langeais,* la part « documentaire » du R.P. Bruckberger et le style noble, élevé, poétique de Giraudoux dans cet affrontement d'une novice pétrie d'orgueil et d'une fille farouche à l'intérieur d'un couvent, dont le film donnait une vision aux antipodes d'une « bondieuserie » de pacotille comme *Les Ailes blanches* et des prêchi-prêcha cléricaux déclamés par des curés édifiants dans les « navets » pétainistes style *Patricia.* Or, Robert Bresson avait travaillé lui aussi au scénario, prenant comme base un livre, *Les Dominicaines des prisons,* et une documentation d'un couvent de Béthanie. Et il était facile de voir la différence entre la mise en scène de Jacques de Baroncelli, respectueux illustrateur de

1. Mort le 31 janvier 1944, sept mois après la sortie du film.

Giraudoux dans *La Duchesse de Langeais*, et l'apport cinématographique personnel de Bresson à la « mise en film » des *Anges du péché*. N'oublions pas, cependant, qu'une adaptation d'un roman de Balzac ne pouvait pas causer autant de surprise que cette histoire austère, où la foi était en jeu dans un milieu de religieuses dont peu de spectateurs connaissaient l'existence et l'action. D'où un phénomène de curiosité porté plus vers le sujet et la participation de Giraudoux que vers la découverte d'un cinéaste dont le nom n'évoquait rien.

Le film [1] s'ouvrait sur une sorte de compte rendu d'une mission assurée par la mère prieure et la maîtresse des novices, enlevant de nuit à la porte d'un pénitencier une libérée, Agnès, prête à les suivre mais guettée dans l'ombre de la rue par un homme — probablement un voyou — sous la coupe duquel elle ne voulait pas retomber. Arrivait ensuite au couvent une jeune fille de bonne famille, Anne-Marie (Renée Faure), décidée à prendre le voile des dominicaines pour vivre avec les réprouvées. Mère Saint-Jean, la sous-prieure, décelait dans cette vocation un manque de simplicité. Par Agnès, Anne-Marie apprenait l'existence de Thérèse, une détenue habitée par la haine et le désespoir, à laquelle les sœurs visiteuses avaient renoncé à parler. Anne-Marie se jugeait, de suite, désignée pour sauver Thérèse (Jany Holt), dont elle faisait la connaissance au cours d'une visite à la prison avec la prieure. C'est là qu'on voyait Jany Holt, dure, fermée, écorchée vive, renverser le chariot portant les marmites de soupe qu'elle était chargée de distribuer. Geste de révolte indiquant, sans effets ostentatoires, le caractère de « l'élue » choisie par Anne-Marie. A cette révolte s'ajoutait, un peu plus tard, l'acte de vengeance de Thérèse : sortie de prison, ignorant Anne-Marie qui l'attendait, elle achetait un revolver et allait tuer l'homme à cause duquel elle avait été condamnée. Une porte qui s'ouvrait, une ombre entrevue, une voix disant : *« Oh ! c'est toi ! Bonjour ! »*, un *« bonjour »* machinal de Thérèse, plusieurs coups de feu, le bruit de la chute d'un corps et le départ

1. Le texte des *Anges du péché* fut publié sous le titre *Le Film de Béthanie*, de Jean Giraudoux, aux Editions Gallimard en 1944. Robert Bresson y était bien cité comme coscénariste et réalisateur, mais l'œuvre de l'écrivain — dont certaines scènes ne figuraient pas dans le film — avait tous les honneurs. Madeleine, dans le livre, est devenue Agnès (Silvia Monfort) dans le film, Agnès, dans le livre, devenant Madeleine (Mila Parély) dans le film.

de la meurtrière : la mise en scène de cette séquence frappait par sa concision. Rien n'était « expliqué » et tout était dit. Lorsque Thérèse se présentait au couvent de Béthanie, c'était pour s'y mettre à l'abri de la police. Anne-Marie croyait que la révoltée avait répondu à son appel. Le film était construit comme une tragédie. Les signes du destin étaient fixés. On savait, à ce moment-là, que tout allait se jouer entre Anne-Marie, orgueilleuse dans sa foi rédemptrice, et Thérèse, froidement hypocrite sous l'habit commun aux « réhabilitées » et aux religieuses. Dans son zèle, Anne-Marie se mettait toute la communauté à dos ; Thérèse s'arrangeait pour la dresser contre la sous-prieure ; elle était renvoyée du couvent. Pendant ce temps-là, la police menait une enquête concluant à la culpabilité de Thérèse, ce dont la prieure était informée. Double itinéraire de la novice trop ardente, trop excessive, et de la meurtrière camouflée. Anne-Marie, après son renvoi, venait prier toutes les nuits dans le cimetière du couvent sur la tombe du père Lataste, où on la trouvait un matin évanouie. Gravement malade, elle était soignée par Thérèse. Celle-ci finissait par lui avouer la vérité. Mais, au moment de la mort d'Anne-Marie essayant de prononcer ses vœux définitifs, Thérèse, qui avait récité à sa place la formule sacrée de profession, se trouvait touchée par la grâce. Arrêtée par deux inspecteurs de police, elle tendait ses mains aux menottes. Elle était « sauvée ».

On avait donc assisté à deux combats intérieurs, sous l'œil de Dieu en somme, dont la prieure s'était faite l'intermédiaire en plaçant face à face ces femmes, dont l'une devait donner sa vie en sacrifice pour la rédemption spirituelle de l'autre. Tout cela, à l'époque, était plus étonnant que les détails de la vie au couvent : le tirage des sentences fixant pour une année la devise de chaque sœur, la correction fraternelle, les proclamations au cours de la cérémonie hebdomadaire des coulpes. A Troyes, *Les Anges du péché* fut présenté au cinéma Jeanne d'Arc, salle paroissiale qui lui apportait l'étiquette catholique. J'avoue que je fus alors beaucoup plus sensible au jeu des comédiennes (Sylvie en prieure, Renée Faure et Jany Holt échappant à leurs emplois habituels) et à la beauté plastique des images en noir et blanc qu'à la dimension spirituelle de l'œuvre. Nous avions au lycée un professeur de français fou de Giraudoux, dont il nous avait donné le goût. Les dialogues diaprés du film renforçaient la fascination des actrices. Et nous étions trop habitués à un cinéma psychologique pour saisir du premier coup ce qu'avait mis Bresson dans *Les Anges du péché,* au-delà de l'étude de caractères et de la description d'un couvent de dominicaines. Bref, de cette tragédie mystique, nous ne vîmes que les belles et rigoureuses apparences. L'univers de Bresson était déjà fixé, mais les spectateurs de 1943-44 ne pouvaient pas s'en rendre compte, même s'ils avaient conscience de se trouver devant un film d'un esprit et d'une qualité inhabituels.

« Les Dames du bois de Boulogne »

Les Dames du bois de Boulogne eut également une origine littéraire : un épisode de *Jacques le fataliste,* de Diderot. Le marquis d'Arcis ayant cessé d'aimer Mme de La Pommeraye, celle-ci se vengeait en le rendant amoureux d'une fille facile à laquelle elle avait donné une apparence honorable. Il l'épousait. Le lendemain des noces, Mme de La Pommeraye lui révélait la vérité. Robert Bresson transposa cette histoire, agrémentée de détails licencieux, en tragédie moderne. Les noms des personnages furent changés, les carrosses remplacés par des automobiles, le « jardin du roi », lieu des rendez-vous galants du XVIIIe siècle, par le bois de Boulogne. Jean Cocteau écrivit les dialogues. Le tournage commença le 4 mai 1944. Un mois après, les studios cessaient leur activité. Avec le débarquement des Alliés en Normandie, la guerre — de libération — s'étendait en France. Le film fut repris au cours de l'hiver 44-45, dans des conditions matérielles très contraignantes. Il fut présenté à la presse parisienne le 20 septembre 1945 et sortit le lendemain aux cinémas Rex et Ermitage. Ce fut un échec retentissant. Mais là, on ne peut pas incriminer seulement le décalage de l'après-guerre. Il y eut de la part de la plupart des critiques, et du public surtout, une incompréhension totale. Avec *Les Anges du péché,* on avait pu s'amarrer à des références socio-psychologiques, à une intrigue où intervenaient un meurtre et une enquête policière. Dans *Les Dames du bois de Boulogne,* il y avait une analyse glacée de la passion et de la jalousie, un dépouillement total des décors, des costumes stylisés, un langage cinématographique de formes et de signes parfaitement déconcertant. Cocteau avait même renoncé à ses jongleries littéraires pour des mots simples et incantatoires. Dans la scène du début où Hélène faisait dire à Jean, son amant, qu'il était détaché d'elle, et feignait l'indifférence, la jalousie et le désespoir de la femme délaissée se traduisaient par son regard fixe. A partir de là et jusqu'à la fin, la tragédie de la vengeance suivait son cours implacable, sans montée « par paliers » selon les procédés habituels de la construction cinématographique. Hélène, vêtue de noir, orgueilleuse et prisonnière de son enfer intérieur, tissait les fils du destin d'Agnès, la danseuse de cabaret se prostituant au domicile de sa mère. Elle la confinait dans un appartement austère et nu du square de Port-Royal, la présentait à Jean comme appât à la cascade du bois de Boulogne. Les éclairages blancs et crus, les portes, les ascenseurs, les téléphones, les essuie-glaces d'automobile étaient chargés d'un sens en accord avec le processus tragique. Dans cet enfer sans flammes, Elina Labourdette (Agnès) passait du costume du « péché », maillot noir et chapeau haut-de-forme, à l'imperméable d'une fille pauvre et méritante, deux déguisements imposés. Sa pureté, restée intacte malgré le métier avilissant, apparaissait au moment où elle revêtait une robe blanche de danseuse et se coiffait d'une couronne de fleurs pour revenir à elle-même, à son rêve. Puis, selon la vengeance d'Hélène, la robe liliale de mariée redevenait un déguisement, à l'heure de la vérité. Aux blessures morales et passionnelles d'Hélène répondait la maladie de cœur d'Agnès. Prête à mourir, le mariage de dupes accompli, Agnès revenait à la vie, dans cette toilette blanche, régénérée par le pardon de Jean. Hélène, vaincue, s'était reléguée dans son enfer. Double itinéraire comme dans *Les Anges du péché,* mais selon un autre combat, une machination cruelle au bout de laquelle il y avait une perdante, là où deux âmes, Anne-Marie et Thérèse, avaient été épurées, sauvées. Dans un univers religieux, on pouvait penser à la grâce et à la rédemption. Celui des *Dames du bois de Boulogne* se situait dans la vie « mondaine » et une réalité semblant appeler une étude de mœurs. Le système esthétique de Robert Bresson était plus libre, plus accompli ici que dans son premier film. Les rares défenseurs des *Dames du bois de Boulogne,* dont Jacques Becker [1], pressentirent l'importance de ce qu'on

1. Dans un admirable *Hommage à Robert Bresson,* publié par *L'Ecran français* n° 16, du 17-10-1945.

appela « le jansénisme de la mise en scène ». Bresson était mûr pour une œuvre totalement personnelle, en dehors de tout « genre », de toute « école ». Il fallut attendre 1950 et *Le Journal d'un curé de campagne*, d'après Bernanos, pour saisir la portée de sa conception du « cinématographe », écriture spécifique s'élevant contre la reproduction photographique du réel, la dramaturgie, le romanesque, la psychologie et l'émotion.

Bien des années plus tard, Robert Bresson renia *Les Anges du péché* et *Les Dames du bois de Boulogne*. On n'est pas obligé de le suivre, même s'il est vrai qu'il avait été, là, soumis à la littérature et à l'utilisation d'acteurs professionnels qu'il n'avait pas réussi à « briser » pour les rendre anti-émotionnels, les faire parler d'une voix blanche et neutre psalmodiant et non interprétant un texte. Laissons-le à ses exigences hautaines. *Les Dames du bois de Boulogne,* film « maudit », est devenu un classique du style bressonnien. Et je ne vois pas pourquoi on ne devrait pas admirer Maria Casarès, Elina Labourdette et Paul Bernard, fût-ce contre le metteur en scène.

Ce film m'est personnellement cher car j'ai fait, avec lui, mes débuts de présentateur au ciné-club de Troyes, en 1950. J'étais alors employé de bureau, cinéphile acharné et je n'avais jamais parlé en public. Simple adhérent de ce ciné-club où je venais presque en solitaire, je franchis tout d'un coup la barrière sociale et culturelle qui me séparait des animateurs et des spectateurs. Je vainquis ma timidité, je me lançai dans l'arène. Pas par désir de briller mais pour m'exprimer enfin librement en dehors du cercle restreint où j'étais alors étouffé. Je ne sais plus qui m'avait recommandé aux membres du conseil d'administration (dont j'allais faire partie, l'année suivante) comme susceptible de bien parler des *Dames du bois de Boulogne*. J'ai toujours le texte que j'avais préparé au prix de longs efforts et appris par cœur comme un acteur son rôle avant de le jouer. Je me souviens que les mots me sont venus tout seuls, tandis que je regardais les spectateurs sans les voir. Je me réveillai d'une sorte de somnambulisme au bruit des applaudissements. J'avais gagné la partie. Pour le film de Bresson et pour moi. Ce fut ma première étape sur le chemin sinueux et difficile qui devait me conduire à Paris et à la critique de cinéma.

XV
Les films dérangeants : Claude Autant-Lara et Henri-Georges Clouzot

Je pense que, maintenant, c'est clair. Le cinéma dit « de Vichy » au sens idéologique et politique, n'existe pas. Sous le régime de Vichy et sous l'occupation allemande, le cinéma français, en « liberté surveillée », a été un cinéma de survie industrielle et économique, d'essor artistique toutes les fois que cela lui fut possible, et ce le fut assez souvent grâce à des producteurs, des scénaristes, des réalisateurs, des techniciens qui ne renonçèrent pas à la qualité française. Une quarantaine d'années plus tard, on peut procéder à un reclassement des valeurs : cela ne change rien à l'essentiel. Hors du temps par la force des choses, ou « à côté » du temps, justement, pour ne pas céder aux influences qui ne demandaient qu'à s'exercer, ce cinéma a, sans déchoir, assuré la liaison entre les années 30 et l'après-guerre. D'une façon générale, les films de cette époque se sont voulus « rassurants » pour procurer au public de la distraction, des rêves, du spectacle. Vus de plus près, dans un inventaire exhaustif, comme je crois l'avoir fait, on y trouve pourtant des îlots de non-conformisme et de trouble : *Lumière d'été* et *Le ciel est à vous* de Jean Grémillon, *Goupi Mains-Rouges* de Jacques Becker, *Voyage sans espoir* et *Sortilèges* de Christian-Jaque, *La Fiancée des ténèbres* de Serge de Poligny, *Adieu Léonard* de Jacques Prévert, *Le Voyageur de la Toussaint* de Louis Daquin, *Les Inconnus dans la maison* de Henri Decoin et, même, *L'Escalier sans fin* de Georges Lacombe et *La Vie de plaisir* d'Albert Valentin. Des remous s'agitaient sous la surface rassurante et Robert Bresson dérangea même carrément, mais par son écriture cinématographique (*Les Dames du bois de Boulogne*), les eaux calmes sillonnées de navires portant les pavillons de Balzac, de Pierre Véry, des comédies fantasques, les caravelles aux larges voiles romantiques, dont la plus belle fut et reste toujours *Les Enfants du paradis* de Prévert et Carné.

De toute façon, les films les plus dérangeants furent ceux de Claude Autant-Lara (ce qui semble un paradoxe puisque *Le Mariage de Chiffon*, *Lettres d'amour* et *Douce* se situaient en 1900 ou au XIXe siècle) et de Henri-Georges Clouzot (ce qui n'appelle pas la discussion, *Le Corbeau* ayant fait assez de bruit pour ne pas dire de tonnerre). Reste à expliquer comment ils l'étaient. Et je ne vais rien avancer là-dessus que je n'aie ressenti plus ou moins intensément à l'époque et que je n'aie vérifié depuis. Cette distinction entre films « rassurants » et films « dérangeants », je la dois d'ailleurs à Claude Autant-Lara, lui-même admirateur de Clouzot et du *Corbeau* et qui, dans une lettre du 13 août 1980, attirait mon attention sur le fait que « *Carné, qui a fait de très beaux, TRÈS BEAUX films, se range plutôt dans les films rassurants :* Les Enfants du paradis *et* Les Visiteurs du soir. *Moi — et j'ai recherché cela dans TOUS mes films, je voulais DÉRANGER. L'ordre établi, merde ! Allumer, à chacun, autant d'incendies que possible, c'est CELA la caractéristique de presque toute ma production.* »

Il faut remonter aux origines du cinéaste pour bien comprendre cette volonté d'anticonformisme et de dérangement. Né en 1903, il était le fils d'un architecte Edouard Autant, et d'une actrice, Louise Lara, sociétaire de la Comédie-Française. A ses parents, à sa mère surtout, dont il conserva le nom, Claude Autant-Lara doit beaucoup. Voici à ce sujet son témoignage, extrait d'entretiens recueillis pour une émission de la série de télévision *Cinéastes de notre temps, « Claude Autant-Lara : l'oreille du diable »*, diffusée le 10 mai 1972 [1] :

« *Ma mère était une personne très entière, très fougueuse, et qui, vraiment, avait des idées particulières. Pour elle, la Comédie-Française était trop traditionnelle et il y avait des tas*

1. Produite par Janine-André Bazin et André-S. Labarthe à partir de 1964, pour la deuxième chaîne, cette série, la meilleure des émissions consacrées au cinéma, par son analyse historique et critique, son style de réalisation et de montage, a donné jusqu'en 1972 une étonnante suite de portraits de créateurs de films. Reprise cette année-là par la première chaîne, elle fut malheureusement interrompue.

de jeunes auteurs auxquels on ne faisait pas attention. Son attitude pacifiste pendant la guerre a été terrible et très violente, ce qui fait qu'elle a été mise à la retraite d'office d'ailleurs. Au début de la guerre, ma mère s'était fait faire un corsage bleu, bleu doux, sur lequel était brodée une grande colombe tenant un rameau d'olivier, et ce courage avait fait scandale, ça et puis deux ou trois choses... (...) Il y avait des matinées poétiques à la Comédie-Française et les sociétaires étaient obligés de dire des poèmes patriotiques, ce qui ne lui plaisait pas. Alors, mon père était revenu du front, je me rappelle, et, à une matinée poétique, il attendait ma mère dans la coulisse, avant son entrée en scène. Elle avait été mise en demeure par l'administrateur de dire un poème patriotique, sinon ça irait assez mal pour elle. Alors elle avait accepté de le dire, elle s'était inclinée ; mon père l'attendait dans la coulisse et il lui a mis un bâillon devant la bouche et lui a lié les mains avec une corde. Et elle est entrée sur scène et elle a dit son poème patriotique dans cette tenue. Je vous laisse à penser le scandale que cela a été à la Comédie-Française, à la suite de quoi on lui a dit : "Madame Lara, votre place n'est pas ici". Alors, vous voyez que j'ai de qui tenir, si je puis dire... En plus, il y a eu un grand mouvement syndical vers 1920, 1921 et ma mère a été, je crois, la première sociétaire de la Comédie-Française ayant adhéré à la C.G.T., ce qui a été un autre scandale, définitif. Elle a quitté la Comédie-Française deux ans après, de force, bien sûr... Ma mère est aussi une des premières à être allée, très tôt, je crois en 1919, non en 1920, en Russie Soviétique regarder le théâtre, étudier le nouveau théâtre soviétique qui se faisait. Peu de temps après, elle a fondé un laboratoire de théâtre qui, pendant des années, a vraiment donné des spectacles d'avant-garde assez curieux, c'est un mouvement théâtral presque unique et particulier, parce que c'était un théâtre complètement gratuit. Mes parents s'y sont ruinés, d'ailleurs, complètement, et ils ont bien fait. Le théâtre, c'était comme un petit théâtre de poche, au 66 de la rue Lepic, il n'y avait qu'à demander son invitation et tout le monde était invité et jamais l'argent n'y est entré, jamais ».

« Mon père était architecte et, par passion du théâtre, il a cessé cette activité. Mes parents se sont dévoués à ce laboratoire qui jouait des pièces d'avant-garde. C'est là qu'on a joué pour la première fois Claudel, Crommelynck et des tas

d'auteurs, le Neveu de Rameau, le Hamlet *de Laforgue, qui ont été repris plus tard par Barrault et d'autres sans citer mes parents, mais enfin, cela n'a pas d'importance. Mon père était un libéral. J'entends par là un homme qui n'a aucune des contraintes d'une société basée ou sur l'intérêt ou sur la religion... Un homme dont l'esprit est libre et n'a pas d'attache particulière, c'est cela, pour moi, le libéralisme... Mon père avait une très forte influence sur ma mère... enfin, ils se partageaient les responsabilités, et je crois qu'ils ont chacun travaillé dans leur sens, et c'était un attelage, si l'on peut dire, merveilleux d'entente, de compréhension et de synchronisme dans les mêmes idées. »*

Ayant fait des études de peinture et de décoration à l'Ecole des beaux-arts, Claude Autant-Lara travailla aux décors et costumes du « laboratoire » de ses parents, « Art et action », puis devint décorateur pour des films de Marcel L'Herbier dans les années 20. C'est ainsi qu'il entra dans la carrière cinématographique. Il tourna en 1923 un court métrage d'avant-garde, *Fait divers*, interprété par Antonin Artaud, puis, en 1925, un moyen métrage, *Construire un feu*, d'après un récit de Jack London, où il expérimenta l'Hypergonar, objectif anamorphique inventé par un physicien, le professeur Chrétien. Ce procédé ne fut pas, alors, généralisé. En 1952, la firme américaine 20th Century Fox devait le reprendre pour lancer le « Cinémascope ». De 1930 à 1932, Claude Autant-Lara réalisa, à Hollywood, les versions françaises de films américains, dont certains avec Buster Keaton. Revenu en France, il tourna, en 1933, son premier long métrage, *Ciboulette*, adaptation (avec Jacques Prévert) de l'opérette de Robert de Flers et Francis de Croisset, musique de Reynaldo Hahn. Cette « féerie musicale », au ton et aux images avant-gardistes, fut jugée « sacrilège » et déclencha toute une polémique. A la fin des années 30, Claude Autant-Lara s'essaya au cinéma commercial. Maurice Lehmann, l'heureux directeur du théâtre du Châtelet, avait monté une maison de production de films. Autant-Lara fut son « conseiller technique » pour *L'Affaire du courrier de Lyon* (1937), *Le Ruisseau* (1938) et *Fric-Frac* (1939). En fait, il eut une part prépondérante dans la mise en scène de ces films... que signa seul Maurice Lehmann. Légèrement plus âgé que Jacques Becker et Robert Bresson, Claude Autant-Lara n'était donc pas du tout un débutant lorsqu'il réalisa, à trente-huit ans, en 1941, *Le Mariage de Chiffon*. Bien entendu, le grand public savait peu de choses de lui puisqu'il avait été réduit au silence, à l'anonymat, depuis l'échec de *Ciboulette*. J'ai insisté sur sa biographie parce qu'elle explique à la fois l'anticonformisme puis la virulence qui allaient se manifester, d'une façon de plus en plus nette, dans les films qui le rendirent célèbre sous l'Occupation, et l'importance qu'il attacha, dès *Le Mariage de Chiffon*, aux décors, comme éléments de sa mise en scène et révélateurs de façons de vivre, d'attitudes sociales [1].

« *Le Mariage de Chiffon* »

Le Mariage de Chiffon semblait se rattacher à la mode des films à costumes, du « genre désuet », n'offrant pas prise aux tracasseries de la censure morale. A l'origine, c'était un roman « rose » d'une femme de lettres ayant adopté le pseudonyme de Gyp, mais nommée en réalité Sybille Marie-Antoinette de Riquetti de Mirabeau, comtesse de Martel de Joinville par son mariage. Née en 1850, morte en 1932, Gyp avait appartenu au « grand monde » de la Belle Epoque et au petit monde de la littérature de dames figurant dans les bibliothèques des bonnes familles. *Le Mariage de Chiffon*, son roman le plus connu, avait été publié en 1894 et dédié à Mme Maurice Barrès (Gyp, comtesse de Martel, avait fait partie du clan antidreyfusard). Je l'avais eu entre les mains vers l'âge de huit ou neuf ans. Ma mère faisait alors le ménage chez la femme d'un fondé de pouvoir de banque avec laquelle elle entretenait depuis longtemps, à la suite d'un voisinage occasionnel dans le quartier petit-bourgeois où je suis né et ai passé toute mon enfance jusqu'au début de 1939, des relations plutôt amicales qu'ancillaires. Je l'accompagnais parfois le jeudi et Mme Berne, qui n'avait pas d'enfants et s'intéressait à mon travail à l'école (j'étais très bon élève), me donna à lire *Le Mariage de Chiffon* dans la collection Nelson où je préférais, d'ailleurs, *Les Trois Mousquetaires* et autres œuvres d'Alexandre Dumas. J'avais droit, pour la circonstance, à m'installer dans un fauteuil de salon comme il n'y en avait pas chez mes

1. Les décorateurs d'Autant-Lara furent alors Jacques Krauss pour *Le Mariage de Chiffon* et *Douce*, Robert Dumesnil pour *Lettres d'amour*. C'est en 1947, avec *Le Diable au corps*, que le cinéaste travailla pour la première fois avec Max Douy, qui allait être longtemps associé à son univers.

parents ! Je raconte cela parce que, dans les conditions où elle s'était faite, cette lecture d'enfance était restée gravée en moi et m'avait amené, sous l'Occupation, à attacher un intérêt particulier au film de Claude Autant-Lara. Or, il y avait, entre le livre de Gyp et son adaptation par Jean Aurenche et Maurice Blondeau, de grandes et significatives différences. Le roman, douceâtre, tournait autour des petites intrigues de salons et de sacristies d'une ville de province, Pont-sur-Sarthe, pour le mariage d'une adolescente, Corysande d'Avesnes, dite « Chiffon », avec un officier d'âge mûr, M. d'Aubières. Veuve devenue en secondes noces marquise de Bray, la mère de Chiffon voulait caser sa fille, turbulente et indisciplinée, dans les meilleures conditions. Or, Chiffon était amoureuse de Marc de Bray, frère de son beau-père (mais plus jeune tout de même que M. d'Aubières), dont un providentiel héritage faisait, soudain, un « beau parti » dans le cercle fermé de Pont-sur-Sarthe. Admettons que Gyp ait légèrement égratigné cette microsociété provinciale. Tout chez elle n'en était pas moins resté convenable et sa Chiffon ressemblait plus à Emilie d'Arbois, « l'espiègle Lili » des bandes dessinées 1910, qu'à l'héroïne présentée par Claude Autant-Lara avec les falbalas et l'univers mondain et aristocratique d'un petit Versailles Belle Epoque. Dans cette comédie charmante et emplie de nostalgie, la satire de classe montrait déjà le bout de son nez. La causticité de Jean Aurenche, scénariste de *L'Affaire du courrier de Lyon* et du *Ruisseau*, trouvait une complicité en celle d'Autant-Lara. Et Odette Joyeux apportait ici, dans ses foucades d'adolescente, l'ambiguïté de son premier grand rôle d'avant-guerre (Cecilia, dans *Entrée des artistes* de Marc Allégret), et non la délicate évanescence de Marie-Dorée dans *Le Lit à colonnes* que Roland Tual réalisa après *Le Mariage de Chiffon*. Claude Autant-Lara a fait d'Odette Joyeux non seulement une des jeunes et grandes vedettes du cinéma français sous l'Occupation mais aussi un personnage dominant de son propre univers jusqu'à *Douce*.

Gyp n'avait pas prévu cette apparition, dans une nuit pluvieuse, de Chiffon promenant son chien et rencontrant le colonel duc d'Aubières (André Luguet) revenant, en 1904, à Pont-sur-Sarthe, après douze ans d'absence · elle n'avait pas prévu qu'en courant après le chien Chiffon perdrait une de ses chaussures et que d'Aubières, charmé par cette inconnue dont il ne savait pas le nom et avait tout juste entrevu le visage à la lueur d'un réverbère, escamoterait la chaussure afin d'avoir le prétexte de la porter, dans ses bras, jusqu'à sa porte. Ainsi amorcée la rencontre, Chiffon glissait d'entre les doigts de d'Aubières, qui s'en allait loger à l'hôtel où il tenait autrefois ses quartiers. Il y retrouvait une ancienne maîtresse, Sophie, mariée au directeur de l'hôtel, et la chaussure de Douce, semblable à celle déposée devant la porte d'une chambre où Marc de Bray (Jacques Dumesnil) avait un rendez-vous galant avec une femme mariée, Alice de Liron, allait provoquer un singulier quiproquo. Tout cela pouvait passer pour des idées de scénariste enrichissant l'intrigue assez mince d'un roman pour jeunes filles jouant au piano la *"Prière d'une vierge"*. Or, d'une façon feutrée mais impertinente, Aurenche, Maurice Blondeau et Autant-Lara avaient d'ores et déjà indiqué la fausse innocence de Chiffon, les jeux de l'hypocrisie sociale et de l'adultère. Et le film filait sur ces rails-là, infidèle ô combien, aux effets de plume distingués et aux pastels de Gyp. Chiffon-Odette Joyeux ne se contentait pas de faire la nique aux bonnes manières et à l'autorité raseuse de la marquise de Bray. Elle avait les passions secrètes et les roueries d'une femme bien décidée à aller jusqu'au bout de son anti-conformisme. Elle luttait contre Alice de Liron, sa rivale. Elle acceptait le mariage avec d'Aubières pour sauver Marc de Bray, ruiné par ses travaux sur un appareil volant et non pas héritier d'une fortune comme chez Gyp. Elle n'évoluait pas entre les représentants bien élevés de l'armée et de l'aristocratie, mais entre deux « hommes à femmes » dont elle acceptait l'argent de l'un pour tirer l'autre d'embarras. Autre événement non prévu par Gyp : Me Blondin, l'huissier toqué (Robert Le Vigan !) chargé de saisir le hangar et l'avion de Marc, ses seuls biens, lui trouvait un mécène jouant le rôle de la Providence le jour des fiançailles officielles de Chiffon avec d'Aubières. Tout cela était traité avec une ironie mordante. L'avion exécutant un premier vol réussi, la bonne société qui avait tourné le dos à Marc de Bray en faisait un héros et d'Aubières, mis en possession d'une page du journal intime de Chiffon (qu'elle avait essayé de brûler, provoquant ainsi un feu de cheminée), s'effaçait discrètement, en plein bal, après avoir eu la révélation de son amour pour Marc. Fin heureuse, dira-t-on, mais qui sait à quel danger d'Aubières n'échappait pas en laissant à Marc de

Bray cette adolescente mystérieuse et capable de mener les hommes à sa volonté ? Je ne sollicite ni les intentions ni les images. Il y eut bien quelques gouttes de venin dans la camomille réchauffée de Gyp.

« La seule chose qui puisse assurer la survie d'un film c'est, moi, ce que j'appelle le venin », a déclaré Claude Autant-Lara [1]... *« Venin ne veut pas dire méchanceté, attention. Au contraire, quelquefois on se bat pour essayer d'avoir un peu plus de justice, on se bat contre quelque chose qui vous paraît injuste et c'est là où le film doit avoir la vigueur nécessaire pour partir à l'assaut de cette injustice, c'est là où il comporte ce que j'appelle le venin. »* Venin à petite dose dans *Le Mariage de Chiffon*, certes. Mais l'injustice n'était-elle pas dans les rites de cette société 1900 organisant pour ses filles, à peine sorties de l'enfance, des mariages d'intérêt ? Et Chiffon ne cherchait-elle pas à conquérir sa liberté en faisant semblant de jouer le jeu ? Pierre Larquey, le fidèle valet de la famille, n'intervenait-il pas, outrepassant sa fonction, pour aider Chiffon à éloigner d'Aubières et à conquérir Marc ? Ce fut lui, plus qu'André Luguet, le « deux ex machina » des scènes finales : un domestique ! Même si les scènes d'aviation furent ajoutées pour le pittoresque, même si Autant-Lara se fâcha avec son producteur, Pierre Guerlais, qui se livra à quelques arrangements et ne le laissa pas rectifier le montage, le film eut vraiment un aspect dérangeant par rapport à la mythologie romanesque qu'il était censé représenter. Les autorités morales de Vichy s'indignèrent d'ailleurs qu'un colonel soit battu en amour par un civil ! (Témoignage personnel de Claude Autant-Lara.)

Du « venin » encore dans *Lettres d'amour* (1942), qui a laissé moins de souvenirs. Argenson, préfecture de province sous le second Empire, époque plus reculée. Odette Joyeux était, ici, Zélie Fontaine, jeune veuve et maîtresse de la poste. Elle servait, c'est le cas de le dire, de boîte aux lettres à la préfète, Hortense de la Jacquerie (Simone Renant), à laquelle son amant, François du Portal (François Périer) envoyait, de Paris, de brûlants messages. Sujet apparent : Hortense avait rompu avec François qui, pour la reconquérir, se faisait nommer substitut à Argenson et s'éprenait de Zélie Fontaine ;

1. Cf. *Cinéastes de notre temps*, entretien cité.

marivaudage 1855 en costumes d'époque et robes de Christian Dior. Sujet réel : la rivalité de castes sous le règne de Napoléon III, la « boutique » contre la « société », les bourgeois commerçants et travailleurs contre la frivolité et l'oisiveté de l'aristocratie dominante. L'empereur, entrevu, avait l'aspect faussement bonhomme de Jean Debucourt. Mais on voyait fonctionner, dans les entrelacs de l'intrigue amoureuse, son administration et, toute bourgeoise qu'elle fût devenue, Odette Joyeux n'en opposait pas moins, avec le sourire, sa volonté, sa ténacité de femme bien décidée à prendre une revanche sociale. Sous les festons, les broderies, les dentelles et les arabesques d'un style affectant la préciosité, perçait l'odeur âcre d'une société où deux classes se disputaient les privilèges. Dialogues brillants et incisifs de Jean Aurenche, interprétation étincelante. Les spectateurs ne demandaient que cela, mais il y avait quelque chose en plus. Dans le grand bal où, événement provincial, on dansait, pour la première fois, le « quadrille des lanciers », les deux clans ennemis s'affrontaient. Les opérettes d'Offenbach étant alors proscrites, on ne pouvait pas s'apercevoir de la ressemblance entre ces pastiches bouffons en chansons et musique de la « fête impériale », et *Lettres d'amour*. Sans compter qu'Argenson aurait pu être Vichy.

« *Douce* »

Avec *Douce* (1943), le dérangement fut évident. Devant le succès du *Mariage de Chiffon*, Pierre Guerlais s'était réconcilié avec Autant-Lara et avait produit ce nouveau film à costumes, fin XIXe siècle cette fois. A Jean Aurenche s'était joint Pierre Bost, rentré de captivité, pour l'adaptation d'un autre roman de « femme de lettres », contemporaine celle-là et signant du pseudonyme masculin Michel Davet [1]. Roman qui, bien plus que celui de Gyp, fut « détourné » de sa joliesse et de ses grâces surannées au profit d'une critique sociale parfaitement vénéneuse. *Douce*, le roman, était raconté à la première personne par Marie-Claire, jeune femme de modeste origine, institutrice, dans les années 1880, de Douce, fille adolescente du comte Engelbert de Bonnafé, veuf et affligé d'une jambe de bois, petite-fille de la vieille comtesse de Bonnafé,

1. *Douce* fut écrite par Michel Davet en 1939 et publié chez Plon en 1940.

aristocrate hautaine et imbue de ses traditions de famille. Valentin Marani, régisseur des fermes et des terres dont les Bonnafé tiraient leurs revenus, s'éprenait de Marie-Claire et la demandait en mariage. Elle refusait pour accepter de devenir, malgré la stupéfaction coléreuse de l'aïeule, la femme d'Engelbert, dont elle se montrait l'épouse fidèle et dévouée. Mais Douce, éprise depuis longtemps de Valentin, provoquait un scandale en fuyant avec lui. Désormais compromise, il fallait la marier au régisseur. Douce, la tête farcie de rêves romanesques malgré la surveillance attentive de sa gouvernante, avait cru voir en Valentin « l'homme de sa vie ». Cruel réveil. Le régisseur n'avait jamais oublié Marie-Claire, avait voulu se venger, tournait à l'ivrognerie et aux mauvaises manières. Songeant à rompre cette union désastreuse, la vieille comtesse invitait à l'hôtel Bonnafé François d'Entraygues, jeune officier revenant de la guerre (coloniale) du Tonkin et en lequel, par contraste avec Valentin, Douce reconnaissait enfin celui qui lui était vraiment destiné. Jalousie de Valentin, joie sournoise de la comtesse. Un soir, Valentin s'en allait à l'Opéra-Comique sans Douce qui avait refusé de l'accompagner. C'était le 25 mai 1887. Ce soir-là — c'est historique — l'Opéra-Comique, salle Favart, fut détruit par un incendie. Valentin y mourut fort opportunément pour permettre à Douce, le temps du deuil et du remords passé, de tomber dans les bras de François. Voici le dernier paragraphe du roman, grand ouvert sur l'avenir et le bonheur : *« Elle repoussa les chaises et se mit à courir. Sa jupe balancée découvrait ses petits souliers violets et le soleil la suivait par ronds bondissants, dans le hall verdâtre, je la vis tirer la porte d'entrée. Elle se disait : "Je suis folle, il n'y aura que le vent". Et la porte d'entrée ouverte, François fut sur le seuil, balançant ses gants de pécari. Il était en grand uniforme et il attendait ».*

Il y avait, dans le roman de Michel Davet, le portrait, pas mal venu, d'une adolescente d'autrefois vivant dans un monde d'illusions et passant par plusieurs épreuves avant de bien se connaître elle-même et d'apprendre à être une femme. L'adaptation en conserva les personnages (sauf François d'Entraygues) et quelques situations, tout en chamboulant une intrigue où la narratrice se montrait une femme exemplaire et vertueuse et où l'ordre social se trouvait rétabli par la disparition du gêneur, l'indécrottable roturier Valentin

Marani. Dans le film, Bonafé s'écrivit avec un seul *n*, ce qui n'a pas grande importance, mais Marie-Claire, devenue Irène, et Valentin, devenu Fabien Marani, se trouvèrent complices. Fabien avait introduit Irène chez les Bonafé. Ils se voyaient en cachette dans un hôtel meublé sordide. Douce avait tout deviné, tout compris, mais elle voulait Fabien pour elle et faisait tout pour l'obtenir. Irène lâchait Fabien, qui avait voulu fuir avec elle au Canada en emportant l'argent des fermages, lorsqu'elle se rendait compte qu'Engelbert la désirait et était prêt à l'épouser. Et Fabien enlevait Douce. Elle ne demandait que cela, elle se donnait à lui dans le même hôtel louche qui avait abrité ses amours avec Irène. Et c'est Douce qui mourait — volontairement — dans l'incendie de l'Opéra-Comique, situé le soir de Noël 1887, sans souci de la vérité historique, mais par esprit de dérision envers cette fête chrétienne, placée, là, sous le signe de la mort. L'implacable grand-mère, ayant démasqué les manœuvres d'Irène, la chassait avec Fabien, rescapé hébété des flammes de la salle Favart, hors de l'hôtel Bonafé, de la forteresse où ils avaient apporté le désordre et le malheur. Claude Autant-Lara m'a dit que, sans rien changer au caractère et au comportement d'Irène, il aurait préféré terminer le film sur la mort de Fabien dans l'incendie et le retour de Douce à jamais souillée, que les Bonafé garderaient désormais prisonnière. De toute façon, il se serait pareillement éloigné de l'esprit du roman. La fin de *Douce*, telle qu'elle fut tournée, prenait une force extraordinaire que le temps n'a pas altérée et bien dans la logique d'une œuvre où le « venin » se trouvait dans chaque scène. *Douce,* le film, c'était une forme de la lutte des classes dans une demeure du Champ-de-Mars, au temps où la tour Eiffel n'était pas encore achevée (le décor du début, situant à la fois l'époque et l'atmosphère du drame) et où les jeunes filles en fleur n'avaient pas le droit de disposer elles-même de leur virginité. Douce, agressive et provocante sous la beauté lisse et les allures rêveuses d'Odette Joyeux (dont le personnage selon Autant-Lara trouva, ici, son apogée), défiait la religion (la scène du confessionnal au début, la nuit de Noël à la fin) et la famille ; Douce s'offrait en holocauste au feu pour ne pas revenir chez elle, vaincue, désillusionnée, déracinée ; Irène et Fabien (Madeleine Robinson et Roger Pigaut, tout à fait remarquables) menaient ensemble puis séparément un combat, hypocrite chez elle, farouche chez lui, pour s'imposer à cette famille d'aristocrates qui ne pouvait pas les adopter comme l'ascenseur, instrument de progrès et de confort personnel, installé dans la vieille demeure. Le film insistait sur la jambe de bois d'Engelbert, fausse blessure de la guerre de 1870, conséquence, en réalité, d'un accident de cheval chez ce représentant d'une classe décadente, dont Marguerite Moreno était l'incarnation souveraine, la gardienne de la loi. A cette famille il fallait des prolétaires soumis, des domestiques chiens de garde, telle Estelle (Gabrielle Fontan), la vieille femme de chambre espionnant Irène et la menaçant de révéler sa conduite, de briser son projet de mariage avec Engelbert si elle ne faisait pas revenir Douce pour cacher le scandale. Quelle ironie, quel mordant, quelle puissance dans la scène (pivot de l'action) de la « visite aux pauvres » ! Comme chaque année aux approches de Noël, la comtesse s'en allait offrir des vêtements usagés et un pot-au-feu à un ménage de vieillards décrépits et flagorneurs. Irène et Fabien l'accompagnaient ; lui portait la marmite. La comtesse égrenait des mots vachards en se délectant de sa charité. Les pauvres remerciaient en se tirant des larmes de crocodile, en souhaitant de bonnes choses à leur « bienfaitrice ». Mais au moment du départ, Fabien, qui avait rongé son frein et sa colère, leur lançait cette apostrophe : *« Je vous souhaite l'impatience et la révolte. »* Là, c'était tout de même trop en une époque où les dames patronnesses catholiques se dévouaient aux sinistrés, aux mal lotis et où le « Secours national » était l'organe officiel de l'aide et de la charité gouvernementales. On s'émut du côté de Vichy. Cette scène fut coupée. Claude Autant-Lara la fit rétablir après la Libération. En dépit de cette contrainte passagère, *Douce* fut un grand film dérangeant, d'une audace et d'une violence « contestatrices » à la fois dans le sujet et dans la mise en scène, que ne masquaient point la reconstitution 1880, la neige et les sapins de Noël.

« *Le Corbeau* »

L'ordre moral avait été déjà fortement atteint par *Le Corbeau* de Henri-Georges Clouzot. Car, commencé un mois après *Douce*, ce film était sorti un mois et demi avant en exclusivité parisienne (28 septembre 1943, 10 novembre 1943, pour *Douce*). J'en ai déjà beaucoup parlé [1]. Mais en a-t-on jamais fini avec cette noire étude de mœurs qui dérangea tout le monde (encore que les spectateurs lui aient fait un succès) et s'attira tant de polémiques partisanes ? Clouzot, je l'ai dit, avait installé son univers comme adaptateur-dialoguiste du *Dernier des six* et des *Inconnus dans la maison*, comme adaptateur, dialoguiste et réalisateur de *L'assassin habite au 21*. *Le Corbeau*, tant attaqué en son temps par la presse clandestine de la Résistance, mis au banc d'infamie après la Libération, puis « réhabilité » alors qu'il n'avait pas besoin de l'être, fut une œuvre exceptionnelle dominant le cinéma français d'occupation, le creuset d'où sont sortis les films ultérieurs de Clouzot, ce cinéaste de la psychologie des profondeurs. Au « venin » d'Autant-Lara répondait son vitriol, ses eaux-fortes. *Le Corbeau*, situé à une époque moderne mais indéterminée, a reflété le pourrissement moral d'une société frappée par la maladie honteuse des lettres anonymes. Or, cette maladie n'a-t-elle pas sévi sous le régime de Vichy ? N'a-t-on pas connu, hélas, la dénonciation de Juifs, de résistants, par des Français qui n'avaient pas même le courage de signer leurs vilenies [2] ? Il n'y a pas eu, au temps de Pétain et de la présence allemande, un film aussi réaliste que celui-là. Un réalisme dans la lignée d'une littérature de critique de la bourgeoisie où s'illustrèrent, entre autres, Emile Zola et Octave Mirbeau. De la coupe verticale d'un immeuble convenable de la rue de Choiseul dans *Pot-Bouille* de Zola, à la description unanimiste d'une ville de province dans *Le Corbeau*, la distance est-elle si grande ?

Lié aux « années noires », *Le Corbeau*, pourtant, ne saurait y rester seulement attaché. Il avait son ascendance cinématographique dans les films muets d'Eric von Stroheim (*Folies de femmes, Les Rapaces*) et de G.W. Pabst (*La Rue sans joie, Loulou, Trois pages d'un journal*) et il a été marqué, dans l'étude de caractères ambigus, par l'influence de Freud. Si l'anonymographe de Tulle, dont l'affaire, datant de 1922, avait inspiré le scénario de Louis Chavance, était une refoulée sur laquelle se penchèrent les psychiatres, tous les personnages impliqués dans l'action « punitive » du *Corbeau* étaient victimes de complexes, d'insatisfactions et de frustrations sexuelles

1. Voir chapitre IV.
2. Cf. Henri Amouroux, *La Vie des Français sous l'Occupation*, Fayard.

qu'on n'était pas habitué à voir dénuder à l'époque. Dans *Le Corbeau*, les forces de l'inconscient se libéraient des « censures » de la vie en société par le truchement des lettres anonymes. Avec son style noir et corrosif, Clouzot plongea dans les abîmes de l'âme humaine et des comportements sexuels en réduisant à néant l'éthique traditionnelle du bien et du mal. « *Je rencontre une mauvaise bête chaque matin dans ma glace en compagnie d'un ange* », disait Vorzet-Larquey à Germain-Fresnay dans la scène où il balançait une lampe qui déplaçait ombres et lumières « ... *vous croyez que le bien c'est la lumière et que l'ombre c'est le mal. Mais où est l'ombre, où est la lumière ? Où est la frontière du mal ? Savez-vous si vous êtes du bon ou du mauvais côté ?* » Idées courantes aujourd'hui, où tout un chacun peut essayer de se libérer de ses obsessions auprès des psychanalystes, des psychothérapeutes, des conseillers psychologiques. Audaces plus grandes que les ébats sexuels montrés dans leur crudité anatomique dans les films pornographiques de nos sociétés permissives. Le dérangement n'est peut-être plus aussi fort à nos yeux, mais il subsiste. Et puis — point commun avec *Douce* — ce film de 1943, consacrant un grand cinéaste par un scandale idéologique et politique qu'il n'avait pas cherché, fut un modèle de correspondance parfaite entre un sujet et sa mise en scène cinématographique. Et cela ne compte-t-il pas avant tout ? L'Histoire, heureusement, a jugé, et assez vite pour une fois, dans le bon sens, effaçant le bruit et la fureur des passions. Oh ! il doit bien y avoir tout de même, quelque part, un clan d'irréductibles qui n'ose plus se manifester. Et lorsque *Le Corbeau* passe à la télévision, il n'y a plus protestations mais admiration. Ainsi — et je mets là volontairement quelque malice — la révélation de Clouzot est-elle venue, contre l'ordre moral pétainiste qui n'avait pas son mot à dire dans les affaires de la Continental, apporter une audace terriblement dérangeante et contribuer de beaucoup à la vitalité artistique d'un cinéma français en train de bouger bien plus et bien autrement qu'on ne l'a dit.

Le monde noir du *Voyageur sans bagage* (1943) ne pouvait paraître, après cela, qu'artificiel. Passé à la réalisation, Jean Anouilh filma sa pièce (créée en 1937 par les Pitoëff, elle avait été reprise sur la scène de la Michodière sous l'Occupation) sans y mettre ni venin ni vitriol, mais simplement l'aigreur et la méchanceté suitant dans son théâtre à l'égard des familles bourgeoises et de la province étriquée. Pierre Fresnay, qui avait joué à la Michodière le rôle de l'amnésique de guerre (celle de 1914) retrouvant, avec la mémoire, le petit enfer où il avait mitonné, fut l'interprète-vedette du film, agrémenté d'extérieurs réels (les rues de Senlis). L'étalage des turpitudes passées de Gaston, le « voyageur sans bagage », et de son clan s'acharnant à le récupérer, parut lourd, accablant, ennuyeux, malgré une distribution bien choisie : Fresnay, Blanchette Brunoy, Sylvie, Pierre Renoir, Marguerite Deval, Jean Brochard, Louis Salou. Dans une séquence, Pierre Fresnay se réveillait au milieu d'oiseaux et d'animaux empaillés (ceux qu'il avait tués, avec sadisme, autrefois) placés sur son lit, pendant son sommeil, pour rafraîchir les souvenirs qu'il s'obstinait à nier. Cette image rappelait celle du film de Clouzot où le même Pierre Fresnay trouvait devant sa porte un corbeau empaillé, sorti par Ginette Leclerc d'une vieille malle. Mais, en ceci comme pour le reste, *Le Voyageur sans bagage* ne fut qu'un reflet grisâtre et délavé du *Corbeau*, la satire sociale s'exprimant surtout en mots d'auteur et en règlements de comptes, en des personnages tous antipathiques pendant aux ficelles d'un jeu de massacre de marionnettes. L'apparition du film d'Anouilh quelques mois après celui de Clouzot lui aurait-il nui ? Après les avoir revus l'un et l'autre, de nos jours, on ne peut avoir aucun doute : l'étude de mœurs du *Voyageur sans bagage* n'était que fausses audaces et conventions théâtrales d'un auteur dramatique auquel le cinéma, en ce cas tout au moins, n'a pas réussi.

XVI
La France de Pétain dans le cinéma français d'après-guerre et jusqu'à nos jours

Entré dans la clandestinité fin 1942, Jean-Paul Le Chanois fit partie d'un des mouvements de résistance du cinéma qui allaient tous s'unir dans le Comité de Libération du Cinéma Français. Et, fin 1943, il partit, avec les opérateurs Forestier, Weil et Coutable pour le maquis du Vercors, en Dauphiné, où des résistants et réfractaires au S.T.O. (environ 4 000 hommes) s'étaient regroupés. La petite équipe voulait filmer la vie et l'activité de ce maquis, pour en envoyer le témoignage à Londres. Cette opération avait été décidée avec le concours du producteur Émile Flavin. La pellicule avait été fournie par les laboratoires Lumière de Lyon. Jean-Paul Le Chanois et ses opérateurs recueillirent ainsi, au Vercors, une masse de documents, y compris les combats engagés contre les Allemands à partir du débarquement allié de juin 1944. En juillet, les maquisards du Vercors furent surpris, exterminés ou dispersés par une vaste offensive allemande. Au cours de la retraite, Forestier cacha la plus grande partie des documents filmés dans un couvent de franciscaines. Le Chanois récupéra tout cela après la Libération, mais l'humidité avait endommagé la pellicule. Ce qui put être sauvé constitua le noyau d'un film, *Au cœur de l'orage*, produit par la Coopérative Générale du Cinéma Français sous le patronage du Centre National de la Cinématographie Française. Des scènes reconstituées, des documents filmés saisis dans les archives allemandes ou empruntés aux cinémathèques alliées s'ajoutèrent aux images prises sur le vif dans la clandestinité. *Au cœur de l'orage*, chronique de guerre et de résistance, sortit en 1948.

En 1944, en dehors du Vercors, l'activité du Comité de Libération du Cinéma Français avait été concentrée sur Paris et un plan de travail avait été mis au point pour filmer l'insurrection de la capitale. Déclenché dès le 13 août, le dispositif fonctionna en permanence — régie, opérateurs, liaisons par cyclistes avec le laboratoire Gaumont, de la rue des Alouettes, aux Buttes-Chaumont — pour la réalisation de ce grand document historique, *La Libération de Paris*, projeté en plein air, sur un écran géant, le soir même de la délivrance totale. Le montage avait été plusieurs fois remanié en fonction des événements. Le film, accompagné d'un commentaire vibrant auquel la voix de Pierre Blanchar ajoutait son emphase, commença son tour de France.

Toujours en 1944, René Clément entreprit un court métrage rappelant la résistance du personnel des chemins de fer. La qualité du travail de René Clément fit qu'on décida d'allonger le métrage, avec l'aide de la commission militaire nationale et l'appui matériel de la S.N.C.F. Ainsi fut réalisé *La Bataille du rail*. Au documentaire sur la guerre secrète des cheminots s'ajouta l'épisode du sabotage d'un convoi blindé allemand destiné au front de l'Ouest, reconstitution de l'attaque de la division « Das Reich » après le débarquement. *La Bataille du rail* se terminait sur l'annonce de la Libération. Le film reçut le Grand Prix du premier festival de Cannes en 1946, et le Grand Prix du cinéma français la même année.

Au cœur de l'orage (qui prend date avant sa sortie tardive sur les écrans), *La Libération de Paris* et *La Bataille du rail* formèrent donc, avec une totale authenticité ou un souci de reconstitution exacte, un triptyque sur la résistance française à l'occupant, thème dominant des années d'après-guerre. Trois films-témoignages exaltant un héroïsme, des sacrifices, des combats bien réels, dont la plupart des films français rappelant les « années noires » allaient faire des clichés romanesques. La « France de Pétain » resta dans l'ombre. On ne vit plus sur les écrans que la lutte manichéenne de la majorité des Français contre les nazis et les collaborateurs (minorité honnie). En 1945, il y eut *Nuits d'alerte* de Léon Mathot, invraisemblable feuilleton ; *Mission spéciale* (en deux parties :

L'Espionne et *Réseau clandestin*) de Maurice de Canonge : espionnage allemand en 1940, réseau du contre-espionnage français sous l'Occupation ; *Les Clandestins* d'André Chotin, feuilleton héroïco-patriotique ; *Les Démons de l'aube* d'Yves Allégret : l'entraînement d'un commando français en Afrique du Nord et son action en Provence ; *Fils de France* de Pierre Blondy, mélo cocardier sur la campagne d'Alsace dans les rangs de la Première Armée française ; *Vive la liberté* de Jeff Musso : SS et résistance, abnégation patriotique ; et *Jéricho* de Henri Calef, qui mérite une mention : inspiré du bombardement anglais de la prison d'Amiens qui avait permis, en 1943, la délivrance d'otages sur le point d'être fusillés, ce film, malgré ses concessions au manichéisme du temps, donnait une atmosphère assez juste des réalités de l'occupation.

Une mythologie s'était créée. Cette même année 1945, René Chanas y participa avec *Le Jugement dernier*, mais en situant la Résistance dans un pays imaginaire d'Europe centrale. Henri Jeanson et Christian-Jaque l'évitèrent avec *Boule de suif*. En réunissant en une seule histoire deux nouvelles de Maupassant sur la guerre de 1870, *Boule de suif* et *Mademoiselle Fifi*, ils purent fustiger, avec une ironie mordante, la lâcheté des notables et des bourgeois... sous l'occupation prussienne au siècle dernier. Si ce film fut bien accueilli par le public, il suscita par ailleurs un beau tollé. Comment, une prostituée normande était présentée comme une héroïne, « résistante » tuant un officier prussien ! Et la « collaboration horizontale », alors ? Les « filles de joie » n'avaient-elles pas couché avec les Allemands ? Le film de Christian-Jaque s'était servi du rétro (le mot n'était pas encore inventé) pour assener quelques vérités pas encore bonnes à dire dans le contemporain. De la même manière, en 1946, mais avec plus de virulence et de propos politique, Louis Daquin, dans *Patrie*, eut recours à une pièce de Victorien Sardou située au XVIe siècle dans une ville de Flandre occupée par les Espagnols, pour exposer des situations qui avaient été celles de la France de Pétain. Naturellement, on le lui reprocha. Les producteurs se méfiaient de Daquin, cinéaste communiste, et il ne fallait pas, alors, poser des questions « dérangeantes ». Il fallait entretenir le mythe d'une France presque unanimement résistante, gommer l'« État français » au profit d'une union nationale contre l'occupant. *Le Père tranquille* de Noël-Noël (supervisé par René Clément) fut donc, en 1946, un film à la gloire du « Français moyen », apparemment pantouflard et attentiste, mais dissimulant sous ses allures bonasses et prudentes son activité de chef d'un réseau de résistance locale. *Le Père tranquille* put passer pour un modèle de réalisme historique à côté d'*Un ami viendra ce soir* (1946), de Raymond Bernard. Des résistants se cachaient dans une clinique psychiatrique de Savoie. Parmi les vrais et les faux fous, il y avait un nazi camouflé. Ce traître était épris d'une jeune fille blonde aux nerfs fragiles (Madeleine Sologne, très belle et très étrange) et découvrait qu'elle était juive.

Imagerie simplifiée, bons sentiments, héroïsme : voilà *Bataillon du ciel*, d'Alexandre Esway (1946), sur un scénario de Joseph Kessel inspiré de faits authentiques. Première partie, *Ce ne sont pas des anges* : l'entraînement en Angleterre de parachutistes français des Forces Françaises Libres, en vue du débarquement de juin 44 ; un certain réalisme documentaire. Deuxième partie, *Terre de France* : les parachutistes accomplissaient une mission de sabotage en Bretagne et mouraient pour la patrie. Pierre Blanchar était le chef viril conduisant ses hommes sur le chemin de l'honneur, de la lutte pour la liberté. Symbole du « guide » provoquant le sursaut collectif. *Les Maudits* de René Clément (1946) raconta l'exode d'un groupe de nazis et de fascistes (des Italiens, un journaliste français collaborateur) fuyant en sous-marin vers l'Amérique du sud, après la chute de l'Allemagne hitlérienne. Débâcle des forces du mal, technique remarquable, style affirmé d'un grand cinéaste.

Débuts d'un autre grand cinéaste en 1947 : Jean-Pierre Melville filma une adaptation du *Silence de la mer*, livre de Vercors [1] paru clandestinement, en 1941, aux Éditions de Minuit. Un officier allemand correct et distingué, admirateur de la culture française, était logé chez un vieil homme et sa fille. Ceux-ci opposaient un silence obstiné à ses tentatives — sincères — de rapprochement. Le patriotisme se situait, là, sur un plan beaucoup plus élevé que les imageries de résistance. *Le Silence de la mer* ne sortit qu'en avril 1949. C'était aussi une expérience de production marginale devançant celles de la « Nouvelle Vague ». Entre-temps, André Berthomieu

1. Pseudonyme d'un dessinateur-graveur, Jean Bruller, qui allait conserver ce nom d'écrivain.

avait tourné *Le Bal des pompiers* (1948) d'après une pièce de Jean Nohain. Remous au sein d'une famille de petits-bourgeois français qui avait eu son prisonnier et son collaborateur. C'était bêtasse et édifiant au pire sens du terme. Clouzot bouscula sérieusement les conventions avec *Manon* (1948), transposition moderne du roman de l'abbé Prévost. Les jours de la Libération, le Paris des trafiquants en tous genres de 1945 apparurent dans une atmosphère trouble et plus qu'ambiguë. Clouzot participa également à un film à sketches, *Retour à la vie* (1948), avec André Cayatte, Jean Dréville et Georges Lampin, sur le retour des prisonniers et des déportés. Il y mit, ainsi d'ailleurs que Cayatte, une note de dureté, d'amertume et de pessimisme plutôt dérangeante.

Mais le temps passait, le cinéma français cherchait son renouveau artistique dans les adaptations littéraires, une autre « tradition de la qualité », tandis que le cinéma italien avec le « néo-réalisme » abordait, dans une explosion de liberté, la réalité de la fin du régime de Mussolini, de l'occupation allemande, des lendemains chaotiques de l'après-guerre. Chez nous, Georges Péclet, acteur passé à la réalisation, maintint la mythologie héroïque et patriotique (d'après des faits de guerre réels) avec *Le Grand Cirque* (1949), des aviateurs français dans la Royal Air Force ; *Casabianca* (1950), les combats d'un sous-marin dans la libération de la Corse ; *Tabor* (1954), une troupe d'élite de goumiers marocains dans les campagnes d'Italie, de France et d'Allemagne. Au début des années 50, la France de Pétain était effacée derrière les images d'Épinal de la gloire militaire des « Français libres ». On ne prêta guère attention à *Éternel espoir* de Max Joly (1951) racontant, une nouvelle fois et de façon très simplifiée, les épreuves d'une famille française sous l'Occupation. Par contre, *Jeux interdits* de René Clément (1951) donna la première reconstitution réaliste de l'exode de 1940 avec un amer rappel de ce temps de la défaite, du triste sort des enfants innocents. En 1952, Maurice Labro réalisa un vaudeville militaire inspiré par la guerre, *Deux de l'escadrille*, avec Jean Richard et Roger Pierre aviateurs. Dans *Le Bon Dieu sans confession* (1953), tiré d'un roman de mœurs de Paul Vialar, Claude Autant-Lara mit son « venin » : une femme arriviste jouait la comédie de l'amour à un homme d'affaires et livrait tranquillement à la police de Vichy Varesco, l'associé, gênant pour elle, de ce "Monsieur Dupont". 1954 : *Double destin* de Victor Vicas transposa la pièce pacifiste de Jean Giraudoux, *Siegfried*, événement théâtral des années 20, dans la période contemporaine ; *La Cage aux souris* de Jean Gourguet montra des jeunes filles « mauvaises têtes mais bon cœur » cachant trois réfractaires dans leur pensionnat de Moulins pendant l'occupation. 1955 : Jean-Paul Le Chanois réalisa *Les Évadés*, d'après l'aventure réelle de trois prisonniers de guerre français évadés de leur stalag et cherchant à gagner la Suède dans un wagon plombé : une chronique sobre. En somme le cinéma français réussit, par des fictions « rassurantes » inspirées d'une réalité mythifiée, à éviter la réalité prosaïque vécue dans la France de Pétain et de l'occupation allemande.

Le documentaire admirable et traumatisant d'Alain Resnais, *Nuit et Brouillard* (1955), reconstitua, contre l'oubli, pour la vigilance de la conscience universelle, le mécanisme implacable et méthodique de la déportation et des camps d'extermination nazis. Dans un plan montrant le camp de « rassemblement » de Pithiviers en France occupée, Resnais dut recouvrir de gouache le képi d'un gendarme des forces de l'ordre vichyssois [1]. Sélectionné pour le festival de Cannes 1956, *Nuit et Brouillard* fut finalement présenté hors festival, à la suite d'une démarche de l'ambassade d'Allemagne de l'Ouest et d'une intervention du Quai d'Orsay. Voilà qui dépasse mon propos, mais révèle une occultation de la mémoire historique. Commandé par le Comité d'histoire de la Seconde Guerre mondiale, *Nuit et brouillard* ne pouvait être étouffé, même si un incident diplomatique avait troublé l'ordonnance d'un festival de cinéma. Mais ce képi de gendarme était de trop. Il risquait de ranimer les souvenirs désagréables et fort gênants de ce qui s'était passé en France au cours de ces « années noires », exorcisées par les films de résistance. Or, en 1956, Claude Autant-Lara tourna *La Traversée de Paris*, d'après une nouvelle de Marcel Aymé (adaptation et dialogues de Jean Aurenche et Pierre Bost), qui déchira le voile de nuées héroïques et fit apparaître avec une audace, une dérision saisissantes, la réalité quotidienne de la vie à Paris sous l'Occupation du côté des « Français moyens ». Peur

1. Cf. *Alain Resnais*, par Gaston Bounoure, Collection « Cinéma d'aujourd'hui », Éditions Pierre Seghers, 1974.

latente des soldats et des policiers allemands, obsession de la « bouffe », petits trafiquants du marché noir et « lâcheté ordinaire ». Bourvil, chauffeur de taxi en chômage, pauvre type écrasé par les difficultés matérielles, transportait, avec l'aide de Jean Gabin, intellectuel anarchiste décidé à voir jusqu'où on pouvait aller dans l'odieux en ce temps-là, des valises contenant des morceaux de cochon destinés au marché noir. Voyage à pied, des Gobelins à Montmartre, ville fantôme plongée dans la nuit, admirable reconstitution historique, peinture « au venin » des comportements de ceux qui cherchaient à survivre en se débrouillant. Pour la première fois un film français révélait, dans un microcosme social, les conséquences de la guerre perdue et de la présence allemande sur le territoire français : avilissement et bassesse, boutiquiers enrichis par le marché noir, pièges des rafles et des prises d'otages au grand malheur la chance. Bien qu'une fin « optimiste » lui ait été imposée par son producteur, Autant-Lara, si je puis dire, « mangea le morceau » à l'époque même où Robert Bresson prenait une distance hautaine et tragique pour faire une aventure spirituelle de l'évasion d'un résistant, André Devigny, devenu le lieutenant Fontaine, enfermé dans une cellule du fort de Montluc, à Lyon, en 1943 (*Un condamné à mort s'est échappé*).

La Traversée de Paris n'eut pas de suite immédiate. A la fin des années 50, on vit renaître les mythes romanesques de l'espionnage, de la Résistance, du sursaut français contre l'occupant. *La Chatte* de Henri Decoin (1958), suivi, en 1960, de *La Chatte sort ses griffes, Mission diabolique* de Paul May (1958), *La Sentence* de Jean Valère (1959), *La Nuit des espions* de Robert Hossein (1959), *Marie-Octobre* de Julien Duvivier (1959), *La Verte Moisson* de François Villiers (1959), tout un courant reprenant, dans la France de la Ve République où le général de Gaulle était revenu au pouvoir, l'imagerie populaire des années 45-47 [1]. A l'exemple de Claude Autant-Lara, Michel Boisrond, avec *Le Chemin des écoliers* (1959) se servit d'une œuvre de Marcel Aymé (également adaptée par Aurenche et Bost) mais, hélas, pour une comédie

1. Seule exception, *Hiroshima mon amour*, d'Alain Resnais (1959), où resurgissait le passé d'une femme ayant eu des relations sexuelles avec un Allemand, à Nevers, sous l'Occupation. Mais le film de Resnais avait une signification bien plus vaste et ouvrait, par son style, l'ère d'un cinéma nouveau.

de boulevard cherchant à faire rire du cynisme et de la bassesse morale de certains Parisiens « occupés », de l'honnêteté un peu bêtasse de certains autres. L'évasion de prisonniers de guerre français en Allemagne fut un sujet de comédie picaresque dans *La Vache et le prisonnier* (Henri Verneuil, 1959, avec Fernandel), de « drame humain » dans *Le Passage du Rhin* (André Cayatte, 1960). Ce courant fut, en quelque sorte, consacré par l'aventure comique de Brigitte Bardot, participant à la Résistance et rejoignant Londres dans *Babette s'en va-t'en guerre* (Christian-Jaque, 1959). A travers le personnage ubuesque de Francis Blanche, la Gestapo se trouvait tournée en ridicule. La bonne petite Française serrait la main d'un général de Gaulle invisible mais présent comme un dieu. « *Conte philosophique sur la manière dont les hommes perdent la paix* », selon son auteur Jean Dewever, *Les Honneurs de la guerre* (1960) trancha sur cette production en quelque sorte officielle. Août 44 dans un village français, réalisme de personnages français et allemands exactement typés, malentendu absurde transformant une libération en carnage; travers et faiblesses de cette époque peints avec l'humanisme d'un Jean Renoir... le film détruisait la légende héroïque et sa sortie fut retardée de façon plus ou moins sournoise. Il eut une brève exclusivité parisienne, en plein mois de juillet 1962. Autant dire qu'il passa inaperçu. Jean Dewever paya d'un lourd et injuste échec son anticonformisme.

Pendant dix ans, le cinéma français suivit cette mode des années 40, revues par un recul historique confortant, en fait, l'idée d'un élan national pendant la guerre et l'Occupation et la gloire de la France libre légitimée par le général de Gaulle. *Une gueule comme la mienne* de Frédéric Dard ; *Normandie-Niémen* de Jean Dréville ; *Le Septième Jour de Saint-Malo*, de Paul Mesnier ; *Le Bois des amants*, de Claude Autant-Lara, transposition en 1943 d'un mélodrame patriotique de François de Curel situé pendant la guerre de 1914, acceptée à contrecœur par le cinéaste pour avoir les moyens matériels de réaliser son film sur l'objection de conscience, *Tu ne tueras point ; Candide* de Norbert Carbonnaux, le héros de Voltaire au XXe siècle ; *Fortunat* d'Alex Joffé : autant, pour 1960, de variations, dont certaines intéressantes, sur les thèmes établis. En 1961, un milicien en fuite apparut dans *Vacances en enfer* de Jean Kerchbron ; les aventures de quatre soldats des Forces Françaises Libres, dont un médecin juif, dans le désert de Libye valurent à *Un taxi pour Tobrouk* (Denys de La Patellière) un énorme succès commercial ; Jean Gourguet reconstitua, sur un scénario mélodramatique, l'exode de juin 40 dans *La Traversée de la Loire* : Jean-Pierre Melville entreprit l'adaptation du roman de Béatrix Beck, *Léon Morin prêtre*. Ce fut tout de même autre chose qu'une évocation circonstancielle d'une ville de province sous l'Occupation.

En 1962, nouvelle floraison avec deux films sur les camps de prisonniers en Allemagne nazie : *Le Caporal épinglé* de Jean Renoir et *Les Culottes rouges* d'Alex Joffé ; avec l'action militaire d'un détachement français en Tunisie, en 1942, *Carillons sans joie* de Charles Brabant ; avec, surtout, une remarquable reconstitution de la France de Vichy vacillante fin mai 1944, *Le Jour et l'heure* de René Clément. 1962 fut aussi l'année d'un film de montage, *La Mémoire courte*, d'Henri Torrent et Francine Premysler, présentant avec des documents d'archives les « années noires » et l'ensemble de la Deuxième Guerre mondiale ; et d'une détestable transposition de l'univers érotique du marquis de Sade dans un château du Tyrol où de jolies filles étaient livrées aux orgies des nazis, *Le Vice et la Vertu* de Roger Vadim, délire pseudo-wagnérien, flagellations et tortures pour la jouissance sexuelle, un goût de frelaté inquiétant.

En 1964, autre film de montage, *La Bataille de France*, de Jean Aurel et Jacques Laurent, cinglante réflexion politique sur la faiblesse des démocraties occidentales devant Hitler, le pacifisme bêlant et les conceptions militaires de 1940 ; et un tableau de la veulerie et de la médiocrité d'un groupe de bourgeois sous l'Occupation, *Le Repas des fauves*, de Christian-Jaque ; une reconstitution à grand spectacle de la « poche de Dunkerque » en juin 40, *Week-end à Zuydcoote* de Henri Verneuil, d'après le roman de Robert Merle. La réalité historique devenait plus précise, marquée d'un certain malaise. Cette même année Jean Cayrol réalisa, avec Claude Durand, *Le Coup de grâce*, exposé dramatique, vingt ans après la guerre, de la découverte d'un criminel qui avait, autrefois, dénoncé des résistants et qui avait changé de visage grâce à la chirurgie esthétique. Ce film, en marge des modes, construit sur l'opposition passé-présent, sortit en 1966.

En 1965, *La Vie de château* de Jean-Paul Rappeneau récupéra, avec esprit et finesse d'ailleurs, l'opposition allemand-résistant venue d'Angleterre, pour une comédie sophistiquée dans un château de Normandie, à la veille du débarquement. En 1966, deux films importants, *La Ligne de démarcation* de Claude Chabrol, d'après les récits de résistance du colonel Rémy, et *La Longue Marche* d'Alexandre Astruc, mirent l'accent sur le rassemblement de la patrie française. Le premier se situait dans l'hiver 41, à l'époque du désarroi suivant la défaite, le second en août 44, temps de l'action et de l'aventure collective des maquisards. Une comédie de Michel Deville, *Martin soldat*, fit d'un acteur raté un héros malgré lui dans les événements d'après le débarquement de juin 1944. René Clément reconstitua l'histoire de la libération parisienne avec *Paris brûle-t-il ?* d'après le livre de Dominique Lapierre et Larry Collins. Dans cette fresque, des acteurs célèbres s'étaient fait les têtes de militaires ou hommes politiques célèbres. Un chef d'orchestre et un peintre en bâtiment se trouvèrent emportés, de quiproquos en déguisements, dans une course vers la zone libre avec des parachutistes anglais : *La Grande vadrouille* de Gérard Oury, avec Louis de Funès et Bourvil, grand succès de rire. Claude Berri raconta ses souvenirs d'enfant juif, caché dans une ferme, chez un vieux pétainiste antisémite : *Le Vieil homme et l'enfant*. Et la Résistance fut à nouveau évoquée dans *Un homme de trop* de Costa-Gavras. En 1967, un film de montage de Jacques de Launay et Dominique Rémy rappela *Le Temps des doryphores* (les images de propagande dans les actualités de l'Occupation, contrôlées et orientées par les Allemands). Pierre Kast réalisa une adaptation de *Drôle de jeu*, roman autobiographique de Roger Vailland sur l'entrée en Résistance d'un libertin. Claude Autant-Lara raconta dans *Le Franciscain de Bourges* l'histoire vraie d'un infirmier militaire allemand secourant les victimes du nazisme dans une prison française.

En 1968, année très agitée où les événements de mai et juin influèrent sur le cours de la vie politique française, les souvenirs des années noires furent encore présents dans le cinéma avec *Le Crime de David Levinstein* d'André Charpak (la chasse aux criminels de guerre nazis), *Le Mois le plus beau* de Guy Blanc (un village français en mai-juin 1940), *Tu moisson-*

neras la tempête, film de montage du R.P. Bruckberger rappelant nettement les divisions des Français sous le régime de Vichy, et *Nous n'irons plus au bois* de Georges Dumoulin (printemps 44, des déserteurs allemands dans un maquis lorrain). En 1969, Jean-Pierre Melville montra la vie quotidienne d'un réseau de résistance dans la France occupée de 1942-43 et le sens d'un combat en liaison avec Londres (*L'Armée des ombres*, d'après le livre de Joseph Kessel). Claude Autant-Lara — refusant, comme dans *La Traversée de Paris*, les mythes de l'héroïsme et de la souffrance digne — reconstitua la vie pénible et la lutte pour la bouffe, dans un village des Ardennes, en 1942, au sein de cette « zone interdite » où l'oppression allemande était encore plus forte qu'en zone occupée (*Les Patates*). En 1970, Marcel Camus reprit très médiocrement la recette comique de *La Grande vadrouille* pour l'épopée involontaire d'un aubergiste normand incarné par Bourvil (*Le Mur de l'Atlantique*). Et Jean-Gabriel Albicocco plongea dans ses délires esthétiques l'histoire d'une jeune fille attirée par un bel officier faisant partie des occupants d'un domaine des Landes (*Le Petit matin*, d'après le roman de Christine de Rivoyre).

Mais, en 1971, un événement bouscula l'ordonnance de ce jardin des mythes à la française qu'avaient formé les films d'union nationale : la sortie en salles de cinéma d'un film de documents et d'entretiens, *Le Chagrin et la Pitié*, de Marcel Ophuls, produit par Télévision Rencontre (Lausanne), la Société suisse de Radiodiffusion (Lausanne) et Norddeutscher Rundfunk (Hambourg)[1]. L'O.R.T.F. avait ignoré cette *Chronique d'une ville française sous l'Occupation* qu'elle ne voulait pas acheter, établissant ainsi, selon le mot de Marcel Ophuls, *« une forme de censure particulièrement astucieuse, la censure par l'inertie »*. La version officielle jusque-là maintenue dans le cinéma, malgré les incartades de quelques réalisateurs, d'une France unie dans la Résistance contre les Allemands et une poignée de collaborateurs, s'effondra d'un seul coup. La réalité de la France sous le régime de Vichy était là avec ses ambiguïtés, ses ombres, ses lâchetés, sa décomposition morale et sa véritable part de résistance. La génération qui

1. André Harris et Alain de Sédouy en étaient les producteurs exécutifs. On leur a souvent, par erreur, attribué la réalisation de ce film, due à Marcel Ophuls seul. André Harris avait participé au scénario et aux entretiens.

venait de faire « Mai 68 » découvrit une vérité masquée par les certitudes imposées. *Le Chagrin et la Pitié*, refusé par notre télévision, inaugura un « cinéma d'éveil [1] ».

Curieusement, il en résulta trois courants :

• Le courant d'éveil et d'information, où l'on peut ranger *Le Soldat Laforêt* de Guy Cavagnac (1971, présenté en 1973), *Français si vous saviez* de Harris et Sédouy (1973, trois volets documentaires, de 1917 à 1972, l'étude des rapports des Français avec Pétain et de Gaulle), *Les Guichets du Louvre* de Michel Mitrani (1973, la grande rafle des juifs d'origine étrangère, à Paris, en 1942, avec l'aide de la police de Vichy), *Section spéciale* de Costa-Gavras (1974, les tribunaux d'exception de Vichy, sale affaire remise au jour), *La Brigade* de René Gilson (1974, un groupe d'immigrés polonais, résistants F.T.P. dans le nord de la France), *L'Affiche rouge* de Frank Cassenti (1976, l'histoire — avec distanciation brechtienne — du groupe Manouchian fusillé au mont Valérien en 1944), *Un balcon en forêt* de Michel Mitrani (1978, la « drôle de guerre » d'après le roman de Julien Gracq).

• Le courant « rétro », typique du cinéma des années 70. Les modes vestimentaires des années 40 reconstituées avec le flambant du neuf, les uniformes allemands, les croix gammées, la puissance du nazisme engendrent alors de curieuses fascinations, brouillent les cartes abattues par *Le Chagrin et la Pitié*. Les choix idéologiques relèvent du hasard, les années de guerre et d'occupation sont revernies aux couleurs des hésitations modernes, il n'y a plus d'innocents et de coupables, mais des personnages suscitant des curiosités suspectes, à quelque camp qu'ils appartiennent. De ce côté-là se situent *Le Sauveur* de Michel Mardore (1971), *L'Ironie du sort* d'Édouard Molinaro (1973), *Lacombe Lucien* de Louis Malle (1974), *Les Bons et les Méchants* de Claude Lelouch (1975). D'un autre côté existe un rétro romanesque, ravivé parfois par des souvenirs personnels de cinéastes (Michel Drach, Gérard Blain), mais où apparaissent les réalités des « années noires » : exode, antisémitisme et lois raciales, résistance, massacres organisés par les troupes d'occupation : *Le Train* de

1. Définition de Jean-Pierre Jeancolas dans un article de *Positif* (n° 170, juin 1975) : *Fonction du témoignage, les années 39-45 dans le cinéma d'après-guerre*. Cet article comporte un recensement de films qui m'a facilité la tâche pour ce chapitre.

Pierre Granier-Deferre (1973), *Prêtres interdits* de Denys de La Patellière (1973), *Les Violons du bal* de Michel Drach (1973), *Un sac de billes* de Jacques Doillon (1975), *Le Vieux fusil* de Robert Enrico (1975), *Monsieur Klein* de Joseph Losey (1976).

• Troisième courant : la comédie lourdement burlesque. On tourne le nazisme en dérision stupide, jusqu'à le rendre invraisemblable, ce qui incite à l'oubli historique. On vante la débrouillardise du Français moyen capable de se tirer de toutes les situations difficiles sans y laisser de plumes : *Mais où est donc passée la septième compagnie* de Robert Lamoureux (1973), suivi de *On a retrouvé la septième compagnie* (1974) et de *La Septième compagnie au clair de lune* (1977), *Le Führer en folie* de Philippe Clair (1973), *Opération Lily Marlène* de Robert Lamoureux (1974), *Le Jour de gloire* de Jacques Besnard (1976) et *Général nous voilà* de Jacques Besnard encore (1978).

Hors catégories, deux films de montage (documents et entretiens) : *Chantons sous l'Occupation* d'André Halimi (1976), chronique anecdotique et démystificatrice de la « gaieté parisienne » pendant les « années noires », et *La Prise du pouvoir par Philippe Pétain* de Jean Chérasse (1979), dosage habile d'opinions opposées pour « dépassionner » le cas Pétain, à l'exemple de certaines émissions-débats de télévision désamorçant des sujets brûlants sous couleur d'objectivité ; un film réfléchissant sur le « vécu » par l'utilisation des archétypes sociaux du roman de famille : *Souvenirs d'en France* d'André Téchiné (1974) ; la curieuse histoire d'un amour homosexuel entre un paysan de Lot-et-Garonne et un soldat allemand blessé : *Nous étions un seul homme* de Philippe Vallois (1978) ; les jeux de l'amour adolescent dans les collèges de province sous l'Occupation : *Les Turlupins* de Bernard Revon (1979).

Ce tour d'horizon s'achève avec *Le Dernier Métro* de François Truffaut (1980). Film sur le théâtre à Paris dans les années 40, reconstitution esthétique à l'opposé du « décoratif rétro », comédie permanente dans une situation de secret, de danger, d'encerclement, film où chacun possède sa vérité mais ne peut pas la dire. Un regard nouveau porté sur le temps de l'Occupation, sur les ambiguïté qu'il entraîna. Comme Jean Renoir dans *Le Carrosse d'or*, Truffaut se demande, nous demande : « *Où est le théâtre ? Où est la vie ?* » Et trouve moyen, dans des « jeux dangereux » à la Lubistch, de parler très justement du fascisme et du racisme. Est-ce la fin d'une investigation historique ou le commencement d'une autre ? Depuis 1945 l'époque Pétain, mythifiée ou démythifiée, refoulée ou éclairée, n'a pas cessé de hanter le cinéma français.

DEUXIÈME PARTIE

I

1940-1944

81 réalisateurs pour 220 films

liste alphabétique

de Marc Allégret à *André Zwobada*

• 62 « anciens » réalisateurs (soit : en activité avant 1940) pour 186 films, et

• *19 « nouveaux » réalisateurs (soit : ayant débuté sous l'Occupation) pour 34 films (indiqués par l'emploi de l'italique).*

Réalisateurs	Nombre de films
Marc ALLÉGRET	5
Yves ALLÉGRET	*2*
Jean ANOUILH	*1*
Claude AUTANT-LARA	3
René BARBERIS	1
Jacques de BARONCELLI	5
Jacques BECKER	*3*
BERNARD-ROLAND	3
André BERTHOMIEU	5
Pierre BILLON	4
Pierre BLANCHAR	*2*
Jean BOYER	7
Robert BRESSON	*2*
Maurice CAM	2
Maurice CAMMAGE	2
Marcel CARNÉ	2
Pierre CARON	2
Jacques de CASEMBROOT	1
André CAYATTE	*4*
Jean CHOUX	2
Christian CHAMBORANT	2
CHRISTIAN-JAQUE	6
Maurice CLOCHE	2
Henri-Georges CLOUZOT	*2*
Emile COUZINET	2
Louis CUNY	*1*
Jacques DANIEL-NORMAN	4
Louis DAQUIN	4
Henri DECOIN	6
Jean DELANNOY	5
Jean DRÉVILLE	6
Pierre-Jean DUCIS	2
Michel DULUD	*1*
Jean FAUREZ	*1*
FERNANDEL	*2*
Henri FESCOURT	1
Jean-Pierre FEYDEAU	*1*
Abel GANCE	2
Maurice GLEIZE	3
Jean GOURGUET	2
Gilles GRANGIER	*1*
Jean GRÉMILLON	2
Edmond T. GRÉVILLE	1
Sacha GUITRY	3
Pierre de HÉRAIN	*2*
Jacques HOUSSIN	3
André HUGON	3
René JAYET	2
Léo JOANNON	4
Walter KAPPS	2
Georges LACOMBE	6
Raymond LEBOURSIER	1
René LEFÈVRE	*1*
René LE HÉNAFF	3
Marcel L'HERBIER	4
Jean de LIMUR	3
Henri MAHÉ	*1*
Jean de MARGUENAT	3
Léon MATHOT	4
Paul MESNIER	3
Yvan NOÉ	3
Marcel PAGNOL	1
Jean-Paul PAULIN	4
Robert PÉGUY	3
Léon POIRIER	1
Serge de POLIGNY	2
Richard POTTIER	7
Pierre PRÉVERT	1
Guillaume RADOT	*2*
Roger RICHEBÉ	3
Fernand RIVERS	2
Willy ROZIER	2
Jacques SÉVERAC	1
Jean STELLI	3
Jean TARRIDE	1
Maurice TOURNEUR	5
Roland TUAL	*2*
Albert VALENTIN	4
Max de VAUCORBEIL	1
Robert VERNAY	4
André ZWOBADA	*3*

II

1940-1944

220 films, dont 30

Continental (C)

liste chronologique

de *La Fille du Puisatier* à *Mademoiselle X...*

1940

Titre	*Réalisateur*	*Début du tournage*
LA FILLE DU PUISATIER	Marcel Pagnol	13 août (rep.)
CHAMBRE 13	André Hugon	14 août
LA TROISIÈME DALLE	Michel Dulud	25 août
L'AN 40	Fernand Rivers	21 octobre
UN CHAPEAU DE PAILLE D'ITALIE	Maurice Cammage	7 novembre
VÉNUS AVEUGLE	Abel Gance	11 novembre
LA NUIT MERVEILLEUSE	Jean-Paul Paulin	2 décembre

Soit 7 films.

1941

LES PETITS RIENS	Raymond Leboursier	3 février
L'ASSASSINAT DU PÈRE NOËL (C)	Christian-Jaque	15
L'ÉTRANGE SUZY	Pierre-Jean Ducis	26
LE DERNIER DES SIX (C)	Georges Lacombe	28
UNE VIE DE CHIEN	Maurice Cammage	7 mars
LES DEUX TIMIDES	Yves Allégret	25
PREMIER RENDEZ-VOUS (C)	Henri Decoin	22 avril
LE CLUB DES SOUPIRANTS (C)	Maurice Gleize	28
LES HOMMES SANS PEUR	Yvan Noé	2 mai
DÉPART À ZERO	Maurice Cloche	12
PECHÉS DE JEUNESSE (C)	Maurice Tourneur	12
MADAME SANS-GÊNE	Roger Richebé	3 juin
ROMANCE DE PARIS	Jean Boyer	3
LE SOLEIL A TOUJOURS RAISON	Pierre Billon	9
PREMIER BAL	Christian-Jaque	9
UNE FEMME DANS LA NUIT	Edmond T. Gréville	19
FROMONT JEUNE ET RISLER AÎNÉ	Léon Mathot	26
L'ÂGE D'OR	Jean de Limur	30
LA NEIGE SUR LES PAS	André Berthomieu	7 juillet
NOUS LES GOSSES	Louis Daquin	10
MÉLODIE POUR TOI	Willy Rozier	14
NE BOUGEZ PLUS (C)	Pierre Caron	22
LE VALET MAÎTRE	Paul Mesnier	24
CHÈQUE AU PORTEUR	Jean Boyer	27

CAPRICES (C)	Léo Joannon	27
APRÈS L'ORAGE	Pierre-Jean Ducis	31
HISTOIRE DE RIRE	Marcel L'Herbier	7 août
L'ARLÉSIENNE	Marc Allégret	11
ANDORRA ou LES HOMMES D'AIRAIN	Emile Couzinet	14
ICI L'ON PÊCHE	René Jayet	18
MONTMARTRE-SUR-SEINE	Georges Lacombe	18
LE PAVILLON BRÛLE	Jacques de Baroncelli	18
LE MARIAGE DE CHIFFON	Claude Autant-Lara	20
LE BRISEUR DE CHAÎNES	Jacques Daniel-Norman	22
LES JOURS HEUREUX	Jean de Marguenat	25
MAM'ZELLE BONAPARTE (C)	Maurice Tourneur	1er septembre
CARTACALHA	Léon Mathot	1er
CE N'EST PAS MOI	Jacques de Baroncelli	15
SIX PETITES FILLES EN BLANC	Yvan Noé	15
LE PRINCE CHARMANT	Jean Boyer	15
FIÈVRES	Jean Delannoy	18
OPÉRA-MUSETTE	René Lefèvre	20
ANNETTE ET LA DAME BLONDE (C)	Jean Dréville	22
PENSION JONAS	Pierre Caron	22
PATROUILLE BLANCHE	Christian Chamborant	1er octobre
DERNIÈRE AVENTURE	Robert Péguy	6
LA SÉVILLANE	André Hugon	10
LA MAISON DES SEPT JEUNES FILLES	Albert Valentin	15
LA SYMPHONIE FANTASTIQUE (C)	Christian-Jaque	25
CROISIÈRES SIDÉRALES	André Zwobada	12 novembre
BOLÉRO	Jean Boyer	17
FEU SACRÉ	Maurice Cloche	17
MADEMOISELLE SWING	Richard Pottier	17
LA DUCHESSE DE LANGEAIS	Jacques de Baroncelli	28
LES INCONNUS DANS LA MAISON (C)	Henri Decoin	29
LA NUIT FANTASTIQUE	Marcel L'Herbier	1er décembre
LE DESTIN FABULEUX DE DÉSIRÉE CLARY	Sacha Guitry	5
VIE PRIVÉE	Walter Kapps	8

Soit 58 films, dont 11 Continental.

FORTE TÊTE	Léon Mathot	5 janvier
LE JOURNAL TOMBE À CINQ HEURES	Georges Lacombe	23
LA FEMME QUE J'AI LE PLUS AIMÉE	Robert Vernay	26
SIGNÉ : ILLISIBLE	Christian Chamborant	3 février
SIMPLET (C)	Fernandel et Carlo Rim	9
L'AMANT DE BORNÉO	Jean-Pierre Feydeau	9
L'ANGE GARDIEN	Jacques de Casembroot	16
LA LOI DU PRINTEMPS	Jacques Daniel-Norman	16
PROMESSE À L'INCONNUE	André Berthomieu	16
L'ASSASSIN A PEUR LA NUIT	Jean Delannoy	15 mars
LE LIT À COLONNES	Roland Tual	16
DERNIER ATOUT	Jacques Becker	24
L'APPEL DU BLED	Maurice Gleize	25
L'HOMME QUI JOUE AVEC LE FEU	Jean de Limur	30
ROMANCE À TROIS	Roger Richebé	7 avril
HUIT HOMMES DANS UN CHÂTEAU	Richard Pottier	13
LA FEMME PERDUE	Jean Choux	14
À LA BELLE FRÉGATE	Albert Valentin	15
LE VOILE BLEU	Jean Stelli	20
HISTOIRE COMIQUE (FÉLICIE NANTEUIL)	Marc Allégret	25
LES CADETS DE L'OCÉAN	Jean Dréville	27
MARIAGE D'AMOUR (C)	Henri Decoin	27
LES VISITEURS DU SOIR	Marcel Carné	27
LA FAUSSE MAÎTRESSE (C)	André Cayatte	1er mai
L'ASSASSIN HABITE AU 21 (C)	Henri-Georges Clouzot	4
HAUT-LE-VENT	Jacques de Baroncelli	11
CARMEN	Christian-Jaque	18
MADAME ET LE MORT	Louis Daquin	25
PATRICIA	Paul Mesnier	26
CAP AU LARGE	Jean-Paul Paulin	8 juin
À VOS ORDRES MADAME	Jean Boyer	10
PONTCARRAL COLONEL D'EMPIRE	Jean Delannoy	11
LES AFFAIRES SONT LES AFFAIRES	Jean Dréville	22
L'HONORABLE CATHERINE	Marcel L'Herbier	25
LE GRAND COMBAT	Bernard-Roland	29
LETTRES D'AMOUR	Claude Autant-Lara	26
MONSIEUR LA SOURIS	Georges Lacombe	29
COUP DE FEU DANS LA NUIT	Robert Péguy	9
LA CROISÉE DES CHEMINS	André Berthomieu	10 juillet

UNE ÉTOILE AU SOLEIL	André Zwobada	17
LE MISTRAL	Jacques Houssin	25
DÉFENSE D'AIMER (C)	Richard Pottier	27
LE LOUP DES MALVENEUR	Guillaume Radot	27
L'AUBERGE DE L'ABÎME	Willy Rozier	3 août
FRÉDÉRICA	Jean Boyer	5
LE CAMION BLANC	Léo Joannon	8
PORT D'ATTACHE	Jean Choux	9
DES JEUNES FILLES DANS LA NUIT	René Le Hénaff	10
LE CAPITAINE FRACASSE	Abel Gance	10
LE COMTE DE MONTE-CRISTO	Robert Vernay	15
LUMIÈRE D'ÉTÉ	Jean Grémillon	17
LA MAIN DU DIABLE (C)	Maurice Tourneur	21
LES AILES BLANCHES	Robert Péguy	21
LA CHÈVRE D'OR	René Barberis	25
LA BELLE AVENTURE	Marc Allégret	27
LA GRANDE MARNIÈRE	Jean de Marguenat	28
L'HOMME SANS NOM	Léon Mathot	1er septembre
SECRETS	Pierre Blanchar	7
LE BIENFAITEUR	Henri Decoin	7
LE BRIGAND GENTILHOMME	Emile Couzinet	8
MERMOZ	Louis Cuny	10
MADEMOISELLE BÉATRICE	Max de Vaucorbeil	10
LA BONNE ÉTOILE	Jean Boyer	14
LE BARON FANTÔME	Serge de Poligny	21
MONSIEUR DES LOURDINES	Pierre de Hérain	21
RETOUR DE FLAMME	Henri Fescourt	23
LE VOYAGEUR DE LA TOUSSAINT	Louis Daquin	26
GOUPI MAINS-ROUGES	Jacques Becker	10 octobre
PICPUS (C)	Richard Pottier	28
L'INÉVITABLE MONSIEUR DUBOIS	Pierre Billon	2 novembre
LE CHANT DE L'EXILÉ	André Hugon	5
MALARIA	Jean Gourguet	9
MARIE-MARTINE	Albert Valentin	11
L'ANGE DE LA NUIT	André Berthomieu	13
FOU D'AMOUR	Paul Mesnier	13
MAHLIA LA MÉTISSE	Walter Kapps	13
NE LE CRIEZ PAS SUR LES TOITS	Jacques Daniel-Norman	16
LA VIE DE BOHÈME	Marcel L'Herbier	10 décembre

Soit 78 films, dont 7 Continental.

ADIEU LÉONARD	Pierre Prévert	6 janvier
LA CAVALCADE DES HEURES	Yvan Noé	6
VINGT-CINQ ANS DE BONHEUR (C)	René Jayet	13
L'HOMME DE LONDRES	Henri Decoin	18
LE SOLEIL DE MINUIT	Bernard-Roland	20
AU BONHEUR DES DAMES (C)	André Cayatte	1er février
LES ANGES DU PÉCHÉ	Robert Bresson	8
ADÉMAÏ BANDIT D'HONNEUR	Gilles Grangier	9
DONNE-MOI TES YEUX	Sacha Guitry	11
LES ROQUEVILLARD	Jean Dréville	15
LA VALSE BLANCHE	Jean Stelli	22
L'HOMME QUI VENDIT SON ÂME	Jean-Paul Paulin	24
L'ESCALIER SANS FIN	Georges Lacombe	4 mars
DOMINO	Roger Richebé	15
L'ÉTERNEL RETOUR	Jean Delannoy	15
GRAINE AU VENT	Maurice Gleize	22
FEU NICOLAS	Jacques Houssin	29
ADRIEN (C)	Fernandel	1er avril
LE SECRET DE MADAME CLAPAIN	André Berthomieu	5
ARLETTE ET L'AMOUR	Robert Vernay	12
DOUCE	Claude Autant-Lara	12
TORNAVARA	Jean Dréville	12
LA COLLECTION MÉNARD	Bernard-Roland	19
LE COLONEL CHABERT	René Le Hénaff	28
JEANNOU	Léon Poirier	28
LES MYSTÈRES DE PARIS	Jacques de Baroncelli	5 mai
SERVICE DE NUIT	Jean Faurez	8
LE MORT NE REÇOIT PLUS	Jean Tarride	10
LE CORBEAU (C)	Henri-Georges Clouzot	10
BONSOIR MESDAMES, BONSOIR MESSIEURS	Roland Tual	10
LUCRÈCE	Léo Joannon	11
MON AMOUR EST PRÈS DE TOI (C)	Richard Pottier	11
CEUX DU RIVAGE	Jacques Séverac	12
LE CIEL EST À VOUS	Jean Grémillon	30
BÉATRICE DEVANT LE DÉSIR	Jean de Marguenat	7 juin
LE VAL D'ENFER (C)	Maurice Tourneur	14
LA BOÎTE AUX RÊVES	Yves Allégret	14
LES PETITES DU QUAI AUX FLEURS	Marc Allégret	15
PREMIER DE CORDÉE	Louis Daquin	15

VAUTRIN	Pierre Billon	17
UN SEUL AMOUR	Pierre Blanchar	25
LA MALIBRAN	Sacha Guitry	12 juillet
JE SUIS AVEC TOI	Henri Decoin	2 août
VOYAGE SANS ESPOIR	Christian-Jaque	5
LES ENFANTS DU PARADIS	Marcel Carné	17
LA FERME AUX LOUPS (C)	Richard Pottier	19
PIERRE ET JEAN (C)	André Cayatte	30
L'AVENTURE EST AU COIN DE LA RUE	Jacques Daniel-Norman	6 septembre
L'ÎLE D'AMOUR	Maurice Cam	8
COUP DE TÊTE	René Le Hénaff	9
LA RABOUILLEUSE	Fernand Rivers	17
LA VIE DE PLAISIR (C)	Albert Valentin	27
LE MOUSSAILLON	Jean Gourguet	29
LE VOYAGEUR SANS BAGAGE	Jean Anouilh	4 octobre
LE CARREFOUR DES ENFANTS PERDUS	Léo Joannon	8
LE BAL DES PASSANTS	Guillaume Radot	25
ÉCHEC AU ROY	Jean-Paul Paulin	28
BLONDINE	Henri Mahé	8 novembre
LE DERNIER SOU (C)	André Cayatte	16 décembre
CÉCILE EST MORTE (C)	Maurice Tourneur	20

Soit 60 films, dont 11 Continental.

1944

LE BOSSU	Jean Delannoy	10 janvier
FARANDOLE	André Zwobada	17
SORTILÈGES	Christian-Jaque	14 février
L'ENFANT DE L'AMOUR	Jean Stelli	16
LES CAVES DU MAJESTIC (C)	Richard Pottier	18
LE MERLE BLANC	Jacques Houssin	28
FALBALAS	Jacques Becker	1er mars
LA FIANCÉE DES TÉNÈBRES	Serge de Poligny	11
FLORENCE EST FOLLE	Georges Lacombe	13
LE PÈRE GORIOT	Robert Vernay	15 avril
LA CAGE AUX ROSSIGNOLS	Jean Dréville	23
LES DAMES DU BOIS DE BOULOGNE	Robert Bresson	2 mai
PAMÉLA	Pierre de Hérain	2
LUNEGARDE	Marc Allégret	3
LA GRANDE MEUTE	Jean de Limur	3
BIFUR III	Maurice Cam	10
MADEMOISELLE X...	Pierre Billon	23

Soit 17 films, dont 1 Continental.

III

Fiches techniques et résumés des 220 films analysés

R : Réalisation.
S : Scénario.
A : Adaptation.
D : Dialogues.
I : Images.
Dc : Décors.
M : Musique.
P : Production.
(C) : Film produit par la Continental.
* : Voir, en annexe, l'analyse morale de la Centrale Catholique du Cinéma.

ADEMAÏ BANDIT D'HONNEUR

R : Gilles Grangier. *S et D* : Paul Colline. *I* : Maurice Barry. *Dc* : Jacques Colombier. *M* : Gallois-Montbrun. *P* : Les Prisonniers Associés. 1943. *Interprétation* : Noël-Noël (Adémaï), Georges Grey (Mandolino), Gaby Andreu (Fortunata), Guillaume de Sax (le brigadier de gendarmerie), Alexandre Rignault (Fredo Ferroni), René Génin (le curé), Charles Lemontier (l'instituteur), Maurice Schutz (Angelico Brazzia), Marthe Mellot (la femme d'Angelico), Renée Corciade (Bartoléma), Marcel Pérès (Brucci), Léonce Corne (l'inspecteur de police).

Au village de Boccalogio, en Corse, une vendetta entre les Brazzia et les Ferroni fait six morts. Le vieil Angelico Brazzia n'a plus avec lui que sa femme, Bartoléma, la veuve de son fils et sa petite-fille Fortunata. Un cousin éloigné des Brazzia, Adémaï, vient à Boccalogio en vacances. Il est chargé de venger l'honneur de la famille en tuant Mandolino, le dernier représentant mâle des Ferroni. Mais Adémaï et Mandolino ont fait leur service militaire ensemble, sous les ordres de l'adjudant Bourrague, maintenant brigadier de gendarmerie à Boccalogio. En souvenir de leur camaraderie, ils feignent la haine et tirent des coups de fusil dans la nature. Arrive un autre Ferroni, Fredo, redoutable bandit. Celui-ci cherche à tuer Adémaï, qui lui échappe constamment. Bartoléma Brazzia et la veuve Ferroni acceptent de se réconcilier, au moment où Adémaï et Mandolino, tous deux amoureux de Fortunata, se battent à cause d'elle. Ils apprennent que la jeune fille va épouser un marin et redeviennent amis. Fredo est arrêté. La paix revient à Boccalogio.

ADIEU LÉONARD

R : Pierre Prévert. *S et D* : Jacques et Pierre Prévert, d'après une idée de Jacques Prévert. *I* : André Thomas. *Dc* : Max Douy. *M* : Jean Mouqué (Joseph Kosma dans la clandestinité). *P* : Essor Cinématographique Français. 1943. *Interprétation* : Charles Trenet (Ludovic Maloisin), Pierre Brasseur (Prosper Bonenfant), Carette (Félicien Léonard), Jean Meyer (Eugène Tancrède), Denise Grey (Bernardine Léonard), Jacqueline Bouvier (Paulette), Gaby Wagner (Marguerite), Madeleine Suffel (l'amie de Bonenfant), Jenny Burnay (Mme Bonenfant), Edouard Delmont (le vagabond), Yves Deniaud (le garçon de café), Marcel Pérès (le cafetier), Maurice Baquet (l'homme aux lampions), Paul Frankeur (Edouard), Decroux (Prasmoquier), René Bourbon (Me Failtrain), Guy Decomble (le rémouleur), Mouloudji (le ramoneur), Jacques Dufilho (le marchand de marrons), Albert Rémy (le marchand d'oiseaux), Louise Fouquet (la bouquetière), Cécyl Marcyl (la marchande de mouron), Yvette Lucas (la femme du cafetier), Jane Dussol (la marchande de ballons), Roger Blin (le chef des bohémiens), Simone Signoret (une bohémienne), Sassia (le marchand de glaces), Négery (le vitrier), Pierre Ellet (le marchand d'habits), Bernard Véron (le cireur), Le Duc (le tondeur de chiens), Charles Lavialle (le facteur), Raymond Bussières (le peintre), Edmond Van Daele (le graveur), Jean Dasté (le raccommodeur de porcelaine), Pierre Collet (le marchand d'habits), les petits Alban et Rémy (les jumeaux Léonard).

Après un voyage en train où il a tenté de dévaliser une voyageuse... qui était une voleuse, Félicien Léonard, fabricant de farces et attrapes, rentre chez lui, à Paris. Il est complètement ruiné. Sa femme, Bernardine, vit dans les nuages, et admire fort le poète Eugène Tancrède, un cousin pour lequel elle donne des réceptions mondaines. Tancrède pousse Léonard, aux abois, à aller cambrioler le domicile d'un homme d'affaires véreux, Prosper Bonenfant, présentement absent. Léonard s'exécute. Il est surpris par Bonenfant, rentrant à l'improviste d'une joyeuse soirée. Bonenfant, dont le coffre-fort est vide, oblige Léonard à signer une lettre d'aveux. Ludovic Maloisin, un parent éloigné de Bonenfant, vient d'hériter la fortune d'un oncle que l'homme d'affaires convoitait. Léonard doit tuer Ludovic pour récupérer la lettre compromettante. Bonenfant et Léonard arrivent à Soui-la-Jolie. Ludovic, aimable rêveur et poète, est en train de dépenser l'argent de l'héritage en accueillant dans sa propriété tous les représentants de « petits métiers » qui vivent ou passent dans la région. Il est aimé de Paulette, la servante du café La confiance. Bonenfant est pressé d'en finir. Mais toutes les tentatives de meurtre faites par Léonard échouent. L'assassin en puissance se prend d'amitié pour sa victime. Un jour, Bernardine et Tancrède surviennent pour vendre le stock de Léonard à Ludovic. Le reste de l'héritage y passe. Bonenfant, furieux, se bat avec Tancrède. Léonard découvre que sa femme le trompait, se révolte contre Bonenfant et part avec Ludovic et Paulette dans une roulotte de bohémiens. *

ADRIEN *(C)*

R : Fernandel. *A et D* : Jean Aurenche et Jean Manse, d'après une pièce de Jean de Letraz. *I* : Armand Thirard. *Dc* : Guy de Gastyne. *M* : Roger Dumas. *P* : Continental Films. 1943. *Interprétation* : Fernandel (Adrien Moulinet), Paulette Dubost (Arlette Luciole), Gabriello (Nortier), Paul Azaïs (Jules), Dorette Ardenne (Gisèle), Roger Duchesne (Etienne), Jean Tissier (Mouillette), Huguette Vivier (Monique), Jane Marken (Mme Hortense), Duvaleix (l'assureur), Georges Chamarat (Monsieur Robert), Rivers cadet (le barman), Odette Barancey (la concierge), Georges Douking (le peintre), Gustave Gallet (le sous-chef de bureau), Jo Alex (le cireur noir), Gesky (le chef de bureau), René Alié, Charles Lavialle, Georges Péclet (les gangsters).

Adrien Moulinet, encaisseur à la banque Nortier, a inventé des patins à roulettes à moteur. Il demande à son patron de le commanditer. Celui-ci le renvoie. Adrien part pour sa dernière journée d'encaissement. Jules, publiciste en chômage auquel il présentait une traite, s'intéresse à son invention et veut en assurer la publicité. Adrien est alors attaqué par trois gangsters qui lui dérobent sa sacoche. Elle ne contenait que le prototype *des patins. Nortier envoie Adrien en convalescence à Beauvallois, station thermale de luxe où il possède un château. Le banquier s'installe à Beauvallois avec ses deux filles Monique et Gisèle, celle-ci accompagnée de son mari Etienne. Arrive aussi Arlette Luciole, maîtresse d'Etienne, avec son amie Mme Hortense. Adrien tombe amoureux de Monique et Jules, prenant Nortier pour l'Aga Khan, lui attache aux pieds les patins à roulettes pendant qu'il fait cirer ses chaussures. Nortier dévale l'avenue et tombe dans une piscine. De retour à Paris, Arlette, à laquelle Etienne ne donne pas assez d'argent, sous-loue une partie de son appartement boulevard Suchet. Adrien prend la sous-location, afin d'avoir un endroit où recevoir Monique. Il endosse des traites souscrites par Arlette en paiement de ses meubles, pour régler les arrhes. A l'échéance il se présente à lui-même des traites qu'il ne peut payer. Nortier promet à son gendre de s'intéresser à la première affaire qu'il montera ; il doublera la commandite du contrat. Un agent d'assurances qui s'en est mêlé s'enfuit sur les patins à moteur avec les 900 000 F qui se trouvaient dans la sacoche d'Adrien, au moment où Nortier allait signer un chèque du double à Etienne. Mais il est rattrapé. La banque Nortier commandite Adrien, qui se retrouve à la tête d'une grande usine de patins à roulettes à moteur.* *

LES AFFAIRES SONT LES AFFAIRES

R : Jean Dréville. *A et D* : Léopold Marchand, d'après la pièce d'Octave Mirbeau. *I* : Fedote Bourgassof. *Dc* : René Renoux. *M* : Henry Verdun. *P* : Les Moulins d'Or. 1942. *Interprétation* : Charles Vanel (Isidore Lechat), Aimé Clariond (le marquis de Porcelet), Renée Devillers (Germaine Lechat), Germaine Charley (Mme Lechat), Jean Paqui (Xavier Lechat), Lucien Nat (Lucien Garraud), Jacques Baumer (Gruggh), Robert Le Vigan (Phinck), Jean Debucourt (l'intendant), Henri Nassiet (Dauphin), Hubert de Malet (Melchior de Porcelet), Solange Varennes (la standardiste).

Isidore Lechat, ancien boutiquier enrichi, possède une grosse fortune, dirige un journal et ambitionne de devenir député. Il est sans générosité ni pitié, renvoie son jardinier parce qu'il ne veut pas d'enfants dans sa luxueuse propriété et humilie à plaisir son intendant, un noble ruiné. Germaine Lechat, qui réprouve la conduite de son père, s'est fiancée à Lucien Garraud, le jeune ingénieur secrétaire de celui-ci. Lechat joue au plus malin avec deux aigrefins, Gruggh et Phinck, qui lui proposaient une association. Il veut marier sa fille à Melchior de Porcelet dont le père, marquis désargenté, est prêt à vendre son titre. Mais Germaine se rebelle et part avec Lucien Garraud, déshéritée par Lechat. Celui-ci apprend la mort de son fils Xavier, pour lequel il avait toutes les faiblesses, dans un accident de cheval. Au moment où on rapporte le cadavre, Gruggh et Phinck cherchent à profiter de la douleur de Lechat pour lui faire signer le contrat d'association dont ils ont modifié les termes à leur avantage. Mais Lechat, toujours dur en affaires, oublie son chagrin et oblige les deux canailles à rétablir ce contrat selon son intérêt.

L'ÂGE D'OR

R : Jean de Limur. *S et D* : Charles Méré. *I* : Nicolas Hayer. *Dc* : Pierre Marquet et Magnier. *M* : Henri Goublier. *P* : Minerva. 1941. *Interprétation* : Elvire Popesco (Véra Ternuzki), Alerme (Georges Dubélair), Andrée Guize (Juliette Dubélair), Gilbert Gil (Henri Dubélair), Denise Bréal (Irène), Jean Tissier (Lubercy), Clément Duhour (Boris), Louis Blanche (Jules).

Georges Dubélair, grand bourgeois qui essaie toutes sortes de combinaisons pour faire fortune et mène grand train avec sa femme Juliette, découvre à son conseil d'administration qu'il est ruiné. Il perd son dernier argent dans un cercle de jeu et achète deux billets de loterie au chasseur, Jules. Il ne peut plus engager comme secrétaire Véra Ternuzki, arrivée chez lui avec un certain Boris qu'elle présente comme son frère. Mais Véra accepte d'être femme de chambre. Dubélair lui offre en pourboire un des billets de loterie. Il fait don de l'autre à Juliette. Véra, qui égare toutes ses affaires, demande à Dubélair de lui garder le billet dans une enveloppe à son nom. Il lui remet un bout de papier portant le numéro ; elle confie ce papier à Boris. Au tirage de la loterie, le numéro de Véra gagne 7 millions. Poussé par Juliette, Dubélair change les billets d'enveloppe. Boris ayant perdu le bout de papier, Véra ne peut prouver qu'elle est bien la gagnante. Dubélair la couvre de cadeaux et la nomme intendante de son hôtel particulier. Malgré les conseils de son fils Henri, il se lance, poussé par l'escroc Lubercy, dans des affaires mirobolantes. Or, Dubélair découvre que Véra a une chance inouïe : à chaque conseil qu'elle lui donne, il réussit. Le bout de papier est retrouvé dans la balalaïka de Boris. Véra réclame ses 7 millions. Généreuse, elle se contente de chasser Lubercy et sa bande de parasites. Elle monte une société avec Dubélair et épouse Boris, qui était en réalité son fiancé. *

LES AILES BLANCHES

R : Robert Péguy. *S* : Robert Péguy. *A et D* : Paul Achard. *I* : Philippe Agostini. *Dc* : Jaquelux. *M* : Tony Aubin. *P* : U.F.P.C. 1942. *Interprétation* : Gaby Morlay (sœur Claire), Saturnin Fabre (Siméon), Jacques Dumesnil (Gérard Clairval), Marcelle Géniat (sœur Louise), Jacques Baumer (M. Lebourg), Irène Corday (Lucette), Jacqueline Bouvier (Cri-Cri), Pierre Magnier (M. Dupuis-Villeuse), Lysiane Rey (Nadine), Georges Vitray (Me Verdier, le notaire), André Nicolle (le directeur des Folies-Bastille), René Dupuy (Albert), Sinoël (Hyacinthe), Charles Lemontier (M. Bellin), Marie-Louise Godart (la tante de Gérard).

Siméon, compositeur bohème, entraîne ses filles cadettes, Nadine et Cri-Cri, à chanter et danser pour faire carrière au music-hall. Il est également accordeur d'harmonium dans un couvent. Une religieuse qui fait partout le bien, sœur Claire, s'intéresse à sa situation familiale. Elle tente de soutenir moralement Lucette, l'aînée des filles de Siméon, qui, séduite par un *homme marié, abandonnée et enceinte, songeait à se faire avorter. Tandis que Nadine, grisée par les promesses de Bellin, codirecteur des « Folies-Bastille », rompt avec Albert, un jeune électricien amoureux d'elle, Siméon chasse Lucette dont il a appris le déshonneur. Troublée par les confidences de la jeune fille, sœur Claire revoit son passé. Au début du siècle, son père, le banquier Lebourg, voulut la marier pour arranger ses affaires au fils d'un agent de change, Dupuis-Villeuse. Claire s'était éprise d'un ingénieur, Gérard Clairval, passionné d'aviation. Celui-ci l'aimait ; il était sans fortune. Apprenant le mariage projeté, il s'expatria. Mais M. Lebourg, ruiné, mourut d'une congestion cérébrale et les Dupuis-Villeuse repoussèrent Claire. Sur les conseils de sa tante Louise, supérieure d'un couvent, elle entra en religion et devint sœur Claire. Pendant la guerre de 1914, elle se trouva, dans un hôpital, au chevet de Gérard Clairval, aviateur gravement blessé et aveugle. Avant de mourir il lui confia, sans la reconnaître, l'amour qu'il avait toujours eu pour elle. Au moment où sœur Claire sort de ses souvenirs, Lucette, qui n'a pas eu le courage de revenir la voir, marche vers la Seine pour se noyer. Un an plus tard, sœur Claire s'intéresse toujours à la famille de Siméon. Celui-ci n'a plus de nouvelles de Lucette. Nadine renonce au music-hall pour ne pas céder à Bellin. Cri-Cri l'encourage à renouer avec Albert. En allant trouver le jeune homme, elle apprend qu'il a sauvé Lucette du suicide. Elle a eu un bébé. Sœur Claire ramène Lucette et son enfant à Siméon et Nadine décide d'épouser Albert.* *

A LA BELLE FRÉGATE

R : Albert Valentin. *S et D* : Charles Spaak. *I* : Victor Armenise. *Dc* : René Renoux. *M* : Arthur Hoérée. *P* : Régina. 1942. *Interprétation* : Michèle Alfa (Yvonne), René Lefèvre (Jean), René Dary (René), Carette (Pierre), Aimos (le muet), Paul Azaïs (Félix), Suzanne Dantès (Mme Juliette), Henri Nassiet (Victor), Mila Parély (Jeanne).

Cinq matelots appartenant à l'équipage d'un cargo font escale dans un port. Ils parient de se retrouver dans la soirée au bal, chacun avec une compagne invitée dans la rue. Le timide Jean, qui ne sait pas aborder les filles, arrive pourtant avec la plus belle et la plus réservée, Yvonne. René, le joyeux drille habitué à séduire, se fait valoir auprès d'Yvonne, qui semble le préférer. Le bateau repart. Victor, ancien boxeur, patron du café A la belle frégate *et tuteur d'Yvonne, est jaloux et lorsque Jean, à nouveau débarqué, se présente chez lui, il le chasse avec la jeune fille. Jean conduit Yvonne dans un hôtel et la laisse pour aller demander de l'argent à René. Mme Juliette, patronne de l'hôtel, veut pousser Yvonne à boire avec les clients du bar attenant. Elle retourne chez Victor, tandis que René et ses amis embarquent Jean de force. Lors d'une nouvelle escale, Victor demande des comptes à Jean. Mais, finalement, Yvonne a choisi René et se trouve libérée.*

L'AMANT DE BORNÉO

R : Jean-Pierre Feydeau. *Supervision technique* : René Le Hénaff. *A et D* : Roger Ferdinand, d'après la pièce de Roger Ferdinand et José Germain. *I* : Victor Arménise. *Dc* : Jacques Colombier. *M* : René Sylviano. *Lyrics* : René Dorin. *P* : C.C.F.C. (Harispuru). 1942. *Interprétation* : Arletty (Stella Losange), Jean Tissier (Lucien Mazerand), Alerme (Arthur Serval), Pierre Larquey (M. Lajoie), Pauline Carton (Agathe), Jimmy Gaillard (Rastange), Guillaume de Sax (Gaston).

Lucien Mazerand, libraire-imprimeur à Châteauroux, vient passer quelques jours à Paris. Avec son ami Gaston, il assiste dans un music-hall au numéro de Stella Losange, qu'il admire depuis longtemps. Gaston connaît la vedette. Il amène Mazerand au domicile de celle-ci et le présente comme un explorateur. Lassée de son protecteur, l'homme d'affaires Arthur Serval (toujours flanqué d'un jeune secrétaire, Rastange, surnommé Bébé), Stella se laisse prendre au charme des aventures exotiques racontées par Mazerand. Épris d'elle, le faux explorateur installe dans une villa du Vésinet prêtée par Gaston tout un attirail et des animaux qu'il est censé avoir rapportés de ses voyages. Stella devient la maîtresse de Mazerand. Il lui promet de l'emmener à Bornéo. L'arrivée de Lajoie, désireux de récupérer son patron, et une enquête menée par Serval, font découvrir l'imposture. Stella, déçue, veut quitter Mazerand puis, comprenant qu'il lui a menti par amour, décide de vivre avec lui.

ANDORRA OU LES HOMMES D'AIRAIN

R, A et D : Emile Couzinet, d'après le roman d'Isabelle Sandy. *I* : Georges Million. *Dc* : Reneteau. *M* : Jean Poueich. *P* : Burgus Film. 1941. *Interprétation* : Jany Holt (Concita Asnurri), Jean Chevrier (Angelo Xiriball), Germaine Dermoz (Maria Xiriball), Jean Galland (le curé), Romuald Joubé (Joan Xiriball), Jean Claudio (Angelo Jeune), Robert Le Vigan (Asnurri), Albert Rieux (Nyerro), Robert Vattier (Le Bayle), Zita Fiore (Paquita), Georges Mauloy (le supérieur du séminaire), Catherine Fonteney (la religieuse), Teddy Michaux (le chef des contrebandiers), René Sarvil (Cantemerle), la petite Dany (Coloma).

Cysco, fils aîné de Joan Xiriball, maître du domaine de la Solana, en Andorre, est tué au cours d'une expédition avec des contrebandiers. Les douaniers, qui avaient reçu une dénonciation, affirment avoir tiré en l'air. Concita Asnurri, fiancée de Cysco, révèle à Maria Xiriball, la mère, qu'ils ont « fauté ». Concita est enceinte. Maria et le curé la protègent et la fillette qu'elle met secrètement au monde, Coloma, est confiée à l'orphelinat de Foix. Joan Xiriball envoie son cadet, Angelo, au séminaire de la Seo d'Urgel. Il découvre que Nyerro, son autre fils d'un premier lit, dont la mère n'était pas andorrane (et qui n'a, de ce fait, pas droit à l'héritage), est l'assassin de Cysco. Il le chasse par crainte du déshonneur. Le curé empêche Nyerro de commettre une vengeance contre la famille Xiriball et lui *fait quitter le pays. Malade, le vieux Joan abandonne sa terre. Angelo renonce au séminaire pour revenir diriger le domaine. Un instant troublé par Paquita, une fille de la ville, Angelo épouse, sur le désir de son père, Concita Asnurri, qui n'ose refuser. Ils ont deux enfants ensemble. Le bon curé, qui doit s'en aller du village, révèle à Joan Xiriball l'existence de Coloma, « chair de sa chair ». Le patriarche la ramène au foyer comme petite servante et lui fait don d'une terre pour qu'elle appartienne à la famille sans que le péché de Cysco et Concita soit révélé. Avant de mourir, il a une vision grandiose de l'avenir des bergers d'Andorre.* *

L'ANGE DE LA NUIT

R : André Berthomieu. *A et D* : André Obey, d'après la pièce de Marcel Lasseaux : « Famine-club ». *I* : Jean Bachelet. *Dc* : Lucien Aguettand et Raymond Nègre. *M* : Maurice Thiriet. *P* : Pathé. 1942. *Interprétation* : Jean-Louis Barrault (Jacques Martin), Michèle Alfa (Geneviève), Henri Vidal (Bob), Gaby Andreu (Simone), Pierre Larquey (le père Heurteloup), Alice Tissot (Mme Robinot), Yves Furet (Hughes), Claire Jordan (Claudie), Cynette Quérot (Hélène), Simone Signoret (une étudiante), Marcel Mouloudji (un étudiant).

Des étudiants sans fortune ont fondé, au Quartier latin, un restaurant-foyer, La Vache enragée, *où chacun peut trouver un appui matériel et moral. Ils travaillent tous le soir, après leurs heures d'étude, pour avoir les ressources nécessaires. Le père Heurteloup, propriétaire du local, les aide. Un soir de 1939, Claudie, membre du club, y amène Geneviève, une jeune fille affamée et sans ressources. Bob, le trésorier, lui trouve un emploi. Elle est adoptée par la communauté. Bob aime Geneviève. Jacques Martin, sculpteur, président du club, a pour maîtresse Simone, une fille belle et frivole. Bob et Geneviève sont fiancés lorsque la guerre éclate. Les garçons partent. Après la catastrophe de 1940, Jacques revient, aveugle. Bob a disparu. Abandonné par Simone, Jacques est soutenu par Geneviève. Elle devient son modèle. Il explore son visage avec ses mains, se remet au travail et connaît le succès dans une exposition. Geneviève lui promet de devenir sa femme. Bob, libéré d'un camp lointain, réapparaît soudain. Geneviève, désemparée, est partagée entre les deux hommes. Jacques, dont Bob ignorait la cécité, entre dans la pièce où il discute avec la jeune fille. Bob ne révèle pas sa présence. Il comprend le grand amour de l'aveugle pour Geneviève, qui lui est devenue indispensable. Et il s'en va**.

L'ANGE GARDIEN

R : Jacques de Casembroot. *S et D* : Charles Vildrac. *I* : Georges Million. *Dc* : Marcel Mary et G. Briaucourt. *M* : Henri Goublier. *P* : Minerva. 1942. *Interprétation* : Lucien Baroux (M. Duboin), Carlettina

(Colette), Roger Duchesne (Henri Duboin), Ellen Dosia (Jane Duboin-Fontange), Irène Corday (Marie), Jacques Varennes (Tirandier), Catherine Fonteney (Noémie Lapierre), Jeanne Fusier-Gir (Melle Boulomier), Pierre Labry (Jaminet), Walther (Molignon), Maxime Fabert (le jardinier), Jean Fay (l'impresario), Paul Demange (le notaire), Georges Sellier (Carpent).

Jaminet, châtelain normand, et l'homme d'affaires Tirandier convoitent des terres appartenant à Duboin, ancien fonctionnaire colonial retiré au milieu de ses collections. Ils connaissent l'existence d'une source d'eau sulfureuse, au lieu-dit « Les Roches grises » et voudraient l'exploiter. Duboin est brouillé avec son fils Henri qui a épousé, contre sa volonté, la cantatrice Jane Fontange. Sa cousine, Noémie Lapierre, tient sa maison et guette son héritage. A la prière de son vieil ami Molignon, Duboin consent à accueillir pour quelque temps sa petite fille Colette, dont les parents doivent voyager chacun de leur côté. Colette réussit à se faire aimer du vieil homme et gagne l'amitié de Marie, une jeune fille du village. Noémie devient, par intérêt, complice de Jaminet et Turandier. Elle décide Duboin à vendre. Colette trouve une lettre de Jaminet à Noémie lui promettant une commission. Intriguée, elle va aux « Roches grises » où Jaminet a fait exécuter, en secret, des travaux de sondage. Colette actionne une roue, l'eau jaillit du sol, inondant les terres. Effrayée, l'enfant s'enfuit pour retrouver Marie. L'inondation empêche la signature du contrat de vente. Le jardinier rapporte le petit sac de Colette dans lequel elle a mis la lettre de Jaminet à Noémie. Duboin comprend qu'on a voulu l'escroquer. Il chasse Noémie. Colette est retrouvée, malade de froid, par les gens du village. Henri et Jane accourent à son chevet. Elle va guérir et la famille sera réconciliée, unie, grâce à elle. *

LES ANGES DU PÉCHÉ

R : Robert Bresson. *S* : R.P. Bruckberger, Robert Bresson et Jean Giraudoux. *D* : Jean Giraudoux. *I* : Philippe Agostini. *Dc* : René Renoux. *M* : Jean-Jacques Grunenwald. *P* : Synops (Roland Tual). 1943. *Interprétation* : Renée Faure (Anne-Marie), Jany Holt (Thérèse), Sylvie (la prieure), Mila Parély (Madeleine), Marie-Hélène Dasté (mère Saint-Jean), Paula Dehelly (mère Dominique), Sylvia Monfort (Agnès), Yolande Laffon (la mère d'Anne-Marie), Louis Seigner (le directeur de la prison), Gilberte Terbois (sœur Marie-Josèphe), Christiane Barry (sœur Blaise), Georges Colin et Jean Morel (les inspecteurs de police).

La prieure du couvent des dominicaines de Béthanie et mère Dominique, maîtresse des novices, vont chercher à sa sortie de prison Agnès, qui échappe ainsi à l'emprise d'un homme venu pour la reprendre. L'ordre de Béthanie se consacre à la réhabilitation morale des délinquantes. Anne-Marie, une jeune fille de milieu bourgeois et mondain, quitte sa famille pour y entrer en religion. Elle est bien accueillie par la prieure. La sous-prieure, mère Saint-Jean, est plus réticente. Elle a décelé chez Anne-Marie *beaucoup d'orgueil. Celle-ci obtient de participer aux visites de la prison. Elle remarque Thérèse, une fille dure, violente, rebelle à toute influence, et décide de la sauver. Mais Thérèse, libérée, repousse Anne-Marie l'attendant dans la rue. Elle achète un revolver et va tuer son amant, responsable du vol pour lequel on l'a condamnée. Afin d'échapper à la police, Thérèse se réfugie au couvent de Béthanie. Anne-Marie triomphe et fait d'elle son élève en béatitude. Sa conduite orgueilleuse irrite les religieuses. Sommée d'accomplir une pénitence, elle refuse. La prieure la renvoie du couvent. Par une nuit d'orage, Anne-Marie va prier dans le cimetière, sur la tombe du fondateur de l'ordre. On l'y découvre le lendemain matin, inanimée. La prieure réintègre Anne-Marie et lui donne Thérèse pour garde-malade. Thérèse se méfie, pense qu'Anne-Marie emploie tous les moyens pour lui arracher son secret. Elle décide de s'enfuir, puis comprend le sacrifice de la novice et reste. Mourante, Anne-Marie prononce ses vœux tandis que la police, qui a retrouvé la trace de Thérèse, vient l'arrêter pour le meurtre qu'elle a commis.* *

ANNETTE ET LA DAME BLONDE *(C)*

R : Jean Dréville. *A* : Henri Decoin. *D* : Michel Duran, d'après une nouvelle de Georges Simenon. *I* : Robert Le Febvre. *Dc* : Wladimir Meingard et Robert Hubert. *M* : René Sylviano. *P* : Continental Films. 1941. *Interprétation* : Louise Carletti (Annette Barnavon), Henri Garat (Maurice Cammage), Georges Rollin (Bernard Bouchin), Mona Goya (Myriam), Rexiane (Mme Barnavon), Georges Chamarat (M. Barnavon), Rosine Luguet (Gigi), Simone Valère (Lucette), Raymonde La Fontan (Marie-Louise), Henry Darbrey (le juge d'instruction), G. Cahuzac (le commissaire), Henry Gerrar (le concierge de l'hôtel Trianon), Albert Broquin (le clochard), Albert Malbert (le gardien de prison).

A Cannes, une jeune fille de 17 ans, Annette Barnavon, est tombée amoureuse de l'avocat Maurice Cammage qui ne la connaît même pas. Il a rencontré une riche Américaine, Myriam, qu'Annette considère comme sa rivale. Pour épater ses amies Gigi et Marie-Louise, elle s'introduit dans la chambre de Myriam à l'hôtel Trianon *et saccage ses vêtements. M. et Mme Barnavon présentent à Annette Bernard Bouchin, jeune homme de Montpellier. Ils le lui destinent pour mari. Bernard emmène Annette au cinéma, où ses amies lui apprennent que la police enquête sur les dommages causés au* Trianon. *Annette, prise de remords, cherche en vain à se constituer prisonnière. On la prend pour une folle. Enfin, chez le juge d'instruction, on consent à l'écouter. Elle demande à être assistée d'un avocat et choisit Maurice, l'homme de ses rêves. Pour aider Annette, Bernard Bouchin va trouver Myriam. Elle le fait boire et, dans l'ivresse, il cherche à la séduire. Elle l'éconduit. Dans le bureau du juge d'instruction, Annette est enfin en face de Maurice. Il comprend vite qu'il s'agit d'un enfantillage. Annette est rendue à sa mère, qui l'enferme dans sa chambre. Elle réussit à s'enfuir, va rendre visite à Maurice, puis le quitte brusquement pour courir vers le port. Maurice la suit. Elle se jette à l'eau. Il plonge et la sauve. Elle a usé de ce stratagème pour se faire remarquer. Maurice reconduit Annette chez ses parents. M. Barnavon le met en devoir d'épouser sa fille. Mais le jour du mariage, à la mairie, Annette répond non, se sauve et tombe dans les bras de Bernard, venu assister à la cérémonie.*

L'AN 40

R : Fernand Rivers. *S et D* : Yves Mirande. *I* : Willy. *P* : Fernand Rivers. 1940. *Interprètation* : Cécile Sorel (Mme Raffut), Jules Berry (Stanislas), Josseline Gaël (Lucie), Alerme (M. Garnier), Simone Berriau (Mme Garnier), Tramel (Félix Raffut), Marcelle Praince (la sourde), Michèle Olivier (Yvonne), Rivers cadet (Joseph), Jacques Erwin (Jacques).

Félix Raffut et sa femme habitent un château du Périgord. Au moment de l'invasion allemande, le châtelain affolé décide d'envoyer son mobilier précieux en Bretagne. Des réfugiés arrivent dans la région et une panne de camion providentielle permet de sauver les meubles.

Nota : Le résumé de ce film disparu a été approximativement reconstitué selon les quelques indications données par Paul Olivier dans la revue *Les Cahiers du Film* (n° 2, du 1er février 1941) et par Fernand Rivers dans son livre *Cinquante ans chez les fous* (Editions Georges Girard, Paris, 1945).

L'APPEL DU BLED

R, S et D : Maurice Gleize. *I* : Jean Bachelet. *Dc* : Jean Périer. *M* : René Sylviano. *P* : Production Générale Française Cinématographique. 1942. *Interprétation* : Madeleine Sologne (Germaine Moreuil), Jean Marchat (Pierre Moreuil), Pierre Renoir (Michaud), Gabrielle Dorziat (Mme Darbois), Aimos (le contremaître), Jacques Baumer (le gynécologue de l'Hôtel-Dieu), Pierre Magnier (M. Darbois), Aïssa (Ali), Nadine Marziano (la « première » de la maison de couture), Lucien Walther (le chirurgien), Elisa Ruis (la femme de chambre), Yves Deniaud (le vendeur arabe).

Au printemps 1938, renonçant à sa carrière de pianiste, Germaine Darbois, fille de grands bourgeois parisiens, épouse Pierre Moreuil, ingénieur agronome. Il l'emmène à Aïn-Kébir, dans le sud algérien, où il possède une plantation et travaille à l'installation d'un puits artésien. Malgré les attentions de son mari, Germaine s'ennuie. Elle ne s'intéresse pas à l'œuvre de Pierre. Enceinte, heureuse de l'être, elle se met à transformer la maison, mais elle doit aller accoucher à Alger. Ses parents viennent l'y rejoindre, Pierre étant retenu à la plantation. Il arrive à la clinique pour apprendre la mort du bébé dans un accouchement difficile. Germaine ne pourra plus enfanter. Pour ne pas aggraver son chagrin, Pierre ne lui dit pas ce que lui a confié le chirurgien. Il prépare un voyage en Italie avec

Germaine. A la demande de son associé, Michaud, il y renonce pour s'occuper de l'irrigation des terres. Germaine part seule à Paris où Pierre doit venir la retrouver. Une réflexion étourdie de sa mère lui fait comprendre qu'une maternité ne lui est plus possible. Elle va consulter un gynécologue à l'Hôtel-Dieu et apprend la vérité. Ignorant que Pierre était au courant, et sachant à quel point il désirait un enfant, elle lui écrit pour lui demander de lui rendre sa liberté. En juin 1939 elle part faire une tournée musicale, sans avoir revu son mari. La guerre éclate. Au début de 1940, Germaine, redevenue pianiste, donne un concert à Paris au bénéfice de la Croix-Rouge. Michaud y assiste. Il va la trouver dans sa loge et lui apprend le malentendu qui l'a séparée de Pierre. Le puits artésien d'Aïn-Kébir est maintenant en état de fonctionnement, mais Pierre combat sur le front. Germaine lui écrit. Il est porté disparu. Germaine retourne en Algérie pour reprendre l'œuvre de son mari. Elle crée un dispensaire. Quelque temps après l'armistice de juin 1940, un télégramme de Michaud l'appelle à Alger. Pierre, vivant et démobilisé, arrive. Germaine l'attend à sa descente du bateau. Il a perdu le bras droit à la guerre. Elle le ramène en voiture à la plantation où l'eau coule maintenant partout, fertilisant les terres de l'avenir. *

APRÈS L'ORAGE

R : Pierre-Jean Ducis. *S et D* : Marc-Gilbert Sauvajon et René-Robert Petit. *I* : Fred Langenfeld. *Dc* : Jean Douarinou. *M* : Raoul Moretti. *P* : Jason. 1941. *Interprétation :* Suzy Prim (Catherine Grand), René Dary (René Sabin), Jules Berry (Alex Krakow), Charpin (M. Sabin), Lysiane Rey (Odile), Jean Daurand (Paul Cerdan), René Allier (Olivier), Orbal (Kri).

Fils du maire du village de Mérindol, en Provence, l'ingénieur agronome René Sabin ne parvient pas à faire aboutir ses projets d'aménagement d'une colline dont les éboulements sont dangereux pour les moissons. Lassé, il quitte le village en même temps que ses amis Paul Cerdan et Olivier. Odile, la sœur de Paul, aime René depuis toujours mais ne peut le retenir. A Paris, René est directeur d'une affaire prospère. Il devient l'amant de Catherine Grand, vedette de cinéma. Cette liaison l'absorbe. Il donne sa démission et, pour garder Catherine, travaille avec son producteur, Alex Krakow, dont les activités sont louches. Paul Cerdan, lui, est chômeur. Dans une file de sans-travail, il retrouve Olivier miné par la tuberculose. Il alerte René, mais Olivier meurt. A Mérindol, Odile a continué l'œuvre entreprise par René et obtenu ce qu'il souhaitait. Elle vient le prévenir à Paris. Catherine l'empêche de le voir. La guerre éclate. René est mobilisé. Après la défaite de 1940, il rompt définitivement avec Catherine et revient avec Paul, démobilisé comme lui, à Mérindol où l'attend Odile.

L'ARLÉSIENNE

R : Marc Allégret. *A* : Marcel Achard, d'après la pièce d'Alphonse Daudet. *I* : Louis Page. *Dc* : Paul Bertrand. *M* : Georges Bizet. *P* : Films Impéria. 1941. *Interprétation* : Raimu (le patron Marc), Gaby Morlay (Rose Mamaï), Louis Jourdan (Frédéri), Edouard Delmont (Balthazar), Gisèle Pascal (Vivette), Charpin (Francet Mamaï), Maupi (« L'Équipage »), Charles Moulin (Mitifio), Le petit Toinon (Jeannet).

Le patron Marc, qui conduit un bateau à roues sur le Rhône, avec un seul marin surnommé par lui « L'Équipage », rend visite à Arles aux parents d'une jeune fille que son neveu, Frédéri, aime et veut épouser. Il ne rencontre pas l'Arlésienne, mais il arrive au domaine du Castelet, chez sa sœur Rose Mamaï, certain que le mariage est possible. Rose, veuve, vit avec son beau-père, Francet Mamaï, et ses deux fils, Frédéri, son préféré, et Jeannet, « l'innocent », jeune garçon qui se plaît en la compagnie du vieux berger Balthazar. Un gardian, Mitifio, amant de l'Arlésienne, apporte à Francet Mamaï les lettres prouvant sa liaison et l'indignité de la fille. L'honneur de la famille commande le renoncement au mariage. Frédéri ne peut s'en consoler. Uniquement préoccupée de son chagrin, Rose pousse vers lui sa filleule Vivette. Celle-ci l'aime sincèrement. Mais Frédéri est tellement malheureux que sa famille est prête à le laisser épouser l'Arlésienne. Il refuse pourtant et demande alors Vivette en mariage. Une grande fête a lieu au domaine pour les accordailles. Pendant la farandole, Frédéri déclare à Vivette qu'il a oublié l'Arlésienne. Pour voir s'il est vraiment guéri, Marc lui lit les lettres apportées par Mitifio. Rose, inquiète, demande à Marc d'aller les reporter au gardian sans plus attendre. Frédéri suit son oncle sans qu'il s'en doute. Marc remet les lettres à Mitifio. Celui-ci lui apprend qu'il va enlever l'Arlésienne le soir. Frédéri surgit et se dispute avec Mitifio. Le gardian part à cheval, emmenant l'Arlésienne en croupe. De retour au domaine, Frédéri monte dans sa chambre, laissant Vivette. Rose, effondrée, confie ses tourments à Marc. Elle s'aperçoit que Frédéri s'est enfermé dans le grenier et frappe à la porte en hurlant. Frédéri se jette du haut de la lucarne du grenier et se tue. *

ARLETTE ET L'AMOUR

R : Robert Vernay. *A* : Félix Gandera, d'après sa pièce, « Atout cœur ». *Supervision et participation aux dialogues* : Marcel Pagnol. *I* : Victor Armenise. *Dc* : Robert Giordani. *M* : Roger Desormière. *P* : Gaumont. 1943. *Interprétation* : André Luguet (le comte de Trembly-Matour), Josette Day (Arlette Millois), Alerme (le baron Jingleux), Jimmy Gaillard (Maxime Noblet), Andrée de Chauveron (Mme Millois), Pierre Labry (Jules), Aquistapace (le curé), René Lefèvre (le notaire), Jean Toulout (le comte de Brulant), René Alié (l'escroc), Robert Moor (Mathurin), Henri Poupon (Breteuil), Albert Gercourt (Gilbert), Alexandre Fabry (l'aubergiste), Sylvette Sauge (la manucure).

L'ambitieuse Mme Millois marie sa fille Arlette au comte de Trembly-Matour. Après la cérémonie, celui-ci s'enfuit avec les bijoux de famille. C'était un escroc qui avait volé les papiers du comte. Arlette est heureuse à l'idée qu'elle pourra épouser son ami d'enfance, Maxime Noblet. Mais, légalement, le mariage reste valable. Il faut le faire annuler, avec le concours du vrai comte de Trembly-Matour. Celui-ci vit retiré sur ses terres et n'est pas du tout content de voir arriver Mme Millois, Arlette et Maxime, ni d'apprendre qu'il est « marié ». Arlette fait appel à son honneur afin qu'il active les formalités de l'annulation. Pendant son séjour au château, elle tombe peu à peu amoureuse du comte qui, lui, apprend à la connaître et à l'aimer. L'intervention du bon curé décide les époux à rester mariés. Le futile Maxime, qu'Arlette avait cru aimer, se console facilement avec une manucure.

L'ASSASSIN A PEUR LA NUIT

R : Jean Delannoy. *A* : Jean Delannoy, Roger Vitrac et Pierre Véry, d'après son roman. *D* : Roger Vitrac. *I* : Paul Coteret. *Dc* : Capelier. *M* : Georges Auric. *P* : Discina (André Paulvé). 1942. *Interprétation* : Mireille Balin (Lola), Jean Chevrier (Olivier), Louise Carletti (Monique), Henri Guisol (Maurice), Georges Lannes (l'inspecteur Paillot), Gilbert Gil (Gilbert), Jules Berry (Jérôme), Roland Pégurier (Pierrot), Charlotte Clasis (la grand-mère), Pierrette Caillol (Emilienne).

A Paris, Olivier et Maurice cambriolent un magasin. Le lendemain, ils apprennent par les journaux qu'un dictaphone resté en marche a enregistré leur conversation. Ils ignorent que la police ne dispose, en fait, que de phrases mal audibles et décident de se cacher. Olivier quitte sa maîtresse Lola pour gagner la Provence. Lola est en butte aux avances d'un antiquaire-receleur, Jérôme, auquel elle a confié un collier volé. En Provence, Olivier s'embauche sur un chantier et se lie d'amitié avec un jeune ouvrier, Gilbert, qui le présente à sa sœur Monique. La fraîcheur et la pureté de celle-ci attirent Olivier. Apprenant que la paye des ouvriers constitue une somme importante, il fait venir Maurice pour la voler. Gilbert, qui voulait partir pour Chandernagor, a détourné l'argent, puis l'a rendu, après s'être confié à sa sœur. Monique pense qu'Olivier a poussé son frère à ce vol. Elle le chasse. Olivier revient à Paris et retrouve Lola, menacée de chantage par Jérôme à cause du collier. Il va trouver l'antiquaire et, au cours d'une vive discussion, le frappe au front avec une pendulette. Il croit l'avoir tué. Bourré de remords, Olivier se terre dans une chambre d'hôtel et ne peut plus dormir la nuit. Il retourne en Provence. Jérôme est mort. Lola, interrogée par l'inspecteur Paillot, sent le danger et fuit en voiture avec Maurice, pour rejoindre Olivier. Paillot les suit. Passant par le chantier, Olivier sauve de la mort Pierrot, le fils du chef d'équipe. Il se réfugie dans un moulin abandonné, où Monique a installé son petit domaine secret. Il la trouve dans le grenier. Lola et Maurice arrivent. Au moment où Lola va décider Olivier à les suivre, Paillot et ses hommes sur-

gissent. Olivier veut se livrer. Lola fait une chute mortelle dans le moulin. Avant d'expirer, elle avoue qu'elle a tué Jérôme, seulement blessé après le coup porté par Olivier. Celui-ci est arrêté. Monique l'attendra.

L'ASSASSINAT DU PÈRE NOËL *(C)*

R : Christian-Jaque. *A et D* : Charles Spaak, d'après le roman de Pierre Véry. *I* : Armand Thirard. *Dc* : Guy de Gastyne. *M* : Henry Verdun. *P* : Continental Films. 1941. *Interprétation* : Harry Baur (le père Cornusse), Raymond Rouleau (le baron Roland), Renée Faure (Catherine Cornusse), Marie-Hélène Dasté (la mère Michel), Robert Le Vigan (Léon Villard), Jean Brochard (Ricomet), Jean Parédès (Kappel), Fernand Ledoux (le maire), Héléna Manson (Marie Coquillot), Arthur Devère (l'horloger), Pierre Dux (le boulanger), Marcel Pérès (Rambert), Georges Chamarat (le garde champêtre Gercourt), Bernard Daydé (Christian Coquillot), Bernard Blier (le brigadier de gendarmerie), Sinoël (Noblet), Anthony Gildes (Gruissan), Georges Mauloy (le curé), Lucien Coëdel (Desfosses), Michel François (Pierre), Marcelle Monthil (Mme Rambert), Mona Dol (la femme de l'horloger).

Dans un village de Savoie cerné par la neige, le baron Roland, après avoir couru le monde, revient à son château à la grande surprise de la gardienne, Marie Coquillot, qui élève seule ses trois garçons dont l'un, Christian, est infirme. Le baron cache sa main droite sous un gant. Le père Cornusse, fabricant de mappemondes, se prépare, comme chaque année, à jouer le rôle du père Noël. Sa fille Catherine coud des robes de poupées en rêvant au prince charmant. L'instituteur Léon Villard la demande, en vain, en mariage. Dans l'église, le curé, aidé du sacristain Kappel, prépare la crèche où doit être accroché le précieux anneau de saint Nicolas. Un inconnu les attaque et s'enfuit. Le garde champêtre alerte le maire et on décide de protéger la crèche le soir de Noël. Le bruit court que le baron Roland est lépreux (la main gantée). Catherine va au château et s'offre à être sa servante. Le baron, touché par la beauté de la jeune fille, l'invite au réveillon à l'auberge. Cornusse, déguisé en père Noël, commence sa tournée, boit beaucoup à chacune de ses visites et arrive au château en état d'ivresse. Catherine vient de revêtir une des robes de « princesse » sorties par le baron de ses armoires. Elle quitte le château par-derrière pour aller à la messe de minuit. Un homme habillé en père Noël, qu'on prend pour Cornusse, se glisse dans l'église pendant la cérémonie et vole l'anneau de saint Nicolas. Catherine attend en vain le baron à l'auberge. On le retrouve ligoté dans la maison de Cornusse. Il avait pris son habit de père Noël pour le remplacer, mais il a été attaqué et dépouillé de cet habit dont s'est servi le voleur. Le cadavre d'un inconnu assassiné est découvert dans la neige. Une atmosphère de méfiance et de peur règne sur le village. Les gendarmes, bloqués par la neige, arrivent enfin. Ils ont arrêté le pharmacien Ricomet en fuite. C'est le meurtrier de l'inconnu, son complice dans le vol à l'église. L'anneau avait été dissimulé dans la mappemonde-enseigne du père Cornusse, que les gamins du village viennent de casser. Remis de *son ivresse, Cornusse reprend le costume du père Noël pour aller faire un beau cadeau à Christian Coquillot, désolé d'avoir été oublié. Il convainc l'enfant de se mettre à marcher. Au château, le baron déclare à Catherine qu'elle est la femme idéale qu'il avait en vain cherchée dans ses voyages.* *

L'ASSASSIN HABITE AU 21 *(C)*

R : Henri-Georges Clouzot. *A* : Henri-Georges Clouzot et Stanislas-André Steeman, d'après son roman. *D* : Henri-Georges Clouzot. *I* : Armand Thirard. *Dc* : André Andrejew. *M* : Maurice Yvain. *P* : Continental Films. 1942. *Interprétation* : Pierre Fresnay (le commissaire Wens), Suzy Delair (Mila Malou), Jean Tissier (Lalah Poor), Pierre Larquey (Colin), Noël Roquevert (le docteur Linz), René Génin (le clochard), Jean Despeaux (Kid Robert), Natol (Armand), Huguette Vivier (Vania), Odette Talazac (Mme Point), Maximilienne (Mlle Cuq), Louis Florencie (le commissaire Monet), Antoine Balpêtré (le ministre), Lucien Blondeau (le préfet), Marcel Pérès (Ballandieu), Gabriello (l'agent Pussot), Raymond Bussières (Turelot), René Blancard (Picard), Evelyne Séjourné (Juliette), Guy Sloux (Bob Destirac).

Un mystérieux assassin commet des meurtres en série et laisse sur chaque cadavre une carte de visite au nom de « M. Durand ». Le commissaire Wens est chargé de l'enquête. Turelot, cambrioleur interpellé dans la rue, est trouvé en possession d'une série des cartes de visite qu'il déclare avoir trouvées dans le grenier d'une pension de famille, 21, avenue Junot, à Montmartre. Wens vient louer une chambre à la pension, déguisé en pasteur. Sa maîtresse, Mila Malou, désireuse de faire la détective, s'y introduit à son tour. Une vieille fille, Mlle Cuq, qui avait déclaré avoir une idée de roman policier, est assassinée dans la baignoire par « M. Durand ». Les soupçons de Wens se portent sur Colin, un artisan en jouets mécaniques, qui est arrêté. Pendant que Colin se trouve en prison, « M. Durand » commet un nouveau meurtre. C'est un autre pensionnaire, le docteur Linz, médecin militaire en retraite, qui est alors arrêté. Colin est relâché. Un troisième locataire de la pension, le fakir Lalah Poor, reçoit dans sa loge au music-hall la visite d'un journaliste, Bob Destirac, qui prétend avoir découvert la vérité. Le cadavre de Destirac apparaît dans la malle du fakir, pendant son numéro en scène, avec la carte de « M. Durand » Lalah Poor est arrêté, Linz relâché. Mais « M. Durand » continue de tuer et il faut relâcher Lalah Poor. La propriétaire de la pension de famille donne une soirée pour fêter le retour de ses locataires : Mila Malou doit chanter. Wens qui, en lisant le programme, vient d'avoir la clé de l'énigme, est brusquement emmené par Lalah Poor, qui retrouve dans la rue ses associés, Linz et Colin. « M. Durand » était ces trois malfaiteurs agissant à tour de rôle afin que chacun paraisse innocent. Les trois hommes entraînent Wens dans un chantier où ils vont le tuer. Mais la police arrive, conduite par Mila Malou, qui avait compris elle aussi et qui avait retrouvé la piste de Wens. *

L'AUBERGE DE L'ABÎME

R : Willy Rozier. *A et D* : Raymond Thomazeau et Willy Rozier, d'après le roman d'André Chamson. *I* : Raymond Agnel. *Dc* : Bazin. *M* : Jean Yatove. *P* : Sport-Films. 1942. *Interprétation* : Roger Duchesne (Jacques Aimard), Janine Darcey (Martine Thierry), Aimé Clariond (le docteur Thierry), Daniel Mendaille (Pailhan), Roger Legris (Milette), Georges Vasty (Félix), Jacqueline Hervé (Maria), Georges Patrix (Albin), Anita Lebel (Ginou).

En 1815 le village de Meyrueis, dans les Cévennes, est terrorisé par un bandit surnommé « l'homme aux bottes noires ». Un soir, un cavalier portant des bottes noires s'arrête à l'Auberge de l'abîme *— ainsi appelée parce qu'elle s'élève à proximité des gouffres souterrains du Bramabiau — tenue par le vieux Pailhan, ses deux fils et sa fille Maria. On le prend pour le bandit ; en fait, c'est un ancien officier de Napoléon 1er, Jacques Aimard, mis à la retraite. Au milieu de la nuit, Aimard blesse légèrement d'un coup de sabre Maria, qui s'était introduite mystérieusement dans sa chambre en ne lui donnant aucune explication. Le lendemain, il est attaqué par Pailhan et ses fils. Il tue l'aîné Albin en se défendant et s'enfuit, blessé. Aimard est recueilli par le docteur Thierry, qui le cache dans une grotte du Bramabiau dont il est le seul à connaître le chemin. Le docteur amène sa fille, Martine, pour soigner le blessé et lui tenir compagnie. Tout le village aide Pailhan à rechercher l'assassin d'Albin. Un berger, Milette, découvre par hasard la cachette du véritable « homme aux bottes noires », qui est arrêté. Aimard étant toujours malade, le docteur va au village chercher des médicaments mais, pris d'un malaise, il se trouve immobilisé à* l'Auberge de l'abîme. *Avant de mourir, il indique à Maria le passage secret conduisant à la grotte dont Aimard et Martine ne pourront sortir seuls. Elle va les délivrer. Le jour de l'enterrement du docteur, Aimard, chancelant, arrive avec Martine. Le prêtre exhorte Pailhan au pardon et à la reconnaissance de ses erreurs. L'aubergiste renonce à sa vengeance. Aimard, guéri, quitte le village quelques jours plus tard, en compagnie de Martine qui l'aime. Seule sur un rocher, la farouche Maria pleure son départ.*

AU BONHEUR DES DAMES *(C)*

R : André Cayatte. *S* : André Cayatte et André Legrand, d'après le roman d'Emile Zola. *D* : Michel Duran. *I* : Armand Thirard. *Dc* : André Andrejew. *M* : Louis Sédrat. *P* : Continental Films. 1943. *Interprétation* : Michel Simon (Baudu), Albert Préjean (Octave Mouret), Blanchette Brunoy (Denise Baudu), Suzy Prim (Mme Desforges), Jean Tissier (Bourdoncle), Juliette Faber (Melle Vadon), Jacqueline Gauthier (Pauline), André Reybaz (Jean Baudu), Catherine Fonteney (Mme Aurélie), Huguette Vivier (Clara), René Blancard (Colomban), Jacques Latrouite (Pépé), Pierre Bertin (Gaujan), Santa Relli (Geneviève Baudu), Georges Chamarat (l'inspecteur Jouve), Suzet Maïs (Mme de Boves), Maximilienne (Mme Gabin), Rexiane (Mme Marly), Jean Rigaud (Bauge), Rambauville (Favier), Pierre Labry (le serrurier), Albert Malbert (le cafetier), A. Broquin (le cocher).

En 1865, Denise et Jean Baudu arrivent à Paris, avec leur jeune frère Pépé, pour retrouver leur oncle, marchand drapier à l'enseigne du Vieil Elbeuf. *L'oncle Baudu subit durement, comme tous les commerçants de tissus du quartier, la concurrence d'un grand magasin,* Au bonheur des dames, *créé par Octave Mouret. Pour lutter contre Mouret, Baudu a engagé dans ses affaires la dot de sa fille Geneviève, dont le mariage avec le commis Colomban est sans cesse retardé. Mouret cherche à s'associer à Mme Desforges, dont il a fait la conquête, pour agrandir encore son magasin. Il lui faudrait racheter le* Vieil Elbeuf. *Baudu est assigné en faillite. Colomban, qui n'a jamais aimé Geneviève, quitte son patron ruiné et la jeune fille en meurt. Baudu, expulsé, se barricade dans les décombres de sa maison et doit être emmené de force. Mouret s'est agrandi et a remboursé Mme Desforges. Denise vient lui reprocher de négliger le sort de ses employés. Il la nomme première à la confection. L'ascension de Denise gêne Bourdoncle, le surveillant du personnel. Un jour où elle reçoit son frère Jean en cachette, il la fait surprendre par Mouret, croyant qu'elle a un amant. Mouret renvoie Denise sans l'entendre, puis il apprend la vérité. Au cours d'une grande fête dans le magasin, il annonce qu'il va épouser la jeune fille et associer ses employés à l'entreprise. Baudu, définitivement vaincu, vient d'être renversé par les chevaux d'une voiture de livraison.*

L'AVENTURE EST AU COIN DE LA RUE

R et S : Jacques Daniel-Norman. *A et D* : Jacques Daniel-Norman et Jacques Berlan. *I* : Claude Renoir. *Dc* : Robert Hubert. *M* : Vincent Scotto. *P* : Pathé et Bervia Films. 1943. *Interprétation* : Raymond Rouleau (Pierre Trévoux), Michèle Alfa (Adria-Adria), Suzy Carrier (Arlette Derives), Jean Parédès (Paul Roulet), Roland Toutain (Georges Bardin), Denise Grey (Mme Laurat-Daussin), René Génin (Louis), Paul Amiot (l'inspecteur Pillot), Palau (le baron), Charles Rigoulot (le gros Marcel), Michel Vitold (Blato), Jerôme Goulven (Fernand Moussat), Manuel Gary (Raymond), Maffre (le bigle), Denise Benoit (Jeanne), Odette Talazac (la concierge), Marguerite Ducouret (Berthe).

L'industriel Pierre Trévoux s'ennuie, malgré les efforts de son ami Georges Bardin pour le distraire. Il rêve d'aventure. Après une soirée passée dans un cabaret où se produit la chanteuse Adria-Adria, Pierre est attaqué par un voleur. Il l'assomme et trouve sur lui deux portefeuilles ainsi qu'un sac de femme. Voulant rendre les portefeuilles à leurs propriétaires, il les avertit par pneumatique. Deux hommes se présentent : le voleur, Paul Roulet, et un personnage louche, Fernand Moussat. Celui-ci s'intéresse au sac, qui contient une miniature et un mouchoir chiffré A. Roulet et Moussat sont enlevés en voiture par quatre hommes. Georges, auquel Pierre a raconté ces événements étranges, subtilise la miniature. L'appartement de Pierre est cambriolé. Un télégramme de Georges l'appelle dans un château de Saint-Rémy-de-Chevreuse appartenant à l'excentrique Mme Laurat-Daussin. La nièce de celle-ci, Arlette Derives, porte à son corsage la miniature du sac. Après avoir été attaqué dans le parc par des hommes masqués, Pierre apprend que c'était une farce montée par Georges et des amis pour lui apporter de l'aventure. Furieux, il revient chez lui et fait passer une annonce pour le sac. Or celui-ci appartient à la chanteuse Adria-Adria, chef d'une bande de truands dont fait partie Fernand Moussat. Deux timbres-poste volés, d'une valeur de 4 millions, sont cachés dans la miniature restée chez Arlette. Adria vient chez Pierre réclamer son bien. Il croit que la plaisanterie de Georges continue avec la complicité de la chanteuse et refuse de rendre le sac et le mouchoir. Arlette Derives est enlevée par les hommes d'Adria. Entre-temps elle avait rendu la miniature à Georges. L'inspecteur Pillot, enquêtant sur le vol des timbres, soupçonne Pierre. Celui-ci, croyant toujours être l'objet d'une farce, fait la cour à Adria. Il prend conscience subitement qu'il est mêlé à une véritable histoire de brigands. Il délivre Arlette. Après une bagarre au repaire d'Adria, la bande est arrêtée et les timbres sont récupérés. Dans cette aventure, Pierre a gagné l'amour d'Arlette.

A VOS ORDRES MADAME

R et A : Jean Boyer, d'après une nouvelle d'André Birabeau, « C.H.F.R. 35 ». *D* : Yves Mirande. *I* : Nicolas Hayer. *Dc* : Lucien Aguettand. *M* : Georges van Parys. *P* : Pathé. 1942. *Interprétation* : Jean Tissier (Hector Dupuis), Suzanne Dehelly (Odette Dupuis), Jacqueline Gauthier (Angèle), Jacques Louvigny (Palureau), Alfred Adam (Ferdinand), Gaby Wagner (la cocotte), Duvalleix (le portier), Nane Germon (Léa).

Hector et Odette Dupuis tombent en panne de voiture en pleine campagne, à proximité d'une hôtellerie de luxe. Ils sont riches mais Odette, très avare, fait passer Hector pour son chauffeur : selon le guide Michelin, en effet, il y existe des chambres pour domestiques à 35 francs. Elle-même prend une chambre à 250 francs et se fait inscrire sous le nom de baronne de Garches. Un veuf, M. Palureau, chargé de cinq filles et cherchant à se remarier, fait la cour à la « baronne » qu'il croit libre. Hector partage la vie joyeuse des chauffeurs et des domestiques. Une femme de chambre, Angèle, lui fait des avances, ce qui provoque la jalousie de Ferdinand, chauffeur de Palureau. Odette se fâche avec son mari et se met à jeter l'argent par les fenêtres. Lorsqu'on lui réclame la note, elle la fait porter à son « chauffeur ». Hector voudrait bien partir, mais sa voiture est toujours en panne. Ferdinand, délaissé par Angèle, vole un bijou d'une cliente et fait accuser Hector. Après vérification d'identités, la vérité éclate. Ferdinand avoue son forfait et les époux Dupuis, réconciliés, quittent l'hôtel.

LE BAL DES PASSANTS

R : Guillaume Radot. *S* : Armand Béraud. *A et D* : Hubert Vincent-Bréchignac. *I* : Jean Isnard. *Dc* : Marcel Magniez. *M* : Maurice Thiriet. *P* : U.T.C. 1943. *Interprétation* : Annie Ducaux (Fabienne Ozanne), Jacques Dumesnil (Claude Amadieu), Léon Bélières (M. Ozanne), Catherine Fontenay (Mme Ozanne), la petite Bijou (Bijou), Michèle Martin (Cécile Aubertin), Georges Péclet (Bernard), Gil Roland (Pierre Aubertin), Paul Oettly (le père Destin), Madeleine Rousset (Diana Murgis), Emile Drain (le docteur Baudoin), Jean Gobet (Jean Lamine), Ryandrès (Justin), Jo Dervo (le souteneur).

Dans sa maison de Val-Marie, Pierre Aubertin, atteint d'une syncope, comprend qu'il va mourir. Il confie à sa fille Cécile (mariée depuis peu, elle attend un bébé), le secret de sa jeunesse. En 1908, un soir de 14 juillet, sur la place du village, il rencontra, au « bal des passants » animé par le père Destin, la chanteuse Diana Murgis. De leur liaison naquit un fils, dont Aubertin apprit l'existence bien plus tard, après s'être marié. Ce fils s'appelle Claude Amadieu. Devenu compositeur, il a intitulé sa première œuvre Le Bal des passants. *Au château voisin de La Chesnaie, Fabienne Ozanne, fille d'un banquier, est fiancée à Jean Lamine. Celui-ci prétend avoir composé pour elle une valse,* Le Bal des passants. *Cécile, amie de Fabienne, se souvient des révélations de son père. La valse a été soustraite à son demi-frère. Elle lui écrit pour l'avertir. Claude Amadieu surgit pendant une fête chez les Ozanne et confond Lamine. Fabienne s'éprend de Claude et l'épouse. Cécile et Claude gardent le secret de M. Aubertin maintenant décédé. Cécile apporte à son demi-frère, à Paris, le coffret contenant les papiers de leur père. Fabienne surprend entre eux ce qu'elle croit être une scène d'amour. Elle attendait, sans enthousiasme, un enfant. Se pensant trompée, elle s'enfuit et va se faire avorter. Elle trouve ensuite par hasard les papiers prouvant la parenté de Cécile et de son mari. Désireuse de réparer sa faute, Fabienne se fait soigner par le docteur Baudoin pour devenir mère à nouveau. Elle reparaît au traditionnel « bal des passants », toujours animé par le vieux père Destin, et retrouve Claude. Ils reprennent leur vie conjugale. Mais l'avorteuse, qui cherche à faire chanter Fabienne, révèle la vérité à son mari. Ne pouvant accepter la conduite de sa femme, Claude part à l'étranger sans savoir que Fabienne est enceinte. Quand il revient, cinq ans plus tard, à La Chesnaie, il est accueilli par sa fille, Bijou, et retrouve Fabienne, fidèle...* *

LE BARON FANTÔME

R et S : Serge de Poligny. *A* : Serge de Poligny et Louis Chavance. *D* : Jean Cocteau. *I* : Roger Hubert. *Dc* : Jacques Krauss. *M* : Louis Beydts. *P* : Consortium de Productions de Films. 1942. *Interprétations* : Odette Joyeux (Elfy de Saint-Hélié), Jany Holt (Anne), Alain Cuny (Hervé), André

Lefaur (Eustache Dauphin), Gabrielle Dorziat (la comtesse de Saint-Hélié), Alerme (le colonel), Aimé Clariond (l'évêque), Marguerite Pierry (Fébronie), Claude Sainval (Albéric de Marignac), Charles Vissières (Toussaint), Marcel Pérès (Leopold), Jean Diener (le cocher), Jean Cocteau (le baron Carol).

En 1826, la comtesse de Saint-Hélié arrive de Paris, avec sa fillette Elfy et Anne (la sœur de lait de celle-ci, qu'elle a adoptée), dans un manoir du sud-ouest où elle compte vivre auprès de son oncle, le vieux baron Carol. Le domestique Toussaint lui apprend que le baron a mystérieusement disparu et est un « fantôme ». La comtesse s'installe pourtant dans la partie habitable du château. Dix ans plus tard, Elfy et Anne sont devenues de belles adolescentes. Hervé, le neveu de Toussaint, compagnon des jeux de leur enfance, vit dans une maison de garde-chasse. Le baron Carol n'est jamais revenu. La comtesse veut marier sa fille au lieutenant Albéric de Marignac. Mais Elfy n'a pas de dot et le colonel d'Albéric s'oppose à cette union. Albéric demande l'appui de « Monseigneur », un homme qui passe auprès des notables de la région pour Louis XVII évadé du Temple. Mais Elfy croit aimer Hervé. Anne, éprise d'Hervé, croit qu'il aime Anne en secret et cherche à empêcher le mariage avec Albéric. Le soir de ses fiançailles, Elfy, cachée derrière une tapisserie dans l'ancienne chambre du baron, surprend une conversation entre Anne et Albéric. Elle disparaît. On la cherche partout. Le chat noir du baron guide Anne et Hervé jusqu'à un souterrain des ruines. Elfy y est tombée et s'est évanouie. Anne découvre, seule, une pièce secrète où est caché le trésor du baron. Celui-ci est assis à une table, transformé en momie. Au cri que pousse Anne, la momie tombe en poussière. La jeune fille trouve le testament du baron Carol et le garde pour elle. Elfy déclare à sa mère qu'elle veut épouser Hervé. La comtesse se fâche. Une nuit, Hervé, dans une crise de somnambulisme, vient enlever Anne dans son lit et la promène dans ses bras au milieu du parc et des bois, montrant ainsi qu'il l'aimait sans se l'avouer. Anne produit alors le testament du baron révélant qu'Hervé est son fils et héritier. Hervé veut épouser Anne, que la comtesse considère comme une intrigante. Albéric provoque le jeune homme en duel. Un coup de fusil détourné atteint, légèrement, « Monseigneur » (en réalité un braconnier nommé Eustache Dauphin). Les jeunes gens se réconcilient. Elfy revient à Albéric. Eustache Dauphin est nommé garde-chasse du château.

BÉATRICE DEVANT LE DÉSIR

R : Jean de Marguenat. *A et D* : Peyret-Chappuis et Jean de Marguenat, d'après le roman de Pierre Frondaie. *I* : Fred Langenfeld. *Dc* : Georges Wakhevitch et H. Morin. *M* : Georges van Parys. *P* : C.I.M.E.P. 1943. *Interprétation* : Fernand Ledoux (le docteur Molleans), Renée Faure (Béatrice), Jules Berry (M. Richelière), Jacques Berthier (Jacques Richelière), Gérard Landry (José de Castrovega), Thérèse Dorny (Tante Hermance), Marie Carlot (Paula), Robert Pizani (Alfred), Suzy Pierson

(Mme de Wallée), Bonvallet (le docteur Lemonsquier), Mayanne (Mme de St-Savin), Marcelle Naudia (la baronne), Emma Lyonel (Mme Dourthe), Lucy Lancy (Gaby), Térof (Machonneau), Marfisa (la chanteuse), Mario Cazes (le violoniste), Simone Signoret (une amie de Béatrice à la piscine).

Le docteur Molleans a recueilli et élevé Béatrice, la fille d'un camarade d'enfance. A cinquante ans, il ne peut plus se passer d'elle et refuse de la donner en mariage à Jacques Richelière, qui l'aime et qu'elle aime. Il fait croire au jeune homme que Béatrice est sa maîtresse. Jacques s'éloigne. Molleans emmène Béatrice en vacances dans le Midi pour la distraire. Peu à peu, il se rend compte qu'il est épris d'elle. Il se mêle à la vie mondaine de la Côte d'Azur. Béatrice revoit Jacques, qui lui manifeste une grande indifférence. Ignorant la raison de leur séparation, elle se laisse courtiser par un bellâtre, José de Castrovega, auquel elle est prête à céder. Molleans la surprend, empêche son rendez-vous avec José et laisse voir ses propres sentiments. Ayant perdu l'espoir d'être unie à Jacques Richelière, Béatrice accepte d'épouser Molleans, par devoir. Mais il s'aperçoit qu'elle ne peut l'aimer, qu'il a commis une faute. Il rend Béatrice à Jacques.

LA BELLE AVENTURE

R : Marc Allégret. *A* : Georges Neveux et Jean Bernard-Luc, d'après la pièce de Flers, Caillavet et Etienne Rey. *D* : Marcel Achard. *I* : Léonce-Henri Burel. *Dc* : Paul Bertrand. *M* : Georges Auric. *P* : Imperia. 1942. *Interprétation* : Claude Dauphin (Valentin Le Barroyer), Micheline Presle (Françoise Pimbrache), Gisèle Pascal (Hélène), Louis Jourdan (André d'Eguzon), Suzanne Dehelly (Mme d'Eguzon), Pauline Carton (Jeantine), Danièle Girard (Monique), André Brunot (le comte d'Eguzon), Berthe Bovy (Mme de Trevillac), Aquistapace (l'oncle), Charlotte Clasis (la tante), Charles Lavialle (le maire), Alain Durthal (le docteur Pimbrache), Lucien Brulé (le curé), Max Revol (Didier), Geo Dorlys (Fouque).

Au château d'Eguzon, on se prépare pour le mariage d'Hélène, nièce du comte et de la comtesse, avec Valentin Le Barroyer, auditeur à la Cour des comptes. Hélène confie à son amie, Françoise Pimbrache, qu'elle n'aime pas son fiancé. Son cousin André, fils des châtelains d'Eguzon, surgit à l'improviste. Eprise de lui, elle se croyait délaissée. Il est revenu pour l'enlever. Hélène s'enfuit avec André pour se réfugier à Chantelouve chez sa grand-mère, Mme de Trevillac. Françoise l'apprend par Monique, la sœur d'Hélène. Entraînant Valentin, elle part à la recherche du couple. A la gare d'Estirac, Hélène et André descendent à contre-voie. L'oncle et la tante de Valentin, résidant dans le village, attendent les jeunes mariés ; le maire et la fanfare accueillent Valentin et Françoise, arrivant par un autre train. Chez l'oncle, Françoise passe pour la femme de Valentin. A Chantelouve, où ils sont venus en autocar, André et Hélène sont reçus par Mme de Trévillac, qui prend le jeune homme pour Valentin. Le lendemain, Françoise envoie Valentin à Chantelouve. Il fait reconnaître ses droits. La grand-mère, affectée par le mensonge d'Hélène, ordonne à

André d'aller au bureau de poste envoyer un télégramme à ses parents. Là, André rencontre Valentin, venu pour la même raison. Apprenant leur identité respective, ils se chamaillent. Françoise et Hélène arrivent au bureau de poste. Valentin découvre qu'il aime Françoise et décide de l'épouser. Hélène se mariera avec André.

LE BIENFAITEUR

R : Henri Decoin. *S* : Ashelbé. *A* : Henri Decoin. *D* : Yves Mirande. *I* : Jules Kruger. *Dc* : Serge Pimenoff. *M* : Georges van Parys. *P* : Regina. 1942. *Interprétation* : Raimu (M. Moulinet), Suzy Prim (Mme Berger), Georges Colin (l'inspecteur Picard), Anne Vandène (Simone), Lucien Gallas (Bébert), Pierre Larquey (Hector Noblet), Charles Granval (le maire de Barfleur), Yves Deniaud (Vinchon), René Bergeron (M. de Vitrac), Alexandre Rignault (le patron du bar), Pierre Jourdan (le barman), Maupi (Champ d'Azur), Marguerite Ducouret (Mme Noblet), Marcelle Monthil (la surveillante de l'orphelinat), Rosine Luguet (Noémie), Héléna Manson (la servante de Moulinet), André Fouché (Claude de Vitrac), Jacques Baumer (le directeur de la P.J.), Pierre Cueille (Calumel), Georges Jamin (Gras-Double), Julien Maffre (Juliard), François Viguier (le docteur Pintard), Louis Salou (le bijoutier), Jo Dervo (Jo), Lucienne Delyle (la chanteuse).

M. Moulinet, brave homme qui cultive son jardin, est le « bienfaiteur » de Barfleur-sur-Oron. Il soulage les pauvres et réunit à déjeuner, chaque dimanche, les notables du pays. M. Moulinet apporte une aide financière à l'orphelinat des jeunes filles abandonnées, dirigé par Mme Berger, une veuve dont il s'est épris. Moulinet avoue son amour à Mme Berger au moment où un télégramme l'appelle à Paris pour les obsèques de son oncle. A Paris, il redevient Guillot, chef d'une bande de voleurs. Il participe au cambriolage d'une bijouterie et, au moment du partage, garde pour lui une très belle bague. Puis il déclare à ses hommes qu'il se retire des affaires. Il a confié à Bébert son désir de vie honnête à Barfleur. Revenu dans la petite ville, Moulinet offre la bague volée en cadeau de fiançailles à Mme Berger. A Paris, l'inspecteur Picard, en menant son enquête, retrouve, par Bébert, qui a parlé imprudemment, la trace de Moulinet en lequel il reconnaît le fameux et jusqu'ici insaisissable Guillot. Picard resserre son filet autour du « bienfaiteur » de Barfleur. Celui-ci se défend habilement, mais finit par être contraint d'avouer. Moulinet obtient de Picard que Mme Berger ne sache rien. Au moment où il va être arrêté, il cherche à sauver les habitants d'une maison à laquelle un ivrogne a mis le feu. Il meurt dans l'incendie, rachetant ainsi ses fautes et gardant sa bonne réputation.

BIFUR III

R : Maurice Cam. *S* : Louis Poterat. *A et D* : André-Paul Antoine. *I* : Jean Isnard. *Dc* : Robert Dumesnil. *M* : Henry Verdun. *P* : Sigma et S.B. Films. 1944. *Interprétation* : René Dary (Georges), Maurice Escande (Alvarez), Ariane Borg (Gisèle), Paul Azaïs (André), Martine Carol (Germaine), Aimos (Gustave), Robert Le Vigan (Paul), Arthur Devère (Napoléon), Jean Berton (le domestique d'Alvarez).

Georges conduit un camion poids lourd sur le parcours Paris-Marseille, avec son ami André. Ils font régulièrement halte à la bifurcation n° 3 où Gustave, ancien chauffeur qui a perdu un bras dans un accident, tient une auberge. Dans une maison voisine de cette auberge habite un étrange couple : Paul, ancien colonial alcoolique, et sa femme Gisèle, qui a renoncé pour lui à sa carrière de danseuse. Paul fait souvent à Gisèle des scènes de jalousie. Un soir, lassée, elle s'enfuit et demande à Georges et André, qui viennent de dîner à l'auberge, de l'emmener jusqu'à Marseille. Averti par le clochard Napoléon, Paul saute dans sa voiture et poursuit le camion. Il le rejoint, menace Georges, qui tient le volant, avec un revolver, puis, fou de rage, dépasse le poids lourd et arrête sa voiture en travers de la route. C'est l'accident. La voiture, renversée, prend feu et Paul périt dans les flammes. Georges, bouleversé, cache Gisèle dans le camion et poursuit sa route. A Marseille, il s'occupe de la jeune femme tandis que la police contrôle les camions vus à l'endroit de l'accident. Gisèle quitte discrètement Georges endormi pour aller rejoindre Alvarez, directeur d'une troupe de ballets dont elle a été l'étoile. Elle lui raconte ce qui s'est passé. Alvarez lui conseille de tout oublier pour repartir avec lui et sa troupe. Elle va revoir Georges une dernière fois. Il la suit chez Alvarez, décidé à la reprendre. Elle lui fait croire qu'elle ne l'aime pas. André a rejoint à Paris Germaine, la femme de Georges, étonnée de son absence. Georges les fait venir tous les deux à l'auberge de Bifur III, où il réunit un tribunal d'honneur des routiers, devant lequel il se dit responsable de la mort de Paul et prétend avoir failli aux lois des camionneurs. Absous par les gars de la route, il rentre chez lui avec Germaine.

Nota : *Bifur III* avait été commencé avant la guerre, avec René Dary, Annie Vernay, Conchita Montenegro, Paul Azaïs et Le Vigan.

BLONDINE

R : Henri Mahé. *S et D* : Paul Hutzler. *I* : Colas. *Dessins* : Henri Mahé. *Décorateurs-maquettistes* : Abbadie, Ursin, Roudillon. *M* : Van Hoorebeke. *P* : Gaumont. 1943. *Interprétation* : Nicole Maurey (Blondine), Michèle Philippe (Brune), Guita Karen (Kira), Lolita de Silva (la servante), Georges Marchal (le prince Astara), Piéral (Monchéri), Clarens

(Yann), Libero (le génie des eaux), Tony Laurent (le capitaine Fantôme), René Wilmet (Karikal), Alfred Baillou (le fou), Frank Maurice (le bourreau), Michèle Grimoin (Perlinpinpin).

Astara, le prince de la montagne, épouse Blondine, fille d'un pêcheur. Le nain Monchéri qui aimait secrètement Blondine en souffre. Brune, la sœur de la mariée, révèle perfidement à celle-ci qu'un mystère pèse sur Astara. Cherchant à en savoir plus, Blondine cause la perte du prince. Il tombe au pouvoir de l'ogre Karikal, redoutable enchanteur. Blondine veut retrouver et délivrer son mari. Elle entreprend un périlleux voyage au cours duquel elle fait la connaissance de lutins, les Perlinpinpins. Le génie des eaux l'entraîne au fond d'un lac. Au domaine de Karikal, la fille de l'ogre, Kira, cherche à séduire Astara, enchaîné dans une crypte. Il la repousse, tente de s'enfuir. Kira veut se venger. Blondine, sortie du lac, poursuit sa randonnée et finit par arriver au château de l'ogre. Astara, délivré par les Perlinpinpins, se bat contre Karikal. Il va succomber lorsque le nain Monchéri, qui a suivi Blondine, intervient en se métamorphosant en prince charmant. Il avait été lui aussi victime d'un enchantement de Karikal. Brune, qui a conquis le talisman du bonheur, deviendra la femme de ce prince charmant.

LA BOÎTE AUX RÊVES

R : Yves Allégret. *S* : d'après une idée de Viviane Romance. *D* : René Lefèvre. *I* : Jean Bourgoin. *Dc* : Georges Wakhevitch. *M* : Jean Marion. *P* : Scalera Films. 1943. *Interprétation* : Viviane Romance (Nicole), René Lefèvre (Marc), Henri Guisol (Pierre), Frank Villard (Jean), Henri Bry (Pépito), Pierre Louis (Alain), Robert Pizani (oncle André), Marguerite Pierry (tante Lucie), Palau (M. Payen-Laurel), Gisèle Alcée (Gisèle), Simone Signoret (Angèle), Armontel (Amédée), Jacques Dynam (le garçon de l'épicerie), Mathilde Casadesus (l'agitée), Léonce Corne (un parent de province).

Pierre, musicien, Marc, comédien, Jean, peintre, Alain, journaliste, se réunissent dans un café de Saint-Germain-des-Prés. Jean, qui a réussi à vendre une maquette d'affiche, offre un soir une tournée générale à laquelle participent, outre les habitués du café et Pépito, riche Espagnol ami des bohèmes, une jeune fille qui était installée, solitaire, dans un coin. Regagnant l'atelier qu'ils habitent en commun, les quatre amis trouvent l'inconnue endormie dans la baignoire. Ils la réveillent. Elle dit simplement s'appeler Nicole. Elle reste, s'occupe du ménage et des provisions, puis prend en main la carrière des quatre jeunes gens. Un jour, Pépito vient la voir. Angèle, sa petite amie du moment, a reconnu Nicole, fille du riche Payen-Laurel. Celle-ci obtient que Pépito se taise. Elle veut être la bienfaitrice des quatre amis. En réalité, Nicole est amoureuse de Jean et tente de le lui faire comprendre. Au contraire des autres, Jean semble y être indifférent. Les quatre amis finissent par se disputer à cause de Nicole. Après une vive algarade avec Jean, elle disparaît. Les quatre amis se mettent sérieusement au travail. Pépito, rencontré dans la rue, leur apprend qu'il va épouser prochainement Nicole Payen-Laurel, leur ancienne amie. Marc, Pierre, Jean et Alain vont troubler la réunion de famille avant la cérémonie. Nicole déclare alors qu'elle aime Jean et ne se mariera pas avec Pépito. Ne voyant plus en elle qu'une fille à millions, Jean s'en va. Nicole le retrouve, quelques jours plus tard, au café où ils se sont connus. Il lui avoue enfin son amour.

BOLÉRO

R : Jean Boyer. *S et D* : Michel Duran, d'après sa pièce. *I* : Victor Armenise. *Dc* : Lucien Aguettand. *M* : Georges van Parys. *P* : Pathé. 1941. *Interprétation* : André Luguet (Rémi), Arletty (Catherine), Denise Grey (Anne-Marie), Meg Lemonnier (Niquette), Jacques Dumesnil (Georges), Christian Gérard (Paul), André Bervil (Laurent), Louis Salou (le professeur Archimbaud), Jacques Roussel (Horace), Guita Karen (la bonne).

Un architecte, Rémi, prend en grippe l'air du Boléro *de Ravel que sa voisine du dessous, la couturière Anne-Marie, fait jouer sans cesse sur son pick-up. Il frappe des coups de pied furieux sur le parquet. Anne-Marie monte alors une farce avec ses amis Catherine et Georges. Rémi s'y laisse prendre. Il reçoit Catherine chez lui ; elle se fait passer pour folle. Niquette, la maîtresse de l'architecte, rencontre Catherine et se croit trompée. Elle quitte Rémi. Mais, quand la vérité se révèle, Niquette accepte de monter avec lui et leur ami Paul une farce au détriment d'Anne-Marie et de Catherine. Ce qui finit par un double mariage : Catherine et Rémi, Paul et Niquette.*

LA BONNE ÉTOILE

R et A : Jean Boyer. *S* : Jean Manse. *D* : Thyde Monnier. *I* : Paul Cotteret. *Dc* : Robert Dumesnil. *M* : Roger Dumas. *P* : Optimax Films. 1942. *Interprétation* : Fernandel (Auguste), Janine Darcey (Mireille), Andrex (Maurice Carrisol), Edouard Delmont (Baptistin), Julien Carette (« le Parisien »), René Génin (le curé Agnel), Clairette (Zize), Marguerite Chabert (la marchande de poissons), Arius (Pitevin), Charles Blavette (François), Ginette Bergier (Lydia), Alice Rosielle (Pompon), Frédéric Mariotti (le patron de bistrot), le petit Gérard Boyer (Bicou).

Auguste, dit Guste, modeste pêcheur provençal, est amoureux de Mireille, la nièce de son voisin Baptistin. Celle-ci s'éprend de Maurice Carissol, fils d'un grand mareyeur de Marseille. Il la séduit et s'en va en lui promettant de revenir bientôt la demander en mariage. Le temps passe. Maurice ne revient pas. Mireille confie sa faute et son chagrin à Guste. Le brave garçon va chercher Maurice à Marseille. Il le trouve menant une vie de plaisir et se souciant peu de la jeune fille. De retour au village, Guste fait croire à Mireille que Maurice pense toujours à elle, mais qu'il doit préparer ses parents à l'idée de leur mariage. Maurice ne donnant toujours pas de nouvelles, Guste demande à son ami « le Parisien », conducteur de l'autocar, d'écrire des lettres d'amour pour Mireille, comme si elles venaient de Maurice. La jeune fille s'impatiente et Guste a bien du mal à l'empêcher de se rendre à Marseille. Maurice revient brusquement au village, pour faire part à Baptistin des doléances de son père auquel le vieux n'envoie pas la totalité du produit de ses pêches. Mireille s'explique avec Maurice et découvre les mensonges de Guste. Baptistin a appris la mauvaise conduite de Maurice. Il l'emmène presque de force à la pêche avec lui et, au cours d'une dispute dans son bateau, le jette par-dessus bord. Guste, prévenu, arrive à temps pour repêcher Maurice et le sauver. Mireille, maintenant désillusionnée, est seule. Son petit frère Bicou lui amène Guste, qui s'était retiré dans son cabanon. Et le bon curé Agnel a son mot à dire.

BONSOIR MESDAMES, BONSOIR MESSIEURS

R : Roland Tual. *S* : Robert Desnos et Claude Marcy. *A et D* : Robert Desnos. *I* : Claude Renoir. *Dc* : René Renoux. *M* : René Sylviano. *P* : Synops (Roland Tual). 1943. *Interprétation* : François Périer (Dominique Verdelet), Gaby Sylvia (Micheline Tessier), Jacques Jansen (Gérard Mercadier), Carette (Sullivan), Jean Parédès (Zéphyr), Louis Salou (M. Morizot), Jacqueline Champi (Odette Mercadier), Jacky Coco (Charlotte), Jean Dunot (Jim Cascade), Claude Marcy (Léa Lise), Robert Vattier (Couland), Christiane Barry (Germaine), Paul Demange (le colonel en retraite), Paul Oettly (le directeur du théâtre).

Zéphyr, dit « le ténor sans voix », chante avec succès au micro de Radio-Globe. Odette Mercadier, femme d'un sculpteur, l'écoute, ravie. Gérard Mercadier, furieux, se rend à Radio-Globe, trouble l'émission de Zéphyr et chante à sa place. Le directeur, M. Morizot, lui offre aussitôt un contrat. Gérard se produit dans une autre émission : « Le Ténor avec voix ». Il devient l'ami de Dominique Verdelet, radio-reporter fantaisiste (amoureux d'une jeune danseuse, Micheline Tessier) et du photographe Sullivan, copain de Dominique. Dans le courrier de ses admiratrices, Gérard trouve un jour une lettre de sa femme. Odette s'est toquée du « ténor avec voix », Gérard lui ayant caché sa nouvelle activité. Il lui fait envoyer un message lui donnant rendez-vous dans un café et va l'attendre. Odette prétend être venue là pour rencontrer sa mère. Les auditrices réclament le visage du « ténor avec voix », Morizot décide de faire publier la photographie de Gérard dans tous les journaux. Gérard, déguisant son écriture, envoie une lettre à Odette lui demandant de venir au concours radiophonique de Radio-Globe, où les auditrices auront à découvrir la personnalité du « ténor avec voix ». Dominique Verdelet n'ose pas avouer son amour à Micheline, qui se croit dédaignée. Sullivan aide la jeune fille à le rendre jaloux et à se déclarer. Le jour du concours, divers concurrents défilent devant l'assistance féminine, qui doit désigner « le ténor avec voix » parmi eux. Gérard retrouve Micheline. Elle avait tout deviné depuis longtemps. Finalement, Zéphyr est désigné comme « le ténor avec voix », selon l'idée que s'en faisaient les admiratrices de la voix de Gérard !

LE BOSSU

R : Jean Delannoy. *A et D* : Bernard Zimmer, d'après le roman de Paul Féval. *I* : Christian Matras. *Dc* : Serge Pimenoff et René Renoux. *M* : S. Fauvel. *P* : Régina. 1944. *Interprétation* : Pierre Blanchar (Henri de Lagardère), Yvonne Gaudeau (Aurore de Caylus et Claire de Nevers), Paul Bernard (Philippe de Gonzague), Jean Marchat (Philippe d'Orléans, le Régent), Jacques Louvigny (Cocardasse), Roger Caccia (Passepoil), Lucien Nat (Peyrolles), Raphaël Patorni (Philippe de Nevers), Hélène Vercors (Flore), Jean Toulout (le marquis de Caylus), Edmond Beauchamp (Saldagne).

Un soir d'automne 1699, dans les fossés du château de Caylus, à la frontière espagnole, une embuscade est tendue par Peyrolles, l'intendant du prince Philippe de Gonzague, au duc Philippe de Nevers. Celui-ci a épousé secrètement Aurore de Caylus, et Gonzague (son cousin) convoite la jeune femme et la fortune de Nevers, qui lui reviendra à la mort du duc. Or, le chevalier errant Henri de Lagardère a rendez-vous, cette nuit-là, dans les fossés de Caylus, avec Philippe de Nevers pour régler en duel une affaire d'honneur. Il rencontre Cocardasse et Passepoil, qui furent ses maîtres d'armes et font partie des spadassins réunis par Peyrolles. Prévenu du guet-apens, Lagardère ne peut sauver Nevers, qui est poignardé par Gonzague, masqué. Mais il emporte le bébé (une petite fille) d'Aurore de Caylus que celle-ci, le prenant dans l'obscurité pour son mari, lui a confié. Il a pu marquer l'assassin d'un coup d'épée à la main. Lagardère s'est enfui grâce à Cocardasse et Passepoil. En Espagne, il a élevé la petite Claire de Nevers et échappé aux recherches des hommes de Gonzague. Claire a atteint dix-huit ans. Lagardère, qui l'aime, revient avec elle à Paris sous une fausse identité. Il veut lui faire rendre ses droits et châtier l'assassin de son père. Philippe de Gonzague a épousé Aurore, cloîtrée dans son hôtel, et s'est emparé des biens de Nevers. Rue Quincampoix, un mystérieux bossu se met au service des spéculateurs attirés par le système du banquier Law. Gonzague réunit un conseil pour présenter comme étant Claire de Nevers une fille, Flore, qui lui est dévouée. Avertie par un message secret et une présence invisible, Aurore refuse de reconnaître Flore pour son enfant et annonce que les preuves de l'existence de la véritable héritière seront données, le soir, au bal du Régent, Philippe d'Orléans. Cocardasse et Passepoil, qui appartiennent maintenant à la maison de Gonzague, reconnaissent Lagardère dans le bossu de la rue Quincampoix. Par maladresse, ils laissent enlever Claire dont Peyrolles et Gonzague ont retrouvé la trace. Au bal du Régent, Lagardère ne peut fournir les preuves annoncées. Mais il reconnaît à la cicatrice qu'il porte à la main Gonzague, l'assassin. Le

Régent refuse de le croire. Lagardère est blessé en s'enfuyant. Cocardasse et Passepoil ont trouvé la maison où Claire est prisonnière. Gonzague y donne une fête intime, en présence du Régent. Il annonce à la jeune fille que Lagardère est mort et l'offre en mariage au bossu de la rue Quincampoix. A la surprise générale, Claire accepte. Au moment de signer le contrat, Lagardère se démasque, confond Gonzague devant le Régent et tue son ennemi en duel. Il épousera Claire de Nevers.

LE BRIGAND GENTILHOMME

R, A et D : Emile Couzinet, d'après le roman d'Alexandre Dumas « El Salteador ». *I* : Hugo. *Dc* : Reneteau. *M* : René Sylviano. *P* : Burgus Film. 1942. *Interprétation* : Robert Favart (Don Fernand de Torilhas), Jean Weber (Don Ramire), Michèle Lahaye (Dona Flor), Katia Lova (Ginesta), Michel Vitold (Charles-Quint), Catherine Fonteney (Dona Mercédes), Jean Périer (Don Velasquez de Haro), Romuald Joube (Don Ruiz de Torilhan), Gaston Modot (Torribio), Florencie (le moine).

Don Fernand de Torilhas, gentilhomme de la cour de Charles-Quint, roi d'Espagne, tue en duel loyal un ami qui lui avait fait affront. Surpris par les alguazils, il va être arrêté, le duel étant interdit. Délivré par des brigands témoins de ce qui s'est passé, il se trouve obligé de devenir leur chef et dirige désormais la bande en redresseur de torts, pour punir les riches et protéger les pauvres. Une bohémienne, Ginesta, s'éprend de lui. Don Fernand délivre Don Velasquez de Haro et sa fille, Dona Flor, capturés par ses brigands sans son accord, et les reconduit à Grenade. Don Velasquez, nommé Grand Justicier, est chargé de mettre fin aux agissements des brigands. Ceux-ci, traqués, sont sauvés par Ginesta. La bohémienne, qui est la demi-sœur de Charles-Quint, va trouver le roi, se fait reconnaître et obtient la grâce de Don Fernand. Il revient au château de son père, où sont hébergés Don Velasquez et sa fille. Pris d'un certain penchant pour Dona Flor, il se bat en duel avec Don Ramiro, amoureux d'elle. Le roi, furieux, ordonne son exécution. Don Velasquez révèle à Don Fernand qu'il est son vrai père par suite d'une liaison avec sa mère, Dona Mercédes, qu'il n'avait pu épouser. Charles-Quint vient d'être nommé empereur d'Allemagne. Il fait exécuter un autre bandit à la place et sous le nom de Don Fernand et envoie celui-ci au Mexique avec Ginesta.

LE BRISEUR DE CHAÎNES

R : Jacques Daniel-Norman. *A* : Jacques Daniel-Norman et Christian Stengel d'après la pièce de Jean Sarment, « Mamouret ». *D* : Jean Sarment. *I* : Christian Matras. *Dc* : Lucien Aguettand. *M* : Vincent Scotto. *P* : Pathé. 1941. *Interprétation* : Pierre Fresnay (Marcus Francœur), Marcelle Géniat (Mamouret), Blanchette Brunoy (Marie-Jo), André Brunot

(Antoine Mouret), Charles Dullin (Esprit Mouret), Ginette Leclerc (Graziella), Georges Rollin (Laurent), Raoul Marco (Alphonse), Gilberte Géniat (Estelle), Ginette Baudin (Gisèle), Jeanne Véniat (Armandine), Marthe Mellot (Héloïse), Venderic (le préfet), Paul Delauzac (Mgr Mouret), Louis Seigner (le ministre), René Blancard (Ferdinand), Marcel d'Orval (Horace), Alfred Adam (Guillaume), J.-H. Chambois (Léonard), Paul Demange (le photographe).

Un cirque, dirigé par le dompteur Marcus Francœur, vient s'installer au village de Saint-Viaud, où l'on s'apprête à rendre hommage, par une grande fête officielle, à Céline Mouret, dite Mamouret, l'ancêtre, âgée de cent six ans, d'une importante famille du pays. Mamouret vit chez son petit-fils Antoine, patron de l'auberge du Mouton Blanc *et maire de Saint-Viaud. Antoine régente tous les Mouret. Il a décidé le mariage de six des jeunes descendants, cousins et cousines. Il destine son fils Guillaume à Marie-Jo, une de ses nièces, orpheline dont il est le tuteur. Marie-Jo n'aime pas son fiancé. Elle fait la connaissance de Marcus et ils s'éprennent l'un de l'autre. Mamouret, qui a assisté à la parade du cirque, s'intéresse particulièrement à Marcus. Dans la nuit, celui-ci escalade le balcon de l'auberge et, croyant entrer dans la chambre de Marie-Jo, entre dans celle de la centenaire. Mamouret lui apprend alors qu'elle a aimé, autrefois, son grand-père, Alexandre Francœur, le célèbre « briseur de chaînes ». Le lendemain, après la cérémonie donnée pour elle et alors que les Mouret posent pour la photo de famille, la centenaire exige le mariage de Marcus et de Marie-Jo. Elle révèle que son fils Camille, grand-père de Marie-Jo, était issu de sa liaison avec le « briseur de chaînes ». Sur ses cinq garçons, d'ailleurs, quatre n'étaient pas de son mari. Mamouret obtient le consentement du mariage de Marcus et Marie-Jo en menaçant de raconter ses incartades de jeunesse au banquet prévu avec le ministre. Frappée d'une syncope, elle va s'éteindre doucement, après avoir assisté au départ de son arrière-petite-fille avec le dompteur et son cirque.*

LES CADETS DE L'OCÉAN

R : Jean Dréville. *S* : Jean Bernard-Luc. *D* : Jean Bernard-Luc et André Legrand. *I* : André Thomas. *Dc* : Bijon. *M* : Vincent Scotto. *P* : Gaumont. 1942. *Interprétation* : Jean Paqui (Laurent Le Gall), Blanchette Brunoy (Marie), Jean Claudio (Michel Carrier), Thomy Bourdelle (le maître d'équipage Guegen), Mouloudji (Passicot), René Clermont (Le Dréan), Robert Rollys (Cazalet), Daniel Gélin (Philippe Dermantes), Jean Buquet (Le Faouet), Roger Périan (Radio Poulaine), Jean Gaven (Albertini, dit Tino), Romain Lesage (la sentinelle), Fernand Sardou (Auguste), Isabelle Baud (la sœur de Marie), Jacques Sigurd (Fustel), Vaudier (le photographe).

A Toulon, sur le navire-école « l'Océan », s'embarque une nouvelle promotion de cadets. Les « bleus » apprennent la vie à bord sous la direction du maître d'équipage Guegen. Michel Carrier se lie avec Passicot, un com-

binard se vantant de ses conquêtes féminines. Sous prétexte de l'aider à ne pas gaspiller son argent, Passicot se fait remettre les 800 francs que possède Michel. Laurent Le Gall, un Breton ayant déjà six mois de service, se rend chaque dimanche au Mourillon, faubourg de Toulon, au bord de la mer. Passicot et Michel le suivent. Ils découvrent qu'il fréquente une jeune fille, Marie. Passicot joue à Laurent une farce stupide. Michel réclame en vain son argent à Passicot. Il révèle alors que celui-ci fait faire des photomontages avec des portraits de filles différents pour justifier ses hâbleries. Au cours d'un exercice à la bouée de sauvetage, Passicot laisse tomber Michel dans l'eau. Ils se battent. Michel est puni. Il cherche à s'enfuir, la nuit, dans une barque. Laurent montait la garde. Il quitte son poste pour retenir Michel. Absent au moment du contrôle, il est tondu et mis en prison. Passicot est renvoyé à la vie civile. Le dimanche suivant, Michel va voir Marie, à la place de Laurent. La jeune fille est en train de préparer sa maison. Elle va se marier avec un matelot de la marine marchande. Elle a toujours considéré Laurent comme un simple ami. Revenu à bord, Michel n'ose rien dire à Laurent mais se confie à un camarade, Philippe. Au cours d'un essai de bateaux à voiles, Laurent met le cap vers le Mourillon pour revoir Marie. Ses copains causent une sorte d'accident pour l'empêcher de manquer à son devoir. A leur permission suivante, Michel et Philippe décident d'aller voir Marie pour tout lui expliquer. Laurent, dont la consigne a été levée, vient d'apprendre le mariage de la jeune fille par son beau-frère Fernand. Gentiment repoussé par Marie, il se soûle dans un bar que tient Passicot avec son associé Fustel, et quitte son uniforme. Les cadets le récupèrent après une bagarre et le ramènent au navire. Laurent va faire, plus tard, ses adieux à Marie sur le quai de la gare. Le maître d'équipage Guegen, compréhensif, lui montre où est son avenir.

LA CAGE AUX ROSSIGNOLS

R : Jean Dréville. *S* : Noël-Noël et René Wheeler, d'après un sujet de Georges Chaperot et René Wheeler. *A et D* : Noël-Noël. *I* : Paul Cotteret. *Dc* : Raymond Druart. *M* : René Cloërec. *P* : Gaumont. 1944. *Interprétation* : Noël-Noël (Clément Mathieu), Micheline Francey (Martine Lebeau), Georges Biscot (Raymond), René Génin (Maxence), Marguerite Ducouret (Mme Lebeau), René Blancard (M. Rachin), Marcelle Praince (la présidente du comité), Michel François (Lequerec), Roger Laugier (Laugier) et la Manécanterie des petits chanteurs à la croix de bois.

Mme Lebeau, crémière rue Lepic, refuse que sa fille Martine épouse Clément Mathieu, un jeune homme sans situation. Clément a écrit un roman resté inédit. Il sert de compère à son ami Raymond, le camelot. Raymond trouve une place de garçon de bureau au journal La Dépêche *et substitue au manuscrit d'un auteur maison, celui de* La Cage aux rossignols, *l'œuvre de Clément, dès lors publiée en feuilleton. Mme Lebeau se met à lire le roman. Clément y raconte son expérience de surveillant dans un internat privé de rééducation à Eaubonne-sur-Loire. Le directeur, M. Rachin, applique des méthodes répressives (dont le cachot) pour « dresser » ses jeunes pensionnaires orphelins, vagabonds ou délinquants. Un des meneurs, Lequerec, a blessé le père Maxence, gardien de l'établissement, avec une fronde. Clément lui évite le cachot en l'amenant à soigner sa victime. Les enfants organisent un chahut contre lui et composent une chanson qui le tourne en ridicule. Clément leur apprend à chanter juste et découvre que l'autre meneur, Laugier, a une très jolie voix. La cousine de Laugier vient lui rendre visite. C'est ainsi que Clément fait la connaissance de Martine Lebeau, dont il tombe amoureux. Le pion fonde une chorale et établit peu à peu, malgré pas mal de difficultés, une certaine discipline. Il profite d'un voyage à Paris de M. Rachin pour emmener tous les enfants en promenade le dimanche de Pâques, avec le père Maxence. En leur absence, un incendie détruit la maison de rééducation. Clément ramène tous les pensionnaires qu'on croyait morts mais, au lieu de lui en être reconnaissant, Rachin le renvoie. Le jour de son départ, tous les enfants lui jettent des fenêtres des mots d'amitié. Cette histoire, publiée dans* La Dépêche, *convainc Mme Lebeau de la valeur de Clément et connaît un succès considérable. Clément, ignorant la parution de son roman, a quitté Paris. On le retrouve à la campagne, chez sa vieille marraine.* La Cage aux rossignols *paraît en librairie. Les pouvoirs publics, alertés, font reconstruire l'établissement et nomment un nouveau directeur. Pourtant, tous les enfants s'évadent. C'était pour venir chanter dans l'église où a lieu le mariage de Clément et de Martine.*

LE CAMION BLANC

R : Léo Joannon. *S* : Léo Joannon et André-Paul Antoine. *D* : André Cayatte. *I* : Nicolas Toporkoff. *Dc* : Jean Douarinou. *M* : Louis Pasquier. *P* : M.A.I.C. 1942. *Interprétation* : Jules Berry (Nicolas Shabbas), Blanchette Brunoy (Germaine), François Périer (François Ledru), Marguerite Moreno (la reine des gitans), Charpin (Edgar Courbassié), Roger Karl (Acho), Jean Parédès (Ernest), Mila Parély (l'espionne), Maurice Schutz (le Grand juge), Charles Lemontier (le père de Germaine), Marcelle Monthil (la mère de Germaine), Edmond Beauchamp (Ignacio Jimenez). Avec Albert Rancy et les éléphants du cirque Amar.

Parce qu'il est né un 21 août à midi, n'a jamais eu d'enfant et n'a jamais causé mort d'homme, François Ledru, mécanicien dans un garage de Vardel-le-Haut, est engagé par Nicolas Shabbas pour conduire un énorme camion blanc. Le véhicule lui appartiendra s'il peut parcourir en quinze jours un itinéraire de 12 000 kilomètres à travers la France. François quitte Germaine, la fille de son patron, dont il est amoureux, pour remplir ce contrat. Shabbas gère les biens des tribus des gitans du Nord de la France. Le roi vient de mourir à Saint-Ouen. Sa dépouille doit, selon la loi des ancêtres, parcourir les chemins de sa vie dans une roulotte blanche conduite par un cocher né un 21 août. Pour faire élire comme nouveau roi son ami Acho, au bout du voyage, Shabbas a eu l'idée de frêter un camion blanc de quinze tonnes. Les candidats d'Edgar Courbassié, homme d'affaires des gitans du sud, n'auront pas le temps d'arriver. La roulotte mortuaire est hissée dans le camion et la veuve du roi des gitans, vieille femme drapée de noir, l'accompagne. Courbassié va s'ingénier à retarder le camion. Il fait verser de l'huile sur la route, rafler les stocks de gas-oil des stations situées sur le parcours et changer les poteaux indicateurs. Soutenu par Shabbas, François se tire de ces embûches. Le camion, enlisé dans les sables du Mont-Saint-Michel, en est tiré par les éléphants d'un cirque. Une espionne, qui se fait passer pour une voyageuse en détresse, réussit à prendre place à bord du camion. Elle est démasquée par Shabbas. Mais Courbassié a enlevé Germaine. En allant la délivrer, François perd du temps. La vieille reine apprend alors à Shabbas qu'il est le bâtard du roi défunt et a donc du sang gitan ; l'itinéraire n'est pas entièrement parcouru, mais elle ment pour le triomphe du parti de Shabbas. L'élection a lieu dans le cimetière gitan de Clermont. Acho est abattu d'un coup de couteau par un jeune gitan, Ignacio Jimenez, banni à la suite d'un premier attentat et partisan de Courbassié. Avant de mourir, Acho désigne Shabbas comme roi. Lequel proclame l'union des tribus du nord et du sud. François rentre à Vardel-le-Haut, avec le camion, pour épouser Germaine.

CAP AU LARGE

R : Jean-Paul Paulin. *S et D* : Emile Carbon et Jean-Paul Paulin. *I* : Marcel Lucien. *M* : Georges van Parys. *P* : Francinalp. 1942. *Interprétation* : Berval (Simon Bourrel), Edouard Delmont (Justin Boquet), Janine Darcey (Rose Quesnel), Gérard Landry (François Boquet), Mila Parély (Lisa), Milly Mathis (Marie Boquet), Robert Lynen (Zizou Boquet).

A Guissan, village de pêcheurs du Languedoc, le vieux Justin Boquet demeure fidèle au bateau à voile. Il attend le retour de l'armée de son fils aîné, François. Celui-ci devrait prendre sa succession car le cadet, Louis, dit Zizou, est boiteux. Simon Bourrel attire à Marseille les jeunes gens du village qui se dépeuple. Il se dispute avec Marie Boquet, la fille aînée du vieux pêcheur. François arrive. Il doit passer quelques heures au village et retourner à Marseille se faire démobiliser. Simon part avec lui. François ne revient pas. Il a cédé à l'attrait de la grande ville et s'est laissé séduire par Lisa, une femme travaillant avec Simon. Rose Quesnel, l'institutrice de Guissan, aime François. Lorsque Justin Boquet, malade, doit abandonner la pêche, elle va le chercher à Marseille. François accepte de venir voir son père. Simon le suit, décidé à ne pas le lâcher. François déclare au vieux Justin son intention d'abandonner la pêche et de se fixer à Marseille. Son père le chasse. Le lendemain, Justin et deux vieux matelots prennent la mer. Ils reviennent le soir au moment où éclate une tempête et réussissent à franchir la passe sans l'aide de François qui s'était jeté à l'eau pour les aider. Humilié, François se réfugie dans une cabane près des étangs. Zizou s'en va à Marseille pour faire revenir les jeunes gens attirés là-bas par Simon. Justin décide d'entreprendre la nouvelle saison de pêche en faisant partir les bateaux avec des équipages d'anciens. Zizou revient avec les jeunes et François, prêt à se battre avec Simon dont il a compris le rôle néfaste. Marie Boquet annonce que les vieux sont sur le point de partir en mer. Tous les jeunes courent les remplacer dans les barques, y compris Zizou. Rose se joint à eux.

LE CAPITAINE FRACASSE

R : Abel Gance. *A et D* : Abel Gance et Claude Vermorel, d'après le roman de Théophile Gautier. *I* : Nicolas Hayer. *Dc* : Henri Mahé. *M* : Arthur Honegger. *P* : Lux-Zénith. 1942. *Interprétation* : Fernand Gravey (le baron de Sigognac), Assia Noris (Isabelle), Vina Bovy (Séraphine), Alice Tissot (Mme Léonarde), Jean Weber (le duc de Vallombreuse), Maurice Escande (le marquis des Bruyères), Roland Toutain (Scapin), Lucien Nat (Agostin), Mona Goya (la marquise des Bruyères), Paul Oettly (Matamore), Josette France (Zerbine), Mary Lou (Yolande de Foix), Costantini (Léandre), Jacques François (Vidalinc), Philippe Rolla (Malartic), Pierre Labry (Hérode), Jean Fleur (Blazius), Roger Blin (Fagotin), Paul Mondollot (Pierre), Jacques Roussel (le prévôt), Jacqueline Florence (Chiquita).

Sous le règne de Louis XIII, le jeune baron de Sigognac végète dans son manoir de Gascogne, devenu « le château de la misère ». Un soir, des comédiens ambulants viennent lui demander l'hospitalité. Sigognac est séduit par Isabelle, l'ingénue de la troupe. Il décide de suivre les comédiens, qui se rendent à Paris en jouant dans les villes et les villages. Sur la route de Poitiers, il a l'occasion de montrer sa bravoure en sauvant ses compagnons d'une embuscade tendue par Agostin, un bandit de grands chemins. Matamore, le fanfaron de la troupe, perd sa superbe et Sigognac brille aux yeux d'Isabelle. Les comédiens sont pris dans une tempête de neige. Matamore meurt d'épuisement. Sigognac le remplace comme acteur sous le nom de « capitaine Fracasse ». A Poitiers, le duc de Vallombreuse remarque Isabelle et s'en éprend. Sigognac se bat en duel avec lui dans le cimetière et le blesse. Vallombreuse jure de se venger. Aux portes de Paris, Sigognac est attaqué par une troupe de spadassins. Il triomphe d'eux. Mais Vallombreuse enlève Isabelle et la conduit dans son château, où il la retient prisonnière. Sigognac vole au secours de la jeune fille. Il se bat à nouveau en duel avec Vallombreuse. Il a une défaillance en voyant sur le duc un médaillon semblable à celui que porte Isabelle. Vallombreuse blesse Sigognac mais découvre qu'Isabelle est sa sœur, enlevée dans son enfance. Quittant la défroque du « capitaine Fracasse », Sigognac épousera Isabelle de Vallombreuse.

CAPRICES *(C)*

R et S : Léo Joannon. *D* : André Cayatte. *I* : Jules Kruger. *Dc* : André Andrejew. *M* : Georges van Parys. *P* : Continental Films. 1941. *Interprétation* : Danielle Darrieux (Lise), Albert Préjean (Philippe), Jean Parédès (Constant), Bernard Blier (Marcel), Maupi (le chauffeur de taxi), Pierre Labry (le portier), Marcelle Monthyl (la téléphoniste), Léon Coquelin (le vieux monsieur), Colette Regis (la vieille dame), Louis Florencie (le gérant), Charles Lemontier (le maître d'hôtel), Anatole Gildes (le monsieur chevrotant), Ginette Catriens (la vendeuse), Julienne Paroli (la concierge), Jean Brochard (le père), Germaine Reuver (la mère), Lucien Coëdel (le traître), Primerose Perret (Friquette), René Stern (l'auteur), Arthur Devère (le régisseur), Fred Pasquali (le metteur en scène), Sinoël (le propriétaire), Bernard Gorce (le groom minuscule), Félix Claude (Ernest), Marcel Pérès (le gendarme), Gabriello (le commissaire de police), Simone Valère (la secrétaire).

La nuit de la Saint-Sylvestre, Lise, une jeune actrice, se rend à un bal masqué, déguisée en marchande de violettes. Elle y rencontre Philippe, un industriel qui la prend pour une fille pauvre et décide, sur un caprice, de lui faire connaître la grande vie. Il lui offre un luxueux réveillon, des robes et des bijoux. Lise se fait reconduire à la porte d'une maison sordide qu'elle prétend habiter. Le lendemain, à la répétition d'une pièce dans laquelle elle doit jouer, Lise, dont l'aventure est connue, est pressée par le metteur en scène et la troupe d'obtenir de l'excentrique Philippe une somme d'argent qui permettra de monter le spectacle. Deux acteurs, qui passent pour le père et la mère de Lise, font une scène terrible à la pauvre « fleuriste » le jour où Philippe vient à un rendez-vous qu'elle lui a fixé. Il ramène la jeune fille dans son hôtel particulier et lui offre une belle boutique de fleurs pour qu'elle gagne sa vie convenablement. Revenant chez lui après quelques jours d'absence, Philippe surprend Lise maquillée en vamp de cinéma : il lui plonge la tête dans la baignoire pour lui redonner son aspect naturel. Elle y voit une preuve d'amour et lui avoue la vérité. Philippe, sans se fâcher, remet à Lise 20 000 francs pour le théâtre. Quand elle vient déposer l'argent à la banque, elle est arrêtée par deux policiers. Les billets sont faux. Lise s'enfuit et retrouve Philippe, qui veut lui faire croire qu'il est un faux-monnayeur. En réalité, il lui a joué une farce et donné une leçon. Philippe va quitter Paris par le train de Nice. Il est rejoint au wagon-restaurant par Lise, qui se fait passer pour une aventurière internationale et cause un scandale. Arrêtés tous deux, ils se disent leur amour. *

CARMEN

R : Christian-Jaque. *A* : Charles Spaak et Jacques Viot, d'après la nouvelle de Prosper Mérimée et le livret d'opéra d'Henri Meilhac et Ludovic Halévy. *D* : Henri Jeanson (dans la clandestinité) et Claude-André Puget.

I : Ubaldo Arrata. *Dc* : Robert Gys. *M* : Georges Bizet et Marius-François Gaillard. *P* : Discina (André Paulvé) et Scalera Films. 1942. *Interprétation* : Viviane Romance (Carmen), Jean Marais (Don José), Julien Bertheau (Lucas, le matador), Lucien Coëdel (Garcia-le-Borgne), Bernard Blier (Remendado), Jean Brochard (Lillas Pastia), Marguerite Moreno (la bohémienne Dorothée), Georges Tourreil (Dancaïre), André Bervil (Pedro), Adriano Rimoldi (le lieutenant), Mario Gallina (l'acheteur), Polidor (le voyageur âgé), Elli Parvo (Pamela), Nicolas Maldacca (un voyageur).

La gitane Carmen, cigarière dans une manufacture de tabacs de Séville, cherche à aguicher à la sortie de l'usine un jeune brigadier de dragons navarrais, Don José. Le lendemain, appelé à la manufacture pour mettre fin à une violente dispute entre deux ouvrières, Don José trouve Carmen marquant à coups de couteau le visage de sa rivale. Il l'arrête et l'emmène au corps de garde. En cours de route, Carmen le séduit et il la laisse se sauver. Il paie cette faute de sa dégradation et d'une peine de prison. Dans sa cellule, Don José rêve à Carmen. Elle lui fait passer une lime dans un pain mais il préfère attendre sa libération. Enfin sorti de prison, Don José retrouve Carmen à la taverne de Lillas Pastia. Elle fait maintenant partie d'une bande de contrebandiers et se sert de l'amour de Don José pour obtenir sa complicité. Jaloux d'un lieutenant qui courtise la gitane, Don José le provoque et le tue. Il doit déserter et Carmen, qui le manie à sa guise, le conduit au repaire des contrebandiers dont le chef est Dancaïre. Il devient un hors-la-loi. Carmen, volage et inconstante, le tourmente. Don José apprend qu'elle est mariée selon la loi bohémienne à Garcia-le-Borgne, qu'elle vient de faire évader des galères. Il n'a pas la force de renoncer à cette vie dangereuse et misérable. Il propose à Carmen de partir au loin avec lui. Elle refuse. A Cordoue, Carmen s'éprend d'un matador, Lucas. Désespéré, Don José ne peut pourtant réussir à la quitter. Elle lui revient après son caprice, mais ils vivent dans les disputes. La jalousie de Don José fatigue Carmen qui, dans la montagne, avoue sans pitié au jeune homme qu'elle ne peut plus l'aimer. Il la supplie de rester avec lui ; elle résiste, raille. Emporté par la douleur, Don José tue Carmen d'un coup de couteau.

LE CARREFOUR DES ENFANTS PERDUS

R : Léo Joannon. *S* : Stéphane Pizella. *A* : Maurice Bessy et Jean-George Auriol. *D* : André-Paul Antoine. *I* : Nicolas Toporkoff. *Dc* : Robert Dumesnil. *M* : Louis Pasquier. *P* : M.A.I.C. 1943. *Interprétation* : René Dary (Jean Victor), Jean Mercanton (Emile Ferrand), Serge Reggiani (Joris), Raymond Bussières (Marcel, dit « Ver de vase »), A.-M. Julien (Joseph Malory), Robert Demorget (La Puce), Janine Darcey (Andrée Denolle), Mino Burney (Germaine), Charles Lemontier (M. Gerbault), Nicolas Amato (le cafetier de Marseille), Max Dalban (le cafetier de Courbevoie), Michel Barbey (Rougier), Frédéric Mariotti (Gustave), Marcelle Monthil (la dame patronnesse), André Nicolle (M. Bobillot), Jean Morel (le commissaire), Jacques Berlioz (le juge du tribunal pour enfants), Paul Demange (le greffier), Bever (l'huissier).

A Marseille, en août 1940, le journaliste Jean Victor, qui a servi dans les chasseurs alpins, lie connaissance avec deux démobilisés, Emile Ferrand et Joseph Malory. Les trois hommes ont en commun une enfance passée dans les maisons de correction. Ils sont devenus honnêtes, mais « Ver de Vase », ancien compagnon de détention de Jean Victor, est maintenant un truand, « Monsieur » Marcel. Victor, Ferrand et Malory sauvent des gendarmes un petit orphelin, La Puce, arrêté pour vagabondage. Victor remet finalement l'enfant à la police en lui promettant de venir le rechercher. Il a en effet l'idée d'ouvrir une maison d'éducation surveillée où il n'y aura ni barreaux ni punitions. Sur l'intervention de M. Gerbault, fonctionnaire du nouveau gouvernement, Victor obtient l'autorisation nécessaire et un petit hôtel réquisitionné à Paris, quartier d'Auteuil, devient le « carrefour ». Ferrand, Malory et l'assistante sociale Andrée Denolle secondent Victor, qui va chercher ses pensionnaires dans les tribunaux pour enfants. Il en a bientôt quatre cents. Un adolescent, Joris, qui n'a pas envie de rester enfermé, résiste à la discipline et fomente, avec une dizaine de délinquants, une révolte pour cacher leur évasion. Mais Rougier, épileptique en crise, tue le veilleur de nuit. La maison a été mise au pillage. Malgré l'appui de M. Gerbault, le « carrefour » va être dissous lorsqu'on y amène La Puce en lequel Joris reconnaît son petit frère, qu'il croyait mort pendant l'exode. Victor décide de faire confiance à Joris et lâche sous sa direction dans Paris ses pensionnaires, chargés de vendre des bons de solidarité pour rapporter 200 000 francs au « carrefour ». Un seul décide de s'enfuir avec la somme qu'il a collectée, mais Joris le retouve et le ramène. Le « carrefour » est alors installé dans d'autres bâtiments réquisitionnés à Courbevoie. Ces bâtiments appartiennent à Marcel, devenu caïd du milieu parisien, qui y a caché des produits alimentaires destinés au marché noir et des marchandises volées. Marcel offre à Victor une grosse somme pour aller s'installer ailleurs. Victor refuse. Usant de son influence sur Joris, qu'il a « employé » avant son entrée au « carrefour », Marcel cherche à provoquer une révolte des pensionnaires. Joris, prêt à céder, en est empêché par La Puce et Victor. Marcel charge alors ses hommes de mettre le feu aux bâtiments. La Puce est grièvement brûlé. L'incendie maîtrisé, Joris découvre les stocks cachés et les fait distribuer. Les adolescents du « carrefour » maîtrisent les hommes de Marcel et les livrent à la police. Apprenant la mort de La Puce, Joris veut tuer Marcel. Victor le retient et l'aide à supporter son chagrin. Joris devient l'adjoint de Ferrand à Courbevoie. Victor et Malory vont fonder un autre « carrefour » ailleurs.

CARTACALHA REINE DES GITANS

R : Léon Mathot. *A* : Léon Mathot et Albert Guyot, d'après le roman de Jean Toussaint Samat. *D* : René Pujol et Amédée Pons. *I* : René Gaveau. *Dc* : Druhard. *M* : Maurice Yvain. *P* : Films Sirius. 1941.

Interprétation : Viviane Romance (Cartacalha), Georges Flamant (Robert Vaillant), Roger Duchesne (le Galéjon), Georges Grey (Acrunao), Gaby Andreu (Piribichi), Tichadel (Richard Lemonnier), Maximilienne (Machanalli), Charles Lemontier (Jean d'Agon), Mireille Lorane (Marowska), Gilberte Joney (Jessie), Philippe Rolla (Bedrajamo), Alfred Baillou (Bujipio), Alice Didier (Saladelle), Jacqueline Cadet (Babali).

En vacances en Camargue, Richard Lemonnier, directeur d'un music-hall parisien, et son ami le metteur en scène Robert Vaillant rencontrent une caravane de gitans allant en pèlerinage aux Saintes-Maries-de-la-Mer. Robert voit danser la belle gitane Cartacalha et, bien qu'elle se méfie de lui pour avoir lu le malheur dans les lignes de sa main, il lui propose un engagement pour une revue à Paris. Cartacalha refuse. Elle est amoureuse d'un gardian, le Galéjon. Dans la crypte des Saintes-Maries, elle est élue reine des gitans et mise au courant par le patriarche de la loi qu'elle doit respecter. Apprenant qu'une héritière de la région, qui tourne autour du Galéjon, va acheter un mas dont le gardian a envie, Cartacalha décide d'avoir ce mas avant elle et accepte alors la proposition de Robert Vaillant. A Paris, elle triomphe dans la revue gitane qu'il a montée pour elle. La vieille Machanalli, qui déteste Cartacalha, fait le voyage pour lui annoncer, faussement, le prochain mariage du Galéjon avec l'héritière. Désespérée, Cartacalha cède aux avances de Robert. Machanalli rapporte sa faute à la tribu. On lui retire son titre de reine. Mais Cartacalha découvre le mensonge de la vieille et achète le mas pour le Galéjon. Elle revient aux Saintes-Maries où elle est repoussée par le gardian et se heurte à l'hostilité de toute la tribu. Laissant un mot d'adieu dans sa roulotte, elle part la nuit, pour mourir dans le désert des sables mouvants où sont enterrées les reines défuntes. Prévenu à temps, le Galéjon se précipite à cheval pour la sauver.

LA CAVALCADE DES HEURES

R, S et D : Yvan Noé. *I* : Raymond Agnel. *Dc* : Maurice Bernard. *M* : André Messier et Roger Dumas. *P* : France-Productions. 1943. *Interprétation* : Pierrette Caillol (Hora), Jean Daurand (l'ouvrier), Tramel (Léon Jourdaux), Jeanne Fusier-Gir (Mme Jourdaux), Jules Ladoumègue (Massardier), Gaby Morlay (Geneviève), Lucien Gallas (André), le petit Granjon (Pierrot), Fernandel (Antonin), Meg Lemonnier (Ginette), Félix Oudart (le maître d'hôtel), Pierre Juvenet (le serveur), Charpin (M. Maurice), Charles Trenet (Charles), Jean Chevrier (le condamné à mort). Commentaire dit par Julien Bertheau.

Le temps envoie Hora, une des heures, chez les humains, pour leur faire prendre conscience de leur destin. A un ouvrier parisien se levant pour accomplir sa journée, Hora (la voix du réveil) explique l'inutilité de sa révolte. Puis Hora est domestique sous le nom de Marie chez Léon Jourdaux, fonctionnaire qui, en cachette de sa femme, est allé dîner dans un grand restaurant. On rapporte à Jourdaux un carnet oublié. Il se dispute *avec sa femme. Marie lui rappelle qu'il est l'heure d'aller au bureau. Il est esclave de sa vie ratée. Admiratrice du coureur à pied Massardier, Hora quitte le champion le jour où il a perdu 1 seconde 3/5 sur un record précédent et s'attache à un autre coureur, vainqueur. Geneviève, veuve, a placé son petit garçon, Pierrot, dans un pensionnat où elle vient le voir une fois par semaine. Jouant le rôle d'une surveillante, Hora retarde la pendule. Geneviève rejoint trop tard son amant, André, auquel elle sacrifiait Pierrot. André, qui avait besoin d'elle pour échapper à la police, montre son vrai visage. Il est arrêté et Geneviève va retrouver son fils. Antonin, chômeur, a invité sa petite amie Ginette dans un restaurant, croyant qu'elle pourrait payer l'addition. Ginette n'a pas plus d'argent que lui. Hora, en serveuse, suggère à Antonin de chanter, ce qui le tire d'embarras car il fait la quête et peut payer la note. Monsieur Maurice, un homme de cinquante ans, fait la fête dans une boîte de nuit où Hora est dame du vestiaire. Rentré chez lui, il est frappé d'une crise cardiaque. Hora lui apparaît comme sa dernière heure. Elle cherche en vain ce que Maurice a fait d'utile dans sa vie et lui ferme les yeux. Charles, chanteur très populaire, très fêté, se produit dans un cabaret. A la sortie, il rencontre une vieille femme pauvre (Hora) et l'emmène souper chez lui au caviar et au champagne. Il lui confie sa solitude et elle lui donne une heure de rêve et de bonheur. Dans sa cellule, un assassin condamné à mort voit apparaître Hora à l'heure de l'expiation. Il lui demande un délai. Hora fléchit et l'aide à s'évader. Au volant d'une voiture, elle le conduit à toute vitesse sur la route. Elle lui tend une cigarette. La voiture a un accident et le condamné meurt. Dans une maison voisine, Hora en infirmière prend dans ses bras un enfant qui vient de naître.* *

LES CAVES DU MAJECTIC *(C)*

R : Richard Pottier. *A et D* : Charles Spaak, d'après le roman de Georges Simenon. *I* : Pierre Montazel. *D* : Guy de Gastyne. *M* : René Sylviano. *P* : Continental Films. 1944. *Interprétation* : Albert Préjean (le commissaire Maigret), Suzy Prim (Mme Petersen), Jacques Baumer (Arthur Donge), Denise Grey (Mme van Bell), Jean Marchat (Petersen), Gabriello (l'inspecteur Lucas), Gina Manès (Ginette), René Génin (Ramuel), Florelle (Charlotte Donge), Charpin (le juge d'instruction), Denise Bosc (Hélène), Jean-Jacques Delbo (Constello), Robert Demorget (Teddy), Gabrielle Fontan (la vieille bonne)..

Un riche Suédois, Petersen, est descendu à Paris dans un palace, le Majestic, avec sa femme, son jeune fils Teddy et sa secrétaire Hélène. Après avoir reçu une lettre qui semble l'inquiéter, Mme Petersen achète un revolver et se rend un matin, de très bonne heure, dans les sous-sols de l'hôtel. Arthur Donge, employé à la cafétéria, arrive ce matin-là en retard. Dans son armoire de vestiaire, il découvre le corps de Mme Petersen, qui a été étranglée. Le commissaire Maigret vient enquêter au Majestic. Il trouve les fragments d'une lettre brûlée dans la chambre de Mme Peter-

sen, dont le mari est parti pour Rome la veille. Par Constello, le danseur mondain du palace, il apprend qu'une autre cliente, Mme van Bell, était jalouse de la morte. Mme van Bell a passé la soirée de la veille dans une boîte de nuit, où Maigret rencontre Ginette, dame des lavabos, ancienne entraîneuse. Elle lui révèle que Mme Petersen, autrefois entraîneuse elle aussi, fut la maîtresse d'Arthur Donge. Enceinte de lui, elle réussit à se faire épouser de Petersen, qui a cru que l'enfant était de lui. Un directeur de banque fait savoir à Maigret que Donge a, dans son établissement, un compte très bien garni. Petersen vient informer le commissaire qu'il n'était pas parti pour Rome, mais se trouvait à Paris avec sa secrétaire Hélène. Il voulait divorcer pour l'épouser. Maigret apprend ensuite que Donge recevait, par l'intermédiaire d'une agence privée, des lettres de l'étranger. Mis en présence d'Arthur Donge, le directeur de l'agence ne le reconnaît pas comme l'homme qui venait chercher les lettres. Par contre, il identifie Ramuel, le contrôleur des sous-sols du Majestic. *Celui-ci avait surpris le secret de Donge et, imitant son écriture, il faisait chanter depuis des années Mme Petersen, en menaçant de révéler à son mari la vérité sur la naissance de Teddy. Mme Petersen envoyait de l'argent. Arrivée au* Majestic, *elle était descendue dans les sous-sols, armée et décidée à en finir avec Donge. Ramuel, pour ne pas être découvert, l'a étranglée et a fait porter les soupçons sur Donge. Celui-ci, innocenté, laisse son fils à Petersen, qui assurera son éducation.*

CÉCILE EST MORTE *(C)*

R : Maurice Tourneur. *A* : Jean-Paul Le Chanois, d'après le roman de Georges Simenon. *D* : Michel Duran. *I* : Pierre Montazel. *Dc* : Guy de Gastyne. *M* : Roger Dumas. *P* : Continental Films. 1943. *Interprétation* : Albert Préjean (le commissaire Maigret), Santa Relli (Cécile Pardon), Gabriello (l'inspecteur Lucas), Jean Brochard (M. Dandurand), André Reybaz (Gérard Pardon), Germaine Kerjean (Juliette Boynet), Luce Fabiole (Mme Petitot), Liliane Maigné (Nouchi), Yves Deniaud (Marchepied), Marcel Carpentier (le docteur Pierre), Marcel André (le directeur de la P.J.), Henri Bonvalet (le juge d'instruction), Charles Blavette (Monfils).

Depuis six mois, Cécile Pardon, sorte de vieille fille mal fagotée, importune le commissaire Maigret par ses visites fréquentes à son bureau de la P.J. Elle prétend que, certaines nuits, quelqu'un s'introduit dans l'appartement qu'elle occupe avec sa tante impotente, Juliette Boynet. Maigret n'attache pas d'importance aux propos de Cécile. Au cours d'une descente de police dans un hôtel où une femme inconnue a été tuée et décapitée, le commissaire voit le nom de Cécile sur la glace de la chambre du crime. Il se rend chez Mme Boynet, sous prétexte de louer un appartement dans l'immeuble dont elle est propriétaire, mais la vieille femme le chasse sans que Cécile ait pu lui parler. Dans la soirée, Gérard Pardon, le jeune frère de Cécile, s'introduit chez sa tante grâce à une clé donnée par sa sœur. Le lendemain, Cécile arrive, abattue, à la P.J. et demande à voir Maigret qui ne la reçoit pas. Brusquement, il apprend que la décapitée de l'hôtel était Gilberte Pardon, sœur de Cécile travaillant à La Rochelle chez Marchepied, un cousin de Mme Boynet. Maigret se rend chez celle-ci et la trouve étranglée sur son lit. Pendant l'enquête, il apprend que Cécile vient d'être découverte, étranglée elle aussi, dans un placard de la P.J. Maigret interroge les locataires de l'immeuble. L'un d'eux, M. Dandurand, lui révèle qu'il était l'homme d'affaires de Juliette Boynet et qu'il venait lui rendre ses comptes, la nuit, à l'insu de tous. A l'enterrement des trois femmes, Maigret fait la connaissance de Marchepied qui prétend avoir des droits à l'héritage de Mme Boynet. Il apprend que Gérard Pardon avait constamment besoin d'argent. C'est à La Rochelle, chez Marchepied, que Maigret découvre le secret qui unissait depuis longtemps Dandurand et Juliette Boynet et dont Cécile a été victime. Réveillée une nuit pendant une des visites de Dandurand, Cécile avait appris que sa tante était riche et réclamé à celle-ci 10 000 francs pour aider Gérard. Elle avait étranglé la vieille femme qui refusait. Venue à la P.J. pour se dénoncer à Maigret, Cécile avait été tuée par Dandurand, craignant des révélations sur son passé, ce passé sur lequel Gilberte détenait des papiers compromettants qui causèrent sa perte.

CE N'EST PAS MOI

R : Jacques de Baroncelli. *S et D* : Yves Mirande. *I* : Raymond Agnel. *Dc* : Serge Pimenoff. *M* : Georges van Parys. *P* : Éclair-Journal. 1941. *Interprétation* : Jean Tissier (Cambo et Bardac), Victor Boucher (Quincampois), Ginette Leclerc (Lulu), Gilberte Géniat (Geneviève), Pasquali (Don José), Germaine Charley (la duchesse de Cambo y Gonzalès), Marcel Vallée (Barfleur), Léon Bélières (Parizot), Palau (Beaulieu), Guy Sloux (le clerc).

Quincampois, ami du banquier Cambo, rencontre à Montparnasse un peintre, Bardac, sosie de Cambo. Lequel est en butte au chantage d'un certain Parizot, cherchant à lui extorquer des actions. Sur les conseils de Quincampois, le banquier va trouver le peintre et lui offre d'échanger leurs situations sociales. Bardac se retrouve banquier, donne des ordres en Bourse sans y rien connaître, et provoque un malentendu avec Geneviève, la secrétaire dont Cambo est amoureux. Lulu, la maîtresse de Bardac, prenant Cambo pour lui, le fait déménager chez un autre peintre, Barfleur. Bardac ruine Parizot en lui cédant les actions convoitées et rétablit les affaires du banquier. Cambo découvre la peinture et rend célèbres les toiles de Bardac. Après pas mal de quiproquos, chacun reprend sa place. Cambo épouse Geneviève, et Bardac Lulu.

CEUX DU RIVAGE

R : Jacques Severac. *S* : J.-P. Vinet. *D* : Paul Achard. *I* : Yvan Bourgoin. *Dc* : Maurice Bernard. *M* : Tony Aubin. *P* : Criterium-Film. 1943. *Interprétation* : Blanchette Brunoy (Marie-Louise Rocheteau), Charpin (Clovis Soubiran), Aimé Clariond (Rocheteau), Line Noro (la Lucette), Raymond Bussières (Domanger), René Dupuy (Jean Soubiran), Michel Vitold (le juge d'instruction), Tichadel (Arquebuse), Charles Lemontier (le brigadier de gendarmerie).

Parqueur d'huîtres à Guyan-Mestras, dans le bassin d'Arcachon, Rocheteau est tombé sous l'emprise de sa maîtresse, la Lucette. Il chasse sa fille, Marie-Louise, qui ne peut supporter l'intruse. Marie-Louise aime Jean, le fils adoptif de Clovis Soubiran, mais Rocheteau s'oppose à leur mariage. Tandis que la jeune fille s'en va chez ses tantes à Bordeaux, la Lucette trame avec son amant, Domanger, le chauffeur du camion de transport de Rocheteau, une intrigue pour s'emparer de l'argent du parqueur. Leurs propos ont été surpris par Arquebuse, l'innocent du village. La corde de son bateau étant usée, Jean manque de se noyer en allant pêcher dans le bassin d'Arcachon. On le croit disparu. Rocheteau a une vive altercation avec Clovis Soubiran. Il croit que celui-ci a été l'amant de sa femme morte et que Jean est un enfant né de cette liaison. Clovis menace Rocheteau avec son fusil. Quelque temps après, celui-ci est blessé d'un coup de feu. Clovis est arrêté, ainsi que Jean, revenu enfin au port et dont le juge d'instruction refuse de croire les explications. Marie-Louise, prévenue, revient de Bordeaux. Arquebuse révèle la conversation surprise entre la Lucette et Domanger. C'est celui-ci, renvoyé par Rocheteau, qui a tiré sur son patron. Le couple est arrêté à la gare. Clovis confie à Rocheteau son propre secret : Jean est le fils de sa sœur, qui avait commis une faute et avait quitté le village en lui laissant l'enfant. Les deux hommes se réconcilient et Rocheteau consent au mariage de Marie-Louise et de Jean.

CHAMBRE 13

R : André Hugon. *S* : Jaquelux. *I* : Willy. *Dc* : Pierre Lebasque. *M* : Vincent Scotto. *P* : Films Hugon. 1940. *Interprétation* : Jules Berry (Totor), Josseline Gaël (Geneviève d'Antibes), Robert Le Vigan (Fenouil), Georges Grey (Jean), Milly Mathis (la baronne), Lucien Callamand (l'auteur), Fransined (Douillard), le petit Paul Bouton (Michou), Simone Bariller (la jeune première), Juliette Petit (la chanteuse des rues), Jean Daurand (le chasseur), Jacques Daroy (le commanditaire).

Fenouil, metteur en scène de cinéma, a entrepris un film pour lequel il a besoin d'un garçon de quatorze ans. Il découvre Michou, vagabond et joueur d'accordéon. Le gamin fait engager, en même temps que lui, son ami le clochard Totor. La troupe de cinéma s'installe dans un hôtel. Une baronne s'aperçoit qu'on a volé ses bijoux. Douillard, le détective de l'hôtel, enquête. La vedette du film, Geneviève d'Antibes, se plaint à son tour qu'on lui ait volé un collier. Douillard soupçonne Michou et trouve le collier dans son lit. Le gamin se défend si bien qu'on lui donne un délai pour démasquer le voleur. Avec l'aide de Totor, Michou confond Jean Durand, familier de la baronne, et dont Geneviève d'Antibes était la complice.

LE CHANT DE L'EXILÉ

R et S : André Hugon. *D* : Yves Mirande. *I* : Raymond Agnel. *Dc* : Maurice Bernard. *M* : Maurice Vandair et Henri Bourtayre. *P* : Films Hugon. 1942. *Interprétation* : Tino Rossi (Ramon Etcheverry), Gaby Andreu (Maria), Aimé Clariond (Riedgo), Ginette Leclerc (Dolorès), Lucien Gallas (Jean Iragola), Maurice Baquet (« Pas-Béni »), Romuald Joubé (Pedro Etcheverry), Lilia Vetti (Paquita), Jean Toulout (le commandant Renaud), Michalesco (Ali), Georges Colin (Carmossa), René Blancard (Ichoua), Albert Gercourt (Manoël).

Ramon Etcheverry, fils d'un fermier du Pays basque, fait accourir toutes les filles lorsqu'il vend, en chantant, ses fruits et légumes au marché. Mais il est fiancé à sa cousine Maria. Riedgo, propriétaire d'un bar dans le sud algérien, vient comme chaque année, en compagnie de son associé Carmossa, recruter des serveuses pour son établissement. Il engage, entre autres, la belle Dolorès. Un soir, dans un café, Ramon invite à danser Paquita, dont Carmossa est épris. Les deux hommes se battent. Ramon tire machinalement son couteau et, croyant avoir tué Carmossa, s'enfuit. Il se retrouve à Alger avec Gustave Duval, dit « Pas-Béni », qu'il a rencontré sur le bateau. Un ami de Ramon, Jean Iragola, les engage tous deux dans les pionniers sahariens (dont il fait partie) pour construire une route dans le désert. A In-Salah, au bar de l'Oasis, Jean tombe amoureux de Dolorès, devenue la maîtresse de Riedgo, qui se livre à des affaires louches. Mais Dolorès aime Ramon. Au Pays basque, Maria apprend par Paquita que Carmossa n'est pas mort. Il s'est caché et enfui. Carmossa revient à In-Salah et Ramon comprend alors qu'il est innocent. Riedgo et son associé cherchent à assassiner Ramon, mais Dolorès, qui a été malade et soignée par Jean, fait échouer l'embuscade. Ramon part dans le désert avec les pionniers. Ils sont pris dans une tempête de sable ; Pas-Béni meurt d'insolation et de soif. Le commandant Renaud libère Ramon, qui rentre au Pays basque. Maria l'entend chanter de loin et court vers lui. *

CHÈQUE AU PORTEUR

R : Jean Boyer. *I* : Victor Armenise. *Dc* : Roland Quignon. *M* : Georges van Parys. *P* : S.U.F. 1941. *Interprétation* : Lucien Baroux (Fortuné), Jean Tissier (Alaric Paloison de La Motte-Civray), Marguerite Pierry

(Camille), Jacqueline Ferrière (Simone), Jimmy Gaillard (Daniel), Robert Arnoux (Gaëtan), Robert Ozanne (Le costaud), Georgette Tissier (Julie).

Fortuné, porteur à la gare de Lyon, engage la conversation avec un client, Alaric Paloison de La Motte-Civray. Celui-ci revient du Mexique où il a passé trente-cinq ans. Il envisage sans enthousiasme de rentrer à Fontainebleau, chez sa sœur Camille, vieille fille autoritaire et revêche. Puisqu'Alaric doit être méconnaissable après une aussi longue absence, Fortuné propose de se faire passer pour lui pendant quinze jours afin d'adoucir le caractère de Camille. Arrivé dans la propriété de celle-ci, il constate qu'elle veut marier de force sa nièce Simone à Gaëtan, beau parti quoique garçon ridicule. Simone aime Daniel, un étudiant sportif. Fortuné manœuvre de façon à faire passer Gaëtan pour un coureur de dot. Il présente Daniel comme le fils d'un ami du Mexique. Camille accepte les fiançailles et donne une fête où, dansant et buvant du champagne, elle se révèle agréable aux yeux de Fortuné. Alaric, déçu par la « vie parisienne » à laquelle il goûtait pendant ce temps-là, survient et révèle la supercherie. Mais Camille, conquise par Fortuné, l'épousera. Daniel se marie avec Simone.

LA CHÈVRE D'OR

R : René Barberis. *A* : Paul Vialar et René Barberis, d'après le roman de Paul Arène. *D* : Pierre Bost. *I* : René Colas. *Dc* : René Moulaert. *M* : Collet. *P* : Sirius. 1942. *Interprétation* : Jean Murat (Vallensol), Yvette Lebon (Norette), Berval (Galfar), Félix Oudart (le maire), René Génin (le curé), Henri Poupon (le patron Ruf), Maurice Schutz (Peuparle), Maupi (l'aubergiste), Roger Gaillard (Blaise Pascal), Mathilde Alberti (Saladine).

Un écrivain parisien, Vallensol, vient dans un village de Provence, Puget-Maure. Selon une légende, un trésor jadis y a été caché par des pirates sarrasins. Une chèvre fantomatique, dont on entend parfois la clochette, serait la gardienne du trésor. Vallensol cherche la cachette. Il s'éprend de Norette, la fille du maire. Elle serait la descendante des pirates. Norette détient une clochette d'or portant une mystérieuse inscription. A l'affût dans les collines, Vallensol entend le tintement annonçant le passage de la chèvre, mais tous les villageois s'unissent pour l'empêcher de découvrir le trésor. Vallensol gagne pourtant l'amour de Norette, malgré la rivalité d'un gars du pays. Il l'épousera.

LE CIEL EST A VOUS

R : Jean Grémillon. *S* : Albert Valentin. *A et D* : Charles Spaak. *I* : Louis Page. *Dc* : Max Douy. *M* : Roland Manuel. *P* : Raoul Ploquin. 1943. *Interprétation* : Madeleine Renaud (Thérèse Gauthier), Charles Vanel (Pierre Gauthier), Jean Debucourt (Larcher), Léonce Corne (le docteur Maulette), Raymonde Vernay (Mme Brissard), Anne Vandenne (Lucienne Ivry), Michel François (Claudinet), Anne-Marie Labaye (Jacqueline), Albert Rémy (Marcel, le barman), Robert Lefort (Robert, le mécano), Raoul Marco (M. Noblet).

Pierre Gauthier, garagiste dans la bourgade de Villeneuve, est exproprié, un terrain d'aviation civile devant être établi là où se trouve son atelier. Avec sa femme Thérèse, sa belle-mère Mme Brissard et ses deux enfants, Jacqueline et Claudinet, il va s'établir à la ville voisine et monte un nouveau garage. Ses affaires marchent bien. Pierre achète un piano à Jacqueline, passionnée de musique. Thérèse s'en va, seule, assurer la gérance d'un grand garage de Limoges. En son absence, Pierre, qui a été mécanicien de Guynemer, est repris par son ancienne passion, lors de l'inauguration du terrain d'aviation. Il délaisse son atelier, se remet à voler, donne des baptêmes de l'air. Larcher, professeur de piano de Jacqueline, conseille de la préparer au Conservatoire. Thérèse revient et remet tout « en ordre » : Pierre promet de renoncer à l'aviation si elle reste auprès de lui ; le piano de Jacqueline est fermé à clé. Mais Thérèse, se méfiant de Pierre, vient au terrain d'aviation pour le surprendre. Elle ne trouve que le docteur Maulette, un membre de l'aéro-club. Il pique son amour-propre et lui donne le baptême de l'air. Elle descend de l'avion, conquise. Désormais, Pierre et Thérèse, qui a appris à piloter, volent ensemble. Ils achètent un avion. Thérèse remporte de nombreuses coupes à des meetings locaux. Pierre se casse accidentellement un bras et se consacre à l'entretien de l'appareil. Le garage périclite. Le piano de Jacqueline est vendu. Thérèse décide de s'attaquer au record féminin de distance en ligne droite. Elle part sur le vieil avion qui n'a même pas la radio. A l'aéro-club, l'inquiétude grandit à mesure que passent les heures. Thérèse est considérée comme perdue. Mme Brissard et les habitants de la ville s'en prennent à Pierre, considéré comme un « assassin ». Il vit dans l'angoisse. Seul, Larcher le soutient. Mais la nouvelle arrive que Thérèse est vivante et a battu le record. Elle est accueillie triomphalement, à son retour, par ses concitoyens et les membres de l'aéro-club, dont Pierre vient d'être nommé président.

LE CLUB DES SOUPIRANTS *(C)*

R : Maurice Gleize. *S* : Marcel Aymé. *A et D* : Maurice Gleize, Jean Manse et André Cayatte. *I* : Léonce-Henri Burel. *Dc* : Georges Wakhevitch. *M* : Georges van Parys et Philippe Pares. *Chansons* : Jean Manse. *P* : Continental Films. 1941. *Interprétation* : Fernandel (Antoine Valoisir), Saturnin Fabre (Cabarrus), Louise Carletti (Daisy Cabarrus), Max Dearly (le prince Nirvanoff), Marcel Vallée (Henri Palmer), Annie France (Édith), Andrex (Maxime), Colette Darfeuil (Pamela Cabarrus), Wanda Carliez (la secrétaire), Orbal (le majordome), Jean Marconi (le vicomte), Jean Mercure (un soupirant), Marguerite de Morlaye (la baronne), Jean Heuzé (le réceptionniste de l'hôtel), Gaston Severin (le directeur de l'hôtel).

Henri Palmer, directeur de grands magasins parisiens, annonce à ses associés que l'entreprise court à la ruine parce qu'un certain nombre de fils de famille n'ont pas payé leurs notes de vêtements. On décide de constituer avec ces débiteurs un club des « soupirants » parmi lesquels sera fourni un mari à Daisy Cabarrus, fille d'un extravagant milliardaire résidant sur la Côte d'Azur. L'élu remboursera les magasins Palmer avec la dot de Daisy. Tandis que le club descend vers la Côte, Antoine Valoisir, chasseur de papillons, entre, à la poursuite d'un spécimen rare, dans la propriété de Cabarrus et devient son ami. Daisy fréquente en cachette un étudiant, Maxime, moniteur sur la plage en été. Les soupirants s'installent dans l'hôtel, dont Antoine était le seul client, et sont entraînés par le vieux prince Nirvanoff, qui fut un séducteur célèbre. Pour ne pas être délogé de sa chambre, Antoine fait la preuve que les femmes sont folles de lui en convoquant sous sa fenêtre une centaine, par lettres enflammées. Ayant fait grande impression, il est admis au club des soupirants, dont il va devenir le candidat unique. Mais il s'intéresse plus à Édith, la cousine pauvre, qu'à Daisy, dont il favorise le flirt avec Maxime. D'accord avec Cabarrus, Antoine organise dans la résidence du milliardaire une grande fête de fiançailles et annonce qu'il épousera Édith. Cabarrus révèle alors une clause secrète du testament de son frère, dont il gérait la fortune qui revient à Édith. Antoine organise le mariage de Daisy et de Maxime et tout le monde part en croisière, sauf Pamela, la volcanique épouse de Cabarrus, qui s'enfuit avec le prince Nirvanoff, son ancien amant.

LA COLLECTION MÉNARD

R : Bernard-Roland *S et D* : Jacques Viot. *I* : Nicolas Toporkoff. *Dc* : Robert Dumesnil. *M* : Tony Aubin. *P* : Léo Joannon, M.A.I.C. 1943. *Interprétation* : Foun-Sen (Renée Ménard), Lucien Baroux (le conservateur du musée), Suzanne Dehelly (Dora), Jean Brochard (le guide), Robert Le Vigan (Garbure), Marguerite Deval (la veuve Ménard), Maximilienne (Mlle Ménard), Gabrielle Fontan (la concierge), Suzy Prim (Mme Ménard), Jean Mercanton (le jeune Paul), Edouard Delmont (le colonial), Pierre Larquey (le psychiatre), René Génin (le clochard), Marguerite Moreno (la romancière), Charles Granval (le centenaire), Jacques Meyran (le médecin), Florencie (le commissaire), Jean Tissier (l'employé de l'état civil).

Renée Ménard, jeune Indochinoise née d'un père français, vient à Paris, à sa majorité, pour rechercher ce père dont elle connaît juste le nom : Paul Ménard. Elle consulte l'annuaire du téléphone et relève les adresses de plusieurs Ménard auxquels elle rend visite. Elle rencontre le conservateur d'un musée de mathématiques, un psychiatre fou, un jeune sportif, la veuve d'un Paul Ménard, un millionnaire centenaire, etc. Mais nulle part elle ne trouve son père. Le conservateur du musée convoque alors, dans son établissement, tous les Paul Ménard de Paris, en passant une petite annonce dans les journaux. On découvre que Renée n'est pas métisse. En Indo-

chine, elle avait été sauvée, petite orpheline, d'une inondation par un certain Paul Ménard, et confiée à des religieuses qui lui avaient donné le nom de celui-ci. Renée n'a plus qu'à rentrer dans son pays.

LE COLONEL CHABERT

R : René Le Hénaff. *A et D* : Pierre Benoit, d'après la nouvelle de Balzac. *I* : Robert Le Febvre. *Dc* : Jacques Colombier. *M* : Louis Beydts. *P* : C.C.F.C. 1943. *Interprétation* : Raimu (Hyacinthe Chabert), Marie Bell (Rose, comtesse Ferraud), Jacques Baumer (Delbecq), Aimé Clariond (Me Derville), Fernand Fabre (le comte Ferraud), Alcover (le directeur de l'asile), Jo Dervo (le cocher de la comtesse), Arlette Verly et Pierre Brulé (les enfants Ferraud), Roger Blin et Jacques Charon (les clercs de Derville).

Hyacinthe, dit Chabert, colonel et comte d'Empire, grand-croix de la Légion d'honneur, a disparu à la bataille d'Eylau en 1807, tué au cours d'une charge contre les Russes. Or, sous le règne de Louis XVIII, Rose, veuve de Chabert, qui s'est remariée avec le comte Ferraud, diplomate en vue, dont elle a eu deux enfants, reçoit une lettre d'un homme qui prétend être son premier mari. Ramassé sur le champ de bataille par les Russes, blessé à la tête et amputé du bras droit, Chabert a été longtemps amnésique. Il a retrouvé la raison et réussi à regagner la France, en vagabond misérable. Chabert se présente à l'hôtel Ferraud en l'absence du comte. La comtesse, sans se faire voir, le reconnaît. Son intendant Delbecq, pour écarter l'importun (dont Rose et Ferraud détiennent les biens), essaie de le faire enfermer dans un asile d'aliénés. Chabert évente le piège et s'enfuit. Il va alors trouver Me Derville, un avoué successeur de son ancien notaire qui, convaincu de sa bonne foi, se met à sa disposition pour un règlement légal de sa situation. Derville est également l'avoué de la comtesse Ferraud. Celle-ci, bien décidée à ne rien changer à sa vie et à garder la fortune de Chabert, feint de ne pas le reconnaître lors d'une entrevue. Il lui rappelle, indigné, tout ce qu'elle lui doit depuis qu'il l'a tirée du ruisseau. Aidée par Delbecq, Rose essaie d'obtenir de Chabert un acte par lequel il renonce à ses droits puis, ce complot ayant échoué, elle lui joue toute une comédie pour l'apitoyer sur son sort et celui de ses enfants. Découvrant ses ruses et ses mensonges, Chabert abandonne la lutte et va mendier son pain dans les rues. Arrêté pour vagabondage, il se laisse enfermer à l'hospice des pauvres de Saint-Denis où il terminera sa vie avec d'anciens soldats, épaves de l'Empire.

LE COMTE DE MONTE-CRISTO

R : Robert Vernay. *A et D* : Charles Spaak, d'après le roman d'Alexandre Dumas. *I* : Victor Armenise. *Dc* : René Renoux. *M* : Roger Désormière. *P* : Régina. 1942. *Interprétation* : Pierre Richard-Willm (Edmond Dantès, puis le comte de Monte-Cristo), Michèle Alfa (Mercédès), Ermete Zacconi (l'abbé Faria), Aimé Clariond (M. de Villefort), Marcel Herrand

(Bertuccio), Line Noro (La Carconte), Charles Granval (M. Morel), Jacques Baumer (Noirtier), Henry Bosc (Fernand, puis le comte de Morcerf), Alexandre Rignault (Caderousse), Fred Pasquali (Joannes), Marie-Hélène Dasté (Mme de Villefort), Georges Colin (le juge d'instruction), Jean Joffre (Dantès père), André Fouché (Benedetto), Yves Deniaud (Pénelan), Lise Delamare (Haydée), Jean Chaduc (Albert de Morcerf), Louis Salou (Beauchamp), Pierre Jourdan (Frantz d'Épinay), Hélène Vercor (Julie), Jo Dervo (Wampa), André Marnay (le président de la cour d'assises), André Bacqué (le président de la Chambre des pairs).

Première époque : « Edmond Dantès »

En 1815, Edmond Dantès, marin marseillais, est dénoncé comme conspirateur bonapartiste par Fernand, le cousin jaloux de sa fiancée Mercédès, et par Caderousse, qui comptait devenir chef d'équipage à sa place. M. de Villefort, procureur du roi, constate l'innocence d'Edmond, qui n'a fait que s'arrêter à l'île d'Elbe pour y remplir une mission confiée par son capitaine, mort pendant le voyage. Malheureusement, Edmond a ramené une lettre qui compromet Noirtier, fidèle de l'empereur déchu et père de M. de Villefort. Celui-ci le fait donc enfermer au château d'If où on l'oublie. M. de Villefort, nommé à Paris, cherche à faire disparaître un bébé que sa maîtresse vient de mettre au monde. Un Corse, Bertuccio, dont il a envoyé le frère à l'échafaud, le poignarde et emporte l'enfant. Villefort survit à sa blessure. Au château d'If, un vieux prisonnier, l'abbé Faria, qui cherchait à s'évader, est arrivé dans la cellule d'Edmond. Il l'aide à échapper au désespoir et lui révèle le secret d'un trésor caché dans la petite île de Monte-Cristo. Quand l'abbé Faria meurt, Edmond se glisse à sa place dans le sac-linceul qui est jeté à la mer. Il s'enfuit à la nage et est recueilli par Bertuccio devenu contrebandier. Edmond découvre qu'il a passé vingt ans en prison. Bertuccio le conduit à l'île de Monte-Cristo, où il trouve le trésor dans une grotte. Il revient en France, très riche. Déguisé en abbé Busoni, il se présente chez Caderousse, maintenant aubergiste aux environs de Beaucaire et qui, habilement questionné, lui révèle la trahison de Fernand. Celui-ci a épousé Mercédès ; il est maintenant général comte de Morcerf. Le père d'Edmond est mort dans la misère. L'armateur Morel, aujourd'hui ruiné, est le seul à l'avoir soutenu. Caderousse et sa femme La Carconte assassinent le bijoutier Joannes descendu chez eux. « L'abbé Busoni » fait innocenter Bertuccio accusé du meurtre. Bertuccio devient le serviteur dévoué d'Edmond qui, après avoir sauvé, à Marseille, sans se faire connaître, M. Morel de la faillite, décide de punir ses ennemis.

Deuxième époque : « Le Châtiment »

Métamorphosé en nabab sous le nom du comte de Monte-Cristo, Edmond, au cours d'un voyage en Albanie, a tiré des griffes d'un marchand d'esclaves Haydée, fille de l'ancien pacha de Janina. Il en a fait sa compagne. A Rome, pendant le carnaval, il rencontre Albert de Morcerf, fils de Fernand et de Mercédès, dont il s'attire la reconnaissance par un stratagème. Albert invite Monte-Cristo à Paris. Là, son luxe et ses manières font sensation. Albert le présente à ses parents. Mercédès est troublée à sa vue et Haydée reconnaît Fernand, l'officier français félon qui a livré son père aux Turcs et l'a fait vendre comme esclave. Monte-Cristo organise une campagne de presse contre Fernand de Morcerf, qui est convoqué devant la Chambre des pairs. Haydée vient témoigner et prouve son indignité. Fernand se brûle la cervelle après avoir reconnu Edmond. Monte-Cristo fait évader du bagne de Toulon Caderousse (condamné pour l'assassinat du bijoutier Joannes) et son compagnon de chaîne Benedetto, le fils illégitime du procureur de Villefort dont Bertuccio connaît le secret. Il lance Benedetto dans le monde et dresse Caderousse contre lui. Celui-ci fait chanter Benedetto, qui le tue après une tentative de cambriolage chez Monte-Cristo. Avant de mourir, Caderousse l'a dénoncé. Benedetto est traduit en cour d'assises. Villefort requiert contre lui. Bertuccio vient à la barre révéler la naissance de Benedetto. Villefort, effondré, s'enfuit de la salle et croise dans les couloirs Monte-Cristo, qui se fait reconnaître pour Edmond Dantès. Le procureur tombe mort. Pour venger son père, Albert de Morcerf provoque Monte-Cristo en duel, mais Mercédès vient supplier son ancien fiancé d'épargner son fils. Elle ignorait tout du complot monté contre Edmond. Celui-ci pardonne. Plus tard, à Marseille, il vient rendre visite à Mercédès, retirée dans l'ancienne maison du père de Dantès. Bien qu'il l'aime toujours, il reprend la mer avec Haydée.

LE CORBEAU *(C)*

R : Henri-Georges Clouzot. *S* : Louis Chavance. *D* : Louis Chavance et Henri-Georges Clouzot. *I* : Nicolas Hayer. *Dc* : André Andrejew. *M* : Tony Aubin. *P* : Continental Films. 1943. *Interprétation* : Pierre Fresnay (le docteur Rémy Germain), Ginette Leclerc (Denise Saillens), Pierre Larquey (le docteur Vorzet), Micheline Francey (Laura Vorzet), Héléna Manson (Marie Corbin), Antoine Balpêtré (le docteur Delorme), Noël Roquevert (Saillens), Bernard Lancret (le substitut), Louis Seigner (le docteur Bertrand), Jean Brochard (Bonnevi), Pierre Bertin (le sous-préfet), Sylvie (la mère du malade n° 13), Liliane Maigné (Rolande Saillens), Roger Blin (le malade n° 13), Jeanne Fusier-Gir (la mercière), Robert Clermont (de Maquet), Gustave Gallet (Fayolles), Palau (le receveur), Marcel Delaitre (le dominicain), Lucienne Bogaert (la femme voilée), Etienne Decroux (le garçon du cercle).

Venu on ne sait d'où, le docteur Rémy Germain est attaché à l'hôpital de la petite ville de Saint-Robin, où se trouve en traitement un cancéreux ignorant son état. Il loge chez l'instituteur Saillens, dont la sœur, Denise, cherche à le séduire. Laura Vorzet, femme d'un vieux médecin de la ville, apprend à Germain qu'elle a reçu une lettre anonyme l'accusant d'être sa maîtresse. Peu après, Germain trouve dans son courrier une lettre ordurière signée « Le corbeau », menaçant de révéler sa « liaison » avec Laura Vorzet. Les lettres du « Corbeau » pleuvent bientôt sur les notables, attaquant leur vie privée et professionnelle, accusant Germain d'être un avorteur. Germain s'aperçoit que Laura Vorzet est amoureuse de lui, mais, dans un moment de désarroi, il devient l'amant de Denise Saillens. A *l'hôpital, le cancéreux s'ouvre la gorge avec son rasoir, après qu'une lettre du « Corbeau » lui a révélé son état. On décide de lui faire des funérailles publiques. Pendant le cortège funèbre, une lettre tombe d'une couronne mortuaire qui a été tenue par Marie Corbin, infirmière à l'hôpital, sœur de Laura, et Denise. La foule s'ameute contre Marie Corbin, que la police arrête. L'épidémie de lettres cesse, jusqu'au jour où, à l'église, pendant la messe, il en tombe une nouvelle du haut de la galerie, innocentant l'infirmière. L'épidémie reprend. Le sous-préfet décide d'expulser Germain auquel on envoie, pour le prendre en faute, une femme voilée demandant un avortement. La femme reconnaît en Germain un célèbre gynécologue, Germain Monatte, qui a eu des malheurs. Après un nouveau méfait du « Corbeau », Germain réunit dans une salle de l'école toutes les personnes qui se trouvaient dans la galerie de l'église et leur fait faire une longue dictée, espérant que le « Corbeau » se trahira. Denise s'évanouit. Germain, qui la croit coupable, découvre de nouvelles preuves contre elle chez Laura, puis comprend que celle-ci est la coupable. Vorzet fait enfermer sa femme comme folle. Elle l'accuse avant d'être emmenée. Germain trouve Vorzet mort dans son cabinet de travail. La mère du cancéreux l'a égorgé avec le rasoir de son fils.* *

COUP DE FEU DANS LA NUIT

R : Robert Péguy. *A* : Robert Coulon, d'après la pièce d'Eugène Brieux, « L'Avocat ». *D* : Robert Coulon et Frédérique. *I* : Georges Million. *Dc* : Marcel Mary. *M* : Henry Verdun. *P* : Fernand Rivers. 1942. *Interprétation* : Mary Morgan (Lise du Coudray), Henri Rollan (Me Martigny), Jean Debucourt (le juge Valbrègue), Jacques Grétillat (M. du Coudray père), Jean Meyer (Bernard du Coudray), Nane Germon (Pauline), Monette Dinay (Toinette), Maurice Dorléac (Fronsac), Aimos (Fortin), Solange Varenne (Marton), Marguerite Coutant-Lambert (Mme du Coudray mère), Jeanne-Marie Laurent (Mme Martigny mère), Jeanne Stora (Melle du Coudray), Charles Lemontier (Arnaud), André Carnège (le président des assises), Marcel Vibert (l'avocat général), Guy Parzy (Claude Lemercier).

Le baron Bernard du Coudray est un être déséquilibré et brutal. Il fait mener une vie difficile à sa femme Lise (celle-ci l'avait épousé sous la pression de ses parents), qu'il accable de sa jalousie. Une nuit, Bernard est trouvé assassiné dans un fourré, à proximité du château familial. Le juge d'instruction Valbrègue, accompagné de son greffier, Fortin, enquête au château. Il se déclare persuadé de la culpabilité de Lise. La jeune femme est arrêtée, emprisonnée. Au procès en cour d'assises, elle est défendue par l'avocat Martigny, son ami. Des débats mouvementés opposent Me Martigny à l'avocat général. Le défenseur réussit à produire la preuve que Bernard s'est tué lui-même avec son fusil. Lise est acquittée. Elle refera sa vie avec Martigny.

COUP DE TÊTE

R : René Le Hénaff. *A et D* : Roland Dorgelès, d'après son roman, inédit. *I* : René Gaveau. *Dc* : Jacques Colombier. *M* : René Sylviano. *P* : Harispuru et C.C.F.C. 1943. *Interprétation* : Pierre Mingand (Noël Guiscard), Josseline Gaël (Colette de Saint-Elme), Alerme (Lambercier), Gisèle Casadesus (Nadine Lambercier), Jacques Baumer (Vorage), Jean Tissier (Beauflant), Marcel André (Pongibaud), Jean Brochard (Brussac), Jeanne Fusier-Gir (Mme Lambercier), Maurice Baquet (le chef d'orchestre), Alexandre Rignault (l'aide-soigneur), Pasquali (le poids mouche), Robert Pizani (le maître d'hôtel), Jacques Grétillat (le valet).

Noël Guiscard fonde avec quelques camarades, boxeurs sans engagements, une société, « La Sauvegarde », qui doit protéger ses clients contre toutes menaces. Son amie Colette de Saint-Elme lui signale que Lambercier, président du Consortium Immobilier, est en butte au chantage de Pongibaud, un associé évincé. Au cours d'une soirée chez Lambercier l'équipe de Noël se bagarre avec les hommes de main de Pongibaud, qui avait provoqué un scandale. Vaincu, Pongibaud monte avec Vorage, directeur d'un journal, une campagne de presse contre Lambercier et Noël Guiscard. Vorage et Pongibaud devant participer à l'inauguration d'un grand restaurant, Noël et ses hommes remplacent, de force, le personnel, et sèment la perturbation. Vorage est contraint de signer une lettre de rétractation. Mais, pour se venger de Lambercier, il organise avec Brussac, financier véreux, une baisse de valeurs en bourse qui entraîne la chute du Consortium Immobilier. Or, Lambercier est finalement heureux d'être ruiné et d'échapper ainsi à une existence vaine. Noël, que Colette de Saint-Elme a bien déçu, épousera Nadine, la fille de Lambercier.

LA CROISÉE DES CHEMINS

R : André Berthomieu. *A et D* : André-Paul Antoine, d'après le roman de Henry Bordeaux. *I* : André Thomas. *Dc* : Robert Giordani. *M* : Georges Derveaux. *P* : Société des Films Marcel Pagnol. 1942. *Interprétation* : Pierre-Richard-Willm (Pascal Rouvray), Josette Day (Laurence Chassal), Madeleine Robinson (Henriette Rouvray), Pierre Brasseur (Epervans), Georges Lannes (Chassal), Gisèle Parry (Claire Aulnois), Jacques Tarride (Julien Aulnois), Paul Barré (Gardanne), Jean Toulout (Héraux), Marcel André (Avenières), Alexandre Fabry (le maire), Gaston Severin (Me Berthier).

Le docteur Pascal Rouvray a renoncé à l'avenir qui l'attendait à Paris et à sa fiancée, Laurence Avenières, pour revenir dans son village du Dauphiné à la mort de son père, dont il a repris le cabinet médical. Il s'est occupé de sa sœur Claire, qui a épousé Julien Aulnois et s'est lui-même marié à une amie d'enfance, Henriette. Dix ans plus tard, il est nommé à la Faculté de médecine de Paris. Henriette, Claire et Aulnois l'accompagnent. A Paris, Pascal retrouve d'anciens camarades, Epervans, financier véreux, et Chassal, politicien qui a épousé Laurence Avenières et été nommé ministre de la Justice. Laurence, par jeu, manifeste à Pascal une passion qui le trouble. Il empêche Claire, coquette, de tromper Aulnoy, mais, pris dans les filets de Laurence, il cause un tel chagrin à Henriette qu'elle repart en Dauphiné avec leurs enfants. Laurence se démasque : elle voulait forcer Pascal à abandonner les siens, pour se venger de lui. Il se ressaisit et quitte Paris pour aller retrouver Henriette.

CROISIÈRES SIDÉRALES

R : André Zwobada. *S* : Pierre Guerlais. *A et D* : Pierre Bost. *I* : Jean Isnard. *Dc* : Henri Mahé. *M* : Georges van Parys. *P* : Industrie Cinématographique (Pierre Guerlais). 1941. *Interprétation* : Madeleine Sologne (Françoise Monier), Jean Marchat (Robert Monier), Carette (Lucien), Robert Arnoux (Antoine), Boverio (le directeur de l'institut), Suzanne Dehelly (Georgette), Luce Ferral (Gaby), Suzanne Dantes (Camille), Violette Briet (Marie), Simone Alain (Béatrice), Solange Guibert (la serveuse du bar), Jean Dasté (M. Pépin) Paul Ollivier (l'oncle), Serge Laroche (Philippe), Richard Francœur (Charles), Georges Jamin (Gustave), Maupi (le policier), Jean Morel (le commandant), Hubert de Malet (le Vénusien), Guita Karen (la Vénusienne), Paul Frankeur (un bonimenteur), Violette Briet et Tony Jacquot (les amoureux).

En 1942, Robert et Françoise Monier veulent tenter une ascension dans la stratosphère avec un ballon entraînant une cabine sphérique métallique de leur invention. Un accident d'auto oblige Robert à rester à terre. Françoise s'envole de l'Institut scientifique avec Lucien, le garçon de laboratoire. Celui-ci détraque les commandes de la cabine et le ballon monte à une hauteur jamais atteinte. Après avoir erré quinze jours dans l'espace, Lucien et Françoise réussissent à revenir sur terre. Mais leur ascension a été soumise aux lois de la relativité du temps et il se retrouvent en 1965, dans un monde transformé. Leur âge est resté le même. Les Terriens, eux, ont vieilli de vingt-trois ans. Robert Monier a les cheveux blancs, et Lucien trouve chez lui un grand fils qui fait la loi. Cette aventure passe d'abord pour une imposture. Puis elle est reconnue scientifiquement. Antoine, banquier ami des Monier, décide alors, par intérêt financier, d'organiser des « croisières sidérales » permettant d'échapper au temps. Une immense gare et un nouvel engin sont construits. Les passagers de la première croisière sont une actrice excentrique, Camille ; un couple d'amoureux ; un Français moyen ronchonneur, M. Pépin ; un bandit, Gustave, filé par un détective ; un oncle à héritage qui voulait échapper aux convoitises de son neveu Philippe et le retrouve là ; une fille qui ne croit plus à rien, etc. Robert Monier fait ce voyage seul, Françoise vieillira en l'attendant. L'engin file dans l'espace. La suppression de la pesanteur crée des situations comiques. Et les passagers font escale sur Vénus, où les amoureux décident de rester pour être toujours jeunes et heureux comme les habitants de cette planète. Le navire spatial revient sur la terre en l'an 2000. Robert Monier retrouve Françoise avec les cheveux blancs. Ils ont, de nouveau, le même âge.

LES DAMES DU BOIS DE BOULOGNE

R, S et A : Robert Bresson, d'après un chapitre de « Jacques le fataliste » de Diderot. *D* : Jean Cocteau. *I* : Philippe Agostini. *Dc* : Max Douy. *M* : Jean-Jacques Grunenwald. *P* : Raoul Ploquin. 1944. *Interprétation* : Paul Bernard (Jean), Maria Casarès (Hélène), Elina Labourdette (Agnès), Lucienne Bogaert (Madame D.), Jean Marchat (Jacques), Yvette Etiévant (une femme de chambre).

Hélène, une jeune veuve, apprend par un ami, Jacques, que Jean, son amant, ne l'aime plus. Pour provoquer l'aveu de Jean, elle feint d'être détachée de lui et de vouloir rompre. Il lui dit, soulagé, qu'il avait la même intention. Hélène et Jean se quittent apparemment bons amis. Mais, blessée au cœur, Hélène veut se venger. Dans un cabaret, elle remarque une danseuse, Agnès. Celle-ci est la fille de Madame D., ancienne relation mondaine d'Hélène. Les deux femmes ont connu des revers de fortune. Agnès n'est pas seulement danseuse. Avec la complicité de sa mère, elle se livre à la galanterie. Hélène la décide à reprendre une vie honorable. Elle paie les dettes de Madame D. et l'installe, avec Agnès, dans un petit appartement austère. Puis elle s'arrange pour que Jean rencontre comme par hasard en sa compagnie Agnès, à la cascade du bois de Boulogne. Jean s'éprend d'Agnès et demande à Hélène de favoriser de nouvelles rencontres. Elle le manœuvre habilement. Cependant, Agnès, dont l'âme est restée pure, manque faire échouer la machination en remettant à Jean une lettre dans laquelle elle lui avoue son passé. Il refuse de la lire. Il offre à Agnès de partir avec lui. Elle ne répond pas. Rentrée chez elle, Agnès prépare sa valise, puis renonce au départ. Hélène la met en demeure de choisir entre le mariage avec Jean ou les aveux complets. Jean vient annoncer à Hélène sa résolution d'épouser Agnès. Après la cérémonie à l'église, une réception a lieu chez Jean. Agnès refuse de se présenter devant les invités et s'évanouit. Dans la cour, Jean demande des explications à Hélène. Elle lui annonce qu'elle lui a fait épouser une grue, pour se venger. Jean s'enfuit en voiture. Quand il revient, Agnès est très mal. Elle a eu trois syncopes. Jean, à son chevet, lui pardonne et lui demande de lutter pour vivre.

DÉFENSE D'AIMER *(C)*

R : Richard Pottier. *A et D* : Jean Aurenche, Albert Willemetz et Michel Duran, d'après « Yes », opérette d'Albert Willemetz, René Pujol, Jacques Bousquet et Pierre Soulaine. *I* : Walter Wottitz. *Dc* : Guy de Gastyne. *M* : Maurice Yvain. *P* : Continental Films. 1942. *Interprétation* : Suzy Delair (Totte), Paul Meurisse (Maxime Gavard), Gabriello (Gavard), Mona Goya (Lucette de Saint-Aigrefin), Louis Salou (Loysel), Guillaume de Sax (Horace), Jean Rigaux (Roger), Josée Bisbal (Marquita), Signolita (la gouvernante), Pierre Sarda (le croupier marieur), Louis Seigner (le directeur de l'hôtel), Lucien Bryonne (le vendeur), Jacqueline Chanal (la dactylo), François Dupriet (l'agent).

Totte, manucure dans un des grands hôtels de la chaîne Gavard, à Paris, dit à tout le monde ce qu'elle pense sans se gêner. Seul Gavard, le grand patron, l'intimide. Celui-ci tient sous sa coupe son fils Maxime, que Totte juge mou et paresseux. Sous le pseudonyme « Masque de dentelle », la manucure glisse des suggestions dans la boîte aux lettres de l'hôtel. Gavard père charge le détective de l'établissement de découvrir l'auteur des lettres. Et il veut obliger Maxime à rompre avec sa maîtresse, Lucette de Saint-Aigrefin, pour épouser Marquita, fille d'un propriétaire de palaces sud-américains. D'accord avec Lucette, Maxime décide de se rendre à San Marino, où l'on se marie et divorce facilement. Il demande à Totte de lui servir de compagne pour un mariage blanc et lui promet une dot qui lui permettra d'épouser son fiancé, Roger, le liftier. Maxime et Totte arrivent à San Marino, se trouvent sans argent et vivent d'expédients. Marquita, venue à Paris pour ses noces, rejoint San Marino, où arrivent également Lucette, flanquée de son mari qui ne soupçonne rien, et Gavard père. Maxime, qui s'est transformé en homme d'action au contact de Totte, tient tête à tout le monde et oblige son père à reconnaître son mariage avec la manucure. Lucette se consolera avec son mari.

DÉPART A ZÉRO

R : Maurice Cloche. *S, A et D* : Robert Destez. *I* : André Thomas. *Décors naturels à Castellane*. *M* : Yves Baudrier. *P* : C.A.T.J.C. 1941. *Interprétation* : Madeleine Sologne (Christine), Michel Marsay (Martial), Gaby Andreu (Stella), Jean Mercanton (Eloi), Robert Berri (Henri), Jean Daurand (Coco), Maurice Baquet (Colibri), Georges Lannes (l'inspecteur Gaspard), Félix Oudart (l'archéologue), Yves Deniaud (Jules), Jacques Tarride (Malicart).

Christine et son cousin Martial héritent d'un château délabré et viennent s'y installer, ce qui dérange l'ancien locataire, Malicart, lequel aurait voulu renouveler son bail. Trois amis, Eloi, Henri et Coco, démobilisés, possèdent une caméra et de la pellicule. Ils décident de tourner un film dans la région sur les terres du château, avec l'accord de Christine et Martial. Colibri, un inventeur devenu muet, et quelque peu loufoque, se joint à eux. Or, le château sert de réserve à une bande de trafiquants du marché noir. Jules, sur les ordres du chef mystérieux, veut déloger les jeunes gens. Stella, une gardienne de chèvres, sa complice, cherche à séduire un des cinéastes. Un archéologue vient visiter les lieux. Les trafiquants se déguisent en fantômes pour effrayer Christine, la nuit. Un homme aux lunettes noires surveille tout le monde. Christine est enlevée par Jules. En se débattant, elle renverse la caméra. Stella, portant l'écharpe de Christine, est poursuivie. Christine est retrouvée grâce à l'homme aux lunettes noires, l'inspecteur Gaspard. Celui-ci cherche à arrêter le chef des trafiquants. La caméra s'était mise en marche en tombant. Le film est développé et projeté à la Victorine, à Nice. On découvre ainsi l'identité du chef de bande : c'est l'archéologue. La projection s'arrête, l'opérateur est blessé et la bobine de film volée. Mais, après une poursuite en voiture, tous les trafiquants sont arrêtés.

DERNIER ATOUT

R : Jacques Becker. *S* : Maurice Aubergé. *A* : Maurice Aubergé, Louis Chavance, Maurice Griffe et Jacques Becker. *D* : Pierre Bost. *I* : Nicolas Hayer. *Dc* : Max Douy. *M* : Jean Alfaro. *P* : Essor Cinématographique Français. 1942. *Interprétation* : Raymond Rouleau (Clarence), Mireille Balin (Bella), Pierre Renoir (Rudy Score), Georges Rollin (Montès), Noël Roquevert (Gonzalès), Jean Debucourt (le chef de la police), Gaston Modot (Toni Amonito), Catherine Cayret (Pearls), Maurice Baquet (Mickey), Roger Blin (un aspirant), Clément Duhour (Setton), René Stern (Roberto), Christian Argentin (le gérant de l'hôtel), Maxime Fabert (le bijoutier), Jean Didier (Michael), Maurice Aubergé (Wallace), Guy Decomble (un aspirant).

C'est la fin de l'année d'études à l'école de la police de Carical, Etat d'Amérique du Sud. Deux amis, Clarence et Montès, sont majors ex-aequo de la promotion. Ils suggèrent qu'on les départage par une épreuve supplémentaire. Un couple se faisant appeler Collins s'installe au palace Babylonia. Un certain Rudy Score et Bella Morgan, qui se dit couturière de Chicago, les épie. Collins est abattu d'un coup de revolver. Le meurtre est bientôt connu de la police. Clarence et Montès sont chargés d'enquêter. Montès essaie de faire parler la femme de Collins, soupçonnée de l'avoir tué. Clarence a découvert pas mal de choses, mais il semble se désintéresser de l'enquête pour courtiser Bella. Montès découvre que Collins était Toni Amonito, dangereux gangster américain. Sa compagne est Pearls, la fameuse « femme aux perles ». Elle est arrêtée. Clarence n'ayant pas donné signe de vie, Montès est nommé major de la promotion. Or, Clarence, qui a séduit Bella, continue son enquête. Il est enlevé par les hommes de Rudy Score, dont Bella est la sœur. Score voudrait récupérer une fortune que détenait Amonito et qu'on n'a pas retrouvée dans ses bagages. Clarence feint de trahir la police et lui propose ses services. Montès a persuadé l'inspecteur Gonzalès de libérer Pearls pour qu'on la prenne en filature. Gonzalès conduit la jeune femme au Babylonia. Elle lui échappe et cherche à vendre une bague chez un bijoutier, qui avertit la police. Pearls est guettée par Montès et les aspirants sous ses ordres devant la boutique où elle doit revenir. Rudy Score et sa bande la cherchent en voiture. Une maladresse de Gonzalès donne l'éveil à Rudy, qui abat Pearls au moment où Clarence lui arrachait son sac contenant des bijoux. Au siège de la police, Montès révèle qu'il est d'accord avec Clarence. Infiltré dans la bande de Score, celui-ci peut entrer en contact avec ses collègues par la ligne téléphonique du gangster branchée sur un haut-parleur de l'école de police. Il réussit effectivement, mais Score s'en aperçoit. Clarence est enlevé pour être exécuté. Montès retrouve sa trace. Les voitures des bandits sont bloquées dans un tunnel. Avant d'être abattu, Score tire sur Clarence. Celui-ci, blessé légèrement, est nommé major, à égalité avec Montès.

DERNIÈRE AVENTURE

R : Robert Péguy. *A et D* : Léopold Marchand, d'après la pièce de Flers et Caillavet, « Papa ». *I* : Fedote Bourgassoff. *Dc* : Henri Menessier et Robert Dumesnil. *M* : Henry Verdun. *P* : Fernand Rivers. 1941. *Interprétation* : Annie Ducaux (Georgina Courzan), Alerme (Charmeuil), Jean Max (le comte de Larzac), Blanchette Brunoy (Jeanne Aubrin), Pierre Dux (Jean Bernard), Léon Bélières (l'abbé Jocas), Germaine Laugier (Colette).

Le comte de Larzac, séducteur vieillissant, quitte Paris avec son ami Charmeuil pour se rendre à Lannemezan. Là vit Jean Bernard, son fils naturel, qu'il veut maintenant reconnaître comme légitime. Jean est épris de Georgina Courzan, jeune femme d'origine roumaine vivant dans un domaine de la région. Il délaisse pour elle Jeanne Aubrin, la fille d'un fermier. L'abbé Jocas est chargé d'apprendre à Jean la vérité sur sa naissance. Rentré à Paris, le comte reçoit son fils. Mais Jean se plie mal aux usages mondains et revient à Lannemezan lorsque son père refuse de consentir à son mariage avec Georgina. Celle-ci vient trouver le comte et lui raconte sincèrement sa vie passée. Le comte la ramène à Lannemezan pour qu'elle épouse Jean. Peu à peu, Georgina et lui se sentent proches l'un de l'autre. Jean comprend que Georgina est faite pour son père et lui pour Jeanne.

LE DERNIER DES SIX *(C)*

R : Georges Lacombe. *A et D* : Henri-Georges Clouzot, d'après le roman de Stanislas-André Steeman, « Six hommes morts ». *I* : Robert Le Febvre. *Dc* : André Andrejew. *M* : Jean Alfaro. *P* : Continental Films. 1941. *Interprétation* : Pierre Fresnay (le commissaire Wens), André Luguet (Senterre), Jean Chevrier (Perlonjour), Lucien Nat (Gernicot), Jean Tissier (Tignol), Georges Rollin (Gribbe), Raymond Segard (Namotte), Suzy Delair (Mila Malou), Michèle Alfa (Lolita), Robert Ozanne (l'inspecteur Dallandier), Pierre Labry (l'inspecteur Picard), Maupi (le régisseur), Paul Demange (Fabien), Roger Legris (le photographe), Robert Vattier (le secrétaire).

Six hommes, Senterre, Perlonjour, Gernicot, Tignol, Gribbe et Manotte, concluent un pacte d'amitié. Partageant de l'argent apporté par Perlonjour, ils décident de partir chacun de leur côté pour faire fortune et de se retrouver, cinq ans plus tard, pour partager ce qu'ils auront gagné. Les cinq ans ont passé. Senterre, resté en France, est devenu propriétaire d'une boîte de nuit, Le Palladium. *Un policier, le commissaire Wens, s'y trouve un jour pour assister à une audition de sa maîtresse, Mila Malou, qui a l'ambition d'être une chanteuse. Il assiste ainsi au retour de Perlonjour qui revient pauvre. Perlonjour et Senterre apprennent par un journal que Namotte, revenant de Dakar en bateau, est mort au cours de la traversée. Gernicot rentre d'Afrique avec Lolita, une actrice que Perlonjour a aimée. Il se rend chez Senterre par une nuit d'orage et est tué d'un coup de* *revolver en se penchant par la fenêtre. Tandis que Senterre alerte la police, son domestique, Fabien, est assassiné et le cadavre de Gernicot disparaît. Gribbe, qui n'a pas quitté Paris et est devenu indicateur de police, a un entretien avec Wens. Lolita est engagée par Senterre pour un numéro de tir au Palladium. Tignol, qui vient d'arriver, est maintenant marié à une commerçante de Rouen. Il assiste au spectacle dans une loge. Quand Senterre veut le présenter à Wens, il le trouve mort, assassiné. Wens ramasse un revolver dans la loge. Plus tard, Wens est appelé à l'hôtel minable où loge Gribbe. Celui-ci a été poignardé. Wens a acquis la conviction que le meurtrier est l'un des six, supprimant ses amis pour recueillir seul les biens amassés. Senterre reçoit une lettre lui donnant rendez-vous dans une villa isolée à la campagne. Il s'y rend armé. Un homme se présente. Senterre tire et l'abat. Mais le « cadavre » se relève tandis qu'arrive la police. C'était Perlonjour : Wens avait mis dans le revolver des balles à blanc. A ce moment, un homme en imperméable s'enfuit dans le jardin. Poursuivi, il se réfugie dans les souterrains, où il est rejoint et démasqué par Senterre. C'est Gernicot, qui avait fait croire à sa mort pour mener son plan de meurtre à bien. Il se noie dans une fondrière.* *

LE DERNIER SOU *(C)*

R : André Cayatte. *S, A et D* : Louis Chavance. *I* : Charles Bauer. *D* : André Andrejew. *M* : Georges Dupont. *P* : Continental Films. 1943. *Interprétation* : Ginette Leclerc (Marcelle Levasseur), Gilbert Gil (Pierre Durban), Noël Roquevert (Stefani), Annie France (Jacqueline Dejouvre), Gabrielle Fontan (Mme Durban), René Génin (Perrin), Charpin (Colon), Pierre Labry (le luthier), Eugène Frouens (l'acheteur de cinémas), Suzanne Courtal (la fausse cliente), Raymond Raynal (l'avocat de Pierre), Georges Colin (Moreau), Michel Salina (Roger), Guy Decomble (Richard), Georges Vitsoris (le Grec), René Blancard (l'avocat général), Paul Faivre (M. Sauvel), Jacques Berlioz (le président du tribunal), Fabienne Verani (l'entraîneuse).

Pierre Durban, cycliste dans un journal parisien, a besoin d'argent pour épouser sa fiancée, Jacqueline Dejouvre, et monter son foyer. Une annonce l'attire à l'agence Stefani, dont le directeur lui propose de devenir représentant en appareils de radio. A cette fin, il faut verser une caution. Pierre reconnaît en Marcelle Levasseur, la secrétaire de Stefani, une amie d'enfance. Celle-ci suggère à la mère de Pierre de lui prêter ses économies pour payer la caution mais, tombée amoureuse du garçon, elle s'arrange pour qu'il ne soit pas embauché par Stefani. Complice et maîtresse de celui-ci, elle sait que la représentation des appareils n'est qu'une escroquerie, le directeur empochant les cautions. Stefani, qui a percé le manège de Marcelle, l'oblige à convoquer Pierre. Elle réussit à prévenir celui-ci. Elle refuse cependant d'avertir la police, car le vieux Perrin, son grand-père, qui a commis une indélicatesse, est à la merci de Stefani. Aidé par ses démarcheurs aigrefins, Stefani réussit pourtant à faire acheter à Pierre, avec les économies de sa mère, une boutique de marchands de vins où Perrin a fait office de propriétaire. L'affaire, truquée, ne rapporte rien. Marcelle, que Stefani avait éloignée de Paris, intervient trop tard et, en se disputant avec Perrin, Pierre le blesse d'un coup de revolver. Il est arrêté. Marcelle le pousse à accuser Stefani. Elle sera témoin au procès. Stefani l'enferme pour l'empêcher de se présenter, se défend habilement, et Pierre est condamné à trois ans de prison. Il se croit trahi par Marcelle. Celle-ci, pour se venger de Stefani, feint d'entrer dans son jeu. Elle se prête à une escroquerie au sac à main avec un pharmacien, Colon. Cette fois, elle a prévenu la police et Stefani est arrêté. L'agence va être démantelée. Pierre, sorti de prison, s'y présente pour demander des comptes à Stefani et apprend alors, par la radio, que celui-ci a tué Marcelle au moment de son arrestation.

DES JEUNES FILLES DANS LA NUIT

R : René Le Hénaff et Yves Mirande. *S et D* : Yves Mirande. *I* : Jean Bachelet. *Dc* : Jacques Colombier. *M* : René Sylviano. *P* : C.C.F.C. 1942. *Interprétation* : Gaby Morlay (Mme de Saint-André), Fernand Ledoux (le clown Auguste), Louise Carletti (Yvonne), Renée Faure (Mlle Barfleur), Pierre Larquey (M. Bonnefous), Marguerite Pierry (Mme Bonnefous), Pierre Mingand (M. Veyrier), Denise Grey (la joueuse de bridge), Lucien Nat (le joueur de bridge), Rosine Luguet (Georgette), Elina Labourdette (Germaine), Sophie Desmarets (Louise).

M. Bonnefous, directeur d'un pensionnat de jeunes filles à Versailles, est tyrannisé par sa femme. Un soir, il se révolte, va faire une belote au café voisin, revient ivre et met accidentellement le feu à la maison. Les pompiers interviennent mais, la pension étant inhabitable, les élèves parisiennes doivent être reconduites chez leurs parents par l'institutrice, Mlle Barfleur. Elles arrivent toutes à l'improviste. Germaine est la fille d'une actrice qui, afin de paraître toujours jeune, la fait passer pour sa sœur. Andrée retrouve son père et sa mère dans un cercle où, joueurs de bridge acharnés, ils ne lui prêtent pas attention. A Versailles, Mme Bonnefous, raccompagnant Geneviève, découvre un ménage très modeste, se saignant aux quatre veines pour payer le prix de la pension. A Paris, Louise éprouve une vive désillusion : sa mère, Mme de Saint-André, qu'elle croyait être une aristocrate, pratique le métier de voyante. Elle a adopté Louise, enfant de l'Assistance publique, et se sacrifie pour elle. A Versailles, Mme Bonnefous fait la connaissance du père de Jeanne, médecin de quartier. A Paris, Georgette découvre que son père est le célèbre clown Auguste. Celui d'Yvonne, l'élégant et mondain M. Veyrier, est dans un bar chic. Il reçoit sa fille avec joie et fait la conquête de Melle Barfleur. Quelques mois plus tard, la pension remise à neuf reçoit les élèves et leurs familles. A la grande satisfaction d'Yvonne, M. Veyrier demande Mlle Barfleur en mariage. *

LE DESTIN FABULEUX DE DÉSIRÉE CLARY

R, S et D : Sacha Guitry. *Collaboration technique* : René Le Hénaff. *I* : Jean Bachelet. *Dc* : Jacques Colombier. *M* : Adolphe Borchard. *P* : CCFC (Edouard Harispuru). 1941. *Interprétation* : Sacha Guitry (Napoléon Ier), Jean-Louis Barrault (Napoléon Bonaparte), Gaby Morlay (Désirée Clary, femme), Geneviève Guitry (Désirée, jeune fille), Carlettina (Désirée, enfant), Aimé Clariond (Joseph Bonaparte), Camille Fournier (Julie Clary, femme), Yvette Lebon (Julie, jeune fille), Jacques Varennes (Bernadotte), Germaine Laugier (Mme Clary), Lise Delamare (Joséphine de Beauharnais), Noël Roquevert (Fouché), Jean Perier (Talleyrand), Maurice Teynac (Marmont), Jean Darcante (Duphot), Spanelli (Davout), Jean Davy (Berthier), Robert Favart (Lannes), Jean Hervé (Talma), Pierre Magnier (M. Clary), Georges Toureil (Cambronne), Renaud Mary (le comte d'Antomarchi), Gaston Mauger (Louis XVIII), Georges Grey (Junot), Jeanne Fusier-Gir (Albertine), Roger Vincent (Charles XIII de Suède), Maurice Lagrenée (le duc de Richelieu).

A Marseille, avant la Révolution, un négociant, M. Clary, doit recevoir chez lui, sur un billet de logement, un sergent, Bernadotte. Celui-ci produit une vive impression sur l'une des filles de Clary, la petite Désirée. En 1794, un jeune officier, Joseph Bonaparte, courtise Julie, l'aînée des Clary. Un soir, il présente à la famille son frère le général Napoléon, maigre et autoritaire, auquel Désirée plaît. Joseph va épouser Julie. Napoléon se fiance avec Désirée. Il est rappelé à Paris. Dans les salons du Directoire, il rencontre la belle créole Joséphine de Beauharnais, en devient amoureux fou et oublie Désirée. Un mariage avec Joséphine sert à la fois l'amour et l'ambition de Bonaparte. Désirée, venue à Paris voir Julie, devenue la femme de Joseph, rencontre Bernadotte, son souvenir d'enfance. Bien qu'il soit plus âgé qu'elle, elle accepte de l'épouser. Bonaparte devient l'empereur Napoléon Ier. Bernadotte, qui espérait gouverner, le jalouse. Désirée a gardé une profonde rancœur de ses fiançailles brisées. En 1810, le vieux roi de Suède Charles XIII, qui n'a pas de descendance et a eu l'occasion d'apprécier Bernadotte, adopte celui-ci. Napoléon accepte de le laisser partir. Restée à Paris, Désirée se mêle aux complots contre l'Empereur. A la mort de Charles XIII, Bernadotte, naturalisé suédois, lui succède sur le trône. Napoléon subit alors des revers militaires. Désirée pousse Bernadotte à faire entrer la Suède dans la coalition contre la France. Vaincu, envoyé à l'île d'Elbe, revenu prendre le pouvoir pendant cent jours, Napoléon est définitivement écrasé à Waterloo, en 1815. Il finira sa vie à Sainte-Hélène. Désirée, pour réparer le mal qu'elle lui a fait de son vivant, aidera après sa mort au retour de ses cendres.

LES DEUX TIMIDES

R : Yves Champlain (Allégret). *Supervision* : Marc Allégret et Marcel Achard. *A* : M. Bilou. *D* : Claude-André Puget, d'après la pièce d'Eugène Labiche. *I* : Philippe Agostini. *Dc* : Paul Bertrand. *M* : Germaine Taillefère. *P* : Impéria Films. 1941. *Interprétation* : Claude Dauphin (Jules Frémissin), Tramel (M. Thibaudier), Jacqueline Laurent (Cécile Thibaudier), Gisèle Préville (Cécile Vancouver), Pierre Brasseur (Horace Vancouver), Henri Guisol (Anatole Garadoux), Charpin (Van Putzeboom), Jane Marken (tante Valérie), Denyse Roux (Annette), Yves Deniaud (le commis-voyageur), Marie Caplie (Lisbeth van Putzeboom), Orbal (Dardanbœuf), Pierre Prévert (Verdinet), Lucien Callamand (Claquepont), Gisèle Pascal (une jeune fille).

Thibaudier, un homme très timide, est père d'une charmante fille à marier, Cécile. Elle aime le jeune avocat Jules Frémissin mais celui-ci, autre timide, n'ose pas demander sa main. Thibaudier a laissé s'installer chez lui un parasite, Anatole Garadoux, qui veut épouser Cécile et auquel il est incapable de dire non. Pour obtenir Cécile, Frémissin va prendre des leçons d'énergie chez le professeur van Putzeboom. Il réussit à confondre Garadoux et se trouve obligé de se battre en duel avec Horace Vancouver. Frémissin se tire de l'épreuve avec honneur. Au cours d'un bal donné par Thibaudier, il peut se fiancer à Cécile.

DOMINO

R : Roger Richebé. *A* : Jean Aurenche, d'après la pièce de Marcel Achard. *D* : Marcel Achard. *I* : Jean Isnard. *Dc* : Lucien Carré. *M* : Vincent Scotto. *P* : Films Roger Richebé. 1943. *Interprétation* : Fernand Gravey (Domino), Simone Renant (Lorette Heller), Aimé Clariond (Jacques Heller), Bernard Blier (François Crémone), Suzet Maïs (Jane), Yves Deniaud (Mirandole).

François Dominique, dit Domino, et son ami Mirandole reviennent sans un sou d'Afrique où ils croyaient faire fortune. Jane, l'ex-maîtresse de Domino, le met à la porte. Domino téléphone à la célèbre galerie de peinture Heller, où il veut essayer de vendre une statuette africaine, son seul bien. Lorette, la femme de Heller, l'invite à l'exposition des tableaux de François Crémone. Heller vient de découvrir une lettre d'amour adressée à sa femme et signée François. Il soupçonne Crémone. L'arrivée de François Dominique le trouble. Crémone est bien l'amant de Lorette et il offre de l'argent à Domino pour que celui-ci fasse croire à Heller qu'il est le « François » de la lettre. Lorette participe à la comédie jouée à Rambouillet dans la propriété d'Heller. Celui-ci en vient à soupçonner Domino mais, au cours d'une partie de chasse, il comprend que l'on s'est moqué de lui. Il décide de brader les tableaux de Crémone pour le ruiner. Mirandole se présente à Heller comme maître chanteur et lui fait croire que Domino a bien été l'amant de sa femme. Après une explication orageuse, Lorette part avec Domino, dont elle s'est éprise et qui l'aime.

DONNE-MOI TES YEUX

R, S et D : Sacha Guitry. *I* : Fedote Bourgassoff. *Dc* : Henri Menessier. *M* : Henry Verdun. *P* : C.I.M.E.P.-Moulins d'Or. 1943. *Interprétation* : Sacha Guitry (François Bressolles), Geneviève Guitry (Catherine), Mona Goya (Gilda), Aimé Clariond (Jean Laurent), Duvallès (le vieux monsieur), Jeanne Fusier-Gir (Clotilde), Marguerite Moreno (la grand-mère), Mila Parély (Floriane), Pasquali (un peintre), Marguerite Pierry (Mlle Thomassin), Maurice Teynac (l'imitateur), Solange Varennes (Juliette), Léon Walther (le médecin), Georges Lemaire (le gardien), Claude Martial (Pâquerette), Mariemma (la danseuse espagnole), Henri Chauvet (le passant), Richard Francœur (Gustave).

Au cours d'une visite au Palais de Tokyo, la veille d'un vernissage, le sculpteur François Bressolles, quarante-neuf ans, rencontre Catherine, une fille de vingt ans. Il lui demande de poser pour lui. Elle vient à son atelier, il commence son buste, s'éprend d'elle. Elle lui donne ses lèvres. François offre à Catherine de l'épouser et, comme elle hésite un peu avant de dire oui, il lui propose d'attendre un mois pour une décision définitive. Ils vivront jusque-là en amoureux. Mais, brusquement, le caractère de François change. Le sculpteur se montre maussade, insolent. Un soir, dans un cabaret où il se trouve avec Catherine, il prête une attention excessive à la chanteuse Gilda et lui fait offrir de poser pour lui. Catherine en est moralement blessée. La semaine suivante, François lui ment. Elle décide de ne plus le revoir et, avant de le quitter, détruit le buste qu'il a fait d'elle. Gilda devient le modèle de François. Il lui parle de son amour pour Catherine. En se faisant passer pour un médecin, il apprend que les troubles dont il souffre — et qui ont motivé son changement d'attitude — le condamnent à devenir aveugle comme il le craignait. Catherine ne sait rien. En compagnie de Jean Laurent, ami de François, elle retourne au cabaret et se moque ouvertement de Gilda. La chanteuse, dans un entretien avec elle, lui révèle que François l'aime toujours. Puis Catherine apprend, par Jean Laurent, le malheur de François. Elle court à son atelier. Il est en train de refaire, à tâtons, un buste d'elle. Elle se place devant lui. Les mains du sculpteur rencontrent son visage. Catherine lui donnera ses yeux. *

DOUCE

R : Claude Autant-Lara. *A et D* : Jean Aurenche et Pierre Bost, d'après le roman de Michel Davet. *I* : Philippe Agostini. *Dc* : Jacques Krauss. *M* : René Cloërec. *P* : Pierre Guerlais. 1943. *Interprétation* : Odette Joyeux (Douce), Madeleine Robinson (Irène), Marguerite Moreno (la comtesse de Bonafé), Jean Debucourt (Engelbert de Bonafé), Roger Pigaut (Fabien Marani), Gabrielle Fontan (Estelle), Julienne Paroli (Thérèse), Richard Francœur (Julien), Paul Oettly (le prêtre), Bever (le frotteur), Fernand Blot (le cocher), Louis Florencie (le palefrenier), Roger Blin (l'homme à l'Opéra-Comique), Marie-José (la chanteuse).

A Paris, en 1887, Douce, une jeune fille de dix-sept ans, vit dans une demeure du quartier du Champ-de-Mars avec son père, Engelbert de Bonafé, ancien officier de cavalerie, qu'une mauvaise chute de cheval a privé d'une jambe, et son autoritaire grand-mère, la comtesse de Bonafé. Elle a pour institutrice une jeune femme blonde et d'apparence réservée, Irène. Celle-ci a été engagée sur la recommandation du régisseur de la famille, Fabien Marani, roturier comme elle, et dont elle est secrètement la maîtresse. Fabien veut partir avec Irène au Canada, avec l'argent des fermages. Irène refuse. Elle a séduit Engelbert, qui est prêt à l'épouser. Douce est amoureuse de Fabien. Il ne lui prête guère attention ; elle épie ses faits et gestes. Engelbert demande Irène en mariage ce qui déclenche la colère de la comtesse. Fabien menace l'institutrice de révéler leur liaison si elle accepte ce mariage mais, son ambition étant la plus forte, elle le chasse. Douce demande à Fabien de l'enlever. Pour se venger des Bonafé, il l'emmène à l'hôtel où il rencontrait Irène. Douce, qui s'est donnée à lui, comprend bientôt qu'elle s'est prise à un rêve romanesque. Chez les Bonafé, le scandale éclate. La femme de chambre Estelle, au courant des manigances d'Irène, menace celle-ci de tout dire si elle ne ramène pas Douce. Irène trouve la jeune fille avec Fabien. Douce refuse de la suivre, puis envoie à Estelle un billet, annonçant qu'elle rentrera le soir. Après un dîner au restaurant, Fabien conduit Douce à l'Opéra-Comique. Elle lui annonce qu'elle ne l'aime pas vraiment et renonce à lui. Au moment où Douce s'enfuit dans le couloir des loges, un incendie éclate sur la scène. L'Opéra-Comique est la proie des flammes. Fabien cherche Douce au milieu de la foule en pleine panique. Elle marche vers le feu et meurt. Fabien, désespéré, revient chez les Bonafé et tente d'expliquer ce qui s'est passé. Mais la comtesse, en proie à la haine et à la douleur, le jette à la rue avec Irène. *

LA DUCHESSE DE LANGEAIS

R : Jacques de Baroncelli. *A et D* : Jean Giraudoux, d'après la nouvelle de Balzac. *I* : Christian Matras. *Dc* : Serge Pimenoff. *M* : Francis Poulenc. *P* : Films Orange. 1941. *Interprétation* : Edwige Feuillère (Antoinette de Langeais), Pierre Richard-Willm (Armand de Montriveau), Aimé Clariond (M. de Ronquerolles), Irène Bonheur (Caroline), Georges Grey (Henri de Marsay), Lise Delamare (Mme de Sérizy), Catherine Fonteney (la princesse de Blamont), Charles Granval (le vidame de Pamiers), Simone Renant (la vicomtesse de Fontaines), Jacques Varennes (le duc de Langeais).

En 1821, le général Armand de Montriveau, soldat plus habitué à la guerre et aux déserts d'Afrique qu'aux escarmouches de salons, rencontre, dans une soirée chez Mme de Sérizy, la duchesse Antoinette de Langeais. Séparée de son mari, elle passe pour se montrer coquette avec les hommes sans jamais rien leur accorder. Montriveau tombe amoureux d'elle et on les voit bientôt partout ensemble. Caroline, jeune cousine d'Antoinette, *trahie par son fiancé, va se retirer dans un couvent des îles Baléares. Elle fait ses adieux à la duchesse. Le vidame de Pamiers, oncle d'Antoinette, lui conseille de ne pas jouer avec les sentiments de Montriveau. Le duc de Langeais reparaît, décidé à priver sa femme de sa liberté. Elle se rapproche alors de Montriveau. M. de Ronquerolles, frère de Mme de Sérizy, persuadé qu'Antoinette va berner le général, la calomnie auprès de lui et monte une intrigue pour empêcher un rendez-vous qu'elle avait sincèrement donné à Montriveau. Celui-ci insulte Antoinette en public. Elle lui envoie une lettre où elle lui avoue l'amour vrai qu'elle éprouve maintenant pour lui. Elle a décidé de quitter la société s'il ne répond pas à cette lettre. Montriveau a demandé à Ronquerolles de rester auprès de lui pour le retenir de répondre et de courir vers Antoinette. Elle attend en vain devant la porte du général. Pris de remords, Ronquerolles avoue trop tard à Montriveau qu'il a volontaairement provoqué un malentendu. Antoinette a disparu. Pendant des mois, aidé de Ronquerolles et de Henri de Marsay, Montriveau la recherche. Il la retrouve novice au couvent de carmélites où était entrée sa cousine Caroline. Elle lui dit son amour mais refuse de le suivre. Montriveau et ses amis organisent un enlèvement. La duchesse sonne la cloche du couvent pour appeler les religieuses à son secours. Puis elle meurt dans les bras de Montriveau.* *

ÉCHEC AU ROY

R : Jean-Paul Paulin. *S* : Pierre Léaud, d'après un récit de Henri Dupuy-Mazuel. *A* : Robert-Paul Dagan et Pierre Léaud. *D* : Roger Ferdinand. *I* : Henri Alekan. *Dc* : Roland Quignon. *M* : Georges van Parys. *P* : Jean Clerc et S.U.F. 1943. *Interprétation* : Odette Joyeux (Jeannette de Pincré), Georges Marchal (le vicomte d'Haussy de Villefort), Lucien Baroux (La Verdure), Gabrielle Dorziat (Mme de Maintenon), Madeleine Rousset (Adrienne Letourneur), Catherine Morgate (Geneviève de Riqueville), Maurice Escande (Louis XIV), Jacques Varennes (le duc de Montgobert), Sylvie Noëlle (Anne de Salbris).

Madame de Maintenon a fondé l'institution de Saint-Cyr pour l'éducation des demoiselles nobles. Sa fille adoptive, Jeanne de Pincré, fait partie des pensionnaires. Elle veut la marier au jeune vicomte d'Haussy de Villefort. Louis XIV préfère qu'elle épouse le duc de Montgobert, un homme mûr. Jeannette se trouve trop jeune pour songer au mariage. Le jardinier de Saint-Cyr, La Verdure, ancien comédien, est son confident. Il lui apprend la liaison du vicomte avec la comédienne Adrienne Letourneur. Au cours de sa première entrevue avec Villefort, Jeannette le traite d'une façon désinvolte. Vexé, il se retire. Mais il se trouve obligé de se battre en duel avec Montgobert. Choqué par ce scandale, Louis XIV ordonne à Villefort d'épouser Jeannette et d'aller rejoindre immédiatement son régiment sur le front de Flandre. Séparée de son mari, Jeannette s'aperçoit qu'elle l'aime. Apprenant le départ d'Adrienne Letourneur pour la zone des armées, elle ressent une vive jalousie et s'efforce d'arriver au camp de

Denain avant la comédienne. Elle y parvient et tombe dans les bras de Villefort. La Verdure avait inventé le voyage d'Adrienne Letourneur pour réunir le couple.

L'ENFANT DE L'AMOUR

R : Jean Stelli. *A* : H. André Legrand, d'après la pièce de Henry Bataille. *D* : Marc-Gilbert Sauvajon. *I* : Marcel Grignon. *Dc* : Claude Bouxin. *M* : René Sylviano. *P* : Consortium de Production de Films. 1944. *Interprétation* : Gaby Morlay (Liane Orland), François Périer (Maurice), Aimé Clariond (André Rantz), Claude Génia (Nelly Rantz), Martial Rebe (Bowling), Liliane Bert (Aline), Charles Vissière (Raymond), André Bervil (le barman), André Carnège (le juge d'instruction), Jean Daurand (Georges).

Une actrice célèbre, Liane Orland, est depuis des années la maîtresse d'André Rantz, riche industriel préparant une carrière politique. Elle lui a caché l'existence de son fils Maurice, « enfant de l'amour » qu'elle eut en sa jeunesse et maintenant âgé de vingt ans. Maurice, élevé à la diable, fréquente les bars et une bande de jeunes oisifs. Rantz découvre par hasard les relations de Liane et de Maurice, sur lesquelles il se méprend. Il rompt avec celle qui lui a consacré sa vie. Sa fille Nelly s'en réjouit. Mais, devant le chagrin de sa mère, Maurice décide de la venger. Il va menacer Rantz de divulguer une affaire qui pourrait compromettre son ascension. Mise au courant, Liane gifle son fils et déchire le document avec lequel il voulait agir contre Rantz. Celui-ci, comprenant son erreur à l'égard de Maurice, vient demander pardon à Liane et l'épouse. Maurice veut se faire une situation hors de France. Nelly, qui a appris à bien le connaître et à l'apprécier, le rejoint dans le train.

LES ENFANTS DU PARADIS

R : Marcel Carné. *S et D* : Jacques Prévert. *I* : Roger Hubert. *Dc* : André Barsacq et Raymond Gabutti, sous la direction d'Alexandre Trauner (dans la clandestinité). *M* : Maurice Thiriet et (dans la clandestinité) Joseph Kosma. *P* : Pathé. 1943-44. *Interprétation* : Arletty (Garance), Jean-Louis Barrault (Baptiste Deburau), Pierre Brasseur (Frédérick Lemaître), Marcel Herrand (Lacenaire), Louis Salou (le comte Edouard de Montray), Maria Casarès (Nathalie), Pierre Renoir (Jéricho), Jane Marken (Mme Hermine), Fabien Loris (Avril), Etienne Decroux (Anselme Deburau), Marcel Pérès (le directeur des Funambules), Palau (le régisseur des Funambules), Gaston Modot (Fil-de-Soie), Jacques Castelot (Georges, un dandy), Robert Dhéry (Célestin) Maurice Schutz (l'encaisseur), Albert Rémy (Scarpia Barrigni), Paul Frankeur (l'inspecteur de police), Rognoni (le directeur du Grand Théâtre), Jean-Pierre Delmon (le petit Jean-

Baptiste Deburau), Marcelle Monthil (Marie), Habib Benglia (l'employé des bains turcs), Jean Lanier (Iago), Auguste Boverio, Paul Demange et Jean Diener (les auteurs).

Première époque : « Le Boulevard du crime »

En 1828, le comédien Frédérick Lemaître, flânant dans la foule du boulevard du Temple — dit « boulevard du crime » à cause de ses théâtres de mélodrames —, aborde une très belle femme, Garance. Elle se moque de ses avances et va rejoindre son ami, l'inquiétant Lacenaire, écrivain public. Garance regarde la parade du théâtre des Funambules. Elle est accusée du vol d'une montre prise par Lacenaire à un badaud. Baptiste Deburau, le mime grimé en Pierrot, l'innocente en reproduisant par gestes la scène du vol. Nathalie, la fille du directeur des Funambules, aime Baptiste. Celui-ci devient l'ami de Frédérick, qui l'emmène loger au Grand-Relais, tenu par Mme Hermine. Un soir, Baptiste revoit Garance en compagnie de Lacenaire dans un tripot. Il la ramène au « Grand-Relais », lui dit son amour et s'enfuit. Frédérick, de sa fenêtre, reconnaît Garance et la rejoint dans la chambre. Garance entre aux Funambules et joue la pantomime avec Baptiste, ce qui éveille la jalousie de Nathalie. Le comte de Montray vient chaque soir admirer Garance et lui laisse sa carte de visite. Baptiste découvre la liaison de Garance et Frédérick. Il souffre. Lacenaire et son complice Avril tuent et dévalisent un encaisseur logeant au Grand-Relais. Interrogée par un policier malveillant à son égard, Garance fait prévenir le comte de Montray pour avoir sa protection.

Deuxième époque : « L'Homme blanc »

Baptiste Deburau, ayant perdu Garance, a épousé Nathalie, dont il a un petit garçon. Il est devenu un grand mime et l'on se presse aux Funambules pour le voir. Frédérick Lemaître, lui, est un acteur célèbre du boulevard. Il se bat en duel avec Lacenaire, venu le faire chanter. Garance, rentrée à Paris avec le comte de Montray, vient voir jouer Baptiste en se cachant dans une loge. Nathalie lui envoie son fils pour la détourner de Baptiste. Garance retrouve Frédérick, toujours amoureux d'elle. Mais elle aime Baptiste. Lacenaire, épris lui aussi de Garance, vient menacer le comte de Montray dans son hôtel. Et Baptiste, ayant appris le retour de Garance, ne pense plus qu'à elle. Frédérick, éprouvant pour la première fois de sa vie la jalousie, peut jouer le rôle d'Othello. Le comte et Garance viennent assister à une représentation après laquelle le comte se querelle avec Frédérick, le croyant son rival. Lacenaire soulève un rideau et lui montre Garance et Baptiste enlacés. Garance part avec Baptiste au Grand-Relais où ils passent la nuit ensemble. Le lendemain, Lacenaire assassine le comte aux bains turcs. Nathalie vient surprendre Baptiste et Garance. Celle-ci disparaît dans la foule des masques de carnaval grouillant sur le « boulevard du crime ». Baptiste cherche en vain à la rejoindre.

L'ESCALIER SANS FIN

R : Georges Lacombe. *S et D* : Charles Spaak. *I* : Christian Matras. *Dc* : Jean Douarinou. *M* : Jean Alfaro. *P* : Miramar. 1943. *Interprétation* : Pierre Fresnay (Pierre), Madeleine Renaud (Emilienne), Suzy Carrier (Anne), Colette Darfeuil (Florence), Raymond Bussières (Fred), Héléna Manson (Melle Michaud), Fernand Fabre (Stéphane), France Ellys (Mme Boutron), Ginette Baudin (Germaine), Gabrielle Fontan (Mme Bizet), Jane Maguenat (Mme Le Verrier), Madeleine Suffel (la concierge), Palmyre Levasseur (Mme Masson), Julienne Paroli (Mme Pinsard), Odette Barencey (Mme Dubois), Ellen Brand (Mme Clovis), Marcel Carpentier (M. Noblet), Jean-Jacques Delbo (Albert), René Alié (Marco), Marcel Pérès (M. Le Verrier), Etienne Decroux (le colonial), Michel de Bonnay (Bouboule), Roger Vincent (M. Delormel), Malbert (M. Masson), Paul Barge (M. Brissard), Jean Gosset (Marcel), Nicole Maurel (la petite Suzanne), Jean Vincent (le petit Charles), Claude Gambier (le petit Raoul), Mariano Gonzalès (Luis Mariano : le chanteur).

Pierre est chef palefrenier à l'Arizona, cabaret music-hall. Il a pour second Fred, un mauvais garçon. Il est l'amant de l'écuyère Florence, qui le trompe avec Stéphane, le chef de piste. Un soir, dans la rue, Pierre a une vive discussion avec Florence. Elle le blesse d'un coup de revolver et s'enfuit. Pierre est recueilli par Emilienne, une assistante sociale. Elle le conduit chez elle pour le soigner. Il dort dans son appartement tandis qu'elle occupe la chambre de sa jeune sœur, Anne, alors absente. Emilienne passe son temps à visiter des familles pauvres qu'elle essaie de secourir. En partant de chez elle, Pierre lui propose de passer le voir, un jour, au café où il se retrouve avec ses amis. Emilienne s'y rend et comprend qu'il se livre à de petits trafics et des affaires louches. Pierre se réconcilie avec Florence et Stéphane et, pour la Sainte-Emilienne, va porter un bouquet de fleurs à la jeune femme qui l'a aidé. Il rencontre alors Anne revenue de voyage. Elle lui plaît. Il cherche à la convaincre de travailler à l'Arizona. Anne lui fait comprendre qu'il se trompe sur elle. Elle l'invite au réveillon de Noël. Il vient avec Fred, les bras chargés de victuailles coûteuses. Tous deux tombent dans un dispensaire où Emilienne offre un repas à des vieillards. Beau joueur, Pierre invite Anne pour le réveillon de la Saint-Sylvestre. Il réussit à la faire venir dans une boîte de nuit, danse avec elle et l'embrasse. Emilienne apprend l'amour de Pierre pour Anne. Elle emmène sa sœur dans une de ses visites pour qu'elle prenne conscience de la misère. Afin de détourner Pierre, elle lui annonce qu'Anne est fiancée. Pierre essaie de devenir honnête. Il quitte définitivement Florence. Emilienne, qui se reproche son mensonge, vient avouer à Pierre qu'Anne est libre. Il emmène la jeune fille avec lui en Normandie où on lui a offert la direction d'un haras. Emilienne, seule, continue de gravir l'escalier des immeubles de pauvres. *

L'ÉTERNEL RETOUR

R : Jean Delannoy. *S et D* : Jean Cocteau. *I* : Roger Hubert. *Dc* : Georges Wakhevitch. *M* : Georges Auric. *P* : André Paulvé. 1943. *Interprétation* : Jean Marais (Patrice), Madeleine Sologne (Nathalie), Jean Murat (Marc), Junie Astor (Nathalie la brune), Roland Toutain (Lionel), Jean d'Yd (Amédée Frossin), Yvonne de Bray (Gertrude Frossin), Piéral (Achille Frossin), Alexandre Rignault (Morolt), Jane Marken (Anne) et le chien Moulouk.

Patrice vit en Bretagne dans le château de son oncle Marc, qui est veuf. Gertrude Frossin, belle-sœur de Marc, son mari Amédée et leur fils, le nain Achille, habitent avec eux. Les Frossin détestent Patrice. Celui-ci, qui veut faire le bonheur de Marc, entreprend de lui chercher une nouvelle épouse. Dans une île de pêcheurs, Patrice arrache une jeune fille blonde, Nathalie, à Morolt, une brute qui la maltraitait. Blessé, il est soigné par Anne, la vieille nourrice de Nathalie. Libérée de Morolt, Nathalie accepte d'épouser Marc, bien qu'elle aime Patrice sans l'avouer. Anne lui remet un vin d'herbes qu'elle considère comme un philtre d'amour. Elle a collé sur le flacon une étiquette « poison ». Patrice ramène Nathalie au château. Elle épouse Marc. Gertrude cherche à détruire le ménage. Pour se venger de Patrice, Achille croit l'empoisonner avec le contenu de la fiole donnée par Anne. Mais Nathalie en a bu aussi et les effets du « philtre d'amour » révèlent aux jeunes gens leur passion. Les Frossin éveillent les soupçons de Marc. Patrice déjoue un piège tendu par eux. Néanmoins, il est surpris par Marc dans la chambre de Nathalie. Son oncle le chasse et charge Gertrude de ramener Nathalie dans l'île. Patrice enlève Nathalie. En plein hiver, alors qu'ils vivent dans un châlet de montagne, démunis de tout, Marc vient reprendre Nathalie malade. Elle accepte de le suivre. Patrice roule désormais sur les routes, sans but. Il s'arrête dans un garage et travaille avec Lionel, un ancien ami. La sœur de Lionel, Nathalie la brune, s'éprend de Patrice. Il accepte de l'épouser et l'emmène en vacances dans l'île où il a connu l'autre Nathalie. La brune découvre alors, par Anne, l'existence de sa rivale. Lionel a une explication avec Patrice, qui veut revoir Nathalie la blonde une dernière fois avant d'épouser sa sœur. Lionel l'accompagne au château. Achille les surprend sous les fenêtres et tire un coup de revolver sur Patrice qui s'enfuit avec son ami. Dans l'île, sa blessure s'envenime. Il demande à Lionel d'aller chercher Nathalie la blonde. Marc laisse partir celle-ci, dont la maladie s'est aggravée. Guettant la barque attendue auprès de Patrice mourant, Nathalie la brune lui fait croire qu'elle ne porte pas le signal convenu (une écharpe blanche), au cas où Lionel aurait ramené Nathalie la blonde. Lorsque celle-ci arrive au chevet de Patrice, il est mort. Elle s'étend à côté de lui et expire.

L'ÉTRANGE SUZY

R : Pierre-Jean Ducis. *S et D* : Yves Mirande. *I* : Fred et Lemarre. *M* : Vincent Scotto. *P* : Productions Badalo. 1941. *Interprétation :* Albert Préjean (Henri Berger), Suzy Prim (Suzy Berger), Claude Dauphin (Jacques Hébert), Marguerite Moreno (la tante), Gaby Andreu (Aline), Pierre Stephen (Joseph).

L'avocat Henri Berger et sa femme Suzy, après quelques années de bonheur, ne s'entendent plus. Ils décident de divorcer. Brusquement, Suzy se met à donner des signes d'aliénation mentale. Jacques Hébert, un médecin spécialiste, est appelé pour la soigner. Elle le prend pour son mari et l'embrasse à tout propos. La tante de Suzy arrive, accompagnée de sa fille Aline qu'elle cherche à marier. Les excentricités de sa nièce lui font prendre Jacques pour l'avocat (elle ne le connaissait pas) et Henri pour le médecin. Elle décide de faire épouser Aline par celui-ci, mais la jeune fille préfère Jacques. Et la tante s'imagine qu'Henri est l'amant de Suzy. Après une série de quiproquos, Jacques avoue la vérité à Aline, dont il s'est épris. Les voyant dans les bras l'un de l'autre, Suzy saute au cou de son mari. Elle avait simulé la folie pour lui donner une leçon.

FALBALAS

R : Jacques Becker. *S et D* : Maurice Aubergé, Jacques Becker et Maurice Griffe. *D* : Maurice Aubergé. *I* : Nicolas Hayer. *Dc* : Max Douy. *M* : Jean-Jacques Grünenwald. *P* : Essor Cinématographique Français. 1944. *Interprétation :* Raymond Rouleau (Philippe Clarence), Micheline Presle (Micheline Lafaurie), Jean Chevrier (Daniel Rousseau), Jeanne Fusier-Gir (Paulette), Gabrielle Dorziat (Solange), Christiane Barry (Lucienne), Françoise Lugagne (Anne-Marie), Jane Marken (Mme Lesurque), Rosine Luguet (Rosette Lesurque), Marcelle Hainia (Mme Henriette), Roger Vincent (Roland), Marc Doelnitz (le cousin Lesurque), Paul Lhuis (le comptable), Paul Barge (le concierge), Nicolas Amato (Antoine), François Joux (l'ami de Lucienne), Paulette Langlais (la standardiste) et les mannequins de Marcel Rochas.

Grand couturier parisien remarquablement secondé par sa première vendeuse, Solange, Philippe Clarence travaille dans la fièvre et l'inspiration. Bourreau des cœurs, il passe d'une femme à l'autre. Anne-Marie, chef des ventes, fut sa maîtresse. Elle accepte de vivre dans son ombre. Philippe a maintenant une liaison avec un de ses mannequins, Lucienne. Ayant besoin d'un tissu spécial, il court le demander à son ami Daniel Rousseau, soyeux lyonnais de passage à Paris où il fait installer un appartement en vue de son mariage. Philippe rencontre Micheline Lafaurie, la fiancée de Daniel. Immédiatement séduit, il déclare qu'il va concevoir pour elle une robe de mariée. Daniel étant retourné à Lyon, Philippe courtise Micheline, rompt avec Lucienne et finit par devenir l'amant de la jeune fille. Micheline trouve des prétextes pour retarder son mariage. Mais elle découvre le cynisme de Philippe et s'éloigne de lui. Le couturier travaille à sa nouvelle collection comme un fou, obsédé par son amour pour Micheline. Lorsqu'elle vient essayer sa robe de mariée, il se déclare prêt à tout quitter pour partir avec elle. Anne-Marie a tout entendu. Elle se suicide. Micheline décide de rentrer dans sa famille à Reims et avoue à Daniel qu'elle ne peut plus l'épouser. Elle ne suivra pas non plus Philippe. Celui-ci vient la chercher. Daniel le jette dehors. A la présentation de la collection, Philippe arrive hagard, pas rasé. Il s'enferme dans son bureau, revêt un mannequin de cire de la robe blanche destinée à Micheline et saute par la fenêtre, le mannequin dans les bras.

FARANDOLE

R : André Zwobada. *S et D* : Henri Jeanson. *A* : André Cayatte. *I* : Armand Thirard. *Dc* : Robert Hubert. *M* : René Forget. *P* : Compagnons du Film. 1944. *Interprétation* : Gaby Morlay (l'actrice), Lise Delamare (Blanche), André Luguet (le banquier), Jany Holt (Marianne), Alerme (l'escroc), Bernard Blier (Sylvestre), Paulette Dubost (la grue), Louis Salou (le professeur de piano), Jean Davy (l'avocat de Marianne), Maurice Escande (le procureur), Alfred Adam (le marlou).

Un banquier ruiné est abandonné par sa maîtresse. Il se suicide après avoir confié une vingtaine de mille francs à une grue. Cet argent passe de main en main. Un escroc est arrêté chez une actrice qu'il avait dupée. Dans un palace une dactylo tue la femme de son amant. Le procès de la meurtrière est suivie de la banqueroute d'un autre financier et l'argent revient à la maîtresse d'un suicidé, dans le restaurant où elle était apparue au début.

LA FAUSSE MAÎTRESSE *(C)*

R et S : André Cayatte, d'après une nouvelle de Balzac. *D* : Michel Duran. *I* : Robert Le Febvre. *Dc* : André Andrejew. *M* : Maurice Yvain. *P* : Continental Films. 1942. *Interprétation* : Danielle Darrieux (Liliane Rander), Bernard Lancret (René Rivais), Jacques Dumesnil (Guy Carbonel), Lise Delamare (Hélène Carbonel), Gabrielle Fontan (Mme Carbonel), Alerme (Rander), Monique Joyce (Laetitia), Guillaume de Sax (Esquirol), Michel Duran (Mazios), Charles Blavette (Casimir), Maurice Baquet (Firmin), Gabriello (l'huissier), Maupi (Bonnemain), Guy Sloux (Sanitier), Huguette Vivier (Marina), Rambeauville (Pascaud).

Le cirque Rander s'est arrêté dans une ville du Roussillon. La jeune acrobate Liliane, fille du directeur, fait quelque peu scandale en se produisant dans un costume qui laisse voir ses formes. Un bourgeois de la ville, René Rivais, avant de l'équipe de rugby, reçoit un soir la visite d'Hélène, femme de son meilleur ami, Guy Carbonel. Furieuse d'être délaissée pour un banquet d'hommes, Hélène est prête à tromper Guy avec René. Il ne se passe rien mais le journaliste Mazios, qui a deviné la présence d'Hélène chez René, éveille les soupçons du mari. René prétend alors que la femme venue chez lui est Liliane Rander, et demande à celle-ci de passer pour sa maîtresse. D'abord indignée, Liliane accepte, croyant jouer la comédie pour un soir seulement. Mais le fisc vient pour saisir Rander et le cirque ne peut repartir. Il faut huit jours pour rassembler l'argent que René a offert de prêter au directeur. Pendant ce temps, René et Liliane continuent leur comédie à la face de la ville et finissent par se brouiller. Guy cherche à les réconcilier et Hélène croit que Liliane est la maîtresse de son mari. Mazios embrouille de nouveau les choses par ses ragots. Guy, dont la jalousie s'est ranimée, découvre un rendez-vous entre sa femme et René. Liliane se présente à la place d'Hélène et tombe dans les bras de René.

FÉLICIE NANTEUIL

R : Marc Allégret. *A* : Ch. de Peyret, Chappuis et Curt Alexander, d'après le roman d'Anatole France, « Histoire comique ». *D* : Marcel Achard. *I* : Louis Page. *Dc* : Paul Bertrand. *M* : Jacques Ibert. *P* : Films Impéria. 1942. *Interprétation* : Claude Dauphin (Aimé Cavalier), Micheline Presle (Félicie Nanteuil), Louis Jourdan (Robert de Ligny), Jacques Louvigny (Pradel), Mady Berry (Mme Michon), Marion Malville (Fagette), Marcelle Praince (Mme Nanteuil), Orbal (Constantin), Charles Lavialle (Durville), Charlotte Clasis (Mme Pierson), Max Revol (l'oncle Léopold), Simone Sylvestre (Mme de Ligny), Jean d'Yd (le docteur Socrate), Edmond Beauchamp (le jeune premier).

Paris, années 1890. Aimé Cavalier, obscur comédien de l'Odéon, vient jouer Cyrano de Bergerac dans une fête de bienfaisance où on le prend pour une célébrité. Une adolescente, Félicie Nanteuil, qui rêve de théâtre, interprète une petite scène et se fait remarquer de Cavalier. Il s'offre à lui donner des leçons de comédie et, lorsqu'il la croit bien préparée, la présente à Pradel, directeur de l'Odéon. Constatant les dons réels de Félicie, Pradel l'engage. Elle devient par reconnaissance la maîtresse de Cavalier et se rend bientôt compte qu'il n'est qu'un cabotin. Félicie rencontre un homme du monde, André de Ligny. Il la séduit, elle l'aime. Félicie est une actrice en vue. Cavalier, trompé et jaloux, la surveille et va lui faire des scènes jusque dans l'appartement de sa mère. Elle veut se débarrasser de lui, se montre cruelle à son égard. Il la menace. Félicie et André cachent leur amour dans un pavillon d'un quartier éloigné. Cavalier a découvert leur retraite. Un soir, il vient sonner à la porte et se suicide d'un coup de revolver sous les yeux des amants, en leur défendant d'être l'un à l'autre, par une sorte de malédiction. Hantée par le souvenir de Cavalier et croyant toujours l'entendre marcher avec ses souliers qui grinçaient, Félicie ne connaît plus ni repos ni bonheur et se trouve bientôt incapable d'approcher André. Il se résigne à la quitter et se marie. Félicie n'a plus de vie en dehors du théâtre. Accompagnée par son habilleuse, Madame Michon, elle va régulièrement fleurir la tombe de Cavalier, dont le fantôme la poursuit à jamais.

LA FEMME PERDUE

R : Jean Choux. *A et D* : Georges-André Cuel, Robert Coulon et Alfred Machard, d'après son roman. *I* : René Colas. *Dc* : Roland Quigon. *M* : Vincent Scotto. *P* : Consortium de Productions de Films. 1942. *Interprétation* : Renée St-Cyr (Marie Vidal), Jean Murat (Pierre Valin), Roger Duchesne (Jean Dubard), Jean Galland (l'abbé Munier), Myno Burney (Adrienne), Catherine Fonteney (Mme Valin), Marguerite Pierry (tante Sophie), France Ellys (Mme Vidal), la petite Monique Dubois (Jeannette), Violette France (Madeleine), Andréa Lambert (Mme Loyal), Frédéric Mariotti (Martin), Jean Rigaud (le père Grabouille), Pierre Labry (le cafetier), Lino Roxa (sa femme), Georges Guétary (le chanteur de la fête).

En 1936, un marin, Jean Dubard, fait la connaissance, dans un village proche des Sables-d'Olonne, de Marie Vidal, jeune bourgeoise qui devient sa maîtresse, en cachette de sa mère et de sa tante Sophie. Marie est enceinte. Jean veut l'épouser. Il est obligé de s'embarquer précipitamment et laisse une lettre pour Marie à la servante d'un petit café, Adrienne. Mais celle-ci, jalouse, fait croire à Marie que Jean est parti sans rien dire. Elle intercepte les lettres qu'il envoie au cours de sa traversée. Marie se voit abandonnée, quitte sa famille et va accoucher dans une autre ville. A son retour, Jean découvre la trahison d'Adrienne. La mère et la tante de Marie ne savent plus rien de la disparue. Dans une gare où elle se trouvait avec son bébé, la petite Jeannette, Marie a été secourue par Pierre Valin, propriétaire forestier. Il lui a trouvé du travail à Paris, puis l'a emmenée passer des vacances avec Jeannette, chez lui, dans les Landes. Sa mère a fait bon accueil à Marie et à l'enfant. Pierre épouse Marie et Jeannette devient sa fille. Le temps passe. La guerre de 1939 éclate, puis c'est la débâcle de 1940. Pierre, démobilisé, revient chez lui avec deux camarades de combat, l'abbé Munier, vicaire d'un village voisin, et Jean Dubard, qui lui a sauvé la vie. Après le choc de la rencontre avec Marie, Jean, au cours de la soirée, raconte le malentendu qui brisa son amour. Le trouble de Marie fait tout comprendre à Pierre. Dans la nuit, après une explication avec Jean, Marie avoue tout à Pierre. Il la laisse libre de choisir. Elle veut rester avec son mari. Jean menace d'emmener Jeannette. Mais, après un entretien avec l'abbé Munier, il s'en va sans rien dire, pour ne pas briser le bonheur de Marie.

LA FEMME QUE J'AI LE PLUS AIMÉE

R : Robert Vernay. *S et D* : Yves Mirande. *I* : Roger Hubert. *Dc* : René Renoux. *M* : Maurice Yvain. *P* : Regina. 1942. *Interprétation* : Arletty (la divette), Noël-Noël (le chirurgien), René Bergeron (le concierge), Jean Tissier (le directeur de théâtre), Mireille Balin (Jane), Raymond Rouleau (l'auteur), René Lefèvre (l'industriel), Renée Devillers (la dactylo), Charles Granval (le père de l'industriel), André Luguet (l'avocat), Michèle Alfa (la femme-sculpteur), Lucien Baroux (le peintre), Simone Berriau (la femme du peintre), Maurice Escande (Gaëtan), Georgette Tissier (la bonne du peintre), Pierre Magnier (l'hôte), Raymond Segard (Claude), Marcel Vallée (le critique), Aimos (le modèle), Bernard Blier (l'employé des pompes funèbres), Alfred Adam (le fondé de pouvoir), Paul Faivre (Panouille), Jacqueline Gauthier (Rose), Geneviève Morel (la bouquetière), Pierre Jourdan (l'ami de Claude), Paul Demange (le coiffeur).

Au cours d'un dîner, cinq hommes racontent à Claude, le neveu de leur hôte, qui connaît son premier chagrin d'amour, l'histoire de la femme que chacun a le plus aimée. Le chirurgien a été séduit par une divette de café-concert qui était sa locataire et ne payait pas son loyer. Le directeur de théâtre — un ancien huissier — a eu une passion pour Jane. Il la prenait pour l'auteur des pièces qu'elle lui proposait de monter. Elle était en réalité l'épouse d'un auteur dramatique dont elle souhaitait la réussite. L'industriel s'est épris, en vain, d'une dactylo. L'avocat a aimé à la folie une femme-sculpteur qui lui a préféré son art. Le peintre, passant par hasard pour mort, a découvert, le jour de ses funérailles, que sa femme le trompait avec son meilleur ami Gaëtan. Les histoires terminées, Claude voit revenir à lui la jeune fille qu'il croyait à jamais perdue.

LE FERME AUX LOUPS *(C)*

R : Richard Pottier. *S et D* : Carlo Rim. *I* : Armand Thirard. *Dc* : André Andrejew. *M* : Roger Dumas. *P* : Continental Films. 1943. *Interprétation* : François Périer (Bastien), Paul Meurisse (Furet), Martine Carol (Micky), Guillaume de Sax (le directeur du journal), Gabriello (La Tripe), Suzanne Dantès (la comtesse), Palau (le juge d'instruction), Frouhens (Mangiavaca), Georges Vasty (le sourd-muet), Jean Reynols (Alexis Boulinoff), Fernand Blot (Féroud), Paul Barge (Gustave), Jean Paley (Martial), Daniel Royer (Papillon), Georges Chamarat (M. Perruche), André Chanu (le secrétaire Chicot), Jean Vallois (le clochard), Cecyl Marcyl (la clocharde), Jean Hallé (le médecin légiste), Victor Tcherniavsky (Wladimir), Georges Zagrebelsky (le chauffeur), Henri Vilbert (Bardoux).

Bastien, journaliste, et Furet, photographe, travaillent pour L'Écho du jour*, faisant équipe ensemble. Au moment de partir en week-end avec Micky, la secrétaire du patron, dont ils sont tous deux amoureux, ils sont envoyés sur la zone où un vieux mendiant russe surnommé « le Moujik » a été assassiné. Détail insolite : l'homme, barbu, chevelu, avait les pieds et les mains propres et soignés. Bastien et Furet s'en vont alors en voiture avec Micky dans la forêt de Montmorency, mais un violent orage les oblige à se réfugier dans une maison isolée, appelée la « Ferme aux loups ». Dans une chambre, ils découvrent un cadavre identique à celui du Moujik de la zone. Et Micky remarque le portrait d'une femme qu'elle semble connaître. Un domestique russe, Wladimir, surgit et enferme les intrus dans la cave. Ils réussissent à s'évader. Bastien et Furet proposent alors à leur patron un reportage sensationnel. Celui-ci, averti par Micky qui semble très intime avec lui, va trouver la propriétaire d'une maison de couture, la* *femme du portrait de la « Ferme aux loups », une comtesse qui fut liée à l'émigration des Russes blancs. Le propriétaire de la maison, Alexis Boulinoff, avait un frère jumeau, dévoyé, qui vivait sur la zone. Bastien, qui vient d'apprendre que Micky est la fille du patron, mène son enquête avec zèle, aidé par la jeune fille. Le « Moujik » a attiré son frère dans sa cabane de la zone, l'a tué, lui a mis ses vêtements et a pris sa place. Mais qui l'a tué, à son tour, à Montmorency ? La police enquête à la « Ferme aux loups » et soupçonne Wladimir, retrouvé avec une jambe cassée. Le juge d'instruction veut le faire arrêter. Bastien et Furet, qui se sont glissés dans la place, attirent le véritable assassin, un sourd-muet maltraité par le propriétaire de la « Ferme aux loups », avec un mannequin à la ressemblance de Boulinoff. A cause de la ressemblance des deux frères, le sourd-muet a tué le « Moujik » qui revenait avec les habits de Boulinoff. Le reportage de Bastien et Furet va faire sensation. Micky épousera Bastien.*

FEU NICOLAS

R : Jacques Houssin. *S* : Mouézy-Eon et Jean Guitton. *D* : Jean Feline. *I* : Paul Coteret. *Dc* : Max Douy. *M* : Louis Gasté. *P* : Gray Film. 1943. *Interprétation* : Rellys (Nicolas), Suzanne Dehelly (Mme Balard), Jacqueline Gauthier (Jacqueline), Raymond Cordy (Victor), Tramel (le directeur des pompes funèbres), Yves Deniaud (Rigaud), Jean-Jacques Delbo (Villiers), Robert Dhéry (Edouard), Guy Sloux (Flochard), Leo Marjane (la chanteuse).

Nicolas, propriétaire d'un petit café à Paris, fait de mauvaises affaires. Sa femme Jacqueline dépense sans compter et la tante de celle-ci, Mme Balard, lui empoisonne l'existence. Jacqueline joue aux courses en cachette et Victor, le garçon de café, lui donne des tuyaux. Les entendant prononcer des noms de chevaux qui sont des mots d'amour, Nicolas se croit trompé. Pour échapper à ses ennuis et à ses dettes, il prend, sur le conseil de son ami Rigaud, les papiers d'un client ivre qui a laissé son portefeuille au café et est allé se jeter dans la Seine. Or le « suicidé », Flochard, était un figurant de cinéma jouant une scène filmée d'une camionnette. Rigaud, qui a remplacé les papiers de Flochard par ceux de Nicolas, fait publier dans un journal l'annonce de la noyade du cafetier. Nicolas apprend alors qu'il vient de gagner un million à une loterie. Le billet est dans son appartement et il a du mal à le récupérer. Mais, considéré comme mort, Nicolas ne peut toucher son million. Il fait un testament en faveur de son neveu de Pont-à-Mousson, Edouard, pour que celui-ci retire l'argent contre une commission. Chargé de remettre le document à Edouard qu'il ne connaît pas, Rigaud le donne par erreur à Flochard. Jacqueline et Mme Balard, commanditées par Villiers, ont transformé le café en boîte de nuit où l'on afflue. Nicolas s'y produit, déguisé en fakir. Flochard, toujours ivre, a remis le testament à Villiers. Après pas mal d'embrouilles, Nicolas est reconnu par Jacqueline. Il apprend qu'elle ne l'a jamais trompé, confond Villiers et reprend son identité.

FEU SACRÉ

R : Maurice Cloche. *S* : Pierre Rocher. *A* : Maurice Cloche et Roger Vitrac. *D* : Roger Vitrac. *I* : Léonce-Henri Burel. *Dc* : Jean Douarinou. *M* : Jean Marion et Yves Baudrier. *P* : P.A.C. 1941. *Interprétation* : Viviane Romance (Paulette Vernier), Georges Flamant (André Brugnaire), Frank Villard (Jean Delmas), Edouard Delmont (Papa Bricard), Marthe Sarbel (tante Marcelline), Orbal (Le Miteux), Lucien Callamand (Beauvais), Anthony Carretier (le metteur en scène), Catherine Perry (Régina), Robert Sidonac (M. Edouard), Claire Vervin (Anne), Nicolas Amato (le professeur d'art dramatique), Jean-François Martial (le douanier).

Le gala d'un film consacre vedette la comédienne Paulette Vernier. Elle se souvient... Quelques années auparavant, Paulette arrive de sa campagne pour loger à Montmartre chez sa tante Marcelline, qui lui a trouvé une situation. Elle ramasse les épingles dans une maison de couture puis, grâce à la recommandation d'un voisin de sa tante, M. Edouard, régisseur du Grand-Casino, elle devient figurante dans cet établissement. André Brugnaire, ancien boxeur, capitaine des boys, manifeste de la sympathie à Paulette. Les autres la jalousent. Régina, l'étoile de la revue, lui est hostile. Paulette s'éprend de Jean Delmas, un bourgeois, peintre amateur. Pour avoir protégé la jeune fille des convoitises du commanditaire du Grand-Casino, André est renvoyé. Il reprend son métier de boxeur. Le soir d'un combat où il a invité Paulette, celle-ci est quittée par Jean, qui rentre dans sa famille. Soutenue par l'amitié d'André, son propre courage et son talent, Paulette s'impose dans un ballet de la revue. Régina, en colère, l'insulte et se bat avec elle. Paulette, renvoyée, est victime d'une machination tendant à la faire passer pour la voleuse d'une bague de Régina. Afin de la défendre, André rompt le contrat qui l'appelait en Amérique. Il devient journaliste. Paulette trouve un engagement dans un autre music-hall mais, pour avoir été poussée à boire dans une soirée chez Anne, ancienne figurante du Grand-Casino, elle rate son numéro de danseuse. Courageusement, Paulette repart à zéro, fait de la figuration au cinéma, obtient un petit rôle, puis un grand. Le soir de son triomphe, elle quitte ses admirateurs pour rejoindre André qui s'éloignait discrètement et auquel elle avoue son amour.

LA FIANCÉE DES TÉNÈBRES

R : Serge de Poligny. *A* : Gaston Bonheur, d'après sa nouvelle, Serge de Poligny et, dans la clandestinité, Henri Calef. *D* : Gaston Bonheur. *I* : Roger Hubert. *Dc* : Jacques Krauss. *M* : Marcel Mirouze. *P* : Eclair-Journal. 1944. *Interprétation* : Pierre Richard-Willm (Roland Samblanca), Jany Holt (Sylvie), Edouard Delmont (M. Toulzac), Line Noro (Mlle Perdrière), Charpin (M. Fontvieille), Anne Belval (Marie-Claude Samblanca), Simone Valère (Dominique Samblanca), Léonce Corne (le docteur Estoril), Paul Demange (l'accordeur de pianos), Gaston Gabaroche (Eloi), Palau (le photographe de Tournebelle), Robert Dhéry (lhôtelier de Tournebelle), Guy Favières (M. Delmas), Jean Diener (le commandant), Marcelle Monthil (la dame distinguée), le petit Jean-Pierre Belmont (Tristan Samblanca).

Le pianiste compositeur Roland Samblanca revient à Carcassonne, sa ville natale, avec sa femme, Marie-Claude, sa sœur Dominique et son jeune fils Tristan. Parcourant la vieille cité à la recherche de ses souvenirs d'enfance, il rencontre une jeune fille vêtue de noir, aux allures mystérieuses. Sylvie, enfant de l'Assistance publique, a été adoptée par M. Toulzac, ancien instituteur à Montségur, maintenant paralysé et cloué sur une chaise roulante. Dans son logis de Carcassonne, ancienne demeure seigneuriale, Toulzac entretient pour quelques initiés, dont l'archiviste, Mlle Perdrière, le culte de la religion cathare, jadis écrasée par la croisade royale contre les albigeois. Une nuit, en se promenant sur les remparts, Sylvie revoit Roland. Une idylle romantique s'engage entre eux. Mais Sylvie se sent maudite. Deux garçons qui l'ont aimée sont morts dans des circonstances dramatiques et elle a eu la vision de Roland, tombé du haut des remparts. Elle rappelle sa « malédiction » à Toulzac, qui se considère comme le dernier évêque albigeois et voit en elle une prédestinée. Sylvie décide de défier le destin. Elle poursuit son aventure avec Roland, accepte d'aller avec lui, un dimanche, au bal de l'Écluse : un crime passionnel a lieu sous leurs yeux, à bord d'une péniche. Sylvie décide alors de fuir avec Roland loin de Carcassonne. Elle veut se faire remplacer auprès de Toulzac par Mlle Perdrière. L'archiviste assiste à une soirée chez M. Fontvieille, poète local et oncle de Roland. Lorsque Sylvie vient la chercher, elle est prise d'un malaise et tombe morte. Epouvantée, Sylvie revient au logis de Toulzac. Le domestique Eloi, qui creuse depuis des jours le jardin pour retrouver l'entrée de la cathédrale souterraine des albigeois, vient de faire surgir une statue ouvrant une dalle. Selon un vieux parchemin, une fille sauvage dont l'ombre fait fuir l'amour est désignée pour descendre dans la cathédrale engloutie. Pour Toulzac, c'est la mission de Sylvie. Elle accepte de partir dans les entrailles de la terre. Roland, qui l'a vue de loin s'enfoncer sous la dalle, la suit. Sylvie débouche dans une immense grotte, le sanctuaire albigeois, et commence les rites indiqués par Toulzac. Roland la rejoint, lui crie son amour. La cathédrale s'écroule. Roland et Sylvie échappent à la mort et se retrouvent dans un paysage de rêve, Tournebelle, où ils vont vivre quelques heures d'amour merveilleuses. Une tempête éclate, rappelant à Sylvie sa « malédiction ». Elle quitte Roland endormi et rentre à Carcassonne. Lorsque Roland, pour la retrouver, se présente chez Toulzac, on lui apprend que le vieil homme est mort et Sylvie partie. Roland revient à son foyer et se remet à composer au piano. Sylvie s'était cachée lors de sa visite. Elle s'en va, la nuit, vers la gare. Par une fenêtre éclairée, elle aperçoit Roland au milieu des siens.

FIÈVRES

R : Jean Delannoy. *S, A et D* : Charles Méré. *I* : Paul Cotteret. *Dc* : Pierre Marquet et Maurice Magniez. *M* : Henri Bourtayre, Henri Goublier fils et Roger Lucchesi. Et Haendel, Lalo, Mozart et Schubert. *P* : Films Minerva. 1941. *Interprétation* : Tino Rossi (Jean Dupray), Madeleine Sologne (Marie Dupray), Jacqueline Delubac (Edith Watkins), Ginette Leclerc (Rose), Jacques Louvigny (Tardivel), René Génin (Louis Martet), Lucien Gallas (l'homme traqué), Jean Reynols (le prieur), André Bervil (Antonio), Léonce Corne (Caboussol), Georges Bever (Georges), André Carnège (le médecin), Maxime Fabert (Charles).

Un homme, blessé à la suite d'une rixe et recherché par les gendarmes, se réfugie dans un monastère. Au lieu de le livrer, le prieur le soigne et lui raconte l'histoire de frère Marco, qui chante dans la chapelle. Vingt ans auparavant, ce moine était Jean Dupray, ténor célèbre à l'Opéra de Paris. Il aimait tendrement sa femme Maria, qui était de santé délicate. Une riche Américaine, Edith Watkins, entreprit de séduire Jean. Elle y parvint, à force de se trouver sans cesse sur son chemin. Malgré l'amitié de l'impresario Tardivel, Maria finit par comprendre qu'elle était trompée. Elle erra une nuit sous la pluie et succomba à une hémoptysie dans les bras de Jean, au moment où celui-ci allait rompre avec Edith. Abondonnant sa carrière, Jean se retira dans un village du Midi proche du monastère. Tardivel réussit à l'y retrouver. Il voulait le décider à remonter sur une scène. Au cours du repas de fiançailles de son ami Louis Martet, le pêcheur, et de Rose, une fille aguichante, Jean fut prié de chanter. Rose, qui avait des disques de Jean Dupray, reconnut sa voix. Elle l'attira sur la plage pour le tenter. Louis survenant, Rose dressa les deux hommes l'un contre l'autre. Louis fut blessé. Jean comprit qu'il était cause de tout et, après avoir confié Louis à Rose, repentante, il se retira au monastère. L'homme traqué a saisi la leçon. Il s'en va, en laissant son couteau avec lequel il a failli causer un malheur. *

LA FILLE DU PUISATIER

R, S et D : Marcel Pagnol. *I* : Willy. *Dc* : Cot et Marius Brouquier. *M.* : Vincent Scotto. *P* : Films Marcel Pagnol. 1940. *Interprétation* : Raimu (Pascal Amoretti), Fernandel (Felipe Rambert), Josette Day (Patricia Amoretti), Georges Grey (Jacques Mazel), Line Noro (Mme Mazel), Charpin (M. Mazel), Milly Mathis (Tante Nathalie), Tramel (Maxime Exbrayard), Maupi (le commis), Claire Oddera (Amanda Amoretti), Roberte Arnaud (la petite Roberte), Raymonde (Eléonore Amoretti), Rosette (Marie Amoretti), Liliane (Isabelle Amoretti), Charles Blavette (le teinturier), Lucien Callamand (le colonel aviateur), Jean Heuzé (le capitaine aviateur).

Pascal Amoretti creuse des puits dans la campagne provençale. Il est veuf et père de six filles qu'il élève dignement. Il aimerait voir l'aînée,

Patricia, mariée à son ouvrier, Felipe Rambert, brave garçon un peu rustaud. Mais Patricia s'éprend de Jacques Mazel, officier d'aviation, fils de commerçants de Salon-de-Provence. Au retour d'un meeting, Jacques la reconduit. Elle se donne à lui. Le lendemain, il est rappelé d'urgence pour des manœuvres militaires. Jacques demande à sa mère de remettre une lettre à Patricia, mais Mme Mazel, qui ne supporte pas la différence de milieu social, n'en fait rien. Sans nouvelles, Patricia se croit abandonnée. La guerre a éclaté. Patricia, enceinte, avoue tout à son père. Accompagné de ses six filles, le puisatier va demander réparation aux Mazel. Il est éconduit. Patricia envoie sa fille accoucher auprès de sa tante Nathalie la blanchisseuse. Felipe, rappelé sous les drapeaux, vient en permission. Il offre à Patricia de l'épouser et de reconnaître l'enfant et les ramène tous les deux à Pascal. Jacques Mazel passe pour mort à la guerre. Ses parents, endeuillés, réclament leur petit-fils. Pascal, qui a pris le bébé en affection, refuse de le leur confier. Mais, après la débâcle de 1940, Jacques revient vivant. Il épouse Patricia et les deux familles sont réconciliées. *

FLORENCE EST FOLLE

R : Georges Lacombe. *S* : Jean Sacha et Alex Joffé. *A* : Gilles Grangier et Alex Joffé. *I* : Armand Thirard. *Dc* : Lucien Carré. *M* : Jean Marion. *P* : Eclair-Journal et P.A.C. 1944. *Interprétation* : Annie Ducaux (Lucile Benoit et Florence Bolero), André Luguet (Jérôme Benoit), Marcelle Praince (Mme Chantelouve), Armontel (le professeur Wonder), Jacques Louvigny (le docteur Dieudegard), Yves Deniaud (Bianco), Palau (Borel), Jean-Jacques Lécot (Boby Joyce), Eugène Yvernes (Alexandre), Paul Faivre (Pierre Benoit), Robert Le Fort (le photographe), André Wasselet (l'inspecteur), Charpini et Brancato (les duettistes).

Le procureur général Jérôme Benoit ne veut tenir aucun compte de la psychologie des criminels, comme l'y incite le professeur Wonder, psychiatre appelé souvent comme expert dans les procès. Jérôme est marié à Lucile, bourgeoise austère, sèche et moralisante. Elle l'a habitué à la rigueur. Un jour, Florence part en voyage et tombe en léthargie à la suite d'un accident de voiture. Revenant à elle, elle prétend être Florence Bolero, vedette internationale de music-hall, et ne reconnaît personne de son entourage. Pour Wonder, il s'agit d'un dédoublement dont Lucile ne sortira qu'à la suite d'un choc psychologique. Florence sème partout l'excentricité et la fantaisie, amène Jérôme à changer de costumes, d'allures, de manières. Elle s'installe dans un palace et il la suit, devenant en quelque sorte son impresario, dans l'attente du « choc psychologique ». Sa belle-mère, Madame Chantelouve, lui révèle que Lucile écrivait en cachette un roman, Florence Bolero, demoiselle de music-hall. *Elle s'est identifiée à ce personnage imaginaire. Jérôme tombé amoureux de cette femme nouvelle, bien plus plaisante que Lucile, est entraîné par elle dans des aventures ahurissantes. Il désire garder Florence. Celle-ci vient se faire épouser. En discutant avec elle, Jérôme, agacé par cette complication, la gifle. Florence redevient alors Lucile et remet de l'ordre dans la maison. Sur les conseils de sa mère, elle réadapte la personnalité de Florence à sa nouvelle vie conjugale, pour le bonheur de Jérôme.*

FORTE TÊTE

R : Léon Mathot. *S* : Edianto. *D* : Leopold Marchand. *I* : René Gaveau. *Dc* : Mary. *M* : Maurice Yvain. *P* : Films Sirius. 1942. *Interprétation* : René Dary (René Rochet), Aline Carola (Jeannette), Guillaume de Sax (Dargillières-Levrault), Roland Toutain (La Clapette), Paul Azaïs (Alexandre), Catherine Fonteney (la gouvernante), le petit Pierre Brulé (Gérard), André Carnège (l'inspecteur de police), Gilberte Joney (Emma), Charles Lemontier (Leroy), Mireille Lorane (Véra), Maurice Pierrat (le patron), Marcel Vibert (le précepteur), Camille Beuve (Dubonneau).

René Rochet est comptable dans la banque de M. Dargillières-Levrault. Celui-ci fait élever à la campagne son petit-fils Gérard, confié aux domestiques. Une dactylo, Jeannette, s'occupe de temps en temps de l'enfant. Elle est fiancée à René. Un vol de 20 000 francs est commis à la banque. René, qui a commis autrefois une indélicatesse, est soupçonné. Il n'y a aucune preuve contre lui mais, répondant à Dargillières-Levrault avec brusquerie et insolence, il perd son emploi. René rencontre alors Alexandre, ancien compagnon de ses mauvais jours, qui tient un tripot clandestin. Lors d'une descente de police, Alexandre glisse l'argent du tripot dans la poche de René, qui s'enfuit et se débarrasse plus tard de l'argent. René arrive par hasard au château de Fontage et sauve Gérard d'un incendie. L'enfant s'attache à lui. Le sachant petit-fils de Dargillières-Levrault, René le ramène avec lui à Paris. René manque d'argent, ne trouve pas de travail. Alexandre s'empare de Gérard pour l'entraîner au château. Il veut lui faire indiquer la cachette des bijoux de famille. René arrive à temps pour réduire Alexandre à merci. Il ramène Gérard à son grand-père. Le vrai coupable du vol est découvert. René reprend sa place à la banque. Il se mariera avec Jeannette.

FOU D'AMOUR

R, S et D : Paul Mesnier. *I* : Geo Clerc. *Dc* : René Renoux. *M* : Roger-Roger. *P* : Monaco-Films. 1942. *Interprétation* : Elvire Popesco (Arabella), Henri Garat (Claude Servin), Marcel Vallée (M. Servin), Micheline Francey (Solange Perrier), Andrex (Ulysse), Jacques Louvigny (le professeur Hauteclair), Carette (le concierge), Viviane Gosset (Noémie), Pasquali (le parieur), Jean Rigaux (le ténor), Annette Poivre (la Prude).

M. Servin, patron d'un grand magasin, est obligé de prendre du repos. Il demande à son fils Claude de le remplacer quelque temps. Claude prépare, à Montmartre, des revues de cabaret avec son ami Ulysse. Tous deux modernisent le magasin qui de Petit Econome *devient* Le Grand Prodigue. *Les clients affluent et Claude use de son charme personnel dans les nouvelles méthodes de vente. Un jour, il remarque une jeune fille qui accompagnait une femme blonde, kleptomane. Aidé par Ulysse, il la retrouve. Solange Perrier est la filleule du professeur Hauteclair qui dirige une clinique psychiatrique pour doux maniaques, parmi lesquels se trouve la kleptomane Arabella. Très amoureux de Solange, Claude réussit, après plusieurs tentatives infructueuses, à se faire interner à la clinique avec Ulysse. Solange le soigne et apprend par Arabella qu'il n'est pas fou. Elle accepte son amour.*

FRÉDÉRICA

R, S et D : Jean Boyer, d'après la pièce de Jean de Letraz. *I* : Lucien Joulin. *Dc* : P. Marquet. Chansons de Charles Trenet. *Adaptation musicale* : Georges van Parys et Henri Forterre. *P* : Jason. 1942. *Interprétation* : Charles Trenet (Gilbert Legrand), Suzet Maïs (Lilette), Elvire Popesco (Frédérica), Rellys (Théodule), Robert Arnoux (Julien Blanchet), Jacqueline Gauthier (Claudine Moulin), Jacques Louvigny (le baron Auguste Chatelard de Gontrais), Christian Gérard (Bobby), Maurice Baquet (Max), Hélène Tossy (Mlle Louise).

Le chanteur-compositeur Gilbert Legrand s'apprête à épouser Lilette, au grand désarroi de ses amis Théodule, Julien et autres bohèmes avec lesquels il se montrait très généreux. Or Gilbert, en composant ses chansons, s'est épris d'une femme imaginaire, à laquelle il a donné le nom de « Frédérica ». Il lui écrit même des lettres à Saint-Moritz, à une adresse inventée. Lilette se fâche en entendant parler de Frédérica et envisage la rupture. Claudine, la petite amie de Théodule, aime Gilbert et consent à se faire passer pour Frédérica, afin de calmer Lilette. Elle embrouille tout. Les lettres de Gilbert sont arrivées dans un palace de Saint-Moritz où descend une femme séduisante dont le prénom est, par le plus grand des hasards, Frédérica. Touchée, celle-ci veut faire la connaissance de Gilbert, malgré l'opposition du baron Auguste Chatelard de Gontrais, son prétendant. Au moment où Gilbert se rend à la mairie avec Lilette, un billet signé Frédérica lui donne rendez-vous. Il quitte sa fiancée et se trouve en présence de la véritable Frédérica qui tombe amoureuse de lui. Pris entre trois femmes, ne sachant laquelle choisir, menacé d'un duel au sabre par le baron, Gilbert décide de rester célibataire et fidèle à son idéal : la chanson. Toutefois, grâce à lui, trois couples seront heureux : le baron et Frédérica, Julien et Lilette, Théodule et Claudine.

FROMONT JEUNE ET RISLER AÎNÉ

R : Léon Mathot. *A et D* : A. Pons, d'après le roman d'Alphonse Daudet. *I* : René Gaveau. *Dc* : Jaquelux. *M* : René Sylviano. *P* : U.F.P.C. 1941. *Interprétation* : Mireille Balin (Sidonie), Junie Astor (Claire Fromont), Jean Servais (Georges Fromont), Georges Vitray (Risler aîné), Bernard Lancret (Frantz Risler), Marguerite Pierry (Anna Dobson), Julien Carette (Achille), Arthur Devère (Gardinois), Paul Escoffier (Fromont père), Francine Bessy (Désirée Delobelle), René Génin (Delobelle), Tichadel (M. Chèbe), Pierre Larquey (Sigismond Planus), Marcelle Géniat (Mme Delobelle), France Ellys (Mme Chèbe).

M. Fromont, propriétaire d'une usine de papiers peints, est tué accidentellement dans un accident de chasse. Son fils Georges lui succède à la tête de l'entreprise, avec pour associé Risler aîné, homme de confiance de son père. Selon le vœu de Fromont, il épouse sa cousine Claire. Par dépit, Sidonie Chèbe, fille d'un employé de la maison Fromont qui avait réussi à se faire aimer de Georges, épouse Risler aîné dont le frère cadet, Frantz, était épris d'elle. Frantz va s'éloigner sans voir l'amour que lui porte Désirée Delobelle, la fille jolie mais boiteuse d'un comédien raté, voisin de M. et Mme Chèbe. Sidonie, intrigante, cherche à tenir un rang bourgeois. Poussée par Anna Dobson, son professeur de piano, elle devient la maîtresse du faible Georges Fromont. Il la couvre de bijoux et de cadeaux avec l'argent de l'usine. Inquiet de ces dépenses excessives qui mettent l'entreprise en péril, le caissier Sigismond Planus fait intervenir Frantz Risler. Sidonie séduit et compromet le jeune homme, au désespoir de Désirée. L'usine est au bord de la faillite. Claire Fromont, à qui son mari a tout avoué, tente en vain de l'aider. Risler aîné, enfin averti de la trahison de Sidonie, la contraint à rendre tous les bijoux et objets de valeur offerts par Georges. Il les vend et sacrifie ses propres biens pour sauver la maison Fromont. Après avoir failli mourir d'une crise cardiaque, il pardonne à Sidonie, repentante. Frantz Risler épousera Désirée.

GOUPI MAINS-ROUGES

R : Jacques Becker. *A* : Jacques Becker et Pierre Véry, d'après son roman. *D* : Pierre Véry. *I* : Jean Bourgoin. *Dc* : Pierre Marquet. *M* : Jean Alfaro. *P* : Minerva. 1942. *Interprétation* : Fernand Ledoux (Goupi Mains-Rouges), Georges Rollin (Goupi-Monsieur), Robert Le Vigan (Goupi-Tonkin), Blanchette Brunoy (Goupi-Muguet), Arthur Devère (Goupi-Mes-Sous), Maurice Schutz (Goupi-l'Empereur), Germaine Kerjean (Goupi-Tisane), Marcelle Hainia (Goupi-Cancan), René Génin (Goupi-Dicton), Guy Favières (Goupi-la-Loi), Line Noro (Marie-des-Goupi), Albert Rémy (Jean des Goupi), Marcel Pérès (Eusèbe), Pierre Labry (le menuisier), Louis Seigner (l'instituteur), Maurice Marceau (un porteur).

Dans un village de Charente vit la famille Goupi, dont chaque membre est doté d'un surnom correspondant à son caractère et à ses manies. Goupi-Mes-Sous, marié en secondes noces à Goupi-Cancan, tient une auberge à côté de la ferme du clan, régenté par une vieille fille autoritaire, Goupi-Tisane. L'ancêtre, Goupi-l'Empereur, a 106 ans. Mes-Sous a décidé de marier son fils, Eugène, dit Monsieur parce qu'il est directeur d'un grand magasin à Paris, avec sa cousine Goupi-Muguet, fille de Goupi-Dicton. Ce soir-là, Mains-Rouges, le braconnier, est allé attendre Monsieur à la gare. Il le ramène en carriole, fait semblant d'avoir un essieu abîmé, le conduit dans sa cabane au fond des bois et, avec le concours de son autre neveu Goupi-Tonkin, ancien colonial, lui monte une comédie pour le faire fuir, effrayé. Pendant ce temps, à la ferme, la famille attend dans l'étable la naissance d'un veau. L'Empereur, resté seul, chipe 10 000 francs placés dans l'armoire à linge par Tisane. Il boit un peu trop de vin et tombe raide sur le sol, l'argent dans la main. Tonkin arrive et prend les 10 000 francs, Tisane s'en aperçoit et court après Tonkin, armée d'un fouet. Elle se heurte au domestique Jean, fils de la servante Marie, qui a peur d'elle. Après avoir erré dans la nuit, Monsieur arrive à la ferme, voit le cadavre de l'Empereur dans la salle commune et se sauve. La famille le retrouve, le lendemain matin, dans la campagne où il a dormi, non loin d'un fourré où gît le corps de Tisane assassinée, les 10 000 francs à côté d'elle. Les soupçons se portent sur Monsieur, le Parisien étranger au clan, d'autant qu'on se demande où est le magot dont l'Empereur, revenu à la vie mais ayant perdu la parole, connaît seul la cachette. Mes-Sous enferme son fils dans une étable, privé de nourriture, pour le forcer à avouer. Il vient d'apprendre que le jeune homme est un simple employé de magasin. Muguet ne désirait pas le mariage avec Monsieur, mais elle trouve son cousin sympathique et noue une idylle avec lui. Tonkin, jaloux, va alors prévenir les gendarmes. Les Goupi se solidarisent contre l'autorité et l'Empereur, étendu sur son lit, retrouve l'usage de la parole pour se moquer des gendarmes. Tonkin s'est réfugié dans la cabane de Mains-Rouges. Il lui avoue avoir tué Tisane parce qu'elle maltraitait Jean. Pour ne pas être arrêté, il grimpe au sommet d'un arbre et, pris d'une crise de folie, se jette dans le vide. Mains-Rouges a découvert la cachette du magot de l'Empereur : le balancier et les poids de la grande pendule sont en or, maquillé en cuivre. D'accord avec l'Empereur, il déclare à la famille que le magot doit rester secret, sauf si la propriété était menacée. Monsieur va épouser Muguet. Mains-Rouges lui montrera la cachette lorsqu'il sentira l'heure de sa mort venue. *

GRAINE AU VENT

R : Maurice Gleize. *A et D* : Stève Passeur, d'après le roman de Lucie Delarue-Mardrus. *I* : Jules Kruger. *Dc* : Garnier. *M* : Jean Hubeau. *P* : Lux. 1943. *Interprétation* : Carlettina (Alexandra), Jacques Dumesnil (Bruno Horp), Gisèle Casadesus (Germaine Horp), Lise Delamare (Fernande), Odette Talazac (la nourrice).

Le sculpteur Bruno Horp vit en Normandie avec sa femme Germaine et leur fille, Alexandra, petite sauvageonne qui braconne et fait l'école buissonnière. Germaine Horp meurt en mettant au monde une autre fille. Bruno considère celle-ci comme une intruse. Il met en nourrice, pour s'en débarrasser, le bébé qui a coûté la vie à sa femme. Sa servante, Fernande, mène la maison et prend de l'ascendant sur lui, car il s'est mis à boire et néglige son travail. Alexandra n'avait pas accepté sa petite sœur. Mais elle découvre que la nourrice la soigne mal et qu'elle est en danger. Contre l'avis de son père et de Fernande, Alexandra ramène le bébé, dont elle s'occupera elle-même. Sa nature sauvage se transforme. Elle écarte Fernande, qui intriguait pour épouser Bruno, et redonne à son père le goût de la vie et du travail.

LE GRAND COMBAT

R : Bernard-Roland. *S* : Marcel Rivet. *A* : Henri Decoin et Marcel Rivet. *D* : Henri Decoin. *I* : Pierre Bachelet. *Dc* : Mary. *M* : Georges van Parys. *P* : S.U.F. (Jean Clerc). 1942. *Interprétation* : Blanchette Brunoy (Sylvette), Lucien Baroux (Victor), Jules Berry (Charlie), Jimmy Gaillard (Bernard Chabrier), Suzanne Dehelly (Antoinette), Georges Flamant (K.O. Bouillon), Marcel Dieudonné (Paul), Jean-Marie Boyer (Jackie), Marcel Thil (l'arbitre).

Le champion de boxe Jack Diamant est tué accidentellement, en combat par K.O. Bouillon. Son entraîneur, Victor, se retire sur la Côte d'Azur chez sa femme Antoinette. Tous deux recueillent Sylvette et Jackie, sœur et frère de Diamant. L'inaction pèse bientôt à Victor. Il rencontre un jeune mécanicien, Bernard Chabrier, qui a le goût de la boxe. Il doit l'entraîner en cachette car Sylvette, tombée amoureuse de Bernard, hait le métier qui a coûté la vie à son frère aîné. Par l'entremise d'un louche individu, Charlie, un combat est organisé entre Bernard et K.O. Bouillon. Celui-ci bat le jeune homme et lui fait perdre la vue. Sylvette pardonne à Bernard, pour l'aider. Victor ne peut admettre la défaite de son poulain. Bernard ayant recouvré la vue, l'entraîneur lui fait à nouveau affronter K.O. Bouillon dans un grand combat dont, cette fois, il sort vainqueur. Mais, tenant une promesse faite à Sylvette, Bernard abandonne la boxe.

LA GRANDE MARNIÈRE

R : Jean de Marguenat. *A* : Jean de Marguenat et H. André Legrand, d'après le roman de Georges Ohnet. *D* : Roger Ferdinand. *I* : Fedote Bourgassoff. *Dc* : René Renoux et Henri Menessier. *M* : Henry Verdun. *P* : Les Moulins d'Or. 1942. *Interprétation* : Fernand Ledoux (Carvajan), Ginette Leclerc (Rose Chassevent), Jean Chevrier (Pascal Carvajan), Micheline Francey (Antoinette de Clairefont), Pierre Larquey (Me Malézeau), Raymond Cordy (Purtois, l'aubergiste), Robert Le Vigan (Fleury), Marguerite Deval (Isabelle de Clairefont), Pierre Magnier (le marquis de Clairefont), Hubert de Malet (Robert de Clairefont), Sinoël (Chassevent), Camille Bert (le juge d'instruction), Guy Lainé (Rousseau), Marthe Mellot (Sophie), Duvaleix (Tondeur), Henri Nassiet (le président de la cour d'assises), Solange Varenne (Madeleine).

Années 1880. Le vieux marquis de Clairefont s'est presque complètement ruiné à de vaines inventions. Carvajan, auquel il avait loué une carrière de chaux improductive, découvre avec son assistant Fleury un gisement au moment où le contrat de location arrive à expiration. Il veut rester, mais Robert, fils du marquis, le chasse. Carvajan, usurier à ses heures, rachète une lourde créance du châtelain à un paysan. Son fils Pascal, avocat, revient au pays et s'éprend d'Antoinette, la fille du marquis, tandis que Robert poursuit de ses assiduités Rose Chassevent, fille d'un braconnier. Pascal tente de faire renoncer Carvajan à son hostilité contre les Clairefont. L'usurier a déjà fait réclamer le paiement de la créance par le notaire, Mᵉ Malézeau, et tient à sa vengeance. Le soir de la fête de la moisson, Fleury et Rousseau, un berger boiteux, se disputent Rose au bal. Celle-ci part dans les bois avec Robert de Clairefont. On l'y trouve morte, assassinée. Carvajan et Fleury font accuser Robert, qui est arrêté. Le marquis se trouve à la merci de Carvajan, mais Pascal décide d'assurer la défense de Robert car il croit à son innocence. Au cours du procès en cour d'assises, Pascal se dresse contre son père et confond Fleury et Rousseau, qui se rejettent l'un sur l'autre la responsabilité du meurtre de Rose. Robert est acquitté. Pascal et Antoinette se marieront pour réconcilier leurs familles.

LA GRANDE MEUTE

R : Jean de Limur. *A et D* : H. André Legrand et Paul Vialar, d'après son roman. *I* : Charles Suin. *Dc* : Robert-Jules Garnier. *M* : René Cloërec. *P* : Pathé Cinéma. 1944. *Interprétation* : Jacques Dumesnil (Côme de Lambrefaut), Aimé Clariond (Martin du Bocage), Jacqueline Porel (Agnès du Charençay), Jean Brochard (Mᵉ Marvaut), Suzanne Dantès (la marquise du Badoul), Paulette Elambert (Laurette), Moriss (le marquis du Badoul), Paul Ville (le curé), Julienne Paroli (Sylvie).

Côme de Lambrefaut hérite de son père un grand domaine de province hypothéqué et la plus belle meute de France : cent dix chiens de chasse à courre. Pour garder tout cela, il lui faut faire un riche mariage. Le notaire Marvaut présente Côme à Martin du Bocage, qui a une fille à caser. Mais c'est Agnès du Charençay, orpheline pauvre, que Côme épouse, car elle partage sa passion de la chasse. La nuit de leurs noces, Côme et Agnès se défient pour une question de vénerie et s'en vont aussitôt chasser ensemble. Agnès attend un enfant. Côme espère un fils. Malgré la défense de son mari, Agnès participe à une grande chasse à courre et fait une fausse couche. Elle ne pourra plus jamais être mère. Côme se détache d'elle et a une liaison avec une servante, Laurette. Blessée dans sa dignité, Agnès divorce et se remarie avec Martin du Bocage. Sachant les difficultés financières de Côme, elle veut lui arracher sa grande meute. Pour conserver au moins son château, qui doit être vendu par décision judiciaire, Côme cède sa meute à Martin du Bocage. Il ne lui reste que 10 chiens. Laurette accouche d'une fille, ce qui le déçoit. Le notaire Marvaut, qui voulait faire de Côme son légataire universel, meurt sans avoir rédigé de testament. Côme ne pourra reconstituer sa meute et il est complètement ruiné. La guerre de 1939 éclate. Il s'engage. Pendant la débâcle de 1940, Côme, blessé, revient à son château qui a été incendié. Un seul chien, le vieux Fandore, est encore vivant. Au domaine du Bocage, Agnès est restée veillant sur la meute. Elle se décide à ouvrir le chenil pour libérer les chiens. La propriété est bombardée et Agnès est atteinte par un éclat de bombe. Elle va mourir avec Côme, qui s'est traîné jusque chez elle pour sauver son ancienne meute et auquel elle a demandé pardon.

HAUT-LE-VENT

R : Jacques de Baroncelli. *S* : José Germain, d'après un conte de Jean Vignaud. *D* : Paul Vialar. *I* : Georges Million. *Dc* : Pierre Marquet. *M* : Henri Goublier. *P* : Minerva. 1942. *Interprétation* : Charles Vanel (François Ascarra), Mireille Balin (Gisèle Etchegarrey), Gilbert Gil (Joachim Esteban), Francine Bessy (Eléna), Marcel Vallée (Pélussin), Marcelle Géniat (tante Anna), Jean Joffre (Bressy), André Carnège (le directeur de banque), André Nicolle (le notaire), Georges Péclet (Charles), Georges Colin (Ispéguy), Pierre Clarel (Gustave), François Joux (Iriart), Sébastien Castello (le médecin), Eugène Frouhins (le patron du café), Jacques Courtin (Pablo).

En 1906, dans un village du Pays basque, un riche fermier, Ascarra, se dispute avec un autre fermier, Esteban, dont le fils se suicide après cette altercation. Ascarra quitte le pays et va s'établir en Argentine. En 1940, son descendant, François, important industriel de Buenos Aires, vient en France, avec son fils Joachim, pour régler quelques affaires. Sur le bateau, ils apprennent l'invasion allemande et la signature de l'armistice. Ils se rendent au domaine familial de Haut-le-Vent, que François a décidé de vendre. Les villageois, se souvenant du drame de 1906, lui manifestent une certaine hostilité. Sa tante Anna, gardienne du domaine, est choquée de sa décision. Joachim sympathise avec sa cousine Eléna. François rencontre Gisèle Etchegarrey, fille de l'Esteban suicidé et veuve. Pressée d'argent, elle va être obligée de vendre son château et ses terres, voisines de Haut-le-Vent. Un homme d'affaires véreux, Pélussin, lui a offert son aide et la courtise. Il est prêt à acheter Haut-le-Vent. Mais François s'éprend de Gisèle et chasse Pélussin de chez elle. Pour se venger, l'homme d'affaires fait mettre le feu à un bois appartenant aux Ascarra. Eléna se trouve dans une cabane cernée par l'incendie. François la sauve, s'attirant ainsi la sympathie des villageois. Le jour de la vente aux enchères, il rachète lui-même Haut-le-Vent et décide d'y rester avec Gisèle. Joachim épousera Eléna. François fait venir de Buenos Aires ses ouvriers qui cultiveront les terres.

HISTOIRE DE RIRE

R : Marcel L'Herbier. *S* : Georges Neveux et Armand Salacrou, d'après sa pièce. *D* : Armand Salacrou. *I* : Roger Hubert. *Dc* : Robert Gys. *P* : Discina. 1941. *Interprétation* : Fernand Gravey (Gérard Barbier), Micheline Presle (Adélaïde Barbier), Marie Déa (Hélène Donaldo), Pierre Renoir (Jules Donaldo), Bernard Lancret (Jean-Louis Deshayes), Gilbert Gil (Achille Bellorson), Monique Rolland (Coco d'Antibes).

Chaque vendredi, l'homme d'affaires Gérard Barbier s'enferme dans la grenier de sa maison avec son ami d'enfance, Jean-Louis Deshayes, pour jouer aux boules. Adélaïde, dite « la petite Adé », femme de Gérard, souffre d'être négligée. Le jeune Achille Bellorson la courtise mais, trop sûr de la fidélité d'Adé, Gérard n'est pas jaloux. Jean-Louis est l'amant d'Hélène Donaldo, une femme mariée, qui a décidé de partir avec lui. Pour donner une leçon à Gérard, Adé disparaît un vendredi avec Achille. Jean-Louis et Hélène, s'en allant dans le Midi, emmènent Gérard avec eux, afin de le distraire de son chagrin. Ils s'installent dans un grand hôtel de Cannes. Jules Donaldo a reçu des nouvelles d'Hélène. Il entre en rapport avec Adé qui, toujours flanquée d'Achille, le suit à Cannes. Au cours d'une soirée au Palm Beach, Donaldo observe la table où Hélène se trouve avec Jean-Louis et Gérard, auquel les autres ont trouvé une compagne, Coco d'Antibes. Adé est jalouse. Le lendemain, elle envoie Achille demander à Gérard s'il lui a pardonné. Achille refuse de dire où elle se trouve et se sauve. Le portier avertit Gérard au téléphone qu'on veut monter chez lui de la part de sa femme. C'est Donaldo qui se présente. Devant Jean-Louis, il rappelle à Hélène comment elle a menti à son amant. Leur aventure n'a été qu'une « petite histoire de rire ». Jean-Louis comprend qu'Hélène n'a jamais cessé d'aimer son mari. Adé surgit et se réconcilie avec Gérard. Après la visite de Donaldo, Jean-Louis et Hélène ne s'entendent plus. Elle part retrouver son mari. Gérard assure Jean-Louis de son amitié et lui donne rendez-vous à Paris, le prochain vendredi. *

L'HOMME DE LONDRES

R et A : Henri Decoin, d'après le roman de Georges Simenon. *D* : Charles Exbrayat. *I* : Paul Coteret. *Dc* : Serge Pimenoff. *M* : Georges van Parys. *P* : S.P.D.F. 1943. *Interprétation* : Fernand Ledoux (Maloin), Jules Berry (Brown), Jean Brochard (l'inspecteur Mollison), René Génin (Maennec), René Bergeron (Auguste), Gaston Modot (Teddy), Alexandre

Rignault (Kéridan), Marcel Delaitre (Léon), Suzy Prim (Camélia), Héléna Manson (Mme Maloin), Mony Dalmes (Henriette Maloin), Blanche Montel (Mme Brown), Made Siamé (la patronne de l'hôtel), Marcelle Monthil (Rose), Nila Cara (la chanteuse).

Aiguilleur dans une gare maritime d'un port de la Manche, Maloin assiste, une nuit, à l'arrivée d'un paquebot venant d'Angleterre. Il voit un homme jeter du pont une valise à un autre homme qui se trouve sur le quai. Le voyageur franchit la douane sans encombre et se rend avec son compagnon dans un bar où tous deux engagent la conversation avec l'entraîneuse, Camélia. Plus tard, les deux hommes, revenus sur le port, se disputent et l'un pousse l'autre, Teddy, dans l'eau, où il tombe avec la valise et se noie. Le meurtrier s'enfuit ; Maloin se précipite et repêche la valise. Elle contient plus de trois millions. Maloin, qui vit honnêtement et chichement avec sa femme et ses deux enfants, est tenté par cette fortune. Il cache la valise dans son placard de la cabine d'aiguillage. Le compagnon de Teddy va s'installer dans un hôtel sous le nom de Brown, venant de Londres. Il rôde sur le port, observé par Maloin qui a décidé de garder l'argent. L'inspecteur Mollison, de Scotland Yard, arrive d'Angleterre et découvre Brown dans son hôtel. Il enquête sur le vol d'une grosse somme appartenant à un directeur de music-hall de Londres où Brown a été clown. Il soupçonne celui-ci. Brown s'enfuit et va se cacher dans une cabane qui est justement celle où Maloin range ses outils et ses accessoires de pêche. Grisé par l'argent en sa possession, Maloin parle désormais en maître dans son foyer. Il pousse sa fille, Henriette, à quitter le magasin où elle était vendeuse. Il lui achète des vêtements neufs pour éblouir son entourage et flanque à la porte son beau-frère Auguste, caissier de banque qui se jugeait supérieur à lui, et sa belle-sœur Rose. La femme de Brown arrive d'Angleterre à la recherche de son mari. Elle rencontre Mollison qui continue son enquête et est allé interroger Maloin. Celui-ci découvre Brown dans sa cabane. Il veut l'aider mais Brown, se croyant menacé, saute sur lui. Maloin le tue. Dévoré de remords, il va trouver Mollison et lui rend la valise après avoir tout avoué. Mollison, comprenant son égarement, lui offre les moyens de l'innocenter. Mais, décidé à expier, Maloin va se constituer prisonnier.

L'HOMME QUI JOUE AVEC LE FEU

R : Jean de Limur. *S* : Pierre Guerlais. *A et D* : Pierre Bost. *I* : Jean Isnard. *Dc* : Jules Garnier. *M* : Maurice Thiriet. *P* : Industrie Cinématographique (Pierre Guerlais). 1942. *Interprétation* : Jacqueline Laurent (Mireille), Jean Davy (Jacques Eberlé), Ginette Leclerc (Clara), Georges Marchal (Bernard), Aimé Clariond (M. Désert), Germaine Kerjean (Mme Suzanne), Marthe Mellot (Mme des Perthuis), Georges Jamin (l'homme douteux), Régine Poncet (la femme triste), Georges Vitray (Lebergier), Sophie Desmarets (Gabrielle), Lucien Leblanc (Léon).

A la suite d'un chagrin d'amour, Mireille, une jeune fille de bonne famille, se jette dans la Seine. Elle est sauvée par un médecin, le docteur Jacques Eberlé, qui la remet aux agents sans avoir regardé son visage. Jacques est victime lui-même d'une déception sentimentale. Le même soir, dans un cabaret, il rencontre M. Désert, curieux personnage qui, trahi par une femme, a fondé en Touraine, dans une ancienne abbaye, une clinique où l'on guérit le mal d'amour par des procédés médicaux et psychologiques. Jacques accepte de devenir l'aide de M. Désert. Les pensionnaires se prêtent aux traitements bizarres inventés par le directeur de la clinique. Un jour arrive Mireille. Jacques et elle ne se reconnaissent pas. Il se met à l'aimer. Or, dans le voisinage de la clinique, un jeune homme, Bernard, vit parmi les fleurs. Il s'éprend de Mireille. Elle se sent attirée vers lui. Jacques est jaloux. Survient Clara, la « femme fatale » qui brisa les cœurs de Jacques et de Désert. Une atmosphère de passion ravage la clinique. Mireille, redevenue heureuse, part avec Bernard. Jacques s'en va, solitaire et désolé, tandis que les pensionnaires, arrachés à leurs illusions morbides, pendent Désert en effigie.

L'HOMME QUI VENDIT SON ÂME

R : Jean-Paul Paulin. *A et D* : Charles Méré, d'après le roman de Pierre Veber. *I* : Serge Bourgoin. *Dc* : Pierre Marquet. *M* : Henri Goublier. *P* : Minerva. 1943. *Interprétation* : André Luguet (Martial), Michèle Alfa (Blanche), Pierre Larquey (l'abbé Lampin), Robert Le Vigan (Gregory), Mona Goya (Colette), Jean Périer (Donatien), Georges Colin (Surot), Jean-Jacques Delbo (Armand), Raymond Raynal (le médecin), Renée Thorel (la capitaine de l'Armée du salut), Henri Charrett (Papavert), Guita Karen (Juliette).

Le banquier Martial se trouve au bord de la ruine. Un mystérieux personnage, Gregory, se présente à lui comme fondé de pouvoir du puissant milliardaire Zakaroff. Il lui propose de le renflouer et de lui ouvrir un crédit illimité, à condition qu'il emploie cet argent à faire le mal. Martial accepte, vendant ainsi son âme au diable. Il tente de débaucher Blanche, une jeune salutiste qui quête pour les pauvres à la porte des boîtes de nuit. Il fait d'elle un mannequin de maison de couture. Mais Blanche résiste au mal et s'efforce de sauver Martial. Un signe de croix de l'abbé Lampin met finalement Gregory en fuite. Martial vivra heureux avec Blanche.

L'HOMME SANS NOM

R : Léon Mathot. *S* : Jean-Pierre Viney. *A et D* : Jean-Pierre Viney, Jean-George Auriol et Maurice Bessy. *I* : Georges Million. *Dc* : Roland Quignon. *M* : Henri Verdun. *P* : Sigma. 1941. *Interprétation* : Jean Galland (Vincent Berteaux), Georges Rollin (André Ourdebey), Alerme (le docteur Pages), Gisèle Grandpré (la mère d'Assomption), Anne Laurens (la sœur de lait d'André), Gilberte Joney (Assomption), Marie Carlot (la maîtresse), Tichadel (l'innocent), Sylvie (Mme Ourdebey).

Dans un village, M. Vincent vit en solitaire et est considéré comme un guérisseur. On ignore tout de son passé. Assomption, une jeune fille en vacances, est blessée d'un coup de revolver par la sœur de lait de son fiancé, André Ourdebey, jalouse d'elle. On fait appel à M. Vincent. Assomption a besoin d'être opérée d'urgence. Le mystérieux guérisseur se charge de l'opération et la réussit. On apprend alors qu'il fut à Paris un chirurgien célèbre, Vincent Berteaux. Il devait épouser la fille de son professeur, mais sa maîtresse tenta de se tuer en apprenant son projet de mariage. Il ne put la sauver et, après ce drame, se retira au Pays basque pour se consacrer à la recherche scientifique. Ainsi a-t-il trouvé le sérum de la lèpre. Vincent découvre que la mère d'Assomption est son ancienne fiancée, maintenant veuve. Mais il décide de partir aux colonies pour expérimenter son sérum.

LES HOMMES SANS PEUR

R, S et D : Yvan Noé. *I* : Fred Langenfeld. *Dc* : Jean Douarinou. *M* : Liszt, Beethoven, Weber et Wagner, par l'orchestre de l'Opéra de Monte-Carlo. *P* : France-Productions. 1941. *Interprétation* : Jean Murat (le professeur Belcourt), Claude Dauphin (Henri Vermont), Madeleine Sologne (Madeleine), Janine Darcey (Denise), Pierrette Caillol (l'assistante de Belcourt), Gérard Landry (Jacques Monval), Georges Lannes (Girard), Jean Daurand (Joseph), Marthe Régnier (la malade), Georges Alain (Pierre), Jean d'Yd (un médecin).

Vers 1895, le professeur Belcourt, de la Faculté de médecine de Paris, comprend tout le parti que la science peut tirer de la découverte des rayons X. Il se livre à d'importants travaux avec deux de ses élèves, Henri Vermont et Jacques Monval. Henri est fiancé à Madeleine qui, consciente de la grandeur du rôle social joué par son futur mari, est bien décidée à le soutenir dans sa carrière. Mais Belcourt est atteint par les radiations, dont on ne sait pas encore se protéger. Henri, pensant qu'il peut lui arriver la même chose et ne voulant pas enchaîner Madeleine à lui en ce cas, fait croire à la jeune fille qu'il ne l'aime plus. Il se retire avec Jacque Monval à la campagne, où ils continuent leurs recherches. Belcourt doit être amputé d'une main. Il suit les progrès des radiations sur lui-même. L'État le décore au cours d'une cérémonie officielle. Et ce jour-là, Belcourt annonce que les travaux d'Henri et Jacques ont abouti. On n'aura plus à craindre les rayons X. Henri peut, maintenant, épouser Madeleine.

L'HONORABLE CATHERINE

R : Marcel L'Herbier. *S* : Solange Térac. *A* : Jean-George Auriol. *D* : Solange Térac et Jean-George Auriol. *I* :Pierre Montazel. *Dc* : Raymond Druard. *M* : Henri Sauguet. *P* : Films Orange. 1942. *Interprétation* : Edwige Feuillère (Catherine), Raymond Rouleau (Jacques Taver), André Luguet (Pierre Morland), Claude Génia (Gisèle Morland), Charles Granval (Jérôme), Denise Grey (Mme d'Ambroisie), Irène Lud (Lily), Hubert de Malet (Maurice), Pasquali (l'homme mécontent), Sinoël (l'invité sourd), Jeanne Fusier-Gir (la femme du sourd.)

Sous prétexte de défendre la vertu, Catherine, avec la complicité de son valet Jérôme, s'arrange pour prendre en flagrant délit d'adultère des couples illégitimes et leur vendre au prix fort, en échange de son silence, des pendules dont elle est censée faire la représentation. Au cours d'un vernissage chez Mme d'Ambroisie, Catherine repère Jacques Taver qui donne rendez-vous à une femme mariée, Gisèle Morland. Elle arrive chez Jacques pour pratiquer son chantage, mais Pierre Morland fait brusquement irruption. Catherine pousse Gisèle dans la salle de bains et se présente comme la maîtresse de Jacques. Pierre Morland lui offre un déjeuner, où il invite également Jacques. Au restaurant, Catherine reconnaît Lily et Maurice, aperçus chez Mme d'Ambroisie. Leur conduite lui paraît louche. Elle les suit à leur domicile. Jacques la rejoint. Lily et Maurice sont des voleurs de bijoux. Ils enlèvent Catherine et Jacques en voiture. Un accident provoqué par Catherine permet aux prisonniers de s'enfuir. Ils sont pris pour les voleurs et passent la nuit dans une gendarmerie. Relâchés, ils s'en vont ensemble au château de Jacques. Catherine découvre un homme différent de celui qu'elle croyait et s'éprend de lui. Les domestiques, étonnés de ses allures excentriques, la prennent pour une folle. Au cours d'un dîner au château où sont invités les Morland, Catherine se dispute avec Gisèle et annonce à tout le monde ses fiançailles avec Jacques. Puis elle s'enfuit après avoir fait une grande scène. Jacques la rejoint dans le garage et lui déclare son amour. *

HUIT HOMMES DANS UN CHÂTEAU

R : Richard Pottier. *A et D* : Jean-Paul Le Chanois, d'après un roman de Jean Kéry. *I* : Georges Million. *Dc* : Marcel Mary. *M* : Arthur Honegger et Arthur Hohérée. *P* : Films Sirius. 1942. *Interprétation* : René Dary (M. Paladine), Jacqueline Gauthier (Mme Paladine), Aline Carola (Hélène de Chanceau), Louis Salou (M. de Launay), Georges Grey (Alain Severac), Colette Régis (Mme de Chanceau), André Carnège (le juge d'instruction), Palau (le notaire), Jean Meyer (le neveu du notaire), Jean Daurand (l'acrobate), Jean Morel (le lieutenant Dupuis), Gabrielle Fontan (l'aubergiste), Champi (Firmin), Charles Lemontier (le cuisinier), Georges Vasty (l'inspecteur de police), Maurice Pierrat (le maître d'hôtel).

M. et Mme Paladine écrivent ensemble des romans policiers, chacun rivalisant d'imagination avec l'autre. Dans une salle de cinéma, ils voient un reportage consacré aux suites d'un naufrage. Le lieutenant Dupuis raconte la mort d'un vieillard qui se trouvait dans le canot des rescapés. Sentant là le point de départ d'un roman, les Paladine vont demander plus de détails à Dupuis. Ils le trouvent mort d'une balle dans la tête à son hôtel. La police conclut au suicide, mais Paladine a trouvé un billet de chemin de fer dans la poche du mort. Avec sa femme, il prend le train pour la destination indiquée, en province. Les Paladine arrivent au moment de la vente aux enchères du domaine de Chanceau, que la châtelaine et sa petite-fille, Hélène, ruinées, ne peuvent garder. A cette vente, ils rencontrent M. de Launay, l'un des rescapés du naufrage. Le domaine est acheté par Alain Severac, jeune acteur de passage, amoureux d'Hélène. D'autres naufragés sont les hôtes du château, où les Paladine réussissent à pénétrer. Alain disparaît mystérieusement. Après avoir déjoué plusieurs tentatives d'assassinat, Paladine et le comédien, qui avait simulé sa propre mort en disparaissant, confondent M. de Launay, meurtrier du vieillard du canot (dont l'héritage revenait à Mme de Chanceau et Hélène) et du lieutenant Dupuis.

ICI L'ON PÊCHE

R : René Jayet. *S et D* : Marc Blanquet et Robert Cardinne-Petit, d'après un conte de Nane Chollet. *A* : Jacques Severac. *I* : Roger Lucas. *Dc* : Jaquelux. *M* : Jean Tranchant. *P* : U.F.P.C. 1941. *Interprétation* : Jean Tranchant (Patrice), Jane Sourza (Marie), Arthur Devère (Pierre), Denise Bréal (Laure), Tichadel (Cagouille), Gustave Gallet (Carotte), France Ellys (Adèle), Charles Lemontier (M. Ernest), François Lafont (Gilbert), Raymond Souplex (M. Morin).

Un peintre montmartrois, Patrice, a exécuté des copies de tableaux de maîtres qu'un marchand sans scrupules a vendues comme authentiques. Il s'est expatrié pour ne pas être arrêté. Revenu à Paris, deux ans plus tard, il apprend la mort de sa maîtresse, Gaby, par son ami le brocanteur Carotte. En compagnie de celui-ci, il va rendre visite à son ancien professeur, M. Pierre, propriétaire d'une auberge au bord de l'eau à Ézy sur l'Oise, Ici l'on pêche. *Les affaires marchent mal. Pierre et sa femme Marie se désolent de ne pas avoir d'enfant. Carotte et son épouse Adèle ont recueilli Laure, la petite fille que Gaby a eue avant de mourir. Carotte va la déposer à proximité de l'auberge. Laure est adoptée par Pierre et Marie. Patrice a appris la vérité par Carotte, mais il doit de nouveau quitter la France, et Laure devient sa filleule. Seize ans plus tard,* Ici l'on pêche *est en pleine prospérité. Laure tombe amoureuse d'un étudiant, Gilbert. Patrice revient de New York, où il a fait fortune. Il veut se faire reconnaître de sa fille. Carotte l'en empêche, pour ne pas causer de chagrin aux parents adoptifs. Ne voulant pas troubler le bonheur de sa fille, Patrice s'en va, après avoir parlé à Laure sous un déguisement, au cours d'une fête à l'auberge.*

L'ÎLE D'AMOUR

R : Maurice Cam. *A* : Stéphane Pizella et Charles Exbrayat, d'après un roman de Saint-Sorny. *D* : Charles Exbrayat. *I* : André Thomas. *Dc* : Raymond Druart. *M* : Henri Tomasi, Roger Lucchesi et Louis Gasté. *P* : Cyrnos et Sygma. 1943. *Interprétation* : Tino Rossi (Bicchi), Josseline Gaël (Xénia), Édouard Delmont (Christiani), Jacques Louvigny (Allilaire), Michel Vitold (André Bozzi), Raphael Patorni (Simon Bozzi), Lilia Vetti (Marie-Jeanne), Charles Blavette (Pascal), André Carnège (le juge d'instruction).

Le banquier Allilaire fait sur son yacht une croisière en Corse. Il s'arrête dans un endroit où il envisage de créer une station balnéaire. Sa nièce, Xénia, visite le village du bord de mer et de l'intérieur, guidée par Bicchi, un garçon du pays. Une idylle naît entre eux. Marie-Jeanne, sœur de lait de Bicchi et fille du cabaretier Christiani, ayant été séduite par André Bozzi, qui ne veut pas réparer la faute, Bicchi menace publiquement celui-ci. Allilaire donne une soirée pour se concilier les gens du pays. Bicchi est prié de chanter. André Bozzi et son frère Simon montent un chahut contre lui. Bicchi, écœuré, se retire dans une petite maison isolée appartenant à Christiani. Xénia l'y rejoint. André Bozzi est tué. On accuse Bicchi. Pour ne pas compromettre Xénia, il refuse de dire au juge d'instruction où il se trouvait au moment du crime. Xénia vient déclarer qu'il a passé la nuit avec elle. Bicchi est libéré. Simon Bozzi le recherche pour l'abattre. Pascal, bandit d'honneur réfugié dans le maquis, apprend à Marie-Jeanne qu'il est l'auteur du meurtre. Christiani cherche à prévenir Simon. Il arrive trop tard. Bicchi vient d'être tué sur la grève, où il assistait au départ du yacht d'Allilaire emmenant Xénia.

LES INCONNUS DANS LA MAISON *(C)*

R : Henri Decoin. *A et D* : Henri-Georges Clouzot, d'après le roman de Georges Simenon. *I* : Jules Kruger. *Dc* : Guy de Gastyne. *M* : Roland Manuel. *P* : Continental Films. 1941. *Interprétation* : Raimu (Hector Loursat), Juliette Faber (Nicole Loursat), Gabrielle Fontan (Fine), Jacques Baumer (Rogissart), Héléna Manson (Mme Manu), Jean Tissier (Ducup), Lucien Coëdel (Jo), André Reybaz (Émile Manu), Marcel Mouloudji (Ephraïm Luska), Marc Doelnitz (Edmond Dossin), Jacques Denoël (Destrivaux fils), Pierre Ringel (Daillat fils), Noël Roquevert (le commissaire Binet), Marguerite Ducouret (Angèle), Tania Fédor (Marthe Dossin), Lise Donat (Adèle), Yvonne Scheffer (La Gourde), Génia Vaury (Mme Rogissart), Raymond Cordy (l'huissier), Jacques Grétillat (le président de la cour d'assises), Charles Vissières (le secrétaire de Ducup), Henri de Livry (Monsieur Georges, le libraire), Langlois (Daillat, l'oncle), Henri Roy (Daillat père), Max Delty (Destrivaux père), Max Revol (le greffier du juge), Léonce Corne (le greffier des assises), Paul Barge (le gardien de prison), Claire Olivier (Mme Daillat), Daniel Gélin (un journaliste), Jean Négroni (un journaliste) et la voix de Pierre Fresnay.

Hector Loursat de Saint-Marc, avocat célèbre apparenté à la bonne société d'une ville de province, vit retiré dans sa vaste maison et s'adonne à la boisson depuis que sa femme l'a abandonné, dix-huit ans auparavant. Il ne s'est pas occupé de sa fille Nicole, qui a grandi avec la seule tendresse de la servante Fine. Une nuit, Loursat est réveillé par une détonation provenant des étages supérieurs où il ne met jamais les pieds. En s'y rendant, il voit s'enfuir une ombre. Il découvre dans une des chambres du haut le cadavre d'un inconnu étendu sur un lit, une jambe plâtrée. Loursat prévient la police. L'enquête révèle que Nicole fréquentait, à l'insu de son père, une bande de jeunes gens qui, pour tromper leur ennui, avaient fondé un « club des voleurs ». La bande se réunissait secrètement chez Loursat. Un nouveau venu, Émile Manu, fils d'une veuve pauvre, a dérobé une automobile et, en la conduisant, a renversé et blessé un passant qu'il a fallu faire soigner en cachette chez Loursat. C'était « Gros Louis », un repris de justice. Il extorquait de l'argent aux jeunes gens. Le procureur Rogissart voudrait éviter un scandale, car Edmond Dossin, fils d'un grand bourgeois (qui a épousé Marthe, la sœur de Loursat), est compromis. Or, Émile Manu était devenu l'amant de Nicole. On le soupçonne d'avoir tué « Gros Louis » pour mettre fin au chantage. Il est arrêté. Sortant de sa retraite, Loursat décide d'assurer la défense du jeune homme. Au cours du procès, il fustige la carence des parents et les défauts d'une société qui ne fait rien pour la santé morale des jeunes. Il réussit à confondre le vrai coupable : Ephraïm Luska, l'un des membres de la bande, qui était amoureux de Nicole en secret et jaloux de Manu. *

L'INÉVITABLE M. DUBOIS

R : Pierre Billon. *S* : André-Paul Antoine, d'après une œuvre inédite, « Métier de femme ». *D* : Marc-Gilbert Sauvajon. *Direction artistique* : André Hunebelle. *I* : Paul Cotteret. *Dc* : Roland Quignon. *M* : Paul Marion. *P* : P.A.C.-S.P.D.F. 1942. *Interprétation* : Annie Ducaux (Hélène Mareuil), André Luguet (Claude Dubois), Mony Dalmes (Jacqueline Mareuil), Richard Francœur (Verdier), Tramel (Stéphane Mouche), Germaine Reuver (Sophie), Sinoël (Honoré), Jacques Morel (le valet), Janine Vienot (la première vendeuse).

Sur la route de l'Estérel, Hélène Mareuil, conduisant sa voiture très vite, entre en collision avec un peintre sur sa motocyclette, Claude Dubois. Il lui demande, pour dédommagement, de lui laisser faire son portrait. Elle s'esquive en lui laissant un chèque en blanc. A la ville où il fait réparer sa moto, Claude apprend qu'Hélène Mareuil dirige, avec autorité, une usine de parfums de Grasse, tandis que sa sœur Jacqueline, copropriétaire, mène une existence oisive. Claude use en vain de plusieurs subterfuges pour être reçu à l'usine par Hélène. Il remplit le chèque pour une somme de deux millions et va le toucher. Hélène est avertie par le directeur de la banque, Verdier. Claude rapporte l'argent au bureau et Hélène l'engage comme affichiste. Il passe son temps à dessiner des croquis d'elle et fait tourner sur *un phono une chanson que les ouvrières fredonnent pendant leur travail. Il est renvoyé. Après un voyage d'affaires, Hélène rentre à sa villa, où sa sœur Jacqueline reçoit des amis. Claude se prélasse dans la baignoire d'Hélène. Il est devenu l'ami de Jacqueline et l'on apprend alors qu'il est un peintre paysagiste connu, Claude Orly. Jacqueline semble séduite par lui. Elle part pour le retrouver dans son studio. Hélène s'y précipite, pour la protéger. Jacqueline n'est pas chez Claude. Une nuit d'orage et quelques bouteilles de champagne transforment la femme d'affaires en amoureuse. Mais, rentrant au petit matin, Hélène apprend par Jacqueline que sa sœur et Claude ont voulu lui faire une farce. Le lendemain, elle reçoit le peintre très froidement puis s'en va dans un institut de beauté, au lieu de se préparer au rendez-vous qu'elle avait à Monte-Carlo avec Ramirez, un industriel risquant de devenir son concurrent. Jacqueline nomme Claude directeur de l'usine par intérim. Il passe la nuit à piocher le dossier Ramirez. Hélène revient, élégante, souriante. Elle a bien rencontré Ramirez et gagné la partie contre lui. Mais elle décide d'épouser Claude et de lui confier la direction de l'usine.* *

JEANNOU

R, S et D : Léon Poirier. *I* : Georges Million. *Dc* : Raymond Druard. *M* : Adolphe Borchard. *P* : Société Marseillaise des films Gaumont. 1943. *Interprétation* : Michèle Alfa (Jeannou), Thomy Bourdelle (Henri de Peyrac), Roger Duchesne (Pierre Levasseur), Saturnin Fabre (Gaston Frochard), Marcelle Géniat (Marceline), Mireille Perrey (Conchita de Cantegril), Maurice Schutz (Eloi des Farges), Pierre Magnier (le marquis de Cantegril), Line Carrel (Albertine).

Jeanne de Peyrac, dite Jeannou, vit en Périgord, au domaine de la Sauvagerie, avec son père, le vieil oncle Eloi des Farges, et sa nourrice Marceline. Pierre Levasseur, un ingénieur travaillant dans la région, découvre sur les terres d'Henri de Peyrac un gisement de lignite. Cela intéresse fort Gaston Frochard, financier parisien venu rendre visite à son ami le marquis de Cantegril. Frochard cherche à acheter les terres de Peyrac, qui refuse. L'oncle Eloi et lui connaissent l'existence du gisement, mais ne veulent pas l'exploiter. Jeannou, amoureuse de Pierre et désireuse d'échapper aux traditions étouffantes de sa famille, se dispute avec son père. Elle part avec les Cantegril pour Paris où Pierre est devenu le secrétaire de Frochard. Lequel pousse l'ingénieur à épouser Jeannou et à lui revendre la Sauvagerie qu'elle doit recevoir en dot. Il s'emparera ainsi de la mine de lignite. Pierre hésite à faire le jeu de Frochard. Déçue par la vie parisienne, Jeannou regrette le Périgord. Elle retourne à la Sauvagerie. Elle attend un enfant. Son père lui pardonne et consent à son mariage. Pierre échappe à l'emprise de Frochard, arrêté pour escroquerie. M. de Peyrac a demandé que l'exploitation de la mine soit différée jusqu'à sa mort.

JE SUIS AVEC TOI

R : Henri Decoin. *S* : Fernand Crommelynck. *A* : Marcel Rivet. *D* : Pierre Bénard. *I* : Nicolas Hayer. *Dc* : Lucien Aguettand. *M* : René Sylviano. *P* : Pathé-C.I.C.C. 1943. *Interprétation* : Yvonne Printemps (Elisabeth et Irène), Pierre Fresnay (François), Bernard Blier (Robert), Luce Fabiole (tante Ellen), Jean Meyer (Armand), Jacques Louvigny (le commissaire), Denise Benoit (Irma), Annette Poivre (la postière), Paulette Dubost (la standardiste), Palau (le contrôleur), Guita Karen (Madeleine), André Valmy (le gérant de l'hôtel), Henri de Livry (le portier), André Varennes (le général), Robert Le Fort (le violoniste).

François et Elisabeth Laferrière sont mariés depuis dix ans. Ils se quittent pour la première fois, Elisabeth s'embarquant au Havre pour aller recueillir un héritage à New York. Avant l'escale de Southampton, la jeune femme rencontre sa cousine Irma, voyageant pour la même raison qu'elle. Irma met en doute la fidélité des maris livrés à eux-mêmes. François, trop triste en l'absence d'Elisabeth, quitte son château des environs de Paris pour aller vivre provisoirement dans un palace des Champs-Elysées avec tante Ellen, le domestique Armand et Robert, l'éternel ami du ménage. Il a averti Elisabeth par câble. Or, à l'hôtel Régent, il croit reconnaître sa femme dans une cliente qui lui ressemble étrangement. Après un malentendu et un petit scandale, François apprend que ce « sosie » de sa femme est une Bruxelloise, Irène. Il l'invite à dîner chez Maxim's, *Robert, qui aime depuis longtemps Elisabeth en secret, se met à courtiser Irène et se dispute avec François. Irène réussit à éloigner Robert et sort avec François qui tombe amoureux d'elle. Après une joyeuse soirée au luna-park, Irène promet à François d'être sa maîtresse le lendemain. Puis elle va trouver tante Ellen et lui avoue être Elisabeth. Elle a quitté le bateau en Angleterre et est venue jouer ce jeu pour mettre son mari à l'épreuve. Tante Ellen aide Elisabeth à se faire encore passer pour Irène (elle lui dessine des grains de beauté sur le corps !) pendant la nuit d'amour. François a reconnu Elisabeth mais feint de vouloir divorcer afin d'épouser Irène. Celle-ci disparaît et, quelque temps après, Elisabeth revient de New York sur le bateau qui l'avait emmenée. François l'accueille comme s'il n'avait cessé de l'attendre.*

LE JOURNAL TOMBE A CINQ HEURES

R : Georges Lacombe. *S et D* : O.P. Gilbert. *A* : André Legrand. *I* : Fedote Bourgassoff. *Dc* : Jean Perrier. *M* : Arthur Honegger. *P* : Gaumont. 1942. *Interprétation* : Pierre Fresnay (Pierre Rabaud), Marie Déa (Hélène Perrin), Pierre Renoir (François Marchal), Pierre Larquey (Phalempin), Marcel Vallée (Valentin), Bernard Blier (André Berteaux), Louis Salou (Périer des Gachons), René Génin (Bedu), Pierre Labry (Romain), Lucien Coëdel (le capitaine Leenars), Noël Roquevert (le capitaine Le Goff), Arlette Marchal (Jeanne Marchal), Tania Fédor (Claudette Louvois), Héléna Manson (Mme Leenars), Jean Brochard (Melon), Gabrielle Dorziat (Mlle Leveau), Jacqueline Gauthier (Pernette), Elisa Ruis (Annette Michon).

Hélène Perrin, une jeune fille pauvre qui veut devenir journaliste, est embauchée par François Marchal, rédacteur en chef du quotidien parisien La Dernière Heure. *André Berteaux, chargé de couvrir le reportage d'un meeting de parachutisme à Saint-Germain, ayant eu un accident, Marchal envoie à sa place le grand reporter Pierre Rabaud et le charge d'initier Hélène au métier. A Saint-Germain, Hélène se débrouille pour transmettre un papier personnel, ce qui lui attire l'hostilité de Rabaud, homme rude voyant en elle une « arriviste ». La star Claudette Louvois arrive en France incognito. Berteaux s'arrange pour l'amener dans une villa de Saint-Cloud, où des membres du journal — dont Hélène, assez réticente quant au procédé — jouent les domestiques. Pour donner une leçon à Hélène, Rabaud, chargé d'une édition en l'absence de Marchal, publie dans* La Dernière Heure *un article d'elle et révèle la retraite de la vedette, ce qui fait sensation. Claudette doit reprendre son personnage de star, mais elle n'en veut pas à Hélène. Celle-ci éprouve le besoin de se racheter par un vrai reportage. Elle s'embarque à Dunkerque, sur le* Sandetti, *un bateau-phare, bientôt pris dans une tempête. Hélène partage les épreuves du capitaine Leenars et de l'équipage en détresse. Par radio, Rabaud lui dit qu'il l'aime. Et, avec le capitaine Le Goff du bureau de l'armement, il organise de la côte le sauvetage du* Sandetti. *Hélène tombe dans les bras de Pierre. Ils signent le reportage ensemble et se marient. Pour que le métier ne les sépare pas (comme il l'a séparé de sa femme, Jeanne, épouse résignée), Marchal envoie Pierre et Hélène à Florence pour un autre reportage.*

LES JOURS HEUREUX

R : Jean de Marguenat. *A et D* : P. André Legrand et Claude-André Puget, d'après sa pièce. *I* : Fedote Bourgassoff. *Dc* : Roland Quignon. *M* : Lionel Cazaux. *P* : Films Roger Richebé. 1941. *Interprétation* : Pierre Richard-Willm (Michel Bouillet), François Périer (Bernard), André Bervil (Olivier), Juliette Faber (Pernette), Monique Thiébaut (Marianne), Janine Vienot (Francine), Jean Clarieux (le mécanicien).

Marianne, Francine et leur frère Bernard viennent, comme chaque année, passer les vacances à la campagne, chez leurs cousins Olivier et Pernette. Bernard, grand dadais que ses sœurs bousculent constamment, est amoureux de Pernette. Marianne est amoureuse d'Olivier, qui semble la considérer comme une gamine. Pernette, dont l'imagination vagabonde facilement, conseille à Marianne de rendre Olivier jaloux. Elle invente pour cela un aviateur qu'elles auraient rencontré ensemble à Versailles, au printemps précédent. Olivier n'attache guère d'importance aux révélations de sa sœur et de Marianne. Un avion tombe en panne dans le parc de la propriété : il en sort un homme d'une trentaine d'années, semblable à la description donnée par les deux adolescentes. C'est là pur hasard, mais Marianne et Pernette partent aussitôt se promener avec l'aviateur, Michel Bouillet. A leur retour, Olivier et Bernard, furieux, manifestent une certaine jalousie. Insulté par Olivier, Michel décide de partir aussitôt. Marianne et Pernette sont toutes deux amoureuses de lui, et Pernette déclare à sa cousine qu'elle se tuera si elle lui prend Michel. Marianne attend l'aviateur dans le parc. Pernette surprend leur conversation et va se jeter à l'eau. Michel la sauve. En rouvrant les yeux, Pernette, sortie de son rêve, appelle Bernard. Le lendemain matin, au moment où Michel va s'envoler dans son avion réparé, Olivier dit enfin à Marianne qu'il l'aime.

LETTRES D'AMOUR

R : Claude Autant-Lara. *A* : Maurice Blondeau, d'après une nouvelle originale de Henry Aurenche. *S et D* : Jean Aurenche. *I* : Philippe Agostini. *Dc* : Robert Dumesnil. *M* : Maurice Yvain. *P* : Synops (Roland Tual). 1942. *Interprétation* : Odette Joyeux (Zélie Fontaine), François Périer (François du Portal), Simone Renant (Hortense de La Jacquerie), Jean Parédès (Désiré Ledru), Alerme (le marquis de Longevialle), Carette (Le Riquet), Robert Vattier (Me Bourboussou), Jean Debucourt (Napoléon III), Robert Arnoux (M. de La Jacquerie), Louis Salou (M. de Mortemort), Jean-Pierre Kérien (le postillon), Ariane Muratore (Charlotte), Jacqueline Champi (Marinette), Georges Pally (Daronne), Martial Rebe (le président), Yves Deniaud (le maire), Henri de Livry (le ministre de la Justice), Gilles Quéant (le fou de la danse).

En 1855, une jeune veuve, Zélie Fontaine, est maîtresse de la poste d'Argenson. Egalement commerçante riche et digne, elle est la reine de La Boutique, *clan de ceux qui s'élèvent par leur travail, face à* La Société, *clan des aristocrates qui ne font rien. Zélie a accepté de recevoir à son nom les lettres d'amour qu'écrit de Paris François du Portal à sa maîtresse, Hortense de la Jacquerie, femme du préfet d'Argenson. Hortense rompt avec François. Pour la reconquérir, celui-ci se fait nommer substitut à Argenson. Zélie est en procès avec le vieux marquis de Longevialle. En pleine audience, pour confondre Zélie, le chicanier lit une des lettres d'amour (dérobées) que tout le monde croit adressée à la maîtresse de poste. François qui, lui, ne peut s'y tromper, veut éviter un scandale et déboute le marquis de sa plainte. Il va reprocher à Hortense de ne pas être intervenue en faveur de Zélie. Il fait bientôt la connaissance de celle-ci, en tombe amoureux et se brouille avec la préfète. Toute la ville se prépare à un grand bal où sera dansé pour la première fois le célèbre « quadrille des lanciers ». Au cours de ce bal,* La Boutique *et* La Société *s'affrontent, des intrigues se nouent et se dénouent. En définitive, François du Portal épousera Zélie Fontaine.*

LE LIT A COLONNES

R : Roland Tual. *A et D* : Charles Spaak, d'après le roman de Louise de Vilmorin. *I* : Pierre Montazel. *Dc* : Serge Pimenoff. *M* : Jean Francaix. *P* : Synops (Roland Tual). 1942. *Interprétation* : Fernand Ledoux (Clément Porey-Cave), Odette Joyeux (Marie-Dorée), Jean Marais (Rémy Bonvent), Jean Tissier (Jacquot), Valentine Tessier (Madeleine Porey-Cave), Mila Parély (Yada), Pierre Larquey (Dix-Doigts, le geôlier), Georges Marchal (Olivier de Verrières), Michèle Alfa (Aline), Emmy Lynn (Mme de Verrières), Jacqueline Champi (Marguerite de Verrières), Robert Vattier (l'inspecteur des prisons).

Dans les années 1880, Clément Porey-Cave, directeur de la prison de Meu, est redouté de ses gardiens et des prisonniers. Il domine sa femme Madeleine et seule sa fille, Marie-Dorée, trouve grâce à ses yeux. Porey-Cave rêve de la vie d'artiste. Il a en ville une maîtresse, Yada, qui fait sensation au Grand Café, où se réunissent les notables. Yada, qui plie Porey-Cave à ses caprices, est amoureuse de Jacquot, le violoniste, chef de l'orchestre de l'établissement. Porey-Cave découvre qu'un de ses prisonniers, le doux et rêveur Rémy Bonvent, écrit de la musique. Il décide de se servir de lui, l'installe dans une cellule isolée, lui donne du papier et de l'encre. Rémy Bonvent se met à composer un opéra, inspiré par Marie-Dorée qu'il aperçoit, à travers les barreaux de sa cellule, arrosant ses fleurs, et dont il s'est épris. Elle ignore jusqu'à son existence. Un soir, au Grand Café, Porey-Cave présente quelques feuilles de la musique de Rémy et s'en prétend l'auteur. On l'encourage à continuer. Jour après jour, emporté par son amour, Rémy écrit Le Lit à colonnes. *Jacquot et Yada aident Porey-Cave à monter l'opéra. Le soir de la première représentation, c'est un triomphe pour lui. Marie-Dorée, dont le père est maintenant célèbre, va pouvoir épouser un jeune aristocrate, Olivier de Verrières. Mais une indiscrétion du geôlier Dix-Doigts apprend à Rémy le vol et l'imposture de Porey-Cave. Il s'évade pour se venger. En le voyant venir à sa rencontre, Porey-Cave prend peur, se sauve, tombe accidentellement d'une fenêtre et se tue. Rémy est pourchassé. Dans le parc, il croise Marie-Dorée qui ne sait rien. Ils échangent quelques mots. Elle ignorera toujours ce qu'a fait son père. Rémy se laisse abattre par les gendarmes et meurt en prononçant le nom de Marie-Dorée.*

LA LOI DU PRINTEMPS

R : Jacques Daniel-Norman. *A* : Alfred Machard, d'après la pièce de Lucien Népoty, « Les Petits ». *I* : Christian Matras. *Dc* : Roland Quignon. *M* : Vincent Scotto. *P* : S.P.C. 1942. *Interprétation* : Huguette Duflos (Jeanne Villaret), Pierre Renoir (Frédéric Villaret), Georges Rollin (Richard Burdan), Gilbert Gil (Hubert Villaret), Alice Field (Hélène Harlay), Maï Bill (Fanine Villaret), Marguerite Deval (tante Léonie), Yves Furet (Géo Burdan), René Génin (le père Balloche), la petite Monique Dubois (Jeannette Villaret).

Dans une propriété de la campagne landaise, la famille Villaret accueille Richard Burdan, qui vient de passer six ans aux colonies. Richard et son frère Géo sont les enfants d'un premier mariage de Jeanne qui, après son veuvage, a épousé l'industriel Villaret, lui-même père de deux enfants, Hubert et Fanine. De cette nouvelle union est née une petite fille, Jeannette. Hubert se montre réservé envers Richard, dont le contact avec son beau-père manque de chaleur. Richard s'était expatrié à cause du remariage de sa mère. Bien des choses le choquent. Il veut reprendre en main l'éducation de Géo et une vive discussion l'oppose à M. Villaret. Jeanne refuse de prendre parti. Les deux groupes d'enfants se retirent chacun dans une aile de la maison. Richard retrouve Hélène Harlay. Il l'a aimée autrefois. Elle s'est mariée en son absence. Elle est maintenant veuve, avec un enfant, mais toujours éprise de Richard. Elle tente de lui faire comprendre ses torts dans la discorde familiale qui règne chez les Villaret. Richard change alors d'attitude. Jeanne fait la paix avec son mari. Hubert prend la bonne humeur de Richard pour de l'ironie. Ils se battent. Jeanne soutient Richard, M. Villaret Hubert. La situation s'aggrave. L'arrivée de la tante Léonie et l'intervention de la petite Jeannette ramènent la concorde. Richard épousera Hélène.

LE LOUP DES MALVENEUR

R : Guillaume Radot. *S* : François Vincent-Bréchignac. *D* : François Vincent-Bréchignac et Jean Féline. *I* : Pierre Montazel. *Dc* : Marcel Magniez. *M* : Maurice Thiriet. *P* : U.T.C. 1942. *Interprétation* : Madeleine Sologne (Monique Valory), Pierre Renoir (Réginald de Malveneur), Gabrielle Dorziat (Magda de Malveneur), Marcelle Géniat (Marianna), Michel Marsay (Philippe Laportelle), Marie Olinska (Estelle de Malveneur), Louis Salou (le docteur Andrieu), Jo Dervo (le docteur Giraud), Yves Furet (Edouard), la petite Bijou (Geneviève).

Réginald de Malveneur vit dans le château de ses ancêtres avec sa femme, Estelle, souffrant d'une maladie de cœur, et sa fillette, Bijou. Sa sœur, Magda de Malveneur, qui ne s'est jamais mariée, dirige la maison. Selon une légende, le premier des Malveneur, au Moyen Age, dressa des loups pour la chasse. Frappé d'une malédiction, il devint la nuit un loup s'attaquant aux hommes. Les paysans du village voisin tiennent les Malveneur à distance. Un soir, Réginald, qui se livrait à des expériences biologiques dans son laboratoire, disparaît en même temps que son garde-chasse. Une jeune gouvernante, Monique Valory, vient s'occuper de la petite Geneviève. Un artiste peintre, Philippe Laportelle, s'intéresse à elle et à ce qui se passe au château. Une nuit, Estelle entend, jouée à l'harmonium, la Valse oubliée *qu'aimait son mari. Le lendemain, on la trouve morte. Monique découvre que la servante sourde-muette, Marianna, envoie de la nourriture, par un monte-charge, dans un souterrain du château. Poussée par Philippe, elle s'empare de la clé et descend avec Geneviève dans les caves, où elle entrevoit l'ombre d'un homme. Monique et Philippe trouvent un cadavre décomposé dans la maison du garde-chasse. Magda les surprend et prétend qu'il s'agit de son frère. Réginald se serait suicidé après une expérience ratée. On enterre le cadavre dans le caveau de famille. Philippe se glisse, une nuit, dans le château, pour aider Monique (c'est en réalité un policier). Celle-ci entend la* Valse oubliée, *descend dans le souterrain et trouve Réginald vivant, jouant de l'harmonium. Il est devenu fou et a tué son garde-chasse pour ses expériences sur le rajeunissement cellulaire. Magda et Marianne avaient fait disparaître le corps. Réginald veut tuer Monique et lui prendre son sang. Philippe intervient, sauve Monique et enferme le fou. Mais Réginald s'enfuit après avoir mis le feu au château. Des cris de loup éclatent au dehors. Philippe, les paysans et le docteur du village poursuivent la bête, qui est abattue au cimetière devant le caveau des Malveneur. Monique a échappé, avec Geneviève, à la destruction du château. Magda, hallucinée, regarde le loup mort. Etait-ce Réginald ?*

LUCRÈCE

R : Léo Joannon. *S* : Solange Térac. *D* : Claude-André Puget. *I* : Christian Matras. *Dc* : Roland Quignon. *M* : Roland Manuel. *P* : Majestic Film. 1943. *Interprétation* : Edwige Feuillère (Lucrèce), Pierre Jourdan (Rudy Daré), Jean Mercanton (François Lescot), Jean Tissier (Barbazanges); Marcelle Monthil (Christine), Louis Seigner (Me Broizin), Sinoël (Bénevent), Paul Demange (le concierge du théâtre), Luce Fabiole (la gouvernante de Broizin), Charles Lemontier et Sinoël (les commanditaires), Daniel Gélin (un jeune admirateur).

Lucrèce, actrice de théâtre en pleine célébrité, refuse l'amour et le mariage que lui propose son partenaire Rudy Daré. Elle ne pense qu'à son art. François Lescot, pensionnaire à l'institution Barbazanges, sèche les cours pour venir la voir jouer. Il cache des photographies de Lucrèce dans son dictionnaire. Ses camarades les découvrent et font des plaisanteries stupides. François, orphelin dépendant d'un tuteur, notaire de province, prétend alors que Lucrèce est sa mère. Trois de ses camarades vont en délégation au théâtre et réussissent à rencontrer l'actrice, stupéfaite d'apprendre qu'elle a un fils. Jouant le jeu, Lucrèce fait venir François le dimanche suivant. Il lui dit son admiration et la raison de son mensonge. Les camarades de François ayant propagé l'histoire, la vie de Lucrèce est bientôt encombrée par cette maternité imprévue. Au moment des vacances, elle reconduit François chez son tuteur, Me Broizin, personnage très désagréable qui ne donne au jeune homme aucune affection. Lucrèce emmène alors François dans sa propriété de Normandie. Elle veut le guérir de son amour romanesque pour elle. Toutefois, à vivre à côté de François dans la solitude, elle se sent bientôt troublée. Un jour, elle est prête à se laisser aller dans les bras de l'adolescent. Lucrèce repart vite pour Paris et se remet au travail avec Rudy. Ils vont jouer ensemble Roméo et Juliette.

La représentation est interrompue par les amis de François. Il a tenté de se suicider pour Lucrèce. Bouleversée, elle court à son chevet. Elle réalise qu'elle l'aime. Mais François, remis de son suicide, est guéri de sa passion. Et Lucrèce s'en va, le cœur blessé.

LUMIÈRE D'ÉTÉ

R : Jean Grémillon. *S et D* : Jacques Prévert et Pierre Laroche. *I* : Louis Page. *Dc* : Max Douy. *M* : Roland Manuel. *P* : André Paulvé. 1942. *Interprétation* : Paul Bernard (Patrice Le Verdier), Madeleine Renaud (Cri-Cri), Pierre Brasseur (Roland Maillard), Madeleine Robinson (Michèle Lagarde), Georges Marchal (Julien), Aimos (Ernest), Marcel Levesque (M. Lerouge), Léonce Corne (Tonton), Charles Blavette (Vincent), Henri Pons (Honoré), Jane Marken (Mme Martinot).

Cri-Cri, ancienne danseuse de l'Opéra, dirige un hôtel de montagne, L'Ange Gardien, *en haute Provence. Elle s'est fixée là par amour pour Patrice Le Verdier, un châtelain des environs. Elle est sa maîtresse. Une obscure complicité les unit depuis la mort de la femme de Patrice, dans un accident de chasse qui fut sans doute un crime. Patrice, égoïste et débauché, est las de Cri-Cri. Des ouvriers construisant un barrage dans la région se sont installés à l'hôtel. Michèle Lagarde, une jeune blonde lumineuse, arrivée depuis peu, attend un homme. Patrice l'a remarquée. Il la désire. Julien, jeune ingénieur chargé de terminer les travaux du barrage, s'éprend de Michèle. Celle-ci ne pense qu'à l'homme attendu, son amant. Il surgit un soir et elle découvre brusquement sa véritable personnalité : Roland Maillard est un peintre raté, un ivrogne, conscient d'ailleurs de sa déchéance. Il lui avait jusque-là toujours menti. Patrice, bien décidé à conquérir Michèle, demande à Roland de venir décorer certaines pièces du château et installe le couple chez lui. Roland accepte, sachant bien que cette chance ne lui est pas donnée à cause de son talent. Cri-Cri, jalouse de Michèle, souffre. Julien, qui déteste ces gens corrompus, avertit Michèle du danger dont elle est menacée. Patrice donne un grand bal costumé au château. Il cherche à arriver à ses fins auprès de Michèle. Après la fête, il décide de faire une promenade en voiture avec la jeune fille, Cri-Cri et Roland, qui conduit, ivre mort. Dans le rétroviseur, il aperçoit Patrice tentant d'embrasser Michèle, se retourne et perd le contrôle du volant. La voiture tombe dans un ravin. Julien et les ouvriers du barrage viennent au secours des passagers. Seul Roland est grièvement blessé. Il agonise. Patrice, voyant l'intérêt que Julien porte à Michèle, se précipite sur lui pour le tuer. Les ouvriers se dressent devant lui. Il recule et disparaît dans le ravin. Michèle et Julien s'en vont ensemble, dans la lumière de l'été.* *

LUNEGARDE

R : Marc Allégret. *A et D* : Jacques Viot et Marcel Achard, d'après le roman de Pierre Benoit. *I* : Jules Kruger. *Dc* : Lucien Carré. *M* : Pierre Sancan. *P* : Lux-Pathé-Cinéma. 1944. *Interprétation* : Gaby Morlay (Armance de Lunegarde), Lucien Nat (le comte de Lunegarde), Gisèle Pascal (Elisabeth de Lunegarde), Jean Tissier (Bob Asselin), Lise Delamare (Mme de Vertumne), Gérard Landry (Jean Costes), Colette Richard (Suzanne de Vertumne), Renée Devillers (la supérieure de l'hôpital), Dany Robin (Martine), Jacques Dynam (Firmin), Jean-Jacques Rouff (Pierre Astégui), Saturnin Fabre (M. de Vertumne), Marcel Pérès (le garçon de café), Gabrielle Fontan (Maria), Odette Talazac (la patronne de la pension Naoum).

Dans un faubourg de Marseille, Jean Costes, jeune ingénieur de la compagnie du canal de Suez, ramasse une femme ivre, évanouie, qu'il conduit à l'hôpital. On trouve dans la sac de cette femme — mais Costes ne l'a pas su — des papiers au nom de la comtesse Armance de Lunegarde. L'ingénieur se rend justement au château de Lunegarde pour acheter un chien au propriétaire du domaine, chef d'escadron en retraite, qui s'occupe d'un élevage. Le comte est un homme dur et renfermé. Sa fille Elisabeth s'émeut en apprenant que Costes va partir pour Ismaïlia en Egypte. Elle subtilise une pièce du moteur de son automobile pour le retenir au château. Dans la nuit, Elisabeth entre dans la chambre de Costes et se donne à lui. Il tombe amoureux de l'étrange fille. Le lendemain, avant son départ, elle lui demande de rechercher sa mère, chassée par son père depuis de longues années alors qu'elle se trouvait à Ismaïlia. A Marseille, Costes reçoit la visite d'Armance, sortie de l'hôpital et venue le remercier. Il lui parle de sa visite à Lunegarde ; elle ne lui dit pas qui elle est. Bob Asselin, amant d'Armance, espérant soutirer de l'argent au jeune homme, vient lui raconter comment il l'a connue jadis ; elle était sa partenaire dans un numéro de music-hall. Asselin emmène Costes au café où l'attendait Armance, mais celle-ci s'est cachée et l'ingénieur s'en va, persuadé d'avoir eu affaire à un imposteur. A Ismaïlia, il rend sa parole à sa fiancée, Suzanne de Vertumne, en lui avouant son amour pour Elisabeth. La mère de Suzanne lui explique à sa façon ce qui s'est passé autrefois dans la société française de la ville du canal : Armance, femme adultère qui avait fait honte à son mari, s'était enfuie avec un personnage douteux, Bob Asselin. A Marseille, Asselin apprend à Armance qu'il a écrit, en son nom, au comte de Lunegarde. Grâce à la supérieure de l'hôpital, Armance échappe à l'emprise d'Asselin. Le comte, au reçu de la lettre, a eu une scène violente avec Elisabeth et, croyant revoir en elle sa mère, a insulté Armance. Frappé d'une crise cardiaque, il avoue à sa fille avant de mourir ses torts envers sa femme. Sur la foi des calomnies de Mme de Vetumne, qui était sa maîtresse, il a cru Armance infidèle et a tué en duel Pierre Astégui qui passait pour être son amant. Ensuite, la comtesse a disparu. A Ismaïlia, aidé par Suzanne de Vertumne, Costes retrouve une pension où vécut Armance et trouve ainsi une adresse à Marseille, celle de Bob Asselin. L'escroc lui apprend qu'Armance vient de se retirer du monde, dans un couvent. Costes rejoint Elisabeth, décidé à l'épouser. Ils vont assister ensemble à la prise de voile d'Armance. La jeune fille voit, de loin, sa mère régénérée.

MADAME ET LE MORT

R : Louis Daquin. *A* : Marcel Aymé, d'après le roman de Pierre Véry. *D* : Pierre Bost. *I* : Jean Isnard. *Dc* : René Moulaert. *M* : Jean Wiener (signée Roger Desormière). *P* : Sirius. 1941. *Interprétation* : Renée Saint-Cyr (Clarisse Coquet), Pierre Renoir (Charles de Bruine), Henri Guisol (Armand Le Noir), Michel Vitold (Nazarian), Marguerite Pierry (Mlle Malvina), Raymond Bussières (Salzmann), Alexandre Rignault (Avril), Martha Labarr (Phyllis), Gabrielle Fontan (la concierge), Irène Lud (la princesse), Colette Wilda (Madeleine), Lucien Gallas (Léopold Marion), Léonce Corne (Pincet), Albert Rémy (Henri), Palau (l'éditeur Chabrol), Richard Francœur (le commissaire), Jean Didier (Francis).

Venu faire une conférence dans une ville de la Côte d'Azur, Armand Le Noir, célèbre auteur de romans policiers, apprend que cette conférence a été annulée par un télégramme signé de lui, qu'il n'a pas envoyé. Sur la plage, deux hommes, Avril, manchot des deux bras, et Nazarian surveillent un homme qui se fait passer pour Armand Le Noir et se dispute avec sa maîtresse, Madeleine. Le romancier reprend le train pour Paris, en même temps qu'une jeune femme, Clarisse Coquet, qui, dans son compartiment, tente de se faire remarquer du faux Le Noir. Lequel fait la cour à une étrangère, Phyllis, épié par Madeleine. Au cours du voyage, Avril et Nazarian assassinent le faux Le Noir et, surpris par Phyllis, l'obligent à se taire en lui faisant croire qu'elle sera accusée du crime. Ils jettent le cadavre par la portière. Rentré chez lui, Armand Le Noir apprend par un journal qu'il a été assassiné ! Il décide de passer pour mort et va se cacher dans une pension de famille tenue par Mlle Malvina. Clarisse Coquet, qui l'a reconnu par sa photographie publiée dans un journal, loue la chambre voisine et le convainc de mener avec elle une enquête pour découvrir l'assassin de l'imposteur. Clarisse a des ambitions littéraires. Elle va trouver le directeur du journal et obtient, en le charmant, d'écrire un reportage sur l'affaire Le Noir. Par le frère du mort, qui rôde autour de la pension, elle apprend que celui-ci était un petit escroc, Léopold Marion, qui avait pris l'identité d'Armand Le Noir pour séduire les femmes. Léopold Marion fréquentait un bizarre « Club des philosophes ». Après avoir parlé à Clarisse, son frère est assassiné à son tour. Clarisse, à la faveur d'une conférence, s'introduit au « Club des philosophes », présidé par un faux homme du monde, de Bruine, en réalité chef d'une bande de truands à laquelle appartiennent Avril et Nazarian. Madeleine et Phyllis y sont retenues. Clarisse retrouve là un autre voyageur du train, Salzmann (en fait, un policier). Clarisse passe un contrat avec le directeur du journal pour un roman... qu'elle fait écrire par Le Noir. Après avoir couru bien des dangers au « Club des philosophes » en jouant le rôle d'une aventurière, Cla-

risse confond l'assassin, Nazarian, qui, poussé par Avril, tombe du haut d'un immeuble. Le roman de l'affaire paraît sous son nom mais, au cours d'une fête donnée en son honneur par Mlle Malvina, elle révèle que le véritable auteur est Armand Le Noir et tous deux décident de se marier.

MADAME SANS-GÊNE

R : Roger Richebé. *A et D* : Roger Richebé et Jean Aurenche, d'après la pièce de Victorien Sardou et Émile Moreau. *I* : Jean Isnard et Charles Suin. *Dc* : Jacques Krauss. *M* : Vincent Scotto. *P* : Films Richebé. 1941. *Interprétation* : Arletty (Catherine), Albert Dieudonné (Napoléon Ier), Aimé Clariond (Fouché), Henri Nassiet (Lefebvre), Maurice Escande (Neipperg), Jeanne Reinhart (Caroline Murat), Madeleine Sylvain (Elisa Bacciochi), Geneviève Auger (l'impératrice Marie-Louise), Alain Cuny (Roustan), Mona Dol (Mme de Bulow), André Carnège (Savary), Odette Talazac (Nanette).

Le 10 août 1792, le peuple de Paris prend d'assaut les Tuileries pour renverser Louis XVI. Catherine Hubscher, blanchisseuse rue Sainte-Anne, surnommée « Madame Sans-Gêne » et qui compte parmi ses clients un certain Fouché et un jeune officier d'artillerie mauvais payeur, Napoléon Bonaparte, cache dans sa chambre un blessé, le comte Neipperg, Autrichien poursuivi par les révolutionnaires. Le sergent Lefebvre, fiancé jaloux de Catherine, lui fait une scène mais, découvrant le blessé, il respecte sa fidélité aux souverains déchus et le laisse partir. En 1810, Lefebvre, après avoir fait les guerres de la révolution du Consulat et de l'Empire, est devenu maréchal et duc de Dantzig. Il vit à la cour de Compiègne et sa femme Catherine a gardé, malgré les honneurs, ses manières populaires et son franc-parler. Elle donne une réception pour les sœurs de l'Empereur, Caroline Murat, reine de Naples, et Elisa Bacciochi, princesse de Lucques. Celles-ci s'étant moquées d'elle, elle leur dit leurs quatre vérités. Or, l'Empereur a déjà donné l'ordre à Lefebvre de divorcer, jugeant « Madame Sans-Gêne » trop peu distinguée. Lefebvre n'a pas l'intention d'obéir. Fouché, qui a fait son ascension personnelle, vient d'être remplacé comme ministre de la police par Savary. Il intrigue pour reprendre son poste. Convoquée chez l'empereur, Catherine gagne habilement sa cause en lui rappelant qu'il lui a laissé, jadis, une note de blanchisserie impayée. Le comte Neipperg, qui faisait partie de la suite de Marie-Louise d'Autriche, la nouvelle impératrice, vient la nuit en secret faire ses adieux à celle-ci, car il a été renvoyé par Napoléon jaloux. L'Empereur le surprend à la porte de la chambre et ordonne de le faire fusiller. Catherine, qui se trouve encore là, fait appeler Fouché et sauve Neipperg, tout en prouvant que Marie-Louise n'est pas compromise. Fouché redevient ministre de la Police et, le lendemain matin, au départ de la chasse, Napoléon témoigne publiquement son estime à la maréchale Lefebvre, dite « Madame Sans-Gêne ».

MADEMOISELLE BÉATRICE

R : Max de Vaucorbeil. *S et D* : Roger Ferdinand. *I* : René Gaveau. *Dc* : Bruart. *M* : Georges van Parys. *P* : Gaumont. 1942. *Interprétation* : Gaby Morlay (Béatrice Bergas), André Luguet (Hubert de Sainte-Croix), Louise Carletti (Janette), Jacques Baumer (Me Bergas), Germaine Charley (Mme de Malempré), Marguerite Deval (la vieille dame), Louis Salou (Morin-Gauthier), Gabrielle Fontan (Athanasie), Sinoël (Dagobert), Jean Périer (le vieux monsieur), Jimmy Gaillard (Christian Bergas), Génia Vaury (Mme Philipon), Noëlle Norman (Virginie), Pierre Bertin (Archange).

Christian Bergas, fils d'un notaire de province, fait ses études de droit à Paris. Il vient d'être reçu à son dernier examen, voudrait épouser son amie Janette et ne se décide pas à rentrer chez son père. Il écrit à la sœur de celui-ci, tante Béatrice, restée vieille fille. Depuis des années, Béatrice décourage le cousin Archange, son soupirant. Elle ne s'intéresse pas non plus au sous-préfet Morin-Gauthier, qui la courtise discrètement. De plus elle tient à distance, lorsqu'elle le rencontre, le châtelain Hubert de Sainte-Croix, un homme fort séduisant. La lettre de Christian provoque le courroux de Me Bergas qui, ayant projeté de marier son fils à Virginie de Malempré, le croit pris par une « gourgandine ». Toute la famille se rend à Paris pour ramener Christian. Hubert de Sainte-Croix, voyageant dans le même train, arrive le premier chez le jeune homme, qui se fait passer pour malade. Pas de trace de la « gourgandine » ! Malin, Hubert réussit à faire engager Janette comme secrétaire par Me Bergas et Christian rentre au bercail. L'idylle des jeunes gens se poursuit en cachette. Béatrice, qui s'est prise d'affection pour Janette et la croit attirée par Hubert, lui confie qu'elle aime le châtelain depuis longtemps, mais qu'il n'a pas tenu les promesses avec lesquelles il l'avait grisée. Prévenu par Janette, Christian va trouver Hubert et lui demande de plaider sa cause et celle de Janette auprès de Béatrice en la séduisant. Au cours d'un bal chez les Bergas, Hubert se fait pardonner par Béatrice son attitude passée et la courtise. Janette, indignée de ce jeu, prévient Béatrice qui perd à nouveau ses illusions. Le malentendu est dissipé lorsque Hubert demande la main de Béatrice à Me Bergas. Et le notaire accepte également le mariage de Christian et Janette.

MADEMOISELLE SWING

R : Richard Pottier. *Direction artistique* : Bernard-Roland. *S et D* : Louis Poterat. *I* : Nicolas Hayer. *Dc* : Robert Dumesnil. *M* : Raymond Legrand et Max Lanjean. *P* : S.U.F. 1941. *Interprétation* : Elvire Popesco (Sophia de Vinci), Jean Murat (Armand de Vinci), Saturnin Fabre (Grégoire), Irène de Trébert (Sophie Dumontier), Pierre Mingand (Pierre Dornier), René Génin (M. Berger), Paul Demange (le chef de gare), André Carnège (le directeur du journal), Raymond Legrand et son orchestre (Raymond Serre et son orchestre).

A Angoulême, Armand de Vinci, compositeur de musique classique, est incompris de sa femme Sophia, adepte de la musique moderne, du swing. L'orchestre de Raymond Serre est de passage dans la ville. Irène Dumontier, la nièce des Vinci, se fait remarquer du chanteur de l'orchestre, Pierre Dornier, et va à la gare pour glisser une chanson qu'elle a composée dans l'étui d'un des musiciens. Elle se trouve malgré elle embarquée dans le train ramenant l'orchestre à Paris. Elle va loger chez son père, Grégoire, un artiste bohème. La chanson d'Irène est jouée par l'orchestre à la radio. Irène retrouve Pierre Dornier. Il la conduit chez l'éditeur Berger pour une audition. Mais Armand de Vinci, venu à Paris pour le congrès des symphonistes, se rend aux éditions Berger, dont il est directeur. Il aperçoit Irène, qui s'enfuit. Au cours d'une soirée aux Ambassadeurs, Irène, masquée, se présente comme « Mademoiselle Swing » dans un numéro avec l'orchestre Raymond Serre. Elle va passer désormais pour deux femmes différentes. Sophia de Vinci, venue rechercher sa nièce chez Grégoire, devient jalouse de « Mademoiselle Swing » parce que son mari recherche la mystérieuse chanteuse. Pierre Dornier est amoureux d'Irène et attiré par « Mademoiselle Swing », qu'il voit toujours masquée. Sophia, pour reconquérir son mari, s'intéresse à sa musique et le soutient auprès des membres du club des symphonistes. Armand révèle à sa femme que « Mademoiselle Swing » est leur nièce. Il l'a reconnue malgré son déguisement. Au cours d'une revue avec l'orchestre Raymond Serre, Pierre Dornier, chantant avec « Mademoiselle Swing », découvre que c'est Irène et lui avoue son amour.

MADEMOISELLE X...

R : Pierre Billon. *S* : Marcel Achard et Pierre Billon. *D* : Marcel Achard. *I* : Christian Matras. *Dc* : Georges Wakhevitch. *M* : Jean Marion. *P* : André Paulvé. 1944. *Interprétation* : Madeleine Sologne (Madeleine Hardoin), André Luguet (Dominique Ségard), Ketti Gallian (Catherine Nanteuil), Aimé Clariond (Michel Courbet), Palau (Victor), André Bervil (Nicolas), Rognoni (le mari), Charles Lemontier (le directeur des pompes funèbres).

Rentrant chez lui pour souper en tête-à-tête avec sa maîtresse, Catherine Nanteuil, l'auteur dramatique Dominique Ségard trouve devant sa porte une jeune femme blonde qui l'attendait. Elle s'évanouit. Dominique la transporte dans son appartement mais, revenue à elle, l'inconnue a perdu la mémoire. Dominique trouve dans son sac un revolver : deux balles manquent dans le chargeur. Catherine, venue le rejoindre, semble connaître la femme. Tous trois s'en vont à une adresse écrite sur un papier, dans le sac de l'amnésique. On ne l'y connaît pas, et un quiproquo conduit Dominique au commissariat de police. Catherine ramène l'inconnue chez lui. Elle retrouve son nom, Madeleine Hardoin, et se souvient avoir tiré sur son amant, le couturier Michel Courbet, par jalousie envers Catherine, avec laquelle il sortait souvent. Les deux femmes deviennent amies. Catherine, pour ne pas éveiller les soupçons de Dominique, demande à Madeleine de simuler une perte de mémoire. Madeleine se livre à des extravagances dans l'appartement de l'auteur dramatique et lui saute au cou. Catherine va trouver Michel Courbet. Il n'a été que légèrement blessé au bras. Elle lui demande de reprendre Madeleine. Michel va rechercher sa maîtresse. Elle cesse sa comédie pour le suivre. Catherine tente de justifier ses relations avec le couturier, mais Dominique se désintéresse d'elle. Il est tombé amoureux de Madeleine. Celle-ci reprend difficilement sa vie avec Michel. Au cours d'une présentation de modèles, elle croit que le couturier et Dominique vont se battre en duel et cause un scandale en montrant son amour pour l'auteur dramatique. Madeleine s'enfuit chez elle. Dominique la suit. Elle lui tombe dans les bras.

MAHLIA LA MÉTISSE

R : Walter Kapps. *S* : Jean Francoux. *A* : Léo Mora. *D* : Paul Nivoix. *I* : Christian Matras. *Dc* : Marcel Magniez. *M* : Rinaldo Rinaldi et Jeanjean. *P* : Comhal. 1942. *Interprétation* : Kate de Nagy (Mahlia), Pierre Magnier (M. de Roussière), Roger Karl (Tchang), Catherine Fonteney (Mme de Roussière), Ky-Duyen (Sao), Jean Servais (Henri de Roussière), Georges Paulais (le père adoptif), Georges Péclet (le docteur Moreuil).

En Indochine, Mahlia, fille d'un officier français tué à la guerre et d'une « congaie », a été recueillie par des colons, M. et Mme de Roussière, bien qu'elle ait un père adoptif. Henri, le fils de ces colons, revient de France où il a fait des études avec Sao, le demi-frère de Mahlia. Le riche Tchang voudrait s'approprier la jeune fille. Il exerce un chantage sur son père adoptif. Henri intervient. Amoureux de Mahlia, il désire l'épouser et se heurte à l'opposition de sa mère. Henri ayant été obligé de faire un voyage, Mahlia se croit abandonnée. Elle accepte d'épouser Tchang. Or, celui-ci a déjà une première épouse. Mahlia ne peut accepter cette situation et s'enfuit. Henri, revenu pour la protéger, est tué. Mahlia se retire dans une mission, où elle élèvera des enfants en leur inculquant l'amour de la France.

Nota : Ce film avait été commencé en 1939, avant la guerre, avec Dita Parlo, Jean-Pierre Aumont et Sessue Hayakawa.

LA MAIN DU DIABLE *(C)*

R : Maurice Tourneur. *S et D* : Jean-Paul Le Chanois, d'après « La Main enchantée » de Gérard de Nerval. *I* : Armand Thirard. *Dc* : André Andrejew. *M* : Roger Dumas. *P* : Continental Films. 1942. *Interprétation* : Pierre Fresnay (Roland Brissot), Palau (l'homme en noir),

Josseline Gaël (Irène), Noël Roquevert (Mélisse), Guillaume de Sax (Gibelin), Pierre Larquey (Ange), Jean Davy (le mousquetaire), Jean Coquelin (le notaire), Jean Despeaux (le boxeur), Gabriello (le dîneur), Antoine Balpêtré (Denis), Robert Vattier (Perrier), Garzoni (le jongleur), René Blancard (le chirurgien), Marcel (l'illusionniste), André Bacqué (le moine), Georges Chamarat (Duval), Rexiane (Mme Denis), Gabrielle Fontan (la voyante), Louis Salou (l'employé du casino).

A l'auberge de l'Abbaye, en pleine montagne, arrive un voyageur affolé. Il a la main gauche gantée et porte un coffret. Coup de tonnerre, panne de courant. Quand la lumière revient, le coffret a disparu. L'homme, Roland Brissot, raconte alors son histoire. Quelques années plus tôt, il végétait dans son atelier de peintre. Personne ne croyait en son talent, pas même Irène, une jeune vendeuse dont il était épris. Un soir, Mélisse, le patron d'un restaurant où il venait de se disputer avec Irène, lui proposa, pour un sou, un talisman donnant gloire, fortune, amour. C'était une main momifiée dans un coffret de bois. Roland accepta. Au moment où il prenait possession du coffret, Mélisse perdit sa main gauche, coupée au ras du poignet et volatilisée. Mais bientôt, Roland fut célèbre. Une exposition de ses tableaux (qu'il signait, sans savoir pourquoi, « Maximus Léo ») fut organisée à la galerie Gibelin, il gagna de l'argent et Irène accepta de l'épouser. Au sommet de sa réussite, Roland reçut la visite d'un petit homme vêtu de noir, qui lui apprit que la main magique lui appartenait. En l'achetant, Roland avait vendu son âme au diable. Pour échapper à la damnation, il lui fallait revendre, avant une année écoulée, la main pour la moitié de sa valeur. Or, le sou donné à Mélisse ne pouvait être divisé. L'homme noir était prêt à racheter la main à n'importe quel moment, mais son prix doublerait chaque jour. Roland s'efforça en vain de réunir l'argent. Le temps passait à une vitesse folle, la somme augmentait. Irène fut assassinée. Roland échoua dans un casino où il espérait gagner une fortune. Là, un soir de carnaval, il fit la connaissance de sept hommes masqués, ceux qui, depuis le XVIIIe siècle, avaient possédé la main enchantée. L'homme en noir venu réclamer l'âme de Roland, battit en retraite lorsqu'il fut révélé qu'il avait volé cette main à un moine, Maximus Leo. Roland eut droit à une dernière chance : perdre volontairement sa main gauche et reporter le coffret sur la tombe du moine. Cette tombe se trouve dans la montagne, à proximité de l'auberge de l'Abbaye. Le récit de Roland est terminé. Il a perdu sa main et l'homme en noir a repris le talisman. Il disparaît dans la nuit pour un dernier affrontement avec le diable. On le retrouve mort sur la tombe de Maximus Léo. *

LA MAISON DES SEPT JEUNES FILLES

R : Albert Valentin. *A* : Jacques Viot et Maurice Blondeau, d'après le roman de Georges Simenon. *D* : Charles Spaak. *I* : Jean Bachelet. *Dc* : Serge Pimenoff. *M* : Georges van Parys. *P* : Régina. 1941. *Interprétation* : André Brunot (M. Adelin), Jean Tissier (Rorive), Jean Paqui (Gérard de

Boildieu), Jacqueline Bouvier (Coco), Gaby Andreu (Rolande), Primerose Perret (Mimi), Josette Daydé (Huguette), Geneviève Beau (Élisabeth), Marianne Hardy (Roberte), Solange Delporte (Clotilde), René Bergeron (l'huissier), Jean Rigaux (Fernando), Marguerite Deval (Mme de Boildieu).

M. Adelin, veuf, père de sept filles entre quatorze et vingt ans, dirige une institution d'enseignement privé. Il a des embarras financiers. Son commanditaire, Rorive, le somme de rembourser l'argent qu'il lui doit ou de lui donner une de ses filles en mariage. Mais Coco, le petit diable de la famille, ramène un jour Gérard de Boildieu, avec lequel elle est par hasard, tombée à l'eau. Le garçon est riche et beau. Coco et sa sœur Rolande tombent amoureuses de lui. Rorive, furieux des visites de Gérard à la maison Adelin, demande la main de Rolande. Elle refuse. Rorive envoie un huissier pour une saisie. Celui-ci tombe au milieu d'une petite fête à laquelle assistait la mère de Gérard. Mme de Boildieu part, emmenant son fils. Rolande, le soir, arrive chez Gérard, s'enferme avec lui et jette la clé par la fenêtre. Elle cherche un scandale pour se faire épouser. Or, Gérard aime Coco et Rolande, honteuse, va demander à Rorive de lui prêter de l'argent pour fuir à Paris. Il la console et se montre si tendre qu'elle accepte de se marier avec lui. Rorive écarte l'huissier, et Coco se fiance à Gérard.

MALARIA

R : Jean Gourguet. *S* : Georges Vally. *D* : Paul Achard. *I* : Georges Million. *Dc* : Robert Dumesnil. *M* : Arthur Hoerée. *P* : Selb-Films. 1942. *Interprétation* : Sessue Hayakawa (Saïdi), Mireille Balin (Madeleine Barral), Jacques Dumesnil (Jean Barral), Michel Vitold (Henri Malfas), Jean Debucourt (le docteur Cyril), Alexandre Rignault (le R.P. Dalmar), Charles Lemontier (Ginès), Paul Demange (Moniz), Maupi (Zanzi), Michel Salina (Dago), Viguier (Kilouaki).

Le lieutenant Henri Malfas est nommé sous-chef de poste à Mailé, dans la brousse tropicale. Il ne se fait ni à la vie ni au climat de cette colonie où sévit la malaria. Malfas s'éprend de Madeleine Barral, femme d'un énergique colon, elle-même dévorée de cafard et de langueur. Il la presse de rentrer avec elle en France par le prochain bateau. Saïdi, le domestique indigène très dévoué à Jean Barral, les surprend en train de s'embrasser. Au moment d'accompagner Barral dans une expédition contre un tueur qui a fui en pleine brousse, Malfas frappe Saïdi avec une flèche empoisonnée appartenant à la panoplie du colon. Saïdi disparaît. Malfas, tourmenté à l'idée que Barral sait peut-être la vérité, se montre lâche pendant l'expédition. Au retour, il apprend que Saïdi a été soigné et guéri par un sorcier. Madeleine, en proie à la fièvre, manque d'être surprise chez Malfas, mais Saïdi tue celui-ci avec la flèche, ramène Madeleine chez Barral et sauve l'honneur de son maître qui ne saura rien.

LA MALIBRAN

R, S et D : Sacha Guitry. *I* : Fedote Bourgassoff et Jean Bachelet. *Dc* : Henri Menessier. *M* : Louis Beydts. *P* : Films Sirius. 1943. *Interprétation* : Sacha Guitry (M. Malibran), Géori Boué (Maria Malibran), Suzy Prim (la comtesse Merlin), Jacques Jansen (Charles de Bériot), Jean Cocteau (Alfred de Musset), Geneviève Guitry (Juliette), Denis d'Inès (Berryer), Jean Weber (le roi de Naples), Jean Debucourt (l'interlocuteur), Mona Goya (Mme Garcia), Jacques Varennes (La Fayette), Mario Podesta (Manuel Garcia), la petite Sylvie (Maria enfant), Jacques Castelot (Lamartine), Louis Arnoult (Vellutti).

En 1836, la célèbre cantatrice Maria Malibran meurt à 28 ans, à Manchester, des suites d'un accident de cheval. Le poète Alfred de Musset écrit aussitôt ses Stances à la Malibran. *Son amie, la comtesse Merlin, raconte sa vie à un interlocuteur. Née à Paris en 1808, fille d'un chanteur espagnol, Manuel Garcia, et d'une Italienne, Maria se fit entendre à Naples, sur scène, à l'âge de 8 ans. Elle débuta à 18 ans à Londres et connut un grand succès malgré l'hostilité de son partenaire, le ténor Vellutti. Sa carrière devint vite éclatante. Mais, traitée très durement par son père qui la faisait travailler de force, elle accepta d'épouser le banquier Malibran, un Français venu la saluer dans sa loge à New York, et quitta le théâtre. Malibran la rendit malheureuse ; elle se sépara de lui pour rentrer en France. Chez la comtesse Merlin, Maria rencontra le violoniste virtuose Charles de Bériot, qui devint son grand amour. Grâce à l'avocat Berryer, elle put faire annuler son mariage avec Malibran et épouser Charles. Elle avait repris sa carrière de cantatrice et volait de triomphe en triomphe. Le jeune roi de Naples l'avait accueillie avec honneur. Venue en Angleterre, elle fit une chute de cheval au cours d'une garden-party. Blessée, elle se fit pourtant porter au théâtre pour chanter puis, quelques jours plus tard, mourut après avoir donné un récital à Manchester.*

MAM'ZELLE BONAPARTE *(C)*

R : Maurice Tourneur. *A et D* : Henri-André Legrand, d'après le roman de Pierre Chanlaine et Gérard Bourgeois. *I* : Jules Kruger. *Dc* : Guy de Gastyne. *M* : Henri Verdun. *P* : Continental Films. 1941. *Interprétation* : Edwige Feuillère (Cora Pearl), Raymond Rouleau (Philippe de Vaudrey), Guillaume de Sax (le prince Jérôme Bonaparte), Monique Joyce (Lucy de Kaula), Marguerite Pierry (La Blandin), Nina Sinclair (Augustine), Noël Roquevert (Criscelli), Aimé Clariond (le duc de Morny), Simone Renant (Adèle Rémy), Roland Armontel (Arsène), Jacques Maury (De Brimont), Simone Valère (Valentine), André Varennes (Hurevoix), Laffon (le baron russe), Florencie (le commandant de la prison), Elmire Vautier (Madame Hortense), Louis Salou (Ernest).

En 1862, Cora Pearl, célèbre courtisane d'origine anglaise, est la maîtresse du prince Jérôme Bonaparte, cousin de Napoélon III. Au cours d'un *voyage de Périgueux à Bordeaux, un accident de voiture les amène tous deux à passer la nuit chez Philippe de Vaudrey, jeune aristocrate légitimiste. Sur l'initiative de Cora, le couple se présente comme un ménage de bourgeois parisiens, M. et Mme Jérôme. Cora et Philippe tombent amoureux l'un de l'autre. Rentrée à Paris, elle ne cesse de penser à lui. En février 1863, Philippe vient dans la capitale pour participer à une conspitation contre l'empereur. Au bal de l'Opéra, il revoit « Madame Jérôme ». La conspiration est dénoncée par Lucy de Kaula, courtisane ennemie de Cora et aventurière au service de la police. Les conjurés sont arrêtés mais Philippe, blessé, réussit à s'enfuir. Il se réfugie dans une maison qui est justement celle de Cora. Celle-ci le soigne et le cache, en continuant de passer auprès de lui pour Madame Jérôme. Cora met le prince dans le secret. Ravi de jouer un mauvais tour à l'empereur en soustrayant un légitimiste à sa police, Jérôme Bonaparte fait partir Philippe avec Cora à Maisons-Laffitte, dans la propriété qu'il a offerte à sa maîtresse. Augustine, femme de chambre de Cora appartenant à la police, en avertit son chef. Lucy, prévenue en même temps, se rend à Maisons-Laffitte et, en l'absence de Cora, s'introduit auprès de Philippe auquel elle révèle que son hôtesse est Cora Pearl, maîtresse du cousin de l'empereur. Philippe se livre à la police venue l'arrêter. Cora se rend à une soirée chez le duc de Morny, cravache Lucy et se bat en duel avec elle, à l'épée, devant le duc et ses invités. Lucy est blessée. Morny, désireux de mettre fin à la liaison scandaleuse de Jérôme Bonaparte, fait accorder à la courtisane la grâce de Philippe, à condition qu'elle parte loin avec lui. Emprisonné dans une forteresse, Philippe a cherché à s'évader et a été tué par une sentinelle avant l'annonce de sa grâce. Cora, venue le chercher, ne trouve plus qu'un cadavre.* *

MARIAGE D'AMOUR *(C)*

R : Henri Decoin. *S* : Marcel Rivet, d'après une idée de Jean Lec. *I* : Jules Kruger. *Dc* : Guy de Gastyne. *M* : René Sylviano. *P* : Continental films. 1942. *Interprétation* : Juliette Faber (Denise), François Périer (Pierre), Georges Rollin (Bernard), Henri Vilbert (Amédée), Michel Vitold (le fou), Gabriello (Loustalec), Georges Bever (Ernest), Louis Florencie (le commissaire), Fernand Flament (l'agent), Henry Prestat (le directeur de l'hôtel Atlanta), Georges Péclet (le portier de l'Atlanta), Lucien Bryonne (le brigadier), Charlotte Lysès (la dame Vieille France), Jane Véniat (la concierge), Janine Vienot (Janine), Odette Barancey (l'habilleuse), Françoise Christophe (la secrétaire de Bernard), Henri de Livry (le marié de l'Atlanta), Micheline Prévost (le mannequin).

Costumés en jeunes mariés, lui en jaquette et haut-de-forme, elle en robe blanche, Pierre et Denise, employés du grand magasin Les Galeries Universelles, *se montrent plusieurs fois par jour dans les endroits mondains et les hôtels à la mode où ils distribuent des prospectus publicitaires. Étudiante en chimie, Denise a été sauvée du suicide par son voisin de palier, Pierre, qui espère devenir sculpteur. Il lui a procuré ce travail et veille sur elle. Mais, pour mettre fin à ces exhibitions, la préfecture de Police donne l'ordre d'appréhender le couple. Les agents arrêtent tous les mariés circulant dans Paris. Pierre et Denise réussissent à s'enfuir. Bernard, le fils du grand patron des Galeries Universelles, leur octroie une journée de repos. Pierre veut en profiter pour commencer une statue dont Denise sera le modèle. Ils vont chercher une grosse pierre de taille la nuit dans un chantier et sont aidés par un agent, Loustalec, qui voudrait avoir sa statue en Hercule. Le lendemain, Bernard prend la place de Pierre, en marié, dans la voiture. Il emmène Denise dans une hostellerie de banlieue dont il est le commanditaire. Il lui déclare son amour. Denise se sauve et est obligée de faire de l'auto-stop. Pierre, qui a découvert cette sortie, se dispute avec Bernard. Ils décident de s'en remettre au choix de Denise. Elle est partie de chez elle et retournée à l'hostellerie, où elle se confie à Robert, le directeur. Bernard fait croire à un accident qui lui serait arrivé en même temps qu'à Pierre. A la faveur de cette mauvaise plaisanterie, Denise avoue qu'elle aime Pierre depuis toujours.*

LE MARIAGE DE CHIFFON

R : Claude Autant-Lara. *A et D* : Jean Aurenche et Maurice Blondeau, d'après le roman de Gyp. *I* : Jean Isnard et Philippe Agostini. *Dc* : Jacques Krauss. *M* : Roger Desormière. *P* : Industrie Cinématographique (Pierre Guerlais). 1941. *Interprétation* : Odette Joyeux (Chiffon), André Luguet (le duc Gérard d'Aubières), Jacques Dumesnil (Marc de Bray), Suzanne Dantès (Mme de Bray), Louis Seigner (Philippe de Bray), Georges Vitray (Van Doren), Monette Dinay (Alice de Liron), France Ellys (Sophie), Pierre Larquey (Jean), Marthe Mellot (la buraliste de la gare), Raymond Bussières (Marcel Ferez), Paul Frankeur (le mécanicien de Marc), Robert Le Vigan (Me Blondin, l'huissier), Bernard Blier (le garçon d'hôtel), Richard Francœur (Léon), Yvonne Yma (Mathilde), Luce Fabiole (Mme Bertin), Germaine Stainval (la dame à l'hôtel).

En 1904, le colonel duc d'Aubières revient à Pont-sur-Sarthe après douze ans d'absence. Il rencontre sous la pluie une jeune fille courant après son chien. Elle perd une chaussure qu'il escamote. La jeune fille échappe à d'Aubières, qui l'a reconduite à sa porte. La chaussure provoque un quiproquo dans l'hôtel où descend le duc et où Marc de Bray est venu retrouver sa maîtresse, Alice de Liron. Le lendemain, d'Aubières va rendre visite à Marc, un ancien ami, dans le hangar où celui-ci essaie de fabriquer un appareil volant. Il y aperçoit la jeune fille de la veille, qu'on appelle Chiffon, et la prend pour la maîtresse de Marc. Il découvre par la suite qu'elle est sa nièce par alliance. La mère de Chiffon s'est remariée avec Philippe de Bray, frère de Marc. D'Aubières tombe amoureux de Chiffon et la demande en mariage. Mme de Bray est ravie de caser sa fille, adolescente indisciplinée. Chiffon se montre réticente à ce mariage. Elle aime en secret « l'oncle Marc », lequel est ruiné. Un huissier, Me Blondin, vient poser les scellés sur son hangar et son avion. Espérant aider Marc avec sa dot, Chiffon consent à épouser d'Aubières. Me Blondin, passionné d'aviation, trouve pour Marc un mécène, Van Doren, qui arrange les choses le jour même des fiançailles de Chiffon. La jeune fille provoque un feu de cheminée en brûlant son journal intime. Jean, le vieux domestique de la maison, monte sur le toit, éteint le feu et recueille un débris du journal où Chiffon avouait ses sentiments pour Marc. Tout le monde va voir, avec Van Doren, un essai de l'avion de Marc, qui prend son vol. Au retour a lieu une réception chez les de Bray. Jean a glissé le papier révélateur dans un album de famille qu'il donne à regarder à d'Aubières. Le duc, au moment du bal, envoie Chiffon dans la chambre de Marc et demande à Jean de glisser le papier sous la porte. Chez Marc, Chiffon trouve Alice de Liron, dont elle est jalouse, et se dispute avec elle. Marc prie Alice de sortir. Chiffon déclare à Marc qu'elle l'aime avant que Jean n'ait apporté le papier. Il l'aime aussi. D'Aubières s'en va discrètement.

MARIE-MARTINE

R : Albert Valentin. *S, A et D* : Jacques Viot. *I* : Jean Isnard. *Dc* : Jean Périer. *M* : Georges van Parys. *P* : Éclair-Journal. 1942. *Interprétation* : Renée Saint-Cyr (Marie-Martine), Jules Berry (Loïc Limousin), Bernard Blier (Maurice Estienne), Saturnin Fabre (l'oncle Parpain), Sylvie (Mme Estienne), Marguerite Deval (Mlle Tapy), Jean Debucourt (M. Delachaume), Michel Marsay (Philippe Ponthieu), Héléna Manson (Mme Limousin), Jeanne Fusier-Gir (Mlle Crémier), Hélène Constant (Hélène Delachaume), Mona Dol (la religieuse), Marie-Louise Godard (Mme Delachaume), Tania Balachova (la femme de mauvaises mœurs).

De passage dans une petite ville de province, le romancier Loïc Limousin voit, à la devanture d'une librairie, son livre Marie-Martine. *Il entre et surprend une conversation entre la libraire, Mlle Crémier, et son professeur de violon, Maurice Estienne, auquel elle donne à lire le roman en faisant des allusions à une « fille perdue ». Peu après, Limousin aperçoit Maurice, partant en voyage, disant au revoir à une jeune fille qui habite dans sa maison. Il va sonner à la porte et se retrouve en face de celle qui lui a inspiré son roman. Marie-Martine, auquel Limousin répugne, lui raconte qu'après leur rencontre elle a été arrêtée et a fait trois ans de prison. Libérée, elle a été recueillie dans une gare par Maurice Estienne. Sans rien savoir d'elle, il l'a ramenée chez lui et elle soigne sa vieille mère aveugle. Limousin veut forcer Marie-Martine à lui dire pourquoi elle a été condamnée. Mais Mme Estienne, qui a entendu, surgit et chasse le romancier. A Marie-Martine, elle dit sa confiance et la prie de ne parler de rien à Maurice. Celui-ci est arrivé à Paris chez son oncle Parpain, vieil original auquel il confie son amour pour Marie-Martine. Il a envie de l'épouser. Son oncle l'y engage. Avant de s'endormir, Maurice lit le roman de Limousin. Celui-ci raconte que, dans une avenue déserte de Neuilly, il a vu une jeune fille sauter du mur d'un jardin. Elle s'était foulé la cheville. Il la conduisit à son domicile et fit téléphoner par sa femme pour savoir ce qui* *s'était passé avenue Sainte-Foy à Neuilly. Un jeune homme avait été assassiné. Limousin se débarrassa alors de Marie-Martine en l'envoyant dans un hôtel dont, par devoir envers la société, dit-il, il donna l'adresse à la police. Il n'apprit rien de plus sur Marie-Martine. Tourmenté par cette histoire, Maurice se rend le lendemain au domicile parisien du romancier. Il se demande si l'héroïne du roman est celle qu'il aime. Limousin se cache, craignant des représailles. Sa femme, sur son ordre, reçoit Maurice et prétend que son mari a tout inventé. Maurice s'en va rassuré. Rentré dans sa ville, il trouve sa mère à l'agonie. Avant de mourir, l'aveugle demande à Maurice et Marie-Martine de s'unir et de ne penser qu'au bonheur. Limousin, désireux d'écrire un nouveau roman à sensation, va rôder avenue Sainte-Foy et sonne à la grille de l'hôtel particulier d'où Marie-Martine s'était enfuie. Il est reçu par la gouvernante, Mlle Tapy, dont Marie-Martine était la filleule. Sans méfiance, elle lui raconte le drame. Engagée grâce à elle comme lingère chez les Delachaume, ses patrons, Marie-Martine fut aimée de Philippe Ponthieu, le fiancé d'Hélène, la fille de la maison. Celle-ci, jalouse, tira sur Philippe, surpris dans la chambre de Marie-Martine, et le tua. Les Delachaume ordonnèrent à Mlle Tapy de faire fuir Marie-Martine. Elle fut arrêtée et déclarée coupable du meurtre. Hélène, qu'elle n'avait pas voulu accabler, se suicida par la suite. Comblé par ces révélations, Limousin entre dans un café pour écrire une lettre anonyme à Maurice. En sortant du café, il est renversé et tué par un autobus. La lettre va se perdre dans un égout. Dans le train qui l'emmène à Paris avec Maurice, Marie-Martine apprend par le journal la mort de Limousin.* *

MÉLODIE POUR TOI

R et S : Willy Rozier. *A et D* : Pierre Véry et Willy Rozier. *I* : Franchi. *Dc* : Georges Wakhevitch et Capelier. *M* : Raoul Moretti. *P* : Sport Film. 1941. *Interprétation* : René Dary (René Sartène), Katia Lova (Marie Deboissy), Gisèle Préville (Irène Danielle), Pierre Stephen (Ferdinand), Lucien Callamand (Montfort), Milly Mathis (Maman Ninette), Georges Péclet (Harris), Paul Boissin (Jacques Deboissy), Jean-François Martial (le père Louis).

Le comédien et chanteur René Sartène est la vedette d'une revue au Grand Casino. Sa partenaire, Irène Danielle, est aussi sa maîtresse. René a entrepris la construction d'une clinique pour soigner gratuitement les acteurs malades en difficulté. Au cours d'une vente aux enchères de sa photo dédicacée (pour son œuvre de bienfaisance), il rencontre une jeune bourgeoise, Marie Deboissy. Tous deux s'aiment bientôt, mais Jacques, le frère de Marie, s'oppose à leur mariage. Il s'arrange pour démontrer à sa sœur que René n'a pas rompu sa liaison avec Irène Danielle, comme elle le croyait. Irène, jalouse, a raconté faussement à Montfort, le directeur du Grand Casino, que le chanteur avait été l'amant de sa femme, qui s'était suicidée l'année précédente. Et René se fait un ennemi de son manager,

Harris, qui détournait les fonds consacrés à la clinique. Un soir, pendant la revue, René est gravement blessé à la tête par un coup de revolver, d'habitude chargé à blanc pour une scène de bagarre. Quelqu'un avait mis de vraies balles dans l'arme. La police ne trouve rien. Marie a décidé d'épouser René mais, le soir où il fait sa rentrée, le chanteur, mal remis de sa blessure, a un trou de mémoire et s'évanouit. Se jugeant infirme, il va se cacher dans le village de sa vieille nourrice, Maman Ninette, en laissant un mot d'adieu à Marie. Soigné par un vieux médecin du pays, il guérit de ses troubles et peut de nouveau chanter. René revient à Paris. Montfort, qui vit maintenant avec Irène Danielle, refuse de le reprendre au Grand Casino. Marie est fiancée à un autre. René accepte un engagement dans un cabaret sous le nom du « Chanteur oublié ». Le soir de la première, Montfort vient lui avouer que c'était lui qui avait chargé le revolver du théâtre pour le tuer ; il sait maintenant qu'Irène lui avait menti et apporte à René un contrat de longue durée, avant de disparaître. René chante alors son grand succès Mélodie pour toi *et retrouve Marie auquel son fiancé a rendu sa parole.*

LE MERLE BLANC

R : Jacques Houssin. *S* : Henri Clerc, d'après un conte de Fréderic Boutet. *A et D* : Jean Charmat. *I* : André A. Dantan. *Dc* : Pierre Marquet. *M* : Georges van Parys. *P* : Minerva. 1944. *Interprétation* : Jean Tissier (Achille Leroy), Saturnin Fabre (Jules Leroy), Georges Rollin (Jean Bernon), Carette (Hyacinthe Camusset), Michèle Gérard (Lucienne Leroy), Robert Dhéry (le vicomte Mazères), Guy Sloux (M. Bien), Paul Olivier (M. Fané), Maxime Fabert (M. Pénitent), Alice Tissot (Mme Jules Leroy), Georgette Tissier (Émilie Leroy), Marcelle Géniat (Noémie), Gabrielle Fontan (la logeuse), Roberte Jan (l'infirmière).

Hyacinthe Camusset et Jean Bernon sont tous deux employés à l'usine Leroy. Jean est tombé amoureux de Lucienne, la fille du patron, fiancée au vicomte Mazères. Il lui écrit des poèmes qu'il glisse dans son parapluie, le dimanche, à l'église. Camusset s'éprend d'une jolie fille dont il a réparé la bicyclette dans la rue. C'est Lucienne. Jules Leroy, sur le point de mourir, révèle à son fils Achille qu'il a bâti son usine en détournant l'héritage d'un cousin, dont il a détruit le testament. Cet argent revenait à un certain Hyacinthe Camusset et Jules vient d'apprendre que l'héritier travaille chez lui. Il fait jurer à Achille de réparer. Néanmoins, après la mort de l'industriel, personne, dans la famille Leroy n'a envie de rendre l'argent mal acquis. Achille favorise simplement l'ascension de Camusset à des postes importants dans l'usine. Il y fait preuve d'une incapacité catastrophique. Achille décide alors de marier Camusset à sa sœur. Lucienne se soucie peu de rompre avec le vicomte et se résigne à son nouveau mariage pour tirer sa famille d'embarras. Mais elle éclate en sanglots lorsque Camusset vient lui faire la cour ; il n'insiste pas. Il fait se rencontrer Lucienne et Jean, son soupirant poète, à un bal masqué chez les Leroy. Pour éloigner Camusset,

Achille l'envoie dans un vieux château de province, dont il doit surveiller les réparations. Lucienne fait une fugue avec Jean. Ils se réfugient au château, où les Leroy arrivent avec Camusset. Celui-ci déclare alors qu'il connaissait l'histoire de la captation d'héritage. Il ne réclame pas l'argent, mais le consentement de la famille au mariage de Lucienne et Jean. Ce qui est fait. Camusset, pourvu d'une petite rente, se retire à la campagne.

MERMOZ

R : Louis Cuny. *S* : Henri Dupuy-Mazuel. *D* : Marcelle Maurette. *I* : Jean Leherissey. *Dc* : Jean Bijon et Raymond Gabutti. *M* : Arthur Honegger. *P* : P.F.C. 1942. *Interprétation* : Robert-Hugues Lambert (Mermoz), Jean Marchat (le poète), André Nicolle (Didier Daurat), Lucien Nat (Julien Pranville), Camille Bert (Bouilloux-Lafont), Max Fontal (Collinot), Henri Vilbert (le mécanicien de Fort-Juby), Héléna Manson (Mme Mermoz).

Au début des années 20, Jean Mermoz, pilote militaire en Syrie, se trouve sans travail après sa démobilisation. Il écrit à des firmes d'aviation et est finalement engagé par la compagnie Latécoère, où il est formé par Didier Daurat. En 1924, il est affecté à la ligne postale de Dakar. Le constructeur Bouilloux-Lafont crée une ligne postale d'Amérique du Sud, de Buenos Aires à Natal avec liaison vers Dakar. L'Amérique du Sud pourra être reliée à l'Europe en dix jours. Mermoz installe la ligne, mais refuse de rester dans les bureaux. Pilotant un avion, il fait des vols de nuit au-dessus de la cordillère des Andes. En 1930, il réussit la première traversée de l'Atlantique sud. Les milieux financiers et politiques n'aident pas l'entreprise. Mermoz rencontre le constructeur d'avions Cousinet. Grâce à lui, il peut traverser l'Atlantique avec un trimoteur. En 1936, il disparaît dans l'océan avec son hydravion, la Croix-du-Sud.*

LE MISTRAL

R : Jacques Houssin. *S* : Jacques Carton. *A et D* : Jacques Carton et Jacques Houssin. *I* : Paul Cotteret. *Dc* : Roland Quignon. *M* : Vincent Scotto. *P* : S.P.D.F. 1942. *Interprétation* : Orane Demazis (Françoise), Roger Duchesne (Philippe), Ginette Leclerc (Stella), Tramel (Florentin), Andrex (Charles), Charpin (le curé Soureillou), Paul Olivier (Siméon).

A Pegayas, petit port provençal, vivent trois amis : le curé Soureillou, le facteur Siméon et le pêcheur Florentin. Françoise, la fille de Siméon, était promise à Charles, le fils de Florentin, mais, après la guerre, le garçon n'est pas revenu au pays. Il reparaît brusquement à Pegayas, accompagné de Philippe, un camarade de combat originaire de Boulogne-sur-Mer. Il ne pense qu'à rejoindre à Marseille une fille facile, Stella, laquelle l'a entraîné dans une affaire de contrebande. Charles compte utiliser la barque de son père pour une expédition nocturne. Florentin engage Philippe comme matelot, et le jeune homme se trouve attiré vers Françoise. Cependant, Charles se rend compte qu'il l'aime encore et, à la mort de son père, il décide de rester à Pegayas. Stella vient le relancer. Malgré l'intervention du curé, elle révèle à Françoise qu'elle est la maîtresse de Charles. Françoise accepte alors l'amour de Philippe. Les trafiquants marseillais veulent remplacer Charles par un homme plus sûr, et Stella, qu'il a chassée, le dénonce à la police. Françoise prétend qu'il était avec elle la nuit où a eu lieu un passage de tabac en fraude. Philippe, jaloux, se bat avec Charles. Une tempête de mistral se déchaîne et les rend tous deux à la raison. Charles épousera Françoise et reviendra à la mer.

MON AMOUR EST PRÈS DE TOI *(C)*

R : Richard Pottier. *S et D* : Camille François. *I* : Charles Bauer. *Dc* : André Andrejew. *M* : arrangements Raymond Legrand. *Chansons* : Vincent Scotto, Roger Lucchesi et Francis Lopez. *P* : Continental Films. 1943. *Interprétation* : Tino Rossi (Jacques Marton), Annie France (Marie-Louise), Mona Goya (Odette), Paul Azaïs (le Frisé), Édouard Delmont (le père Louis), Jean Tissier (Regain, directeur du théâtre), René Génin (La Coule), Jean Rigaux (Ducasier), Jean Davy (le directeur de la scierie).

Le chanteur Jacques Marton répète une revue avec sa maîtresse, Odette. Mécontent du costume qu'on lui propose pour jouer une scène de clochards, il va sur les berges de la Seine avec son accordeur, Ducasier, acheter la défroque d'un vagabond, La Coule. Le soir de la première de la revue, Jacques, qui a déjà eu des malaises, est frappé d'amnésie et disparaît dans son habit de clochard. Il échoue sous un pont de Paris où un vrai clochard, le Frisé, l'empêche de tomber à l'eau, l'aide à échapper à une rafle et le conduit hors de la ville. Jacques et Le Frisé sont engagés comme mariniers sur la péniche que dirige une jolie fille, Marie-Louise. L'inexpérience de Jacques lui attire l'antipathie du quartier-maître, le père Louis, qui l'accuse, bientôt, d'un vol. Marie-Louise l'aide à se justifier et les jeunes gens s'avouent leur amour. Mais un dimanche, à la fête des mariniers, Jacques est reconnu par La Coule et Ducasier, venus à la pêche ensemble. Ils chantent l'air des clochards et Jacques tombe évanoui. On le transporte dans une clinique. Il ne reconnaît plus personne. Marie-Louise, venue le voir, part désespérée. Jacques retrouve la mémoire de son passé, retourne au théâtre. Odette est devenue la maîtresse du directeur, Regain. Jacques reprend sa carrière, obsédé par le souvenir confus de la jeune fille de la péniche. Il charge Ducasier de la retrouver. Celui-ci lui ramène Marie-Louise un soir où il chante en public. Marie-Louise, effrayée de la ruée des admiratrices du chanteur, s'enfuit. Jacques court derrière elle et la retrouve à bord de la péniche. Il l'épousera.

MONSIEUR DES LOURDINES

R : Pierre de Hérain. *A et D* : André Obey, d'après le roman d'Alphonse de Châteaubriant. *I* : Philippe Agostini. *Dc* : Lucien Aguettand. *M* : Marcel Delannoy. *P* : Pathé-Cinéma. 1942. *Interprétation* : Constant Rémy (M. des Lourdines), Raymond Rouleau (Anthime des Lourdines), Germaine Dermoz (Mme des Lourdines), Mila Parély (Nelly de Giverny), Claude Génia (Sylvie), Jacques Castelot (Le prince Stemoff), Jacques Varennes (M. de La Marzellière), Jean Debucourt (le docteur Lancier), Julien Carette (Albert), Pierre Jourdan (Flibure), Paul Faivre (Célestin), Jeanne Fusier-Gir (Perrine), Robert Dhéry (Désiré), André Carnège (Me Paillaud), Janine Clairval (Estelle), Madeleine Suffel (Thérèse), Louis Salou (Muller), Camille Guérini (Roquebrune).

Vers 1840, M. et Mme des Lourdines, vivant dans leur domaine vendéen du Petit-Fougeray, sont attristés par le départ pour Paris de leur fils unique, Anthime. Ils avaient espéré lui faire épouser Sylvie, son amie d'enfance. A Paris, Anthime, qui s'est épris d'une courtisane, Nelly de Giverny, l'entretient sur un grand pied et mène une existence dissolue. Il a emprunté peu à peu 600 000 F à un usurier, Muller. Craignant de ne pas être remboursé, Muller envoie une lettre à M. des Lourdines pour réclamer son argent. M. des Lourdines veut éviter à Anthime la prison pour dettes et le déshonneur. Sans rien lui dire, il vend ses fermes et désintéresse Muller. Mme des Lourdines, qui souffre d'une maladie de cœur et se reproche d'avoir trop gâté son fils, tombe gravement malade. Anthime quitte Nelly pour se rendre au chevet de sa mère. La courtisane, le sachant ruiné, lui trouve aussitôt un remplaçant. Anthime arrive au Petit-Fougeray au moment où sa mère meurt. Après les obsèques, il ne songe qu'à regagner Paris. Il est surpris de voir son père réduire considérablement son train de maison. Au cours d'une promenade au pied d'un calvaire, le père révèle la vérité à son fils. Touché par l'abnégation de M. des Lourdines et par la tendresse fidèle de Sylvie, Anthime décide de renoncer à ses plaisirs et de veiller sur son père en se fixant sur la terre natale pour refaire le domaine. *

MONSIEUR LA SOURIS

R : Georges Lacombe. *A et D* : Marcel Achard, d'après le roman de Georges Simenon. *I* : Victor Armenise. *Dc* : Jacques Krauss. *M* : Georges Auric. *P* : Films Richebé. 1942. *Interprétation :* Raimu (Monsieur La Souris), Aimé Clariond (Simon Negretti), Micheline Francey (Lucile Boisvin), Aimos (Cupidon), Gilbert Gil (Christian Ostiny), Marie Carlot (Dora), Paul Amiot (le commissaire Lucas), René Bergeron (l'inspecteur Lognon), Pierre Jourdan (Frédéric Muller), Charles Granval (M. Laborde), Emile Genevois (Emile).

Antoine Ramatuelle, ancien professeur de solfège devenu clochard sous le sobriquet de « Monsieur La Souris », habite avec son copain Cupidon une maison en démolition. Il gagne sa vie par de petits métiers. Un soir de pluie, devant la porte d'un cabaret, Le Gai Moulin, *il se précipite avec un parapluie pour ouvrir la portière d'une Talbot grise. Il reçoit un cadavre dans les bras. Le temps d'avertir le chasseur Emile, la Talbot démarre, emportant le cadavre. La Souris trouve par terre un portefeuille bourré de billets de banque, mais sans pièces d'itentité. Sur les conseils de Cupidon, il va porter les billets au commissariat dans une enveloppe. Mais il a caché le portefeuille dans un petit restaurant entre le dossier et le siège d'une banquette. Le commissaire Lucas et l'inspecteur Lognon ouvrent une enquête. Un financier, Edgar Negretti, a disparu après avoir traité une importante vente de titres. Son frère, Simon Negretti, sa filleule, Dora, son secrétaire, Frédéric Muller, et Christian Ostiny, l'acheteur des titres, semblent tous avoir quelque chose a cacher et la police soupçonne La Souris de dissimuler des indices. La Talbot appartenait à un certain Edgar Leroy, qui l'avait prêtée à Negretti et avait rendez-vous avec lui le soir de sa disparition. Dans les jardins du Champ-de-Mars, La Souris fait par hasard la connaissance d'une jeune femme, Lucile Boisvin, et découvre que celle-ci vit depuis neuf ans avec un courtier en timbres, Edgar Leroy, dont elle a eu un petit garçon. Dans la photographie de Leroy, La Souris reconnaît Edgar Negretti, qui menait donc une double vie. Il s'intéresse au voisin de Lucile, le curieux M. Laborde. Le cadavre de Negretti est repêché dans la Seine et identifié. La Souris, qui veut découvrir l'assassin lui-même et qui a gardé pour lui tous les renseignements recueillis, est enlevé par des gangsters. Ils l'obligent à révéler la cachette du portefeuille. Pendant ce temps, la police démêle les intrigues de Dora et de Frédéric Muller, son amant. Les gangsters, venus fouiller le café pour prendre le portefeuille, sont arrêtés. Et c'est La Souris qui fait prendre le chef de la bande : M. Laborde. Il avait tué Negretti-Leroy pour lui voler un timbre de très grande valeur.*

MONTMARTRE-SUR-SEINE

R : Georges Lacombe. *S* : Georges Lacombe et André Cayatte. *D* : Serge Veber. *I* : Nicolas Hayer. *Dc* : Robert Dumesnil, supervisé par Roland Quignon. *M* : Marguerite Monnot. *P* : S.U.F. 1941. *Interprétation* : Edith Piaf (Lili), Jean-Louis Barrault (Michel Courtin), Roger Duchesne (Claude), Sylvie (Mme Courtin), Denise Grey (Moussette), Paul Meurisse (Paul Mariol), Henri Vidal (Maurice Cazaux), Huguette Faget (Juliette Martin), Gaston Modot (le maître d'hôtel de l'Hippocampe), Champi (M. Martin), Léonce Corne (le père de Lili), Pierre Labry (le cafetier-maire), Odette Barancey (la marchande des quatre-saisons), René Bergeron (Henri Lemaire), Paul Demange (le commissaire), André Carnège (l'éditeur).

Sur la butte Montmartre, Maurice Cazaux, ouvrier encadreur chez un artisan, Martin, est amoureux de sa fille, Juliette. Lili, une marchande de fleurs voisine de Maurice, est éprise de lui. Son ami d'enfance, Michel Courtin, s'occupe de l'œuvre des « Petits Poulbots ». Il demande à Lili de venir chanter à une fête. Elle décide Maurice, qui joue de l'accordéon, à l'accompagner. Paul Mariol, metteur en scène de music-hall, prépare une revue sur Montmartre. Il monte à la Butte, en touriste, avec son ami Claude. Celui-ci remarque Juliette et loue une chambre chez M. Martin pour se rapprocher d'elle. Au gala des Poulbots, après le numéro de Lili, Paul fait monter Juliette sur la scène et met aux enchères un baiser de la jeune fille. Claude gagne et embrasse Juliette. Maurice, jaloux, se fâche avec elle. Il abandonne son travail. Lili le retrouve errant sur les quais de la Seine. Elle va demander à Michel d'aider Maurice. Michel, qui aime Lili sans espoir, demande du travail pour Maurice à un éditeur de musique. Lili chante dans les rues. Elle est remarquée par Henri Lemaire, directeur d'une boîte de nuit, L'Hippocampe. *Il l'engage et elle se produit avec Maurice comme accompagnateur. Mais, obsédé par le souvenir de Juliette, Maurice joue mal, se dispute avec Lili et quitte* L'Hippocampe *Michel décide de composer des chansons pour Lili, qui a beaucoup de succès. Juliette s'est laissée entraîner par Claude dans une soirée mondaine qui tourne à l'orgie. Elle s'enfuit. Au petit jour, sur les escaliers de la Butte, elle rencontre Maurice. Ils se jettent dans les bras l'un de l'autre.*

LE MORT NE REÇOIT PLUS

R : Jean Tarride. *S et D* : René Jolivet. *I* : Fred Langenfeld et Jacques Mercanton. *Dc* : Georges Wakhevitch. *M* : André Theurer. *Pr* : C.I.M.E.P. 1943. *Interprétation* : Jules Berry (Jérôme Armandy et Alstone), Jacqueline Gauthier (Jeanne Dumont), Gérard Landry (Claude Desbordes), Jacques Louvigny (Firmin), Aimos (Léon-le-Raccourci), Félix Oudart (Alexandre), Thérèse Dorny (Mlle Verdelier), Janine Merrey (Mme Bonnemain), Georges Lannes (le procureur), Marcel Dieudonné (Ernest Marchal), Madeleine Suffel (Mme Marchal), Jacques Tarride (le juge Armandy), Simone Paris (la femme du juge), Lucienne Galopaud (Cécile), Roger Caccia (Auguste Vidal), Simone Signoret (la maîtresse de Firmin).

Claude Desbordes, peintre montmartrois qui n'arrive pas à vendre ses toiles, apprend de Firmin, l'ancien domestique de son oncle Jérôme Armandy, la mort de celui-ci en Amérique. Selon le testament du défunt, Claude doit réunir au château de l'Etang, en Provence, tous les membres survivants de la famille, afin de retrouver 17 millions qui y sont cachés. Enfant, Gérard fut mis au courant par l'oncle de cette cachette. Il se retrouve au château avec tous les héritiers, qui attendent le partage, mais il se rend seul à la cachette et se fait assommer au moment où il l'ouvre. Le contenu disparaît. Claude soupçonne un des héritiers et, tout en faisant la cour à la comédienne Jeanne Dumont, il provoque des incidents pour découvrir le coupable. Jeanne l'aide dans son enquête. Gérard retrouve des lettres d'amour écrites autrefois à Jérôme par Mlle Verdelier. Elles portent des timbres de l'île de San Cristobal, d'une valeur de 17 millions. Au dîner où l'on fête l'héritage, Jérôme Armandy reparaît, bien vivant, pour reprendre sa fortune. Le même soir, au cours d'une dispute dans la bibliothèque avec Alexandre, un de ses héritiers, il est tué mystérieusement. La police enquête. Au cours d'une reconstitution du crime, Firmin s'enfuit. Il est abattu à la porte par un homme portant moustache, sosie d'Armandy. C'est en fait le véritable Jérôme, dont un gangster, Alstone, qui lui ressemblait étonnamment, avait pris la place avec la complicité de Firmin pour s'emparer de la fortune. Firmin a tué Alstone. Jérôme partage les 17 millions avec sa famille.

LE MOUSSAILLON

R : Jean Gourguet. *A et D* : Jean Aurenche, d'après un roman de Jean Rioux. *I* : Nicolas Hayer. *Dc* : Robert Dumesnil. *M* : René Sylviano. *P* : S.E.L.B. Films. 1943. *Interprétation* : Yvette Lebon (Madeleine), Roger Duchesne (Pierre), Lucien Gallas (Georges), René Génin (Octave), Champi (Ballandoux), Gabrielle Fontan (Louise), Germaine Charley (Mme Thomas), Vicky Verley (Anna), Jérôme Goulven (le capitaine), le petit Georges Prévost (Michel), Palmyre Levasseur (la mère).

Au retour d'une traversée, le marin Ballandoux vient annoncer à une jeune femme, Madeleine, la mort de l'homme qu'elle aimait, père du bébé qu'elle vient de mettre au monde et avec lequel elle n'était pas mariée. Madeleine devient employée de magasin pour élever son petit Michel. Georges, le fils de la patronne, la courtise, mais elle épouse un brave horloger, Pierre, qui reconnaît Michel pour son fils. L'enfant, qui veut être marin comme son vrai père, s'enfuit après avoir passé ses vacances à l'école des moussaillons. Georges le recueille et, pour se venger de Madeleine, l'entraîne dans une affaire de contrebande. Anna, la maîtresse de Georges (et sœur du père de Michel), prévient Pierre et Ballandoux que l'enfant est enfermé dans la cale d'un bateau contrebandier. Il vient d'être libéré par le capitaine lorsque Ballandoux se précipite sur Georges ; celui-ci le tue. Pierre se bat alors avec Georges et le passe par-dessus bord. A Ballandoux mourant, Madeleine et Pierre promettent que Michel restera à l'école des mousses et sera marin.

LES MYSTÈRES DE PARIS

R : Jacques de Baroncelli. *A* : Maurice Bessy, d'après le roman d'Eugène Sue. *D* : Pierre Laroche. *I* : Léonce-Henri Burel. *Dc* : Léon Barsacq. *M* : Casadesus. *P* : Discina (André Paulvé). 1943. *Interprétation* : Marcel Herrand (Rodolphe), Yolande Laffon (Sarah Mac Gregor), Lucien Coëdel (le Chourineur), Claudie Carter (la Louve), Germaine Kerjean (la Chouette), Raphaël Patorni (Murph), Cécilia Paroldi (Fleur de Marie), Roland Toutain (Cabrion), Simone Ribaut (Louise Morel), Ginette Roy (Rigolette), Jean Carmet (Tortillard), Albert Gercourt (Me Ferrand), Pierre Louis (Francis Germain), Alexandre Fabry (Morel), Tela Tchaï (la Punaise), Lucien Callamand (M. Pipelet), Emma Lyonnel (Mme Pipelet).

En 1842, dans les bas-fonds de Paris, Rodolphe, un homme mystérieux qui s'habille en ouvrier, tire des griffes du Maître d'Ecole et de La Chouette, ignobles aubergistes qui se disent ses parents adoptifs, une jeune chanteuse des rues, Fleur de Marie. Il se fait un ami du Chourineur, mauvais garçon prêt à se repentir. Rodolphe habite une maison d'un quartier populaire, où il a pour voisins la modiste Rigolette et un ouvrier bijoutier en chambre, Morel, dont la fille Louise est fiancée à Francis Germain, caissier à l'étude du notaire Ferrand. Rodolphe est en réalité duc de Gérolstein et, sous son déguisement, il cherche à faire le bien et châtier le mal. La comtesse Sarah Mac Gregor, qui fut autrefois sa maîtresse, recherche une fillette qu'elle a eue de lui et confiée jadis à Ferrand avec une grosse somme d'argent. Elle voudrait maintenant se faire épouser. Ferrand prétend l'enfant morte en bas âge et annonce à Sarah que le duc cache à la campagne une jeune maîtresse prise à l'auberge du « Lapin Blanc ». Sarah va trouver la Chouette et le Maître d'Ecole. Ils se chargent d'enlever Fleur de Marie et de la faire enfermer pour vol à la prison de Saint-Lazare. Avec la complicité de Tortillard, méchant infirme, l'enlèvement réussit. A Saint-Lazare, Fleur de Marie est protégée par la Louve, amie du Chourineur. Ferrand, auquel Morel devait de l'argent que Francis Germain s'était offert à rembourser, fait arrêter son caissier pour vol, et Louise, qui a résisté à ses avances, pour complicité. Louise se retrouve à Saint-Lazare et se lie avec Fleur de Marie et la Louve. La Chouette essaie de faire chanter le notaire car la fille de Sarah, qu'il lui avait confiée, n'est autre que Fleur de Marie. Ferrand convainc Sarah de se débarrasser définitivement de celle qu'elle croit sa rivale. Il fait libérer Fleur de Marie et Louise Morel et emmène les jeunes filles à la campagne. Il essaie de les noyer dans la rivière, mais Fleur de Marie est sauvée par le Chourineur que la Louve, sortie de prison, avait alerté. La Chouette va apprendre à Sarah la vérité sur Fleur de Marie. Elle poignarde la comtesse pour lui dérober ses bijoux. Rodolphe, cherchant à confondre le Maître d'Ecole et la Chouette, tombe dans un traquenard qu'ils lui ont tendu. Il en est tiré par le Chourineur et, rendant lui-même sa justice, il fait aveugler le Maître d'Ecole. Le bandit, devenu faible comme un enfant, est martyrisé par la Chouette et Tortillard. Il réussit à étrangler la Chouette et périt dans l'incendie accidentel de son auberge. Sarah, prête à mourir, rappelle Rodolphe à son chevet, se repent et lui révèle l'existence de Fleur de Marie. Après avoir puni le notaire Ferrand (qui a causé la mort du Chourineur), Rodolphe retrouve sa fille. *

NE BOUGEZ PLUS (C)

R : Pierre Caron. *S* : Roméo Carlès et Pierre Caron. *I* : Armand Thirard. *Dc* : Guy de Gastyve. *M* : Jean Charpentier. *P* : Continental Films. 1941. *Interprétation* : Saturnin Fabre (Andromaque), Jean Meyer (Paturel), Guillaume de Sax (M. Farfadou), Paul Meurisse (Hector), Pierre Etchepare (Daronval), Roger Legris (Marmuse), Marcel Carpentier (Verdure), Lucien Walter (le vieux client), Julien (le speaker), Albert Michel (Clampinet), Léon Walther (le grand chambellan), Colette Fleuriot (Elyane), Annie France (Geneviève), Germaine Charley (Mme Daronval), Hélène Robert (la commère), Palmyre Levasseur (la cliente laide), Monique Gérard (la baronne), Madeleine Briny (Suzy), Henry de Livry (le secrétaire du chambellan).

M. Farfadou, grand photographe parisien, a pour chef de laboratoire Hector, un doux rêveur qui, amoureux de la première assistante, Geneviève, casse beaucoup de plaques lorsqu'il la voit. Un jour, Farfadou attend la visite du prince Miremire qui, accompagné de son secrétaire, doit venir se faire photographier. Deux clochards, Andromaque et Paturel, envoyés par une agence de publicité, se présentent pour une photo commerciale : « Avant et après le retournage du vêtement ». Un coup de téléphone annonce à Farfadou que le prince et son secrétaire se promènent dans Paris habillés en clochards. Persuadé d'avoir affaire à eux, Farfadou emmène Andromaque et Paturel dans un cabaret chic pour admirer la vedette, Elyane, une de ses clientes. Elyane cajole le « prince » mal vêtu, espérant une commandite. Geneviève et Hector prennent des photos. La radio et les journalistes arrivent. Mais l'agent de publicité, venu au cabaret, reconnaît ses deux clochards et avertit Farfadou et le directeur. On étouffe le scandale. Tout le monde se retrouve au petit matin dans un milk-bar. Andromaque et Paturel, complètement ivres, sont assommés à coups de bouteilles de lait et enfermés dans le réfrigérateur, ce qui leur rend leur lucidité. Il s'agissait bien du prince Miremire et de son secrétaire qui, découverts la veille sur un banc, après une nuit mouvementée, par l'agent de publicité, avaient accepté de poser pour la photo commerciale en se faisant passer pour de vrais clochards.

LA NEIGE SUR LES PAS

R : André Berthomieu. *A et D* : Bernard Zimmer, d'après le roman de Henry Bordeaux. *I* : Benoit. *Dc* : Robert Giordani. *M* : Georges Derveaux. *P* : Société de Production et de Doublage de Films. 1941. *Interprétation* : Pierre Blanchar (Marc Romanay), Michèle Alfa (Thérèse Romanay), Josseline Gaël (Simone Norans), Georges Lannes (André Norans), Gaston Jacquet (Monestier), Marcelle Praince (la mère de Marc), Jean Toulout (le grand prieur), Roberte Arnaud (Juliette).

L'architecte Marc Romanay délaisse sa femme Thérèse pour son métier. Désœuvrée, désemparée, elle devient la maîtresse d'André Norans, un de leurs amis, marié lui-même. En proie au remords, Thérèse veut rompre sa liaison. Simone Norans, avertie, révèle à Marc la faute de son épouse. Il la chasse. Thérèse s'en va avec André en montagne. En faisant une ascension, ils ont un accident qui coûte la vie à André. Grièvement blessée, Thérèse est recueillie par les moines de l'hospice du Grand-Saint-Bernard qui la soignent et la guérissent. La mère de Marc, sa petite fille Juliette et le grand prieur de l'hospice interviennent auprès de Marc pour qu'il pardonne à Thérèse. Il croit ne plus l'aimer. Mais lorsqu'un homme du monde, Monestier, fait la cour à Thérèse, une réaction de jalousie lui fait comprendre à quel point il tient à elle. Le ménage se reforme et le foyer des Romanay est sauvé.

NE LE CRIEZ PAS SUR LES TOITS

R : Jacques Daniel-Norman. *S et D* : Jean Bernard-Luc. *A* : Jean Manse. *I* : Léonce-Henri Burel. *Dc* : Robert Giordani. *M* : Roger Dumas. *P* : Gaumont. 1942. *Interprétation* : Fernandel (Vincent Fleuret), Meg Lemonnier (Renée Lancel), Jacques Varennes (Octave), Thérèse Dorny (Mme Noblet), Léon Bélières (Edouard Noblet), Robert Le Vigan (le professeur Bontagues), Marie-José Maffei (Angelica Noblet), Paul Azaïs (P'tit Louis), Arius (Trapu), Georges Lannes (Cartier), Pierre Feuillère (Riquet), Albert Gercourt (le professeur Moucherotte), Gaston Séverin (l'avocat de Fleuret), Jacques Berlioz (le professeur Holtz), Marcel André (l'avocat général), Robert Dalban (le plombier), Maurice Flandre (Le directeur de *La Journée*).

Le professeur Moucherotte, accueilli par la famille Noblet qui lui a installé un laboratoire, cherche la formule du « benzil », carburant synthétique. Son préparateur Vincent Fleuret cherche, lui, la formule de la « rose éternelle ». Un trust financier fait surveiller Moucherotte par Octave, maître d'hôtel des Noblet et chef d'une bande de mauvais garçons. Renée Lancel, reporter à La Journée, *s'introduit dans la maison déguisée en infirmière lorsque Moucherotte tombe malade. Elle cherche à obtenir des renseignements de Vincent. Avant de mourir, Moucherotte fabrique par hasard la « rose éternelle », va déposer une fleur dans la chambre de Vincent et griffonne pour celui-ci quelques mots le faisant dépositaire de son invention. Ce message, mal interprété, fait croire que Vincent connaît la formule du « benzil ». Octave et ses hommes cherchent à enlever Vincent pour la lui faire dire et le liquider ensuite. Renée, honteuse d'avoir profité de sa naïveté, passe de son côté. D'aventure en aventure, Vincent finit par être traduit devant un tribunal où les malentendus se dissipent. Il a gagné l'amour de Renée et la « rose éternelle ».*

NOUS LES GOSSES

R : Louis Daquin. *S* : Maurice Hilero et Gaston Modot. *D* : Marcel Aymé. *I* : Jean Bachelet. *Dc* : Lucien Aguettand. *M* : Marius-François Gaillard. *P* : Pathé-Cinéma. 1941. *Interprétation* : Louise Carletti (Mariette Rozet), Gilbert Gil (René Morin), Pierre Larquey (le père Finot), André Brunot (le commissaire), Emile Genevois (Gros Charles),

Raymond Bussières (Gaston), Jean-Pierre Geoffroy (Pierrot Rozet), Georges Reygnier (André), Jean Buquet (Tom Mix), Bernard Daydé (Doudou), Anthony Gildes (le père Castor), Lucien Coëdel (Ernest), Paul Frankeur (l'inspecteur de police), Léonce Corne (M. Briochet), Marcel Pérès (Victor Lemoine), Louis Seigner (le directeur de l'école), Martial Rebe (le père de Fernand), Bernard Pottier (Henri), Jean Sanson (Mimile), Geneviève Cadiqx (Mélie), J.M. Boyer (Lucien), Marcelle Suiro (Georgette), Jeanne Perez (La femme d'Ernest).

Les élèves d'une école communale de la banlieue parisienne jouent aux Indiens et à l'attaque de la diligence dans un terrain vague enre les heures de classe. L'un d'eux, Pierrot, est le frère de Mariette Rozet, une jolie fleuriste, dont est amoureux René Morin, l'instituteur. Gaston, une sorte de mauvais garçon hâbleur, flânant toujours avec son copain Gros Charles, fait à Mariette des avances qu'elle repousse. Dans la cour de l'école, un gamin, Nicolas Lemoine, donne un coup de pied trop fort dans un ballon de football et brise une verrière dont le directeur exige le remplacement. Il y a en a pour 1 800 francs. Les parents de Nicolas sont pauvres et son père se montre très dur envers lui. Tous les gosses, faisant trêve à leurs rivalités de bandes dans les jeux du dehors, s'unissent pour réunir la somme pendant les vacances de Pâques. Ils trouvent divers stratagèmes (cirer des chaussures préalablement salies par un compère, leçons d'argot au fils du notaire, etc.) afin de gagner un peu d'argent. René Morin leur fait cadeau d'un billet de loterie. Une vente de muguet dans les rues attire l'attention du commissaire, auquel les enfants expliquent pourquoi ils font tout cela. Gaston a l'idée de s'emparer du petit magot et prépare avec Gros Louis une boîte semblable à celle dans laquelle ont été placés les gains des enfants et le billet de loterie. Cette boîte à été confiée à Pierrot et Mariette, qui sont soupçonnés de vol après l'échange habilement réalisé par Gaston et Gros Louis. Gaston fait croire à René que Mariette a été sa maîtresse, ce qui complique les choses. Mais les gosses mènent leur propre enquête et confondent Gros Louis et Gaston, qui sont arrêtés. René se réconcilie et se fiance avec Mariette. L'administration ayant décidé de payer la verrière, l'argent rassemblé doit servir à un voyage des élèves avec René. Le jour de l'inauguration de la nouvelle verrière, un autre coup de pied malencontreux est donné dans le ballon et c'est la casse...

LA NUIT FANTASTIQUE

R et A : Marcel L'Herbier. *S* : Louis Chavance et Maurice Henry. *D* : Henri Jeanson (dans l'anonymat). *I* : Pierre Montazel. *Dc* : René Moulaert. *M* : Maurice Thiriet. *P* : U.T.C. 1941. *Interprétation* : Fernand Gravey (Denis), Micheline Presle (Irène), Saturnin Fabre (Thalès), Jean Parédès (Cadet), Michel Vitold (Boris), Bernard Blier (Lucien), Christiane Nere (Nina), Marcel Levesque (le docteur Le Tellier), Charles Granval (Adalbert).

Denis, étudiant pauvre, travaille la nuit aux Halles pour se faire un peu d'argent. Constamment fatigué, il voit souvent lui apparaître, dans le rêve d'un demi-sommeil, une jeune fille vêtue de blanc et sans visage précis. Sa maîtresse, Nina, négligée et jalouse, se fâche avec lui et se lie à Boris, autre étudiant d'origine russe. Lucien, l'ami de Denis, essaie en vain de le ramener au monde réel. Une nuit, sur le carreau des Halles, une jeune fille en robe du soir frôle Denis, le réveille. Cette fois, l'apparition a un visage. Croyant rêver, Denis suit l'ombre de ses songes dans un restaurant. Il apprend qu'elle s'appelle Irène. Elle a rejoint là son père, l'illusionniste Thalès et l'assistant de celui-ci, Cadet, qu'elle refuse d'épouser. Irène simule la folie et s'en va. Denis continue à la suivre. A l'Académie de Magie, il fait davantage connaissance avec elle. Irène va retrouver son père pour participer à une séance au musée du Louvre. Denis voit là Boris costumé en brancardier et surprend une machination entre Thalès et Cadet. Ils veulent se débarrasser d'Irène, le projet de mariage avec l'assistant ayant échoué. Denis disparaît à la suite de la jeune fille dans un sarcophage truqué. Tous deux s'enfuient. Denis emmène Irène rue Gît-le-Cœur, chez Adalbert, un vieux poète aveugle qu'il a connu dans un café pour étudiants. Mais Cadet retrouve leurs traces. Avec Boris conduisant une ambulance, il vient enlever Irène pour la conduire dans un asile de fous dirigé par le docteur Le Tellier. Nina fait partie du complot. Irène jette une partie de ses vêtements par la portière. Denis suit l'ambulance à bicyclette, arrive à la clinique Le Tellier, libère les fous en cherchant Irène et réussit à grimper avec celle-ci sur le toit. Elle tente de lui faire comprendre qu'il ne rêve pas. Elle l'aime. Thalès détient un secret que Denis va aller lui arracher au « Caveau des Illusions », où il retrouve Nina, toujours jalouse d'Irène. Thalès n'est pas le père d'Irène. Il a dilapidé une partie de la fortune confiée par le vrai et espérait s'en tirer en la mariant à Cadet ou en la faisant interner. A la fin de la nuit, Irène sera majeure et libre. Boris, pris de remords, vient avouer à Denis qu'il s'est prêté à l'intrigue pour de l'argent. Un narcotique endort Irène, Boris, Nina et Denis, que Cadet reporte aux Halles. Denis se réveille croyant avoir rêvé. Il retrouve des traces de son aventure chez Le Tellier et Adalbert. Après qu'il a tout raconté à Lucien, Irène, bien vivante, bien réelle, surgit dans sa chambre. *

LA NUIT MERVEILLEUSE

R : Jean-Paul Paulin. *S et D* : André-Paul Antoine. *I* : Christian Matras. *Dc* : Gilbert Grassin. *P* : Prodiex. 1940. *Interprétation* : Fernandel (le berger), Janine Darcey (la jeune femme), Jean Daurand (le menuisier), Aquistapace (le marin), Charles Vanel (le fermier), Milly Mathis (la paysanne), Edouard Delmont (le vieux berger), Madeleine Robinson (la réfugiée), Charpin (l'aubergiste), Jacques Erwin (le forgeron), Charlotte Clasis (la servante).

Le 24 décembre 1940, sous la neige, deux réfugiés poussent sur un chemin de montagne une petite carriole où ils ont entassé leurs pauvres biens. L'homme, menuisier, compte aller retrouver ses parents pour travailler la terre. Sa jeune femme est sur le point d'accoucher. Le couple arrive à un village mais l'aubergiste, dont la maison est déjà pleine de réfugiés, refuse de les accueillir. Impossible de trouver un abri ailleurs. Une paysanne passant dans la rue remarque l'état de fatigue de la jeune femme et l'emmène avec son mari chez un fermier où elle va passer la veillée de Noël. Il y a là au milieu des paysans une femme, réfugiée également, dont l'enfant est mort. Le berger de la ferme prépare pour le couple une couche de paille dans la grange, où la jeune femme va se reposer. Dans la salle, le fermier raconte aux enfants l'histoire de Joseph et de Marie et la naissance de Jésus, dans une étable, entre le bœuf et l'âne. En montagne, un vieux berger rencontre un marin arrivant des mers de Chine, un tirailleur sénégalais démobilisé et un intellectuel errant, qui cherchent un gîte. Il les conduit au village. Une lumière brille à la porte d'une grange. Tous les gens du village sont rassemblés autour de la femme du menuisier réfugié. Elle vient d'accoucher d'un fils. Le marin offre au bébé un objet chinois, le tirailleur sénégalais un flacon d'essence de rose et l'intellectuel une médaille. Les enfants de la ferme croient assister à l'histoire de la Natavité qu'on vient de leur raconter. Le fermier décide de garder le couple et l'enfant chez lui, en donnant du travail au mari. Les cloches sonnent pour la messe de minuit et les villageois s'en vont en procession à l'église.

OPÉRA-MUSETTE

R, S et D : René Lefèvre, d'après une nouvelle de Fernand Pouey. *Mise en scène technique* : Claude Renoir. *I* : Mundviller. *Dc* : Lucien Aguettand. *M* : Georges Auric. *P* : Pathé-Cinéma. 1941. *Interprétation* : René Lefèvre (Marcel Lampluche), Saturnin Fabre (M. Honoré), Paulette Dubost (Jeanne), Maurice Teynac (Maxence Leroy), Ginette Baudin (Claire), Marguerite Ducouret (Mme Honoré), Gilles Margaritis (Marga), Lucien Coëdel (Léon), Marguerite Louvain (Louise), Jeanine Guyon (Nanette), Fernand Rauzena (Brindolin), Léon Larive (Marcenac), Marcel Vallée (Bouchon, le pharmacien), Raymond Bussières (le coiffeur).

Marcel Lampluche, accordéoniste ambulant, trouve au bord d'une rivière un portefeuille (avec argent et papiers) et la partition d'une chanson, que le célèbre compositeur Maxence Leroy a laissés là en annonçant son intention de se suicider. Au village voisin, Marcel se présente à la gendarmerie ; un quiproquo l'empêche de remettre le portefeuille. Il s'installe au café-hôtel de Léon, sous son vrai nom. Mais la servante a vu les papiers du portefeuille au moment où l'on annonce à la radio la disparition de Maxence Leroy. Lampluche est pris pour Leroy. Le bruit de sa présence « incognito » se répand et M. Honoré, bourgeois qui compose un opéra et en prépare les répétitions chez lui, invite son « confrère ». Lampluche chante, devant ses invités, la chanson de Leroy, dont il a changé les paroles. Or, le vrai Maxence Leroy arrive subitement. Consolé d'un chagrin d'amour, il ne s'est pas suicidé. Il veut maintenant se marier et est venu reprendre ses papiers. Lampluche obtient qu'il cache son identité quelque temps encore. Paulette, la fille d'Honoré, qui lui faisait les yeux doux, s'intéresse à Leroy. Lampluche, jaloux, se dispute avec le compositeur. Chacun reprend son vrai nom. Leroy dirige l'orchestre pour la représentation de l'opéra d'Honoré, tandis que Lampluche joue de l'accordéon dans un bal musette.

PAMÉLA

R : Pierre de Hérain. *A et D* : Pierre Lestringuez, d'après la pièce de Victorien Sardou. *I* : René Gaveau. *Dc* : Roland Quignon. *M* : Maurice Thiriet. *P* : S.P.C. 1944. *Interprétation* : Renée Saint-Cyr (Paméla), Fernand Gravey (Barras), Georges Marchal (Bergerin), Yvette Lebon (Mme Tallien), Gisèle Casadesus (Joséphine de Beauharnais), Raymond Bussières (Gomin), Serge Emrich (Louis XVII), Nicole Maurey (Mme Royale), Jean Chaduc (Bonaparte), Jeanne Fusier-Gir (La Montansier), Jacques Varennes (M. de Carency), René Génin (Gourlet), Jean Rigaux (Barnerin), Maurice Lagrenée (Lapierre), Jacques Grétillat (Le Villeheurnoy), Georges Marny (Bottot), Paul Demange (Péron), Richard Francœur (Plagnol), Philippe Richard (M. de Saint-Géreaut).

En juin 1795, Barras prépare le Directoire. Louis XVII, l'enfant-roi, est toujours enfermé dans la prison du Temple, ainsi que sa sœur, Mme Royale. Paméla, marchande de frivolités dont la boutique est fréquentée par des célébrités, est éprise de Bergerin, officier municipal et architecte du Temple. Elle apprend que deux de ses clientes, Mme Tallien, maîtresse de Barras, et Joséphine de Beauharnais font partie d'une conspiration ayant pour but l'évasion de Louis XVII. Elle demande à s'y joindre. Barras a été averti de cette conspiration par un agent double, le prince de Carency. Gomin, geôlier au Temple, trahit après avoir promis d'aider les conspirateurs. Barras recommande à Gomin de laisser fuir Louis XVII, qu'il veut avoir comme otage auprès des royalistes. Au cours d'une fête chez Barras, Paméla se laisse courtiser par lui, pour sonder ses intentions. Il propose d'aider à l'enlèvement. Paméla ne lui parle pas du souterrain qui relie la prison à un atelier de menuiserie installé tout à côté. Barras lui procure un sauf-conduit pour entrer au Temple et visiter Louis XVII. Elle doit emporter l'enfant dans un panier à linge, mais elle a décidé d'en placer un autre dans la voiture envoyée par Barras. Gomin substitue un cadavre au prisonnier. Bergerin, qui est de garde au Temple, croit Louis XVII mort, puis découvre le petit roi dans le panier de Paméla. Elle menace de se livrer s'il le reprend. Par amour, Bergerin cède. Paméla part avec Louis XVII dans une chaise de poste que Barras, découvrant qu'il a été berné, fait poursuivre. Rattrapés, Paméla et l'enfant sont conduits dans un château près de Poissy, où Barras les attend. Mais Bergerin, pour protéger Paméla, a alerté les chouans qui venaient au-devant de Louis XVII. Ils envahissent le château et Barras est contraint de leur céder le petit roi.

PATRICIA

R : Paul Mesnier. *S et D* : Pierre Heuzé. *I* : Geo Clerc. *Dc* : Roland Quignon. *M* : Roger-Roger. *Ave Maria* d'Adolphe Borchard chanté par Jacques Jansen. *P* : S.P.C. 1942. *Interprétation* : Louise Carletti (Patricia), Gabrielle Dorziat (Mlle Pressac), Alerme (le curé), Georges Grey (Dominique), Aimé Clariond (Jacques Pressac), Maurice Escande (André Vernon), Jean Servais (Fabien), René Génin (Jouset), Maï Bill (Chantal), Hubert de Malet (Jean).

Mlle Pressac, vieille fille autoritaire, vit seule dans son domaine normand « Le Clos ». Son frère Jacques, brillant journaliste, parcourt le monde et ne s'occupe guère de sa petite fille Patricia. Mlle Pressac propose de se charger de l'éducation de sa nièce. Son frère ayant refusé, elle décide d'adopter un orphelin et en ramène quatre chez elle : trois garçons, Jean, Dominique, Fabien, et une fille, Chantal. C'est alors que Jacques Pressac, devant quitter la France pour longtemps, demande à la vieille fille de prendre Patricia chez elle. Mlle Pressac va chercher la fillette à Paris et la ramène au Clos, où elle est élévée avec les autres. Les années passent. Dominique est devenu étudiant en médecine à Paris, Fabien élève aux Beaux-Arts et Chantal prépare le Conservatoire. Seuls Patricia (elle a maintenant vingt ans) et Jean sont restés fidèles au « Clos », dont Jean cultive les terres. Jacques Pressac réclame brusquement sa fille à Paris. Jean, qui considérait Patricia comme sa fiancée, la laisse partir. Pressac fait mener à sa fille une vie mondaine. Un de ses amis, André Vernon, courtise la jeune fille. Elle revoit ses compagnons d'enfance et découvre que Fabien s'est usé dans une vie d'excès, en milieu bohème. Un jour, un coup de téléphone de Dominique l'appelle dans une clinique où Fabien vient d'être opéré. Le jeune homme, mourant, fait promettre à Patricia de retourner au « Clos ». Après le décès de Fabien, Patricia refuse d'épouser André Vernon. Elle revient chez sa tante et trouve avec Jean et le domaine la vie qui lui convenait.

PATROUILLE BLANCHE

R : Christian Chamborant. *S* : Amédée Pons. *A* : Jacques Severac. *I* : Lucas. *Dc* : Jaquelux. *M* : Jean Yatove. *P* : U.F.P.C. 1941. *Interprétation* : Sessue Hayakawa (Halloway), Junie Astor (Sandra), Paul Azaïs (Victor), Lucien Dalsace (Paul Dalbret), Robert Le Vigan (le commissaire Pascal), Roger Legris (Lebon), Gaston Modot (Wong), Geneviève Beau (Christiane), Nina Myral (Mme Galvin), Albert Duvaleix (M. Galvin), Primerose Perret (Pépette).

Une société d'électricité fait construire un barrage hydroélectrique dans les Alpes. Cela nuit aux intérêts d'une société pétrolifère qui charge un Asiatique, Halloway, de détruire le barrage. Halloway utilise une femme, Sandra, pour séduire l'ingénieur Paul Dalbret, chef des travaux. Une organisation de jeunes, la « Patrouille blanche », veille sur le barrage, mais Sandra réussit à obtenir de Dalbret des renseignements pour s'emparer des plans. Victor, un mauvais garçon sous la coupe de Halloway et amoureux de Sandra, parvient à placer une cartouche de dynamite. Dalbret, qui a été blessé par un complice de Halloway cambriolant le coffre, arrive à temps pour éteindre la mèche. Halloway organise un guet-apens contre lui. Sandra, éprise de Dalbret, trahit la bande. Elle est abattue par Wong, le second de Halloway. Le cambrioleur du coffre se révèle alors être le commissaire Pascal de la Sûreté. Il s'était infiltré chez les espions. Pascal dresse Victor contre Halloway. Celui-ci se blesse mortellement avec son propre revolver. Victor est arrêté et la bande démantelée.

LE PAVILLON BRÛLE

R : Jacques de Baroncelli. *A* : Solange Terac, d'après la pièce de Stève Passeur. *D* : Stève Passeur. *I* : Pierre Montazel. *Dc* : Serge Pimenoff. *M* : Tony Aubin. *P* : Synops (Roland Tual). 1941. *Interprétation* : Pierre Renoir (Jourdens), Michèle Alfa (Odette), Elina Labourdette (Denise), Jean Marais (Daniel), Marcel Herrand (Audigane), Jean Marchat (Rizet), Bernard Blier (Benazy), Lucien Coëdel (Obo), Marcel Pérès (Ordano), Maurice Teynac (Marcellet), Jacques François (Tivel).

Dans une colonie française, Jourdens dirige d'une main ferme l'exploitation des mines de cuivre de Caffre, univers pratiquement fermé au monde extérieur. Benazy, ingénieur italien qui vient d'y être nommé, est piloté par Rizet, l'un des anciens. Un autre ingénieur, Audigane, amant d'Odette, l'infirmière, courtise Denise, l'intendante, qui aime Daniel, le plus jeune des cadres. Rizet semble, lui aussi, amoureux de Denise. Jourdens tient une conférence pour expliquer que les chiffres de la production trimestrielle ont baissé et qu'il faut garder le secret là-dessus. Or, envoyé par un banquier parisien décidé à faire tomber en bourse les actions de la compagnie, un journaliste, Marcellet, visite Caffre et reçoit des informations sur le rapport par un membre du personnel de la mine payé pour espionner. A Paris, une brusque campagne de presse amène une chute des cours. Jourdens réunit les ingénieurs et déclare qu'il y a un traître à Caffre. Les soupçons se portent bientôt sur Daniel, auquel le patron avait parlé du rapport. Rizet, chargé de surveiller Daniel, dont il est jaloux, s'aperçoit qu'Audigane a chargé le jeune homme pour se venger du dédain de Denise. Odette reste l'alliée d'Audigane et Denise soutient Daniel. Audigane mène une enquête personnelle. Il écrit à la police de Karmal pour faire comparer les empreintes de fiches d'identité des cadres avec une autre, jointe à sa lettre. Un éboulement se produit dans la mine. Daniel se trouve bloqué avec une vingtaine d'hommes. Audigane prétend qu'on ne peut pas les dégager car on risque d'abîmer les galeries et de retarder l'exploitation pendant un an. Rizet se dispute avec lui et l'assomme avant de donner le signal d'une explosion qui doit dégager un puits. Il réussit le sauvetage. Daniel profère des menaces contre Audigane, se rend à son bureau et le trouve mort. Il est accusé du meurtre par Jourdens, devant tout le monde. Rizet cherche à expliquer ce qu'il a fait. La réponse de la police de Karmal à la lettre d'Audigane donne le nom du traître : un sous-chef, Obo, que l'ingénieur soupçonnait de sabotage. Il a tué Audigane après l'algarade avec Rizet. Jourdens renvoie en France Daniel et Denise, qui se marieront. Rizet lui offre sa démission. Jourdens la refuse ; son devoir est de continuer le travail.

PÊCHÉS DE JEUNESSE *(C)*

R : Maurice Tourneur. *S* : Albert Valentin. *A et D* : Michel Duran et Charles Spaak. *I* : Armand Thirard. *Dc* : Guy de Gastyne. *M* : Henri Sauguet. *P* : Continental Films. 1941. *Interprétation* : Harry Baur (Lacalade), Guillaume de Sax (le docteur Pelletan), Fred Pasquali (Edmond Vacheron), Pierre Bertin (Gaston Noblet), Jean Bobillot (Lucien Noblet), Jean Buquet (Frédéric), Michel François (Maurice), Jacques Varennes (le maître d'hôtel), Marguerite Ducouret (Emma Vacheron), Suzanne Dantès (Louise Noblet), Monique Joyce (Florence), Lise Delamare (Madeleine Dumesnil), Marcelle Monthil (Mlle Archimbaud), Rexiane (Jeanne Noblet), Clary Monthal (Marthe Noblet), Jeanne Fusier-Gir (Henriette Noblet), Yvette Chauviré (Gabrielle), Carmen de Raisy (la chiromancienne), Georges Chamarat (Fernand Noblet).

Lacalade, riche négociant qui a passé la cinquantaine, vit seul avec son chien dans une villa de la Côte d'Azur. Privé d'un neveu mort-né qu'il devait élever, il décide sur les conseils de son médecin, le docteur Pelletan, de rechercher les quatre enfants naturels qu'il a eus, autrefois, de ses liaisons amoureuses. Sa première maîtresse, Emma Vacheron, cuisinière de ses parents, est maintenant propriétaire d'un restaurant dans la banlieue parisienne. Lacalade voit son fils, Edmond, mais ne peut se faire reconnaître. Pour éviter à l'enfant une situation irrégulière, Emma lui a inventé un autre père... mort à la guerre de 1914 et dont le portrait figure en bonne place chez elle. Louise, qu'il avait connue professeur de piano, est maintenant Mme Noblet, femme d'un contrebassiste de l'orchestre de l'Opéra de Paris. Lequel a adopté Lucien, le fils de Lacalade, et s'est sacrifié pour qu'il étudie la musique. Louis Noblet, en passe de devenir un compositeur célèbre, est l'auteur d'un ballet qu'on joue à l'Opéra. Lacalade s'éloigne après avoir assisté à son triomphe, dont il laisse la fierté au père adoptif. A Luna Park, il retrouve Florence, acrobate de cirque, dont le fils, Frédéric, 14 ans, est le chef d'une bande de gamins de forains. Florence rit lorsque Lacalade offre de se charger de Frédéric : cet enfant n'est pas de lui. Madeleine Dumesnil, jeune fille de bonne famille séduite par Lacalade, a dû confier son fils illégitime à l'Assistance publique. Par remords et chagrin, elle s'est vouée aux enfants abandonnés et dirige un orphelinat. Pour réparer sa faute, Lacalade ouvre sa villa à Madeleine et à ses petits pensionnaires pour les vacances. A la fin du séjour, Madeleine, émue par son attitude, lui avoue la vérité : leur fils, Maurice, est parmi les enfants. Lacalade garde alors tout le monde chez lui. *

PENSION JONAS

R : Pierre Caron. *A* : Pierre Véry, d'après un roman de Thévenin, « Barnabé Tignol et sa baleine ». *D* : Roger Ferdinand. *I* : René Colas. *Dc* : Serge Pimenoff. *M* : Bruno Coquatrix. *P* : Films Orange. 1941. *Interprétation* : Pierre Larquey (Barnabé Tignol), Irène Bonheur (Blanche), Jacques Pills (Jean Fréville), Aimos (l'organisateur), Marcel Carpentier (le professeur Bourache), Suzanne Dehelly (la baronne de Crochezoet), Pasquali (le professeur Tibul), Alice Tissot (Rose), Roger Legris (Marmotte), Pierre Labry (Mouche), Odette Talazac (la concierge), Sinoël (Tout Petit), Mihalesco (le médecin), Bever (Bocage).

Un clochard, Barnabé Tignol, a fait sa maison dans le ventre d'une baleine empaillée, au muséum. Il y recueille une jeune fille, Blanche, séparée de son fiancée Jean Fréville. Le professeur Tibul rapporte du Tibet un œuf millénaire d'une grande valeur. Un autre professeur, Bourache, promène en laisse dans les rues de Paris l'hippopotame du zoo. Tibul fait assaut d'excentricités. La baronne de Crochezoet, à la tête d'une bande de voleurs, dérobe l'œuf tibétain. Barnabé et Blanche sont mêlés à de folles aventures. En fin de compte, les bandits sont confondus et Blanche retrouve son fiancé.

LE PÈRE GORIOT

R : Robert Vernay. *A* : Charles Spaak, d'après le roman de Balzac. *D* : Bernard Zimmer. *I* : Victor Arménise. *Dc* : René Renoux. *M* : Jean Wiener. *P* : Regina. 1944. *Interprétation* : Pierre Larquey (Goriot), Pierre Renoir (Vautrin), Georges Rollin (Eugène de Rastignac), Claude Génia (Delphine de Nucingen), Suzet Maïs (Anastasie de Restaud), Lise Delamare (Mme de Bauséant), Sylvie (Mlle Michonneau), Léonce Corne (le baron de Nucingen), Maurice Escande (M. de Restaud), Jean Desailly (Bianchon), Marcelle Praince (Mme Vauquer), Cécilia Paroldi (Victorine Taillefer), Rognoni (Poiret), Marcel Delaitre (le policier), Henri Coutet (Christophe), Vernet (Maxime de Trailles), François Viguier (Gobseck), Made Siamé (Mme Couture), Denise Nast (Sylvie), Rivers cadet (l'employé du muséum).

Eugène de Rastignac, jeune noble provincial désargenté, fait ses études de droit à Paris et loge, avec son ami Bianchon, étudiant en médecine, dans la modeste pension de Madame Vauquer, au Quartier latin. Un vieillard, « le père Goriot », ancien commerçant en farines, reçoit souvent la visite de deux jolies femmes très élégantes, ce qui fait jaser. Grâce à une lettre de sa mère, Rastignac est reçu chez une cousine éloignée, Mme de Bauséant, qui lui donne des conseils pour s'introduire dans le grand monde. Un des pensionnaires de Madame Vauquer, Vautrin, personnage énigmatique, semble s'attacher à Rastignac. Il lui vante le cynisme nécessaire à la réussite et lui avance de l'argent pour son tailleur. Rastignac se présente chez la comtesse Anastasie de Restaud. Il y aperçoit le père Goriot et, pour avoir manifesté son étonnement, se fait renvoyer. La comtesse est en effet la fille de Goriot. Elle a une sœur, Delphine, mariée au baron de Nucingen. Mais Anastasie et Delphine ne voient leur père qu'en cachette pour lui demander de l'argent, car elles dépensent sans compter. Rastignac prend la défense du père Goriot à la pension Vauquer et, après son échec chez la comtesse de Restaud, réussit à entrer dans l'intimité de la baronne de Nucingen, qui trompe son vieux banquier de mari. Il lui rend un service, mais un autre profite des faveurs de Delphine. Vautrin, diabolique, conseille à Rastignac de courtiser Victorine Taillefer, qui vit chichement chez Mme Vauquer, négligée par son père, banquier : elle deviendra riche à millions si son frère, héritier en premier lieu, est « supprimé ». D'abord révolté, Rastignac finit par accepter. Il revoit Delphine à laquelle il déclare son amour. Vautrin fait tuer le frère de Victorine en duel. Rastignac veut lui échapper. Dénoncé à la police par deux des pensionnaires de Mme Vauquer, Vautrin, qui était un forçat évadé, est arrêté. Rastignac devient l'amant de Delphine. Ses filles, pressées d'argent, s'étant disputé devant lui qui, complètement dépouillé, ne peut leur apporter aucune aide, le père Goriot tombe gravement malade. Il meurt seul, abandonné. Rastignac va à un bal chez Mme de Bauséant pour faire des reproches à Delphine. Il découvre tout à fait, ce soir-là, les lois du grand monde et, retenant la leçon de Vautrin, décide de se comporter désormais, pour « arriver », avec le plus grand cynisme.

LES PETITES DU QUAI AUX FLEURS

R : Marc Allégret. *S* : Marcel Achard et Jean Aurenche. *D* : Marcel Achard. *I* : Henri Alekan. *Dc* : Paul Bertrand. *M* : Jacques Ibert. *P* : C.I.M.E.P. 1943. *Interprétation* : Odette Joyeux (Rosine), Louis Jourdan (Francis), Bernard Blier (le docteur Bertrand), André Lefaur (Frédéric Grimaud), Marcelle Praince (Mme d'Aiguebelle), Simone Sylvestre (Édith), Danièle Delorme (Bérénice), Colette Richard (Indiana), Jacques Dynam (Paulo), Gérard Philipe (Jérôme Hardy), Jane Marken (Mme Chaussin), Armontel (le professeur), Marcel Pérès (l'agent 55).

Frédéric Grimaud, libraire du quai aux Fleurs, a quatre filles : Rosine, Édith, Bérénice et Indiana. Rosine s'est éprise de Francis, le fiancé d'Édith. D'une cabine téléphonique, elle lui annonce qu'elle va se tuer pour lui. Entré dans la cabine où elle a laissé le récepteur décroché, le docteur Bertrand se trouve en communication avec Francis. Tous deux recherchent Rosine et la ramènent à la maison, après une folle équipée. Pour arranger les choses, Bertrand consent à se faire passer pour le fiancé de Rosine. Bérénice s'éprend de lui et il s'attache à Édith. La conduite de Rosine complique tout. On décide de l'éloigner de Paris. Elle disparaît après une conversation avec Paulo, camarade d'enfance qui lui a avoué timidement son amour. Rosine essaie une dernière fois de se faire aimer de Francis, puis renonce à lui et décide d'épouser Bertrand.

LES PETITS RIENS

R : Raymond Leboursier. *S et D* : Yves Mirande. *I* : Willy. *Dc* : Robert Giordani. *M* : Mozart. *Arrangements* : Georges Auric. *P* : Stella. 1941. *Interprétation* : Fernandel (Jean Astier), Jean Mercanton (Jacques Astier), Claude Dauphin (Drial), Lydie Vallois (Mme Drial), Jules Berry (Lefèvre), Lucien Hubert (l'employé des pompes funèbres), Yves Mirande (Octave Brignolles), Suzy Prim (Louise), Simone Berriau (Mme Brignolles), Cécile Sorel (la Clermont), Thérèse Dorny (l'habilleuse), Jacques Erwin (Alceste), Gérard Oury (Philinte), Lucien Brulé (le roi), Andrex (Ménard), Tramel (M. Ménard), Jean Daurand (l'ami du jeune Ménard), Raimu (M. Charpillon), Janine Darcey (Lucie).

Jean Astier, riche industriel, reçoit quelques amis du monde des lettres et des arts. Son fils Jacques, en manipulant les boutons du poste de T.S.F., tombe sur une émission musicale : Les Petits Riens *de Mozart. Chaque invité évoque un « petit rien » qui a changé sa vie. Drial, jeune peintre inconnu, glissa sur une peau de banane et tomba sous une voiture. Il fut transporté à l'hôpital, laissant dans le ruisseau une toile qu'il venait de faire encadrer grâce à l'obligeance d'une petite vendeuse. Trouvée par un concierge et vendue par celui-ci à un véritable amateur, la toile allait faire sensation. Guéri et devenu célèbre, Drial épousa la vendeuse. Astier, concierge dans un grand hôtel, retrouva Lefèvre, un camarade de guerre qui se livrait à des spéculations boursières. Il lui confia ses économies pour acheter des valeurs, crut avoir tout perdu et gagna, en fait, une fortune. Ce qu'il apprit alors qu'il était devenu conducteur d'un fourgon funéraire. Octave Brignolles, célèbre auteur de théâtre de boulevard, trompait sa femme avec sa meilleur amie, Louise. Mme Brignolles découvrit un jour son infidélité et récupéra, avec astuce, son mari repentant. La Clermont, sociétaire de la Comédie-Française, jouait Célimène dans* Le Misanthrope *lorsque le roi de Silistrie voulut lui présenter ses hommages. Elle dîna avec lui. La mort du roi le lendemain, dans sa baignoire, créa la légende d'une liaison qui n'avait pas existé. Cette légende fit perdre à la Clermont l'homme qu'elle aimait. Ménard, fils d'un couple de concierges, voulait devenir auteur dramatique. Il écrivit une pièce, qui fut reçue par un directeur parisien. Mais, pris de trac, il envoya son meilleur ami assister à la première représentation et s'engagea ce même soir comme extra pour servir à boire dans une réunion mondaine. Son ami vint l'y arracher. La pièce était un succès. Ménard a fait carrière. Le riche entrepreneur de travaux, M. Charpillon, 50 ans, s'est marié la veille avec Lucie, sa jolie dactylo. Mais, le soir des noces, se rendant compte que Lucie, fille pauvre, avait cédé aux instances de sa mère et aimait, en réalité, un jeune peintre, il lui a rendu sa liberté.*

PICPUS *(C)*

R : Richard Pottier. *A et D* : Jean-Paul Le Chanois, d'après le roman de Georges Simenon, « Signé Picpus ». *I* : Charles Bauer. *Dc* : André Andrejew. *M* : Jacques Métehen. *P* : Continental Films. 1942. *Interprétation* : Albert Préjean (le commissaire Maigret), Jean Tissier (Honoré Mascouvin), Gabriello (l'inspecteur Lucas), Noël Roquevert (Arno de Bedarieu), Juliette Faber (Berthe), Édouard Delmont (Le Cloaguen), Guillaume de Sax (Laignan), Antoine Balpêtré (le directeur de la P.J.), Palau (le docteur Pierre), Henri Vilbert (Amadieu), Colette Régis (Mme Le Cloaguen), Gabrielle Fontan (la sœur de Cloaguen), Maximilienne (Mme Bertaud), Sinoël (Gougeon), Héléna Manson (la bonne des Cloaguen), Marguerite Ducouret (Mme Cognet), Huguette Vivier (Élyane), Jean Daurand (le coursier cycliste).

L'inspecteur Lucas vient chercher, dans une auberge des bords de Marne, le commissaire Maigret qui y passait des vacances incognito. Une certaine Mme Dumont, qui a quitté le 54 de la rue Durantin pour emménager 102 rue de Picpus, a trouvé dans son armoire à glace, dont la clé avait disparu, le cadavre d'une femme. Maigret se rend rue Durantin et découvre vite qu'un homme logeant en face de l'appartement a été tué à sa fenêtre. Or, ce témoin du meurtre commis avant le déménagement était aveugle. Maigret reçoit la visite d'Honoré Mascouvin, qui travaille dans une agence et dit avoir trouvé, dans un café de la place Clichy, un buvard reproduisant une lettre signée Picpus et annonçant l'assassinat d'une voyante. Cette lettre a été envoyée aux journaux. Dans le café, Maigret remarque une publicité pour la voyante Sheila, rue Picpus. Il trouve celle-ci, qui n'était autre que Mme Dumont, assassinée chez elle. Un vieil homme, Yves Le Cloaguen, est enfermé dans la cuisine. Il se prétend fou. Maigret le reconduit chez lui et s'aperçoit qu'il est tyrannisé par sa femme. Il apprend de Laignan, l'avoué de la famille, que Le Cloaguen touche une rente annuelle de 200 000 F, allouée par une riche Argentine qu'il a sauvée de la fièvre jaune quand il était médecin de marine. La femme assassinée rue Durantin était une courtière en appartements, que le meurtrier a prise pour Mme Dumont. Mascouvin, dont Maigret a compris qu'il était l'auteur de la lettre de « Picpus », est tué à son tour. Il était associé au patron d'une agence véreuse dont la secrétaire, Berthe, a un comportement bizarre. Le Cloaguen était en affaires avec Mascouvin et, en le suivant, Maigret découvre qu'il s'appelle en réalité Émile et que la voyante était sa fille. Maigret retrouve la sœur de Le Cloaguen et le cadavre du véritable médecin de marine, tué autrefois par sa femme et l'amant de celle-ci, Laignan. Émile, un vieux vagabond, passait pour Le Cloaguen afin que la rente ne soit pas perdue. Mais il avait repris contact avec sa fille et celle-ci avait voulu faire chanter Laignan, propriétaire de l'agence avec Mascouvin.

PIERRE ET JEAN *(C)*

R : André Cayatte, d'après le roman de Guy de Maupassant. *D* : André-Paul Antoine. *I* : Charles Bauer. *Dc* : André Andrejew. *M* : Roger Dumas. *P* : Continental Films. 1943. *Interprétation* : Renée Saint-Cyr

(Alice), Noël Roquevert (Roland), Jacques Dumesnil (Marchat), Dany Bill (Pierre enfant), Gilbert Gil (Pierre), Bernard Lancret (Jean), Georges Chamarat (le notaire), René Génin (Marescot), Solange Delporte (Louise).

En 1913, une jeune femme, Alice, est mal mariée à Roland, un homme fruste et vaniteux, qui l'oblige à tenir un magasin dont vit le ménage. Elle est mère d'un petit garçon, Pierre. A la suite d'un accident, celui-ci est soigné par un jeune médecin, le docteur Marchat, avec lequel Alice se sent bientôt des affinités. Après une promenade dans une guinguette des bords de la Marne, Alice devient la maîtresse de Marchat et, n'aimant pas mentir, ils décident de partir avec le petit Pierre. L'enfant est atteint du croup le jour du départ. Il en réchappe mais Alice, qui a vu la douleur de Roland pendant la maladie de son fils, ne veut plus le priver de lui. Elle sacrifie son amour et laisse Marchat s'expatrier. Alice et Roland vont avoir un autre fils, Jean. Vingt ans plus tard, toute la famille vit en province. Pierre est devenu médecin, Jean avocat. Ils aiment la même jeune fille, Louise. On apprend alors la mort de Marchat en Indochine. Il a fait de Jean son légataire universel. Pierre, jaloux de son frère, refuse l'aide que celui-ci lui offrait pour s'installer. Des bruits qui courent dans le pays lui font penser que Jean est le fils de Marchat. Pierre se met à haïr sa mère et ne peut trouver de soutien en Roland, pauvre homme sans envergure. Il décide de partir. Louise le retient, mais elle refuse de l'épouser et se fiance à Jean. Pierre l'accuse d'être intéressée par la nouvelle fortune de son frère. Une scène violente éclate entre Jean et Pierre, qui va révéler ce qu'il sait, lorsque Alice intervient pour l'en empêcher. La mère avoue alors à ce fils auquel elle a tout sacrifié que Marchat a bien été le vrai père de Jean. Pierre décide de partir pour les colonies, sans rien dire, laissant sa mère déchirée auprès de Roland, ce mari qui lui est étranger. *

PONTCARRAL, COLONEL D'EMPIRE

R : Jean Delannoy. *A et D* : Bernard Zimmer, d'après le roman d'Albéric Cahuet. *I* : Christian Matras. *Dc* : Serge Pimenoff. *M* : Louis Beydts. *P* : Pathé Cinéma. 1942. *Interprétation* : Pierre Blanchar (Pontcarral), Annie Ducaux (Garlone de Ransac), Suzy Carrier (Sybille de Ransac), Jean Marchat (Hubert de Rozan), Marcel Delaitre (Austerlitz), Charles Granval (le marquis de Ransac), Simone Valère (Blanche de Mareilhac), Madeleine Suffel (Marthe), Guillaume de Sax (le général Fournier-Salovèze), Lucien Nat (le capitaine Garon), Alexandre Rignault (le facteur), Jacques Louvigny (le comte de Mareilhac), Charlotte Lysès (la comtesse de Mareilhac), Léonce Corne (l'huissier).

A Sarlat, le 25 août 1815, le colonel Pontcarral, officier de l'Empire en demi-solde, provoque un esclandre au moment où l'on inaugure une place Louis XVIII. Il s'enfuit avec Austerlitz, ordonnance du général Fournier-Salovèze, rallié aux Bourbons. Quelques années plus tard, sous le règne de Charles X, Pontcarral, gracié, vit dans une modeste maison près de Sarlat. Il démasque le capitaine Garon qui, ayant servi autrefois sous ses ordres et appartenant à la police, s'est introduit chez lui pour l'espionner. Garon se suicide. Pontcarral fait la connaissance de Sybille de Ransac, la petite-fille d'un vieux châtelain. Elle se prend d'amitié pour lui et lui présente sa sœur aînée, l'altière Garlone. Celle-ci vient de rompre avec son amant Hubert de Rozan, qui se fiance — pour sa dot — à Blanche de Mareilhac. Garlone se tourne vers Pontcarral qui, malgré son mépris pour la noblesse, s'est épris d'elle. Elle lui propose le mariage. Il accepte. Mais Rozan, ses fiançailles rompues, a de graves ennuis d'argent. Garlone lui remet un diamant que Pontcarral lui a offert en cadeau de noces. Il le tenait de l'Empereur. Pontcarral apprend la trahison de sa femme, rétablit son honneur au cours d'une soirée mondaine et tue Rozan en duel. Il se sépare de Garlone. En 1830, après l'avènement de Louis-Philippe, Pontcarral retrouve son grade et ses dignités. Il reçoit le commandement d'un régiment et s'installe à Paris où Sybille, amoureuse de lui, vient le rejoindre. Pontcarral est tenté de refaire sa vie avec elle. Garlone, repentante et malheureuse, reparaît et lui avoue qu'elle l'aime. Il la laisse s'installer chez lui, puis part, à la tête de son régiment, faire campagne en Algérie. A une fenêtre de son hôtel, Garlone et Sybille le regardent s'éloigner.

PORT D'ATTACHE

R : Jean Choux. *S* : René Dary. *A* : Marcel Rivet. *D* : Pierre Lestringuez. *I* : René Gaveau. *Dc* : Lucien Aguettand. *M* : Henry Verdun. *P* : Pathé Cinéma. 1942. *Interprétation* : René Dary (René), Michèle Alfa (Ginette), Édouard Delmont (le père Garda), Alfred Adam (Bertrand), Henri Vidal (Raymond), Ginette Baudin (Clara), Raymond Bussières (Fernand), Jean Daurand (Marius), Genia Vaury (Françoise), Duvaleix (le docteur), Agnès Raynal (Zélie), Jacques Sommet (Michel), Janine Villard (Bichette), Cécile Didier (la mère de Bichette), René Fluet (le cuistot), Henry Charrett (Auguste), Alfred Baillou (Rémi).

René, marin démobilisé, ne trouve pas de nouvel engagement. Il décide de travailler à la terre. Dans un village, il rencontre un vieux paysan, le père Garda, dont la ferme est presque abandonnée. Françoise, la fille de Garda, est partie pour Paris tenir un salon de coiffure. Son fils, qui s'était fait marin, est mort au loin. René propose à Garda de l'aider à remettre sa maison en état et à cultiver ses terres. Le vieux refuse. Il tombe d'une échelle et se donne une entorse. René le soigne. Garda accepte qu'il reste à la ferme. L'ancien marin s'est épris de Ginette, la filleule du docteur, promise au mécanicien de garage Bertrand. René fait venir de Paris une dizaine de garçons, démobilisés et chômeurs. L'équipe se met aux travaux des champs, la ferme revit. Bertrand, qui avait l'intention de racheter les terres de Garda à bas prix, manifeste à René une hostilité qui s'accroît lorsque Ginette se détache de lui. Il tente de dresser les gens du village contre les « étrangers » et sème le désaccord dans l'équipe, avec l'aide de son ami Fernand. Les compagnons de René se dissocient. Raymond, qui avait séduit Clara, s'en va. A la fête de la Saint-Jean, Bertrand manœuvre pour que les gens de la ferme restent à l'écart. Le père Garda s'oppose à cette manœuvre. Pendant la fête, René a une explication avec Bertrand, auquel il inflige une correction. Les villageois soutiennent son équipe reformée et Raymond revient vers Clara. Ginette épousera René et tiendra, avec lui, la ferme de Garda.

PREMIER BAL

R : Christian-Jaque. *S et D* : Charles Spaak. *I* : Roger Hubert. *Dc* : René Renoux. *M* : Georges van Parys. *P* : André Paulvé. 1941. *Interprétation* : Marie Déa (Nicole Noblet), Gaby Sylvia (Danielle Noblet), Fernand Ledoux (Michel Noblet), Raymond Rouleau (Jean Delormel), Charles Granval (M. Delormel), François Périer (Ernest Vicard), Jean Brochard (Thomas), Bernard Blier (le maître d'hôtel), Gabrielle Fontan (Marie), Marcel Mouloudji (le télégraphiste), Maupi (Mélic), Louis Salou (François), Gildes (le facteur).

Nicole et Danielle Noblet vivent avec leur père, veuf, dans une propriété des environs de Saint-Jean-de-Luz. Danielle est toujours préoccupée de son maquillage et de ses toilettes. Nicole est une fille simple, proche de la nature et des animaux. Ernest Vicard, le jeune vétérinaire, l'aime mais n'ose le lui dire. M. Noblet, atteint d'une crise de goutte, est soigné par Jean, le fils du vieux docteur Delormel, médecin lui-même à Paris et en vacances chez son père. Jean devient l'ami des deux sœurs. Il est invité à un bal, en même temps que Nicole, Danielle et Ernest. A ce bal, Nicole se rend compte qu'elle est éprise de Jean. Ernest, délaissé, se console avec le champagne du buffet. Danielle accapare Jean, qui lui offre le mariage. Le lendemain, son père vient faire la demande officielle à M. Noblet. Or il a oublié le nom de celle choisie par son fils. Nicole croit que c'est elle. Danielle intervient. Nicole connaît un vif chagrin. Danielle épouse Jean et va s'installer avec lui à Paris. Trois ans plus tard, elle appelle Nicole. Malgré la naissance d'une petite fille, le ménage marche mal. Danielle a un amant. Elle va quitter son foyer et demande à sa sœur de la remplacer pour tenir sa maison. Jean surmonte l'épreuve et, peu à peu, se rapproche de sa belle-sœur, qui croit tenir sa chance. Un soir, on apporte un télégramme. M. Noblet est mourant. Nicole court à son chevet. Il a compris qu'elle aimait Jean et souhaite qu'il se remarie avec elle. A l'enterrement, Nicole retrouve Jean, repris par Danielle, repentante. Elle prétend que son père a eu pour dernière volonté leur réconciliation. Jean et Danielle repartent ensemble pour Paris. Bouleversée, Nicole rejoint le fidèle Ernest.

PREMIER DE CORDÉE

R : Louis Daquin. *S* : Paul Leclercq et Jacqueline Jacoupy, d'après le roman de Roger Frison-Roche. *D* : Alexandre Arnoux. *I* : Philippe Agostini. *Dc* : Lucien Aguettand. *M* : Henri Sauguet. *P* : Pathé et Écran Français. 1943. *Interprétation* : Irène Corday (Aline Lourtier), André Le Gall (Pierre Servettaz), Yves Furet (Georges), Louis Seigner (le médecin), Geymond-Vital (Maxime Vouilloz), Maurice Baquet (Michel Boule), Marcel Delaitre (Ravanat), Jean Davy (Hubert de Vallon), Mona Dol (Marie Servettaz), Andrée Clément (Suzanne Servettaz), Tosca de Lac (l'acrobate), Lucien Blondeau (Jean Servettaz), Roger Blin (Paul Mouny), Guy Decomble (Warfield), Jacques Dufilho (Fernand Lourtier), Albert Duvaleix (l'oncle Paul), Fernand René (Napoléon), Eugène Chevalier (Cupelaz), Jérôme Goulven (Alfred, à La Colaude).

Jean Servettaz, guide de Chamonix, renonce à son métier pour ouvrir un hôtel dans un chalet. Il veut éloigner son fils, Pierre, de la montagne dont sa femme, Maria, redoute les dangers. Pierre ne désire pas être hôtelier. Il partage avec sa fiancée, Aline Lourtier, la passion des cimes. Mais, au cours d'une ascension avec le vieux guide Ravanat, il fait une chute, est atteint par une avalanche de cailloux et doit subir une trépanation. Puis un de ses amis, Georges, tombe dans une crevasse où il reste toute une nuit. On l'en retire, les pieds gelés. Pierre, guéri, s'aperçoit qu'il a le vertige à la suite de son opération. Il tente une ascension tout seul et ne peut y parvenir. Tandis que Georges, muni de chaussures orthopédiques, entreprend sa rééducation avec Ravanat, Pierre renonce à la montagne, quitte ses parents et Aline pour aller travailler à Paris. Deux ans plus tard, chef de réception dans un hôtel, il rencontre Hubert de Vallon qui fit des ascensions avec son père et qui réussit à le décider à revenir au pays pour tenter de dominer son vertige. Pierre arrive au moment de la transhumance des troupeaux. Il avoue à Aline, toujours amoureuse de lui, la raison de son départ. Jean Servettaz, cédant aux instances d'un touriste américain, Warfield, accepte de le guider sur le pic des Drus. Le temps est très mauvais, l'ascension difficile. A mi-chemin, Servettaz conseille à Warfield de renoncer. L'autre s'obstine. La cordée se trouve en danger. Servettaz est atteint par la foudre, après avoir assuré la descente de son porteur et de Warfield. Jean décide d'aller chercher le cadavre de son père. Suivi de ses camarades, il y parvient sans vertige. Il va reprendre le métier de guide.

PREMIER RENDEZ-VOUS *(C)*

R et S : Henri Decoin. *A et D* : Michel Duran. *I* : Robert Le Febvre. *Dc* : Jean Périer. *M* : René Sylviano. *Chansons* : Louis Poterat. *P* : Continental Films. 1941. *Interprétation* : Danielle Darrieux (Micheline), Louis Jourdan (Pierre), Fernand Ledoux (Nicolas Rougemont), Gabrielle Dorziat (la directrice de l'orphelinat), Jacqueline Desmarets (Henriette), Rosine Luguet (Angèle), Suzanne Dehelly (Christophine), Elisa Ruis (Mlle Marie), Jean Tissier (Rollan), Georges Mauloy (le directeur du collège), Daniel Gélin (Chauveau-Laplace), Georges Marchal (de Vaugelas), Jean Parédès (de Vatremont), Paul Faivre (le garçon de café), Georgette Tissier (l'employée du photographe), Maupi (le chauffeur de taxi), Annette Poivre, Françoise Christophe, Jacqueline Gauthier, Simone Valère, Simone Sylvestre, Claire Maffëi, Hélène Bellanger (pensionnaires de l'orphelinat), André Reybaz, Georges Patrix, Pierre Ringel, Gilles Quéant, Maurice Marceau, Jacques Charon, Jacques Dacqmine, Christian Duvaleix, Jean Negroni, Guy Marly, Jacques-Henry Duval, Roland Armontel, Olivier Darrieux (élèves du collège).

Micheline, une adolescente pensionnaire d'un orphelinat, réussit au cours d'une promenade à se faire photographier dans un Photomaton, pendant que ses camarades détournent l'attention de la surveillante Christophine. Avec cette photographie, elle répond à la petite annonce — lue dans un journal — d'un inconnu qui cherche à correspondre avec une jeune fille. Elle s'évade de l'orphelinat pour se rendre à son premier rendez-vous fixé dans un café. Elle croit trouver le « prince charmant ». Or, l'auteur de l'annonce est un vieux professeur, Nicolas Rougemont, qui, touché par la beauté et l'innocence de Micheline, lui fait croire qu'il est venu à la place de son neveu Pierre. Micheline ayant avoué sa fuite de l'orphelinat, Nicolas la ramène chez lui, à Saint-Cloud. Il habite un petit pavillon dépendant du collège Napoléon où il exerce. C'est un professeur très chahuté. Micheline reste cachée dans le pavillon. Quelques jours plus tard, Pierre — il n'est pas le neveu de Nicolas, mais le meilleur élève du collège — arrive à l'improviste. Micheline occupe la chambre où il loge d'habitude. Nicolas est obligé d'avouer sa supercherie à Pierre. Les jeunes gens tombent amoureux l'un de l'autre. La police, qui recherchait Micheline, découvre sa retraite et la ramène à l'orphelinat. Les camarades de Pierre vont prendre l'établissement d'assaut. Après une discussion avec la directrice, ils font une collecte qui paiera les frais engagés par l'Assistance publique pour l'éducation de Micheline. Celle-ci quitte l'orphelinat. Nicolas décide de l'adopter et elle épousera Pierre. *

LE PRINCE CHARMANT

R : Jean Boyer. *S, A et D* : Michel Duran. *I* : Victor Armenise. *Dc* : Jacques Colombier. *M* : Georges van Parys. *P* : C.C.F.C. 1941. *Interprétation* : Jimmy Gaillard (Thierry de Damrémont), Renée Faure (Rosine Meillerie), Lucien Baroux (Ambroise Bréchaud), Sabine Andrée (Ginette Meillerie), Robert Arnoux (Ernest), Christian Gérard (Arsène Lebeau), Allibert (Valentin), Germaine Lix (Mme Bréchaud), Walther (le comte de Damrémont), Mme Godefroy (la comtesse), Florencie (François), André Varenne (le directeur du garage).

Ambroise Bréchaud, photographe à Montmartre, fait poser pour des cartes postales sentimentales ses deux jeunes voisines, Rosine et Ginette Meillerie, et un valet de chambre, Valentin. Ginette est fleuriste au Swing Bar où Thierry de Damrémont, au désespoir de ses nobles parents, fait la fête et se produit à l'occasion comme chanteur. Ernest, le soupirant de Ginette, est chauffeur dans un grand garage dont le directeur lui demande de trouver une femme élégante pour un concours de voitures à Bagatelle.

Ernest propose Ginette, mais la robe de haute couture qui doit être présentée en même temps que la voiture ne lui va pas. Sa sœur prend sa place et on l'annonce comme « Rosine de la Meilleraie ». Elle gagne le concours et attire l'attention de Thierry, venu là avec ses parents. Thierry revoit Rosine, lui fait la cour et mène une vie plus régulière. Ses parents envisagent son mariage avec cette jeune fille de leur monde. Rosine essaie en vain de révéler la vérité. Thierry la découvre par hasard et croit avoir été manœuvré par une intrigante. Pour donner une leçon à Rosine, il se fait passer pour un mauvais garçon et l'emmène dans un bar louche où il lui présente son père ivrogne, rôle joué par François, son valet. Il constate alors que l'amour de Rosine est sincère et dissipe le malentendu. Rosine est acceptée comme bru par le comte et la comtesse de Damrémont.

PROMESSE A L'INCONNUE

R : André Berthomieu. *S* : Françoise Giroud, Marc-Gilbert Sauvajon et André Berthomieu. *I* : Georges Benoit. *Dc* : Robert Giordani. *M* : Georges Dervaux. *P* : Jason. 1942. *Interprétation* : Charles Vanel (Bernard Parker), Claude Dauphin (Jean Cartier), Madeleine Robinson (Françoise Laroche), Pierre Brasseur (Lussac), Henri Guisol (Duvernier), Lucien Callamand (l'éditeur), Alexandre Fabry (Honoraz), Marcel André (Chancelier), Charlotte Clasis (Mme Honoraz).

L'écrivain Jean Cartier, qui a reçu le prix Goncourt pour son roman La Femme sans passé, *se retire dans une auberge de Savoie afin de préparer un autre livre, réclamé par son éditeur. Il se trouve seul dans cette auberge avec une jeune femme mélancolique, Françoise Laroche, dont il tombe amoureux. Un matin, un certain Duvernier se présente à Françoise pour lui rappeler son passé. Elle est mariée à un banquier escroc, Bernard Parker, qui avait fui la police. Il se trouve à Marseille et demande à la voir. Françoise part en promettant à Jean Cartier qu'elle sera de retour pour Noël, dans une semaine. Il ne lui a pas posé de questions. A Marseille, Parker oblige Françoise à s'embarquer avec lui pour l'Amérique du Sud. Résignée, elle le suit mais, au moment du départ, elle se sauve et, son manteau étant tombé à la mer, on croit à un suicide. Françoise veut aller rejoindre Jean. Lussac, qu'elle a éconduit jadis, la rencontre à la gare de Marseille et tente de la faire chanter. Elle lui échappe. Lussac va révéler à Parker, (frappé par la mort de Françoise, il était redescendu à terre) que sa femme est bien vivante. Parker, furieux, se rend à l'auberge savoyarde, où il arrive avant Françoise, retardée par un accident de parcours. Parker s'explique avec Jean Cartier et le menace de son revolver. Il est arrêté par la police, que Duvernier a prévenue pour éviter des ennuis à Françoise. En cherchant à s'enfuir, Parker tombe dans un ravin et se tue. C'est le soir de Noël. Françoise rejoint enfin Jean.*

LA RABOUILLEUSE

R : Fernand Rivers. *S et D* : Emile Fabre, d'après sa pièce, tirée d'un roman de Balzac. *I* : Jean Bachelet. *Dc* : Henri Menessier. *M* : Henri Verdun. *P* : Films Fernand Rivers. 1943. *Interprétation* : Fernand Gravey (Philippe Brideau), Pierre Larquey (le père Rouget), Suzy Prim (Flore Brasier), Jacques Erwin (le commandant Max Gillet), Raymond Galle (Joseph Brideau), André Brunot (le capitaine Renard), Paul Oettly (Orsanto), Catherine Fonteney (La Vélie), Marguerite Pierry (La Cognette), Marthe Marsans (Mme Brideau).

En 1824, Philippe Brideau, colonel d'Empire en demi-solde, se fait arrêter pour conspiration. Accompagnée de son fils cadet, Joseph, jeune peintre, sa mère se rend à Issoudun. Elle y a un frère, le père Rouget, assez riche pour lui avancer l'argent de la caution nécessaire à la libération de Philippe. Rouget est tombé sous l'emprise de sa servante-maîtresse, Flore Brasier, dite « la Rabouilleuse », qui convoite sa fortune. Poussé par elle, il éconduit Mme Brideau et Joseph. Flore installe alors dans la maison de Rouget son amant Max Gillet, qui est lui aussi un ancien officier de l'Empereur. Philippe Brideau passe en jugement. Il est assigné en résidence pour cinq ans à Issoudun et entreprend de se débarrasser du couple, qui risque de lui soustraire l'héritage de son oncle. Philippe « dresse » un moment Flore, mais elle reprend son ascendant sur le père Rouget. Au cours d'un banquet bonapartiste pour l'anniversaire d'Austerlitz, Philippe, à l'instigation de son oncle enfin éclairé sur les amours de Flore, provoque Max en duel pour le tuer. Il est atteint au front ; son adversaire, gravement blessé, meurt quelques jours plus tard. Pour le venger, Flore pousse Orsanto, son ordonnance corse, à assassiner Philippe. Celui-ci vient mourir dans la maison du père Rouget, qui chasse Flore, démasquée.

RETOUR DE FLAMME

R : Henri Fescourt. *A et D* : Jean d'Ansenne, d'après le roman de Jean H. Louwick. *I* : Jean Bachelet. *Dc* : Raymond Gabutti. *M* : Louis Beydts. *P* : Général-Films. 1942. *Interprétation* : Renée Saint-Cyr (Edwige de Nogrelles), Roger Pigaut (Maurice Peltier), Denise Grey (Mme de Nogrelles), André Brulé (M. de Nogrelles), Tramel (le père Peltier), Andréa Lambert (Marcelle), José Noguero (Colombières), Henri Guisol (Constant), André Nicolle (Baradin).

Maurice Peltier, ses études terminées, revient ingénieur à son village natal où son père bricole de petites inventions. Marcelle, la postière, se considère comme sa fiancée. Maurice veut fabriquer des avions ; il sollicite des constructeurs. Il est enfin engagé par M. de Nogrelles, qui possède une importante usine dont il laisse pratiquement la direction à un arriviste, Colombières. Maurice désire travailler à l'invention d'une aile rentrante. Il devient l'ami d'un jeune ouvrier, Constant. Grâce à Edwige, la fille de son patron, il obtient un crédit et un atelier. Edwige l'aime et l'épouse, contre la volonté de ses parents. Maurice devient le bras droit de son beau-père. Les années passent. Maurice a eu deux enfants de son mariage, mais il n'a pu mettre son invention au point. M. de Nogrelles le retire du service des recherches. Avec Constant, Maurice ouvre un atelier dans un hangar d'Issy-les-Moulineaux. Le père Peltier vend les quelques terres qu'il possède pour lui procurer des fonds. Une nouvelle tentative échoue, et Maurice doit de l'argent à ses fournisseurs. Marcelle, qui s'est mariée avec Baradin, un riche industriel, vient lui offrir une aide financière. Colombières, devenu fondé de pouvoir de Baradin, veut faire mettre Maurice en faillite, pour se venger de n'avoir pu épouser Edwige. Celle-ci vend alors ses diamants. Maurice est sauvé. Et son invention de l'aile d'avion rentrante aboutit enfin.

ROMANCE A TROIS

R : Roger Richebé. *A* : Jean Aurenche et Roger Richebé, d'après la pièce de Denys Amiel, « Trois et une ». *D additionnels* : Pierre Lestringuez. *I* : Victor Armenise. *Dc* : Jacques Krauss. *M* : Vincent Scotto. *P* : Films Roger Richebé. 1942. *Interprétation* : Fernand Gravey (Charles), Simone Renant (Huguette Dallier), Denise Grey (Loys Erland), Bernard Blier (Marcel), Michel Marsay (Pierre).

L'actrice Loys Erland a eu trois fils de trois maris différents. Charles est sportif et conducteur d'autos de course, Marcel directeur de banque, Pierre compositeur de musique. Pierre rencontre à la salle des ventes une femme séduisante, Huguette Dallier. Le même jour, Marcel fait la connaissance d'Huguette à la banque. Ils la retrouvent à une réception chez leur mère. Loys invite Huguette dans sa propriété des environs de Paris. Marcel et Pierre, amoureux d'elle, se confient à Charles, qui accepte de jouer le rôle d'arbitre et s'installe avec eux chez leur mère. Mais, bientôt, il se prend au charme d'Huguette et l'embrasse, une nuit, dans la cuisine. Marcel a donné des conseils de Bourse à Huguette. Grâce à lui, elle gagne beaucoup d'argent. Elle montre alors une préférence pour le financier. Pierre a composé un poème lyrique, reçu à l'Opéra-Comique. Du coup, Huguette se tourne vers lui. Charles est prêt à enlever Huguette. Il y renonce sur les conseils de sa mère. Huguette disparaît de la vie des trois frères, qui se retrouvent unis.

ROMANCE DE PARIS

R, S et D : Jean Boyer. *I* : Christian Matras. *Dc* : Henri Mahé. *M* : Charles Trenet et Georges van Parys. *P* : Pathé. 1941. *Interprétation* : Charles Trenet (Georges Gauthier), Jacqueline Porel (Jeannette Lormel), Jean Tissier (Jules Laforgue), Yvette Lebon (Madeleine Gauthier), Sylvie (Mme Gauthier), Alerme (Cartier), Robert Le Vigan (M. Lormel), Germaine Lix (Mme Lormel), Fred Pasquali (M. Nicolas), Maurice Teynac (Maurice).

Georges Gauthier, ouvrier électricien, et sa sœur Madeleine, vendeuse de magasin, vivent dans un quartier populaire de Paris avec leur mère, qui déteste le théâtre et le music-hall pour avoir été malheureuse avec un mari acteur. Sous prétexte de réunions syndicales, Georges s'en va souvent, le soir, aux Folies-Concert, music-hall de quartier. Il y rencontre Jeannette, fille d'un chanteur se produisant dans l'établissement ; elle souffre du métier de son père. Georges lui cache sa vocation pour la chanson. Mais Cartier, le directeur des Folies-Concert, lui propose une audition. Georges va devoir y renoncer, sa sœur ayant quitté la maison pour vivre sa vie. Il ne peut laisser sa mère seule. Il perd sa place d'électricien. Son ami Jules le fait embaucher comme peintre en bâtiment. En repeignant la façade d'une maison, Georges chante. Cartier et l'impresario Nicolas l'entendent. Une nouvelle chance lui est offerte. Il l'accepte, sans en parler à Jeannette Lormel, dont le père vient de déserter son foyer. Georges fait croire à sa mère qu'il a trouvé du travail de nuit et débute aux Folies-Concert sous le nom de « Jean Papillon ». C'est le succès. Il enregistre des disques. Il offre le mariage à Jeannette, qui le prend toujours pour un ouvrier. Mme Gauthier apprend la vérité par l'imprésario Nicolas, venu chez elle. Jules, machiniste aux Folies-Concert, reconnaît Georges en « Jean Papillon ». Celui-ci le charge d'aller arracher sa sœur Madeleine aux griffes de Maurice, un mauvais garçon voulant faire d'elle une entraîneuse. Jules sauve Madeleine et assiste avec elle au mariage de Georges et de Jeannette. Le soir des noces, le chanteur emmène sa femme au music-hall, où elle découvre avec joie sa gloire et oublie ses préventions contre la vie d'artiste. Jules épousera Madeleine.

LES ROQUEVILLARD

R : Jean Dréville. *A et D* : Charles Exbrayat, d'après le roman de Henry Bordeaux. *I* : Robert Le Febvre. *Dc* : Roland Quignon. *M* : Maurice Thiriet. *P* : Sirius. 1943. *Interprétation* : Charles Vanel (François Roquevillard), Mila Parély (Edith Frasne), Aimé Clariond (Me Bastard), Jacques Varennes (Me Frasne), Simone Valère (Jeanne Sassenay), Jean Paqui (Maurice Roquevillard), Raymond Galle (Raymond Bercy), Paulette Elambert (Marguerite Roquevillard), Jean Brochard (Philippeaux), Jacques Grétillat (Porterieux), Jean Périer (Me Hamel), Charpin (Antonio Siccardi), Yolande Laffon (Marguerite Roquevillard), Maurice Schutz (Etienne Roquevillard), Jeanne Véniat (Thérèse Roquevillard), Gabrielle Fontan (La Fauchois).

Dans les années 1880, François Roquevillard, grand avocat au barreau de Chambéry et chef d'une famille qui représente une longue tradition de probité, voit le malheur fondre sur lui et les siens. Son fils Maurice s'est enfui en Italie avec Edith Frasne, la femme du notaire chez lequel il faisait un stage. Poussé par son premier clerc, Philippeaux, Me Frasne, qui a découvert qu'une somme de 200 000 francs a disparu du coffre de l'étude, dépose une plainte pour vol contre Maurice. La bonne société de Chambéry ferme ses portes aux Roquevillard et la sœur de Maurice, Marguerite, doit rompre ses fiançailles avec Raymond Bercy. La femme de François, Valentine, meurt de chagrin. Soutenu par sa famille et l'amitié du bâtonnier Hamel, l'avocat tient tête. Il croit à l'innocence de Maurice. Au bord d'un lac italien où ils vivaient depuis des mois, Maurice apprend qu'Edith avait pris 200 000 francs à son mari. Se sentant complice du vol, il charge le sculpteur Siccardi d'annoncer à sa maîtresse leur rupture et son départ. Il rentre à Chambéry et se constitue prisonnier. Les Roquevillard sont prêts à vendre leur propriété pour rembourser Me Frasne, mais le notaire, désireux de se venger, refuse et maintient sa plainte. Jeanne Sassenay, qui aime Maurice en secret, le défend contre les médisants. Le procès a lieu. François Rosquevillard se présente contre Me Porterieux, défenseur de Me Frasne, pour plaider en faveur de son fils. Rappelant tout le passé de sa famille, il fait éclater la vérité et obtient l'acquittement de Maurice.

LE SECRET DE MADAME CLAPAIN

R : André Berthomieu. *A* : André Berthomieu, Françoise Giroud et Marc-Gilbert Sauvajon, d'après le roman d'Edouard Estaunié, « Madame Clapain ». *D* : Marc-Gilbert Sauvajon. *I* : Jean Bachelet. *Dc* : Serge Pimenoff. *M* : Maurice Thiriet. *P* : Jason. 1943. *Interprétation* : Michèle Alfa (Thérèse Cadifon), Raymond Rouleau (le commissaire Berthier), Pierre Larquey (le père Hurtot), Alexandre Rignault (le garde-chasse), Louis Seigner (Monsieur Ancelin), Charpin (le docteur Joude), Cécile Didier (Mathilde Cadifon), Line Noro (Mme Clapain).

Dans une ville de province, les sœurs Cadifon, Mathilde et Thérèse, restées célibataires, tiennent une boutique d'objets de piété. Pour augmenter leurs maigres revenus, elles louent une chambre à une femme d'un certain âge dont elles ignorent tout, sauf le nom qu'elle leur a donné : Madame Clapain. Un jour, la locataire reçoit la visite d'un homme qui se présente comme Monsieur Ancelin. Après leur entretien, les sœurs la trouvent morte. Madame Clapain s'est suicidée. Le commissaire Berthier enquête. Thérèse, qui ne se résigne pas à devenir vieille fille derrière son comptoir, est troublée par l'intérêt que lui manifeste le policier. Pour mettre un peu d'aventure dans sa vie, elle entreprend de fouiller dans le passé de Mme Clapain. Sa propre enquête, suivie par Berthier, la conduit à un village où son étrange locataire a été une servante, la Nine. Un paysan, le père Hurtot, s'est autrefois ruiné pour elle. Puis la Nine est entrée au service d'un châtelain, Bernard, dont elle est devenue la maîtresse, et qui est mort de façon suspecte. Trois millions lui appartenant ont disparu. S'aidant et se contrariant à la fois, Thérèse et Berthier aboutissent chez un médecin en retraite, Joude, qui semble avoir couvert les actes de la Nine. Ils finissent par apprendre que celle-ci a substitué sa fille illégitime à une autre appartenant à une riche famille et morte à sa naissance. Elle a tout *fait pour assurer son bonheur et l'établir. La fille de la Nine, devenue Gilberte de Vallude, est sur le point de se marier. Ancelin, le visiteur, qui avait des soupçons, voulait obtenir des renseignements de « Madame Clapain », qui s'est supprimée pour effacer toute trace. Thérèse décide Berthier à se taire pour ne pas compromettre le bonheur de l'innocente Gilberte. Il accepte et lui offre de l'épouser, car il était tombé amoureux d'elle pendant leur enquête.* *

SECRETS

R : Pierre Blanchar. *A et D* : Bernard Zimmer, d'après la pièce de Tourgueniev, « Un mois à la campagne ». *I* : Christian Matras. *Dc* : Jean Perrier. *M* : Arthur Honegger. *P* : Pathé. 1942. *Interprétation* : Pierre Blanchar (René Belsegui), Marie Déa (Marie-Thérèse Danglade), Jacques Dumesnil (Pierre Danglade), Marguerite Moreno (Mme Auguste), Gilbert Gil (Michel Aylias), Suzy Carrier (Claire), Carlettina (Pitou), Madeleine Geoffroy (Mlle Agathe), Geneviève Morel (Magali), Eugène Chevalier (Vincent), Max Dalban (M. Amadou).

René Belsegui vient passer un mois de vacances en Provence, dans la propriété de ses amis Danglade. On l'appelle « l'amoureux de Madame » parce qu'il a gardé pour Marie-Thérèse, mariée à Pierre Danglade depuis dix ans, un tendre sentiment. Pitou, le jeune fils du couple, a mal travaillé pendant l'année scolaire. Ses parents ont décidé d'engager pendant les vacances un surveillant d'internat du lycée d'Avignon, pour le faire étudier. Ce précepteur, Michel Aylias, est froidement accueilli par l'autoritaire Mme Auguste, mère de Pierre, et repoussé par Pitou. Il arrive pourtant à gagner la confiance de l'enfant, qui devient avec lui bon élève. Marie-Thérèse est attirée, et de plus en plus troublée, par Michel. Jalouse de Claire, sa filleule, elle l'empêche de partager les jeux du précepteur et de Pitou, lui manifeste une hostilité grandissante et décide de la marier à M. Amadou, bourgeois d'âge mûr. René Belsegui fait comprendre à Marie-Thérèse ce qu'elle n'osait s'avouer : elle aime Michel. Après une soirée donnée pour la fête de Marie-Thérèse, Michel va se promener dans les bois avec Claire. La jeune fille lui avoue qu'elle l'aime. Marie-Thérèse a guetté Claire, de sa fenêtre. A son retour, elle lui fait une scène violente et, sous le coup de l'émotion, s'endort et rêve. Dans ce rêve, elle s'offre à Michel amoureux d'elle. René intervient, est prêt à se battre avec Michel, puis tente de la violer. Pierre survient. Elle le pousse à tuer René et le convainc de marier Claire à Amadou. Le jour des noces, Claire, en robe de mariée, s'enfuit et va se noyer dans le bassin du parc. Marie-Thérèse est prête à partir avec Michel, mais le cadavre de Claire sort de l'eau et l'accuse. Après son rêve, le lendemain, Marie-Thérèse est malade et en proie aux remords. Elle se réconcilie avec Claire. Michel va partir. Il fait ses adieux à Marie-Thérèse. Celle-ci décide d'envoyer Pitou, à la rentrée, au lycée d'Avignon et consent aux fiançailles du jeune homme et de Claire.

SERVICE DE NUIT

R : Jean Faurez. *S* : Randone et Usellini. *A et D* : Nino Frank. *I* : René Gaveau. *Dc* : René Moulaert. *M* : Roger Desormière. *P* : Francinex. 1943. *Interprétation* : Gaby Morlay (Suzanne), Vivi Gioi (Hélène Jansen), Jacqueline Bouvier (Marcelle), Rolande Gardet (Odette), Marcelle Hainia (Mme Sandoz), Mona Dol (Mathilde, la sage-femme), Gabrielle Fontan (Maria), Jacques Dumesnil (Pierre Jansen), Julien Carette (Auguste Masson), Lucien Gallas (Paul Rémy), Louis Seigner (le docteur Renaud), Yves Deniaud (Victor), Robert Dhéry (Arthur), Pally (M. Sandoz), Raymond (Joséphine), Duvaleix (le brigadier de gendarmerie), Paul Frankeur (le réparateur du téléphone), Simone Signoret (une cliente de la « Petite Taverne »).

Suzanne, standardiste du bureau de poste de Corbeiz, village de Savoie, va prendre son service pour la nuit. En passant à bicyclette devant la maison de la sage-femme, Mathilde, elle apprend que l'accouchement de la femme de René Favier, un ouvrier arrêté pour un vol commis à l'usine Jansen, s'annonce difficile. Le docteur Renaud a promis son assistance. En arrivant au bureau, Suzanne trouve sa collègue de jour, Marcelle, en train de flirter avec Auguste Masson, voyageur de commerce de passage à Corbeiz. Elle la sermonne. Marcelle met en communication Paul Rémy, ingénieur à l'usine Jansen, avec la villa de l'industriel. Profitant de l'absence de celui-ci, Rémy invite Hélène Jansen à dîner avec lui ; elle se décommande chez les Sandoz où elle devait passer la soirée. Dans la cour de l'usine, les ouvriers font une collecte pour la femme de René Favier. Ils ne croient pas leur camarade coupable du vol et voudraient que Rémy lui procure un avocat. L'ingénieur va chercher Hélène Jansen et l'emmène en voiture, malgré la réprobation de Maria, la vieille bonne. Or, Pierre Jansen téléphone, pour annoncer qu'il a changé son emploi du temps et va rentrer chez lui pour dîner. Suzanne, qui a pris le service du standard, est au courant de tout cela. Marcelle a accepté un rendez-vous d'Auguste Masson à la Petite Taverne, mais le voyageur de commerce est retardé par un appel de sa femme, qui habite Grenoble et dont Suzanne découvre ainsi l'existence. Hélène a dîné avec Rémy dans une auberge de montagne ; elle refuse de se laisser séduire et lui demande de la ramener chez elle. Pendant ce temps, Jansen, rentré chez lui et surpris par l'attitude de Maria, est allé chercher sa femme chez les Sandoz et, ne l'ayant pas trouvée, a conçu des soupçons. Un orage éclate et la foudre tombe sur l'usine où l'industriel doit se rendre. Il apprend que Rémy est parti. Suzanne reçoit la nouvelle que René Favier s'est évadé de prison. Dans la montagne, la voiture de Rémy dérape et l'ingénieur est gravement blessé. D'une cabine téléphonique, Hélène réussit à demander du secours à Suzanne. La ligne est coupée par l'orage. Laissant au bureau Marcelle revenue de son rendez-vous manqué, Suzanne va chercher Auguste Masson, qui la conduit dans sa voiture sur le lieu de l'accident. Ils amènent Rémy à l'hôpital et Suzanne dépose Hélène chez Ida Favier, où elle servira d'aide à la sage-femme et au docteur, comme si elle était là depuis le début de la soirée. A son retour à Corbeiz, Suzanne trouve René. Il est arrêté par les gendarmes au moment où Rémy, *à l'hôpital, vient d'avouer qu'il est l'auteur du détournement de fonds. La ligne étant réparée au matin, Suzanne téléphone à Jansen pour lui dire où est sa femme. Mais l'ingénieur, se croyant trahi, est reparti à la gare. Il a pourtant l'idée d'appeler chez lui avant l'arrivée du train et Suzanne, en passant la communication, l'avertit. Jansen retrouve Hélène. L'ordre est partout rétabli.* *

LA SÉVILLANE

R et S : André Hugon, d'après l'œuvre de Juan Ors de Navarro. *D* : Jean Féline. *I* : Willy. *D* : Bernard. *M* : Quiroga. *P* : Cinéma de France. 1941. *Interprétation* : Jean Chevrier (Rafaël Montilla), Jean Toulout (M. Montilla), Antonita Colomé (Carmela), Charpin (l'oncle Luis), Marguerite Moreno (Pepa), José Albesa.

Rafaël Montilla, fils d'un grand propriétaire foncier d'Andalousie, s'éprend d'une gardeuse de chèvres, Carmela. Elle se refuse à lui, danse sur la place publique avec un saltimbanque, Pepe le Gitano, et part pour Séville où elle chante dans un cabaret. Rafaël, s'entendant mal avec son père, quitte le village pour monter avec son oncle Luis un élevage de taureaux. A Séville, Carmela a rendu fou d'amour sans rien lui accorder son partenaire, Juan. Remarquée par un impresario, elle part pour Madrid. Juan tue et vole le patron du cabaret, rejoint Carmela à Madrid, où il est arrêté. Devenue « la Sévillane », Carmela fait ses débuts dans un théâtre. Rafaël assiste au spectacle avec son oncle et la reconnaît. Le sachant riche, elle lui accorde ses faveurs. Rafaël lui achète une ganaderia et, peu à peu, se ruine pour elle. Carmela tombe amoureuse de Pepe le Gitano devenu gardian. Il la mène à la cravache. Elle revient chez Rafaël. M. Montilla tente en vain d'éloigner « la Sévillane ». Repris par sa passion, Rafaël chasse son père. Installée dans sa belle maison, Carmela donne un récital mondain. Juan, sorti de prison, et Pepe le Gitano, venu la reprendre, se battent pour elle dans la rue. Appelé au chevet de son père mourant dont il reçoit le pardon, Rafaël comprend sa faiblesse et repousse définitivement, Carmela.

SIGNÉ : ILLISIBLE

R : Christian Chamborant. *S et D* : Jean Boyer. *I* : Jean Lucas. *Dc* : Druart. *M* : Maurice Yvain. *P* : Films Sirius. 1942. *Interprétation* : André Luguet (Carlier), Gaby Sylvia (Monique Lavergne), Marcel Vallée (M. Mourrier-Lafont), Christian Gérard (Léon Tourlet), Jacqueline Gauthier (Christiane), Yves Deniaud (Tatave), Jean Duvaleix (M. Lavergne), Rosine Luguet (Arlette), Jean Parédès (Robert Bigard), Jean Danet (Clément), Germaine Reuver (Mme Lavergne), Made Siamé (Mme Tourlet), Charpin (le brigadier Ducreux), L. Roussel (l'inspecteur Joseph), Palmyre Levasseur (la blanchisseuse).

La petite ville de Breuil-le-Château est en émoi. Des provisions venant du marché noir sont dérobées, des fils de notables sont enlevés. Après chaque disparition, on trouve un billet disant : « Il y a quelque chose de changé. Signé : illisible ». Carlier, un cinéaste en vacances, se joint pour l'enquête au brigadier de gendarmerie Ducreux. Malgré leur surveillance, la collection de timbres du châtelain, M. Mourrier-Lafont, est volée. Carlier repère un clochard, Tatave, portant des chaussures semblables à celles de Léon Tourlet, l'un des garçons enlevés. Il se déguise lui-même en clochard, mais n'obtient rien de Tatave et de ses semblables. Un accordéoniste lui donne, involontairement, un indice. En filant Arlette, la filleule du châtelain, le cinéaste tombe dans un repaire d'adolescentes commandées par Monique Lavergne, la fille de son hôtelier. Elles ont décidé d'assainir les mœurs en spoliant les usagers du marché noir, en emprisonnant les jeunes gens qui se conduisent mal, en luttant contre l'égoïsme de leurs parents. Carlier arrive à point pour les aider. Leurs prisonniers, révoltés, les mettaient en fâcheuse posture. L'inspecteur Joseph, venu de Paris, intervient trop tard. Carlier a remis tout en ordre et Monique se mariera avec lui.

SIMPLET *(C)*

R : Fernandel et Carlo Rim. *S et D* : Carlo Rim et Jean Manse. *I* : Armand Thirard. *Dc* : André Andrejew. *M* : Roger Dumas. *P* : Continental Films. 1942. *Interprétation* : Fernandel (Simplet), Andrex (Rascasse), Colette Fleuriot (La Cigale), Édouard Delmont (Papet), Georges Alban (Petit Louis), Henri Poupon (Ventre), Arius (le curé), Géo Ferny (Pastouret), Milly Mathis (Artémise), Maximilienne (Mlle Aimée), Max Dalcourt (Figuette), Géo Georgey (Cabassus), Carlo Rim (le ministre), Jean Manse (le chef de cabinet), Nicolas Amato (le sculpteur), Edmond Castel (Tavan), Charles Blavette (Malandran), Charles Lavialle (le brigadier), Daniel Caillat (Mariuset), Frédéric Mariotti (le colporteur), Léo Mourries (Mme Ventre).

Deux villages de la côte provençale, Miejour et Rocamour, sont séparés par une haine qui remonte à des temps reculés. Miejour connaît la prospérité ; le mauvais sort s'acharne sur Rocamour. Les habitants de Miejour attribuent leur chance à Simplet, l'innocent du village, qu'ils entourent de soins et d'attentions. Simplet paresse au soleil et est amoureux de La Cigale, l'amie du pêcheur braconnier Rascasse. Un ministre vient à Miejour pour l'inauguration d'une statue. On trouve Simplet sous le voile qui la recouvrait, ce qui cause un scandale. Furieux, les habitants chassent Simplet, qui se rend à Rocamour où il est très bien reçu. Avec sa présence, la chance tourne pour le village et c'est Miejour qui en pâtit. La Cigale est alors chargée de se glisser chez l'adversaire pour séduire et ramener Simplet. Mais elle s'éprend d'un habitant de Rocamour, Petit Louis. Simplet qui, en réalité, n'a jamais été « innocent », déclare qu'il regagnera Mie-

jour si La Cigale l'épouse. Elle préfère Petit Louis et se marie avec lui, ce qui amène la réconciliation des deux villages. Simplet redevient, pour tout le monde, l'innocent qui porte bonheur.

SIX PETITES FILLES EN BLANC

R, S et D: Yvan Noé. *I* : Fred Langenfeld. *Dc* : Jean Douarinou. *M* : Roger Lucchesi. *P* : France-Production. 1941. *Interprétation* : Jean Murat (Serge Charan), Janine Darcey (Simone), Pierrette Caillol (Charlotte Charan), Lysiane Rey (Denise), Gisèle Alcée (Paulette), Pierrette Vial (Nelly), Monette Michel (Claudette), Francette Elise (Jacqueline), Henri Guisol (Arsène), Georges Alain (Alain), Mady Berry (Pauline), Gaston Gabaroche (le jardinier), René Noël (le laitier), Reda Caire (le chanteur).

Serge Charan, industriel quinquagénaire et surmené, part brusquement en vacances sans prévenir sa femme, Charlotte. Il prend un billet pour le premier train en partance. Ce train va sur la Côte d'Azur. Charan voyage en compagnie de six jeunes filles, Simone, Denise, Paulette, Nelly, Claudette et Jacqueline, qui regagnent leur pension. Il descend à la même station qu'elles et loue une villa à côté de la pension. Les jeunes filles vont le voir, à minuit ; il leur fait croire qu'il est un grand explorateur. Simone, qui a seize ans, se dit amoureuse de lui et veut l'épouser. Charan repart aussitôt à Paris, au moment où sa femme et son secrétaire, Arsène, viennent de retrouver sa piste et comprennent ce qui s'est passé. Or, Simone a suivi Charan à Paris. Et Alain, un jeune homme qui l'aime, part à sa poursuite. Dans une boîte de nuit où Charan est venu avec Simone, Charlotte amène Alain. Les jeunes gens dansent ensemble et se fiancent, Simone s'étant rendue compte que Charan pourrait être son père.

LE SOLEIL A TOUJOURS RAISON

R : Pierre Billon. *S et D* : Jacques Prévert, d'après une nouvelle de Pierre Galante. *I* : Louis Page. *Dc* : Georges Wakhevitch, sur maquettes d'Alexandre Trauner. *M* : Jean Marion (Joseph Kosma). *P* : Miramar. 1941. *Interprétation* : Tino Rossi (Tonio), Micheline Presle (Micheline), Charles Vanel (l'homme du mas), Pierre Brasseur (Gabriel), Germaine Montero (Georgia), Édouard Delmont (le père Étienne), Pierre Prévert (l'innocent).

Tonio, pêcheur provençal, est amoureux de Micheline, fille du père Étienne. Il veut l'épouser, mais Étienne s'y oppose, la voix de Tonio, lorsqu'il chante, attirant à celui-ci trop de succès féminins. Francis Salvator, fils du propriétaire du bar-tabac, fait une mauvaise réputation à Tonio, pour se venger d'avoir été repoussé par Micheline. Tonio doit aller livrer une barque en Camargue à un curieux personnage qu'on appelle « l'homme du mas ». Cela déplaît à Micheline et les amoureux se quittent fâchés. En Camargue, Tonio trouve auprès du misanthrope, une gitane, Georgia. Il passe la nuit au mas. Georgia lui fait des avances. « L'homme du mas », jaloux, blesse Tonio. Un gardian le soigne, chez lui, pendant quelques jours. Au village, son absence prolongée fait jaser. Francis répand de faux bruits contre son rival. Micheline, furieuse, se laisse courtiser par Gabriel, un camelot venu de Paris. A son retour, Tonio, mal accueilli par Micheline, provoque Gabriel. Celui-ci le calme et le protège d'une lâche attaque de Francis. Micheline, persuadée de l'infidélité de Tonio, va rejoindre Gabriel dans sa chambre d'hôtel et lui demande de l'emmener. Le camelot la réconcilie avec son fiancé. Georgia, qui s'est enfuie, arrive dans le village au moment où Gabriel, selon une promesse faite à Tonio, s'apprête à quitter les lieux. Il la décide à partir avec lui. « L'homme du mas », à la poursuite de Georgia, arrive trop tard pour la retenir. Il passe devant Tonio et Micheline enlacés, et retourne à sa solitude.

LE SOLEIL DE MINUIT

R : Bernard-Roland. *A* : Pierre Léaud, d'après le roman de Pierre Benoit. *D* : Charles Exbrayat. *I* : Jean Bachelet. *Dc* : Robert Dumesnil. *M* : Georges van Parys. *P* : S.U.F. 1943. *Interprétation* : Jules Berry (Forestier), Josseline Gaël (Armide), Saturnin Fabre (le prince Irénéieff), Sessue Hayakawa (le général Matsui), Aimé Clariond (le colonel Gregor), Marcel Vallée (Ivan Barinoff), Alexandre Rignault (Tcheressensky), Léon Bélières (Mauconseil), Camille Bert (Dumanoir), Georges Péclet (le capitaine Karovine), Jean Morel (Schmidt), André Carnège (Kouratoff), Georges Paulais (Kraemer), Léonce Corne (le patron du « Soleil de Minuit »), Marinette Frankel (Katia).

En 1918, l'ingénieur Forestier reste seul à la tête d'une usine russe de Novo-Petrosk, dans l'Oural, où la compagnie française qu'il représente a des intérêts. L'armée blanche contrôle la région, après la révolution bolchévique. Le colonel Gregor, ami de Forestier, lui envoie pour les héberger le prince Irénéieff et sa fille, la belle et mystérieuse princesse Armide. Forestier découvre bientôt qu'Irénéieff est un homme déchu, ivrogne et joueur, se servant d'Armide toute à sa dévotion. Celle-ci devient la maîtresse de Forestier après qu'il a payé (avec l'argent de l'usine) une importante dette de jeu d'Irénéieff. Épris d'Armide, Forestier puise dans la caisse et se met à boire. Déshonoré par la princesse, qui a tiré de lui tout ce qu'elle pouvait, le colonel Gregor se suicide. L'armée rouge prend Novo-Petrosk et occupe l'usine. Armide, pour assurer la sécurité de son père, s'offre au commissaire du peuple Tcheressensky. Forestier a été arrêté. Kraemer, un envoyé de Moscou, qui connaît sa valeur d'ingénieur, le fait relâcher et le renvoie de force en France, pour qu'il échappe à l'emprise d'Armide. Dix ans après, Forestier est nommé à l'arsenal de Moukden, en Mandchourie, dont un administrateur français dirige la construction. Au cours d'une soirée dans un cabaret, Le Soleil de Minuit*, il reconnaît*

Armide en l'une des entraîneuse. Milena. Le prince Irénéieff sévit dans un tripot. Forestier raconte son histoire à son collègue, Schmidt. Celui-ci utilise l'influence du général japonais Matsui pour faire expulser le prince et sa fille à Kharbine. Mais, repris par sa passion, Forestier, au dernier moment, prend le train avec eux.

SORTILÈGES

R : Christian-Jaque. *A* : Jacques Prévert et Christian-Jaque, d'après un roman de Claude Boncompain, « Le Cavalier de Rouclare ». *D* : Jacques Prévert. *I* : Louis Page. *Dc* : Robert Gys. *M* : Henry Verdun. *P* : Les Moulins d'Or. 1944. *Interprétation* : Fernand Ledoux (Fabret), Renée Faure (Catherine Fabret), Roger Pigaut (Pierre), Madeleine Robinson (Marthe), Lucien Coëdel (le Campanier), Georges Tourreil (le brigadier), Sinoël (la petite vieille), Léonce Corne (le cordonnier), Pierre Labry (Gros Guillaume), Jacques Butin (le gendarme), Marcel Pérès, Léon Larive et Michel Piccoli (des villageois).

Dans les montagnes d'Auvergne, près d'un village isolé, Jean-Baptiste, dit « le Campanier », habite une cabane au sommet d'un col. Il fait tinter une cloche pour guider les voyageurs égarés dans la neige. Un soir, il guette et tue un marchand, déjà passé le matin, qui s'en retourne avec une ceinture pleine d'or. Le père Fabret, vieil homme à tête faible, dont le Campanier, guérisseur et sorcier, soigne la fille Catherine, atteinte d'une maladie de langueur, se trouvait dans la cabane. Le Campanier lui donne la moitié de la ceinture. L'or sera pour Catherine. Celle-ci aime Pierre, un bûcheron obligé de se fiancer à Marthe, la fille — riche — de l'aubergiste Gros Guillaume. Il préfère Catherine ; elle sort de sa langueur dès qu'elle le voit. Marthe, en suivant Pierre qui va chez Fabret, aperçoit, derrière la fenêtre, le vieux montrer au Campanier la cachette de sa moitié de ceinture. Adroitement, le Campanier la reprend au moment où Marthe s'éloigne. Pierre et Catherine font des projets d'avenir. Le cheval noir du marchand, abandonné, galope à la recherche de son maître, sème la peur dans le village et, en grattant la neige, fait apparaître le cadavre enfoui par le Campanier. Les gendarmes sont avertis. Fabret ne retrouve plus son or et croit avoir rêvé. Marthe, jalouse de Catherine, menace de dénoncer Fabret comme l'assassin du marchand si Pierre ne l'épouse pas. Elle le fait, au cours d'un bal à l'auberge où le bûcheron déclare devant tout le monde son amour pour Catherine. Les villageois veulent lyncher Fabret. Pierre le protège. Le Campanier a entraîné Catherine dans sa cabane. Il lui offre l'or pour qu'elle cède à ses désirs. Pierre survient, protège Catherine. Mais il s'est mépris sur son attitude et l'a insultée. Tandis qu'il se bat avec le Campanier, Catherine se sauve. Elle veut se jeter dans un précipice. Croyant avoir le dessus, le Campanier révèle à Pierre la vérité. Fabret, auquel la mémoire est revenue, arrive à la cabane où le feu a pris et tue le Campanier d'un coup de fronde. Pierre rejoint Catherine à temps pour l'empêcher de sauter dans le vide.

LA SYMPHONIE FANTASTIQUE *(C)*

R : Christian-Jaque. *S et D* : Jean-Pierre Feydeau et Henri-André Legrand. *I* : Armand Thirard. *Dc* : André Andrejew. *M* : Hector Berlioz. *Direction de la musique* : Maurice-Paul Guillot. *P* : Continental Films. 1941. *Interprétation* : Jean-Louis Barrault (Hector Berlioz), Renée Saint-Cyr (Marie Martin), Jules Berry (Schlesinger), Lise Delamare (Harriett Smithson), Bernard Blier (Antoine Charbonnel), Gilbert Gil (Louis Berlioz), Catherine Fonteney (Mme Berlioz mère), Louis Seigner (Habeneck), Julien Bertheau (Victor Hugo), Roland Armontel (Eugène Delacroix), Jean Darcante (Prosper Mérimée), René Fluet (Jules Janin), Georges Gosset (Alexandre Dumas), Maurice Schutz (Paganini), Louis Salou (le directeur de l'Opéra), Noël Roquevert (le sergent de ville), Lucien Coëdel (le typographe), Georges Mauloy (le doyen des académiciens), Georges Vitray (le commandant du navire), Georges Lafon (le chambellan russe), Martial Rèbe (le cocher), Michel Vitold (un chef d'orchestre), Marcelle Monthil (l'habilleuse), Mona Dol (la femme de ménage).

Etudiant en médecine à la faculté de Paris, Hector Berlioz, passionné de musique, emmène son ami Antoine Charbonnel à un concert et provoque un chahut parce qu'on a oublié le solo de violon. Il bouscule la harpiste, Marie Martin ; elle déchire un pan de sa redingote. Berlioz fréquente un café où se retrouvent les jeunes romantiques des arts et lettres. Il est amoureux d'Harriett Smithson, une actrice anglaise qui joue Shakespeare à l'Odéon. Dans sa pauvre mansarde, il reçoit la visite de Marie Martin, qui lui rapporte la mélodie trouvée dans son pan de redingote. Econduit par l'éditeur Schlesinger, Berlioz rentre chez lui et ouvre avec un couteau un abcès qu'il a dans la gorge. Malade, il est soigné par Charbonnel et Marie, mais ne pense qu'à « Ophélie » (Harriett Smithson). Après une scène violente avec sa mère, qui le maudit, Berlioz, dans une nuit de fièvre et d'hallucination, compose La Symphonie fantastique. *Sa musique reste incomprise d'Habeneck. Marie Martin, se rendant compte que Berlioz ne l'aime pas, part à l'étranger pour une tournée de chant. Berlioz réussit enfin à se faire remarquer d'Harriett Smithson, qu'il épouse. La représentation de son opéra* Benvenuto Cellini *est un échec ; toutefois, Marie, de passage à Paris, est venue le réconforter et le vieux Paganini le félicite. Malgré la naissance d'un fils, Louis, le mariage de Berlioz devient un enfer. Par Charbonnel, qui part en province où il a acheté une pharmacie, le compositeur apprend les sentiments de Marie pour lui et compose une mélodie,* L'Absence, *qu'il lui dédie. Il retrouve la jeune femme, qui va partager sa vie après qu'Harriett l'a quitté en emmenant son fils. Berlioz parcourt l'Europe et remporte un triomphe à Saint-Pétersbourg. Son talent est reconnu en France. Voyageant sur un navire, Louis, devenu un homme, apprend la célébrité de son père. Il le rejoint à Paris le soir de sa réception à l'Académie française. Accueilli à bras ouverts par Berlioz, il lui reproche cependant de s'être remarié. Pour ne pas être un sujet de discorde, Marie s'en va. En 1862, après le succès de* La Damnation de Faust, *Louis, qui a vu Marie dans la salle, va la chercher. Elle meurt un peu plus tard d'une crise cardiaque, après avoir chanté* L'Absence *dans une soirée chez Berlioz. Le grand musicien, vieilli et honoré, assiste avec son fils et Charbonnel à l'exécution de son* Requiem *dans la chapelle des Invalides.*

TORNAVARA

R : Jean Dréville. *A* : H. André Legrand, d'après le roman de Lucien Maulvault. *D* : H. André Legrand et Charles Exbrayat. *I* : André Thomas. *Dc* : Lucien Aguettand. *M* : Adolphe Borchard. *P* : Nova Films. 1943. *Interprétation* : Pierre Renoir (Sigurd Framrus), Jean Chevrier (Gérard Morhange), Mila Parély (Florence), Jean Servais (Anders Framrus), Alexandre Rignault (le pasteur), Léonce Corne (Belaï), René Blancard (Gouriev), Elisa Ruis (Netochka), Albert Malbert (Olaf), Georges Douking (Gregor), Pierre Maindest (Kotokeino).

L'ingénieur Gérard Morhange arrive en Laponie, appelé par un ami, Anders Framrus, au village perdu de Tornavara. Il rencontre au bord d'un lac une étrange jeune femme brune. A Tornavara, Gérard trouve Anders neurasthénique et brouillé avec son père, Sigurd, à cause de Florence, la compagne de celui-ci, dont il est amoureux. Sigurd s'obstine à chercher de l'or dans ces terres qui n'en contiennent pas. Un trafiquant d'alcool, Belaï, dresse ses mineurs contre lui. Gérard retrouve l'inconnue du lac : c'est Florence, tout de suite attirée vers lui. Poussés par Belaï, les mineurs pillent la réserve de vivres et tuent des rennes appartenant à un Lapon, Kotokeino, lequel quitte Tornavara avec le reste de son troupeau. Le village est menacé de famine. Belaï et les mineurs assiègent la maison où sont réfugiés Sigurd et Florence. Ils y mettent le feu. Gérard parvient à faire cesser la révolte. Il chasse Belaï. Il a acheté la mine pour le compte de la société qu'il représente. Anders a vendu sa part et Sigurd, furieux et à demi-fou, tire sur lui et le blesse. Florence, ne pouvant plus supporter ce genre de vie, accepte de partir avec Gérard. Anders reste à Tornavara, en compagnie de Netochka, une Laponne qui lui apporte la tendresse. Sigurd se lance à la poursuite de Gérard et Florence. Il les rejoint. Mais il meurt dans la neige et le couple, libéré, peut partir.

Nota : Le film se terminait, d'abord, par la victoire de Sigurd, Florence repartait avec lui par Tornavara, laissant Gérard. Cette fin ne plut pas au public. Une nouvelle scène fut alors tournée, avec la mort de Sigurd. Elle avait été écrite par... Jean-Paul Sartre.

LA TROISIÈME DALLE

R, S et D : Michel Dulud. *I* : Marcel Lucien. *Dc* : Jean Douarinou. *M* : Georges van Parys. *P* : Pierre Collard. 1940. *Interprétation* : Jules Berry (Stéphane Barbaroux), Pauline Carton (Mme Barbaroux), Pierre Stéphen

(Orfray), Philippe Hersent (Gérard), Gisèle Parry (Christine), Roger Hédouin (le marquis de Malvaleix), Simone Paris (Mona Laribel), Lucie Dupleix (Mme de Hennebelle), Jim Gérald (le commissaire Plachon), Milly Mathis (la cuisinière), Jacques Tarride (le valet de chambre), Jean Heuzé (le lieutenant de gendarmerie).

Le professeur Stéphane Barbaroux écrit des études policières historiques. Ses travaux sur la mort mystérieuse du sire de Malvaleix, le 14 juin 1481, le conduisent à se rendre dans un château médiéval où le marquis de Malvaleix, descendant du seigneur assassiné, se trouve entouré des descendants des témoins de ce meurtre ancien. L'arrivée de Barbaroux amène ces gens à évoquer le passé dans leurs rêves. Brusquement, le marquis est trouvé mort, comme son ancêtre, dans la salle basse du donjon, sur la troisième dalle à partir de la poterne. Barbaroux participe à l'enquête avec le commissaire Plachon et un lieutenant de gendarmerie. Soupçonné et enfermé dans une pièce du château, il s'évade par un souterrain. Il découvre la vérité.

UN CHAPEAU DE PAILLE D'ITALIE

R : Maurice Cammage. *A et D* : Maurice Cammage et Jacques Chabannes, d'après la pièce d'Eugène Labiche et Marc Michel. *I* : Willy. *Dc* : Robert Giordani. *M* : Vincent Scotto. *P* : Barthès-Cammage. 1940. *Interprétation* : Fernandel (Fadinard), Tramel (M. Nonencourt), Josseline Gaël (Anaïs Beaupertuis), Andrex (Achille de Rosalba), Jacqueline Laurent (Hélène), Thérèse Dorny (la baronne), Jean-Pierre Kérien (Félix), Jacques Erwin (Emile), Edouard Delmont (l'oncle Vésinet), Charpin (Beaupertuis), Milly Mathis (la tante Agathe), Jean Piello (le cousin Bobin), Simone Paris (Clara), Jacqueline Roman (Virginie), Lucien Callamand (l'ordonnateur), Sonia Gobar (la femme de chambre).

Fadinard, qui se rend en carriole, le jour de son mariage avec Hélène Nonencourt, au lieu où on l'attend, a des ennuis avec son cheval. Après s'être arrêté à la lisière d'un bois, l'animal broute le chapeau de paille d'Italie d'Anaïs Beaupertuis, femme mariée en galante conversation avec son amant Emile. Ne pouvant rentrer chez elle sans ce chapeau, Anaïs s'installe de force avec Emile au domicile de Fadinard, qui se trouve obligé de lui en rapporter un semblable. Fadinard a tout caché à son irascible beau-père. Il entraîne toute la noce, sous divers prétextes, à la recherche d'un chapeau qui a changé plusieurs fois de propriétaire. Fadinard aboutit finalement chez le dentiste Beaupertuis. En lui demandant de prêter le chapeau de sa femme pour sauver une autre du déshonneur, il dévoile au mari trompé son infortune. Beaupertuis vient faire un scandale chez Fadinard, où la noce est rassemblée. Fadinard découvre providentiellement, parmi ses cadeaux de mariage, un chapeau de paille d'Italie identique à celui que son cheval a mangé, offert par l'oncle Vésinet. Anaïs, innocentée, emmène son mari confus. Et Fadinard peut enfin s'occuper d'Hélène.

UN SEUL AMOUR

R : Pierre Blanchar. *S et D* : Bernard Zimmer, d'après une situation de Balzac (nouvelle « La Grande Bretèche »). *I* : Christian Matras. *Dc* : Serge Pimenoff. *M* : Arthur Honegger. *P* : S.N.E.G. (Gaumont). 1943. *Interprétation* : Pierre Blanchar (le comte Gérard de Clergue), Micheline Presle (Clara Biondi), Julien Bertheau (James de Poulay), Robert Vattier (Gontran de La Tournelle), Jacques Louvigny (Me Goze), Roger Karl (M. de La Noue), Jean Périer (Talleyrand), Gabrielle Fontan (Rosalie âgée), Gaby Andreu (Sophie de La Tournelle), Geneviève Morel (Rosalie jeune), Henri Coutet (Casimir et Xavier).

En 1876, l'Opéra de Paris fête le cinquantenaire de la mort de Clara Biondi, « ange de la danse », disparue en pleine jeunesse et qui avait renoncé à son art pour épouser le comte Gérard de Clergue. Gontran de la Tournelle, mari de Sophie, petite-nièce de Clara, veut écrire un livre sur elle. Gontran et Sophie arrivent au château de Clergue, dans la région de Vendôme. Le notaire Goze leur fait visiter la demeure abandonnée. Dans une chambre bleue, qui fut celle de la comtesse de Clergue, la porte d'une penderie est condamnée par un mur en brique. Rosalie, l'ancienne servante de Clara, qui assiste à la visite, ordonne à son fils Xavier d'abattre le mur. Dans la penderie, on trouve le squelette d'un homme. Rosalie révèle alors un drame dont elle a gardé le secret pendant cinquante ans... Le comte de Clergue, diplomate de la suite de Talleyrand, fit la connaissance de Clara Biondi à Vienne, au cours du congrès de 1815. Il devint un assidu de sa loge à l'Opéra. Clara avait rompu avec James de Poulay, un ancien amant qui l'importunait encore. Lorsque Gérard de Clergue lui offrit le mariage, elle essaya en vain de lui parler de cette liaison. Clara, devenue comtesse de Clergue, suivit Gérard, « son seul amour », dans son château vendômois. Ils ne fréquentaient qu'un vieil aristocrate du voisinage, Sosthène de La Noue. Mais un jour, James de Poulay vint trouver Clara dans sa retraite. Elle fut obligée de le recevoir dans sa « chambre bleue ». Il voulait lui vendre des lettres qu'elle lui avait écrites autrefois. Gérard de Clergue rentra à l'improviste d'une promenade. Rosalie n'eut pas le temps de faire sortir James, que Clara cacha dans sa penderie. Gérard crut entendre du bruit et, devant le trouble de Clara, il fut pris de jalousie et lui fit jurer sur un crucifix qu'il n'y avait personne. Elle jura, pour sauver son amour. Gérard fit alors murer la porte de la penderie par Casimir, le jardinier mari de Rosalie. Clara, malgré l'aide de sa servante, ne put délivrer James. Gérard ne cessa de la surveiller. Elle tomba malade et mourut de chagrin après que Gérard se fut tué dans les bois avec son fusil de chasse.

UNE ÉTOILE AU SOLEIL

R : André Zwobada. *S* : René Wheeler. *A et D* : Pierre Bost. *I* : Jean Isnard. *Dc* : Jules Garnier. *M* : Maurice Thiriet. *P* : Industrie Cinématographique (Pierre Guerlais). 1942. *Interprétation* : Martine Fougère

(Martine), Jean Davy (Pierre de Merlerault), Carette (Plessis), Robert Dhéry (Hubert de Merlerault), Léon Walther (Adalbert de Merlerault), Pierre Larquey et Marcel Pérès (les deux paysans).

Le comte Adalbert de Merlerault, un « vieux beau », vit couvert de dettes à Paris, fréquentant les danseuses de cabaret. Ses deux fils, Pierre et Hubert, continuent d'exploiter le domaine familial en province. Pierre, habitué à commander, est en conflit avec le père Plessis, un paysan quelque peu braconnier, qui refuse de céder son lopin de terre enclavé dans la propriété. Pierre apprend le prochain mariage de son père avec Martine, chanteuse d'une boîte de nuit parisienne. Il arrive au milieu de la cérémonie : il s'agissait d'un faux mariage, pour la publicité de la vedette. A la suite d'un pari, Pierre emmène Martine passer quelques jours au domaine de Merlerault. Il découvre alors qu'elle est la fille de Plessis. Pierre et Martine veulent mutuellement se mater. Il la fait arrêter pour flagrant délit de braconnage. Le père Plessis arrange tout, au cours de la fête du village. Martine deviendra la femme de Pierre et s'occupera des terres et des fermes avec lui.

UNE FEMME DANS LA NUIT

R : Edmond T. Gréville. *S* : Jean Bernard-Luc. *I* : Léonce-Henri Burel. *Dc* : Jean Douarinou. *M* : Raoul Moretti. *P* : Cyrnos Films. 1941. *Interprétation* : Viviane Romance (Denise Lorin), Claude Dauphin (François Rousseau), Georges Flamant (Armand Leroi), Marion Malville (Nicole Serin-Ledoux), Edouard Delmont (M. Rousseau), Pierre Stephen (Campolli), Yves Deniaud (Maxime), Félix Oudard (M. Serin-Ledoux), Andrex (le charbonnier), Henri Guisol (Gustave), Lysiane Rey (Lucie Février), Lydie Vallois (Odette), Jacqueline Hervé (l'ouvreuse), Jane Marken (Mme Béghin), Orbal (La Douleur), Robert Moore (le baron Hochecorne), Marcelle Naudin (Mme Serin-Ledoux), Gilberte Prévost (la serveuse).

Une femme en toilette de soirée, blessée au bras, vient sonner dans la nuit à la porte d'un médecin, François Rousseau. C'est une comédienne, Denise Lorin, vedette de la tournée Campolli où elle joue Manon Lescaut *avec son mari, Armand Leroi. Celui-ci, alcoolique, la maltraite. Après l'accident qui l'a conduite chez François, Denise rompt avec Armand et part pour Avignon avec le médecin. Il la prend comme infirmière dans sa clinique. Denise est très appréciée des malades. François délaisse pour elle sa fiancée, Nicole Serin-Ledoux, dont le père fait enquêter sur le passé de la comédienne. La tournée Campolli vient donner une représentation en Avignon. Gustave, le souffleur asthmatique, vient à la clinique et reconnaît Denise. Il prévient Armand. Sous prétexte d'une consultation, celui-ci rencontre François. Une radiographie révèle une grave maladie de cœur, mais Armand n'est pas décidé a suivre les conseils de modération du médecin. Denise a vu Armand. La fiche médicale lui apprend son état. Elle décide de revenir vers lui pour l'aider. Nicole vient raconter à François que*

Denise a passé, avant d'être comédienne, deux ans dans une maison de redressement. Croyant la jeune femme reprise par son ancienne existence et le monde du théâtre, François la laisse partir en feignant l'indifférence, lorsqu'elle lui dit sa résolution de rejoindre Armand. Denise reprend tristement la tournée de Manon Lescaut. *Armand, malgré son dévouement, continue à boire. Un soir, il s'effondre en scène. On demande un médecin dans la salle. François, qui se trouvait là, vient donner ses soins à Armand. Il ne peut le sauver, mais découvre alors la vraie raison du départ de Denise, qu'il aime toujours.*

UNE VIE DE CHIEN

R : Maurice Cammage. *A et D* : Jacques Chabannes et Jean Manse, d'après le roman d'André Mycho. *I* : Willy. *Dc* : Robert Giordani. *M* : Raoul Moretti. *P* : Optimax. 1941. *Interprétation* : Fernandel (Gustave Bourdillon), Josseline Gaël (Emilie Calumet), Tramel (Triboule), Jim Gérald (Monsieur Calumet), Orbal (Truffème), Thérèse Dorny (Léocadie), Francis Claude (Galoche), Pouzet (Postiche).

Gustave Bourdillon est l'unique professeur, assurant tous les cours, d'une institution pour jeunes filles tenue par M. Calumet. Il est amoureux sans espoir d'Emilie, la femme de son directeur, et les élèves, indisciplinées, le prennent pour tête de Turc. Calumet meurt d'indigestion. Pour avoir le droit de le remplacer à la tête de l'institution, sa veuve doit passer un examen. Gustave, déguisé en femme, se présente à sa place et réussit. Emilie l'épouse par reconnaissance. Mais elle croit à la métempsycose et s'imagine bientôt que Calumet s'est réincarné dans le chien Médor. Le président du jury devant lequel s'était présenté Gustave arrive pour demander la main de la « directrice », dont il s'était épris, ce qui provoque un quiproquo et le pauvre homme est arrêté comme fou. Gustave parvient à convaincre Emilie que Médor n'est qu'un chien bon pour la niche.

Nota. Ce film a été intitulé également *Médor* et *Le Mari quadrupède* !

LE VAL D'ENFER *(C)*

R : Maurice Tourneur. *S et D* : Carlo Rim. *I* : Armand Thirard. *Dc* : Guy de Gastyne. *M* : Roger Dumas. *P* : Continental Films. 1943. *Interprétation* : Ginette Leclerc (Marthe), Gabriel Gabrio (Noël Bienvenu), Edouard Delmont (le père Bienvenu), Gabrielle Fontan (la mère Bienvenu), Lucien Gallas (Barthélemy), Charles Blavette (Cagnard), Raymond Cordy (Poiroux), André Reybaz (Bastien Bienvenu), Nicole Chollet (Gustine), Colette Régis (la mère supérieure), Sylvie Rameau (la fermière), Paul Fournier (Romieux), Marcel Raine (Antonin), Edmond Beauchamp (Rodrigo), Georges Patrix (le Sauvage), Ricardo Bravo (José), Marcel

Delaitre (le juge), Albert Malbert (Combarnoux), Jean-Marie Royer (La Punaise), Zélie Yzelle (l'hôtelière).

Noël Bienvenu, quinquagénaire veuf, exploite une carrière de pierre en haute Provence et vit avec ses vieux parents. Son fils unique, Bastien, est condamné à six mois de prison pour vol. Profondément blessé, Noël se replie sur lui-même. Un de ses amis, Romieux, meurt victime d'un accident du travail. Noël va prévenir Marthe, la fille de Romieux, à Marseille. Il découvre alors qu'elle n'est pas secrétaire, comme son père le croyait, mais la maîtresse d'un truand, qui vient justement d'être arrêté. Marthe, sans ressources, souffre d'avoir été trompée par son amant. Noël la prend en pitié et la ramène chez lui au Val d'Enfer où, pendant un certain temps, elle semble s'adapter à la vie honnête. Noël l'épouse. Bientôt, elle s'ennuie et tombe amoureuse de Barthélémy, le patron d'un remorqueur, qui lui a fait des avances. Un jeune braconnier, Sauvage, épie les rencontres de Barthélemy et Marthe. Les vieux Bienvenu, au courant de cette liaison, la cachent à leur fils, mais la tension monte entre Marthe et sa belle-mère. A l'instigation de sa femme, Noël se débarrasse des meubles de famille, après la célébration des noces d'or du vieux couple, pour installer un mobilier moderne. Le père et la mère Bienvenu décident alors de se retirer dans un hospice de vieillards. Marthe ne fait rien pour les retenir et Noël, bien que chagriné, cède. Sauvage surveille de plus en plus Marthe et Barthélemy. Il apprend ainsi que la jeune femme est enceinte de son amant. Bien qu'elle ait fait croire à Noël qu'il était le père de l'enfant, elle envisage de le quitter. Un jour où Noël appelle Marthe pour le rejoindre chez un de ses ouvriers, Sauvage, sous prétexte d'un raccourci, fait prendre à la jeune femme un chemin dans la carrière où l'on fait exploser des mines pour les travaux. Marthe est tuée, ainsi, « par accident ». Noël, qui se retrouve seul, consent à accueillir son fils sorti de prison. Bastien s'amende en travaillant à la carrière et les vieux Bienvenu, à la demande de Noël, reprennent leur place dans sa maison. *

LE VALET MAÎTRE

R : Paul Mesnier. *A* : Paul Mesnier et Albert Guyot, d'après la pièce de Paul Armont et Léopold Marchand. *D* : Léopold Marchand. *I* : Géo Clerc. *Dc* : Roland Quignon. *M* : Max d'Yresne et Van Hoorebeke. *P* : S.P.C. 1941. *Interprétation* : Elvire Popesco (Antonia), Henry Garat (Gustave Lorillon), Roger Karl (M. Ravier de l'Orne), Marguerite Deval (Ninon Ravier de l'Orne), René Génin (Foucart), Georges Mauloy (Des Bossons), Georges Grey (Jean-Louis), Mihalesco (Emile), Nina Myral (Agathe), Marianne Brack (Annie), Bever (Justin).

Ninon Ravier de l'Orne, qui a des ennuis d'argent, utilise les dons au bridge de son valet de chambre Gustave. Il va, sous le nom de Lorillon, dans des parties mondaines, envoyé par S.V.P. Ninon le commandite et prélève une part de ses gains. M. Ravier de l'Orne découvre cette combinaison et chasse Gustave. Il rencontre peu après Lorillon chez sa maîtresse

Antonia, où il joue et gagne si bien que le président du cercle des Patineurs lui demande de remplacer, pour la coupe interclubs de bridge, leur champion défaillant. Lorillon, devenu l'amant d'Antonia, participe au match, mais, ayant un peu bu, il raconte qu'il est valet de chambre et abandonne la partie. Le club des Patineurs et Antonia, qui l'aime sincèrement, veulent absolument le récupérer. Une suite de hasards fait qu'on retrouve Gustave. Il gagne la coupe et le bonheur avec Antonia.

LA VALSE BLANCHE

R : Jean Stelli. *S et D* : François Campaux. *I* : René Gaveau. *Dc* : Maurice Bernard. *M* : René Sylviano. *P* : C.G.C. 1943. *Interprétation* : Lise Delamare (Hélène Madelin), Julien Bertheau (Bernard Lampré), Ariane Borg (Jacqueline Lorbodsen), Alerme (M. Despillois), Aimé Clariond (le professeur d'Espérel), Marcelle Géniat (Nany), Raymond Cordy (René Dupré), Michel de Bonnay (Jeannot), Annette Poivre (Lily), Marcelle Monthil (Mlle Zamb).

Bernard Lampré, compositeur candidat au prix de Rome, est fiancé à Hélène Madelin, étudiante en médecine préparant l'internat dans un hôpital parisien. Jaloux du professeur d'Estérel dont Hélène est l'élève, il lui fait un jour une scène violente et erre toute une nuit sous la pluie. Atteint d'une congestion pulmonaire, Bernard doit aller se soigner en Savoie. Il prend pension à la villa « Les Bruyères », dirigée par M. Despillois. Il retrouve une ancienne camarade du Conservatoire, Jacqueline Lorbodsen, qui habite un chalet voisin. Elle tombe amoureuse de lui, au grand dépit de Jeannot, le petit paysan conduisant son traîneau. Nany, la vieille gouvernante de Jacqueline, apprend à Bernard que la jeune fille, gravement atteinte des poumons, n'a plus longtemps à vivre. Pour adoucir les derniers mois de Jacqueline, il lui joue une pieuse comédie de l'amour et compose pour elle La Valse blanche. *Hélène, reçue à son concours, vient retrouver Bernard à l'improviste. Elle le surprend avec Jacqueline dans une chapelle. Bernard lui explique alors le cas de Jacqueline. Hélène devient l'amie de celle-ci et aide Bernard à entretenir l'illusion. Il quitte la Savoie pour aller concourir au prix de Rome. Il est reçu premier. Jacqueline s'éteint doucement, Hélène à ses côtés, en écoutant à la radio la retransmission du concert dirigé par Bernard : un oratorio inspiré de* La Valse blanche.

VAUTRIN

R : Pierre Billon. *S* : Pierre Benoit, d'après des œuvres de Balzac. *A et D* : Marc-Gilbert Sauvajon. *I* : Paul Cotteret. *Dc* : René Renoux. *M* : Maurice Thiriet. *P* : S.N.E.G. (Gaumont). 1943. *Interprétation* : Michel Simon (Vautrin), Madeleine Sologne (Esther Gobseck), Georges Marchal

(Lucien de Rubempré), Louis Seigner (le baron de Nucingen), Gisèle Casadesus (Clotilde de Grandlieu), Michèle Lahaye (Mme de Sérizy), Jacques Varennes (le procureur de Grandville), Gisèle Préville (Mme de Maufrigneuse), Georges Colin (Cotenson), Georges Marny (Rastignac), Marcel André (le juge Camusot), Nane Germon (Mme Camusot), Line Noro (Asie), Lucienne Bogaert (Europe), Pierre Labry (Paccard), Renée Albouy (Mme d'Espard), Maurice Schutz (l'abbé Herrera), Marcel Mouloudji (Théodore Calvi), Paulais (Derville), Guillaume de Sax (le directeur du bagne), Tony Laurent (le chef de la police).

Le forçat Vautrin, dit « Trompe-la-mort », s'évade du bagne de Rochefort en compagnie de Théodore Calvi. Dans un moulin en ruine où ils vont chercher le trésor des forçats que Vautrin est chargé d'administrer, ils sont surpris par l'abbé Herrera, prêtre espagnol que Calvi assassine. Vautrin chasse son complice et prend l'habit et l'identité d'Herrera. Plus tard, se faisant passer pour un envoyé secret du roi d'Espagne, Vautrin, qui se rend à Paris, rencontre à un relais Lucien de Rubempré, jeune homme ambitieux et faible qui, ayant ruiné et déshonoré sa famille d'Angoulême, veut se suicider. Il l'en empêche, le prend sous sa protection et le lance dans le monde parisien grâce à l'argent du bagne. Bien qu'il ait découvert l'identité de son protecteur, Lucien reste lié à lui. Vautrin veut lui faire épouser Clotilde de Grandlieu, fille d'un pair de France. Mais Lucien, en cachette, entretien une liaison amoureuse avec Esther Gobseck, fille galante (qu'il croit pure). Vautrin découvre cette liaison et amène Esther à vivre dans l'ombre, pour l'amour de Lucien, qui doit absolument se marier. Il décide de la vendre, le plus cher possible, au vieux baron de Nucingen qui la convoite. En effet, ayant dissipé le trésor du bagne, il a besoin d'une grosse somme pour établir son protégé. Vautrin prend Esther sous sa coupe, avec l'aide de domestiques à sa dévotion, et l'oblige à extorquer de l'argent à Nucingen, sans rien lui céder en échange. Un agent de police, Cotenson, qui surveille Vautrin et n'a pu faire chanter Lucien, va révéler au duc de Grandlieu que son futur gendre est entretenu par une courtisane. Lucien est chassé par le duc, et Esther se suicide le soir où Nucingen entre enfin dans sa chambre à coucher. Vautrin et Lucien sont arrêtés. Vautrin nie être le forçat évadé. Mais Lucien, désespéré par la mort d'Esther, révèle tout à l'instruction. Le procureur de Grandville intervient auprès du juge Camusot pour étouffer l'affaire, de grandes dames étant compromises par des lettres qu'elles ont écrites à Lucien dont elles ont été les maîtresses. Ces lettres sont en possession de Vautrin. Il les rend contre sa liberté après le suicide de Lucien dans sa cellule car, effondré, il a passé aux aveux. Le procureur de Grandville s'assure alors ses services. Vautrin devient chef de la Police de sûreté. *

VENUS AVEUGLE

R et S : Abel Gance. *D* : Abel Gance et Stéve Passeur. *I* : Léonce-Henri Burel. *Dc* : Henri Mahé et Bertrand. *M* : Raoul Moretti. *P* : France Nouvelle (Jean-Jacques Mecatti). 1940. *Interprétation* : Viviane Romance (Clarisse). Georges Flamant (Madère), Lucienne Lemarchand (Giselle), Mary-Lou (Mireille), Aquistapace (Indigo), Henri Guisol (Ulysse), Gérard Landry (Gazul), Marion Malville (Marceline), Pierre Juvenet (Goubard, l'occuliste), Jean-Jacques Mecatti fils (le jeune marin chanteur).

Clarisse, une jeune femme très belle, a posé pour l'affiche et la publicité des cigarettes « Vénus » grâce au peintre Gazul. Venue consulter un oculiste, elle apprend qu'atteinte d'un décollement de la rétine elle perdra la vue d'ici un ou deux ans. Accompagnée de sa sœur, Mireille la boiteuse, Clarisse revient vers le port où elle habite, avec l'homme qu'elle aime, Madère, un bateau échoué, Le Tapageur. *Elle ne veut pas que Madère se sacrifie pour une aveugle et confie à Mireille, en lui faisant jurer de se taire, son intention de rompre avec lui sans lui parler de son propre drame. Madère, qui vient de chasser Gazul, venu demander à Clarisse de poser pour une autre publicité, attendait Clarisse avec impatience. Elle lui fait croire qu'elle ne l'aime plus et l'a trompé. Pendant cette scène, dont Mireille et son ami le clown Ulysse perçoivent les échos sans pouvoir intervenir, un orage secoue l'épave du bateau. Madère insulte Clarisse et s'en va. Elle reprend son premier métier de chanteuse dans un cabaret du port,* Le Bouchon rouge, *tenu par Indigo et sa femme Marceline. Le soir de sa rentrée, elle s'évanouit après sa première chanson. Un médecin, appelé, lui annonce qu'elle est enceinte. Clarisse décide alors de revenir à Madère et de tout lui dire, mais il est parti, reprenant du service maritime sur un paquebot, pour une croisière d'un an. Clarisse l'attend. Elle met au monde une petite fille, Violette. Au retour du paquebot, elle voit Madère descendre tendrement accompagné de Giselle, une femme riche et oisive qui le poursuivait autrefois de ses assiduités et a fait la croisière pour le conquérir. Clarisse va trouver sa rivale et découvre que Madère l'a épousée au cours du voyage. Giselle est également mère d'une petite fille. Clarisse s'en va sans rien dire et revient chanter chez Indigo. Violette, atteinte de la diphtérie, meurt. Le jour où Madère et Giselle font baptiser leur enfant, ils croisent à l'entrée de l'église le cortège funèbre du bébé de Clarisse. Madère commence à avoir des doutes et des remords. Le soir même, Clarisse reprend son tour de chant et s'aperçoit que sa vue se trouble. Elle devient aveugle. Retirée sur* Le Tapageur, *elle berce une poupée qu'elle appelle Violette. Ulysse et Mireille ont dit la vérité à Madère. Celui-ci, qui n'est plus heureux avec Giselle, accepte de se présenter sur* Le Tapageur *comme un admirateur de « Vénus », sous le nom de François de Rupière. Clarisse accepte son amitié. Il revient souvent. Giselle quitte Madère en lui laissant leur fille. Il amène la petite à un déjeuner sur* Le Tapageur *et Clarisse, d'abord très secouée en entendant parler l'enfant, oublie sa douleur pour s'occuper d'elle et remet dans sa boîte la poupée « Violette ». Avec l'aide d'Ulysse, de Mireille et de tous les habitués du cabaret d'Indigo, Madère fait croire à Clarisse qu'il l'emmène en croisière sur un bateau qui n'est autre que* Le Tapageur. *Tout le monde feint de le mettre en marche, en créant chaque jour une atmosphère de voyage. Lassé de ces illusions, Madère remet son bateau en état pour de bon et prend du frêt pour un vrai voyage au cours de ce qui semble être une longue escale à Smyrne. Mais*

Clarisse avait su voir avec les yeux du cœur et tout compris. Au moment où Le Tapageur *va enfin quitter son port d'attache, elle dit à Madère qu'elle l'a reconnu et retrouve la vue avec son amour.*

LA VIE DE BOHÈME

R : Marcel L'Herbier. *A et D* : Nino Frank et Marcel L'Herbier, d'après « Scènes de la vie de Bohème » de Henri Murger. *I* : Pierre Montazel. *Dc* : Georges Wakhevitch. *M* : Puccini. *Arrangements* : Louis Beydts. *P* : André Paulvé et Scalera Films. 1942. *Interprétation* : Maria Denis (Mimi), Louis Jourdan (Rodolphe), Gisèle Pascal (Musette), Suzy Delair (Phémie), Louis Salou (Colline), Alfred Adam (Schaunard), André Roussin (Marcel), Jean Parédès (le vicomte), Sinoël (Barbemuche).

Le compositeur Schaunard, qui doit six mois de loyer à son propriétaire, fait la connaissance à Montparnasse de Colline, philosophe errant, et de Rodolphe, jeune poète, désargentés comme lui. Il les ramène dans sa chambre, qui vient d'être louée à un peintre, Marcel. Tous quatre se jurent amitié. Le lendemain matin, la blanchisseuse Phémie, venue faire une scène à Schaunard, disperse le groupe. Marcel emmène Rodolphe chez Musette, une grisette entretenue par un conseiller d'Etat. Mais Musette s'est fâchée avec son riche amant et on est en train de saisir les meubles de l'hôtel particulier où elle était installée. Musette part avec Marcel. Rodolphe va se faire héberger chez un oncle et s'éprend de la voisine, Mimi, jeune ouvrière qui fabrique des fleurs artificielles. Ils vivent ensemble, difficilement. Colline porte ses vêtements à un prêteur sur gages pour aider Rodolphe. Musette, infidèle à Marcel et ne pouvant se passer de luxe, trouve un nouveau protecteur. Marcel réussit à vendre un tableau... à un marchand de poissons. Rodolphe ne peut pas faire publier ses poèmes. Phémie, lassée de la misère, quitte Schaunard. Dans une partie de billard au café Momus, Colline gagne une charge de gouverneur dans une île. Il peut laisser de l'argent à ses amis avant de partir, mais il revient à l'automne sans un sou. Mimi surprend une conversation entre Rodolphe et un de ses amis : un médecin a appris à son amant qu'elle était atteinte d'une maladie de poitrine, et elle ne le savait pas. Au cours d'une soirée chez Carolus Barbemuche, bourgeois ridicule qui veut se faire admettre dans la « bohème », Mimi est courtisée par un jeune vicomte. Elle devient sa maîtresse pour ne pas être à la charge de Rodolphe, prêt à renoncer à sa carrière pour la soigner. Rodolphe, qui se croit trahi, essaie d'oublier Mimi. Ses poèmes sont enfin publiés. Le vicomte les lit avec dérision devant ses invités. Mimi le quitte. Un soir d'hiver, Musette arrive, affolée, dans la mansarde de Rodolphe, où les quatre amis sont réunis. Et Mimi apparaît, défaillante. Venue retrouver Rodolphe qu'elle n'a pas cessé d'aimer, elle meurt dans ses bras.

LA VIE DE PLAISIR

R et S : Albert Valentin. *A et D* : Charles Spaak. *I* : Charles Bauer et Paul Cotteret. *Dc* : Guy de Gastyne. *M* : Paul Durand. *P* : Continental Films. 1943. *Interprétation* : Albert Préjean (Albert Maulette), Claude Génia (Hélène de Lormel), Aimé Clariond (M. de Lormel), Jean Servais (Roland de La Chaume), Maurice Escande (Roger de Boeldieu), Noël Roquevert (Me Marion), Jean Paqui (François de Lormel), Roger Karl (Me de Merly), Hélène Constant (Denise de La Chaume), Claude Nollier (Aline), Yves Deniaud (Gaston), Pierre Magnier (Monseigneur), Marcel Carpentier (Gasparini), Louis Vonelly (le général), Léon Walther (Célestin), Paul Delauzac (l'antiquaire), Julienne Paroli (Mme de Merly).

François de Lormel, fils d'une famille d'aristocrates, fréquente La Vie de plaisir, *boîte de nuit parisienne bien tenue par Albert Maulette. Il est amoureux d'une des danseuses, Aline. Maulette ayant rendu service à François, celui-ci le présente à sa sœur Hélène, fiancée à Roger de Boeldieu. Elle invite Maulette à un bal chez ses parents, qui font grise mine au tenancier. La compagnie financière au conseil d'administration duquel appartient M. de Lormel connaît de sérieuses difficultés. Boeldieu, sentant la catastrophe, part pour l'Argentine. Maulette, amoureux d'Hélène, la demande en mariage. M. de Lormel y consent, à condition qu'il vende sa boîte de nuit. Maulette accepte et son beau-père investit une partie de son argent dans sa compagnie, ainsi renflouée. La famille de Lormel traite dédaigneusement Maulette, dont les manières sentent trop le peuple. François veut épouser Aline, enceinte de lui. On l'en empêche. Il rompt avec les siens. Boeldieu revient d'Argentine et M. de Lormel le pousse à faire la cour à Hélène. Maulette surprend un rendez-vous, se fâche et va passer le réveillon de Noël sans sa femme à* La Vie de plaisir, *qu'il rachète. Hélène demande le divorce. Au palais de justice, ces faits sont rapportés en défaveur de Maulette par l'avocat des de Lormel, Me de Merly. L'avocat de Maulette, Me Marion, reprend toute l'histoire et révèle des détails qui ont été cachés. Hélène apprend certaines vilenies de son père et de son beau-frère. Roland de La Chaume découvre la bonté et la délicatesse que manifesta à son insu Maulette en diverses circonstances. Après l'audience, elle reproche à son mari d'avoir manqué de confiance en elle. Mais elle va le retrouver, le soir, à sa boîte de nuit, décidée à reprendre la vie avec lui.* *

VIE PRIVÉE

R : Walter Kapps. *S et D* : Jacqueline de Marichalar. *A* : J. d'Ansenne. *I* : Paul Cotteret. *Dc* : Raymond Gabutti. *M* : Claude Delvincourt. *P* : Boisserand. 1941. *Interprétation* : Marie Bell (Florence), Jean Galland (Jean Dorcier), Robert Le Vigan (Rémy Géraud), Blanchette Brunoy (Sylvie), Ginette Leclerc (Gina), Gaston Rullier (Albert), la petite Claude Anaya (Claudine), Germaine Reuver (Mme Pascal), Marfa Dhervilly (la directrice), Philippe Richard (le directeur), Henri Desain (le dialoguiste),

Emile Genevois (le groom), Mihalesco (le maquilleur), Yves Furet (le dessinateur), Roberta (la chanteuse).

Florence, vedette de cinéma, préserve sa vie privée et décourage les hommages masculins. Le metteur en scène Jean Dorcier lui offre en vain le mariage. Florence a un secret : séduite autrefois par un homme indigne, Rémy Géraud, elle a eu de lui une petite fille, Claudine, élevée dans une pension en province et qu'elle va voir en cachette. En allant au cinéma avec son institutrice, Claudine reconnaît sa mère, dont elle ignore le métier, sur une bande-annonce. Elle s'enfuit pour aller la rejoindre. Alertée par l'institutrice, Florence abandonne un tournage. Claudine est retrouvée. Rémy Géraud revient pour faire chanter Florence. Il tombe gravement malade. Sur le conseil de Dorcier, auquel elle s'est confiée, Florence révèle à Rémy l'existence de Claudine. Il guérit et, avec l'aide de Gina, une comédienne jalouse de Florence, entreprend une campagne de presse contre la vedette. Florence se cache avec Claudine Dorcier, qui tournait en Afrique, rentre précipitamment à Paris et affronte Rémy. Celui-ci a découvert la cachette de Florence. Il s'y rend avec Dorcier. La gentillesse de Claudine le désarme. Il part pour l'étranger sans avoir révélé à la fillette qu'il est son père. Florence trouvera le bonheur avec Dorcier.

VINGT-CINQ ANS DE BONHEUR *(C)*

R : René Jayet. *A et D* : Germaine Lefrancq et Jean-Paul Le Chanois, d'après la pièce de Germaine Lefrancq. *I* : Charles Bauer. *Dc* : Guy de Gastyne. *M* : Louis Sedrat. *P* : Continental Films. 1943. *Interprétation* : Jean Tissier (M. Castille), Noël Roquevert (Barbier), Denise Grey (Mme Castille), Annie France (Florence), André Reybaz (André Castille), Tania Fédor (Marguerite Codomel), Rexiane (Mme Barbier), Rosine Luguet (Mlle Barbier), Gabriello (le directeur de la banque), Jeanne Fusier-Gir (Béatrice), Marcelle Monthil (Lucie).

M. et Mme Castille, bourgeois de province, s'apprêtent à célébrer leurs noces d'argent : vingt-cinq ans de bonheur. Leur fils André veut épouser une employée de banque, Florence. Celle-ci lui avoue qu'elle est née de père inconnu et que sa mère, Marguerite Codomel, est à Paris richement entretenue. Chaque mois, la jeune fille reçoit d'un notaire une petite rente provenant de ce père. Prévenu par son fils, M. Castille décide de l'aider à vaincre l'opposition de sa femme. On simule un suicide. Mme Castille cède. Son ami Barbier rappelle alors à Castille qu'il fut jadis l'amant de Marguerite. La fille de celle-ci, qu'il n'a jamais vue mais aux besoins de laquelle il subvient discrètement, est donc la sienne. André ne peut pas épouser Florence, sa demi-sœur. Castille, qui n'ose pas avouer à sa femme son ancienne liaison et ce qui en est résulté, use de vagues prétextes pour rompre le projet de mariage. Par esprit de contradiction, Mme Castille veut le faire aboutir. Tout le monde part pour Paris afin de rendre visite à la mère de Florence. Castille essaie de faire avouer à Marguerite Codomel qu'elle lui fut infidèle. Mais elle ne l'avais jamais trompé. Florence est bien sa fille. Par contre, on découvre que l'austère Mme Castille eut autrefois une faiblesse et qu'André n'est pas le fils de son mari. Par conséquent, les jeunes gens pourront se marier.

LES VISITEURS DU SOIR

R : Marcel Carné. *S et D* : Jacques Prévert et Pierre Laroche. *I* : Robert Hubert. *Dc* : Georges Wakhevitch (et Alexandre Trauner, dans l'anonymat). *M* : Maurice Thiriet (et Joseph Kosma, dans l'anonymat). *P* : André Paulvé. 1942. *Interprétation* : Arletty (Dominique), Alain Cuny (Gilles), Marie Déa (Anne), Marcel Herrand (Renaud), Jules Berry (le diable), Fernand Ledoux (le baron Hughes), Pierre Labry (le gros seigneur), Jean d'Yd (le montreur d'ours), Roger Blin (l'homme aux monstres), Gabriel Gabrio (le bourreau), Simone Signoret (une invitée du banquet).

Au mois de mai 1485, deux envoyés du diable, Gilles et Dominique, costumés en ménestrels, arrivent en Provence, au château du baron Hughes, lequel donne de grandes fêtes en l'honneur des fiançailles de sa fille Anne avec le chevalier Renaud. Les chansons de Gilles jettent le trouble dans l'esprit d'Anne. Dominique joue de la mandole et arrête le bal. Brusquement revêtue d'habits féminins, elle entraîne Renaud dans le jardin, tandis que Gilles emmène Anne. Double travail de séduction, puis les faux ménestrels ramènent les fiancés dans la grande salle et le bal reprend où il s'était arrêté. Au cours de la nuit, Dominique se rend dans la chambre du baron Hughes et se fait reconnaître pour femme. Le lendemain, au cours d'une partie de chasse, elle attire le baron à l'écart et se laisse surprendre par Renaud, afin de provoquer sa jalousie. Gilles révèle à Anne qu'il appartient au diable. Pourtant, il l'aime pour de bon. Un orage éclate alors et un homme tout noir, monté sur un cheval, demande abri au château. Ce seigneur est le diable, venu pour rétablir son plan troublé par la désobéissance de Gilles. Surpris dans la chambre d'Anne, celui-ci est arrêté et enfermé dans le chenil. Le diable pousse Renaud et le baron à se battre, au cours du tournoi du lendemain, à cause de Dominique. Il tente en vain de détacher Anne de Gilles. Au moment du départ des invités pour le tournoi, la jeune fille proclame publiquement son amour. Elle est enfermée avec Gilles. Ils s'évadent en pensée et se retrouvent au bord de la fontaine du parc. Le diable les rejoint. Dans l'eau, il leur montre le duel où Renaud — qui, à la demande de Dominique n'avait pas mis sa cotte de mailles — est tué par le baron Hughes. Pour achever son œuvre, Dominique entraîne le baron dans un précipice. Le diable cherche à séduire Anne. Elle accepte de le suivre s'il rend la liberté à Gilles. Le diable y consent à condition que Gilles perde la mémoire d'Anne et de son amour. Il détruit le pacte liant le jeune homme à lui. Anne, qui a menti pour sauver Gilles, refuse d'accompagner le diable. Elle obtient de revoir Gilles une dernière fois auprès de la fontaine. L'amour étant le plus fort, il la reconnaît et la prend dans ses bras. Le diable les transforme en statues. Leurs cœurs continuent de battre sous la pierre. *

LE VOILE BLEU

R : Jean Stelli. *S et D* : François Campaux. *I* : René Gaveau. *Dc* : René Renoux. *M* : A. Theuret et A. Desenclos. *P* : Compagnie Générale Cinématographique (R. Artus). 1942. *Interprétation* : Gaby Morlay (Louise Jarraud), Pierre Larquey (Antoine Lancelot), Elvire Popesco (Mona Lorenza), Marcelle Géniat (Mme Breuilly), Alerme (M. Volnard-Busset), Charpin (Emile Perrette), Aimé Clariond (le juge), Renée Devillers (Lise Forneret), Denise Grey (Mme Volnard-Bussel), Jeanne Fusier-Gir (Mlle Eugénie), Marcel Vallée (l'impresario), Georges Grey (Gérard Volnard-Bussel), Noël Roquevert (l'inspecteur Duval), Camille Bert (le médecin), Francine Bessy (la jeune danseuse), Primerose Perret (Georgette Volnard-Bussel), Raymonde La Fontan (Charlotte), Pierre Jourdan (Dominique), Jean Bobillot (Julien), Jean Clarieux (Henri Forneret), Mona Dol (l'infirmière-chef) Camille Guérini (d'Aubigny), Paul Demange (Pons), Michel de Bonnay (Philippe Breuilly).

En 1914, Louise Jarraud, dont le mari vient d'être tué au front, met au monde un petit garçon qui ne vit pas. Pour adoucir sa douleur, elle se place comme gouvernante d'enfants. Louise entre au service d'Emile Perrette, resté veuf avec un bébé de quelques semaines, Frédéric. En allant acheter un hochet, elle fait la connaissance d'Antoine Lancelot, marchand de jouets célibataire, qui devient son ami. M. Perrette demande à Louise de l'épouser. Elle refuse, car elle a décidé de consacrer sa vie aux enfants. M. Perrette se remarie avec sa voisine, Mlle Eugénie. Louise est alors engagée par les Volnard-Bussel, qui habitent aux environs de Paris, pour s'occuper du petit Gérard, âgé de sept ans. Délaissé par sa mère trop mondaine, Gérard éprouve pour sa « Loulou » une vive affection mais sa sœur et son frère aînés le montent contre elle. Dominique, frère de Mme Volnard-Bussel, s'est épris de Louise et lui offre le mariage. Blessée par l'attitude de Gérard, Louise est prête à rejoindre Dominique lorsque l'enfant, pris de remords, la réclame. Elle reste avec lui. Gérard grandit. Louise se place ailleurs. Au fil des années, elle est soutenue par la tendresse discrète et fidèle d'Antoine Lancelot. Elle devient gouvernante de la petite Charlotte, fille de l'actrice Mona Lorenza. Le jour de la première communion de Charlotte, Mona, toujours très occupée, ne peut venir à l'église. La petite fille présente Louise comme sa mère. Sa gouvernante rapproche Mona de Charlotte et quitte la maison. Le ménage Forneret, qui va s'installer en Indochine, lui confie le petit Daniel avec lequel elle s'installe en province. Les parents cessent d'envoyer de l'argent et ne donnent plus de nouvelles. Louise considère Daniel comme son fils lorsque, au bout de plusieurs années, les Forneret viennent le réclamer. Elle s'enfuit en Bretagne avec Gérard. La police la recherche. Humilié par un interrogatoire, Antoine Lancelot meurt d'une crise cardiaque. Louise et Daniel sont retrouvés et, sur décision de justice, Daniel est rendu à ses parents. Désespérée, vieillie, sans soutien, Louise échoue comme femme de ménage chez la tyrannique Mme Breuilly et sa fille malade. Elle gagne le cœur de Philippe, garçon sauvage et mal aimé. Un jour, elle tombe dans l'escalier et se casse un bras. A l'hôpital, elle est soignée par le docteur Gérard Volnard-

Bussel. Il reconnaît sa « Loulou » et organise pour elle une fête de Noël où tous les enfants, maintenant grands, qu'elle a élevés et aimés, viennent lui rendre hommage et lui dire leur affection. *

VOYAGE SANS ESPOIR

R : Christian-Jaque. *S* : Pierre Mac Orlan, d'après un thème de Kroll et Klaren. *A* : Marc-Gilbert Sauvajon et Christian-Jaque. *D* : Marc-Gilbert Sauvajon. *I* : Robert Le Febvre. *Dc* : Robert Gys. *M* : Jean Marion. *P* : Films Roger Richebé. 1943. *Interprétation* : Simone Renant (Marie-Ange), Jean Marais (Alain Ginestier), Paul Bernard (Pierre Gohelle), Lucien Coëdel (Philippe Déjanin), Jean Brochard (le commissaire Chapelin), Louis Salou (l'inspecteur principal Sorbier), Ky-Duyen (Li-Fang), Frédéric Mariotti (le second), Maupi (le barman), Clary Monthal (Laura).

Pierre Gohelle, bandit dont l'évasion est partout signalée, rencontre dans un train un jeune homme, Alain Ginestier, qui se prétend directeur de banque, prêt à partir pour l'Amérique du Sud, avec une somme de 300 000 francs. Gohelle lui donne rendez-vous à minuit, au « Fortuny », cabaret d'un port où le train va arriver. Dans ce port, Marie-Ange, la maîtresse de Gohelle, toujours suivie par un homme vêtu de noir avec un chapeau melon, demande au capitaine Philippe Déjanin de cacher le bandit sur son cargo. Déjanin, épris de Marie-Ange, accepte. A la gare, Gohelle échappe aux policiers qui le guettaient et Marie-Ange, qui l'attendait, doit partir en taxi en même temps qu'Alain. Il ne lui dit pas son nom et se montre séduit, fasciné par elle. Marie-Ange trouve Gohelle, blessé, sur le bateau de Déjanin. Il la traite durement. Poussé par un matelot indochinois, Li-Fang, l'équipage réclame à Déjanin une grosse somme pour ne pas dénoncer Gohelle à la police qui vient perquisitionner. Gohelle échappe au commissaire Chapelin, mais il faudra trouver l'argent. Se souvenant du rendez-vous donné à Alain, Gohelle demande à Marie-Ange (chanteuse vedette du « Fortuny ») de faire venir le jeune homme, qu'il prétend être un ami, dans un phare où il l'attendra, pour lui emprunter de l'argent. Déjanin le conduit à ce phare en cachette de son équipage. Au « Fortuny », Marie-Ange et Alain se reconnaissent. La chanteuse comprend que Gohelle lui a menti et va attirer le jeune homme dans un piège. Elle revient seule au phare et avoue qu'elle n'a pas voulu ramener Alain, craignant pour sa vie. Gohelle moleste Marie-Ange. Déjanin surgit, la défend et assomme Gohelle. Marie-Ange s'en va retrouver Alain. Revenu à lui, Gohelle tue Déjanin. Un peu plus tard, au « Fortuny », Marie-Ange apprend l'assassinat, par le petit homme noir. Décidé à fuir avec Alain, elle emmène celui-ci chez elle, où Gohelle les surprend. Il se bat avec Alain, lui vole son portefeuille et s'enfuit au moment où les policiers, conduits par le petit homme noir (l'inspecteur principal Sorbier) arrivent. Au commissariat, Alain avoue à Marie-Ange qu'il est un simple caissier de banque et qu'il a dérobé les 300 000 francs. Revenu chez elle, Marie-Ange trouve Gohelle, qui veut l'obliger à partir avec lui. Elle réussit à lui repren-

dre le portefeuille d'Alain qui, ayant montré ses papiers, est relaxé. Marie-Ange conduit Alain à la gare. En prenant le dernier train de nuit pour Paris, il arrivera à temps pour remettre l'argent dans la caisse. Elle promet de le rejoindre le lendemain. Gohelle vient abattre Marie-Ange au moment où le train démarre. Il est arrêté. Marie-Ange tombe morte, après un dernier sourire à Alain, qui ne s'est rendu compte de rien. *

LE VOYAGEUR DE LA TOUSSAINT

R : Louis Daquin. *A et D* : Marcel Aymé, d'après le roman de Georges Simenon. *I* : André Thomas. *Dc* : René Moulaert. *M* : Jean Wiener (signée Roger Desormière). *P* : Francinex. 1942. *Interprétation* : Assia Noris (Colette Mauvoisin), Gabrielle Dorziat (Gérardine Eloi), Jean Desailly (Gilles Mauvoisin), Simone Valère (Alice Lepart), Jules Berry (Plantel), Guillaume de Sax (Babin), Alexandre Rignault (Rinquet), Louis Seigner (Me Hervineau), Roger Karl (Penoux-Rataud), Marguerite Ducouret (Mme Rinquet), Mona Dol (Jaja), Serge Reggiani (Bob), Hubert Prélier (le docteur Sauvajet), Jacques Castelot (Jean Plantel), Martial Rebe (Lepart), Christiane Ribes (Amandine), Marie-Hélène Dasté (Mme Sauvajet), Gabrielle Fontan (Mme Henriquet), Paul Frankeur (Poineau), Albert Rémy (un client de Jaja), Guy Decomble (le marin).

La veille de la Toussaint arrive à la Rochelle un jeune homme timide et désemparé, Gilles Mauvoisin, dont les parents, artistes de music-hall récemment décédés en Norvège, étaient originaires de la ville. Cette arrivée met en effervescence les armateurs Babin et Plantel, Penoux-Rataud, directeur du journal local, le notaire Hervineau et Gérardine Eloi, sœur de la mère de Gilles. Tous semblent être liés les uns aux autres par un mystérieux intérêt. On les appelle les gens du « syndicat ». Gilles s'est installé chez Jaja, une brave femme qui tient un café sur le port. Le « syndicat » vient le chercher. Il apprend alors que son oncle Octave Mauvoisin, mort depuis quelques mois, a fait de lui son légataire universel, à charge d'habiter sa maison et d'y laisser vivre sa veuve Colette, dont il devra assurer l'entretien. Hervineau donne à Gilles la clé du coffre-fort, mais il doit en trouver lui-même la combinaison. Des papiers importants y sont enfermés. Gilles découvre avec surprise que Colette Mauvoisin est une jeune et jolie femme, détestée par les gens du « syndicat » qu'elle n'a pas voulu servir contre son mari. On lui reproche une liaison avec le docteur Sauvajet. Tout en menant une idylle avec Alice Lepart, jeune fille futile, Gilles s'attache à Colette. La femme de Sauvajet, jalouse et malade, meurt brusquement. Le « syndicat » accuse le docteur de l'avoir empoisonnée, et Colette d'être sa complice. On fait exhumer le corps d'Octave Mauvoisin. On trouve des traces d'arsenic dans les viscères. Colette est inculpée, au moment où Gilles vient de se fiancer à Alice. Persuadé de l'innocence de la jeune femme, il veut entrer en possession des documents contenus dans le coffre de son oncle et trouve les indications pour la combinaison. Octave avait réuni des documents prouvant les exactions des membres du « syndi-

cat ». Bob Eloi, le fils de Gérardine, avait mis en circulation des traites au nom de son oncle. Gilles réussit à faire avouer à Gérardine qu'elle a empoisonné Octave. Colette est libérée. Gilles rompt avec Alice, brûle les papiers de son oncle et décide de quitter La Rochelle. Colette s'embarque avec lui. *

LE VOYAGEUR SANS BAGAGE

R : Jean Anouilh. *Supervision technique* : Raymond Lamy. *A* : Jean Aurenche et Jean Anouilh, d'après sa pièce. *D* : Jean Anouilh. *I* : Christian Matras. *Dc* : Jacques Krauss. *M* : Francis Poulenc. *P* : Eclair-Journal. 1943. *Interprétation* : Pierre Fresnay (Gaston), Blanchette Brunoy (Valentine Renaud), Pierre Renoir (Georges Renaud), Sylvie (Mme Renaud mère), Marguerite Deval (la duchesse Dupont-Dufort), Jean Brochard (Lucien), Louis Salou (Me Huspar), Gabrielle Fontan (la mercière), René Génin (le curé), Marthe Mellot (la mère de Lucien), Pierre Brulé (le petit garçon).

Un amnésique de la guerre de 1914, qu'on a nommé Gaston, a passé quinze ans dans un asile. Sa pension d'invalidité accumulée constitue une somme importante. Cinq familles dont un membre a été porté disparu le réclament. La duchesse Dupont-Dufort, dame d'œuvres, s'est chargée des intérêts de Gaston. Elle vient, accompagnée d'un avoué, Me Huspar, le présenter à une riche famille bourgeoise de province. Gaston pourrait être le fils de Mme Renaud et le frère de Georges Renaud, marié à Valentine. Cette famille semble le reconnaître. On évoque les souvenirs de son passé. Gaston découvre que Jacques Renaud tuait les animaux et a causé l'infirmité d'un camarade, Lucien, en le précipitant dans l'escalier de la maison. Lucien est maintenant un homme aigri, marchant avec des béquilles. Juliette, la femme de chambre, révèle à « Monsieur Jacques » qu'il s'était battu avec ce Lucien à cause d'elle. Valentine lui rappelle leur liaison ancienne. Elle lui avait donné un coup d'épingle à chapeau dont il avait gardé une petite cicatrice. Effectivement, Gaston trouve cette cicatrice sur son corps. Il apprend encore le désaccord de Jacques et de sa mère. Pour raviver ses souvenirs, la duchesse et Madame Renaud font placer sur son lit, pendant son sommeil, tous les oiseaux empaillés tués par lui autrefois. Gaston comprend qu'il est bien Jacques Renaud. Mais cet être lui répugne, il préfère l'oublier. Les autres familles surgissent chez les Renaud pour être confrontées à Gaston. Un petit garçon, orphelin amené par un brave curé, espère retrouver son neveu, né vingt-six ans avant lui. Après une conversation avec le curé, Gaston reconnaît en l'enfant son « oncle » et, repoussant à tout jamais les Renaud, s'en va avec lui. *

ANNEXES

I

LISTE DES FILMS DOCUMENTAIRES TOURNÉS EN FRANCE DE 1940 À 1942

Titres	*Réalisateurs*	*Producteurs*
À LA POURSUITE DU VENT	Roger Leenhardt	*Films du Compas*
ALERTE	Marc Cantagrel	*Films Jean Mineur*
ALERTE AUX CHAMPS	Etienne Lallier	*Films E. Lallier*
L'ALGÉRIE AU TRAVAIL	J.-A. Creuzy	*Films Creuzy*
ALLO, J'ÉCOUTE !	René Lucot	*Films Pierre Darius*
LES ALLOCATIONS FAMILIALES	Etienne Lallier	*Films E. Lallier*
AMÉNAGEMENT ET GRANDS TRAVAUX DE MARSEILLE	Marcel Ichac	*Films M. Ichac*
AMOUR MATERNEL CHEZ LES ANIMAUX	Jean Mineur	*Films Jean Mineur*
ANIMAUX DE LA FERME	Marco de Gastyne	*Films de Cavagnac*
A NOUS, JEUNES !	Paul de Roubaix	*Je Vois Tout*
A PLEINES ONDES	Roger Leenhardt	*Films du Compas*
APPRENDRE, CONNAÎTRE ET VOIR	H. Missir	*Ciné-Reportages*
L'APPEL DU STADE	Marcel Martin	*U.T.C.*
ART DU LUTHIER	René Delacroix	*Les Films de France*
ARTÈRES DE FRANCE	René Lucot	*Artisans d'Art*
ARTISANAT INDIGÈNE AU MAROC	Pierre Duvivier	*Réalisateurs-Product.*
ARTISANAT RURAL	E. De Fort-Bacourt	*Les Films de France*
ARTISANS DU BIJOU	Floury	*Les Films de France*
L'ASCENSION DES AIGUILLES DU DIABLE	Marcel Ichac	*Films M. Ichac*
L'ATMOSPHÈRE ET SES COURANTS	Paul de Roubaix	*Je Vois Tout*
ATTENTION AUX VIPÈRES	Bl. Caducée	*Artisans d'Art*
A TRAVERS PARIS	Lucien Rigaux	*Artisans d'Art*
AU BORD DE LA RIVIÈRE	Arcy-Hennery	*Artisans d'Art*
AU-DESSUS DES ALPES EN AVION	E. de Fort-Bacourt	*Films Jean Mineur*
AU PAYS DES CRATÈRES	Henri Caurier	*Artisans d'Art*
AU PAYS OU FLEURIT L'ORANGER	Jean Mineur	*Films Jean Mineur*
AU ROYAUME DE TASTEVIN	Michel d'Olivier	*Carmina-Films*
AU TEMPS DU BIEN-AIMÉ	Pierre Harts	*Films Sirius*
AUTOUR DE LA PISTE	Pierre Laffont	*Artisans d'Art*
L'AVENIR DE NOTRE RACE	Prof. Leroux-Floury	*Les Films de France*

BARRAGE HYDRO-ÉLECTRIQUE DE LA CÈRE	Dr Ardouin	*Pathé Cinéma*
LE B.C.G. SAUVEUR	Henry Lepage	*Discina*
BEAUNE, CAPITALE DE LA BOURGOGNE	René Hervouin	*Discina*
ECOLE DE BARBIZON	Marco de Gastyne	*Films de Cavaignac*
ECONOMIE DES MÉTAUX	Etienne Lallier	*Films E. Lallier*
ENERGIE DE DEMAIN	Maurice Théry	*Réalisateurs-Product.*
LES ENFANTS S'AMUSENT	R. Lefebvre	*Continental-Films*
ENTR'AIDE	Jacques Schilz	*Secours National*
ETAGE 540	Guy Le Boyer	*Films de Cavaignac*
ETOILES DE DEMAIN	René Guy-Grand	*Pathé Cinéma*
ERMITES DU CIEL	J. Leclerc-H. Missir	*Ciné-Reportages*
ESPRIT D'EQUIPE	Pierre Delannoy	*Réalisateurs-Product.*
FACE A LA VIE		*Pathé Cinéma*
FANTAISIE SUR UNE VIEILLE LÉGENDE	Paul de Roubaix	*Je Vois Tout*
FÉCONDITÉ	Roger Verdier	*Atlantic-Films*
LA FEUILLE BLANCHE	Albert Guyot	*Les Films de France*
LES FEUX QUI MEURENT	Pierre Sonrel	*Les Films de France*
FILLES DE FRANCE	Henri Caurier	*Artisans d'Art*
FLEURS et PARFUMS de FRANCE	Maurice Théry	*Films Sirius*
FORCES OCCULTES	Paul Riche	*Nova-Film*
LA FORÊT VIVANTE	Louis Cuny	*Célia-Film*
FORÊTS DE FRANCE	Robert Marriaud	*Artisans d'Art*
LE FROID	Albert Guyot	*Les Films de France*
GENS ET COUTUMES D'ARMAGNAC	J.K. Raymond-Millet	*Films J.K. R.-Millet*
GLACIERS	Henri Decse	*Films Jean Mineur*
GOLFE LATIN	Jean Tedesco	*Films de Cavaignac*
LA GRANDE LUEUR	J.C. Bernard	*Films J.C. Bernard*
LE GRAND JARDINIER DE FRANCE : LENOTRE	Jean Tedesco	*Les Films de France*
GRAND ROI, GRAND SIÈCLE	Pierre Harts	*Films Sirius*
GRENOBLE, CITÉ DU TOURISME FRANÇAIS	Et. Nadoux	*Les Films de France*
GUEULES NOIRES		*Cie. Ciném. Lumière*
GUIDES DE MONTAGNE	J.J. Delafosse	*Films Sirius*
HARMONIES DE FRANCE	Louis Cuny	*Célia-Film*
L'HEURE A PARIS	Robert Marriaud	*Films R. Marriaud*
HISTOIRE DU TIMBRE FRANÇAIS	René Gaveau	*Films Sirius*
HOMMAGE A BIZET	Louis Cuny	*Films de Cavaignac*
L'HORTILLONNAGE	Guy Mazeline	*Réalisateurs-Product.*
INDUSTRIE DU VERRE	Lucette Gaudard	*Artisans d'Art*
JARDINS DE PARIS	Messier	*Films de Cavaignac*
LE BOIS	A. Gillet-R. Verdier	*Atlantic-Films*
LA BOXE EN FRANCE	L. Ganier-Raymond	*Ermina-Films*
LA BRETAGNE	Maurice Cloche	*C.F.F.D.*
CABARETS MONTMARTROIS	Pierre Ramelot	*Films Azur*
LES CHAMPIGNONS QUI TUENT	Bl. Caducée	*Artisans d'Art*
CHANSONS DE FRANCE	Pierre Maudru	*Les Films de France*
LE CHARBON	Georges Delannoy	*Réalisateurs-Product.*
CHEMINS DU CIEL	Dr Merky	*C.F.F.D.*

LES CHIENS QUI RAPPORTENT	Jean Gourguet	*Selb-Films*
LA CITÉ, ORIGINE DE PARIS	R. Chanas-Dr Ardouin	*Pathé Cinéma*
CIRCULATION ET TRANSFUSION DU SANG	M. de Hubsch	*Atlantic-Films*
CIRQUE ENCHANTÉ	Jean Tedesco	*Films de Cavaignac*
CLOCHES DE FRANCE	Albert Guyot	*M.A.I.C.*
COLBERT	Hennion	*Prod. Fr. Cin.*
COMPAGNONS DE L'ESPOIR	Gabriel Thiéry	*C.G.C.*
COMPAGNONS DU TOUR DE FRANCE	L. René-Brunet	*Réalisateurs-Product.*
COMPÉTITIONS RÉGIONALES	H. Missir	*Ciné-Reportages*
CONTREBANDE DE LUXE	Jean Mineur	*Films Jean Mineur*
CORPS HARMONIEUX		*Ciné-Reportages*
LES CORRUPTEURS	Pierre Ramelot	*Nova-Film*
COULISSES DE LA RADIO	Gaston Thierry	*Impéria-Films*
LA CRAU, JARDIN DES HESPÉRIDES	Etienne Nadoux	*Films de France*
CROISADE DE L'AIR PUR	René Lucot	*Secours National*
CROISIÈRE EXTRA-MUROS	Louis Cuny	*Célia-Film*
LA CROIX-ROUGE FRANÇAISE	Pierre Maudru	*Films de France*
LA DANSE ETERNELLE	R. Chanas-Dr Ardoin	*Pathé Cinéma*
DÉCOUVERTE DU GLOBE	M. de Hubsch	*Atlantic-Films*
DEGLET NOUR, LE DOIGT DE LUMIÈRE	Georges Letourneur	*Films J. Mineur*
DE LA DRAISIENNE AU DÉRAILLEUR	Serge Griboff	*Films Griboff*
DE L'ÉTOILE A LA PLACE PIGALLE	Hornecker	*Continental-Films*
DEUX BLANCHES, UNE ROUGE	R. Ginet-P. Laffont	*Artisans d'Art*
DEUX RECONSTRUCTEURS : HENRI IV ET RICHELIEU	Pierre Harts	*Films Sirius*
LES DEUX RIVIÈRES	René Ginet	*Artisans d'Art*
LE DIEU HASARD	Jean Régnier	*Artisans d'Art*
DRAINAGE	Roger Verdier	*Atlantic-Films*
DU VACCIN AU SÉRUM	Henry Lepage	*Discina*
DU VISAGE A L'AME	Wagner	*Réalisateurs-Product.*
EAUX-VIVES	Cl. et H. Dance	*Films Jean Mineur*
JARDIN SANS FLEURS	Louis Merlin	*Cinéma et Publicité*
JEUNES FILLES DE FRANCE	Etienne Lallier	*Films E. Lallier*
JEUNESSE AU TRAVAIL	Paul de Roubaix	*Je Vois Tout*
JEUX D'ENFANTS	Jean Gourguet	*Selb Films Prod.*
LOCOMOTION 1942	Jean R. Legrand	*Réalisateurs-Product.*
LA MAIN DE L'HOMME	Jean Tedesco	*Pathé Cinéma*
MARCHE ET LIMOUSIN		*Ciné-Reportages*
MATINS DE FRANCE	Louis Cuny	*Célia-Film*
LE MÉDECIN DES NEIGES	Marcel Ichac	*Films M. Ichac*
MERMOZ	Louis Cuny	*Prod. Franç. Ciném.*
LE MERVEILLEUX VOYAGE	Robert Marriaud	*Films R. Marriaud*
LES MÉTAMORPHOSES DE LA MATIÈRE	Floury	*Les Films de France*
LES MINES		*Atlantic-Films*
LA MONNAIE DE FRANCE	R.Chanas-M. Lasseaux	*M.A.I.C.*
MONSIEUR GIROUETTE	Pierre Ramelot	*Nova-Film*

LA MONTAGNE DE ROQUEBRUNE ET LA VALLÉE DE L'ARGENS		*Les Films de France*
MUSÉE DU LOUVRE	Henri Membré	*C.F.F.D.*
MYSTÈRE DES ONDES	Kovalenko	*C.F.F.D.*
LA NAISSANCE DE LA SOIE	Pierre Laffont	*Artisans d'Art*
LES NIDS D'AIGLE	J.J. Delafosse	*Films Sirius*
LA NORMANDIE DE FLAUBERT	Pierre Maudru	*Films de France*
NOTRE-DAME DE PARIS	René Hervouin	*Discina*
LA NUIT DES TEMPS	B. de Colmont	*Atlantic-Films*
L'ŒIL HUMAIN ET L'ŒIL ÉLECTRIQUE	M. de Hubsch	*Atlantic-Films*
OMBRES DE LA VILLE	Jean Tedesco	*Les Films de France*
L'OPÉRA DE PARIS	J. Panneneleux-R. Hervouin	*Artisans d'Art*
L'ORCHESTRE SYMPHONIQUE	E. de Fort-Bacourt	*Les Films de France*
ORGUES DE FRANCE	R.Chanas-M. Lasseaux	*M.A.I.C.*
ORIGINE DES SUPERSTITIONS	Paul de Roubaix	*Je Vois Tout*
OÙ VA L'ARGENT ?	De Andria	*Atlantic-Films*
LE PAIN DES NEIGES		*Lémovix*
PARIS SUR SEINE	Robert Lefebvre	*Continental-Films*
PARIS VU PAR UN CHIEN	Maurice Théry	*Films Sirius*
PARURES MODERNES	Paul de Roubaix	*Je Vois Tout*
PÊCHE EN MÉDITERRANÉE	E. de Fort-Bacourt-J. Mineur	*Films J. Mineur*
PÈLERINS DE LA MECQUE	M. Ichac-R. Ruffin	*Films M. Ichac*
LA PETITE REINE	Robert Lefebvre	*Continental-Films*
PETITS ARTISANS, GRANDS ARTISTES	Paul de Roubaix	*Je Vois Tout*
PETITS HOMMES COURAGEUX	J.J. Delafosse	*Films Sirius*
LE PHONOGRAPHE	Henry Lepage	*Prod. Franç. Ciném.*
LE PIANO	Robert Lefebvre	*Continental-Films*
LA PIERRE FRANÇAISE	Pierre Laffont	*Artisans d'Art*
LA PLUIE SUR LA VILLE	Albert Guyot	*M.A.I.C.*
PORCELAINE DE SÈVRES	Robert Lefebvre	*Continental-Films*
PORCELAINE DE LIMOGES		*Lémovix*
LES PORTES ET LEURS MYSTÈRES	Louis Cuny	*Célia-Film*
PORT-ROYAL	Pierre Maudru	*Les Films de France*
POSTE N° 1	Raymond Bisch	*Films Azur*
PREMIER PRIX DU CONSERVATOIRE	René Guy-Grand	*Artisans d'Art*
LES PRÉ-HOMINIENS	Etienne Lallier	*Films E. Lallier*
PRESTIDIGITATIONS	Paul de Roubaix	*Je Vois Tout*
PROFIL DE LA FRANCE	Jean Tedesco	*C.F.F.D.*
PULLMAN N° 1	Pierre Maudru	*Les Films de France*
LES QUATRE-SAISONS	E. Lallier-V. Blanchard	*Films E. Lallier*
QU'EST-CE QUE LE TEMPS ?	Albert Guyot	*M.A.I.C.*
LE RAVITAILLEMENT PAR L'EMPIRE	G. Thierry-L. de Gioanni	*Bloc-Notes-Films*
LA RELÈVE DES JEUNES	Arcy-Hennery	*Artisans d'Art*
LE RHONE	A. Gillet-R. Verdier	*Atlantic-Films*
LE RYTHME DANS LA VIE	J. Ch. Carlus	*M.A.I.C.*
RIVAGES LOINTAINS	Robert Marriaud	*Films R. Marriaud*

LA RIVIÈRE ENCHANTÉE	R. Verdier- B. de Colmont	*Atlantic-Films*
RODIN	René Lucot	*Artisans d'Art*
ROUEN, NAISSANCE D'UNE CITÉ	Louis Cuny	*Célia-Film*
LA RUE BONAPARTE	René Ginet	*Artisans d'Art*
SAINT-VÉRAN, VILLAGE SOUS LA NEIGE	Roger Verdier	*Atlantic-Films*
LE SECRET DE LA PÊCHE A LA LIGNE	R. Chanas- Dr Ardoin	*Pathé Cinéma*
SINGERIES	Jean Gourguet	*Selb Films Prod.*
SIXIÈME DERNIÈRE	René Chanas	*Pathé Cinéma*
LE SOLEIL ET LES FÊTES SOLAIRES	Joseph Leclerc	*Ciné-Reportages*
SOLESMES, ABBAYE BÉNÉDICTINE	Pierre Harts	*Pathé Cinéma*
SORTILÈGE EXOTIQUE	A. Chaumel- G. Chaumel-Gentil	*Franfilmdis*
SOUS LE CHAPITEAU	Hervé Missir	*Ciné-Reportages*
SOYONS POLIS !	Etienne Lallier	*Films E. Lallier*
SPORT 42		*Ciné-Reportages*
SUR LES CHEMINS DE LAMARTINE	Jean Tedesco	*Les Films de France*
SUR LA ROUTE TRANSSAHARIENNE	Maurice Théry	*Films Jean Mineur*
SYMPHONIE MONTAGNARDE	E. de Fort-Bacourt	*Films Jean Mineur*
TAPISSERIES DE FRANCE	Jean Tedesco	*Films de Cavaignac*
LE TÉLÉPHONE AUTOMATIQUE	M. de Hubsch	*Atlantic-Films*
TÉLÉVISION	R. Péguy-R. Delacroix	*Films de France*
TERRE FÉCONDE	Maurice Théry	*Pathé Cinéma*
TERRES DU SUD	J.A. Creuzy	*Films de Cavaignac*
TERRES VERMEILLES	J.K. Raymond-Millet	*Optimax*
LES TEXTILES	Etienne Lallier	*Films E. Lallier*
LE TIMBRE-POSTE	J. Vallée-J. Jaffre	*Artisans d'Art*
LE TONNELIER	Georges Rouquier	*Films E. Lallier*
TOULOUSE CONNUE ET INCONNUE	J.K. Raymond-Millet	*Optimax*
TRADITIONS BASQUES	Henry Lepage	*Discina*
TRAVAIL ET GRAND AIR	Maurice Martin	*Pathé Cinéma*
TRENTE JOURS AU-DESSUS DES NUAGES	Constantin Brive	*Pathé Cinéma*
TROIS KILOMÈTRES DE FRANCE	Albert Mahuzier	*Réalisateurs-Product.*
LES ULTRASONS	Serge Griboff	*Artisans d'Art*
UN MIRACLE QUOTIDIEN : LES HALLES DE PARIS	Bl. Caducée	*Consortium du Film*
UN QUART D'HEURE AVEC LES MOUSSES	G. Thierry- L. de Gioanni	*Impéria-Films*
UNE LETTRE VOYAGE	Etienne Nadoux	*Les Films de France*
UN SIÈCLE DE PARIS	Maurice Théry	*Soc. Fr. d'Etabl. Cin.*
VEILLONS SUR L'ENFANCE	René Hervouin	*Discina*
LA VIE DE BRANLY	H. Missir- X. Coppinger	*Ciné Reportages*
LA VIE DE LA RUCHE	Paul de Roubaix	*Je Vois Tout*

LA VIE MYSTÉRIEUSE DE LA MATIÈRE	Paul de Roubaix	*Je Vois Tout*
VIEILLES PLAGES DE PARIS	Lucien Rigaux	*Artisans d'Art*
VINGT ANS D'AMITIÉ AVEC LES BÊTES	Louis Cuny	*Célia-Film*
LES VIEUX MOULINS	Serge Griboff	*Films Griboff*
VIOLONS D'INGRES	Labrousse	*Artisans d'Art*
VIVE LA NATATION !	Serge Griboff	*Consortium du Film*
VIVRE !	Roger Verdier	*Atlantic-Films*
LA VOIX HUMAINE	C.F. Tavano	*Discina*
VOYAGE AUTOUR D'UN TAPIS		*Ciné-Reportages*
VOYAGE VERS L'INFINI	Paul de Roubaix	*Je Vois Tout*

(d'après *Le Nouveau Film*, janvier 1943)

II

LA CENTRALE CATHOLIQUE DU CINÉMA FACE AU CINÉMA FRANÇAIS (1940-1944)

Extraits de la brochure de l'Action Catholique Française, *Centrale Catholique du Cinéma et de la radio C.C.R. Films français parus pendant l'Occupation (1940-44) avec leur analyse morale*, publiée par la C.C.R. en 1945.

J'en ai retenu la signification des cotations, l'historique de la C.C.R. sous l'Occupation et les « analyses morales » (dont la teneur surprendra ou fera hausser les épaules aujourd'hui) de films assez divers pour représenter l'ensemble de la production. Cette forme de censure religieuse n'a pas été propre au régime de Vichy. Elle s'est continuée par la suite.

J.S.

1. *SIGNIFICATION DES COTATIONS*

L'encyclique *Vigilanti Cura* déclare qu'il est absolument nécessaire que le peuple sache clairement quels sont les films permis pour tous, quels sont ceux qu'il n'est permis de voir qu'à certaines conditions, quels sont ceux enfin qui sont pernicieux ou franchement mauvais.

Elle demande, en conséquence, que soient établies avec ordre et publiées des listes spéciales indiquant les films selon les catégories que l'on vient d'énumérer, et que ces listes puissent être facilement connues de tous.

L'encyclique déclare que pour atteindre ce but il est absolument nécessaire que les Evêques constituent pour chaque pays un Office permanent, chargé de classer les films et de faire connaître les jugements. Cet Office doit être unique pour chaque pays.

Les cotations de la Centrale Catholique du Cinéma et de la Radio sont établies en vertu de ces dispositions de l'encyclique *Vigilanti Cura*. Nous donnons, ci-après, la signification de ces cotations :

1. — POUR TOUS : convient à tous, même aux enfants non accompagnés de leurs parents.

2. — POUR TOUS : pour les salles paroissiales.

3. — POUR TOUS : pour les salles publiques catholiques (milieux non avertis).

3 bis. — POUR ADULTES.

4. — STRICTEMENT POUR ADULTES : film qui, malgré les éléments mauvais, laissant une impression mêlée, peut être admissible pour un public averti.

4. — A DÉCONSEILLER : film où les éléments mauvais l'emportent et donc strictement réservé.

5. — A REJETER : film à proscrire absolument.

6. — A REJETER : film essentiellement pernicieux au point de vue social, moral ou religieux.

2. *LES FILMS PENDANT L'OCCUPATION*

Dès leur entrée en France, les Allemands déclarèrent que le cinéma était, comme la radio, une arme de guerre ; ils prirent des ordonnances qui leur donnaient la haute main sur toute l'activité cinématographique, aussi bien sur la production des films que sur leur projection et l'organisation des salles elles-mêmes.

Les films français antérieurs à 1937 furent interdits, sauf exceptions nominales.

Les films américains et anglais furent également interdits en zone occupée ; ils continuèrent de circuler assez longtemps en zone sud.

La production allemande s'imposa par de nombreux films sur les écrans. Le nombre de films allemands présentés alla s'amenuisant, soit par crise de production, soit en raison de leur insuccès devant les publics français.

Les films allemands qui circulaient en France n'étaient soumis, bien entendu, qu'à la censure allemande. Cette censure était la seule qui fût reconnue valable dans les régions occupées. On poussa si loin cette conception que l'on put conclure que tout film qui n'était pas interdit par les Allemands était permis. Les occupants allèrent jusqu'à enlever aux préfets et aux maires les pouvoirs d'interdiction qu'ils tiennent de la loi de 1884, afin qu'ils n'en puissent user à l'égard de certains films 5 et 6, comme cela s'était produit dans quelques endroits. Ainsi, les films interdits soit par le gouvernement français de 1939, soit par Vichy, n'en étaient pas moins projetés de par la volonté allemande dans les salles des régions occupées. La dépravation de la France par des Français plaisait évidemment à nos ennemis.

Les nouveaux films français purent sortir régulièrement quand ils étaient approuvés par la censure française et par la censure allemande. Ce qui n'empêcha pas les Allemands d'en interdire un certain nombre après coup, pour des raisons diverses ou sans raison. Les films avec Michèle Morgan et Claude Dauphin furent interdits simplement en raison de l'attitude de ces artistes ; d'autres films, comme *La Fille du puisatier*, le furent par mesure de représailles contre certaines interdictions de films allemands en zone non occupée.

Se rendant compte de l'impopularité des films allemands, nos ennemis constituèrent avec des complicités françaises la firme Continental, qui produisit des films français avec des capitaux allemands (selon une formule déjà ancienne employée par la Tobis et l'A.C.E.). Ces films n'étaient pas précisément des films de propagande, si ce n'est par leur basse immoralité, qui alla bientôt en s'accentuant. Ils n'étaient visés ni par la censure allemande puisque c'étaient des films français, ni par la censure française puisque leur origine était allemande. Si insuffisante que soit généralement la censure, on s'aperçut à cette occasion que son absence laissait s'enfoncer péniblement les films dans les pires grossièretés.

Un certain nombre de films italiens parurent, dont certains ne manquaient ni de valeur ni d'attraits pour le public. Les spectateurs leur firent uniquement à cause de cet intérêt un meilleur accueil qu'aux films d'outre-Rhin, ce qui fut la cause de furieuses colères allemandes.

Des films espagnols ont paru également, surtout dans la zone sud ; il n'en fut présenté que très peu à Paris, où leur médiocrité entraîna un insuccès total.

Malgré la présence de l'ennemi et la réglementation draconienne qu'il faisait peser sur les cinémas, malgré les circonstances difficiles, la C.C.R. entendit continuer son œuvre selon les directives de l'encyclique *Vigilanti Cura*.

Lorsqu'ils occupèrent Paris, les policiers allemands avaient perquisitionné dans les bureaux de la C.C.R. et de *Choisir,* comme ils le firent d'ailleurs dans presque toutes les organisations catholiques. Ils avaient posé les scellés et emporté de nombreux documents (notamment au sujet d'un film anti-allemand présenté par le cardinal Verdier).

Il nous était impossible, et du reste il aurait été imprudent, de reprendre la publication de *Choisir* et des *Fiches du cinéma.* Cependant, il était nécessaire de continuer la cotation des films et de les publier.

Sans demander une autorisation qui aurait été refusée, la C.C.R. publia des *Analyses de films,* dactylographiées et ronéotypées, dont le premier fascicule (juin-décembre 1940) fait directement suite au dernier numéro des *Fiches du cinéma,* en sorte qu'il n'existe pas d'interruption dans la documentation cinématographique établie par la C.C.R. depuis le commencement du film parlant. (Les *Analyses de films* de juin 1940 contiennent aussi des notes sur les films américains projetés en France en mai-juin 1940, et dont le dernier numéro des *Fiches du cinéma* n'avait pu prendre compte.)

La C.C.R. publia également à la fin de chaque année, sous la forme ronéotypée, ses listes de *Films à voir ou à ne pas voir* faisant suite aux listes imprimées antérieures.

On nous disait dans quelques milieux trop faciles qu'en raison des bonnes dispositions de la censure de Vichy, notre action n'était plus utile. Nous nous gardions bien d'en rien croire, sachant que l'encyclique *Vigilanti Cura* ne se périmait pas pour si peu.

Qu'un désir de moralisation du cinéma se soit manifesté à Vichy, il est impossible d'en douter ; mais il n'est pas moins certain que les résultats ont été de très loin en désaccord avec ce désir ; et qu'avions-nous à considérer d'autre que les résultats !

On verra plus loin les statistiques sur les cotations des films pendant les années 1940-44 et on constatera que s'il a pu y avoir (un moment) diminution de très mauvais films, la production de véritables bons films a été très faible. Il n'y avait pas assez de 3 et de 3 bis pour une exploitation normale des salles familiales.

Le nombre des spectateurs ne cessait d'augmenter dans des proportions impressionnantes, surtout dans la jeunesse. L'action ordonnée par l'encyclique *Vigilanti Cura* demeurait donc plus nécessaire que jamais.

Au début de l'occupation, des groupements qui s'appuyaient sur nos cotations avaient obtenu des préfets l'interdiction de quelques films 5 et 6. Nous avons dit que les Allemands étaient intervenus pour défendre aux préfets d'exercer leur pouvoir.

Dans de nombreuses paroisses, tout d'abord on continua à afficher nos cotations aux portes des églises. Les affichages rencontrèrent des sorts différents. Dans quelques endroits, ils furent tolérés ou ignorés. Plus fréquemment les Allemands intervinrent pour en ordonner la suppression.

En attendant que, grâce à nos amis, nous ayons pu constituer un dossier complet de ces défenses, nous citerons entre autres un ordre de la Kommandantur de Rouen exigeant impérativement l'enlèvement sans délai de toute affiche de ce genre.

A Montpellier on écrivit à S.E. Mgr l'Evêque une lettre comminatoire lui signifiant la même interdiction, lettre à laquelle son Excellence répondit de belle et bonne encre.

Les affichages continuèrent d'ailleurs dans beaucoup de paroisses, soit à l'intérieur des églises, soit dans l'intérieur des locaux d'œuvres.

Des journaux de province qui publiaient habituellement nos cotations sur les films passés dans les salles locales reçurent aussi des interdictions. Dans l'Est, un de nos confrères eut à se défendre contre l'autorité allemande de la ville, qui lui imposa la vision du film *Cora Terry* pour le convaincre que ce film était tout au plus un 4 bis, alors que nous l'avions coté 5.

Bien entendu les Allemands s'adressaient également à la C.C.R. pour marquer leur mécontentement. Ils surveillaient nos publications et leurs annonces dans les *Semaines religieuses* pour nous en faire grief. En 1942, ils prononcèrent l'interdiction de la C.C.R., interdiction qui n'eut d'ailleurs aucun effet pratique puisque l'établissement et la diffusion des cotations de films continuèrent.

Cependant, pour éviter l'effet de certaines menaces qui concernaient aussi bien des tiers que la C.C.R., à partir de 1942 les *Analyses de films* cessèrent d'être distribuées en fascicules par la poste dans la zone nord. Elles continuèrent d'être expédiées clandestinement par ballots et distribuées dans la zone sud. Dans la zone nord, la C.C.R. établit des systèmes d'abonnement pour faire connaître les cotations et envoyer des copies d'analyses de films.

Ainsi, la C.C.R. a pu, dans ces circonstances difficiles, et même dangereuses, continuer à faire le nécessaire pour que les familles continuent à être informées sur la valeur morale des films, conformément aux directives de l'encyclique *Vigilanti Cura*.

3. *ANALYSES MORALES (51 films)*

ADIEU LÉONARD — Thème assez indifférent au point de vue moral, mais corsé par un mari ridicule, un adultère, des enfants entraînés par leur père dans un cambriolage. La bouffonnerie systématique du film domine. — 4

ADRIEN — Bouffonnerie mélangée d'adultère, amours libres, proxénétisme, mots grossiers. — 5

L'AGE D'OR — Femmes en costumes légers, bar rempli de filles, ébauches non suivies d'intrigues amoureuses, agence de mariage équivoque. Le thème raille en bouffonnant les gens d'affaires faciles et douteuses en leur opposant le désintéressement de la jeunesse. Quelques images présentent des milieux équivoques et font allusion à des situations irrégulières. — 4 — 4 C

LES AILES BLANCHES — Film émouvant qui ne s'adresse pas à tous en raison du sujet délicat et des situations, mais qui est d'une belle valeur morale par son inspiration et par la manière discrète et virile dont il est traité. — 4

ANDORRA — Beau film sur le maintien des traditions, d'un haut esprit familial et religieux et qui n'est cependant pas pour tous à cause d'une séduction, d'un enfant naturel, de provocations féminines, d'un fratricide. — 4

L'ANGE DE LA NUIT — Film émouvant, montrant de sympathiques sentiments d'entraide et de dévouement. Camaraderie intime entre jeunes gens et jeunes filles, amours libres, allusion à la débauche, d'ailleurs réprouvée. — 4

L'ANGE GARDIEN — Film agréable sur un thème qui n'offre aucun reproche grave. On regrette cependant les scènes de noce avinée et un juron. — 3 bis — 3 C

LES ANGES DU PÉCHÉ — Film d'une belle qualité artistique tourné dans un but élevé d'émotion religieuse. On doit regretter qu'il n'ait pas été suffisamment tenu compte des exigences et des ignorances du grand public en présentant sous un jour étroit les scènes intimes de la vie au couvent et en ramassant dans une œuvre brève les anecdotes survenues au cours de longues années conventuelles. Le film sera surtout apprécié au cours de séances où il serait commenté. En raison de certains éléments qui ne peuvent être aisément compris que des publics avertis (religieuse qui vole, autre religieuse qui déclare préférer son cœur à la règle, religieuses qui se disputent, mensonge d'une religieuse et autres menus détails), ce film ne peut être indiqué pour tous et est coté 3 bis.

L'APPEL DU BLED — Film sur un thème élevé, où les idées de courage et de dévouement sont à l'honneur. Il aborde avec discrétion des questions délicates. On regrette qu'une jeune femme renonce trop aisément à son mariage parce qu'elle ne peut plus avoir d'enfants. — 4

L'ARLÉSIENNE — Ensemble déprimant par le spectacle d'un jeune homme sans volonté, incapable de dominer sa passion et qui se suicide. — 4 bis

L'ASSASSINAT DU PÈRE NOËL — Le film se déroule dans une atmosphère de fantaisie où les hommes paraissent comme des pantins difficiles à prendre au sérieux. Une ou deux des scènes religieuses prêtent plutôt à rire. On semble faire le procès d'une folle imagination chez une jeune fille, mais ce dangereux rêve aboutit à une substantielle réalité. On regrette surtout une sorte de faux miracle accompli par le père Noël et qui attribue à la suggestion une puissance qu'elle n'a pas. — 4

L'ASSASSIN HABITE AU 21 — Meurtres, union libre. Amours légères, allusions grivoises. — 4 bis

LE BAL DES PASSANTS — Film qui veut lutter contre l'avortement, mais dont l'effet est contrarié par les invraisemblances du scénario. Personnage de chef d'orchestre invitant au plaisir. Dialogue qui n'est pas irréprochable. — 4

CAPRICES — D. Darrieux se retrouve une fois de plus dans la situation d'une humble jeune fille qui suit un inconnu au milieu d'aventures heureuses. La fantaisie de l'action n'empêche pas que ce soit le triomphe de l'union libre. — 4 bis

LA CAVALCADE DES HEURES — Film d'un symbolisme douteux, dont plusieurs sketches contiennent des éléments troubles ; liaisons adultérines, chanson grivoise, mœurs légères. (Un sketch avec Charpin montrant un fêtard entre deux filles et évoquant une conception païenne de la mort a été coupé dans certaines projections.) — 4 bis — (5 avec le sketch de Charpin).

LE CHANT DE L'EXILÉ — Film prétexte pour Tino Rossi. Quelques scènes magnifient le courage des pionniers dans le Sahara, mais on y montre sans réprobation suffisante un homme qui exploite les femmes, commerce dont il se vante. Prostituée vue sous un jour plutôt sympathique. Danse du ventre. — 5

LE CORBEAU — Film pénible et dur, constamment morbide dans sa complexité. Amours libres provoquées cyniquement et avec une insistance crue par la femme. Médecin qui prête à l'équivoque par son attitude dans les accouchements. Atmosphère délétère pour laisser soupçonner les auteurs de lettres anonymes et qui s'étend jusqu'à une fillette de quatorze ans et demi d'une attitude équivoque et pénible. Profession de foi d'athéisme par le personnage sympathique. Suicide, meurtre, gros mots, jurons. — 6

LE DERNIER DES SIX — Nudités, danses. Allusions à des situations fausses, mot de Cambronne. Amours libres. On a mêlé au thème fondamental des amours faciles des liaisons basses et des attractions de music-hall où figurent des femmes nues et des danses licencieuses. Malgré la fantaisie du sujet, on regrette de voir un commissaire de police enlisé dans une liaison avec une petite chanteuse et avoir à enquêter dans une affaire où se trouve mêlé le directeur du music-hall qu'il a menacé parce qu'il n'a pas engagé la chanteuse. — 5

DES JEUNES FILLES DANS LA NUIT — Le film veut enseigner aux enfants qu'ils ne doivent pas rougir des professions de leurs parents. Si l'intention est bonne, la réalisation contient de nombreux éléments troubles : amours libres d'une actrice, images de prostituées, etc... — 4 bis

DONNE-MOI TES YEUX — Le thème du film est relativement honnête. Il est truffé par une pénible anecdote de prostituée. Deux femmes qui s'offrent, allusions grivoises, nombreux nus en peinture et sculpture. — 4 bis

DOUCE — Très jeune fille qui dans une sorte de folie provoque le régisseur de son père et se fait enlever par lui, sachant qu'il est l'amant de son institutrice. Perversion mêlée d'ingénuité. Amours libres. Abus de choses religieuses. Chants de Noël éclatant par une sorte de sadisme sur le dénouement douloureux du film. — 5

LA DUCHESSE DE LANGEAIS — Film très remarquable au point de vue esthétique mais qui roule tout entier sur un amour adultérin frénétiquement exprimé quoique contrarié et qui finit par un enlèvement au couvent, la novice aux portes de la mort ne pensant qu'à se rappeler son amour. — 4 bis

L'ESCALIER SANS FIN — Malgré une bonne intention indiquée dans le thème du film, l'ensemble est mauvais. Milieux louches de débrouillage par divers moyens, tous répréhensibles. Exemple de la manière de débaucher une jeune bonne, etc... — 4 bis

FIÈVRES — Le cadre religieux du film peut paraître moins de la piété que du romanesque. On ne peut rien lui reprocher de frappant pour le public. Le thème comporte d'importantes réserves en raison du spectacle d'une liaison, encore qu'elle soit plus subie que consentie, d'une tentation assez vive, de quelques images légères encore que l'ensemble du film soit traité dans une intention de faire triompher la morale. Une des chansons de Tino Rossi est regrettable. — 4 — 4 C

LA FILLE DU PUISATIER — Scène un peu vive d'attaque de la jeune fille qui se défend. Le puisatier élève dignement sa famille dans le sens de la tradition et de l'honneur. La faute de sa fille est considérée comme grave, elle est fortement sentie avec peine et dignité. Tout s'arrange trop facilement grâce aux circonstances. — 4

GOUPI MAINS-ROUGES — Film très dur, montrant une famille paysanne sous un mauvais jour au moins dans sa dernière partie. Scènes de superstitions dans le but d'effrayer, jalousie, avarice. Bon dénouement qui laisse, en fin de compte, une impression favorable. — 4

HISTOIRE DE RIRE — D'une façon ironique et légère, on plaisante et ridiculise l'adultère, on en montre la fragilité et on souligne la valeur de l'amour unique dans le mariage. Une phrase recommande d'avoir des enfants. — 4

L'HONORABLE CATHERINE — Film dont le ton burlesque atténue un peu le cynisme d'une femme qui a pris pour profession l'exploitation des adultères, sans toutefois le rendre acceptable pas plus que ce qui entoure cette donnée. — 4 bis

LES INCONNUS DANS LA MAISON — Milieu social rabaissé, jeunes gens en pleine déliquescence morale dont l'un devient meurtrier pour faire peser l'accusation sur son camarade le plus intime. Jeune fille qui laisse entendre qu'elle pourrait bien faire accuser son père du meurtre pour sauver son amoureux. Fausse leçon de prétendue morale où les parents sont d'une manière tendancieuse rendus responsables des fautes de leurs enfants. — 4 bis

L'INÉVITABLE M. DUBOIS — Film léger où la plaisanterie bouffonne s'introduit à tort dans les milieux de travail, mais auquel on ne peut reprocher, au point de vue moral, que quelques allusions. Une scène d'ivresse, des jurons. — 4

LUMIÈRE D'ÉTÉ — Belle opposition de milieu de travail à un milieu malsain. Jeune ingénieur vu sympathiquement. Mais le film montre des amours libres, évoque un adultère mêlé de meurtre : ivresse excitée par un châtelain sadique. — 4 bis

LA MAIN DU DIABLE — Film intéressant. Si les péripéties relèvent de la légende et peuvent prêter à contestation, la réalité du diable y est cependant évoquée et on y montre un incroyant que cela fait réfléchir. Il est prouvé que les pactes avec le diable, même avec des profits passagers, sont toujours nuisibles. Allusions à des amours légères, à de l'argent mal acquis. — 4

MAM'ZELLE BONAPARTE — Danses échevelées à Mabille avec gestes inconvenants. Prostitution. Les amours d'une demi-mondaine rendues symphatiques. Disputes grossières de filles, duel de filles. — 4 bis

MARIE-MARTINE — Quelques situations nécessitent des réserves. Images de prostituée qui cherche à entraîner une jeune fille. Suicide. Jurons. Les actions mauvaises sont punies et l'ensemble laisse une impression favorable. — 4

MERMOZ — Bon film qui montre l'énergie et le courage au service d'une grande tâche et qui magnifie l'effort. Cependant présence d'une fille, allusions grivoises, jurons, mots grossiers. — 3 bis — 3 C

MONSIEUR DES LOURDINES — Le thème est moral. Images d'une liaison avec un fille entretenue, qui passe cyniquement de l'un à l'autre en dévorant l'argent. — 4

LES MYSTÈRES DE PARIS — Le thème de ce vieux mélo a été traité sans délicatesse, en accumulant les meurtres et les atrocités, en soulignant d'horreur la bassesse des milieux présentés. Notaire perdu de salacité et auteur de nombreux crimes, qui étale sa piété avec ostentation. Gros mots, jurons, etc... — 4 bis

LA NUIT FANTASTIQUE — L'extrême fantaisie de ce film cherche ses effets comiques dans l'illusion et dans les limites de la folie. On lui reprochera au point de vue moral le personnage d'une fille à deux amants. — 4 bis

PÉCHÉS DE JEUNESSE — Le défilé des femmes jadis séduites évoque une vie de débauche, confirmée par certaines images d'entremetteuses et de fille facile. Le père qui a abandonné ses enfants rencontre de vives déceptions quand il a le caprice d'en retrouver une pour se distraire et ceci est à l'actif du film. On remarquera cependant que c'est par suite du nombre de ses fautes qu'il obtient enfin satisfaction. — 4 bis

PIERRE ET JEAN — Film très dur montrant une rivalité entre deux frères causée par l'origine adultérine de l'un d'eux. Mari très ridicule. Femme qui se dit heureuse de sa faute. Nombreux jurons. — 4 bis

PREMIER RENDEZ-VOUS — Equivoques, allusions, mots à double entente. Une jeune fille chez les garçons. On s'amuse de son ingénuité et cela prête à équivoques. En conclusion la jeune fille rejoint son amoureux sans qu'il soit question de mariage. — 4

LE SECRET DE MADAME CLAPAIN — Film présenté avec assez de discrétion, qui n'en laisse pas moins apparaître les éléments mauvais : substitution d'enfant qui réussit par le sacrifice inhumain de la véritable mère. Evocation d'amours libres, de séduction et stupre. Crimes d'un médecin qui restent impunis. Policier qui trahit son devoir. — 4 bis

SERVICE DE NUIT — Impression mélangée, malgré la bonne volonté du film qui nous fait voir une téléphoniste intervenant charitablement et utilement dans des conflits divers. Scène de séducion très poussée, amours frivoles, violation du secret professionnel, gros mots. — 4 A — 4 C

LE VAL D'ENFER — Film naturaliste où quelques bons sentiments sont nettement dominés par les éléments cyniques et brutaux. Amour lubrique qui accepte tout. Adultère. Allusion à des amours vénales. Dialogue souvent grivois, particulièrement riche en mots grossiers et en expressions rabaissantes. Ensemble pénible et regrettable. — 5

VAUTRIN — Un forçat évadé essaie d'imposer son pupille au monde ; il est vaincu. La conclusion élevée ne suffit pas à atténuer l'ensemble du film, où l'on montre des amours libres, des meurtres, le proxénétisme, la corruption des magistrats, l'imposture d'un faux prêtre, etc... — 5

LA VIE DE PLAISIR — Film nettement antisocial, qui ne sait combattre des mœurs financières douteuses et des usages désuets qu'en faisant l'apologie de la prétendue profession d'animateur d'une boîte de nuit. Milieu bas de prostitution et d'alcoolisme. Danseuses quasi nues, seins découverts. Rôle odieux de l'évêque. Notes anticléricales délibérément et fortement accentuées. — 6

LES VISITEURS DU SOIR — Film où la présence du diable n'est qu'un prétexte à sortilèges, sans aucune note vraiment chrétienne. Une fille sur le défi du diable se vante publiquement de sa faute. Apologie de l'amour victorieux parce qu'il est plus fort que tout. — 5

LE VOILE BLEU — Film émouvant qui met en valeur la gouvernante d'enfants, peut-être excessive dans son amour. — 3 bis

VOYAGE SANS ESPOIR — Film de basse atmosphère. Meurtres. Amours libres. Fatalité de l'amour. Conception pénible de la vie. Danse et chanson immorales, etc... Un bon conseil donné à un jeune homme de renoncer à la carrière du vol ne rachète pas l'ensemble. — 5

LE VOYAGEUR DE LA TOUSSAINT — Milieu pénible de petite ville dont tous les membres influents sont des canailles ayant de nombreux méfaits sur la conscience. Double adultère. Femme adultère sympathiquement montrée. — 4 bis

LE VOYAGEUR SANS BAGAGE — Film très dur où un amnésique reconnaissant sa famille la refuse à cause de son propre passé. Evocation d'un adultère ancien. Ridiculisation systématique des familles. — 4 bis

III

L'ESTHÉTISME MARXISTE
selon Lucien Rebatet

Texte tiré du livre de Lucien Rebatet, *Les Tribus du cinéma et du théâtre*, pages 86 et 87, tome IV de la série *Les Juifs en France*, Nouvelles Editions Françaises, 1941.

J. S.

Je parle surtout des films que se mit à produire, coup sur coup, à partir de 1937, Marcel Carné, ancien assistant de Jacques Feyder : Jenny, Le Quai des brumes, Hôtel du Nord, Le jour se lève. *Marcel Carné est aryen. Mais il a été imprégné de toutes les influences juives, il n'a dû qu'à des juifs son succès, il a été choyé par eux, tous ses ouvrages ont été tournés sous leur étiquette, en particulier celle du producteur Pressburger. Carné, qui ne manquait pas de dons, a été le type du talent enjuivé, à l'exemple de Pabst, dans l'Allemagne d'après-guerre* [1]*. Il a été, en France, le représentant le plus accompli de cet esthétisme marxiste qui est, partout, un des fruits de la prolifération des juifs et qu'engendre spontanément la déliquescence politique, financière et spirituelle qui suit toujours la judaïsation d'un Etat. Berlin le connut de 1919 à 1930. Il sévit aujourd'hui dans le théâtre de cette capitale juive qui s'appelle New York et commence d'entamer Hollywood. Cet esthétisme est à la fois geignard et brutal. Il prend ses sujets dans la boue et le sang, il les traite avec un naturalisme systématique, qui s'accompagne de symboles sociaux gros de révolte et de haine, sournois et veules aussi, évoquant la besogne destructive du juif, si volontiers nihiliste, pour les seuls goys, beaucoup plus que la vaillance de l'insurgé qui se dresse, fusil au poing. Les faubourgs lépreux et brumeux qui lui servent de cadre n'exhalent que des sentiments sordides, de fielleuses revendications. Ses héros sont de médiocres assassins, des candidats au suicide, des souteneurs, des filles, des entremetteurs.*

Je ne tiens pas boutique de morale. Les vrais artistes doivent être libres de peindre les pires crimes. Mais Carné et ses juifs ont vautré le cinéma français dans un fatalisme, un déterminisme dégradants. Leurs personnages tuent ou s'abîment dans la vie avec une répugnante aboulie. Le plus grave est que l'auteur veut nous apitoyer sur ces pantins abjects qui nous offrent des hommes une image presque animale, où la volonté n'a plus de part. Comme il n'y a plus de lutte dans ces consciences avachies, flottant au fil d'un destin fangeux, ces soi-disant tragédies sont sans ressort dramatique, elles ont toutes un aspect inachevé et confus. Mais surtout, dans l'immense diffusion du cinéma, ces produits spécifiques du judaïsme ont joué un rôle de dissolvant social, contribué à l'avilissement des esprits et des caractères. Ils ont plongé sur l'écran, en l'aggravant de tout le pouvoir qu'il possède, la littérature de bas-fonds de « Paris-Soir », dont le juif Lazareff était le maître d'œuvre.

1. Il s'agit, bien entendu, de la Première Guerre mondiale.

Cet ouvrage a été imprimé sur
les presses de l'Imprimerie BRODARD ET TAUPIN – 72200 La Flèche

Dépôt légal : avril 1990.
N° d'Édition : 2298 N° d'Impression : 1802C-5.
ISBN : 2-85956-853-0